·毛泽东谈文论史全编·

顾　问：龙新民　郑欣淼　陈　晋　阎晓宏

诗　话

MAOZEDONG SHIHUA

①

毕桂发　主　编
陈锡祥　副主编

中国文史出版社

图书在版编目（CIP）数据

毛泽东诗话：全2册 / 毕桂发主编 . -- 北京：中国文史出版社，2023.12
（毛泽东谈文论史全编）
ISBN 978-7-5205-4576-1

Ⅰ. ①毛… Ⅱ. ①毕… Ⅲ. ①毛泽东著作研究 ②古典诗歌 - 诗歌欣赏 - 中国
Ⅳ. ① A841.691 ② I207.2

中国国家版本馆 CIP 数据核字 (2023) 第 245025 号

责任编辑：窦忠如
特约编辑：王德俊　窦广利　赵增越　张幼平　邓文华　张永俊

出版发行：中国文史出版社
社　　址：北京市海淀区西八里庄路 69 号院　邮编：100142
电　　话：010-81136606　81136602　81136603（发行部）
传　　真：010-81136655
印　　装：廊坊市海涛印刷有限公司
经　　销：全国新华书店
开　　本：787 毫米 × 1092 毫米　1/16
印　　张：43.5
字　　数：644 千字
版　　次：2024 年 1 月北京第 1 版
印　　次：2024 年 8 月第 3 次印刷
定　　价：128.00 元（全 2 册）

总　序

2023年12月26日，是中国人民的伟大领袖毛泽东同志诞辰130周年。经过多年酝酿策划和组织编撰，我们于今年正式出版发行《毛泽东谈文论史全编》（以下简称《全编》）以示隆重纪念。

十年前，习近平总书记在纪念毛泽东同志诞辰120周年座谈会上的重要讲话中指出："毛泽东同志是伟大的马克思主义者，是伟大的无产阶级革命家、战略家、理论家，是马克思主义中国化的伟大开拓者，是近代以来中国伟大的爱国者和民族英雄，是党的第一代领导核心，是领导中国人民彻底改变自己命运和国家面貌的一代伟人。"同时，毛泽东同志又是世所公认的伟大的文学家、史学家、诗人和作家。在深入学习贯彻党的二十大精神、纪念毛泽东同志诞辰130周年的重要时间节点上，组织编撰出版这一大型项目图书，为人们缅怀毛泽东同志的丰功伟绩，学习毛泽东同志的伟人品格、政治智慧和文化思想，提供了一套非常重要的文化历史资料；对于弘扬中华优秀传统文化，学习贯彻党的二十大报告中关于"推进文化自信自强，铸就社会主义文化新辉煌"的重要精神，具有十分宝贵的启示和积极的意义。

在组织编撰这部大型项目图书的过程中，我们坚持以习近平新时代中国特色社会主义思想为指导，认真学习党中央关于历史问题的三个决议精神，特别是十九届六中全会通过的《中共中央关于党的百年奋斗重大成就和历史经验的决议》精神，对全部书稿的政治观点和思想内容进行了认真把关，使其符合三个决议精神，也符合习近平总书记十年来有关论述毛泽东同志历史功绩和毛泽东思想指导地位的重要讲话精神，以及关于学习党史国史和弘扬中华传统文化的重要讲话精神。

《全编》计 27 种 40 册 1500 万字。编撰者耗费数十年心血收集、整理、阐析、赏评，把毛泽东在各个时期的文章、诗词、书信、讲话、谈话中引用、化用、批注、圈阅、点评、编选的古今人物和文史作品，把毛泽东传记、年谱、回忆录中提及或引用和评点的古今人物和文史作品，即使片言只语、寸缣尺楮也收集入册，希望能够集散为专、分门别类，尽量避免遗珠之憾，力求内容全面系统、表述科学客观。

这部《全编》有以下几个特点：

资料齐全。毛泽东同志一生酷爱读书，可以说是博览群书、通古贯今。他曾说："饭可以一日不吃，觉可以一日不睡，书不可以一日不读。"他熟读《二十四史》《资治通鉴》等中国历代著名历史著作，熟读中国历代优秀的诗词文学作品，且不动笔墨不读书，读书时做了大量批注和圈画，还常常在自己的文章、诗词、讲话、谈话中引经据典、巧妙运用，真可谓博学约取、学以致用。这就给我们留下了浩如烟海的珍贵史料。在编著这部《全编》时，我们想最大限度地收集、整理、汇编其所涵盖的各个方面的文献史料，力争做到文献可靠、史料精准，可读性、知识性和趣味性兼具，使其成为研究毛泽东思想特别是毛泽东文化思想的重要资料。

分类精细。毛泽东同志喜欢中国古代文学，阅读、圈评了大量各类体式的文学作品，他的诗词创作尤为脍炙人口。因此，收录《全编》中关于毛泽东同志的文史资料，浩瀚如海，编撰者都进行了认真严格的划分整理，将其分三辑，文学类就有两辑，所占分量最大。比如，编撰者将其细分为评点名诗、名词、散曲、辞赋、小说、散文、戏曲的"毛泽东同志评点中国传统文化赏析"7 种 19 册，以及《跟着毛泽东学诗词》《毛泽东诗话》《周世钊论毛泽东诗词》《毛泽东致周世钊书信手迹》与毛泽东读唐诗、宋词、元曲、古文等的"毛泽东与中国诗词曲赋"8 种 9 册。

评述允当。在这部《全编》中，编撰者将每篇作品分为毛泽东评点、人物、事件评述或毛泽东评点、原文和赏析，力求评述或赏析允妥、适当，即深刻理解毛泽东原文含义，紧扣毛泽东的评点，不作过多发挥，文字力求简明生动。同时，编撰者注重史料收集整理的文献性，兼顾知识性和趣味性，这就使得这部大型项目图书兼具很强的可读性。

这部《全编》还有一个最突出的重要特点，那就是比较集中地梳理和呈现了毛泽东同志的历史自信和文化自信。习近平总书记在纪念毛泽东同志诞辰120周年座谈会上的讲话中明确指出，毛泽东同志“是马克思主义中国化的伟大开拓者，是近代以来中国的爱国者和民族英雄”。这个评价反映在毛泽东同志学习和运用、继承和发展中华优秀传统文化方面，鲜明地体现为他的历史自信和文化自信。因此，我们认为这部《全编》的编撰出版，有益于读者更深入体会党的二十大报告论述的“坚持和发展马克思主义，必须同中华优秀传统文化相结合”的重大论断。在这部《全编》中，有关毛泽东圈阅、评点历史人物和文史作品的材料，就很具体地体现了他作为“马克思主义中国化的伟大开拓者”，是如何运用马克思主义的世界观和方法论，去激活中华优秀传统文化的；又是如何通过继承、运用和发挥中华优秀传统文化，为坚持和发展马克思主义提供深厚滋养的。

《全编》除了引用毛泽东同志的相关评点外，主要篇幅是介绍、叙述和评论毛泽东同志评点的对象即历史人物和文史作品，所引毛泽东的评点内容都出自公开的出版物并注明出处。从目前已出版的各类关于毛泽东同志的书籍来看，这是目前更加全面系统反映伟人毛泽东同志的一部大型丛书，但每册又可独立成书，以满足不同读者的阅读喜好与多样需求。当然，限于编撰者的水平和时间，这部《全编》的体例编排和文字表述等方面还有改进和完善空间，恳请专家学者和广大读者朋友不吝批评指正。

《毛泽东谈文论史全编》编委会

2023年12月18日

目 录

“诗言志”

1945年10月上旬，在重庆谈判期间，诗人徐迟向毛泽东请教怎样作诗，并请他题词。旁边有人说，诗应当为人民服务。毛泽东没有作声，随即挥毫聚墨，在徐迟的一个小本子上，写下“诗言志”相赠。在“诗言志”的左边，写了郭沫若的《沁园春》（和毛主席韵）第二首词，驳斥易君左的一篇反动旧词。

1957年1月，中国作家协会主办的全国性诗歌月刊《诗刊》创刊，毛泽东也为它题写了“诗言志”。

1959年夏，庐山。

这一天是7月4日，毛泽东对王任重、刘建勋和梅白说：“我今天有一点点空闲，请你们三位与我共进晚餐如何？”他们当然都很高兴。于是梅白随王、刘到毛泽东在庐山的住处吃饭。席间，毛泽东兴致很高，除说了国内国际的一些事以外，还谈到《红楼梦》。最后，毛泽东和王任重、刘建勋说到干部问题时，梅白就避开了。

后来，王任重、刘建勋去开会。梅白一个人在外间削苹果。毛泽东笑着说：“你看我。”原来毛泽东吃苹果不削皮，并说：维生素都在皮里。只要洗干净也是很卫生的。

毛泽东谈吐很随便。这时，他又谈起诗，并念道：“遇事虚怀观一是，与人和气察群言。”接着问梅白：“你知道这是哪个的作品？”

梅白说：“是不是明代杨继盛的诗？”

毛泽东高兴地笑了：“是的，这是椒山先生的名句。我从年轻的时候，就喜欢这两句，并照此去做。这几十年的体会是：头一句‘遇事虚怀观一是’，难就难在‘遇事’这两个字上，即有时虚怀，有时并不怎么虚怀。

第二句‘与人和气察群言’，难就难在‘察’字上面。察，不是一般的察言观色，而是要虚心体察，这样才能从群言中吸取智慧和力量。诗言志，椒山先生有此志，乃有此诗。这一点并无惊天动地之处，但从平易见精深，这样的诗才是中国格律诗中的精品。唐人诗云：‘邑有流亡愧俸钱’，这寥寥七个字，写出古代清官的胸怀，也写出了古代知识分子的高尚情操。写诗就要写出自己的胸怀和情操，这样才能引起读者的共鸣，才能使人感奋……”

毛泽东越说越高兴。梅白怕影响他的工作和休息，起身告辞，踏月而归，彻底无眠[①]。

1945年重庆谈判期间,诗人柳亚子介绍青年画家尹瘦石为毛泽东画像。

毛泽东举止端庄而和气，微微笑着招呼柳亚子：“亚子兄，我在此恭候大驾光临呢！”

柳亚子挺身迎道：“我今天还特意为你带来一位新朋友……”即对尹瘦石说：“这是毛先生……”

毛泽东向尹瘦石伸出手来：“欢迎，欢迎！有朋自远方来，不亦乐乎！”尹瘦石握住毛泽东厚实有力的巨手，忙说：“毛先生，久仰，久仰！”

柳亚子为他介绍：“这是青年画家尹瘦石先生……”毛泽东把握紧的手摇了几摇，说：“喔，艺术家！文以载道，诗以言志，艺术人才是极为重要的！延安有一所鲁艺，在抗日斗争中起了很大作用。不过，那里的艺术家都是窑洞里培养出来的‘土包子’噢……”

尹瘦石忙说：“我也是‘土包子’，没有留过洋的……”[②]

毛泽东在重庆时为徐迟题写了“诗言志”，那么，徐迟是一位什么人呢?

徐迟（1914—1996），浙江吴兴县人，现代诗人，散文家。曾在苏州东吴大学文学院肄业。1931年开始写诗，1934年发表长诗。徐迟早期创

---

① 梅白:《毛主席谈杨椒山的诗》,《我眼中的毛主席》(下),河北人民出版社2000年版，第139—140页。

② 华音:《在红岩村画像——毛泽东和尹瘦石》,《毛泽东交往录》，人民出版社1991年版，第146—147页。

作受欧美现代派影响。特别是他的诗作，追求意象的蕴蓄，节奏的跳跃，有些作品较为难懂。散文创作则因受美国作家海明威的影响，稍趋明朗，叙写细腻，富于诗情。1943 年任《中原》（郭沫若主编）执行编辑。1949 年任英文《人民中国》编辑。1957 年至 1960 年任《诗刊》副主编。1960 年调任作协武汉分会主席，后任作协湖北分会名誉主席。为中国现代著名的报告文学作家之一，也是有广泛影响的诗人。主要诗作有诗集《二十岁人》《美文集》《共和国的歌》等；诗论集《诗与生活》《诗歌与现代化》等；报告文学《哥德巴赫猜想》《地质之光》等。

“诗言志”，见于《尚书·尧典》。《尚书》也称《书》《书经》。“尚”是上代的意思，“书”是历史简册。用现代的话说，“尚书”就是上古的历史文献汇编。

《尧典》中记述的是尧和舜的事迹。“诗言志”就是舜对为他掌管音乐的人夔说的。这段文字是这样的：

> 帝曰：夔！命汝典乐，教胄子。直而温，宽而栗，刚而无虐，简而无傲。诗言志，歌永言，声依永，律和声。八音克谐，无相夺伦，神人以和。夔曰：于！予击石拊石，百兽率舞。

这段话译成现代汉语是：

> 帝舜说：夔啊！命令你主管音乐，教育青年，教导他们正直而温和，宽宏而庄严，刚正而不暴虐，平易而不傲慢。诗表达志意，歌把语言咏唱出来，声调随着语言而抑扬顿挫，韵律使声调和谐统一。八类乐器的声音协谐，不能互相搅乱伦次，神和人听了都感到快乐和谐。夔说：好啊！我们敲击石磬奏起乐来，使百兽随着音乐跳起舞来吧！

《尚书·尧典》中的这一段文字，是我国早期文艺理论的一段记录。它提出的“诗言志”，是我国文学史上给“诗”下的最早的一个定义。在春秋战国时期，这种观点相当普遍。《左传·襄公二十七年》记赵文子对叔向说："诗以言志。"《庄子・天下》篇："诗以道志"。《荀子・儒效》篇："诗言是其志也。"

什么是"志"？郑玄注："诗所以言人之志，意也。"《史记・五帝本纪》就引作"诗言意"。"意"，即怀抱、感情等。后来，《毛诗序》解释得更清楚了："诗者，志之所之也，在心为志，发言为诗。"诗所要表达的"志"，是心灵世界的东西，是情志，既侧重指思想、志向、抱负等，也包括感情。所以，诗人把内心的思想感情，通过生动的语言形式表达出来，便是诗了。

所以，"诗言志"这个简单的定义，抓住了诗歌的本质特征，在中国文学发展史上影响深远。朱自清在他的《〈诗言志辨〉序》中认为，这是中国历代诗论"开山的纲领"。

毛泽东在重庆给徐迟题字时和1957年《诗刊》创刊时，两次都题写了"诗言志"，说明了他对诗的基本特征的认知和张扬，很能给人以启发和教育。他给梅白讲明人杨继盛的两句诗（今查明此二句不是明人杨继盛诗句，而是南宋俞丰编王羲之《兰亭序》集字楹联），不仅强调了"诗言志"，更强调诗品源于人品。

“《诗经》第一篇是不是《吻》这类的作品？”

1957 年 3 月 8 日，毛泽东同文艺界代表谈话，讲到当时贯彻百花齐放、百家争鸣方针进行的整风运动中出现了较多的甚至过头的批评意见时说：“放一下就大惊小怪，这是不相信人民，不相信人民有鉴别的力量。不要怕。出一些《草木篇》，就那样惊慌？你说《诗经》《楚辞》是不是也有草木篇？《诗经》第一篇是不是《吻》这类的作品？不过现在发表不得吧？那《诗经》第一篇，我看也没有什么诗味。不要因为有些《草木篇》，有些牛鬼蛇神，就害怕得不得了！”①

毛泽东在前一天的另一次讲话中也说：“‘关关雎鸠’这几句诗一点诗味也没有，《楚辞》《离骚》没有人懂。”②

读了毛泽东这两段话，人家可能有这些疑问：第一，《诗经》《离骚》《楚辞》是什么样的作品？第二，《草木篇》《吻》是何人所写？毛泽东为什么把它们和《诗经》《离骚》《楚辞》联系起来？第三，《诗经》的第一篇是什么样的作品？为什么说它没有诗味？“关关雎鸠”这几句诗又出自哪里？

《诗经》是我国最早的诗歌总集。本来只称“诗”，后世称为《诗经》。编成于春秋时代，共 305 篇，分为“风”“雅”“颂”三大类：《风》有十五国风，《雅》有《大雅》《小雅》，《颂》有《周颂》《鲁颂》《商颂》。大抵是周朝初年至春秋中叶的作品，产生于今陕西、山西、河南、山东及湖北等地。相传古有采风制度，派专人收集民间诗歌，后人或认为书中的不少作品的辑集与这种制度有关。又据《史记》等书记载，《诗经》系孔子

①② 《毛泽东文集》第七卷，人民出版社 1999 年版，第 257—258，248 页。

所删定。近人多疑其说。其中《国风》部分，现代研究者一般认为，大部分是民间诗歌，不少篇章揭露了当时政治的黑暗和混乱、贵族统治集团对人民的压迫和剥削，于人民的劳动与爱情生活也有所反映。其出于统治阶级的《雅》《颂》部分，以歌颂和维护其统治为基本倾向。其中有些祀神祭祖的诗，虽提供了关于周的兴起、周初经济制度和生产的若干情况，但其作用仍在于歌功颂德、宣扬统治者承受天命的宗法思想；还有一些暴露时政的贵族作品，则表现了对周王朝政权趋于衰落的不安和忧虑。诗篇的形式以四言为主，普遍使用赋、比、兴手法，其优秀篇章，描写生动，语言朴素优美，音节自然和谐，极富艺术感染力。《诗经》以其深刻的现实描绘、反映现实的精神，开创了中国诗歌的现实主义传统，对我国两千多年来的文学发展影响很大，在中国乃至世界文学史上都占有重要地位。

那么，什么是《楚辞》呢？《楚辞》，总集名。西汉刘向辑。东汉王逸为作章句。“楚辞”的名称，西汉初期已有之，至刘向乃编辑成集。原收战国楚人屈原、宋玉及汉代淮南小山、东方朔、王褒、刘向等人辞赋共16篇。后王逸增入己作《九思》，成17篇。全书以屈原作品为主，其余各篇也都是承袭屈赋的形式。因其运用楚地的文学样式、方言音韵和风土物产等，具有浓厚的地方色彩，故名《楚辞》。

《离骚》为《楚辞》篇名，屈原作。“离骚”，旧解释为离愁，也有解作遭忧的；近人或解释为牢骚。作者在前半篇，反复倾诉其对于楚国命运的关怀，表达了他要求革新政治、与腐朽贵族集团斗争的强烈意志；后半篇又通过神游天上、追求理想的实现和失败后欲以身殉的陈述，反映出他热爱楚国的思想感情。它运用香草美人的比喻、大量的神话传说和丰富的想象，形成绚烂的文采和宏伟的结构，表现出积极的浪漫主义精神，对后世文学有深远的影响。

《草木篇》是现代著名诗人流沙河写的一组散文诗，《吻》是当代诗人曰白写的一首爱情诗，两篇作品都发表在《星星》诗刊1957年1月创刊号上。至于毛泽东为什么把这两篇作品与我国古代的诗歌经典《诗经》《楚辞》相联系，大概有两方面的原因：第一，内容上有相似之处。《草木篇》是一组咏物散文诗，作者借诗中所写花草树木托物言志；《吻》是一首爱情诗，《诗经》中也有不少爱情诗。第二，表现手法上的相同。《诗大序》提出“六义”说，是根据《周礼》“大师教六诗：曰风，曰赋，曰比，曰兴，曰雅，曰颂”的旧说而来。孔颖达《毛诗正义》卷一认为“风、雅、颂者，《诗》篇之异体；赋、比、兴者，《诗》文之异辞耳”。用现在的话来说，风、雅、颂是诗的种类，而赋、比、兴是作诗的方法。在创作过程中，作者感情的激发、联想和对事物的描写，都是结合具体形象进行的，所以，赋、比、兴的方法实质上是形象思维的方法。而《楚辞》的表现方法，汉王逸《〈离骚〉序》作了很好的说明：“《离骚》之文，依《诗》取兴，故善鸟香草，以配忠贞；恶禽臭物，以比谗佞；灵修美人，以媲于君。”后以“香草美人”比喻忠贞贤良之士。

所以，在毛泽东看来，《草木篇》《吻》这类作品，在中国最早的诗歌经典中就有，虽然“现在发表不得”，也不必大惊小怪。可见，当时毛泽东并没有视为“毒草”。

所谓《诗经》的第一篇，就是《诗经·周南·关雎》。“关关雎鸠”则是这首诗的首句，实际也是指《关雎》这首诗：

关关雎鸠，在河之洲。窈窕淑女，君子好逑。

参差荇菜，左右流之。窈窕淑女，寤寐求之。求之不得，寤寐思服。悠哉悠哉，辗转反侧。

参差荇菜，左右采之。窈窕淑女，琴瑟友之。参差荇菜，左右芼之。窈窕淑女，钟鼓乐之。

《关雎》是《诗经·国风·周南》之一。《周南》包括《关雎》《葛覃》等11首诗。所收大抵为今陕西、河南、湖北交界一带的民歌。《关雎》是全书首篇，也是十五国风的第一篇。《诗序》说是歌咏“后妃之德”，即周文王妃太姒的德行。这是穿凿附会，不足为凭。《鲁诗》则说是大臣（毕公）刺周康王好色晏起之作。现代研究者或以为是写上层社会男女恋爱的作品。

《关雎》是一首描写男子追求女子的民间情歌。全诗三章，一章四句，二、三两章各八句。“关关”，雌雄二鸟相互和答的鸣声。“雎鸠”，鸟名。

朱熹集传："雎鸠，水鸟，一名王雎，状类凫，今江淮间有之。""鸠"在《国风》中出现四次，都是比喻女性的。相传这种鸟雌雄情意专一，其一或死，其一也就忧思不食，憔悴而死，极笃于伉俪之情。第一章，诗人因见洲上一对对的雎鸠，而联想到淑女是君子的好配偶。鲁迅先生曾经调侃地将"窈窕淑女，君子好逑"两句，译为"漂亮的好小姐呀，是少爷的好一对儿"，也很贴切。第二章紧承上一章而来，这位男子见到那位漂亮的姑娘就难以忘怀，就相思，就热恋。那位姑娘采取荇菜时的美妙姿态，映入那青年的脑海中，难以磨灭。他昼思夜想，梦绕魂牵，耿耿长夜，睡不安席。极为生动地写出了男子追求女子而未达到目的时的苦闷心情。第三章写男子求得女子以后美满亲爱的情况。

所以，毛泽东认为《关雎》是首爱情诗，十分恰当。不仅如此，毛泽东还认为，经过孔子删改的《诗经》中保留了不少爱情诗。他说：孔夫子也相当民主，男女恋爱的诗他也收。

至于毛泽东为什么认为这首诗没有诗味，我想有两个方面的原因：

第一，这首诗写男子对他钟爱女子追求的过程，即从深切的思慕到实现结婚的愿望比较平直，缺乏曲折。

第二，与它所用兴的表现手法有关。1965 年 7 月 21 日，毛泽东在《致陈毅》的信中，强调诗歌要用形象思维，不能如散文那样直说，所以比、兴两法是不能不用的。"兴者，先言他物以引起所咏之词也。"毛泽东所引关于"兴"的定义，见于宋代朱熹《诗集传·关雎》注。朱熹认为《关雎》三章用的都是兴法，并作了具体分析。他所谓"周之文王生有圣德，又得圣女姒氏以为之配"的附会，自不可取，但他指出《关雎》一诗主要的艺术手法是兴，颇有见地。此诗以雎鸠之"挚而有别"，兴淑女宜配君子；以荇菜流动无方，兴淑女之难求；又以荇菜既得而"采之""芼之"，兴淑女既得而"友之""乐之"等。这种手法的特点，在于寄托深远，能产生文已尽而意无穷的艺术效果。这样看来，这首诗虽然写得平直些，但由于它运用了兴的手法，即形象思维的方法，还是有一定诗味的。说它"一点诗味也没有"，未免太过。

《葛覃》是“敷陈其事而直言之也”

1965年7月21日，毛泽东在《致陈毅》的信中，强调诗歌创作“要用形象思维，不能如散文那样直说，所以比、兴两法是不能不用的。赋也可以用，如杜甫之《北征》，可谓‘敷陈其事而直言之也’，然其中亦有比、兴。”①

这段话中毛泽东所征引关于赋的定义——“敷陈其事而直言之也”，出自宋代诗论家朱熹《诗集传·周南·葛覃》注释。可见毛泽东对《葛覃》这首诗也是熟知的。

那么，《葛覃》是一首什么样的诗？它又是怎样运用赋这种艺术手法的呢？

诗题《葛覃》。葛，多年生蔓生植物，葛皮纤维可织布，叫葛布。覃（tán 谈），长，指葛藤。今人高亨说：“覃，当读为藤，蔓也。”（《诗经今注》）

这是一首写贵族女子准备归宁的诗。“归宁”，就是已嫁女子回娘家看望父母。朱熹集传：“宁，安也。谓问安也。”古代女子出嫁后，回娘家是一件大事，很值得高兴。所以，诗的首章写道：

> 葛之覃兮，施于中谷。维叶萋萋，黄鸟于飞。集于灌木，其鸣喈喈。

“施”（yì 易），延。“维”，发语词。“萋萋”，茂盛之状。“喈喈”，

---

① 中共中央文献研究室编：《毛泽东书信选集》，人民出版社1983年版，第608页。

鸟鸣声。诗篇开端，诗人用了6句，24个字，描绘一幅阳光明媚的春景：山谷之中，葛藤长得十分茂盛，叶子翠绿，黄雀上下飞鸣，停落在灌木丛中。朱熹在《诗集传·葛覃》中批注道："赋也。"他为赋下的定义是："赋者，敷陈其事而直言之也。"

朱熹沿用《诗序》观点，认为此诗是写后妃归宁之事。所以，他分析说："盖后妃既成絺绤而赋其事，追叙初夏之时，葛叶方盛，而有黄鸟鸣于其上也。"在朱熹看来，葛藤长满山谷，枝叶茂密，黄雀飞上飞下，鸣声悦耳动听，这些眼前景物，诗人一一铺写出来，这就是"赋"的写法。"黄鸟"三句，以鸟起兴，与女子怀念父母有关，所以说赋中亦有兴法。

我们再看第二章：

> 葛之覃兮，施于中谷。维叶莫莫，是刈是濩。为絺为绤，服之无斁。

"莫莫"，即漠漠，茂密之状。"刈（yì 义）"，割。"濩（huò 获）"，煮。"絺（chī 痴）"，细葛布。"绤（xì 戏）"，粗葛布。"斁（yì 义）"，厌恶。第二章紧承上章，写收割葛藤、煮葛，然后用葛的纤维织成粗布、细布，缝制衣服。这样的衣服，穿起来舒舒服服。"服之无斁"四字，朴实无华地表现了，穿着亲自缝制的衣服，那种高兴而得意的心情。

朱熹认为，此章用的也是赋的手法。他分析说："此言盛夏之时，葛既成矣，于是治以为布，而服之无厌。盖亲执其劳，而知其成之不易，所以心诚爱之，虽极垢弊而不忍弃也。"

我们再看末章：

> 言告师氏，言告言归。薄污我私，薄浣我衣。害浣害否？归宁父母。

"师氏"，古时教导女子学习女工（如织布、缝衣之类）的人。"私"，内衣，贴身之服。"浣"，洗涤。"衣"，指穿在外面的衣服。最后一章写到诗的主题：活终于干完了，女子可以回娘家，探望自己的父母了。她告诉"师氏"，快帮我收拾衣物吧，哪件衣服该洗，哪件衣服不该洗，赶紧挑出来，我就要动身省亲了。

朱熹认为，此章用的也是赋法。他并分析说："上章既成絺绤之服矣，此章遂告其师氏，使告于君子以将归宁之意。且曰：盍治其私服之污，而浣其礼服之衣乎，何者当浣，而何者可以未浣乎，我将服之归宁父母矣。""归宁父母"一句为全诗的结穴。而整首诗运用赋的写法，逐层营造愉悦的氛围，以及准备归宁的情事，先设悬念，最后点题、点眼，艺术表现很有特色，可以说是《诗经》中成功运用赋法的典范作品。

“投我以木桃，报之以琼瑶”

1965年6月26日，毛泽东给著名民主人士章士钊先生写了一封信。信是这样写的：

行严先生：

大作收到，义正词严，敬服之至。古人云：投我以木桃，报之以琼瑶。今奉上桃杏各五斤，哂纳为盼！投报相反，尚乞谅解。含之同志身体如何？附此向她问好，望她努力奋斗，有所进益。

毛泽东

一九六五年六月二十六日[①]

读了这封信，读者可能会提出这么四个问题：第一，章士钊是什么人？第二，毛泽东为什么要给章士钊写信，并赠送礼物？第三，毛泽东信中引的两句古诗出自哪里，有什么作用？第四，信中顺便提到的“含之同志”是谁，毛泽东为什么也要问候她？

章士钊（1881—1973），字行严，湖南长沙人。青年时代是反清的激进革命派。1903年夏，在湖南人陈范主办的《苏报》任主笔。该报因连续发表章太炎《驳康有为论革命书》（节录）、《客民篇》《〈革命军〉序》等文章，鼓吹反清革命，批判康、梁保皇谬论。6月30日，清政府以章文有“载湉小丑，未辨菽麦”文字，谕令上海道袁树勋等会同租界工部局，逮捕章太炎，邹容后亦入狱，《苏报》馆被查封，章士钊也亡命日本。北

① 中共中央文献研究室编：《毛泽东书信选集》，人民出版社1983年版，第601页。

洋军阀统治时期，章士钊曾任段祺瑞执政府司法总长兼教育总长。1926年，执政府镇压北京学生爱国运动，造成“三一八”惨案，遭到鲁迅先生的严厉批判。民国时期，章士钊在国民政府任职，和蒋介石的关系也不错。1949年国共两党和平谈判时，是南京国民政府代表团成员之一，因国民党政府拒绝在国内和平协议上签字，遂留北平。新中国成立后，章士钊曾任全国人大常务委员会委员、政协全国委员会常务委员、中央文史研究馆馆长。著有《逻辑指要》《柳文指要》等。含之，即章含之，章士钊的义女。曾在北京外国语学院（大学）英语系任教，从1963年初起任毛泽东的英语教师，后在外交部供职。因曾教毛泽东学英语，所以毛泽东在信中顺便问候她。

毛泽东同章士钊有很深厚的友谊。他们的交往可以追溯到20世纪20年代甚至更早，因为毛泽东第一位妻子杨开慧烈士的父亲杨怀中先生，是章士钊先生早年在长沙时的至交。经杨怀中先生介绍，章士钊在1919年就认识了毛泽东。毛泽东曾对章含之说：“他（章士钊）一生走过弯路，但大部分是好的。”毛泽东还对章含之讲起过章士钊与他最初交往的一件颇有意义的事情。这次谈话，竟引出了毛泽东向章士钊“还债十年”的趣闻。

1963年初，毛泽东读完英文之后，要章含之陪他在寒风中散步。当时毛泽东很健康，不戴围巾、帽子。

走着走着，毛泽东突然问章含之：“行老有没有告诉过你，我还欠了他一笔债没有还呢？”

章含之以为毛泽东在和她开玩笑，就说父亲没有说过，并说要是主席欠债，父亲是必定不会催债的。

毛泽东却很认真地说：“也许行老忘了。这笔债我见到你，想起来了，早该还了！”

于是，毛泽东告诉章含之，1920年，他为组建中国共产党、开展湖南的革命运动及支持一部分同志去欧洲勤工俭学，急需一笔数量较大的银款。他到上海找到章士钊，当然没有告诉章士钊要成立共产党，只是说为一批有志青年去欧洲勤工俭学，请章士钊帮忙。章士钊立即答应，随后发动了社会各界名流捐款。由于章士钊的影响和努力，最后一共筹集了两万银圆，全部交给了毛泽东。

毛泽东笑着对章含之说："行老哪里晓得，他募捐来的这笔钱帮了共产党的大忙。当时，一部分钱确实供一批同志去欧洲。另一部分我们回湖南用，去造反闹革命了！"

毛泽东接着说："你回去告诉行老，我从现在开始要还他这笔欠了50年的债。1年还2000元，10年还完2万元。"

章含之回家告诉章士钊，章士钊听了，哈哈大笑，说："确有其事，主席竟还记得！"

章士钊父女都未想到，几天之后，毛泽东果真派秘书送上第一个2000元，并说今后每年春节送上2000元。这倒使章士钊十分不安，他要女儿转告毛泽东，不能收此厚赠，当时的银圆是募集来的，他自己也拿不出这笔巨款。

毛泽东听了章含之的传话，微笑着说："你也不懂我这是用我的稿费给行老一点生活补助啊？他给我们共产党的帮助，哪里是我能用人民币偿还的呢？我知道你们那位老人家一生无钱，又爱管闲事，散钱去帮助许多人。他写给我的信多半是替别人解决问题的。有的事政府解决不了，他自己掏腰包帮助了。我要是明说给他补助，他这位老先生的脾气我知道，是不会收的。所以我说还债。你就告诉他，我毛泽东说的，欠的账是无论如何要还的。这个钱是从我的稿费中付的。"

从此，每年春节初二这天，毛泽东必派秘书送来2000元，一直到1972年，累计2万元。

1973年的春节过后不久，毛泽东问章含之，给她父亲的钱送去没有。章含之说："今年没有送。"毛泽东问为什么。章含之说："主席忘了，当初说定10年分期偿还，还足2万。去年已是最后一笔，主席当年借的2万已还清了。"

毛泽东笑了，并说："怪我没说清，这个钱是给你们那位老人家的补助，哪里能真的10年就停！我告诉他们马上补送。"章含之说父亲不会收，他当初说那就只收10年。毛泽东说："你回去告诉行老，从今年开始还利息。50年的利息，我也算不清应该多少。就这样还下去，行老只要健在，这个利息是要还下去的。”

接着，毛泽东认真地对章含之说：“这个钱一直送到行老不在为止。他去世了，就停了。你们这一代要靠自己，不要靠父亲的遗产。”[①]

这个“还债十年”的故事，至少可以说明三点：第一，民主人士章士钊对革命是有大功的；第二，毛泽东是很讲友情的；第三，信中说的“投报相反”的意思就是投赠和报答是相互的，具体指的就是这件事。信中所引的两句古诗是《诗经·卫风·木瓜》第二章的前两句，也是“投报相反”的出典。诗的原文如下：

> 投我以木瓜，报之以琼琚。匪报也，永以为好也。
> 投我以木桃，报之以琼瑶。匪报也，永以为好也。
> 投我以木李，报之以琼玖。匪报也，永以为好也。

《卫风》是《诗经》十五国风之一。春秋时卫国（今河南省北部）一带的民歌。《木瓜》是情人相互赠答的恋歌。全诗三章，每章四句，每章的头两句，写这对恋人互赠礼物，后两句写永结同心。作者似是男性。诗的大意是说，有一位热恋中的男青年，对于意中人投赠给他木瓜、木桃、木李等新鲜水果，欣喜万分，想用珍贵的琼琚（珍美的佩玉）、琼瑶（似玉的美石）、琼玖（似玉的浅黑色石）来相回报，以表示自己与所钟情的姑娘永结盟好的意愿，从而热情地赞扬了这种天真无邪的质朴恋情。这首诗反映了我国古代青年男女自由恋爱的幸福生活，以及他们对爱情的热烈追求与无比忠诚。这首诗中青年男女的互赠礼物，便是“投报相反”，后来就用来比喻彼此间的赠送和回报。

毛泽东在信中引用“投我以木桃，报之以琼瑶”二语，并说“投报相反”，不仅一下子拉近了和章士钊的距离，而且使这位国学大师无法拒绝毛泽东还债，增加了此信的说服力，表现了他对老朋友章士钊的深挚友谊。

---

① 章含之：《我与父亲章士钊》，《文汇月刊》1988 年第 4 期。

书写古诗，为失约的恋人作证[①]

1956年夏天，毛泽东去北戴河。

列车刚启动，他便在客厅对随行人员说："今天是礼拜六，你们有没有约会呀？"有的同志低头，有的同志在笑。

"有，我有。"心直口快的列车员姚淑贤脱口而出，说罢又有点后悔，觉得不该这样冒失，可是话说出来了，是没法收回的。

毛泽东和蔼地望着她，面带微笑，亲切地问："跟什么人有约会？"

姚淑贤很不好意思，但又不能不回答，所以声音很低地说："跟男朋友。"并告诉毛泽东，就是为他做食品检验的那个小吕（宝璋）。

毛泽东开玩笑地说："我怎么听人家叫他大吕？是因为个子高，还是脾气大？"

话出有因。毛泽东这样说，是因为有一次小吕上车取检验样品时，在客厅门口和卫士长发生了冲突，被毛泽东听到了。

毛泽东接着说："他可很厉害，他有两张嘴。只要他手下留情就好。要不然把全部东西拿去化验，我们可要饿肚皮了。"毛泽东这句话也是有来由的。因为有一次毛泽东看见小吕写的检验报告内容："送检样品经检验未发现×××。"毛泽东当时风趣地说："他给自己留了后路啊。"

大家都笑了。沉默了一会儿，毛泽东忽然想到了什么，用带有歉意的口吻说："哎呀，搅了你们的好事，怎么办？"他皱着眉头，还有些着急的样子。"你们打算在哪儿约会？"毛泽东又问。

"说好了去中山公园玩，在门口。不过没事。"姚淑贤轻描淡写地说，

---

① 参见姚淑贤：《在毛主席专列上的日日夜夜》，原载《党的文献》1994年第3期。

算是对毛泽东的一种安慰。

“怎么会没事呢？你告诉他了吗？”

“没有。”

“你这个小姚啊，要是不见不散怎么办？”毛泽东望了望窗外又说，“你就连个电话都没给他打？”

“我们只要接受任务，就不能告诉其他的人。”姚淑贤又接着说，“没事的，我们在一个处工作，他一会儿到专列上来采样，就知道了。我有任务，他会理解的。”

毛泽东摇摇头，说：“久了会出误会的。”

当时姚淑贤认为这事说过去就完了，谁也没有再议论。晚上，姚淑贤把为毛泽东削好的铅笔送去。当她转身要离开客厅时，毛泽东说：“小姚，你等等，有个东西你拿给小吕看一看。”

毛泽东将顺手写好的诗交给她：“静女其姝，俟我于城隅。爱而不见，搔首踟蹰。”

姚淑贤一看是首古诗，忙说：“主席，我们有纪律，凡是带字的东西都必须上交。”

“你为什么那么老实？现在没谁看到，我是不会打小报告的。”毛泽东说着，做了个手势：“藏起来，带给他。”

姚淑贤从客厅里出来，心中很不安。她认为既然有纪律，还是应该讲清楚。于是她找到卫士长李银桥，把刚才毛泽东的原话向他作了汇报，并把古诗拿给他看。李银桥笑了笑，对姚淑贤说：“那就收藏好，带回去吧！”

姚淑贤在毛泽东身边工作多年，只有这么一次带走了毛泽东写的文字。而这次“违反纪律”为姚淑贤的生活留下一段美好的记忆，它记录了领袖对身边工作人员的关心和爱护。

毛泽东书写的这四句诗，是《诗经·邶风·静女》的第一章。这首诗是东周后期产生于邶地（今河南淇县境）的民歌。这是一首情歌，写一对热恋中的青年男女约会的情形，通篇由男子口吻道出。“静女”，意思是文静的姑娘，也就是今天说的“靓女”，是男子对心上人的爱称。

全诗共三章。毛泽东写给姚淑贤的是第一章：“静女其姝，俟我于城隅。爱而不见，搔首踟蹰。”这一章先写男子未见女子时的喜悦与焦灼。起首二句，点明约会的对象（静女）和约会的地点（城隅）。“姝”，美好之意。“其姝”，犹言何等漂亮的姑娘，表示男子对所恋女子的赞美与倾慕。连同下一句“俟我于城隅”，就生动地写出了那个男子在赴约会时的那种欢欣、愉快和幸福，以及不无自得之意的心情。但下面突然一转：“爱而不见，搔首踟蹰。”“爱”，通“薆”，隐蔽。“踟蹰”，徘徊不前。男子依约来到约会地点——城的角落，却找不到那女子，原来那个天真、活泼而又有点调皮的姑娘看到男子来了，便故意隐藏起来了。这样一来，可急坏了那个满怀欣喜而兴冲冲地赶来相会的小伙子，他急得抓耳挠腮，走来走去。“搔首踟蹰”一语，穷形尽相地写出当时那个男子焦灼万状的情态，同时，也表现了他对所钟情女子的迷恋程度。所以，这一章所写的青年男子未见所恋女子时的喜悦与焦灼的情形，与小吕见不到姚淑贤赴约时的情形，当十分相似。日后当姚淑贤拿出毛泽东为她手书的古诗作证时，两人一定会发出会心的微笑。况且小吕作为毛泽东身边的工作人员，当然是懂得纪律的，所以他是不会“误会”姚淑贤的。但从这件小事，我们可以看出伟大领袖毛泽东的常人心态，以及他对身边工作人员的亲切关怀。

这首诗的第二章写情人相会：“静女其娈，贻我彤管。彤管有炜，说怿女美。”“娈”，美丽俊俏之态。“彤管”，红色的嫩茅草。“炜”，红而有光。“说怿”，喜悦。“女”，通“汝”，义含双关，字面上指彤管，实际上亦指所爱女子。这一章写两个热恋中的情人相会了，女子还赠给男子一把红色的嫩茅草，礼物虽然平常，因为是情人所赠，所以在男子看来实在是太漂亮了。这就既写出了男子对女子所赠礼物的珍爱，又由此表现了他对“静女”的深情。

第三章便写约会后男子幸福的回味：“自牧归荑，洵美且异。匪女之为美，美人之贻。”“牧”，野外放牛羊的地方。“归”，借为“馈”，赠给。“荑”，草名。初生白茅草。“洵”，确实。“匪”，通“非”，不是。这一章的意思是说，男子拿着那把女子从牧场带回来的嫩茅草，觉得它实在美得出奇。为什么男子会有这种感受呢？并不是嫩茅草本身有多么美，而是因为它是美人送的，所以，也就觉得它愈加美丽了。

总之，这首恋歌，不仅思想内容是健康的，艺术上也是成功的，其语言的简练，构思的精巧，人物心理和形象刻画的生动，以及生活气息的浓烈，都不能不使我们两千多年以后的读者感到惊异。毛泽东自幼熟读《诗经》，信手拈来加以应用，恰到好处。

吕宝璋和姚淑贤不仅没有造成“误会”，而且不久便结成了一对恩爱夫妻。后来吕宝璋考上大学，到石家庄医学院学习，姚淑贤告诉了毛泽东。毛泽东高兴地说：我喜欢这样的年轻人，有志气。告诉他，要多学点本领，将来好为人民服务，以后有机会我还要见见他。我身边的小伙子，送他上学他还不愿去。

姚淑贤说：“那是舍不得离开您老人家。”

毛泽东说：“哪有不离开的道理？我死了也要离开的。”当时姚淑贤没有想到毛泽东说出这样的话，就说：“主席，您别这样说。”

“怎么说？毛主席是人，不是神，人总是要死的，毛主席也是要死的。”

后来姚淑贤才知道，毛泽东要送他的卫士小田去上学，因小田不愿离开毛泽东，没有马上表示同意，毛泽东有些不高兴。这说明毛泽东不仅关心身边工作人员的婚姻恋爱问题，更关心他们的学习和进步。

“《七月》八章只曲详衣食二字”

毛泽东在湖南省立第四师范（后合并于一师）读书时，1913 年 10 月至 12 月记的课堂笔记《讲堂录》中所记《国文》课笔记里记载了这样一段话：

> 农事不理则不知稼穑之艰难，休其蚕织则不知衣服所自。《豳风》陈王业之本，《七月》八章只曲详衣食二字……[①]

当时，任国文课教学的是袁仲谦。袁仲谦（吉六）是前清举人，最重视古文教学。他不赞成毛泽东学梁启超的报刊体文章，劝毛泽东多读韩愈的文章。

毛泽东从旧书坊买回一部《韩昌黎诗文全集》，选出一部分比较好的文章，每天抽出一两个钟头阅读钻研，从词汇、句读、章节到全文意义，进行了解、领会，使其达到融会贯通的地步。所以，袁仲谦在诗文写作方面，对毛泽东很有影响。这一点，毛泽东自己也承认。在延安时期，他曾告诉斯诺，由于袁仲谦劝他读古文，他至今仍能写得一手不错的古文。袁仲谦 1932 年去世。毛泽东受人之托，1952 年曾书写“袁吉六先生之墓”供立碑用，另外还托人照顾袁仲谦遗孀的生活。

上面所录的一段诗论，当是袁仲谦所讲，毛泽东觉得对自己甚有启发或深有同感，所以记录下来，以备三复四温。因此，我们也把它当作毛泽东的意见。

---

① 《毛泽东早期文稿》，湖南人民出版社 1995 年 9 月第 2 版，第 597 页。

《豳风》就是幽（今改为“彬”）地的民歌。豳（bīn 彬），古国名。周朝的祖先公刘所立，其地在今陕西省彬州以东旬邑县境。《豳风》《诗经》的十五国风之一。共七篇，都是西周时期的诗歌。其中除《七月》写农业生活外，其他各篇都是赞美周公的。所谓王业，帝王的事业，就是统一天下，建立王朝。因为豳是周朝的发祥地，《豳风》反映了周王朝初建时期的生活，故说是“陈王业之本”。

我国自古以来就是个农业国。因为只有农业，才能解决人们的衣食住行问题，乃是立国的根本。“《七月》八章只曲详衣食二字”，就是这个道理。下面我们看诗人是怎样写的：

七月流火，九月授衣。一之日觱发（bì bō 必波），二之日栗烈。无衣无褐（hè 贺），何以卒岁！三之日于耜（sì 寺），四之日举趾。同我妇子，馌（yè 夜）彼南亩，田畯至喜。

七月流火，九月授衣。春日载阳，有鸣仓庚。女执懿筐，遵彼微行，爰求柔桑。春日迟迟，采蘩祁祁。女心伤悲，殆及公子同归。

七月流火，八月萑（huān 欢）苇。蚕月条桑，取彼斧斨（qiàng 抢），以伐远扬，猗彼女桑。七月鸣鵙（jué 决），八月载绩。载玄载黄，我朱孔阳，为公子裳。

四月秀葽（yāo 腰），五月鸣蜩（tiáo 条）。八月其获，十月陨萚（tuò 拓）。一之日于貉（hé 河），取彼狐狸，为公子裘（qiú 求）。二之日其同，载缵（zuǎn 纂）武功。言私其豵（zōng 宗），献豜（jiàn 剑）于公。

五月斯螽（zhōng 忠）动股，六月莎鸡振羽。七月在野，八月在户，十月蟋蟀入我床下。穹窒熏鼠，塞向墐户。嗟我妇子，曰为改岁，入此室处。

六月食郁及薁（yù 誉），七月亨葵及菽。八月剥（pū 朴）枣，十月获稻：为此春酒，以介眉寿。七月食瓜，八月断壶，九月菽苴（jū 居）。采荼（tú 图）薪樗（shū 叔），食我农夫。

九月筑场圃，十月纳禾稼：黍稷重穋（chóng lù 虫录），禾麻菽麦。嗟我农夫，我稼既同，上入执宫功。昼而于茅，宵而索绹（tào 套）。亟其乘屋，其始播百谷。

二之日凿冰冲冲，三之日纳于凌阴。四之日其蚤，献羔祭韭。九月肃霜，十月涤场。朋酒斯飨，曰杀羔羊。跻彼公堂，称彼兕觥（sì gōng 寺工），“万寿无疆”！

诗题中的“七月”，夏历七月。周人兼用夏历。诗中的“一之日”，指周历正月，夏历十月以后的第一个月（即夏历十一月）的日子。诗中的“二之日”“三之日”“四之日”依此类推。

这是一首叙述农奴全年劳动情况的诗。农奴绝大部分的劳动是为统治者的，小部分是为自己的，他们被剥削的程度是相当惊人的。通过此诗，可以看出周代农奴生活的状况，因此，《七月》是一篇现实主义的杰作，有很高的文学价值和史料价值。

全诗共八章八十八句，是《国风》中篇幅最长、结构最复杂、内容最丰富的篇章。《诗序》说：“《七月》，陈王业也。周公遭变，故陈后稷先公风化之所由，致王业之艰难也。”所说大抵不错。

此诗以奴隶自述的口吻，诉说自己一年的生活苦况和劳动艰辛。诗人以月份为经，以每月的农事、杂务为纬，纵横交错，叙议结合，组成了一幅周代农业生活的画卷。它的主要内容如下：

第一章总述衣食问题，从七月说到二月，从岁寒写到春耕开始。

第二章从三月说起，写农村妇女蚕桑之事。

第三章继续写妇女蚕桑之事，并指出是为供统治者制衣裳用的。

第四章写农事既毕，农奴还得为统治者猎取野兽。

第五章写一年将尽，农奴为自己收拾房子过冬。

第六章写农桑之余，农奴还得顾及统治者及私人所食用的各种农作物。

第七章写收成完毕，还得为贵族们干室内的活，然后才能用茅草修补自己的住房。

第八章从凿冰写到年终的宴饮。这种大规模的聚会当是一年一度的。

从上述各章要点，我们可以看出，本诗第一章是总述衣食问题，第二、三、四章是承第一章前半段分述关于“衣”方面的事。第五章由前章叙述为裘御寒，过渡到为自己修缮破屋过冬。第六、七、八章是承首章后半段分述关于“食”方面的事。而衣、食方面的事的叙述又很详细，所以确如毛泽东所说：“《七月》八章只曲详衣食二字。”

毛泽东在年轻读师范时，听国文教员袁仲谦讲这首诗，记下的笔记表明，他对“《豳风》陈王业之本，《七月》八章只曲详衣食二字”的重视，以及对该诗表现的“农事不理则不知稼穑之艰难，休其蚕织则不知衣服之所自”道理的认同，这对他后来领导中国革命和社会主义建设，特别重视农民和农业问题，有一定的影响。

“仗剑从云，作干城！”

据原新建《情谊重如山——记陈毅与张伯驹的交往》记载：“1月10日，中共中央在八宝山革命公墓礼堂为陈毅举行追悼大会。9时许，毛泽东以及党和国家领导人出现在追悼会上。毛主席面对陈毅同志的遗像，默默肃立。顷刻，他从礼堂一个角落里发现了一副挽联，立即低声吟诵起来：‘仗剑从云，作干城，忠心不易，军声在淮海，遗爱在江南。万庶尽衔哀，回望大好河山，永离赤县；挥戈挽日，接尊俎，豪气犹存，无愧于平生，有功于天下。九泉应含笑，伫看重新世界，遍树红旗。’吟罢，毛泽东立刻倍加称赞地说：‘这副挽联写得好啊！’老人家沉思了片刻，徐徐转过头来，问张茜同志：‘张伯驹呢，张伯驹来了没有？’‘张伯驹没有来。追悼会不允许他参加。他们夫妇俩从吉林回来，一没有户口，二没有工作，生活很困难。’张茜的声音低沉，强抑着眼中的泪水。这时，毛泽东的目光又回到张伯驹那副挽联上。良久，他转过身，对周总理说：‘你过问一下，尽快解决。’”①

张伯驹的挽联，上联中的头两句是用典。“从云”，从者如云，喻从随者之盛多。语出《诗经·齐风·敝笱》。诗的全文是：

> 敝笱在梁，其鱼鲂鳏。齐子归止，其从如云。敝笱在梁，其鱼鲂鱮。齐子归止，其从如雨。敝笱在梁，其鱼唯唯。齐子归止，其从如水。

“笱（gǒu）狗”，鱼篓。“鲂鳏（fáng guān 方管）”，鳊鱼、鲲鱼。

---

① 1992年5月8日《人民政协报》。

“齐子”，齐女，指文姜。“归”，回娘家。“鱮（xù）绪”，大头鲢鱼。“唯唯”，表示出入自如。

这是一首讽刺诗。齐桓公娶了齐国的文姜，但文姜和她哥哥齐襄公本来就私通，鲁桓公不但不能制止文姜，而且还跟随文姜一道回齐国，声势特别盛大，远望像一片乌云。诗用破烂的鱼篓不能捕鱼来比鲁桓公的无用，表面上是嘲笑敝笱，但忽然跳出文姜回娘家的事，讽刺的对象便十分清楚了。张伯驹改作“仗剑从云”，形容陈毅手提宝剑，从随盛多，十分形象。

“作干城”，干为盾。城为城廓。二者都起防御作用，所以人们时常用以比喻捍卫者或御敌立功的将领。语出《诗经・周南・兔罝》。诗的全文如下：

肃肃兔罝，椓之丁丁。赳赳武夫、公侯干城。肃肃兔罝，施于中逵。赳赳武夫，公侯好仇。肃肃兔罝，施于中林。赳赳武夫，公侯腹心。

“肃肃”，网眼细密之状。“罝（jū 居）”，捕兔的网。“椓（zhuó 浊）”，敲击。“丁丁（zhēng 争）”，象声词，打木桩发出的声音。“赳赳”，雄健威武之态。“公侯”，公爵和侯爵，泛指有爵位的贵族和官高位显的人。“逵（kuí 奎）”，四通八达的道路。

这是一首称赞青年猎手的诗，赞美他善于捕猎又威武雄健，足可以作为公侯的卫士和智谋之士。诗起笔写猎手打桩布网，捕捉狡兔，接着写这样的“赳赳武夫”，正好是“公侯干城”。由猎手，而武夫，而干城，是诗人的联想在发挥妙用。打猎和打仗本来就关系密切，好猎手与好武士，也有着必然的联系，而且“兔罝”的起兴，似乎又有一种比义，那些猎手逮兔的功夫，恰好是“赳赳武夫”擒敌本领的象喻，任何顽敌在他们面前，都不过是束手就擒的猎物。这样的“赳赳武夫”当然是公侯的保卫者了。

第二、三两章是首章的叠咏和深化。诗中猎手从打桩设网，渐次施网于路口，进而布网于林中；而“赳赳武夫”也由“王侯干城”，进而成为贴身近卫，乃至王侯的心腹。

张伯驹的挽联上联用了《诗经》中上述两个典故，紧扣陈毅元帅一生中最为卓越的军功：率部转战江南红军革命根据地；领导新四军坚持抗日在大江南北；指挥华东野战军参加淮海战役……热情地赞颂了陈毅为革命忠心不移的崇高品质，勾勒了一个中华人民共和国元帅浩气凛然的英雄形象，描绘了陈毅病逝后人民群众的无限悲哀、催人泪下的悲壮场面。

下联的前两句也是用典。“挥戈挽日”，亦即撝戈反日。“撝”同挥。“反”同返。《淮南子·览冥训》：“鲁阳公与韩构难，战酣日暮，援戈而撝之，日为之反三舍。”后以“挥戈反日”赞扬坚强的战士排除万难，扭转危局。

“接尊俎”，语出《战国策·齐策五》：“千丈之城，拔之尊俎之间；百尺之冲，折之衽席之上。”“尊”为酒器。“俎”为载肉之具。尊俎常为宴席的代称。“冲”为战车。“折冲”，指击退敌军。所以折冲尊俎，比喻不以武力而在宴会上的谈判中便制胜了对方。这是写陈毅是个杰出的外交家。所以，下联叙写了陈毅在外交风云中以及在十年浩劫中，力排困境，不顾打击和迫害，仍以挥戈反日的英雄气概，扭转危局，功高天下。张伯驹的挽联抓住陈毅的赫赫军功和外交功勋，公正地评价了陈毅对革命作出的杰出贡献。这与毛泽东所说“陈毅同志是立了功劳的”“他为中国革命、世界革命作出了贡献”的评价是相符的，又写得比较有文采，因而受到了毛泽东的称赞。

“开慧之死，百身莫赎”

1930 年 11 月 14 日，毛泽东的夫人杨开慧，在长沙浏阳门外识字岭光荣就义，年仅 29 岁。当时，正在中央革命根据地指挥红军进行第一次反“围剿”的毛泽东，得知这一噩耗，十分内疚地说：“开慧之死，百身莫赎。”

1923 年 4 月，湖南军阀赵恒惕下令通缉毛泽东，毛泽东被迫离开长沙赴上海，后又到广州参加中国共产党第三次全国代表大会和中国国民党第一次全国代表大会，后在国民党中央上海执行部工作。1924 年夏，杨开慧和她的母亲一起，带着毛岸英和刚出生不久的毛岸青到上海和毛泽东团聚。

1924 年底，毛泽东携杨开慧及其儿子回故乡韶山养病，办农民夜校。搞社会调查，并创建中共韶山支部。

不久，赵恒惕再次通缉捉拿毛泽东。脱险后，举家到广州。杨开慧继续做联络工作，与周恩来、邓中夏、恽代英、林伯渠、李富春等人过从甚密。

北伐战争开始，杨开慧随毛泽东回到长沙，协助毛泽东做了大量调查和资料整理工作，后来毛泽东写了著名的《湖南农民运动考察报告》。1927 年 2 月，杨开慧随毛泽东到武昌，杨开慧生下了她的第三个儿子——毛岸龙。

1927 年大革命失败后，杨开慧随毛泽东回到长沙。不久，毛泽东去发动秋收起义，杨开慧带着三个儿子回到板仓老家。不料这次分手，竟成了两人的永诀。

秋收起义后，毛泽东把队伍拉到井冈山，后又创建中央苏区根据地。

1930年8月，红军撤出长沙以后，湖南省清乡司令何键悬赏1000块大洋，捉拿“毛泽东的妻子杨氏”。1930年10月中旬，杨开慧被捕入狱。同时被捕的还有其保姆陈玉英和毛岸英。在狱中，反动派要杨开慧声明与毛泽东脱离关系，遭到杨开慧的严词拒绝。杨开慧对前去探监的亲友说：“死不足惜，但愿润之革命早日成功。”于是从容就义。

所以，杨开慧不仅是毛泽东的妻子，更是他的志同道合的同志和战友，说“开慧之死，百身莫赎”，实不为过。

“百身莫赎”，亦作“百身何赎”。“百身”，有两解，一说一身死百次，一说一百人的生命。所以，“百身莫赎”，可以有两种译法：用自己的一百条命也无法补偿，或用一百人的生命也换不回来。意思都是对死者表示沉痛的悼念。南朝梁刘令娴《祭夫徐敬业（徐悱）文》：“一见无期，百身何赎。”唐白居易《祭崔相公文》：“百身莫赎，一梦不还。”上述两例都是这种用法。

“百身莫赎”是用典。语出《诗经·秦风·黄鸟》：“如可赎兮，人百其身。”《黄鸟》全文如下：

交交黄鸟，止于棘。谁从穆公？子车奄息。维此奄息，百夫之特。临其穴，惴惴其栗。彼苍者天，歼我良人！如可赎兮，人百其身！

交交黄鸟，止于桑。谁从穆公？子车仲行。维此仲行，百夫之防。临其穴，惴惴其栗。彼苍者天，歼我良人！如可赎兮，人百其身！

交交黄鸟，止于楚。谁从穆公？子车鍼虎。维此鍼虎，百夫之御。临其穴，惴惴其栗。彼苍者天，歼我良人！如可赎兮，人百其身！

这首诗译成现代汉语，是这样的：

自由的小黄雀，止息在枣林里。谁为穆公去殉葬？他是奄息子车氏。好个奄息子车氏，百个男子不能比。站在葬身的墓穴边，谁不吓得直打战。满怀悲愤怨苍天，为何偏把好人歼？如果可以去替换，我死百回也心甘。

自由的小黄雀，飞到桑树上。谁为穆公去殉葬？他是子车名仲行。子车家的好仲行，百个男儿比不上。站在葬身的墓穴边，谁不吓得直打战。

满怀悲愤怨苍天，为何偏把好人歼？如果可以去替换，我死百回也心甘！

自由的小黄雀，落在荆树上。谁为穆公去殉葬？他是子车名鍼虎。子车家的仔鍼虎，百个男儿敌不住。站在葬身的墓穴边，谁都吓得直打战。满怀悲愤怨苍天，为何不把好人怜？如果能够去替换，我死百回也心甘！

这首诗属《秦风》，是西周时秦地（今陕西一带）民歌。此诗历来认为是秦人哀悼“三良”之作。所谓“三良”，就是春秋时代为秦穆公殉葬的子车氏的三位大夫——奄息、仲行、鍼虎。秦穆公，姓嬴，名任好，春秋时秦国君。公元前659—前621年在位。死时，以177人殉葬，其中最有名的人物当数“三良”。此事在《左传》和《史记·秦世家》中都有记载，应当可信。

杀人殉葬，或以活人殉葬，是奴隶制社会的一种极其野蛮残忍的习俗，直到春秋时代，依然存在。《黄鸟》一诗所写，像子车氏“三良”这样百不挑一的杰出人物，却要去为秦穆公去殉葬，实在不可思议。于是大呼苍天。可是叫天天不应，诗人只好无奈喊叫道：如果可以替换，我愿意死一百次替换他。这不仅表达了秦国人民对“三良”的痛惜和哀悼，更表达了对殉葬这种野蛮习俗的痛恨和愤怒。在那个新旧制度和新旧思想逐步交替的时代，这首诗不只是对“三良”高唱的挽歌，也是对旧制度敲响的丧钟。

“嘤其鸣矣，求其友声”

1915年9月的一天，为征求志同道合的朋友，毛泽东以“二十八画生”（按繁体，“毛澤東”三字为28画）之名，向长沙各校发出征友启事。启事有“愿嘤鸣以求友，敢步将伯之呼”之语，提出要结交刻苦耐劳、意志坚定、随时准备为国捐躯的青年。

长沙第一联合中学学生罗章龙，赴司马里第一中学（校址为南宋时辛弃疾飞虎营遗址）访友，在该校会客室门外墙上，偶见署名“二十八画生”的征友启事。启事是用八裁湘纸油印的，古典文体，书法挺秀。罗章龙驻足浏览，见其文情真挚，辞复典丽可诵，看后颇为感动，遂署名“纵宇一郎”发信应之。

毛泽东很高兴，复信说“空谷传音，跫然色喜”，并约定在定王台湖南省立图书馆见面。两人谈了3个小时，谈治学、处世、人生、宇宙观和社会改造问题，而对于治学方针与方法，新旧文学与史学的评价等，谈论尤多。分手时，毛泽东对罗章龙说：“我们谈得很好，‘愿结管鲍之谊’，以后要常见面。”

毛泽东的征友启事已经遗失，不可复得，但另一当事人罗章龙却有回忆文章叙述其事，见于罗著《椿园载记》[①]。所以征友之事大抵真实可信。

罗章龙（1896—1995），湖南浏阳人。1921年加入中国共产党，1931年被开除出党。后历任河南大学、西北联合大学、湖南大学等校教授。新中国成立后，曾任中国人民政治协商会议全国委员会委员。“纵宇一郎”，罗章龙在1915年同毛泽东初次通信时用的化名。毛泽东在征友启事和以后

① 《椿园载记》，生活·读书·新知三联书店1984年版，第1—2页。

与罗章龙的通信、谈话中，引经据典，很有文采，给罗章龙的印象很深。

信中所说“空谷传音，跫然色喜”，语出《庄子·徐无鬼》：“夫逃虚者……闻人足音跫（qióng 穷）然而喜矣。”意思是说，在山谷里听到人的脚步声，脸上现出喜悦的颜色，表示很高兴，比喻极难得的音信或事物。这是对罗章龙应征一事的嘉许。

两人会晤谈话后，毛泽东表示“愿结管鲍之谊”，也是用典。典出晋傅玄《何当行》：“管鲍不世出，结交安可为。”“管鲍”是春秋时管仲和鲍叔牙的并称。管仲，名夷吾，字仲。鲍叔牙，齐大夫。二人友善。公子纠死，鲍叔牙荐管仲于桓公。管仲尝曰：“生我者父母，知我者鲍子。”后常用以比喻交谊深厚的朋友。在这里，毛泽东借管仲、鲍叔牙未得志前就结为挚友一事来比喻两人的共同志向。

征友启事所引的两句诗皆出自《诗经》。“愿嘤鸣以求友”，出自《诗经·小雅·伐木》。全诗如下：

伐木丁丁，鸟鸣嘤嘤。出自幽谷，迁于乔木。嘤其鸣矣，求其友声。相彼鸟矣，犹求友声；矧伊人矣，不求友生？神之听之，终和且平。

伐木许许，酾酒有藇。既有肥羜，以速诸父。宁适不来，微我弗顾。於粲洒埽，陈馈八簋。既有肥牡，以速诸舅。宁适不来，微我有咎。

伐木于阪，酾酒有衍。笾豆有践，兄弟无远。民之失德，干糇以愆。有酒湑我，无酒酤我。坎坎鼓我，蹲蹲舞我。迨我暇矣，饮此湑矣。

《伐木》诗属于《小雅》。《小雅》是《诗经》的组成部分之一，共74篇。大抵产生于西周后期和东周初期。作者多属于统治阶级。他们的作品，一部分是宴会的乐歌，较多地反映其统治危机、并对此表示忧虑，有的则表现了周室与西北戎、狄部族以及东方诸侯各国之间的矛盾。也有研究者认为，《小雅》中还有若干反映人民生活的民间诗歌。

《伐木》是贵族宴请亲友、故旧的乐歌。全诗共三章。第一章，以伐木起兴，以鸟鸣求友喻人们也应该友好相处，末言神将降福于友爱的人们。“伐木丁丁（zhēng 争），鸟鸣嘤嘤（鸟和鸣声）”，起首二句以伐木声引出鸟鸣声。“出自幽谷，迁于乔木”，是说鸟儿出了深谷底，飞上高树顶。上两句写所闻，这两句写所见，诗人看到的不单是鸟的飞翔，也是听者对声音的捕捉。接下四句是说，听着这样的鸟鸣，自然引起人们的联想：并不懂得友情的鸟还呼朋引类，鸟儿之间是那么和乐，人类间更需要友爱，更需要亲情和友情维系。于是诗人想象，如果是这样，神灵就会既保平安又和好。

第二章，写洒扫屋宇，陈设酒食，以待客至。“伐木许许（hù 虎），酾酒有藇（xù 序）”，起首二句仍用起兴，由对亲友之爱的呼唤写到施爱的主动：诗人以最甜的酒、最肥的羔羊、最谦恭的态度宴请同姓和异姓长辈。“既有肥羜（zhù 苎）”，见其酒清；“肥羜”“肥牡”，见其肉美；“陈馈八簋（guǐ 鬼）”，言其酒宴丰盛。“以速诸父”“以速诸舅”两小节于整齐中又有参差，以起互见互补作用。“宁适不来，微我弗顾”“宁适不来，微我有咎”，极言其待人宽、责己严，在长者面前，恭敬之至。

第三章，写醉饱歌舞之乐，并约后会。“阪”，山坡。“笾（biān 边）豆”，皆为礼器。笾是竹制的盛食物的器皿；豆是木制的盛食物的器皿。“糇（hóu 侯）”，干粮。“愆”，过失。“湑（xù 胥）”，通“酾”，滤过的酒。“酤”，通“沽”，买。“蹲蹲（cún 存）”，跳舞之态。“迨（dài 待）”，及，趁着。本章前四句也用起兴，施爱行动由第二章的长辈诸父、诸舅，转到了第三章的同辈兄弟，行文次第井然，也见出内外、长幼的次序。最后六句写歌舞的场面，歌声、鼓声，欢乐的人们交融在一起，真是痛饮无长幼，忘形到汝尔。宴会达到高潮，亲友之间的亲情也得到了充分的表现，最后表示：只要有空闲，这样的饮宴还要举行。

征友启事中的“敢步将伯之呼”，典出《诗经·小雅·正月》。《正月》是一首忧国哀民、愤世嫉邪的诗，当是周室士大夫所写。内容是写：西周的统治已发生严重危机，统治集团又矛盾重重，不能进行有效的挽救；这种局面若不改变，必将灭亡。全文如下：

> 正月繁霜，我心忧伤。民之讹言，亦孔之将。念我独兮，忧心京京。哀我小心，癙忧以痒。

父母生我，胡俾我痛。不自我先，不自我后。好言自口，莠言自口。忧心愈愈，是以有侮。

忧心惸惸，念我无禄。民之无辜，并其臣仆。哀我人斯，于何从禄？瞻乌爰止，于谁之屋？

瞻彼中林，侯薪侯蒸。民今方殆，视天梦梦。既克有定，靡人弗胜。有皇上帝，伊谁云憎？

谓山盖卑，为冈为陵。民之讹言，宁莫之惩！召彼故老，讯之占梦。具曰："予圣"，谁知乌之雌雄？

谓天盖高，不敢不局。谓地盖厚，不敢不蹐。维号斯言，有伦有脊。哀今之人，胡为虺蜴！

瞻彼阪田，有菀其特。天之杌我，如不我克。彼求我则，如不我得。执我仇仇，亦不我力。

心之忧矣，如或结之。今兹之正，胡然厉矣。燎之方扬，宁或灭之。赫赫宗周，褒姒威之。

终其永怀，又窘阴雨。其车既载，乃弃尔辅。载输尔载，将伯助予！

无弃尔辅，员于尔辐。屡顾尔仆，不输尔载。终逾绝险，曾是不意！

鱼在于沼，亦匪克乐。潜虽伏矣，亦孔之炤。忧心惨惨，念国之为虐！

彼有旨酒，又有嘉肴。洽比其邻，昏姻孔云。念我独兮，忧心殷殷。

佌佌彼有屋，蔌蔌方有谷。民今之无禄，天夭是椓。哿矣富人，哀此惸独。

全诗共十三章，可分为三个部分。第一部分包括前四章，从"我"与"天时"着眼，写诗人自伤生不逢时，恰巧碰上亡国灭种之难。第五章至第八章为第二部分，从"我"与"君"的关系，揭示了宗周灭亡的直接原因。第九章至篇末为第三部分，从"我"与"新贵"的关系角度，揭示西周灭亡的根本原因。全诗紧扣"忧"字，以"我"为主线层层展开：由"我"的身世、经历、遭遇，带出忧患之情，逐渐而及世之谣诼，而及国民大众，而及昊昊苍天，而及世事，而及朝政，直至卑劣的新贵。诗人始终把个人的不幸和国家的沦亡、人民的痛苦结合在一起，忧国忧民、救民于水火之中舍我其谁的思想溢于言表。毛泽东在征友启事中“敢步将伯之呼”（“将”，请求。“伯”，古代对男子的敬称），就是号召要发扬这种精神。

总之，毛泽东在“征友启事”中“愿嘤鸣以求友，敢步将伯之呼”之句，把《伐木》与《正月》中所强调的求友与以天下为己任的救国救民思想结合起来，确立为自己的奋斗目标，贯穿了他伟大革命家的一生。之后，在不同革命时期，他在文章和书信中多次运用两句诗意，说明在私交和革命事业中都离不开朋友的帮助。在《斯大林是中国人民的朋友》一文中说：“我们中国人民，是处在历史上灾难最深重的时候，是需要人们援助最迫切的时候。《诗经》上说的：‘嘤其鸣矣，求其友声。’我们正是处在这种时候。”[①] 毛泽东在文中引用《伐木》中的两句诗，说明了世界各国劳动人民之间是朋友，应该互相帮助、互相支持。

1936 年，毛泽东写给国民党军将领高桂滋的信中说：“嘤其鸣矣，求其友声，暴虎入门，懦夫奋臂，谁谓秦无人而曰甘受亡国奴之辱乎？寇深情急，竭意进言，惟阁下熟思而审图之。”[②]

高桂滋（1891—1959），字培五，陕西定边人。当时任国民党军第八十四师师长。1949 年拒绝去台湾。新中国成立后，曾任西北军政委员会委员。高桂滋听从毛泽东的建议，在“全国即将陷于沦亡惨境”的关键时刻，表示赞同国防政府抗日联军的提法，彼此联合，共同抗日，为抗日战争作出了自己的贡献。解放前夕，他拒绝去台湾，留在大陆参加社会主义建设，与交了毛泽东这个朋友有很大关系。

1936 年 8 月 14 日，毛泽东在致宋子文的信中再一次引用这个典故：“寇深祸亟，情切嘤鸣，风雨同舟，愿闻明教。”[③]

宋子文（1894—1971），海南省文昌县人。当时任国民党政府全国经济委员会主席、中国银行董事长，属于国民党高层人士。毛泽东这封信是

---

① 《毛泽东选集》第二卷，人民出版社 1991 年 6 月第二版，第 657 页。

② 中共中央文献研究室编:《毛泽东书信选集》，人民出版社 1983 年版，第 32、44 页。

③ 中共中央文献研究室编:《毛泽东书信选集》，人民出版社 1983 年版，第 32、44 页。

对国民党上层人士做统战工作，对促进共同抗日起了积极作用。所以，毛泽东这个教导，大至一个国家、一个民族，小至个人交往、人际关系，都不失其教育意义。

“心里没有气，他写诗？”

1964年8月18日，毛泽东在《关于哲学问题的谈话》中说：“我过去读过孔夫子的书，读了‘四书’、‘五经’。读了六年。背得，可是不懂。”

“四书”，即《论语》《孟子》《中庸》《大学》。“五经”，即《诗经》《书经》《礼记》《易经》《春秋》。“四书”“五经”都是儒家经典，旧时私塾的教科书。1902年，毛泽东刚满8岁，开始在韶山南岸读私塾，启蒙老师是邹春培。毛泽东从《三字经》读起，继而点读《论语》《孟子》《诗经》等。现在韶山毛泽东展览馆还藏有毛泽东当时读的一部《诗经》。

毛泽东不仅熟悉《诗经》，而且对《诗经》很有研究。1964年8月18日，毛泽东在北戴河同几位哲学工作者的谈话中说：“司马迁对《诗经》品评很高，说是《诗》三百篇皆古圣贤发愤之所为作也。大部分是风诗，是老百姓的民歌。老百姓也是圣贤。‘发愤之所为作’，心里没有气，他写诗？‘不稼不穑，胡取禾三百廛兮？’‘不狩不猎，胡瞻尔庭有悬特兮？’‘彼君子兮，不素餐兮！’‘尸位素餐’就是从这里来的。这是怨天，反对统治者的诗。孔夫子也相当民主，男女恋爱的诗他也收。朱熹注为淫奔之诗。其实有的是，有的不是，是借男女写君臣。”①

毛泽东在上述谈话中提到的司马迁（公元前145—前86或公元前135—前93），字子长，夏阳（今陕西韩城）人。先祖是周朝史官，父司马谈在汉武帝时任太史令。10岁随父至长安学习经史。20岁后，游踪几遍全国，考察风俗，探访古迹，采集传说。初任郎中，武帝元封三年（公元前108）继父任太史令，博读史官所藏图书。太初元年（公元前104）与

---

① 陈晋：《毛泽东谈文说史》，《瞭望》1991第36期。

唐都、落下闳等共定太初历，对历法进行改革，并继承其父遗志，著《太史公书》(即《史记》)。后因替李陵投降匈奴辩解，受腐刑。出狱后任中书令，发愤著述，完成《史记》。其书开创纪传体史书范例，为中国第一部“通古今之变”的通史。鲁迅誉之为“史家之绝唱，无韵之《离骚》”。《汉书》卷六十二有传。

司马迁这位伟大的史学家、文学家，是怎样评价我国古代第一部诗歌总集《诗经》的呢？

在《史记·太史公自序》一文中，司马迁申明继承《诗》《书》《礼》《乐》的文化传统，高度评价《诗经》说：“《诗》记山川溪谷禽兽草木牝牡雌雄，故长于风”，其目的在于“达意”。他还总结当时的创作经验，提出了著名的“发愤著书”说。这段有名的论述是这样的：

> 夫《诗》《书》隐约者，欲遂其志之思也。昔西伯拘羑里，演《周易》；孔子厄陈、蔡，作《春秋》；屈原放逐，著《离骚》；左丘失明，厥有《国语》；孙子膑脚，而论兵法；不韦迁蜀，世传《吕览》；韩非囚秦，《说难》、《孤愤》；《诗》三百篇，大抵圣贤发愤之所为作也。此人皆意有所郁结，不得通其道也，故述往事，思来者。……

在司马迁的另一篇文章《报任安书》中也有类似的话。他的这个意思源于我国伟大诗人屈原：“惜诵以致愍兮，发愤以抒情。”(《楚辞·九章·惜诵》)。所谓发愤，就是发泄愤懑。司马迁认为，许多著作家都是由于遭遇不幸，受到社会的迫害和压抑，有“道”难通，有志难申，为了“遂其志之思”，即表达自己的意见，抒发心中的怨愤，以流传后世，才著书立说的。正因为如此，其著作必然表现出对现实社会的不满和批判，在一定程度上揭露了社会政治的黑暗。

司马迁的发愤著书思想，对封建社会中进步作家具有重要的启示和鼓舞作用，对后代文学理论产生了深刻的影响。唐代韩愈提出“不平则鸣”(《送孟东野序》)，宋代欧阳修提出“诗穷而后工”(《梅圣俞诗集序》)，清人金圣叹的“忧患成书”说的观点，都是对司马迁“发愤著书”说的继承和发展。

毛泽东肯定了司马迁的这种观点，说是“《诗》三百篇皆古圣贤发愤之所为作也”。这里需要交代的是“三百篇”。“三百篇”，指《诗经》的篇数。《诗经》本为三百零五篇，举其成数，则言“三百”。后亦用作《诗经》的代称。

毛泽东在谈话中引用的几句诗见于《诗经·魏风·伐檀》。他引用《伐檀》中的名句来说明《诗经》是发愤之作，十分中肯。我们如果读一下《伐檀》全诗，就会理解更深。《伐檀》原文如下：

坎坎伐檀兮，置之河之干兮，河水清且涟猗。不稼不穑，胡取禾三百廛兮？不狩不猎，胡瞻尔庭有县貆兮？彼君子兮，不素餐兮！

坎坎伐辐兮，置之河之侧兮，河水清且直猗。不稼不穑，胡取禾三百亿兮？不狩不猎，胡瞻尔庭有县特兮？彼君子兮，不素食兮！

坎坎伐轮兮，置之河之漘兮，河水清且沦猗。不稼不穑，胡取禾三百囷兮？不狩不猎，胡瞻尔庭有县鹑兮？彼君子兮，不素飧兮！

《伐檀》属《魏风》。“魏”，指春秋时期魏国，其地在今山西省西南的芮城。《魏风》就是魏地的民歌。《伐檀》是伐木者的诗歌，它揭露了奴隶主贵族不劳而获、残酷地剥削劳动人民的丑恶行径，唱出了劳动人民的心声。它是《诗经》中脍炙人口的名篇，两千多年来，为广大劳动人民喜闻乐见，可以说是家喻户晓，妇孺皆知。

全诗三章共二十七句。三章的思想内容和艺术手法基本相同，略有变化。第一章起首三句写伐木者的劳动场面：伐木的人叮叮当当伐檀树，伐下檀树放在河边，河水清清纹如连环。几句写出了伐木的人伐树、运树的劳动过程。

四至九句写伐木的人对于不劳而获的君子的冷嘲热讽。“不稼不穑”四句，运用排比句式，质问剥削者：不种不收，为什么抢走三百捆稻谷？冬夜不狩，白天也不打猎，为什么你家庭院里挂满貆皮？伐木者看到自己的劳动成果都到了君子的手里，自然怒火中烧，四句反诘喷射而出，好像连发炮弹，射向那些君子。

紧承上面四句，诗人又用“彼君子兮，不素餐兮”两句反语，画龙点睛，揭示主题，更加具有尖锐的讽刺作用。“彼君子”，指那些“不稼不穑”“不狩不猎”的剥削者，等于指名道姓，指着鼻子骂，异常尖锐。“不素餐”，是说那些不劳而获的人可不吃素啊，换个说法就是他们都是些卑鄙的肉食者，语似委婉，其实尖锐，讽刺意味更强。

第二、第三两章与第一章一样，都是前三句写劳动场面，后六句抒发感慨，只更换了几个字，如“伐檀”，换成“伐辐”“伐轮”；“河干”，换成“河侧”“河漘”；“涟猗”，换成“直猗”“沦猗”；“三百廛”，换成“三百亿”“三百囷”；“县貆”，换成“县特”“县鹑”；“素餐”，换成“素食”“素飧”。用词不断变化，词义大同小异，但从诗的内容来讲，却写出了伐木者劳动的繁重与辛苦，剥削者的贪婪与奢侈，从而形成了尖锐的对立，强烈地表现了伐木者的不满和愤懑，因而正像司马迁所说是“古圣贤发愤之所为作也”，用毛泽东的话来说，就是：“心里没有气，他写诗？”

最后需要交代一下的是，毛泽东认为“尸位素餐”就是讲的诗中所写情况，这是不错的，但作为一个成语，出现得却较晚。“尸位素餐”最早见于东汉班固著《汉书·朱云传》：“今朝廷大臣，上不能匡主，下亡从益民，皆尸位素餐，孔子所谓‘鄙夫不可与事君’，‘苟患失之，亡所不至’者也。”颜师古注：“尸位者，不举其事，但举其位而已。素餐者，德不称官，空当食禄。”所以，“尸位素餐”通常是指占据官位食国家俸禄而不能尽职的官员。

“如日之升，如月之恒”

1950 年 9 月 19 日，毛泽东写信给上海第二军医大学教授张维。信是这样写的：

张维兄：

来信收读，甚以为慰。令堂大人八十寿辰，无以为赠，写了几个字，借寄庆贺之忱。顺祝健康！

毛泽东

九月十九日 ①

张维（1898—1975），湖南浏阳人。早年同毛泽东在湖南第一师范学习，有较多交往。1949 年 9 月起在上海第二军医大学任教。

信中所说“令堂大人”是对张维母亲的敬称。“令堂”，称对方母亲的敬辞。“令”是美、善的意思。因用为敬辞。如“令尊”，称对方的父亲等，都是这种用法。

信中所说“写了几个字”，中共中央文献研究室在此加注说：“指毛泽东为祝贺张维母亲八十寿辰书写的‘如日之升，如月之恒’八个字。”

毛泽东书写的这八个字，出自《诗经 · 小雅 · 天保》。全文如下：

天保定尔，亦孔之固。俾尔单厚，何福不除（zhú 竹）。俾尔多益，以莫不庶。

① 中共中央文献研究室编：《毛泽东书信选集》，人民出版社 1983 年版，第 388 页。

天保定尔，俾尔戬（jiǎn 检）榖（gǔ 谷）。罄无不宜，受天百禄。降尔遐福，维日不足。

天保定尔，以莫不兴。如山如阜，如冈如陵。如川之方至，以莫不增。

吉蠲（juān 捐）为饎（xi 喜），是用孝享。禴（yue 月）祠烝尝，于公先王。君曰卜尔，万寿无疆。

神之吊（di 地）矣，诒（yi 宜）尔多福。民之质矣，日用饮食。群黎百姓，偏为尔德。

如月之恒，如日之升。如南山之寿，不骞不崩。如松柏之茂，无不尔或承。

诗题《天保》，是上天保佑，使之安定的意思。郑玄笺：“保，安。尔，女也。女，王也。”后引申为皇统、国祚。

这是一首优美的祝祷诗：祈求上天神灵的保佑，祷告先王列宗的庇护，歌颂当朝君王的恩德，祝福周朝江山的长久。

《天保》通过反复叠唱，以优美的言辞，表达祈求幸福平安的良好祝愿，数千年来为人们交口称赞，在艺术表现上也颇有特色，特别是诗中连用9个“如”字明喻来祝人福寿，产生一种绵绵不绝、日新月异、永不枯竭的联想，加之篇名“天保”，又给人一种吉祥如意的感觉，所以后世人们便以“天保九如”，作为祝寿颂辞，表达祝寿者的真诚的心意和良好的祝福。

毛泽东书写此诗中“如日之升，如月之恒”二句，并把二句顺序加以颠倒，祝贺老同学张维的母亲八十大寿，既体现了尊老敬贤的传统美德，又典雅大气，十分贴切。

“今我来兮，杨柳依依”

据毛泽东的身边工作人员郭金荣回忆说：1976年，一个春光明媚、风和日丽的早晨，小孟（名锦云，毛泽东护士）劝毛泽东去花园走走，出乎意料，毛泽东同意了。小张（名玉凤，毛泽东机要秘书）和小孟一人一边搀扶着他，来到卧室后面的一个小花园，他们边走边谈话。

毛泽东沿着花园小径踽踽而行，他仔细看这花、这草、这石。那刚刚透出的鹅黄色的柳条，在轻轻摇曳。久违了，春光。毛泽东顺口念了两句诗：“今我来兮，杨柳依依。”

当毛泽东坐在为他准备好的椅子上，又吟了一首诗：“终日昏昏醉梦间，忽闻春尽强登山。过院逢僧闲话语，又得浮生半日闲。”

吟完诗后，毛泽东问小孟和小张：“怎么样，你们听懂了吗？真是难得这春光啊！”①

上文中，毛泽东念的两句诗，是由《诗经·小雅·采薇》中诗句“昔我往矣，杨柳依依”改造而来；毛泽东吟的另一首诗，是唐人李涉的《题鹤林寺僧舍》。

毛泽东在1943年3月写的五律《挽戴安澜将军》中有“外侮需人御，将军赋采薇”的句子②。采薇，指《诗经·小雅·采薇》篇。可见毛泽东对《采薇》这首诗十分熟悉。那么，《采薇》是怎样一首诗呢？且看原诗：

采薇采薇，薇亦作止。曰归曰归，岁亦莫止。靡室靡家，玁狁

① 《晚年时期的毛泽东》，《南方周末》1992年6月5日。
② 《毛泽东诗词集》，中央文献出版社1996年版，第177页。

（xiǎn yǔn 先晕）之故。不遑启居，玁狁之故。

采薇采薇，薇亦柔止。曰归曰归，心亦忧止。忧心烈烈，载饥载渴。我戍未定，靡使归聘。

采薇采薇，薇亦刚止。曰归曰归，岁亦阳止。王事靡盬（gǔ 骨），不遑启处。忧心孔疚，我行不来。

彼尔维何？维常之华。彼路斯何？君子之车。戎车既驾，四牡（mǔ 母）业业。岂敢定居，一月三捷！

驾彼四牡，四牡骙骙（kuí 奎）。君子所依，小人所腓（féi 非）。四牡翼翼，象弭（mǐ 米）鱼服。岂不日戒，玁狁孔棘。

昔我往矣，杨柳依依。今我来思，雨雪霏霏。行道迟迟，载渴载饥。我心伤悲，莫知我哀！

这首诗译成现代汉语是这样的：

采薇菜呀采薇菜，薇苗已经出了土。说回去呀说回去，已经又到了岁暮。我们远离家乡，是玁狁入侵的缘故。我们无暇安稳地休息，是玁狁入侵的缘故。

采薇菜呀采薇菜，薇苗长得很柔嫩。说回去呀说回去，心中实在太忧闷。心中火烧又火燎，腹内饥渴实难忍。我们驻守无定所，无法托人捎家信。

采薇采呀采薇菜，茎叶已经很粗硬。说回去呀说回去，转眼之间到初冬。王事还没有宁息，我们也无暇休整。心中忧愁真痛苦，回家之事又落空。

那开得茂盛的是什么？是盛开的棠棣之花。那高高大大的是什么？它是主帅的兵车呀！主帅兵车已出发，四匹雄马高又大。怎敢安稳地驻扎，一月数次把敌人打。

驾起那四匹雄马，四匹马肉胖膘肥。主帅在车上指挥，战士借车掩蔽身体。四匹马步伐整齐，弓和箭袋装饰美丽。怎能不天天戒备，玁狁来犯十分紧急。

昔日出征之时，杨柳摇来摆去。而今归来之日，大雪漫天纷飞。道路崎岖漫长，腹中又渴又饥。我的心何等哀伤，谁能了解我的悲戚。

这是一首描写戍卒生活的诗。关于它的时代背景，《汉书·匈奴传》

说："（周）懿王时，王室逐衰，戎狄交侵，暴虐中国。中国被其苦。诗人始作，疾而歌之曰：'靡室靡家，猃狁之故。'"据此，则这首诗当作于公元前10世纪左右。

此次征战的对象是玁（又作猃）狁。玁狁，民族名。西周时称玁狁，春秋时称北狄，秦汉时则称为匈奴。周代以来，这个民族经常和我国北方发生战争，《小雅》有好几首诗都是描写同玁狁作战的。此诗是其中的一首。

这首诗写兵士们在归途中，追述戍边作战的苦况，充分地反映出征人痛定思痛的心情。

全诗六章，可分为四个段落。首章为第一段，写为了征伐玁狁而离家远戍于外，揭示战争的原因。第二、三两章为第二段，写戍无定所，与家人音讯隔绝，及种种饥渴劳苦之状。第四、五两章为第三段，追述戍守时紧张劳苦的战斗生活。末章为第四段，写士卒归途抚今追昔，痛定思痛更加悲伤，同时对于能够生还，也不无喜悦情绪。诗人由回忆写到归途中的情景："昔我往矣，杨柳依依。今我来思，雨雪霏霏。"回忆起昔日从军之时，正值风和日丽的春天，万条杨柳，迎风披拂。今日归来，已是严冬天气，又遇上大雪纷飞。刘勰有云："情以物迁，辞以情发，一叶且或迎意，虫声有足引心。"（《文心雕龙·物色》）在人与自然之间，本来就存在着一种互相感发的关系，何况主人公面对的是眼前这样一片惨淡景色，更何况主人公在面对这种景色时，又偏偏想起了昔日"杨柳依依"的美景呢？今"来"和"昔"往，痛苦和欢乐，在此形成了鲜明的对照，巨大的反差，从而越发加深了征人内心深处的痛苦，所谓"以乐景写哀，以哀景写乐，一倍增其哀乐"（王夫之《姜斋诗话》卷上），指的正是这种情况。这四句诗千古传诵，并被认为是《诗经》中最佳的句子，是有一定道理的。

1974年大半年时间里，毛泽东双目失明，全靠身边工作人员护理、安排生活，坚持工作。1975年春，同仁医院眼科专家唐由之，为他做白内障复明手术后，右眼视力恢复到0.2。他又能自己看书、看报、看文件，正常工作了，但身体仍十分虚弱。这年夏天又休克一次，抢救及时得以脱险，身体实际状况并没有大的好转。

1975 年冬天，毛泽东卧病在床，根本没有户外活动。所以，到 1976 年春暖花开的时节，在一个风和日丽的日子，身边工作人员才搀扶着他到房后的小花园里散步。长期卧床，乍见柳丝披拂，花色艳丽，小草青青，春光如许，喜不自胜，信手拈来古诗中描写春天景色的佳句加以改造，他兴奋地吟道：“今我来兮，杨柳依依。”更加切合自己的实际情况，表现了他长期卧床乍见春光的喜悦心情，真是再恰当不过了。

当时毛泽东兴致颇高，坐下后又吟诵了唐代诗人李涉的一首七言绝句《题鹤林寺僧舍》：“终日昏昏醉梦间，忽闻春尽强登山。过院逢僧闲话语，又得浮生半日闲。”

李涉，自号清溪子，洛阳人。官太子通事舍人，后贬谪陕州司仓参军，召为太学博士，复以事流放南方，浪游桂林。诗见《全唐诗》。七绝较多，也最擅长。

诗题中的“鹤林寺”，佛寺名。在今江苏镇江市黄鹤山下。晋朝建。南朝宋时改今名。寺中殿前有一井，名寄奴（刘裕小字寄奴）泉，为宋武帝刘裕未显贵时开凿。这首诗的意思是说，诗人整天醉酒昏昏欲睡，忽听人说春天快要过去了，于是赶紧去登山。途经鹤林寺遇到一个和尚闲聊，又得到人生的半天空闲。这就是说，诗人登山途中，在鹤林寺僧舍和一个和尚聊了一阵子话，可能受到启发，思想感到很愉快。这就既写了游春，又切了题鹤林寺僧舍的题目，不愧为一首佳作。

“欲报之德，昊天罔极”

1920年3月14日，毛泽东致周世钊的信开头一段说：

> 接张君文亮的信，惊悉兄的母亲病故！这是人生一个痛苦之关。像吾等长日在外未能略尽奉养之力的人，尤其发生“欲报之德，昊天罔极”之痛！这一点我和你的境遇，算是一个样的！[①]

这段话是说，毛泽东从张文亮的来信中，得知周世钊的母亲去世了，因此写信给周世钊表示慰问，并表示未能生前尽奉养之力而极为沉痛，这种境遇两个人是一样的。毛泽东的母亲文七妹于1919年10月5日病逝，为时不久，所以这样说。

信中提到的“张君文亮”，即张文亮，号闻谅。湖南长沙人。当时在长沙修业学校读书。

收信人周世钊（1897—1976），字惇元，又名敦元、东园，湖南宁乡人。在湖南省立第一师范学校时与毛泽东同学，新民学会会员。时任长沙修业学校主任教员。后长期从事教育工作。新中国成立后任湖南省第一师范学校校长、省教育厅长、副省长。长期与毛泽东交往，是毛泽东的学友、朋友、诗友。

信中所引的两句诗“欲报之德，昊天罔极”，出自《诗经·小雅·蓼莪》，全文如下：

---

① 《毛泽东早期文稿》，湖南人民出版社1990年版，第473页。

蓼蓼者莪，匪莪伊蒿。哀哀父母，生我劬劳。

蓼蓼者莪，匪莪伊蔚。哀哀父母，生我劳瘁。

瓶之罄矣，维罍之耻。鲜民之生，不如死之久矣！无父何怙？无母何恃？出则衔恤，入则靡至。

父兮生我，母兮鞠我，拊我畜我，长我育我，顾我复我，出入腹我。欲报之德，昊天罔极！

南山烈烈，飘风发发。民莫不谷，我独何害！

南山律律，飘风弗弗。民莫不谷，我独不卒。

译成现代汉语，这首诗是这样的：

高高的茵陈，不是茵陈是艾蒿。可怜的父亲母亲啊，生我养我多么辛劳。

高高的茵陈，不是茵陈而是牡蒿。可怜的父亲母亲啊，生我养我累成病痨。

盛酒的瓶子空了，那是大酒坛子的羞耻。连父母都不能赡养的人，还不如早点死去。

没有父亲依靠谁？没有母亲靠何人？出门心中多悲伤，进家心中多苦辛。

父亲啊，你生育我，母亲啊，你哺育我、抚爱我、喜欢我、养大我、教育我、照顾我、庇护我、进进出出抱着我。你们的恩德我怎能报答，它就像苍天一样博大辽阔！

南山崔嵬多艰险，旋风劈啪苦难言。人人都有法奉养父母，为什么我就这么困难？

南山崔嵬多崎岖，旋风飒飒肌肤痛。人人都有法奉养父母，为什么我就不能养老送终？

诗的题目为《蓼莪》。“蓼蓼（lù 路）”，长大之状。“莪”，即莪蒿，俗称茵陈，多年生草本植物，叶子像针，花黄绿色，嫩的茎叶可作蔬菜，抱根而生，又叫抱娘蒿。题目之意，就是高高的蒿。这是一首悼念诗。托物起兴，这首诗是通过咏蓼莪来抒情的。它叙述了一个行役之人整天在外东奔西走、颠沛流离的不幸遭遇，抒发了他不能报答父母养育之恩，不得赡养父母以终天年的痛苦心情，表达了他对当时社会繁重的徭役负担、残酷的剥削压榨的不满。

全诗共六章，可分为三个段落。一、二章为第一段，写哀叹父母生我养我劬劳、劳瘁。三、四两章为第二段，写儿子与父母的眷眷深情。五、六两章为第三段，写自己艰苦行役的处境。诗人为了突出父母的养育之恩，采用赋法，“敷陈其事而直言之”（朱熹语）：“生我”“鞠我”“拊我”“畜我”“长我”“育我”“顾我”“复我”“腹我”，九个动作描写，历数父母对自己的抚养过程，字字含情，宛如声声哭诉，郁积的感情喷薄而出，令人为之动容，一洒同情之泪。

父母对诗人的大恩大德，想报而不能报答，只能无可奈何地高呼：“欲报之德，昊天罔极”。“昊天”，苍天。“昊”，元气博大之状。“罔”，无。“极”，边。这两句诗的意思是说：父母养育恩德深广，欲报而无可报答。因此，这两句诗便成了孝敬父母的典型语言。毛泽东在信中正是这种用法，不仅是对友人周世剑母亲的悼念，对周世钊的安慰，也是自己丧母哀痛的流露。

“屈原是中国一位伟大的诗人”

1954年10月26日，毛泽东会见印度总理尼赫鲁时，向这位外国政治家介绍说：“屈原是中国一位伟大的诗人，在一千多年前就写了许多爱国的诗，政府对他不满，把他放逐了。后来中国人民把他死的一天作为节日，这一天就是旧历五月初五端午节。人们吃粽子，并把它投到河里喂鱼，使鱼吃饱了不伤害屈原。”①

其实，毛泽东这样评价屈原不是偶然的。早在1949年12月，毛泽东在赴莫斯科访问的火车上，与苏联陪同的汉学家费德林有过一次关于中国诗歌的谈话。他从《诗经》谈起，其中突出地谈到屈原。

对于屈原，毛泽东深情地向费德林介绍说：“屈原生活过的地方，我相当熟悉，也是我的家乡么。所以我们对屈原，对他的遭遇和悲剧特别有感受。我们就生活在他流放过的那片土地上，我们是这位天才诗人的后代，我们对他的感情特别深切。不过现在的人就未必了，他们不一定理解屈原的伟大功绩。”

毛泽东分析屈原所处的历史时代说：“连年战乱使国家凋敝，民不聊生，楚国灭亡了。这是事情的一个方面。接着开始了另一个历史过程，就是把那些分散的、互相争权夺利、争战不休的诸侯王国统一起来的过程，这个过程是不以人的意志为转移的。最后，它以秦始皇统一中国而告终，从而形成第一个集中统一的帝国。这对中国后来的命运产生了重要作用。这是事情的另一个方面。”

抚今追昔，毛泽东一往情深地说：“是的，这些都发生在我的故乡湖

① 陈晋：《骚怀楚屈平》，《瞭望》1991年第35期。

南，发生在屈原殉难的地方——长沙。因为这缘故，屈原的名字对我们更为神圣。他不仅是古代的天才歌手，而且是一名伟大的爱国者：无私无畏，勇敢高尚。他的形象保留在每个中国人的脑海里。无论在国内国外，屈原都是一个不朽的形象。我们就是他生命长存的见证人。”

毛泽东还说：“屈原的功勋并不是马上就得到人们的承认。那是后来过了不少日子，诗人的品格才充分显示出来，他的形象才真正高大起来。屈原喝的是一杯苦酒，也是为真理服务的甜酒，诗歌像其他创作一样，是一种精神创造。”

毛泽东最后说：“是啊，这种崇拜不是屈原自己制造的，而是爱戴他的老百姓自发产生的。这种崇拜一直延续到现在，难道能怪他吗？我们不能为别人负责，老百姓树立他们所需要的权威和偶像，这是他们的事，我们不能对此负责。我不认为这是他的错……”[①]

毛泽东的这两次谈话，是迄今为止所发现的他有关屈原最完整的论述，可以说是一篇屈原论：一、屈原是一个伟大的爱国者；二、他是个天才诗人；三、在国内外影响巨大。

屈原（约前340—约前278），名平，字原；又自云名正则，字灵均。我国最早的伟大诗人。战国楚人。初辅佐楚怀王，做过左徒、三闾大夫。主张彰明法度，举贤授能，改革政治，东联楚国，西抗强秦。在同保守派贵族令尹子兰、靳尚等人的斗争中，遭谗去职。顷襄王时被放逐，流浪在沅湘流域，比较接近人民生活，对黑暗现实更加不满，但始终把振兴楚国的愿望寄托在楚王身上。后因楚国的政治更加腐败，顷襄王二十一年（前278）首都郢被秦军攻破，他既无力挽救楚国危亡，又深感政治理想无法实现，遂于是年五月初五投汨罗江而死。著有《离骚》《九歌》《天问》《九章》等。《汉书·艺文志》著录《屈原赋》25篇，其书久佚，后代所见屈原作品，皆出自汉刘向辑集的《楚辞》。

从屈原的生平和创作情况来看，毛泽东的论断是正确的。在政治生活

① 〔俄〕费德林：《我所接触的中苏领导人》，新华出版社1995年版，第15—29页。

中，屈原从内政和外交两方面努力，企图挽救楚国的危亡，然而由分散的诸侯小国走向统一的大趋势不可阻挡，他无力回天。在他死后 55 年（前223）楚被秦所灭，这是时代所致，无损于屈原伟大爱国者的形象。在文学上，屈原不仅借助诗歌表达了他的爱国情怀和理想抱负，而且创造了一个奇迹：在《诗经》之后，他创造的骚体诗（也称骚体赋），一般篇幅较长，句式灵活参差，多六七言，以“兮”字作语助词，取得了很大成就。从此，风、骚并称，成为我国文学史上现实主义和浪漫主义的源头，对后代文学影响巨大。

关于屈原政治和文学上的得失问题，20 世纪 50 年代末 60 年代初，毛泽东在杭州读苏联《政治经济学（教科书）》时的谈话中说屈原如果继续做官，他的文章就没了，正是由于开除‘官籍’，‘下放劳动’，才有可能接近生活，才有可能产生《离骚》这样好的文学作品。”①

司马迁那段“文王拘而演《周易》，仲尼厄而作《春秋》，屈原放逐乃赋《离骚》”的名言，毛泽东多次引用，鼓励人们要在逆境中振奋精神，不屈不挠地有所作为。

在 1958 年 3 月召开的成都会议上，毛泽东提倡干部要讲真话，举历史人物为例，其中就有屈原。他说，屈原是敢讲真话的人，敢于为原则而斗争，虽然不得志，但是应该向他们学习。

毛泽东从青年时代起就十分崇敬屈原，喜读屈原的作品。早在湖南省立第一师范读书时，他在自己的课堂笔记《讲堂录》，用工整的楷书抄录了屈原的《离骚》和《九歌》全诗。在《离骚》正文第一页的天头上，写有各节提要。这本《讲堂录》共 47 页，抄屈原的诗占去前 11 页，它留下了毛泽东早年下苦功学习屈原作品的珍贵史料。

全国解放后，毛泽东作为国家最高领导人，日理万机，但每次离京外出携带的大批书籍中，总有《楚辞》。“1957 年 12 月，曾要我们把各种版本的《楚辞》以及有关《楚辞》和屈原的著作尽量收集给他，我们专门请

① 毛泽东：《读苏联〈政治经济学〉（教科书）的谈话》，《党的文献》1994 年第 5 期。

何其芳（当时中国科学院文学研究所所长）列了一个目录，经过两个多月的努力，把古今有价值的各种《楚辞》版本和有关著作收集了50余种。在那一段时间里，毛泽东比较集中地阅读了这些书。”①

毛泽东又在1959年、1961年两次索要《楚辞》，1961年6月16日还特别指名要人民文学出版社影印的《楚辞集注》。

1959年8月16日，毛泽东在《关于枚乘〈七发〉》一文中，再次讲到屈原。他说：“骚体是有民主色彩的，属于浪漫主义流派，对腐败的统治者投以批判的匕首。屈原高据上游。宋玉、景差、贾谊、枚乘略逊一筹，然亦甚有可喜之处。”②

1961年秋，毛泽东又写了七绝《屈原》：

屈子当年赋楚骚，手中握有杀人刀。
艾萧太盛椒兰少，一跃冲向万里涛。

这是一首怀古诗。诗中的“屈子”，指屈原。“杀人刀”，喻指屈原的《离骚》所发挥的战斗作用。“艾萧”，即艾蒿，臭草。这里比喻奸佞小人。“椒兰”，申椒和兰草，皆为芳香植物，这里比喻贤德之士。这首诗热情地赞扬了屈原以诗歌为武器，和楚国的腐朽反动势力进行不屈不挠的斗争，不惜以死殉国的伟大爱国主义精神和大无畏的气概。毛泽东怀念屈原，当然不是发思古之幽情，而是现实政治斗争触发借古喻今的思考。1961年，正是我国内外交困的多事之秋。由于自然灾害和工作失误，国民经济出现严重困难；国外的反动势力，也向我国施加巨大压力；毛泽东本人也因为“大跃进”和“反右倾”的失误，在党内外受到严厉批评。遭际相似，诗心相通，神气相投，使毛泽东想起屈原，赋诗为之立传，也为自己立言。

1958年1月召开的南宁会议上，毛泽东给与会干部印发了《楚辞》中的几篇作品。一天深夜，他给江青写信说：“我今晚又读了一遍《离骚》，

① 逄先知：《古籍新解，古为今用》，《毛泽东的读书生活》，生活·读书·新知三联书店1986年版，第215页。

② 《毛泽东文艺论集》，2002年第1版，第201页。

有所领会，心中喜悦。”[①] 南宁会议，是在广西南宁召开的有部分中央负责人和部分省、市委书记参加的工作会议。会议于 1958 年 1 月 11 日至 23 日举行。毛泽东在会上讲了两次话，都讲到了《离骚》。在 1 月 16 日的《在南宁会议上的讲话提纲》中说：“学楚词，先学离骚，再学老子。”[②] 在 21 日的《南宁会议上的结论提纲》第一部分共有 20 个问题，其中第 17 个问题讲文件的准确性、鲜明性、生动性，举的例子是《离骚》中的诗句。他说：

> 古代考据学，要解决的问题，是概念和判断的问题，公式是什么是什么。
>
> 例如：皇考是远祖，还是祖父，还是父亲？三后是楚国的三后，还是禹、汤、文，还是颛顼、帝俈、轩辕？兰是现在这样的兰，还是另外一种？
>
> 以上是概念问题。
>
> 例如：昔三后之纯粹兮，固众［芳］之所在。［彼］尧舜之耿介兮，固〈既〉遵道而得路；何桀纣之昌〈猖〉披兮，夫唯截〈捷〉径以准〈窘〉步？
>
> 以上，是判断问题。
>
> 古代的义理学，要解决［的］问题，是推理的问题。
>
> 以上二学，都属理性认识。

在南宁会议短短的 10 天中，毛泽东先是把包括《离骚》在内的几篇《楚辞》印发与会人员，接着在两次讲话中宣讲，还写信给没有与会的江青，谈自己读《离骚》的体会，说是“有所领会，心中喜悦”。

毛泽东这次重读《离骚》，又有什么新的“领会”，使他心中十分“喜悦”呢？

从南宁会议的主要议题、毛泽东讲话的核心内容，以及以后的工作安

---

① 《毛泽东的读书生活》，生活·读书·新知三联书店 1986 年版，第 218 页。
② 《建国以来毛泽东文稿》第七册，中央文献出版社 1992 年版，第 16 页。

排，便不难看出。在毛泽东的讲话中，讲了“反冒进”的教训、“砍掉十万个合作[社]”的教训、响应反斯大林的教训，完全跟着赫鲁晓夫的指挥棒跑、响应高饶的教训等。毛泽东认为，从思想方法上看，是由于一些同志用了“登徒子好色赋的方法”，即“攻其一点（或几点），尽量夸人，不及其余的方法”。并且说：“我们同志中采用这种方法的人，很不少。革命吃亏很大”。在讲话中他批评1956年“反冒进”，反掉了“多、快、好、省”“农业发展纲要四十条”和“促进委员会”。也就是说，毛泽东认为，当时是“右”了。所以，应该从工作方法入手，总结经验教训，提高认识，振作革命精神，“发展真理，破除迷信”。

如果从1958年的工作安排上，看得更清楚。1958年，是中央工作会议开得最多的一年，简直可以说是一个“会议年”。1958年新年伊始，1月上旬是杭州会议，1月中旬是南宁会议，1月底是最高国务会议，3月是成都会议，4月初是汉口会议，4月底是广州会议，5月是八大二次会议，8月是北戴河会议，11月是郑州会议，11月下旬至12月上旬是在武昌举行的政治局扩大会议和八届六中全会。正是在这一个接一个的会议推动下，总路线、“大跃进”、人民公社等三面红旗树立起来了。

上述这一切，与毛泽东读《离骚》新的“领会”，不无关系。

那么，《离骚》到底是一篇什么作品呢？

《离骚》，《楚辞》篇名。战国楚人屈原作。“离骚”，旧解为离愁，也有解作遭忧的；近人或解为牢骚。大约写于诗人晚年再次流放江南时。

《离骚》长达375句，近2500字，是我国古代诗歌史上最长的一首政治抒情诗。诗中反复申述诗人远大的政治理想，诉说政治斗争中所受到的迫害，批判现实的黑暗，并借幻想的境界，通过上天下地的描绘，表达对理想的积极追求和对祖国的无比热爱。在艺术表现上，作品运用香草美人的比喻、大量的神话传说和丰富的想象，形成绚烂的文采和宏伟的结构，表现出积极的浪漫主义精神，对后世文学有深远的影响。

简言之，《离骚》的特征可归纳为两点：一、思想内容上的爱国主义精神；二、艺术表现上的浪漫主义方法。打动毛泽东的也不外乎这两个方面，特别是第二个方面。因为浪漫主义离不开幻想，太实了就不能写诗了。这从他在这次会议上的第二次讲话中，可以得到证实。他说：要学点文学，古文、今文都可。一次读十几篇，放起来，然后再读。光搞现实主义一面不好，杜甫、白居易的诗，哭哭啼啼，我不愿看；李白、李贺、李商隐，搞点幻想。我们建党以来，几十年没正式研究过这个问题。“学点文学”，当然不只是为了更好地管理文艺工作，更重要的是提高干部的文学素养，而文学最能给人的营养是诗情，是想象，是敢于打破陈规陋习，敢于展开超越现实局限的翅膀……这些，不正是“大跃进”运动最需要的吗？

由于《离骚》篇幅太长，我们只能选取毛泽东最感兴趣的部分，以飨读者。

一、毛泽东在二十世纪五六十年代手书过的片段：

帝高阳之苗裔兮，朕皇考曰伯庸。摄提贞于孟陬兮，惟庚寅吾以降。
皇览揆余于初度兮，肇锡余以嘉名：名余曰正则兮，字余曰灵均。
纷吾既有此内美兮，又重之以修能。扈江离与辟芷兮，纫秋兰以为佩。
汩余若将不及兮，恐年岁之不吾与。朝搴阰之木兰兮，夕揽洲之宿莽。
日月忽其不淹兮，春与秋其代序。惟草木之零落兮，恐美人之迟暮。
不抚壮而弃秽兮，何不改乎此度？乘骐骥以驰骋兮，来吾导夫先路！
昔三后之纯粹兮，固众芳之所在。杂申椒与菌桂兮，岂惟纫夫蕙茝？
彼尧舜之耿介兮，既遵道而得路。何桀纣之猖披兮，夫唯捷径以窘步。
惟夫党人之偷乐兮，路幽昧以险隘。岂余身之殚殃兮？恐皇舆之败绩。
忽奔走以先后兮，及前王之踵武。荃不察余之中情兮，反信谗而齌怒。
余固知謇謇之为患兮，忍而不能舍也。指九天以为正兮，夫惟灵修之故也。
初既与余成言兮，后悔遁而有他。余既不难夫离别兮，伤灵修之数化。

为了便于理解，我们把它译成现代汉语：

我是古帝高阳氏的子孙，伯庸是我已故的父亲。当岁星在寅的那年正月，庚寅那天就是我的生辰。

父亲揣度我有这样吉祥的生日，便给我取下了相应的美名。给我取的大名叫正则，给我取的别号叫灵均。

我的内部既有许多美质，我的外部又进行美好的装扮。我身披幽香的蘼芜和白芷，又佩上串串美丽的秋兰。

光阴流逝我唯恐赶不上啊，岁月不等人令我心烦。我在春天去攀折山上的木兰花，到冬天收拾青萍到水边。

太阳和月亮匆匆而过不肯停留，夏天和秋天轮流互相替代。想到草木都时刻凋零啊，恐怕理想的佳人也要早衰。

应趁着美好年华来荡污去垢，为什么总不改变你那路数？我正要驾着骏马奔驰，来，我甘愿在前面为你引路。

古时的三位圣君纯正完美，在那时固然群芳之所会聚。木本的申椒、菌桂多所戴插，不仅把香茝和蕙草编成环佩。

那唐尧和虞舜是多么伟大光明，他们已经走上了治国的轨道。那夏桀和殷纣是多么狂乱放荡，总爱贪走捷径而不走正路。

小人们苟且偷安欢乐独享，他们的前途暧昧而又狭隘。我哪里是怕自己遭受祸殃？怕的是君王的车子要被毁坏。

我匆匆地在你的车子前后奔走，为的是追赶上先王们的步伐。你既不肯鉴察我的忠诚，反而听信谗言对我发怒。

我知道正直会招来祸端，却忍受痛苦不肯放弃。我要请九重的上天作证，只是忠于君王并无他意。

当初你既然与我约定，可后来又反悔另有打算。我不是害怕你远去啊，伤心的是你态度不断改变。

以上为第一段的部分内容，开头八句，诗人以赋的手法，自叙其出身世系、出生年月以及得名的由来和名字的美好含义，点明他与楚国、楚君的关系。接下来 16 句，多用比兴手法，表现诗人积极用世的世界观。接下来 24 句，诗人仍用比兴，叙述了自己的政治主张及事君不和的经过。

二、在一本明人陈第撰写的《屈宋古音义》中，毛泽东用红蓝铅笔，圈画的《离骚》中的一些段落：

汩余若将不及兮，恐年岁之不吾与。朝搴阰之木兰兮，夕揽洲之宿莽。日月忽其不淹兮，春与秋其代序。惟草木之零落兮，恐美人之迟暮。……忽驰骛以追逐兮，非余心之所及。老冉冉其将至兮，恐修名之不立。……长太息以掩涕兮，哀民生之多艰。余虽好修姱以鞿羁兮，謇朝谇而夕替。……怨灵修之浩荡兮，终不察夫民心。众女嫉余之蛾眉兮，谣诼余以善淫。……朝发轫于苍梧兮，夕余至乎县圃。……吾令羲和弭节兮，望崦嵫而勿迫。路漫漫其修远兮，吾将上下而求索。……陟升皇之赫戏兮，忽临睨乎旧乡。仆夫悲余马怀兮，蜷局顾而不行。

前八句见前译文见上，这里从略。仅将其他诗句译成现代汉语：

……大家也都在狂奔着争权夺利，那些都不是我心中之所贪图。我怕的老境渐渐地到来，我的名声或许不能够建立。……我大声叹息着不住地擦泪，哀怜着人民的生活多么艰苦。我虽然爱好修洁而自制花环，早上制成晚上便不知在何处。……我怨恨君王您真是荒唐，始终不肯洞察我的心肠。你身边的侍女嫉妒我的丰姿，造谣说我是本性淫荡。……我清晨从苍梧之野出发，晚上便到了昆仑山上的悬圃。……我命令御日的羲和把车赶慢些，望见日落的崦嵫而不要赶快。旅行的途程是长而又长，我要上天下地去寻求我的所爱。……在皇天光耀中升腾着的时候，忽然又看见了下界的故乡。御者生悲马也开始恋栈，只是低头回顾不肯再前往。

以上原文每句末，毛泽东都作了圈断。一些脍炙人口的警句，例如“长太息以掩涕兮，哀民生之多艰”“路漫漫其修远兮，吾将上下而求索”等，都在圈读之列，颇能给人教益。

总之，《离骚》可以说是毛泽东终生爱读、百读不厌的诗作。早在湖南省立第一师范读书时，他就在自己的课堂笔记《讲堂录》抄录了《离骚》全文，并在天头处写有各节提要。据当时和毛泽东交往的罗章龙回忆，他和毛泽东初次见面交谈时，毛泽东对《离骚》颇感兴趣，主张对《离骚》赋予新评价。为了纪念这次有意义的会见，罗章龙曾写诗纪事，其中有“策喜长沙傅，骚怀楚屈平”的句子。屈平就是屈原。

全国解放后，毛泽东虽然日理万机，但仍然读书不辍，无论在京或在外地，莫不如此。而《离骚》就是他常读的。

1951 年，毛泽东邀请他的老同学周世钊、蒋竹如在中南海里划船，对他们说：“《左传》《楚辞》虽是古董，但都是历史，也还有一读的价值。”

在南宁会议期间，他读《离骚》还有一个故事。18 日凌晨，空军雷达发现国民党飞机向南宁飞来，全城灯火管制。警卫员们涌进毛泽东卧室，请毛泽东进防空洞。毛泽东把手一挥，说：“我不去，要去你们去。”又说：“蒋介石请我去重庆，我去了，怎么样？我又回来了，他还能怎么样？现在还不如那时安全吗？”他对卫士长李银桥说：“你去，把蜡烛给我点着。”蜡烛点燃了，毛泽东继续看书。他聚精会神地又读起了《楚辞》。

在当年 3 月举行的成都会议上，毛泽东向与会代表讲到屈原敢于坚持真理。

9 月 17 日，在张治中陪同毛泽东视察安徽工作途中，毛泽东问张治中：“你读过《楚辞》吗？”并推荐说：“那是本好书，我介绍给你看看。”

有一年夏天，习惯夜间工作的毛泽东，中午时分仍然辗转难眠，服过安眠药后，他终于合上眼睛，抓在手中的书放在胸脯上，人们发现那是一本《楚辞》。1959 年，他还两次索要过《楚辞》。

可以说，毛泽东读《离骚》，从青年读到老年，常读常新，时有领会。1972 年 9 月 27 日，毛泽东接见来华访问的日本首相田中角荣时，把一部《楚辞集注》送给他作为礼物。

“《楚辞》中说，白玉兮为镇”

1950年3月10日，毛泽东在中南海勤政殿，接受罗马尼亚首任驻华大使鲁登科呈递国书。按照周恩来的布置，新中国第一代驻外大使来勤政殿，在八扇红木屏风后静观呈递国书的仪式。

在这之前，也是在勤政殿，毛泽东和周恩来曾经接见过这些新中国未来的大使们，并与他们进行了亲切的交谈。

毛泽东走到黄镇面前，好像想起什么事，问道：“黄镇，你原来那个名字黄士元不是很好吗，改它做什么？”黄镇答话：“我的脾气不好，需要提醒自己‘镇静’。”毛泽东说黄镇这个名字也不错。《楚辞》中说：“白玉兮为镇。玉可碎而不可改其白，竹可黄而不可毁其节。派你出去，是要完璧归赵喽。你也做个蔺相如吧。”

几个将军皱起眉头：“我们连外国话都不会说，怎么搞外交呀？”

毛泽东说：“班超、张骞不也不懂外文么，出使西域而不辱使命。你们不会外文，但还是要你们去干外交，因为首先你们跑不了！你们出使，可以学学沈括的办法，他每到一地，都把那里的大山河流、险要关口，画成地图，还把当地的风俗人情也调查得清清楚楚，并叫随员背得滚瓜烂熟。所以和辽国边界谈判，他对答如流，有凭有据，辽国没有空子好钻哪……现在你们去的都是友好的社会主义国家，更不要担心。”①

毛泽东在和黄镇谈话时，提到的“白玉兮为镇”，出自《楚辞·九歌·湘夫人》。

《九歌》，《楚辞》篇名。“九歌”原为传说中的一种远古歌曲的名称。

① 尹家民：《将军不辱使命》，解放军文艺出版社1992年版，第10页。

《楚辞》的《九歌》，是战国楚人屈原据民间祭神乐曲改作或加工而成。共十一篇：《东皇太一》《东君》《云中君》《湘君》《湘夫人》《大司命》《少司命》《河伯》《山鬼》《国殇》《礼魂》。

《湘夫人》，祭祀湘水女神的诗篇。在它和它的姊妹篇《湘君》中，诗人描写了湘水的一对配偶之神的恋爱故事。旧说湘君即舜，湘夫人即舜之二妃，因舜死于苍梧之事而有此传说。本篇作男神（湘君）思念女神（湘夫人）的语气，极写其望之不见，遇之无因的心情。诗的全文如下：

帝子降兮北渚，目眇眇兮愁予。嫋嫋兮秋风，洞庭波兮木叶下。

登白薠兮骋望，与佳期兮夕张。鸟何萃兮蘋中，罾何为兮木上！沅有茝兮澧有兰，思公子兮未敢言。荒忽兮远望，观流水兮潺湲。

麋何食兮庭中？蛟何为兮水裔？朝驰余马兮江皋，夕济兮西澨。闻佳人兮召予，将腾驾兮偕逝。

筑室兮水中，葺之兮荷盖。荪壁兮紫坛，匊芳椒兮成堂；桂栋兮兰橑，辛夷楣兮药房。罔薜荔兮为帷，擗蕙櫋兮既张。白玉兮为镇，疏石兰兮为芳。芷葺兮荷屋，缭之兮杜衡。合百草兮实庭，建芳馨兮庑门。九嶷缤兮并迎，灵之来兮如云。

捐余袂兮江中，遣余褋兮醴浦。搴汀洲兮杜若，将以遗兮远者。时不可兮骤得，聊逍遥兮容与！

此诗译成现代汉语即为：

湘夫人飘然降临在北岸水旁，我凝神远望，心中无限惆怅。阵阵秋风吹开洞庭碧波，湖岸的树丛叶子几乎落光。

登上长着白薠的高处眺望，傍晚张设迎接你的帷帐。鸟儿为什么在水薠丛生的地上聚集，渔网为什么拴在树梢上？沅水有茝澧水有兰，思念你呀我不敢言。神思恍惚地向远处张望，只见到流水潺湲。

麋鹿为什么到庭中觅食，蛟龙为什么在浅水边游戏。早上我奔驰在江边高岸，傍晚我来到西方的水涯。听见湘夫人您在召唤我，我将飞奔着我的车驾找你。

我在水中筑好洞房，碧绿的荷叶铺在房上。用荪草装饰墙壁，用紫贝砌成高坛，芬芳的花椒粉刷屋墙。桂木作房梁，兰木作房椽，辛夷作门楣，白芷布内房。薜荔编织床帐，蕙草分作帐顶。白玉为席镇，石兰发幽香。荷屋上盖着香芷，四周再把杜衡捆绑。满庭是百草之华，芳馨结集在门庑上。九嶷山诸神都来迎接你啊，纷纷扬扬如天上的云一样。

把我的衣袖抛到江心，把我的单裙放在醴水之滨。我采取水中的杜若，将它赠给那远方的人。美好的时光不可多得，姑且优游地度此良辰。

全诗可分为五段。第一段，写湘君兴冲冲地赶到约会地点，未能见到恋人时的情景。第二段，写湘君登高远望，等待湘夫人时胸中涌起的感情波澜。第三段，写湘君四处寻找湘夫人的经过及其心理活动。第四段，写湘君准备为湘夫人营造理想住所。第五段，写湘君最终未能找到湘夫人时的矛盾、痛苦心理。

其中，毛泽东引用的“白玉兮为镇”一句在第四段。这一段写湘君为湘夫人营造的理想住所是什么样呢？这水室修得何其芳馨：荷盖荪壁，椒堂桂栋，薜荔为帐，白玉为镇，屋上还缠绕着杜衡，庭中布满了香草！它几乎荟萃了人世间所有的花草木石，建成最豪华的住宅，让湘夫人来住，也就是说，他愿将世间最美好的一切都奉献给他的意中人。这就把湘君对湘夫人的炽热爱情及其对幸福生活的憧憬，表达得淋漓尽致。

“白玉兮为镇”，“镇”，一作“瑱”，压坐席之物。因为古人席地而坐，故有席。这句是说，用白玉为压座席的玉瑱。玉是一种温润光洁的美石，故有时用来比喻美德、贤才。白玉为镇席之物，不仅表示坐席的贵重，而且它的象征意义是使用这种座席的人品德高洁。“玉可碎而不可改其白”，就是要有宁可玉碎、不为瓦全的气节。这对一个驻外大使尤为重要。

毛泽东还讲到中国历史上几位著名的外交家：蔺相如、班超、张骞、沈括。

“完璧归赵”是蔺相如的故事。完，完整无缺。璧，平圆形中间有孔的玉。赵，指战国时的赵国。蔺相如，赵惠文王名臣。《史记·蔺相如列传》记载：秦昭王派人来骗赵国说，愿意拿 15 个城换赵国的和氏璧。赵王不敢拒绝，但又怕上当。这时蔺相如自告奋勇，带着玉去秦国完成换城任务。他说："城入赵而璧留秦，城不入，臣请完璧归赵。"他到秦国献璧后，秦王不想给城，蔺相如就设计取回原璧，送回赵国。

张骞（？—前 114），汉中成固（今陕西城固）人。西汉外交家。先后两次出使西域，开辟了中西文化交流通道丝绸之路，密切了汉王朝与西域各国的关系。

班超（32—102），字仲升，史学家班固之弟。东汉外交家。出使西域近 30 年，使五十余国与汉通好或归属，保持了丝绸之路的畅通。

沈括（1031—1095），字存中，杭州钱塘人。北宋外交家、科学家。神宗时任翰林学士，积极参与王安石新法的规划和推行，也参与对西夏、辽的外事活动。晚年著《梦溪笔谈》，是我国科技史上的重要著作。

从毛泽东列举的几位著名的外交家来看，毛泽东对外交家提出了三个要求：一、忠于国家，不叛逃；二、不辱使命，胜利完成任务；三、做好情报工作。至于是不是懂外语，并不重要。毛泽东的这些教导，给新中国的第一批驻外大使很大鼓励，后来这些同志都成为著名的外交家。黄镇 1954 年 11 月至 1961 年 6 月任中国驻印度尼西亚共和国大使。中美建交后，出任中国驻美国联络处主任，为我国的外交工作作出了贡献。

另外，毛泽东 1961 年写的《七律·答友人》中"帝子乘风下翠微""洞庭波涌连天雪"，显然是借鉴了《湘夫人》中"帝子降兮北渚""洞庭波兮木叶下"的语句和诗意。

“悲莫悲兮生别离，乐莫乐兮新相知”

尼赫鲁（1889—1964），印度资产阶级革命家，从青年时代起跟随甘地从事民族独立运动。在为争取印度独立的27年，他9次入狱，在狱中度过10年之久。1947年8月印度独立后，他出任首任总理，直到逝世。

尼赫鲁执政的印度，较早地承认了中华人民共和国。1954年6月周恩来总理和尼赫鲁总理的联合声明，采用周总理提出的和平共处五项原则（互相尊重主权和领土完整、互不侵犯、互不干涉内政、平等互利、和平共处），作为处理国与国之间关系的准则。

正是在中印两国关系较好的情况下，1964年10月，尼赫鲁应邀访华。中国给予高规格的接待。尼赫鲁抵达北京时，周恩来总理等党、政、军许多高级领导人，以及北京市各界人士到机场迎接，沿途20多万群众夹道欢迎。

毛泽东主席举行盛大宴会，并与尼赫鲁进行了四次谈话。谈话的核心是：和平共处五项原则应推广到所有国家关系中去。其四次谈话的要点分别是：

19日，东方国家都受过帝国主义国家的欺侮；

21日，国与国之间的合作必须是互利的；

23日，我们应该共同努力来防止战争，争取持久和平；

26日，国与国之间足以引起怀疑、妨碍合作的问题都要解决。

尼赫鲁多次表示，来到中国，生活在友谊、款待和热情之中。他说：“我感动极了。”

在对北京一个星期的访问结束时，尼赫鲁携爱女英迪拉·甘地，来到中南海勤政殿，向毛泽东等中国领导人告别。尼赫鲁总理感慨地说：“我在这里结识了许多朋友，也得到了很大的友谊。”他深情地表示：“虽然要走了，但是可以说，已经把自己的一部分留在中国了。”

充满激情而又学识渊博的毛泽东，对尼赫鲁总理说：“大约两千多年前，中国的一个诗人屈原曾有两句诗：‘悲莫悲兮生别离，乐莫乐兮新相知。’”[①]

尼赫鲁非常欣赏毛泽东所引屈原的诗句，认为太适合他们两人之间的友谊了。他说：“主席刚才引用的两句诗，不仅适用于个人，而且也适用于国与国之间，第二句诗特别适用。”

接着，毛泽东又向尼赫鲁介绍说：“屈原是中国一个伟大的诗人，他在一千五百多年前写了许多爱国的诗，政府对他不满，把他放逐了。最后屈原没有出路就投河而死。几千年来，中国人民就把他死的一天作为节日，这一天就是旧历五月初五端午节。在这一天，人们吃粽子。粽子是把糯米用一种叶子包起来制成食品。人民把它投入河里喂鱼，使鱼吃饱了不伤害屈原。”[②]

毛泽东引用的两句诗，出自屈原《楚辞·九歌·少司命》。全文如下：

> 秋兰兮蘼芜，罗生兮堂下。绿叶兮素华，芳菲菲兮袭予。夫人兮自有美子，荪何以兮愁苦？
>
> 秋兰兮青青，绿叶兮紫茎。满堂兮美人，忽独与余兮目成。
>
> 入不言兮出不辞，乘回风兮载云旗。悲莫悲兮生别离，乐莫乐兮新相知。
>
> 荷衣兮蕙带，儵（shū 书）而来兮忽而逝。夕宿兮帝郊，君谁须兮云之际？
>
> 与女沐于咸池，晞（xī 希）女发兮阳之阿。望美人兮未来，临风怳（hōng 轰）兮浩歌。
>
> 孔盖兮翠旍（jīng 京），登九天兮抚彗星。竦（sǒng 耸）长剑兮拥幼艾，荪独宜兮为民正。

---

① 《毛泽东外交文选》，中央文献出版社、世界知识出版社 1994 年版，第 174 页。
② 《毛泽东著作专题摘编》，中央文献出版社 2003 年版，第 2281 页。

诗题《少司命》，司命，主管生命的神。司命有两个：大司命为男神，管死；少司命为女神，管生。本篇就是祭祀少司命的诗。

全诗六节，可分为三个段落。

第一节六句为第一段，写祭堂的布置，为祭祀少司命作准备：人们在祭堂周围种满了秋兰和蘼芜，绿油油的叶子，洁白的花朵，芳香阵阵，沁人心脾。这种高雅、清洁的环境布置，说明人们对少司命的竭诚欢迎，以及对孩子的关爱。

二、三节为第二段，写少司命的降临。这位荷衣蕙带的美丽女神来到祭堂，她看到满院的秋兰，绿色的叶，紫色的花茎，目光与一位含情脉脉的美男子猝然相遇，眉目传情。这位美丽女神向那位男子暗送秋波之后，旋即又乘着旋风、飘扬着云旗火速离去，竟连一句告别的话也没有。这一下使那男子陷入了希望与失望、欢乐与哀伤的矛盾之中。诗人把这种境况提炼成“悲莫悲兮生别离，乐莫乐兮新相知”两句千古名言，道尽了人间的悲欢离合。宋人朱熹在《诗集传》中注释说：“适相知而遽相别，悲莫甚焉！于是乃复追念始者相思之乐也。”这是人民生活经验和感情的积淀，所以很能激起人们的共鸣。

后三节为第三段，写少司命去后的怀想与思念。希望她手举宝剑，保护好娇好的幼童，成为人生子嗣的保护神。

毛泽东在欢送尼赫鲁时，引用屈原《少司命》中“悲莫悲兮生别离，乐莫乐兮新相知”，表达自己对结识尼赫鲁这位新朋友的喜悦之情，尼赫鲁也很认同。这是“乐”的一面；但到1959年尼赫鲁支持西藏叛乱，1962年印军入侵我国，两国发生了边界战争，两国关系恶化，这是“悲”的一面。整体来看，用这两句来概括中印关系，还是很贴切的。

“《天问》了不起”

1964年8月18日，毛泽东找几位哲学工作者谈话，其中有吴江、邵铁真、龚育之等人，康生也在座。

毛泽东先谈了《红楼梦》《诗经》问题。然后话题一转，谈到屈原的《天问》。他说：

到现在，《天问》《天对》究竟讲什么，没有解释清楚。《天问》讲什么，读不懂，只知其大意。

《天问》了不起，几千年以前，提出各种问题，关于宇宙，关于自然，关于历史。①

1965年6月20日，毛泽东在上海同刘大杰谈话时说：“屈原写过《天问》，过了一千年才有柳宗元写《天对》，胆子很大。”②

《天问》，《楚辞》篇名。战国楚人屈原作。“天问”，即问天，是对“天”的发问。“天”，地面的上空，与“地”相对。《诗经·唐风·绸缪》“三星在天”。古人认为天是有意志的神，是万物的主宰。《书·泰誓》上：“天祐下民，作之君，作之师。”“天”主要指自然界以及自然界影响下的人事。“天”无所不管，《天问》也就无所不问。

全诗由170多个问题组成，包括自然现象、神话传说、历史人物等方面，表现了对旧的传统观念的怀疑和大胆探索的精神，并保存许多神话传说的资料。

《天问》写于何时？王逸认为，屈原放逐后，悲愤郁结，看到神庙壁

---

① 《党的文献》1994年第5期。

② 《毛泽东在上海》，中共党史出版社1993年版，第143页。

画，遂就其内容设问，书于壁上，而成此篇。但现代研究者对此说多表示怀疑。

全诗共分三章和结尾四个部分。

第一章，从篇首至“乌马解羽”，又分为四节。且看第一节：

曰：遂古之初，谁传道之？上下未形，何由考之？冥昭瞢暗，谁能极之？冯翼惟象，何以识之？明明暗暗，惟时何为？阴阳三合，何本何化？圜则九重，孰营度之？惟兹何功，孰初作之？斡维焉系？天极焉加？八柱何当？东南何亏？九天之际，安放安属？隅隈多有，谁知其数？天何所沓（tà 踏）？十二焉分？日月安属？列星安陈？出自汤（yàng 样）谷，次于蒙汜（sì 四）；自明及晦，所行几里？夜光何德，死则又育？厥利维何，而顾菟在腹？女岐无合，夫焉取九子？伯强何处？惠气安在？何阖而晦？何开而明？角宿未旦，曜灵安藏？

由于文字艰深难懂，我们把它译成现代汉语：

请问：远古开创的时候，
是谁将它传告？
天地混沌未分，
又何从观察、稽考？
世间昏暗迷茫，
谁能加以穷究？
元气弥漫无形，
何从识其原由？
昼夜明明暗暗，
为什么这样变更？
阴阳二气的参合，
哪是本原和化生？
九天像圆盖一样，

是谁环绕度量?
工程何等宏伟,
谁是营造的巨匠?
旋转的天维系在何处?
横空的天梁架在哪里?
擎天八柱竖于何方?
东南的大地为何低洼?
九天之间的边界,
在何处安置、连接?
无数的角落、曲隈,
谁能计算确切?
天穹在哪里驻足?
十二时辰怎样划分?
太阳和月亮靠什么悬挂?
天上众星谁为排列?
太阳从汤谷升起,
直至蒙汜停歇。
从清晨到黄昏,
奔走了多少里程?
夜月有何德行,
竟能死而复苏?
究竟图什么好处,
而玉兔顾望在腹?
传说女歧无夫,
哪能有九子生育?
伯强在哪里居住?
惠风在何处吹拂?
什么门关了天黑?
什么门开了天亮?

东天未明的时候，
太阳藏在何方？

这一节是对天地神话的发问：从天地开张，到阴阳二气，到天有九重、四维、八柱、九野、九千九百九十个角，到天何所覆、星何所系，到日出日落、月盈月亏，到暴雨惠风，直问到天门开合。这一些都是“关于宇宙”的问题。

再如从“地何故东南倾”至“若华何光”，是对地形势神话的发问：从江河不枯、海水不溢，到东西南北的宽长，到昆仑山之高，门之多，直问到巨龙之眼，若木之华，光照大地，则是诗人“关于自然”的问难。

至于“关于历史”的发问，内容更多。其中有对天上派下来的鲧、禹、益、启、羿五个半人半神人事迹的发问，有对少康、商汤、虞舜的史实的发问，有对尧、舜禅让的发问，有对商汤、周武王改朝换代的发问，有对周王朝祖先发迹的发问，有对周朝子孙的发问，最后是关于楚国前途的发问，表示与楚国统治者的决绝，宣告楚国必然短命。这些都是“关于历史”的发问。

总之，《天问》就内容说，可谓上穷千古，下罗万象。所有的发问；不仅是诗人迷惑不解的问题，而且也是诗人“信而见疑，忠而被谤”，遭受流放，内心抑郁愤懑的宣泄。本诗虽然“有问无答”，但字里行间却渗透着诗人的思想感情：有讽刺，有嘲笑，有奚落，有打趣，有揭发，有赞扬，或痛苦淋漓，或深刻含蓄，极富事理的启迪性。

就形式而言，本诗以发问形式组织成篇，最易流于板滞，枯燥乏味，而诗人却匠心独运，使之灵活多变，妙趣横生，极富艺术的感染力。屈原以崇高的人格，饱满的激情，渊博的学识，写下这一不朽诗篇。不仅给我们保存了许多神话传说的宝贵资料，而且给我们遗留下来一种难得的文学艺术精神财富。诗中提出的各种问题，“到现在……没有解释清楚，读不懂，只知其大意”，所以说“《天问》了不起”！

“这首诗写得很好，很有气魄”

1949年3月，毛泽东在从河北平山县西柏坡赴北平（今北京）途中，兴奋地念道：红军不怕远征难，万水千山只等闲；大风起兮云飞扬，安得猛士兮守四方。毛泽东对周围的工作人员说：后两句是汉高祖刘邦打败了楚霸王项羽后，回家乡沛县时唱的《大风歌》，他希望国家平定了，再不要发生战争呢！[①]

1964年，毛泽东在和表侄孙女王海容谈话时，称赞《大风歌》说：“这首诗写得很好，很有气魄。”并认为刘邦没有读过几天书，能写出这样的“好诗”，很不容易[②]。

刘邦（前256—前195），字季，沛县丰邑（今江苏沛县）人。原为秦末农民起义领袖，后平定群雄，打败项羽，建立汉朝，史称汉高祖。公元前202—前195年在位。毛泽东说他“豁达大度，从谏如流”，是一位“高明的政治家”。

《大风歌》汉时称为《三侯之章》，唐人欧阳询编纂《艺文类聚》时改称《大风歌》，宋人郭茂倩《乐府诗集》编入《琴曲歌辞》，题作《大风起》。

据《史记·高祖本纪》记载，高祖十二年（前195）十月，刘邦在会甄击败了黥布的叛军。黥布逃走，他派将领去追击。

刘邦回师长安途中，路过家乡沛县，停留下来。在沛宫举行酒宴，把

---

① 邸延生：《历史的真言——李银桥在毛泽东身边纪实》，新华出版社2000年版，第351—352页。

② 张贻玖：《毛泽东和诗》，中央文献出版社1998年版，第21页。

老朋友和父老子弟请来纵情痛饮，挑选沛县儿童120人，教他们唱歌。当酒喝得酣畅淋漓的时候，刘邦击着筑，唱起自己编的一首歌："大风起兮云飞扬，威加海内兮归故乡，安得猛士兮守四方？"

儿童们也跟着学唱，刘邦又高兴地跳起了舞，感慨伤怀，涕泪纵横。刘邦从一介布衣，逐步削平群雄，建立汉朝，成了开国皇帝，自然感慨良多。他在志得意满、兴奋异常之时，如何巩固他夺得的政权，便成了他首先要考虑的问题。这首《大风歌》就生动地表现了他思得良将守卫国家的心情。

这是一首奇句诗。所谓奇句诗，指古诗中出现奇数诗句的诗。每篇三、五、七、九句的都有。这首《大风歌》共三句，故是奇句诗。

"大风起兮云飞扬"，"风起云飞"，喻群雄竞逐，天下大乱。首句用比喻手法，写出了刘邦叱咤风云的气概和威风。

"威加海内兮归故乡"，次句抒情，写出了刘邦统一天下后的胜利喜悦和荣归故里的无比自豪。"威加海内"，言已得胜利，统一中国。"海内"，国境之内，即全国。古人认为我国是一片陆地，四周环海，故称。

"安得猛士兮守四方"，末句抒情，写安不忘危，思得猛士共守。这是希冀，又是疑问，表现了一个开国皇帝在夺得政权之后，对于进一步巩固政权的深谋远虑，也透露了他对于是否能找到捍卫国家的猛士的担心和不安，豪爽中略带感伤。

这首诗富于民间情调，言简意赅，气势恢宏，历代为人所传诵。

毛泽东对《大风歌》非常欣赏。新中国成立前夕赴北平途中，他吟这首诗，当与刘邦息息相通。他称赞这首诗"写得很好，很有气魄"，是很精辟的评论。他还手书过此诗，表明了他的熟知和喜爱。

项羽“是个有名的英雄”

1962年1月，在扩大的中央工作会议上，毛泽东讲到民主集中制时告诫全党，不要像西楚霸王那样“一人称霸”。他说：“从前有个项羽，叫作西楚霸王，他就不爱听别人的不同意见。他那里有个范增，给他出过些主意，可是项羽不听范增的话。另外一个人叫刘邦，就是汉高祖，他比较能够采纳各种不同的意见。……我们现在有些第一书记，连封建时代的刘邦都不如，倒有点像项羽。这些同志如果不改，最后要垮台的。不是有一出戏叫《霸王别姬》吗？这些同志如果总是不改，难免有一天要‘别姬’就是了。”①

据《项羽本纪》记载，有一个名叫虞的美人，得到项羽的宠爱，常常被项羽带在身边。有一匹叫骓的骏马，项羽经常骑着它。项羽被刘邦的军队围在垓下，听到汉军四面唱楚歌时，项羽就夜间起来，在帐里饮酒，慷慨悲歌，自己作诗唱道：“力拔山兮气盖世，时不利兮骓不逝。骓不逝兮可奈何，虞兮虞兮奈若何！”这首诗被称为《垓下歌》。毛泽东曾手书过这首《垓下歌》。

项羽（前232—前202），名籍，字羽，下相（今江苏宿迁西）人。秦末农民起义领袖。楚国贵族出身，秦二世元年（前209）从叔父项梁在吴（今江苏苏州）起义。他在巨鹿击败秦军主力。秦亡后，自立为西楚霸王。在楚汉战争中，被刘邦击败。最后在垓下（今安徽灵璧南）自杀。

《垓下歌》见于《史记·项羽本纪》和《汉书·项籍传》，《乐府诗集》收入《琴曲歌辞》，题为《力拔山操》。日本流传的《史记》中多了一

---

① 毛泽东：《在扩大的中央工作会议上的讲话》，1978年7月1日《人民日报》。

句，为“力拔山兮气盖世，时不利兮威势颓。威势颓兮骓不逝，骓不逝兮可奈何！虞兮虞兮奈若何！”诗中表现了项羽英雄末路、无可奈何的悲凉之情。

“力拔山兮气盖世”，首句是项羽对自己的高度赞扬。其力可以把一座山连根拔起，其气概可以压倒世上任何一个人。一个天下无双、举世无匹的英雄形象便矗立在读者面前，就把自己叱咤风云的英雄气概表现出来了。

“时不利兮骓不逝”，次句是说，由于天时不利，他所骑的那匹战马——骓，不能驰骋奔跑了。“时”，指天时，时势。按当时的一般理解，“时”是由天支配的。据《史记·项羽本纪》记载，项羽在失败后曾一再强调，这是“天亡我也，非战之罪也”，可见他确实把“时不利”归之于天。

“骓不逝兮可奈何”，“骓（zhuī 追）”是一种青白毛间杂的马。“逝”，往，去。三句是说，他骑的乌骓马也跑不动了，意谓连突围的可能也没有了，于是这位盖世英雄只能徒唤“奈何”，接受失败的命运之外，别无他法。这才逼出末句。

“虞兮虞兮奈若何”，末句写诗人为虞姬的命运担忧。项羽自知失败的命运无可避免，他的事业行将烟消云散，但也没有留恋，没有悔恨，甚至也没有叹息。他唯一忧虑的是他深深挚爱的、经常随侍他左右东征西讨的一位美人虞的命运。毫无疑问，他死之后，虞的命运必然是悲惨的，但他却不能拯救她。因此，在这首诗的最后，他只能悲伤地唱道：“虞啊，虞啊，我可把你怎么办呀！”

虞姬听罢项羽的歌后，便和了一首歌：“汉兵已略地，四方楚歌声。大王意气尽，贱妾何聊生。”虞姬面对汉军围困，预料项羽必将全军覆没，遂拔剑自刎。不久，项羽“直夜溃围”南走，身边仅 800 余人。平明项羽渡淮河，“骑能属者百余人耳”。“至东城，乃有 38 人。”至乌江边，“无面见江东父老”，不肯东渡，遂自刎而死。时年仅 31 岁。

我国自古就不以成败论英雄，项羽虽然失败了，但在人们心目中他仍是一个英雄。唐杜牧《题乌江亭》诗云：“胜败兵家事不期，包羞忍耻是男儿。江东子弟多才俊，卷土重来未可知。”便很为项羽惋惜。

1939年，毛泽东在一次讲话中说：“楚霸王项羽在中国是一个有名的英雄，他在没有办法的时候自杀，这比汪精卫、张国焘好得多。但项羽尚有一个缺点，从前有一个人在他自杀的地方作了一首诗，问他你为什么要自杀，可以到江东再召八千兵来打天下。我们不学汪精卫、张国焘，要学习项羽的英雄气节，但不自杀，要干到底。”[①] 这里说的“从前有个人做了一首诗”，就是指杜牧的《题乌江亭》。

清代吴景旭在《历代诗话》也辑录了杜牧的《题乌江》（即《题乌江亭》）诗，并认为杜牧“江东子弟多才俊，卷土重来未可知”两句说得不对，因为项羽在家乡招募了八千人马，都战死了，他如果再回去招募，谁还肯跟他重新来打天下呢？毛泽东批注道：“此说迹迂。”[②] 认为吴景旭的理解太迂腐了，表示不同意他这种说法。

毛泽东看来，项羽是个“有名的英雄”，号召人们学习他的“英雄气节”，但又批评项羽“一人称霸”，“不爱听别人的不同意见”，终于失败，所以，“不可沽名学霸王”。这种评价是历史唯物主义的。总之，毛泽东对项羽是一分为二的，对他流传下来的这首诗也很喜爱。

早在1929年9月19日，毛泽东和傅柏翠（红四军第四纵队司令员兼党代表）在刚解放的上杭临江城楼上议论古代菊花诗词时，傅柏翠说：“李清照有一首写菊花的词：‘莫道不消魂，帘卷西风，人比黄花瘦’。”毛泽东说：“她的这首词叫人打不起精神来，我倒喜欢她的‘生当作人杰，死亦为鬼雄’的诗句，可惜不是咏菊的。”[③] 毛泽东引的两句诗见于《夏日绝句》。全文是：“生当作人杰，死亦为鬼雄。至今思项羽，不肯过江东。”诗是歌颂项羽至死不屈的，受到了毛泽东的称赞。

---

① 转引自陈晋主编：《毛泽东读书记》，广东人民出版社1996年版，第1305页。
② 毛泽东读吴景旭《历代诗话》第五十二庚集七的批语。
③ 《党史文苑》2000年第1期第5页。

《盘中诗》要“熟读”

毛泽东在几本清沈德潜等编的《古诗源》中，对《盘中诗》多次圈点。在一本《古诗源》中，毛泽东在作者“苏伯玉妻”旁，用红、蓝两色铅笔画着着重线，天头上画了一个大圈；全诗都用蓝铅笔画了曲线。“妾忘君”等四句旁，除蓝铅笔画的曲线外，又用红铅笔加了直线。诗末的编者注释“使伯玉感悔，全在柔婉，不在怨怒，此深于情”旁，也用红铅笔画了着重线。

在中南海毛泽东故居卧室里的一本《古诗源》中，毛泽东对全诗加了圈点；诗末的编者注释除圈点外，对“使伯玉感悔”等四句处也画着曲线；在“用心忠厚，千古绝调”处画着曲线，句末连画三个圆圈。天头上批曰：“熟读”，并推荐给别人看。

《盘中诗》，据逯钦立《先秦汉魏南北朝诗·晋诗卷九》中说，此诗最早见于南朝陈代徐陵所编选的《玉台新咏》总集。南宋严羽《沧浪诗话·诗体》说：“《盘中》，《玉台集》有此诗，苏伯玉妻作，写之盘中，屈曲成文也。”据《玉台新咏》宋刻本，苏伯玉妻为东汉初年人。全诗共168字，49句，27韵，是一首以三言为主的杂言诗，属汉代民歌体；读时从中央以周四角，宛转回环，当属回文诗体一类。

苏伯玉妻的姓名、籍贯均不可考。只知《盘中》诗本事是：“伯玉被使在蜀，久而不归，其妻居长安思念之，因作此诗。”据说伯玉接到盘子读了诗，又逢战争告一段落，就感悟过来，坚决地返回家乡。可见这首诗情真意切，极其感人。

《盘中诗》原文如下：

山树高，鸟鸣悲。泉水深，鲤鱼肥。空仓雀，常苦饥。吏人妇，会夫稀。出门望，见白衣。谓当是，而更非。还入门，中心悲。北上堂，西入阶。急机绞，杼声催。长叹息，当语谁？君有行，妾念之；出有日，还无期。结巾带，长相思。君忘妾，天知之；妾忘君，罪当治。妾有行，宜知之。黄者金，白者玉。高者山，下者谷。姓者苏，字伯玉。人才多，智谋足。家居长安身在蜀，何惜马蹄归不数。羊肉千斤酒百斛，令君马肥麦与粟。今时人，智不足。与其书，不能读。当从中央周四角！

全诗可分为三个部分。

第一部分着重抒发对丈夫的思念之情。其中又分三个抒情层次。“山欲高”以下八句为第一层，写女人公在闺房内悲思。以“鸟”“鱼”“雀”自比，“鸟”因为山树高，飞而哀叫，故“鸣悲”；“鱼”因为泉深水冷，所以跳不起来；“雀”因为被关在空仓中，所以为饥饿所苦。女主人说，我就像它们一样啊！

“出门望”以下12句为第二层，写女主人出门远望，音讯杳然，于是拼命纺织，排解忧愁。女主人公出门望见白衣之人，误以为丈夫返家；回屋织布，排遣这种难以压抑的痛苦；可令人难堪的是，这种内心的秘密能向别人诉说吗？

“君有行”以下12句为第三层，写女主人主回忆往昔与丈夫惜别情景，并自明自己恪守妇道。前四句是送别亲人的口吻，是回忆之辞。“结巾带，长相思”二句是说，我给你系上长长的巾带，希望你长久地思念我。“君忘妾”以下六句是宣讲妇道以打动丈夫。你是否忘掉我，我不知道。但是我如果忘掉你，甘愿治罪。我的一举一动，都应该让你知道。言外之意，我光明磊落，没有一丝一毫隐瞒，我对你无限忠诚，深深地依恋着你。

“黄者金”以下12句为诗的第二部分，是叮嘱苏伯玉早日还家。这又可分为三层。第一层是“黄者金”以下四句是说，你贵如金，我洁白如玉，你是高山，我是深谷。我依靠你，希望你赶快回来。“姓者苏”以下四句为第二层，赞扬丈夫有才能、有智谋，相信丈夫是有办法回家的。“家居长安身在蜀”以下四句为第三层，写女主人会盼归心切。你身在蜀地，可不要忘记是长安人哪！为什么怜惜你的马蹄，不快点回来呢？你应该多吃羊肉，多喝美酒，同时用麦子和谷子喂马，让它膘肥体壮。这是一种委婉写法，读起来明白如话，但是有意蕴，耐品味，因为字里行间洋溢着苦苦思恋、急切盼归的心绪。

“今时人”以下五句为第三部分，交代本诗的读法。

《盘中诗》不仅反映了西汉末、东汉初战争动乱的情景，而且抒发了家庭妇女思念从戎丈夫的典型情绪。它写于盘中，屈曲成文，形式独特，语言质朴，感情诚挚，直而不野，俚而不俗，句法活泼跳跃，富有艺术魅力。清代诗评家沈德潜欣赏它的质朴无华而慷慨多气，在《古诗源》说：“似歌谣，似乐府，杂乱成文，而用意忠厚，千秋绝调！”沈氏的这一评价，也得到毛泽东的认同。毛泽东多次圈点此诗，并在一本《古诗源》此诗的天头上批注“熟读”，推荐给别人阅读，表明他对此诗的喜爱。

“《上邪》一篇，要多读”

1962 年 6 月 3 日，毛泽东在致邵华的信中写道：

你好！有信，拿来，想看。要好生养病，立志奔前程，女儿气要少些，加一点男儿气，为社会做一番事业，企予望之。《上邪》一篇，要多读。余不尽。

父亲

六月三日上午七时[①]

邵华（1938—2008），原名张少华，湖北京山人，是张文秋与陈振亚烈士之女，毛岸青夫人、毛泽东二儿媳。毛泽东写给她的这封信无上款。

1939 年邵华随父母赴苏联，途经迪化（今乌鲁木齐），被军阀盛世才扣留。后陈振亚被敌人毒害致死。1946 年 7 月，在党中央的营救下，她随母亲张文秋返回延安。解放后，在北京读小学、中学，1959 年秋考入北京大学中文系。1960 年因病休学去大连休养，同时照顾在那里养病的毛岸青，同年二人结婚。1962 年春天，毛岸青和邵华一同回到北京，邵华继续学业，毕业后在军事科学院工作，1995 年被授予少将军衔，成为中国为数不多的女将军。

毛泽东信中提到的《上邪》，为汉朝乐府民歌，见于宋郭茂倩所编的《乐府诗集》，是汉《铙歌》十八曲之一。全诗原文是：

---

① 《老一代革命家家书选》，中央文献出版社、三联书店 1990 年版，第 65 页。

上邪！我欲与君相知，长命无绝衰。山无陵，江水为竭，冬雷震震，夏雨雪，天地合，乃敢与君绝！

诗题中的“上”，指天。“邪（yé 爷）”，同耶。上邪，就是天啊！指天为誓的意思。这是一首女子指天发誓，表达真挚爱情的诗。

开头三句以“上邪”的慨叹起笔，指天发誓，直吐真情，表现出情感的炽热，又透露出欲爱不得的愤激。这在“夫权制”束缚女子爱情、婚姻的封建时代，是一种大胆的叛逆。

接下来五句则从反面说明自己对爱情的忠贞不渝。女主人公一连道出了五种自然界不可能发生的现象：大山夷平、江水干涸、冬天雷声隆隆、夏天大雪飘飘、天地合在一起，并以此五种现象同时出现作为断绝爱情关系的先决条件，在肯定语气中进行否定，以表明爱的坚定信念，犹如决堤之洪峰，表现出不顾一切的激情，坦露出一颗赤诚火热的心，纯朴、直率、刚烈、激昂。渴望自由，追求爱情，充满着反抗的个性特征。

这首短诗历来受到赞誉。明代诗评家胡应麟《诗薮》云：“上邪言情，短章中神品！”不为过誉之词。

毛泽东也很喜爱这首诗。在一本《古诗源》的目录上圈画作记，在标题前连画三个小圈，标题旁画着着重线。在全诗的开头和结尾的诗句旁画着曲线；全诗都加以圈点。特别在“山无陵”等五句旁，分别标注 1、2、3、4、5 的数字。

1962 年，毛泽东在写给他的二儿媳邵华的信中，劝她“多读”《上邪》，勉励她以坚贞不渝的爱情，战胜生活中的各种困难，成就一番事业，语重心长。毛泽东还手书过这首诗。

“他的碣石诗是有名的”

1954 年 7 月 23 日，毛泽东致女儿李敏、李讷的信中说：

北戴河、秦皇岛、山海关一带是曹孟德（操）到过的地方。他不仅是政治家，也是诗人。他的碣石诗是有名的，妈妈那里有古诗选本，可请妈妈教你们读。[①]

毛泽东信中提到的曹操（155—220），字孟德，小字阿瞒，沛国谯（今安徽亳州）人。三国魏杰出的政治家、军事家、诗人。东汉末年，在镇压黄巾起义和讨伐董卓的战争中，逐渐扩充军事力量。建安元年（196）迎立汉献帝，都许昌，“挟天子以令诸侯”，先后打败了其他地方割据军阀，平定了北方。赤壁战败，形成了魏、蜀、吴三足鼎立的局面。后进位为魏王。卒后其子曹丕称帝自立，追尊为武帝。其诗格调慷慨悲凉、气势雄伟，其文“清峻通脱”，开启并代表了文学史上“建安风骨”的诗色。今人整理有《曹操集》。

毛泽东信中提到的“碣石诗”，即《步出夏门行·观沧海》。原诗如下：

东临碣石，以观沧海。水何澹澹，山岛竦峙。树木丛生，百草丰茂。秋风萧瑟，洪波涌起。日月之行，若出其中；星汉灿烂，若出其里。幸甚至哉！歌以咏志。

---

① 《老一代革命家书信选》，中央文献出版社、三联书店 1990 年版，第 50 页。

《步出夏门行》，汉乐府《相和歌辞·瑟调曲》名，大曲之一。古辞尚存，内容写游仙者的经历。夏门，指汉代洛阳的城门。曹操所作，写于建安十二年征乌桓时。分五部分，最前是“艳”，下为“观沧海”“冬十月”“土不同”“龟虽寿”四章。“观沧海”首句为“东临碣石”，故亦称《碣石篇》《碣石诗》。

碣石，山名，一说在今河北省昌黎县西北；一说即今河北省乐亭县西南的大碣石山。已沉入海中。但据近年来考古发现，碣石在今辽宁省绥中县西南的海滨，西距山海关 30 里。

建安十二年（207），曹操北征乌桓（北方少数民族），五月出征，七月出卢龙塞（今河北喜峰口一带），九月从柳城（今辽宁朝阳）回军，归途中登碣石山，写了这首诗。

“东临碣石，以观沧海”，起首二句点题，写出诗人观沧海的视点。

“水何澹澹，山岛竦峙。树木丛生，百草丰茂。”接下四句用简劲有力的笔触，粗线条地勾勒了大海的雄浑气象：远处是一望无际的浩瀚大海，近处是竦立挺拔相互争峙的岛屿，山岛上长满丛生的树木和丰茂的百草。这是诗人站在海边眺望所见，写出了大海一片浑莽的气象，表现了诗人阔大的胸襟与气魄。

“秋风萧瑟，洪波涌起。日月之行，若出其中；星汉灿烂，若出其里。”接下六句进一步描写大海的气象，仍用大笔挥洒之法。“秋风萧瑟”二句，写出大海所具有的无与伦比的力量，海风、海浪正是它巨大能量的释放。“日月之行”等四句，更写出大海包孕日月星辰，吐吞宇宙洪荒的博大胸襟。这六句以理性的眼光揭示大海的精神、气质，作者从大海那里感受到了自己的品格。

最后两句是乐府诗常用的套语。

曹操作为一个历史上伟大的政治家、军事家，作者的气魄是少有其匹的，此时又恰值他北征凯旋、踌躇满志之时，主观境界又是少有的亢奋，感发他描写的对象又是那无比壮阔的大海，这些主客观条件集于一诗，无怪乎这首诗成为一代绝唱，千载之下，咏之还要令人激动不已。

全诗通过辽阔雄壮的沧海景色，表现了诗人开阔的胸襟，象征着诗人叱咤风云的气概和艰苦征战获得胜利的豪迈喜悦心情，被清代诗评家沈德潜誉为“有吞吐宇宙气象”。毛泽东非常喜爱这首诗。在好几部诗集里，他都圈阅过此诗，还用草体手书了全诗，作为练习书法的内容。

1954年夏天，毛泽东来到北戴河。据他的保健医生徐涛回忆，有些天，毛泽东在海岸沙滩漫步，嘴里总是念念有词地背诵《观沧海》。在夜里工作疲劳后，稍作休息，出门观海，有时也低声吟咏这首诗。他还找来地图查证，说：“曹操是过碣石山写出《观沧海》”。前面所引的1954年7月23日致李敏、李讷的信，专门谈曹操的“碣石”诗，就是在这种情况下写的。

与此同时，毛泽东酝酿创作了他的名篇《浪淘沙·北戴河》：

> 大雨落幽燕，白浪滔天，秦皇岛外打鱼船。一片汪洋都不见，知向谁边？　往事越千年，魏武挥鞭，东临碣石有遗篇。萧瑟秋风今又是，换了人间。

这首词触景生情，壮歌抒怀，缅怀千古雄杰，追步雄豪诗风而又超越之。其中，“萧瑟秋风”一句，便是由曹操这首诗中“秋风萧瑟”点化而来。

1954年夏在北戴河，毛泽东还对身边工作人员说：“我还是喜欢曹操的诗。气魄雄伟，慷慨悲凉，是真男子，大手笔。”他还教育子女说：“曹操的文章、诗，极为本色，直抒胸臆，豁达通脱，应当学习。”①

毛泽东很爱读曹操的诗，在毛泽东故居藏书里四种版本的《古诗源》和一本《魏武帝、魏文帝诗注》中，曹操的《短歌行》《观沧海》《土不同》《龟虽寿》《薤露》《蒿里行》《苦寒行》《却东西门行》等诗，毛泽东都多次圈画过。大多数诗的标题前面画着圈，诗中密密圈画。在一本《古诗源》的“武帝”旁，毛泽东用红蓝铅笔画着两条粗线，“武帝”下编者评注曹操的诗风说：“孟德诗，犹是汉音。子桓以下，纯乎魏响。沈雄俊爽，

① 毛岸青、邵华：《回忆爸爸勤奋读书和练书法》，《瞭望》1993年第12期。

时露霸气。”毛泽东对此圈点断句，足见其对这个评价的重视。

曹操的《短歌行》是很出名的：“对酒当歌，人生几何。譬如朝露，去日苦多。慨当以慷，忧思难忘。何以解忧，惟有杜康。……月明星稀，乌鹊南飞。绕树三匝，何枝可依。山不厌高，海不厌深。周公吐哺，天下归心。”在这些句旁，毛泽东都加了密圈。这首诗既有对时光流逝功业未成的深沉感慨，又有收揽人才以完成统一事业的宏伟抱负，在忧郁中激荡着一股慷慨激昂的情绪，很是本色、通脱。毛泽东在该诗标题前，用红、蓝两种笔色作了圈记。

“此诗宜读”

1961年8月25日，毛泽东写给胡乔木一封信。信是这样写的：

乔木同志：

八月十七日信收到，甚念。你须长期休养，不计时日，以愈为度。曹操诗云：盈缩之期，不独在天。养怡之福，可以永年。此诗宜读。你似宜迁地疗养为宜，随气候转移，从事游山玩水，专看闲书，不看正书，也不管时事，如此可能好得快些。作一、二、三年休养打算，不要只作几个月打算。如果急于工作，恐又将复发。你的病近似陈云、林彪、康生诸同志，林、康因长期休养，病已好了，陈病亦有进步，可以效法。问谷羽好。如果你转地疗养，谷宜随去。以上建议，请你们二人商量酌定。我身心尚好，顺告，勿念。

毛泽东

一九六一年八月二十五日[①]

胡乔木，江苏盐城人，时任毛泽东秘书，中共中央书记处候补书记。他积劳成疾，患了严重的神经衰弱症，无法正常工作。于是1961年8月17日，他给毛泽东写了一封信，说明病情，要求请长期病假。一星期以后，8月25日，正在庐山上主持中共中央工作会议的毛泽东复一信，表示同意。信中提到的谷羽，是胡乔木的夫人。

信中引的曹操的几句诗，见于曹操的《步出夏门行·龟虽寿》。诗的全文是：

---

① 中共中央文献研究室编：《毛泽东书信选集》，人民出版社1983年版，第585页。

神龟虽寿，犹有竟时。腾蛇乘雾，终为土灰。老骥伏枥，志在千里；烈士暮年，壮心不已。盈缩之期，不但在天；养怡之福，可得永年。幸甚至哉，歌以咏志。

《龟虽寿》是曹操在平定袁绍残余势力乌桓后班师途中写的。这次胜利，是用了他的重要谋士郭嘉的计策取得的，而郭嘉却在出征途中死了，年仅 38 岁。这大概是曹操写这首诗的直接起因。班师途中忆起郭嘉英年早逝，想到自己已 53 岁，步入老年了，尚有孙权、刘备、刘表、刘璋等群雄各据一方，尚未荡平，从而引发他时不我待的感慨。

全诗共 14 句，除最后两句是为合乐时所加的套语外，其余 12 句恰分三层意思。诗中表现了不甘衰老和人命不全由天决定、主观努力也起作用积极奋发精神。

“神龟虽寿，犹有竟时。腾蛇乘雾，终为土灰。”开头四句为第一层，写人终究是要死的。这四句连用两个比喻：神龟、腾蛇。神龟以寿命长见称，《庄子·秋水》说：“吾闻楚有神龟，死已三千岁矣。”曹操反其意而用之，说神龟纵然活三千岁，终难免一死。“腾蛇”以本领大著称于世，《韩非子·难势》说：“飞龙乘云，腾蛇游雾，云罢雾霁，而龙蛇与螾螘同矣！”腾蛇能同龙一样腾云驾雾，本领非常大，可一旦云消雾散，就和苍蝇蚂蚁一样，变成土灰了。作为血肉之躯的人就更是这样了。这表明诗人对生死的看法持达观态度。

“老骥伏枥，志在千里；烈士暮年，壮心不已。”这是第二层，写诗人在有生之年要积极进取。曹操自比为一匹上了年纪的千里马，虽然形老体衰，屈居马棚，但胸中仍然激荡着驰骋千里的豪情。有志干一番事业的人，虽然到了晚年，但那种为实现雄伟理想而奋斗的勃勃雄心永远不会停息。这是壮怀激烈的高唱。

“盈缩之期，不但在天；养怡之福，可得永年。”这四句为第三层，写不信天命，要自己掌握自己的命运。“盈缩之期”，指人寿命的长短。“养怡”，善自保养。在诗人看来，一个人的寿命长短，虽然不能违背客观规律，但如能善自保养身心，健康愉快，也是可以延年益寿的。尤其难能可贵的是，诗人提出的“养怡之福”，不是坐而静养，而是要“壮心不已”——要有永不停止的理想追求和积极进取精神，乐观奋发，自强不息，保持思想上的青春。曹操的切身体验，揭示了人的精神因素对健康的重要意义，从这方面来说，它不又是一篇绝妙的养生论吗？“不但”，毛泽东笔误为“不独”。

对这首具有朴素唯物主义色彩和积极进取的人生观的作品，毛泽东非常欣赏。在不同版本中读此诗时曾多次圈画，并用狂草多次书写全诗。

毛泽东不仅自己欣赏这首诗，还推荐给别人阅读。除前面引的1961年8月25日致胡乔木的信以外，在1963年12月14起致林彪的一封信中，毛泽东也说：“曹操有一首题名《神龟寿》的诗，讲养生之道的，很好。希你找来一读，可以增强信心。又及。”[①]

《南史》卷二十二“僧虔传”叙述刘宋时光禄大夫刘镇之30岁时曾得过一次大病，家人皆以为必死无疑，已置办棺木，不料不久病情好转，最后活到90多岁。史家因而写道：“因此而言天道未易知也。”毛泽东读《南史》至此，随即用曹操的《龟虽寿》批注道：“盈缩之期，不独在天；养怡之福，可以永年。”意思是说并非“天道”不可知，全在人们自己的“养怡”而已。实乃“己可造命也”。

所谓“己可造命”，是一种达观的生命意识。毛泽东还认为，这里面有唯物的因素。他曾对自己的保健医生徐涛说：“曹操多年军旅生涯不会很安逸，可在1700年前，医疗条件也不会怎么好，他懂得自己掌握命运，活了65岁，该算是会长养生的长寿老人罗。你们搞医疗的应该学学，不要使人养尊处优，只想吃好、穿好不想工作还行？更不能小病大养。保健不是保命，不要搞什么补养药品，我是从来不信这些的。主要是乐观，心情开朗，锻炼身体。”“曹操讲‘盈缩之期，不独在天。养怡之福，可以永年’，陆游讲‘死去元知万事空’，这都是唯物的。”[②]

---

① 《建国以来毛泽东文稿》第十册，中央文献出版社1996年版，第450页。

② 徐涛：《毛泽东的保健养生之道》，《缅怀毛泽东》下册，中央文献出版社1993年版，第613页。

“利剑不在掌，结友何须多”

1953年的一天，毛泽东同李银桥谈到要把一个贫穷落后的中国建成初步繁荣昌盛的中国时，挺一挺胸膛，念了曹植《野田黄雀行》诗的前四句：“高树多悲风，海水扬其波。利剑不在掌，结友何须多。”他还说：“我们中国现在的经济实力和军事实力都不行，世界上没得人怕我们，很容易受人家欺负。我们要争一口气，自力更生、艰苦奋斗几十年，尽力使国家富强起来，把帝国主义近百年来强加给我们的屈辱统统扫掉！”①

李银桥，河北省安平县人。1947年8月至1962年4月，任毛泽东卫士、卫士组长、副卫士长、卫士长。离开毛泽东后，先后在天津市、人民大会堂、公安部任职，1988年1月离休。

毛泽东谈到的曹植（192—252），字子建，沛国谯县（今安徽亳州）人，三国魏诗人。曹操第三子。封陈王，谥思，世称陈思王。早年曾以才学为曹操所重，一度欲立为太子。及曹丕、曹叡相继为帝，遭受猜忌，郁郁而死。诗歌以五言为主，词采华茂，前期多为描写贵族游乐生活和应酬赠答之作，少数作品也能反映出汉末军阀割据混战所造成的社会残破局面；后期诸诗，则表现其受压抑的遭遇和苦闷心情，流露出较浓厚的消极思想。有《曹子建集》。毛泽东引的《野田黄雀行》是曹植后期的作品。

《野田黄雀行》是乐府旧题，在《乐府诗集》中属《相和歌辞·琴调曲》。据《三国志·魏志》卷十九《陈思王植传》载，建安二十四年（219），曹操杀了曹植的好友杨修。次年，曹丕当了皇帝，又杀了曹植的知交丁仪、

---

① 邸延生：《历史的真言——李银桥在毛泽东身边纪实》，新华出版社2000年版，第551—552，563—565页。

丁廙。曹植因无力解救朋友而异常悲愤，只能写诗寄意。诗的原文如下：

高树多悲风，海水扬其波。
利剑不在掌，结友何须多。
不见篱间雀，见鹞自投罗！
罗家得雀喜，少年见雀悲。
拔剑捎罗网，黄雀得飞飞。
飞飞摩苍天，来下谢少年。

这首诗通过黄雀投罗的比喻，抒写朋友遇难而自己无力援救的痛苦心情。

全诗可分为两层。前四句为第一层，以树大招风、海水扬波的比兴发端，引出手中无权不必多交朋友的议论，这正是本诗的主旨所在，可谓开宗明义。

“高树多悲风，海水扬其波。”起首二句，比兴发端，出语惊人。恶劣的自然现象，实是现实政治氛围的象征，反映了宦海险恶风涛和政治上的挫折所引起的作者内心的悲愤与恐惧。

“利剑不在掌，结友何须多。”三、四两句议论，没有权势就不要多交朋友。这真是石破天惊之论。无论从传统观念还是诗人的信念，都不能得出这样的结论。儒家不是一向强调“四海之内皆兄弟”吗？俗话不是说“在家靠父母，出门靠朋友”，不都是强调朋友越多越好吗？诗人不是也认为“亲友义在敦”（《赠徐干》）、“亲交义不薄”（《赠丁仪》）吗？这样一位喜交朋友的诗人，如今却违背传统理念和自己的信念，说出自己不该说的话来，用以自警，也告诫世人，则其内心痛苦，不言可知。“利剑”，喻权力。

“不见篱间雀”以下八句为第二层，写少年救雀的故事。“罗家”，喻迫害者。“黄雀”，喻受害者。解救黄雀的少年，则是诗人理想的侠义英雄。黄雀为了逃避鹞鹰的追捕而自投罗网，引出了少年拔剑捎网救雀的行动。诗末展现的黄雀得救、展翅云天的壮美图景，寄托着诗人渴望冲破政治压迫、憧憬自由解放的心愿。

全诗语言清新质朴，富有民歌朗畅、明快的韵味，“骨气奇高”（钟嵘《诗品》），意境壮美，充分体现了“建安风骨”刚健、清新的特色。

毛泽东和李银桥的谈话中引了这首诗的前四句，意在勉励我们自力更生，奋发图强，把国家建设得繁荣昌盛起来，以便我们更多地支援世界革命，援助世界上更多的穷朋友。这是爱国主义和国际主义精神的体现。现在我国虽然成为初步繁荣昌盛的社会主义国家，经济有很大发展，人民生活有很大提高，综合国力大大增强，但与发达国家相比仍有不小差距，所以，毛泽东这一思想仍有现实意义。

1960 年 5 月，毛泽东在山东视察时，曾同当时的山东省委书记舒同讨论齐国的历史和曹植封东阿王、陈王的事。舒同说：东阿还有曹子建的墓。毛泽东说：那不对，他先封东阿王，后封鄄城王，后封陈王。你们山东人就要抢曹子建。舒同说：有证据的。他这个墓在 50 年代挖出来，挖出曹子建的佩剑来了。那个剑送北京去了。毛泽东答：陈王是后封的，我记得的，也许我记错了……①

曹植墓在山东东阿县南 20 公里鱼山西麓。但因后封为陈王，所以在陈（今河南淮阳）南 2 公里王店乡机张村和河南通许七步村都分别有曹植墓。

据毛泽东的保健医生徐涛说，毛泽东和他议论曹氏父子时，说：曹植是曹操的儿子，很有才华，作品有他自己的风格。曹丕也是他（曹操）的儿子，也有些才华，但远不如曹操。曹丕在政治上也平庸，可他后来做了皇帝，是魏文帝。历史上所称的建安文学，实际就是集中于他们父子周围。一家两代人都有才华、有名气，在历史上也不多见哪！

1964 年 8 月，毛泽东同子女岸青、邵华讨论曹氏父子的诗歌。子女说喜欢曹植的诗，其风格秾丽哀怨。毛泽东则说喜欢曹操之作，认为其“文章、诗极为本色，直抒胸臆，豁达通脱，应该学习”。

---

① 陈晋：《毛泽东之魂》，吉林人民出版社 1993 年版，第 418 页。

“出门无所见，白骨蔽平原”

1957 年 11 月毛泽东第二次访问苏联。有一次，毛泽东将胡乔木、郭沫若等请来一道用餐。毛泽东与郭沫若等人纵谈三国历史。官渡之战、赤壁之战、夷陵之战，讲了诸多战例。你一段，我一截，夹叙夹议。

谈到热烈处，毛泽东忽然转向翻译李越然，问：“你说说，曹操和诸葛亮这两个人谁更厉害些？”李越然听到问话，一时不知如何回答好。

毛泽东说：“诸葛亮用兵固然足智多谋，可曹操这个人也不简单。唱戏总是把他扮成大白脸，其实冤枉。这个人很了不起。”

他接着又说：“古时候打仗没有火箭和原子弹，刀枪剑戟打了起来，死人也不见得少。汉桓帝时多少人口？”郭沫若说：“《晋书·地理志》载 5600 万。”

毛泽东说：“现在还统计不全，总有一些不入户之口，那时就能统计全？姑且算作 5600 万，到了三国混战还剩多少人口？”

毛泽东接着引了建安七子中王粲所作《七哀诗》，说：“‘出门无所见，白骨蔽平原。’曹操回原籍，‘旧土人民，死丧殆尽。国中终日行，不见所识。’第一次世界大战死了多少人？第二次世界大战又死了多少？比比么，三国混战又死多少人？原子弹和关云长的大刀究竟哪个死人多？”

毛泽东深深叹息一声，说：“现在有人很害怕战争，这一点不奇怪。打仗这东西实在是把人害苦了。战争还要带来饥荒、瘟疫、抢掠……为什么要打仗哟！应该防止它，打不起来再好不过。可是光顾怕，这不行，你越怕，它就越要落在你头上。我们要着重反对它，但不要怕它。这就是辩证法！”①

① 李越然：《外交舞台上的新中国领袖》，解放军出版社 1989 年版，第 151、157—158 页。

《七哀诗》的作者王粲（177—217），字仲宣，山阳高平（今山东邹县）人。汉末文学家。“建安七子”之一，文学成就较高。先依刘表，未被重用。后为曹操幕僚，官侍中。其诗语言刚健，词气慷慨，内容较多地反映汉末社会的动乱和人民的苦难。明人辑有《王侍中集》。

毛泽东谈到的《七哀诗》，原文如下：

西京乱无象，豺虎方遘患。复弃中国去，委身适荆蛮。亲戚对我悲，朋友相追攀。出门无所见，白骨蔽平原。路有饥妇人，抱子弃草间。顾闻号泣声，挥涕独不还。“未知身死处，何能两相完？”驱马弃之去，不忍听此言。南登霸陵岸，回首望长安。悟彼下泉人，喟然伤心肝。

王粲《七哀诗》共三首，不是同时所作。此诗是第一首，是一篇难民图。李周翰说：“此诗哀汉乱也。”（见六臣注《文选》）吴淇说：“哀汉实自哀也。”（《六朝选诗定论》）

东汉初平元年（190），董卓挟持汉献帝刘协迁往长安，关东州郡推渤海太守袁绍为盟主，起兵讨卓。初平三年（192），卓将李傕、郭汜军在长安作乱。这诗当是王粲往荆州避乱，初离长安时作。

全诗可分三个层次。开头六句为第一层，写诗人离开长安的原因，去向及别时情形。“西京乱无象，豺虎方遘患”，说明诗人离开长安的原因。“西京”，指长安。东汉以洛阳为都城，在长安之东，故称长安为西京。“豺虎”指李傕、郭汜等人。这二句说长安被李、郭弄得混乱不堪。

“复弃中国去，委身适荆蛮”，点出诗人离开长安的去向。“中国”，我国古时建都黄河两岸，因称北方中原地区为中国。“委身”，托身、寄身。“适”，往。“荆蛮”，荆蛮之地，指荆州。荆州是古楚国地，楚国本叫荆，周人称南方的民族为蛮，楚在南方，故称荆蛮。这二句是说，诗人离中原赴荆州。当时荆州未遭兵乱，到那里去避乱的人很多。荆州刺史刘表，曾经跟王粲的祖父学习，所以王粲去依附他。

“亲戚对我悲，朋友相追攀”，两句写与亲友生离死别情状。“悲”的不仅有“亲戚”，还有“朋友”；“追攀”的不仅有“朋友”，还有“亲戚”。这是互文见义。

“出门无所见”以下十句为第二层，写诗人途中所见惨状。“出门无所见，白骨蔽平原”是鸟瞰。“白骨蔽平原”的惨象，既是当前的，也是过去的。死人已成白骨，当然是过去的受难者；白骨得不到掩埋，可见生人也很稀少。写出一面，同时反映出另一面。这场战乱造成的悲惨景象，曹操在《蒿里行》中也写道：“白骨露于野，千里无鸡鸣。生民百遗一，念之断人肠。”可与此诗参读。

“路有饥妇人”以下八句是特写，写诗人见饥妇人弃子的惨状及感慨。妇人爱子，人之常情；妇人弃子，难以理解。这种反常现象的产生，源于战乱。因此，诗人用电影特写镜头似的手法，把这种惨绝人寰的典型事件活画出来，让诗人目不忍睹，只得催马而去。

“南登霸陵岸”以下四句为第三层，写作者的忧伤和感叹。“霸陵”，汉文帝陵墓所在之地，在今陕西长安县东，是长安通往荆州的必经之地。文帝是汉代的明君，史书赞他“以德化民，是以海内殷富”（《汉书·文帝纪》，有“文景之治”的美誉。“下泉”，《诗经·曹风》）篇名。毛诗序说：“下泉，思治也，曹人……思明王贤伯也。”“下泉”，黄泉。“下泉人”，在这里有隐指汉文帝之意。这几句是说，诗人登霸陵回望长安，思念文帝时的太平盛世，因而深深地懂得了《下泉》诗的作者思念明王贤伯的心情，于是不由得伤心、叹息起来。

1957年，是苏联十月革命胜利40周年，苏方邀请中国领导人参加庆典。11月，毛泽东率宋庆龄、邓小平、彭德怀、郭沫若等大型代表团访苏。庆典期间，12个社会主义国家共产党、工人党代表会议，68国共产党、工人党代表会议相继召开，各国党的领袖签署了《莫斯科宣言》《和平宣言》。核心问题是号召社会主义阵营和革命人民团结起来，防止帝国主义战争。毛泽东在讲话中提出：“要防备疯子，当然世界上正常人多，疯子少。但是有疯子，偶然出那么一个疯子，他用原子弹来打，你怎么办？”毛泽东关注的是世界战争问题。所以，战争与和平问题是毛泽东这时思考的中心问题。这样我们就不难理解毛泽东和郭沫若等议论三国战争造成的破坏以及第一、第二次世界大战的破坏的问题了。他是要我们吸取历史教训，防止现代战争。

“且共欢此饮”

1945年8月28日中午，客居于重庆上清寺特园“民主之家”的张澜先生，正同主人鲜英共进午餐。中共南方局负责统战工作的徐冰突然来到，告诉他们一个惊人的消息：“毛主席已经从延安飞来重庆了。”

下午3时30分，一架绿色军用座机，降落在九龙坡机场。毛泽东主席偕同周恩来、王若飞相继走下飞机。机场上，毛泽东受到各界知名人士的热烈欢迎。当乔冠华介绍大家同毛泽东见面时，毛泽东一一握手，答礼道：“很感谢！”

毛泽东从人群中发现了银髯飘飘的张澜，不待乔冠华介绍，迈步过去同他握手，一见如故地说：“你是张表老，你好！”张澜连忙说：“润之先生好！你奔走国事，欢迎你光临重庆！”毛泽东拉住张澜的手，久久不放，说：“大热天气，你还亲自到机场来，真是不敢当，不敢当！”毛泽东推重张澜从领导四川保路运动，一直奋斗至今。张澜早在五四时期，就在北京欣闻有关毛泽东的介绍。两人不约而同地说：“神交已久。”

8月30日上午，毛泽东特地嘱咐周恩来亲赴特园，告诉张澜，下午他要亲临特园拜访。

下午3时，毛泽东由周恩来陪同莅临中国民主同盟总部特园（又称“民主之家”）拜访民盟主席张澜，民盟中央委员、特园的主人鲜英在座。毛泽东首先向张澜转达朱德对老师的问候，转达吴玉章对老友的问候。这时周恩来起身告辞，他下午还要同国民党谈判。

屋内只剩下毛泽东同张澜、鲜英。张澜很为毛泽东的安全担心，提醒说：“蒋介石在演鸿门宴，他哪里会顾得上一点信义！”毛泽东风趣地说：“我们就来他一个假戏真演，让全国人民当观众，看出真假，分出是非，这场戏就大有价值了！”

毛泽东向张澜详细解释了中国共产党提出的六项紧急措施，其中包括公平合理地改编军队，承认多党派的合法地位，保障人民的自由权利等要求。张澜连声称赞：“很公道，很公道！蒋介石要是良心未泯，就应该采纳施行。看起来，这场戏倒是有看头。”

9月2日上午，张澜以中国民主同盟名义，在特园欢宴毛泽东、周恩来和王若飞。参加宴会的有民盟负责人沈钧儒、黄炎培、冷遹、鲜英、章伯钧、罗隆基、张申府、左舜生等。毛泽东一进特园，高兴地说：“这是‘民主之家’，我也回到家里了。”在客厅里，毛泽东勉励大家，说：“今天，我们聚会‘民主之家’，今后共同努力，生活在民主之国。”在宴会上，毛泽东反复强调“和为贵”，并同沈钧儒谈健身运动，同黄炎培谈职业教育，同张申府谈“五四”运动往事。

席间，特园的主人鲜英献上家酿的枣子酒。饮用过这种酒的周恩来向毛泽东介绍说，这种酒浓度不高，味道香而醇厚。张澜举杯向毛泽东敬酒说：“会须一饮三百杯！”思路敏捷的毛泽东也征引陶靖节的《饮酒》一诗，举杯相邀道：“且共欢此饮！”

宴毕，特园主人拿出纪念册，请毛泽东题词留念。毛泽东题了“民主在望”四个字，并说，道路尽管曲折，前途甚是光明。

9月15日下午，毛泽东又来特园，在张澜的卧室里向张澜介绍国共两党谈判情况。告诉他关于承认党派合法地位、保障人民自由权利、召开政治会议等项大致获得协议，国大代表问题尚待继续磋商，目前症结仍在军队数字与驻地、解放区政府与区划两大问题。蒋介石正在美国支持下运送兵员，名为接收，实为准备发动内战。张澜建议，将两党已谈拢的问题公之于众，免得蒋介石将来不认账；如果你们不便说，我可以采取给两党公开信的方式，把问题摊开来。毛泽东赞成这个意见。

张澜的公开信，随即分送给重庆的《新民报》和成都的《华西晚报》刊出。

10月11日下午，毛泽东离重庆返回延安，张澜又到九龙坡机场送行。

张澜在宴上向毛泽东敬酒时引用的一句诗“会须一饮三百杯”，见于李白的《将进酒》一诗；而毛泽东回敬张澜时引的“且共欢此饮”这句诗，出自晋陶渊明的《饮酒》诗。

陶渊明（365—427），名潜，字渊明，又字元亮，浔阳九江（今江西九江西南）人，东晋大诗人。曾任江州祭酒、镇军参军、彭泽令等职，后归隐。长于诗文辞赋，诗多描写自然景色及农村生活情景，其中优秀作品隐寓着对腐朽统治集团的憎恶和不愿同流合污的精神，也不乏寓托抱负、悲愤慷慨之声。语言质朴自然，风格平淡爽朗。有《陶渊明集》。

《饮酒》诗共 20 首，前有序。序文说：

> 余闲居寡欢，兼比夜已长，偶有名酒，无夕不饮。顾影独进，忽焉复醉。既醉之后，辄题数句自娱。纸墨遂多，辞无诠次。聊命故人书之，以为欢笑耳。

序文中说明作诗缘起，旷达中透出悲凉，文笔绝佳。

这一组诗作于晋安帝义熙十二年（416），时陶渊明 52 岁。

毛泽东引用的“且共欢此饮”出自第九首。原诗是：

> 清晨闻叩门，倒裳往自开。问子为谁欤？田父有好怀。壶浆远见候，疑我与时乖。“褴褛茅檐下，未足为高栖。一世皆尚同，愿君汩其泥。”深感父老言，禀气寡所谐。纡辔诚可学，违己讵非迷？且共欢此饮，吾驾不可回。

这首诗写田父劝说诗人改弦更张，自己婉拒之，再一次表示了诗人隐耕志向的坚定。

全诗分为三层意思。“清晨问叩门”以下六句，写诗人迎客。清晨听见敲门，诗人连衣裳也顾不得穿好赶快出迎。来者原来是一位老农，抱着良好的善意前来问候。他提着酒远道前来，为的是怀疑诗人与时世相违背。诗人迎客的喜悦，田父的善意，写得十分生动。

“褴褛茅檐下”以下四句，记田父的劝说之辞。这位田父也不赞同当时的社会风气，只是觉得诗人衣衫褴褛，居住茅屋，未免太受委屈了，因为这实在不是高士隐居之地。但别无他法，田父也只能劝诗人，姑且与世人同流合污罢了。

末六句是诗人对田父的回答：我感谢老兄的善意劝告，只是我自己的禀性不能与世俗和谐；揽辔回车，再入仕途，诚然可以跟人家学，可违背了自己的意愿和初衷，岂不是太糊涂了吗？咱们姑且快乐地喝酒吧，我的车马是会回转的。语气虽谦恭而委婉，但表达的不愿与世俗同流合污、决心走隐逸之路的态度十分坚决。

民主人士张澜宴请毛泽东、周恩来、王若飞等，张澜举杯向毛泽东敬酒，援引李白《将进酒》中“会须一饮三百杯”诗句劝酒时，思维敏捷的毛泽东随即引陶渊明《饮酒》诗中“且共欢此饮”为对，恰到好处，宾主融洽，其乐融融，可谓一段佳话。

“此人一辈子矛盾着”

毛泽东读谢灵运的名篇《登池上楼》时写了一段很有名的批语：

通篇矛盾，“进德智所拙，退耕力不任”，见矛盾所在。

此人一辈子矛盾着。想做大官而不能，“进德智所拙”也。做林下封君，又不愿意。一辈子生活在这个矛盾之中。晚节造反，矛盾达于极点。“韩亡子房奋，秦帝鲁连耻。本自江海人，忠义感君子。”是造反的檄文。①

1950年5月5日上午，毛泽东派秘书田家英将柳亚子接到香山双清别墅叙谈。

二位诗人落座，就很自然谈起诗来。柳亚子说：“历代诗中，以山水诗居多。山水诗开山鼻祖当推晋谢灵运。”

毛泽东点点头，说：“对，这个人出身望族，但政治上很不得意，只得寓情于山水间了。这一点，我与这位谢康乐有相似之处，我们都好游历。”

柳亚子问：“他的《登池上楼》，主席有印象否？”

毛泽东答：“大约还记得些。”

柳亚子说：“这首诗佳妙之句：‘池塘生春草，园柳变鸣禽’，有人称为梦中之笔，一个‘生’字，一个‘变’字，把久违的春色写活了，而且把诗人内心的欣然惊奇之感写了出来。这首诗全篇艰涩雕琢，惟这两句朴实生动，真是神来之笔！有人曾说谢灵运的诗‘有句无篇’，怕是有道理的。”

---

① 《毛泽东读文史古籍批语集》，中央文献出版社1993年版，第3页。

毛泽东说："谢灵运这首诗，通篇反映出他内心的矛盾，'进德智所拙，退耕力不任'，足见其是矛盾的。这恐与他的身世、境遇有关。他出身望族，自视很有本领，但一生不受重用，这首诗反映出他郁郁不得志的心情。想当大官而不能，所谓'进德智所拙'！做林下封君，又不愿意，'退耕力不任'，说是种田没有力气。这个人一辈子生活在这个矛盾之中。"①

1958 年 10 月 13 日，毛泽东以中华人民共和国国防部部长彭德怀的名义发表的《再告台湾同胞书稿》说：

> 台湾的朋友们，不可以尊美国为帝。请你们读一读鲁仲连传好吧。美国就像那个齐湣王。说到齐湣王，风烛残年，摇摇欲倒，他对鲁卫小国还要那样横行霸道。六朝人有言：韩亡子房奋，秦帝鲁连耻。本自江海人，忠义感君子。现在是向帝国主义造反的时候了。②

毛泽东故居书房里有一本 1957 年文学古籍刊行社出版的《古诗源》。毛泽东在谢灵运《登池上楼》这首诗中，几乎每句都画着曲线，句末加着圈。在"进德智所拙，退耕力不任"下面连画两个圈后，在天头、地脚和左右两侧空白处写下了上面所引的那两段批语。这 100 多字的批语，远远超出作品本身，是对谢灵运一生政治态度和内心世界的评价。

谢灵运（385—433），陈郡阳夏（今河南太康）人，世居会稽（今浙江绍兴），晋宋间诗人。他是历史上淝水之战大败符坚的名将谢玄的孙子，18 岁袭封康乐公。公元 420 年宋武帝刘裕代晋后，谢灵运被降为侯爵。

在政治上，谢灵远"自谓才能宜参权要"，而武帝、文帝始终未委以军国要职，因此他"常怀愤惋"，并数次遭贬，曾出为永嘉太守。在职期间，他不问政事，"肆意遨游"，不久就托病辞职。武帝死后，文帝即位，再次起用他。他"自以名辈应参时政"，而文帝"唯以文义见接"，因此他还是不满意，经常"称病不朝"。不久被免官，出任临川内史。有人在文

① 郭文韬：《开国前后》，海南出版社 1993 年版，第 91 页。

② 《建国以来毛泽东文稿》第七册，中央文献出版社 1992 年版，第 459—460 页。

帝面前告他“谋反”，“遂有逆志”。元嘉十年（433）在广州被杀。年仅48岁。明人辑有《谢康乐集》。

毛泽东在一部清乾隆武英殿本二十四史《南史》列传九中，仔细圈点了有关谢灵运及其家族的历史资料。他对谢灵运的生平事迹是很了解的，因此才能通过他的作品挖掘其内心世界。这大概便是古人所说的“知人论世”“以意逆志”吧！

池上楼，在永嘉郡治永宁县（今浙江温州）西北。这首诗写于景平元年（423）初春。诗中写出了诗人久病初起后登楼所见，流露出仕途失意的感伤情绪。

《登池上楼》原诗如下：

> 潜虬媚幽姿，飞鸿响远音。薄霄愧云浮，栖川怍渊沉。进德智所拙，退耕力不任。徇禄反穷海，卧疴对空林。衾枕昧节候，褰开暂窥临。倾耳聆波澜，举目眺岖嵚。初景革绪风，新阳改故阴。池塘生春草，园柳变鸣禽。祁祁伤豳歌，萋萋感楚吟。索居易永久，离群难处心。持操岂独古，无闷征在今。

全诗分三层意思来写。开头八句写诗人进退两难的矛盾心理及对谪迁海边的不满。诗人说自己看到了潜藏的小龙、高的鸿雁都感到惭愧。因为自己陷入“进德智所拙，退耕力不任”的两难境地。最后只能到海边去做永嘉太守，反映他当时郁郁不得志的心情，所以毛泽东说他“一辈子生活在这个矛盾之中。晚节造反，矛盾达于极点”。毛泽东对谢灵运的政治作为并不肯定。在批注中明确指出谢的矛盾是“想做大官而不能”，“做林下封君又不甘心”。这个评价是很中肯的。

“衾枕昧节候”以下八句，写久病初愈后登楼远眺，见窗外春意盎然。这是诗中最精彩的部分，集音响与画面、远景与近景于一体，有声有色。“举目”句写所见之远景，“倾耳”句写所闻之远音。“池塘生春草，园柳变鸣禽”二句，写所见之近景与所闻之近音。中间一“革”一“改”，交代了冬去春来的时令变化。“池塘”二句历来广为传诵，被称为“芙蓉出水”。“芙蓉出水”给人以清新自然之感，这也正是此二句的妙处所在。在诗人面前，春草是新生的，绿柳是新长的，鸣禽是新来的，一切都让人耳目一新。诗人借景物描写抒发内心的喜悦之情。金代诗评家元好问《论诗三十首》评此二句说：“池塘春草谢家春，万古千秋五字新。”

“祁祁伤豳歌”以下六句，写诗人的自我宽慰。“祁祁”，众多之状。“豳（bīn 彬）歌”，豳人的诗歌。《诗经·豳风·七月》：“春日迟迟，采蘩祁祁，女心伤悲，殆及公子同归。”“萋萋”句，用《楚辞·招隐士》“王孙游兮不归，春草生兮萋萋”句意。“萋萋”，草盛之状。“无闷”，用《易经·乾卦》“遁世无闷”句意。谓避世归隐，心中无烦恼。这几句是说，想到“采蘩祁祁”的诗句，使人感到悲伤，想到《楚辞》中“春草生兮萋萋”的诗句，使人因思乡而感伤。独居易觉得日子过得很长，离开众人使人难以安心。保持自己的情感难道只有古人，避世隐居心中没有烦闷可以找到今人（指自己）。这就是诗人的自我宽慰。

通过这首诗，毛泽东对谢灵运的政治态度作出了精辟的分析。这个批语大概写在 1957 年以后的几年里，但这个看法却是早就有了。1950 年 5 月在与柳亚子谈论谢灵运时，对谢的评判和这个批语相差无几。而 1958 年在《再告台湾同胞书》中引谢灵运的“韩亡子房奋”等几句诗时，也是当作“造反的檄文”来引用的。这说明毛泽东对谢灵运的看法是一贯的。

尽管毛泽东对谢灵运政治上评价不高，但对他的诗却颇为重视。在他写有批注的这本《古诗源》中，收进谢的诗有 24 首，毛泽东作了圈画的有 22 首。《岁暮》是借景抒情的，毛泽东每句都加了圈，有的还加了三个圈。《斋中读书》是言志纪怀的，毛泽东也是逐句圈画。如“怀抱欢古今”二句旁，每字都加了密圈；“既笑沮溺苦”等六句旁，每句末都画了三个圈。至于谢灵运山水诗中刻画自然景物的清词丽句，如《邻里相送至方山》中的“解缆及流潮”等四句，《过始宁墅》中的“剖竹守沧海”等六句等，毛泽东都在句旁画着直线、曲线、曲线加直线；句子下面也都连画两个圈、三个圈。对于这些诗句，毛泽东既欣赏其艺术性，又了解诗人的思想感情。

毛泽东对于《古诗源》的编者注也读得很仔细，并加以圈画。编者注释中，评论谢灵运的诗“一归自然”“匠心独运”“在新在俊”等处，毛泽东都画着曲线和圆圈。《邻里相送至方山》的编者注释“别绪低回”“触景自得”两句旁画着曲线，说明毛泽东对这种评价的重视。

《昭明文选》《汉魏六朝百三名家集》中谢灵运的诗，毛泽东也圈画了不少。

“打了仗回来作诗”

在1957年9月的庐山会议上，毛泽东在一次讲话中说：

公社一级干部不懂一点政治经济学是不行的。不识字的可以给他们讲课。梁武帝有个宰相陈庆之，一字不识，皇帝强迫作诗，他口念，叫别人写：

“微生遇多幸，得逢时运昌。

朽老筋力尽，徒步还南岗。

辞荣此圣世，何愧张子房。”

他说你们这些读书人，还不如老夫用耳学。当然，不要误会，我不是反对扫除文盲。南北朝有个姓曹的将军，打了仗回来作诗：

“去时儿女悲，归来笳鼓竞。

借问过路人，何如霍去病？”

还有北朝的将军斛律金，这也是个一字不识的人，他有《敕勒歌》：

“敕勒川，阴山下，

天似穹庐，笼盖四野。

天苍苍，野茫茫，

风吹草低见牛羊。”

一字不识的人可以做宰相，为什么我们公社干部、农民不可以听政治经济学？我看大家可以学。[①]

---

① 李锐：《庐山会议实录》（增订本），河南人民出版社1995年版，第131—132页。

陈庆之（484—539），字子云，义兴国山（今江苏宜兴西南）人。南朝梁将军。幼时为梁武帝随从。曾任宣猛将军、文德主帅等。大通二年（528）魏北海王元颢降梁，武帝派他率7000人送元颢北还。次年入洛阳，凡取三十二城，四十战，无不胜利。旋以兵少受挫，退回南方，后历任豫刺史等职。

《陈庆之传》载于《南史》第61卷。毛泽东在这本书的封面上，用粗重的黑铅笔画了读过两遍的圈记。在《目录》“陈庆之”三字旁，画了两条着重线。在传记开头的天头上，连画四个大圈，又用他那苍劲的笔迹，醒目地标写着“陈庆之传”四个大字。在第一段介绍陈庆之生平的地方，毛泽东充满深情地批注道：

再读此传，为之神往。

一九六九年六月三日在武昌

1969年的毛泽东已是76岁的老人，远离战争年代也已20多年。万籁俱寂，深夜读史，为陈庆之的事迹所引发，从而心驰“神往”，引起共鸣，这是毛泽东读史为一般人很难产生的感受。

文内许多地方，毛泽东又圈又点，不仅为其功业折服，对他作诗一事也不放过，对他这个大字不识一个的武将竟会作诗，表示称赞。陈庆之的这首诗是说，自己很幸运，遇上了好时候，现在年老力衰，退出政坛，回家养老，和汉代的谋臣张子房（良）一样功成身退。这种想法当然很符合帝王的要求，自己也可以远祸，是身退自完之计。

曹景宗（457—508），字子震，新野（今河南新野）人。南朝梁将军。出身将门，善骑射，齐末附萧衍（梁武帝），被荐为竟陵（今湖北天门西北）太守，助衍夺取政权。天监五年（506）与韦睿救钟离，破魏军。后官侍中、领军将军。

《曹景宗传》载于《南史》卷五十五，毛泽东仔细读过，加以圈画，并写了几条批语，其中一条称：“景宗亦豪杰哉！”这条批语批在传中这段话旁的：“景宗谓所亲曰：‘我昔在乡里，骑快马如龙。与年少辈数十骑，拓弓弦作霹雳声，箭如饿鸱叫。平泽中逐獐，数助射之，渴饮其血，饥食其脯，甜如甘露浆。觉耳后生风，鼻头出火。此乐使人忘死，不知老之将至。”这段话描绘了一个少年英雄的形象，这样的少年后来自然成了建功立业的英雄豪杰。

曹景宗生活奢侈，有妓妾数百，部下残横，常掠抢民间子女财物，又好争功，“景宗时与群帅争先启之捷，叡独居后”（《韦叡传》）。毛泽东读至此，批注道：“曹景宗不如韦叡远矣！”

毛泽东提到的曹景宗的这首诗，题作《华光殿侍宴赋竞病韵》。“赋韵”，即分韵。旧时作诗方式之一。指作诗时先规定若干字为韵，各人分拈韵字，依韵作诗，叫的“分韵”亦称“赋韵”。

关于这首诗的写作背景，《南史·曹景宗传》有如下记载：“景宗振振凯入，帝于华光殿宴饮连句，令左仆射沈约赋韵。景宗不得韵，意色不平，启求赋诗……诏令赋韵，时韵已尽，唯余‘竟’‘病’二字。景宗便操笔，斯须而成，其辞曰……帝叹不已，约及朝贤惊嗟竟日。”

全诗共四句：“去时儿女悲，归来笳鼓竞。借问行路人，何如霍去病？”景宗受命率部援救钟离时，梁军大败，魏军士气正盛，故儿女送别担忧父亲性命难保，而景宗却大胜凯旋，笳鼓竞响，欢庆胜利。作者用设问形式，以汉代抗击匈奴名将霍去病自许，表现了他御敌立功得胜还朝的喜悦和自豪心情。

斛律金，字阿六敦，性敦直，善骑射。行兵用匈奴法：望尘知马足多少，嗅地知军度远近。仕为第二领民酋长。秋朝京师，春还部落，号曰雁臣。累封咸阳郡王。卒谥武。

关于斛律金唱《敕勒歌》，史载，北齐高欢攻北周玉璧城不克，士卒死者十有四五。欢恚愤，疾发，勉强坐起见诸贵，使斛律金唱《敕勒歌》以激励士气。歌词本鲜卑语，译成汉语为：“敕勒川，阴山下。天似穹庐，笼盖四野。天苍苍，野茫茫，风吹草低见牛羊。”

“敕勒川，阴山下”，开头两句勾勒了眼前雄伟壮阔的草原粗犷景色，酣畅豪放，为激越壮丽的主旋律定下了基调。“敕勒川”，当因敕勒族聚居而得名。“阴山”，在今内蒙古自治区南部一带。

“天似穹庐，笼盖四野”，中间二句用巧妙的比喻描摹出敕勒川的奇特景色，歌唱了敕勒族优美的生活环境。“穹庐”，毡帐，游牧民族所居住的圆顶帐幕。

“天苍苍，野茫茫，风吹草低见（xiàn 现）牛羊”，末三句展示了无边草原上牛羊隐现的美好景象，表达了对家乡的无限热爱。

总之，《敕勒歌》以雄浑的气势，描绘了苍茫辽阔的北方草原景色，歌唱了大草原的丰美和富饶，历来受到好评。金人元好问说：“慷慨歌谣绝不传，穹庐一曲本天然。中州万古英雄气，也到阴山敕勒川。”（《论诗绝句三十首》）

毛泽东所讲的三首诗，不仅因其内容很好，而且还因为它们的作者都是不识字或识字很少的将军。这些将军都有出生入死的生活经历，虽然文化水平不高，对诗歌创作简直就没有研究过，也能写出很好的诗，所以特别值得称道。出于同样的原因，毛泽东还称刘邦的《大风歌》“写得很好，很有气魄”，并认为汉高祖没有读过几天书，能写出这样的“好诗”是很不容易的。

《登幽州台歌》“情深意长”

孟锦云，1975 年春天调到毛泽东身边做护理工作。

除护理工作之外，毛泽东还经常让孟锦云为他读书。时间一天天地过去了，毛泽东依旧在读着他所喜爱的书。只要毛泽东自己看书，小孟便也拿本唐诗读起来，她怕毛泽东让她读时老读不好，她也像应试的学生一样，在认真地准备着。

一天，毛泽东听京剧唱片，刚听了没几分钟，就对小孟说：“别听了，还是请你再给我读几首唐诗吧。”

小孟见毛泽东又让读唐诗，倒挺高兴，她心里觉得有底。她把留声机关上，顺手从毛泽东床头的小桌子上拿起一本《唐诗三百首》，边翻边说：“我每次读诗都读得不好，还老让您纠正，这次我得先选一首好读的，保证让您挑不出错来。”

毛泽东听了笑着说：“读诗就是学习嘛，要知难而上，你这个孟夫子却是择易而读。可以嘛，你随便读一首我听听，读好读的。”

小孟一翻，正好翻到陈子昂的《登幽州台歌》，她对这首诗读过好几遍，差不多都快背下来了，于是，便很有把握地提高声音，放慢速度，郑重其事地朗诵起来：

前不见古人，后不见来者。
念天地之悠悠，独怆然而涕下！

毛泽东听了，连声称赞：“孟夫子选得好嘛！这首诗虽短，可内容是情深意长噢！孟夫子，这次你读得也好，看来你不用纠正三次嘛。”

原来，这首诗过去小孟也曾给毛泽东读过，总是把“怆”字读错。毛泽东已经给她纠正过两次。

小孟听了毛泽东的夸奖，也很高兴，并说："就这么一个'怆'字，我再记不住，那我也太笨了，我的记性还不至于那么差。"

毛泽东听了小孟的话，便接着说："我可不敢说孟夫子笨噢，孟夫子可是个聪明的姑娘。"

这首诗的作者陈子昂（661—702），字伯玉，梓州射洪（今四川射洪）人，唐诗人。出身富豪，少任侠。睿宗嗣圣元年（684）举进士。武后初执政时上书，得到赏识，拜麟台阁正字，转右拾遗。他敢于陈述时弊，议论国政，主张息兵。圣历元年（698）辞官回乡。武三思嘱县令段简诬陷他，下狱死。有《陈拾遗集》。

陈子昂标举风雅比兴、汉魏风骨，强调兴寄，反对齐梁柔靡之风，是唐代诗歌改革的先驱。

《登幽州台歌》是诗人第二次出塞期间所作。武则天万岁通天元年（696），武则天派武攸宜征契丹，陈子昂在武攸宜幕府任参谋。武为人轻率，少谋略。次年兵败，情况紧急，陈子昂请求遣万人为前驱击敌，武不允。稍后，陈子昂又向武进言，不听，反把他降为军曹。诗人连受挫折，眼看报国宏愿成为泡影，因此登上幽州台，慷慨悲吟，写下了《登幽州台歌》。"幽州台"，即蓟北楼，故址在今北京市大兴县。

"前不见古人，后不见来者"，前两句叙事，感叹看不见古代、当代的贤人和有为之士。一种生不逢时、怀才不遇的感情油然而生。诗人在"古人"与"来者""前""后"之间，跨越了巨大的历史长空，写得大气磅礴。

"念天地之悠悠，独怆（chuàng 创）然而涕下！"后两句抒情，写诗人的人生感慨。诗人登台眺望，面对空旷的天宇和辽阔的原野，不免引起天地悠久、人生短暂、宇宙无限、个人渺小的慨叹。

本篇以慷慨悲凉的调子，抒发了诗人怀才不遇的寂寞苦闷的情怀。这种悲哀常常为旧社会许多怀才不遇的知识分子所共有，因而引起了广泛的共鸣。毛泽东称赞这首诗内容"情深意长"，也是从这方面说的。毛泽东以他一生不凡的阅历，从他登上历史高峰的境界，理解起这首"情深意长"的诗来，是否从中体会到一种"伟大的孤独"呢？

“海内存知己，天涯若比邻”

王勃（650—676），字子安，绛州龙门（今山西河津）人。初唐杰出诗人，与杨炯、卢照邻、骆宾王合称“初唐四杰”。14岁应幽素科试及第，授朝散郎。后任虢州参军。高宗上元三年（676），他去交趾省父时溺海死。明人辑有《王子安集》。

1958年5月，毛泽东在中共八大二次会议上就破除迷信为题，列举了古今中外几十位创造型的年轻人，其中一个就是王勃。他说：唐朝诗人王勃，《滕王阁序》的作者，初唐四杰之一，也是一个青年人，死时才二十几岁。

王勃的诗文清新流畅，朴实自然，毛泽东十分爱读。王勃《送杜少府之任蜀州》这首五律，毛泽东背诵书写过，并题写：“唐朝少年诗人王勃诗一首：送别。”

毛泽东在一本清蘅塘退士原编、中华书局版的《注释唐诗三百首》里这首诗的天头上批注道：“好”；还在“海内存知己，天涯若比邻”两个名句处连着画了三个圈；并且在谈话和文章中多次引用。

1959年，他与儿媳邵华谈唐代诗人和王勃时，特别提到对其中“海内存知己，天涯若比邻”两句非常欣赏。

1961年10月16日，他书“海内存知己，天涯若比邻”二句，送给当时的中共中央政治局委员、国务院副总理、中国人民解放军总参谋长罗瑞卿大将，并署上名字。

1960年1月，毛泽东在与秘鲁哲学家麦约尔卡共餐时，发现对方喜欢吃辣椒，说：“我们志同道合，不仅在哲学观点接近，在饮食习惯上也在靠拢。”秘鲁和中国虽然相距万里之遥，正像诗人王勃所说的那样：“海内存知己，天涯若比邻。”

1966 年 10 月 25 日，毛泽东在致阿尔巴尼亚劳动党第五次代表大会的贺电中，又一次引用了“海内存知己，天涯若比邻”两句诗。

中国驻捷克斯洛伐克大使馆 1960 年 7 月 24 日给外交部的一封电报说：7 月 22 日夜，在我参加捷国庆电影节代表团举行的招待会上，捷列宁工厂一工人党员主动找我八一制片厂厂长陈播交谈。他谈到：（一）继列宁之后，毛泽东是世界上最伟大的理论家，他的思想同列宁的思想完全一致，他是全世界所有共产党人的范例。（二）毛泽东善于运用马列主义，而捷共则运用不当，重犯苏联犯过的错误。（三）强调要维护哥特瓦尔德同志的事业。（四）对全世界反帝反殖民主义的斗争表示欢欣鼓舞，认为这种斗争能加速资本主义的灭亡。（五）期盼中国早日解放台湾。（六）称赞这次招待会没有请美国的做法很好。毛泽东阅读这个情况报告后批道：海内存知己，天涯若比邻。并指示印发给正在北戴河参加中央工作会议的同志。[①]

《送杜少府之任蜀州》原诗如下：

城阙辅三秦，风烟望五津。
与君离别意，同是宦游人。
海内存知己，天涯若比邻。
无为在歧路，儿女共沾巾。

这篇五言律诗是一篇送别之作。当时作者供职都城长安，他的杜姓友人外放到蜀州（治所在今四川省崇庆县）做县尉。“少府”，当时县尉的通称。“之任”，赴任。

“城阙辅三秦，风烟望五津。”首联意思是说，长安的城郭宫殿由三秦之地护卫，遥望杜要去的蜀州，但见风烟杳渺而已。交代了杜姓朋友的出

① 《建国以来毛泽东文稿》第九册，中央文献出版社 1996 年版，第 264 页。

发地与目的地。“阙”，指宫门前的望楼。“三秦”，项羽曾分秦地为雍、塞、翟三国，封秦将章邯等三人为王。诗人承汉初旧称，泛指长安附近的关中之地。“五津”，四川省从灌县以下到犍为的一段岷江中当时有五个渡口，名为白华津、万里津、江首津、涉头津、江南津。

“与君离别意，同是宦游人。”颔联是说，我游长安，君行入蜀，同是为了做官而奔走，彼此都是既去乡又别友，离别之意正好相同。“宦游人”，离乡在外做官求官的人。

“海内存知己，天涯若比邻。”颈联是说，海内还有知心的朋友，彼此虽然天各一方，也好像近在咫尺。这意思源于三国魏曹植《赠白马王彪》：“丈夫志四海，万里犹比邻。恩爱苟不亏，在远分日亲。”但此二句化用其意而自铸新词，更精练，更概括。

“无为在歧路，儿女共沾巾。”尾联是说，我们不要像儿女孩子似的，在临分别的地方，让眼泪沾湿了袖巾。“歧路”，分路。

总之，这首送别诗，在古代送别之作中独标高格，意境开阔，音调爽朗，洋溢着大丈夫的阳刚之气，特别是“海内存知己，天涯若比邻”的名句，千百年来为人们传诵不衰。

王勃骈体文《秋日登洪府滕王阁饯别序》，毛泽东也很欣赏。他在言谈中多次引用其中的文句，尤其是如“落霞与孤鹜齐飞，秋水共长天一色”这类对仗工稳、声律和协的名句。据作家王蒙回忆：1956年，当他的小说《组织部新来的年轻人》受到种种非议，毛泽东得悉后，却说了一些袒护的话。他说，这部小说也有缺点，正面人物写得不好，软弱无力，但不是毒草；就是毒草也不能采取压制的办法。接着毛泽东就引了《滕王阁序》的“落霞与孤鹜齐飞，秋水共长天一色”，说：我们的政策是“落霞与孤鹜齐飞，香花与毒草共放”。

20世纪60年代，毛泽东与子女谈话时，又背诵这篇诗序中的佳句，边加评论，兴之所至，悬肘挥毫，为他们书写了“落霞与孤鹜齐飞，秋水共长天一色”。这幅墨宝复制后，现挂在江西省南昌市重修的滕王阁中。

与周恩来、刘少奇论贺知章诗

据毛泽东的卫士长李银桥回忆：1958年的一天，毛泽东在中南海颐年堂征询刘少奇、周恩来对《工作方法六十条（草案）》的意见。交谈中，刘少奇向毛泽东请教作诗，毛泽东笑一笑说："你的文化底蕴比我深么！要谈诗，还得容我想一想哩。"

刘少奇说："实事求是么，对于诗，我确实不如主席。"又说："我看了几首唐诗，贺知章的'少小离家老大回'，有人考证说'儿童'是他的子女，不知主席怎么看？"

毛泽东说："瞎考！那样考的话，'飞流直下三千尺'，'桃花潭水深千尺'，又该如何考啊？"

周恩来在一旁笑了，说："借喻、比喻、拟人、夸张，是诗里常用的手法。"

毛泽东说："恩来说得是嘛！神奇的想象，奇妙的构思，大胆的夸张，严谨的平仄格式和对仗，是唐诗的特点，也是诗的意境之所在……"

回到菊香书屋，毛泽东对李银桥说："你去书房给我拿了《全唐诗话》来。"①

据当时参加会议的中共中央宣传部副部长张际春日后与人谈及，毛泽东与刘少奇谈贺知章诗的背景时说，毛主席谈古典文学总是与现实联系得很紧的。有一次关于文教工作的碰头会上，有人提出，现在不少干部两地分居的问题难以解决。刘少奇说：两地分居，自古有之，"少小离家老大回"，"儿童相见不相识"，贺知章就是把家属留在家乡的嘛！毛泽东当时

---

① 邸延生：《历史的真言——李银桥在毛泽东身边纪实》，新华出版社2000年出版，第690—691页。

没有说什么。回去后，他查了材料，给刘少奇写信。这就是1958年毛泽东和刘少奇谈贺知章及其《回乡偶书》写的一封长信。信是这样写的：

少奇同志：

前读笔记小说或别的诗话，有说贺知章事者。今日偶翻《全唐诗话》，说贺事较详，可供一阅。他从长安辞归会稽（绍兴），年已八十六岁，可能妻已早死。其子被命为会稽司马，也可能六七十岁了。"儿童相见不相识"，此儿童我认为不是他自己的儿女，而是他的孙儿女或曾孙儿女，或第四代儿女，也当有别户人家的小孩子。贺知章在长安做了数十年太子宾客等官，同明皇有君臣而兼友好之遇。他曾推荐李白于明皇，可见彼此惬洽。在长安几十年，不会没有眷属。这是我的看法。他的夫人中年逝世，他就变成独处，也未可知。他是信道教的，也有可能屏弃眷属。但一个九十多岁像齐白石这样高年的人，没有亲属共处，是不可想象的。他是诗人，又是书家（他的草书《孝经》，至今犹存）。他是一个胸襟洒脱的人，不是一个清教徒式的人物。唐朝未闻官吏禁带眷属事，整个历史也未闻此事。所以不可以"少小离家"一诗便作为断定古代官吏禁带眷属的充分证明。自从听了那次你谈到此事以后，总觉不甚妥当。请你再考一考，可能你是对的，我的想法不对。睡不着觉，偶触及此事，故写了这些，以供参考。

毛泽东

一九五八年二月十日上午十时。

复寻《唐书·文苑·贺知章传》（《旧唐书·列传一百四十，页二十四），亦无不带家属之记载。

近年文学选本注家，有说"儿童"是贺之儿女者，纯是臆测，毫无确据。[①]

---

① 中共中央文献研究室编：《毛泽东书信选集》，人民出版社1993年版，第535—536页。

毛泽东在这封信中，不仅讨论了唐代官员禁带家属的问题，也给贺知章以很高的评价。

贺知章（659—744），字季真，自号“四明狂客”，越州永兴（今浙江萧山）人，唐诗人。武则天证圣进士。玄宗开元年间任礼部侍郎兼集贤院学士，后又任太子宾客，秘书监。天宝三年（744）请求还乡为道士。好饮酒与李白友善。工书法，尤擅草隶。其诗多祭神乐章与应制诗；写景之作，较清新通脱。

刘少奇、毛泽东讨论古代官吏是否禁带家属，引用的“少小离家老大回”“儿童相见不相识”诗句，见于贺知章《回乡偶书》。原作二首，这是第一首。原诗为：

少小离家老大回，乡音无改鬓毛衰。
儿童相见不相识，笑问客从何处来。

诗的一、二句是说诗人少小离家，年老才回，鬓发已经疏落斑白，只有乡音未改。口语化的遣词炼句，概括了数十年久客他乡的事实，浑然天成。三、四句是说家乡的小孩儿都不认识诗人了，反而笑着问“客人”是从哪里来。儿童的天真和欢乐与诗人的衰颜和感慨，使全诗笼罩着一种低回感伤，若不胜情的氛围。全诗就在这有问无答处悄然作结，而弦外之音却如空谷传响，久久不绝。

第二首是第一首的续篇，原诗是：

离别家乡岁月多，近来人事半消磨。
惟有门前镜湖水，春风不改旧时波。

这首诗大意是说，诗人到家以后，通过与亲朋的交谈，得知家乡人事的种种变化，在叹息久客伤老之余，又不免发出人事无常的慨叹来，只有门前的镜湖水在春风吹动下波浪和过去一样。一种物是人非的感慨油然而生。

《回乡偶书》这首诗颇得毛泽东喜爱，在许多本诗集中，一再圈点，并背诵手书过。

毛泽东非常喜欢这首诗，经常触景生情，因事感发，谈起这首诗。

早在 1929 年 10 月，毛泽东在闽西上杭山区养病时就教贺子珍学习这首诗，说是她贺家的老祖宗唐朝诗人贺知章的名作。贺子珍把它背熟了，说怕自己将来回井冈山老家时，“儿童相见不相识，笑问客从何处来”。她要毛泽东教她学写诗。毛泽东说：写诗不难，要多读，多背诗，叫“熟读唐诗三百首，不会写诗也会吟”。

1937 年 7 月，徐特立受命以八路军高级参议出任八路军驻湘办事处代表。离开延安时，毛泽东在枣园住处送别徐特立，说：贺知章是“少小离家老大回，乡音无改鬓毛衰”。你可是五十离家花甲回，乡音无改志未衰啊！此次返湘，可不会是“儿童相见不相识”，在社会上你徐老的名气大得很咧！你是教育界的“长沙王”嘛。

“这里有意志”

1958年初，毛泽东的女儿李讷因病住院，做两次外科手术，伤口感染，引发高烧。毛泽东知道后，于2月3日在参加一届全国人大第五次会议中间给她写了一封信，内称：

害病严重时，心旌摇摇，悲观袭来，信心动荡。这是意志不坚决，我也常常如此。……为你的事，我此刻尚未睡，现在我想睡了，心情舒畅了。诗一首：青海长云暗雪山，孤城遥望玉门关。黄沙百战穿金甲，不斩楼兰誓不还。这里有意志，知道吗？……意志可以克服病情。一定要锻炼意志。①

毛泽东在信中书写的诗，是唐代诗人王昌龄的《从军行》之四。

王昌龄，字少伯，京兆长安（今陕西西安）人，盛唐边塞诗人。玄宗开元十五年（727）进士，授秘书省校书郎。开元二十二年（734），又应博学宏词科登第，授汜水（今河南巩义东北汜水镇）尉。开元二十七年（739），因事贬岭南，次年返回长安，同年冬出为江宁（今江苏南京）县丞。晚年贬龙标（今湖南黔阳）尉。安史乱起还乡，道出亳州，为刺史闾丘晓所杀。

王昌龄擅长七绝，名重一时，有“诗家夫子王江宁”之称。所作边塞诗，多写边塞军旅生活，气势雄浑，格调高昂。

《从军行》是乐府《相和歌辞·平调曲》旧题。内容叙述军旅战争之

---

①《老一代革命家家书选》，中央文献出版社、三联书店1990年版，第55—56页。

事。王昌龄《从军行》共七首，向来被推为边塞名作。毛泽东信中书写的是第四首。

“青海长云暗雪山，孤城遥望玉门关。”“青海”。今青海省西宁市西。“孤城”，指玉门关。汉武帝置。因西域输入玉石时取道于此而得名。汉时为通往西域各地的门户。故址在今甘肃敦煌西北小方盘城。这两句说，站在玉门关上东望，只见青海地区上空层云遮住雪山（指祁连山，祁连山亦名雪山。见《后汉书·班固传》注），暗淡无光。

“黄沙百战穿金甲，不破楼兰终不还。”这两句是说，虽已身经百战，铁甲磨穿，但如不能击破敌人，绝不还归家乡。“楼兰”，汉时西域的鄯善国，在今新疆维吾尔自治区鄯善县东南一带地方。西汉时，楼兰国王与匈奴勾通，屡次劫杀汉朝通西域的使臣。傅介子受命前往，用计刺杀楼兰王，“遂持王首还诣阙，公卿、将军议者，咸嘉其功”（《汉书·傅介子传》）。这里“楼兰”泛指侵扰西北地区的敌人。王昌龄在诗中借用这个典故，表达一种扫净边尘的壮志。毛泽东凭记忆书写，将末句中的“破”误为“斩”、“终”误为“誓”。

总之，这首诗借雪山孤城作背景，有力地显示出身经百战、金甲磨穿的战士们以身许国的决心和力克强敌的意志。所以毛泽东说，“这里有意志”，并说“意志可以克服病情”，勉励女儿“一定要锻炼意志”，战胜病魔。

对于气势豪迈、激昂慷慨的边塞诗，毛泽东向来爱读。他着重从中体会一种强健意志的人生风格。早在1917年写的《体育之研究》中，毛泽东反复描绘“任金革死而不厌”的强劲人生风貌。他说：“武勇之目，若猛烈，若不畏，若敢为，若耐久，皆意志之事。取例明之……夫力拔山气盖世，猛烈而已；不斩楼兰誓不还，不畏而已；化家为国，敢为而已，……意志也者，固人生事业之先驱也。”可见，从青年时代起，他就把王昌龄的《从军行》当作体现人生意志风貌的作品来看待的。

20世纪60年代，毛泽东又常凭记忆用毛笔书写王昌龄的诗，练习书法。1998年北京出版社出版的中央档案馆整理的《毛泽东手书选集·古诗词》（上），除收上述这首诗外，还收有《从军行》中的“大漠风尘日色昏，红旗半卷出辕门。前军夜战洮河北，已报生擒吐谷浑”一首；还有被唐人称为压卷之作的《出塞》：“秦时明月汉时关，万里长征人未还。但使龙城飞将在，不教胡马度阴山。”这些作品，都凸显出坚定不移的意志和昂扬奋发的人生风貌。毛泽东还手书过《春宫怨》：“昨夜风开露井桃，未央前殿月轮高。平阳歌舞新承宠，帘外春寒赐锦袍。”

此外，毛泽东读文学古籍刊行社出版的清蘅塘退士原编的《注释唐诗三百首》时还圈画了如下各诗：《芙蓉楼送辛渐》《长信秋词》（奉帚平明金殿开）、《宫怨》（闺中少妇不知愁）、《塞下曲》（蝉鸣空桑林）、《塞下曲》（饮马渡秋水）以及多次圈画的《从军行》（烽火城西百尺楼）等。

“每逢佳节倍思亲”

孟锦云，1975年春天调到毛泽东身边做护士工作，直到毛泽东逝世。

小孟发现毛泽东很喜欢读唐诗，在毛泽东卧室里，桌子上常放着各种唐诗选本，仅《唐诗三百首》就有几种版本的，还有一部《全唐诗》。毛泽东常常读“三李”——李白、李贺、李商隐的诗，有时边看边读，常常自言自语地赞叹：“写得好，写得好。”

一天，毛泽东叫小孟给他读唐诗。小孟大声朗读：

独在异乡为异客，每逢佳节倍思亲。
遥知兄弟登高处，遍插茱萸少一人。

小孟刚读完王维这首诗的最后一句，毛泽东便一下子笑出声来，随即说：“你再读一遍最后那句我听听。”小孟又大声读了一遍：“遍插茱萸（“朱须”音）少一人。”

毛泽东听了，坐起身顺手拿了一张白纸，写了“茱萸”两个字，让小孟过来，指着“萸”字说：“你查查字典看，这个字的读音是什么。”

小孟抱着本大字典，翻了好一会儿，才找到了这个字。一看字下的拼音，才知道自己读错了，连忙对毛泽东说：“主席，这个字应读 yú。”

毛泽东点点头，慢慢地说：“这茱萸是落叶小乔木，还是一种药材呢，有香味，插上茱萸可以避邪。小时候，在我的故乡，我就看见过插茱萸的。”[1]

① 郭金荣：《毛泽东读书成癖》。

这首诗的作者，是唐代诗人王维（701—761），字摩诘，蒲州（今山西永济西）人，唐诗人、画家。玄宗开元九年（721）进士。累官至给事中。安禄山叛军陷长安时曾受伪职，乱平后，降为太子中允。后官至尚书右丞，故世称王右丞。晚年居蓝田辋川，过着亦官亦隐的生活。他的边塞诗多能以慷慨激昂的情调，抒发将士为保卫疆土而献身的英雄气概；他的山水诗体物精细，状写传神，有独特成就。兼通音乐，工书画。有《王右丞集》。

小孟给毛泽东读的王维这首诗，题作《九月九日忆山东兄弟》。原注："时年十七。"是作者少年时所作。

"九月九日"，即重阳节，又称重九。三国魏曹丕《九日与钟繇书》："岁往月来，忽逢九月九日。九为阳数，而日月并应，俗嘉其名，以为宜于长久，故以享宴高会。""山东"，指在华山以东的作者故乡蒲地。

"独在异乡为异客，每逢佳节倍思亲。"前两句是写自己怀念故乡的兄弟。所谓"倍思亲"，正见得平日也在思念，佳节更是加倍思念亲人。

"遥知兄弟登高处，遍插茱萸少一人。"后两句是虚写兄弟们在想他。实是感慨节日中骨肉不能团聚。"茱萸（yú 臾）"，植物名，香气辛烈，可入药。古代风俗，重阳节佩茱萸囊以祛邪避秽。南朝梁吴均《续齐谐记》："长房谓（桓景）曰：'九月九日，汝家中当有灾，宜急去，令家人各作绛囊，盛茱萸以系臂，登高饮菊花酒，此祸可除。'……今世人九日登高饮酒，妇人带茱萸囊，盖始于此。""少一人"，指缺少作者自己。

毛泽东从王维的这首诗中看到它包含的民俗内容，并现身说法教育小孟。这种民俗流传至今，属于中华民族的传统文化，应发扬光大。

毛泽东很喜读王维的诗。20 世纪 60 年代，他曾记诵手书过《出塞作》（居延城外猎天骄）一诗，练习书法。在读文学古籍刊行社出版的清蘅塘退士原编《注释唐诗三百首》时圈画了如下各诗：《鹿柴》《相思》（红豆生南国）、《杂诗》（君自故乡来）、《老将行》《辋川闲居赠裴秀才迪》《渭川田家》《汉江临泛》《和贾至舍人早朝大明宫之作》《奉和圣制从蓬莱向兴庆阁道中留春雨中春望之作应制》。另外，他还圈画过《送元二使安西》。

李白的诗“有脱俗之气”

1949年12月，毛泽东赴莫斯科途中，在列车上曾与陪同的苏联汉学家费德林评论了唐代伟大诗人李白。毛泽东评论说：李白，唐代杰出诗人。他像天才诗人普希金对俄国人民的贡献那样，为中国人民写了许多珍贵的艺术诗篇。李白的诗是登峰造极的，他是空前绝后的不朽艺术家。中国至今没有人能超过李白、杜甫的诗才。①

毛泽东喜欢唐诗，在灿若群星似的唐代诗人中，最喜欢“三李”（李白、李贺、李商隐）的诗，但他最欣赏的还是李白的诗。毛泽东从不讳言这个偏爱。1942年4月13日，毛泽东为准备延安文艺座谈会，邀请何其芳、严文井、周立波等作家交换文艺工作意见时，严文井问：“听说主席喜欢中国古典诗歌。你喜欢李白，还是喜欢杜甫呢？”毛泽东回答说：“我喜欢李白。但李白有道士气。杜甫是站在小地主的立场。”②

1957年3月7日，在与七省市教育厅局长谈话中谈到学校课程的设置时，毛泽东提出：教材要有地方性，应该增加一些地方乡土教材，……文学课各地就可以讲些本地作家的作品，四川就可以讲李白、杜甫的东西。

1957年初，毛泽东与诗人臧克家等谈诗，谈李白。据臧克家回忆说：“毛主席也有个人特别喜爱的古代诗人。在谈话中，对唐代两大诗人——李白、杜甫，比较起来，毛主席更欣赏李白。”

1958年1月16日，毛泽东在南宁会议的讲话中指出：光搞现实主义的

① ［俄］尼·费德林：《我所接触的中苏领导人》，周爱琦译，新华出版社1995年版，第28—29页。

② 何其芳：《毛泽东之歌》，《时代报告》1978年第2期。

一面也不好，杜甫、白居易哭哭啼啼，我不愿看。李白、李贺、李商隐，搞点幻想。我们党建党以来，几十年没正式研究过这问题。

20 世纪 60 年代，毛泽东在和子女谈话时说过："李白的诗，文采奇异，气势磅礴，有脱俗之气。"① 又说："李白的诗豪放，想象力丰富，读了使人心旷神怡。……多读些李白的诗，可以阔胸襟。"②

在毛泽东晚年陪他读书的北京大学中文系讲师芦荻说："毛主席喜欢李白、李贺、李商隐的诗，尤其喜欢李白的诗。"

据谢静宜回忆：毛泽东喜欢的诗词，一般是爱国的、有骨气、有气魄的诗。曾对她说过李白的诗好。他点了很多，如《梦游天姥吟留别》《蜀道难》等。毛泽东还多次称赞李白是诗人之冠。

综上所述，可以看出毛泽东对李白评价之高。

李白（701—762），字太白，祖籍陇西成纪（今甘肃天水附近），先世于隋末流徙中亚，他就诞生在中亚的碎叶（今哈萨克斯坦托克马克），5 岁时随父亲迁居绵州的彰明县（今四川江油）青莲乡。少有逸才，10 岁观百家之书。20 岁左右，周游蜀中。25 岁时，"仗剑去国，辞亲远游"，希望实现"愿为辅弼"的愿望。此后 10 年内，漫游了长江、黄河中下游的许多地方，足迹遍布大半个中国，结识了不少名人，并在湖北安陆成家。玄宗天宝元年（742），为道士吴筠推荐，应诏入长安，供奉翰林。因秉性刚直，得罪了权贵，深感政治抱负无法施展，遂上书请还，于是，天宝三年，被"赐金还山"。天宝十四年（755），安史之乱爆发，曾参加永王璘幕府。后李璘谋乱兵败，他连坐当诛，郭子仪救之，改流放夜郎。幸而途中遇赦，才得以东归，时年已 59 岁。晚年漂泊困苦，卒于当涂。有《李太白集》。

李白的思想比较复杂，他既接受了儒家"兼善天下"的理念，希望"济苍生""安黎民"；又接受了道家，特别是庄子那种遗世独立的处世态度，追求绝对自由，蔑视世间一切。同时，还受游侠"不爱其躯"，"羞伐

① 毛岸青、邵华：《回忆爸爸勤奋读书和练书法》，《瞭望》1983 年第 12 期。

② 《燃烧的回忆——访刘松林、邵华同志》，《文汇报》1983 年 12 月 23 日。

其德”思想的影响。这三者相互作用，结合为“功成身退”这样一个支配他一生的指导思想。他关心国事，希望建功立业。从年轻时起，就立志要“奋其智能”“使寰区大定，海县清一”（《代寿山答孟少府移文书》），渴求有姜尚遇文王那样的机遇，直到晚年，在屡受挫折的情况下，仍自信地写下了“但用东山谢安石，为君谈笑静胡沙”（《在水军宴》）的诗句，表现了积极用世的思想。今存其诗900多首，内容非常丰富，既表现了他一生的经历和思想，也反映了盛唐时代的社会风貌。诗风雄奇奔放，想象丰富奇特，语言流转自然，音律和谐多姿，善于从民歌、神话中吸取营养和素材，构成独特的瑰玮绚烂的色彩，富有积极浪漫主义精神。

毛泽东喜欢李白诗歌，首先是推崇他那洒脱的艺术气质。而这种艺术气质背后，事实上传达出一种追求个性解放、反抗各种世俗规范的人生价值观。在李白笔下，总是充满着笑傲王侯，蔑视世俗，不满现实，指斥人生，饮酒赋诗，纵情欢乐的浓烈情感。毛泽东说李白有道士气，又说他的作品“文采奇异，气势磅礴，有脱俗之气”。大体上就是这种精神状态。毛泽东对李白这类作品尤为欣赏。

在一本《注释唐诗三百首》中，李白《将进酒》的标题前，毛泽东画着一个大圈，正文开始处连着画三个小圈，天头上批注：“好。”此诗原文是：

君不见黄河之水天上来，奔流到海不复回。君不见高堂明镜悲白发，朝如青丝暮成雪。人生得意须尽欢，莫使金樽空对月。天生我材必有用，千金散尽还复来。烹羊宰牛且为乐，会须一饮三百杯。岑夫子，丹丘生，将进酒，杯莫停。与君歌一曲，请君为我侧耳听。钟鼓馔玉不足贵，但愿长醉不复醒。古来圣贤皆寂寞，惟有饮者留其名。陈王昔时宴平乐，斗酒十千恣欢谑。主人何为言少钱，径须沽取对君酌。五花马，千金裘，呼儿将出换美酒。与尔同销万古愁。

《将进酒》，汉乐府诗题，属《横吹曲·饶歌》。古词有“将进酒，举大白”，写饮酒放歌。

这首诗大约写于供奉翰林“赐金放还”后。李白当时胸中积郁很深。诗中虽然有人生短促之感慨，但主要是以豪迈的语言，表现了乐观自信，放纵不羁的精神，事实上是从一个侧面（或者说以洒脱的方式）反映了对当时社会挤压人才的不满。

对李白这类强烈追求个性解放、不畏权贵、不崇拜偶像的诗，毛泽东都很欣赏。如《庐山谣寄卢侍御虚舟》中的“我本楚狂人，凤歌笑孔丘”；《梦游天姥吟留别》中的“安能摧眉折腰事权贵，使我不得开心颜”；《宣州谢朓楼饯别校书叔云》中的“弃我去者，昨日之日不可留；乱我心者，今日之日多烦忧。长风万里送秋雁，对此可以酣高楼”，“抽刀断水水更流，举杯消愁愁更愁”等名句，毛泽东都画了着重线。好几本的诗集里，这些诗的标题前都画着两个、三个圈；有的书中，标题前画圈，正文开头处连画三个小圈，足见其极为重视。

李白的诗被历代唐诗选家所重视，不少被纳入集中。其中最有影响的是清人沈德潜等选编的《唐诗别裁集》和蘅塘退士原编《注释唐诗三百首》以及陈婉俊注本《唐诗三百首》。前者选录唐代不同时期不同流派的诗作1828首，分体编排，并有简单评注，其中选李白诗150首。后者编选简要，多是脍炙人口的佳作，便于诵读，故广为流传，其中也有不少李白诗作。这些都是毛泽东喜欢并熟读的本子。据作者不完全统计，毛泽东评论、引用、化用、手书、圈点、编选的李白诗有60余首之多。

一、毛泽东评论李白的诗。无论是战争年代和新中国成立以后，毛泽东都是日理万机，很少有时间专门研读评论文学作品。偶一为之，便有高论。如他对《蜀道难》的评论，认为不必从内容上提高其思想性，“主要是艺术性高”，便是精辟之论。他对《古风五十九首》之三的评述也独树一帜。

二、毛泽东更多地是在工作中引用、化用李白的诗作诗句。1935年1月，遵义会议后，毛泽东送朱德去前线指挥作战，朱德要他不要送行了，他用了李白《赠汪伦》的诗句，说理应如此，“‘桃花潭水深千尺’，不及你我手足情嘛。”同年2月，红军占领入川门户娄山关，毛泽东登上关楼，瞭望周围群山起伏，当即大声朗诵李白的《忆秦娥》：“箫声咽，秦娥梦断秦楼月。秦楼月，年年柳色，灞陵伤别。　乐游原上清秋节，咸阳古道音尘绝。音尘绝，西风残照，汉家陵阙。”之后不久，他又写下了《忆秦娥·娄山关》。

1952年10月底，毛泽东从山东来到徐州视察，他对随行人员说：历史上很多名人来过徐州……著名史学家司马迁，诗人谢灵运、李白、白居易、李商隐、范仲淹、文天祥、李渔、苏轼、韩愈、李煜等都来过徐州。大诗人李白专程去下邳圯桥凭吊张良往事，写下《经下邳圯桥怀张子房》一诗：“我来圯桥上，怀古钦英风。惟见碧水流，曾无黄石公。叹息此人去，萧条徐泗空。”这李白也想见黄石公，得到上天指点，干点大事业，可惜黄石公不在了！①

1948年8月23日，宜川大捷的第二天，周恩来向中央机关排以上干部宣布：“同志们，我们的党中央和毛主席准备过黄河到华北去了！”

中央机关从川口渡黄河。毛泽东上了第一船，周恩来、任弼时上了第二船，陆定一和胡乔木等上第三船。

行船过了中流，毛泽东向河的上游眺望。阳光灿烂，水面上金光万道。毛泽东情不自禁地吟咏道：“君不见，黄河之水天上来……到底源头在哪里呢？”

1958年3月29日，毛泽东在成都会议后于重庆乘“江峡”轮东下，船进入三峡时，毛泽东问女驾驶员小石：“三峡有个白帝城吧？”小石说：“有的。”毛泽东立即朗声吟起了李白的诗句：“朝辞白帝彩云间，千里江陵一日还。两岸猿声啼不住，轻舟已过万重山。”

随后，毛泽东又背一句，叫小石念一句。念完后，他又说：“背给我听听。”小石立刻背诵了一遍。毛泽东满意地点点头说：“好。”

毛泽东乘“江峡”轮驶出了三峡，过宜昌，江面开阔，江水浩浩。船到江陵时，他凭船舷面对大江朗诵道：

朝辞白帝彩云间，千里江陵一日还。
两岸猿声听不见，汽笛一鸣到公安。

---

① 李家骥：《我做毛泽东卫士十三年》，中央文献出版社1998年版，第220—221页。

杨尚昆听了，不由得笑着说："主席把李白的诗，发展到社会主义了。"

毛泽东也情不自禁地笑起来。

1970年8月31日，毛泽东在中共九届二中全会上写的《我的一点意见》中，引用李白《梁甫吟》中"杞人无事忧天倾"的诗句，批判陈伯达在会上抛出"称天才"的语录，为林彪当国家主席制造舆论，是唯恐天下不乱，一举粉碎了陈伯达一伙篡党夺权的阴谋诡计。

三、毛泽东手书过李白的诗有16首，它们是：《古风十五首》（句）、《望鹦鹉洲怀祢衡》（句）、《庐山摇寄卢侍御虚舟》《庐山谣寄卢侍御虚舟》（句）、《梦游天姥吟留别》《下江陵》《黄鹤楼送孟浩然之广陵》《赠汪伦》《诗三首》（下江陵、赠汪伦、送孟浩然之广陵）、《宣州谢跳楼饯别校书叙云》（二幅）、《将进酒》（三幅）、《送储邕之武昌》（前四句）、《登金陵凤凰台》《越中怀古》《夜泊牛渚怀古》《黄鹤楼闻笛》（两幅）、《忆秦娥》《清平调三首》（两幅）。

四、毛泽东编选的。1958年，成都会议期间，毛泽东亲自编选《唐宋人写的有关四川的一些诗和词》一书，发给与会代表，其中收入李白《蜀道难》《峨眉山月歌》《峨眉山月歌送蜀僧晏入中京》《上三峡》《早发白帝城》和《送友人入蜀》等六首诗。

五、毛泽东在各种不同的唐诗版本中圈画的李白的诗尚有四十余首之多，如《赠汪伦》《黄鹤楼送孟浩然之广陵》《子夜吴歌》（长安一片月）、《行路难》《渡荆门送别》《送友人》《听蜀僧濬弹琴》《夜泊牛渚怀古》《登金陵凤凰台》《夜思》《清平调》等诗。这些诗的语言明快爽朗，形象生动，感情真切，郎朗上口，具有"慷慨吐清音，明转出天然"的民歌乐府风韵，毛泽东很爱读。

“秦王扫六合，虎视何雄哉！”

1973年7月4日，毛泽东同“四人帮”中的王洪文、张春桥谈话时，谈到中国的历史分期问题。毛泽东表示他赞成“郭老（沫若）的历史分期，奴隶制以春秋战国为界，但是不能大骂秦始皇”。他说：

> 早几十年中国的国文教科书里就说秦始皇不错了。车同轨，书同文，统一度量衡。就是李白讲秦始皇，开头一大段也是讲他了不起。“秦王扫六合，虎视何雄哉！挥剑决浮云，诸侯尽西来”一大篇，只是屁股后头搞了两句：“但见三泉下，金棺葬寒灰。”就是说他还是死了。你李白呢，尽想做官；结果充军贵州，走到白帝城，普赦令下来了，“朝辞白帝彩云间”。其实他尽想做官。《梁甫吟》说现在不行，将来有希望。“君不见高阳酒徒起草中”，“指挥楚汉如旋蓬”。那时神气十足。我加上几句，比较完全：“不料韩信不听话，十万大军下历城。齐王火冒三千丈，抓了酒徒付鼎烹”，把他下了油锅了。①

毛泽东这段谈话，涉及李白的三首重要作品。第一首是《古风五十九首》之三。原诗是：

> 秦王扫六合，虎视何雄哉！
> 挥剑决浮云，诸侯尽西来。

---

① 彭程、王芳：《中国七十年代政局备忘录》，《长河》1989年第1期

明断自天启，大略驾群才。
收兵铸金人，函谷正东开。
铭功会稽岭，骋望琅琊台。
刑徒七十万，起土骊山隈。
尚采不死药，茫然使心哀。
连弩射海鱼，长鲸正崔嵬。
额鼻像五岳，扬波喷云雷。
鬐鬣蔽青天，何由睹蓬莱？
徐市载秦女，楼船几时回？
但见三泉下，金棺葬寒灰！

李白有59首五言古风，写了大量的历史人物，多是借史咏怀之作。毛泽东一向很推崇秦始皇，读到李白《古风五十九首》之三，自然就很注意他对秦始皇的评价。在毛泽东看来，以秦始皇之赫赫功业，而历代文人笔下赞颂者实在太少，故对李白讲秦始皇很感兴趣，并赞成他在诗中开头“秦王扫六合，虎视何雄哉！挥剑决浮云，诸侯尽西来……”等十句对秦始皇功业的正面颂扬，而且很有气势。秦始皇统一六国的伟大业绩以及收兵、铭功巩固政权的两大措施都值得称赞。由于“刑徒七十万”以下十四句写了秦始皇大兴土木、寻求长生不老之药等事，便引出了毛泽东一段对李白很不客气的议论。

毛泽东似乎不赞成李白对秦始皇结局的描写，说他“只是屁股后头搞了两句：‘但见三泉下，金棺葬寒灰。’就是说他还是死了”。因为在毛泽东看来，像秦始皇这样历史上了不起的非凡人物，其轰轰烈烈的功业、成就和影响也是万古长存的。毛泽东不无挑剔地指出李白在自己的诗歌中抒发的傲视一切的勃勃雄心，与他在现实生活中的尴尬处境之间的深刻矛盾尽想做官！结果充军贵州，走到白帝城，普赦令下来了，于是乎，“朝辞白帝彩云间。”

唐肃宗乾元二年（759）春天，李白因永王璘案，流放夜郎，取道四川赴贬地。行至白帝城（在今重庆奉节东白帝山上），忽闻赦书，惊喜交加，旋即放舟东下江陵（今湖北江陵）。此诗题为《早发白帝城》，一作《下江陵》。原诗是：

朝辞白帝彩云间，千里江陵一日还，
两岸猿声啼不住，轻舟已过万重山。

这首诗抒写诗人遇赦后乘舟东下时的喜悦畅快心情。李白的“尽想做官”不成而被“充军”，后遇赦东下的坎坷经历，可以说代表了古代大多数有成就的诗人们普遍命运。这虽然反映出封建社会不合理制度压抑人才的痼疾，但从李白来看，也是书生式的空发议论的必然结果。因为李白虽志向远大，但并无实际才干，再加上他为人放荡不羁，这就必然导致四处碰壁，可惜他至死不悟。

毛泽东对李白的批评并不到此为止，接着他又批评李白：“其实，他尽想做官。《梁甫吟》说现在不行，将来有希望。”

《梁甫吟》，乐府“楚词曲名”。亦作“梁父吟”。梁甫，山名，在泰山下。原文如下：

长啸梁甫吟，何时见阳春？君不见朝歌屠叟辞棘津，八十西来钓渭滨。宁羞白发照渌水，逢时吐气思经纶。广张三千六百钓，风期暗与文王亲。大贤虎变愚不测，当年颇似寻常人。君不见高阳酒徒起草中，长揖山东隆准公。八门不拜骋雄辩，两女辍洗来趋风。东下齐城七十二，指挥楚汉如旋蓬。狂生落魄尚如此，何况壮士当群雄。我欲攀龙见明主，雷公砰訇震天鼓，帝旁投壶多玉女。三时大笑开电光，倏烁晦冥起风雨。阊阖九门不可通，以额扣关阍者怒。白日不照我精诚，杞国无事忧天倾。猰貐磨牙竞人肉，驺虞不折生草茎。手接飞猱搏雕虎，侧足焦原未言苦。智者可卷愚者豪，世人见我轻鸿毛。力排南山三壮士，齐相杀之费二桃。吴楚弄兵无剧孟，亚夫咍尔为徒劳。梁甫吟，声正悲，张公两龙剑，神物合有时。风云感会起屠钓，大人蜺屼当安之。

此诗大约作于受唐玄宗左右小人谗害，赐金放还之后，是李白借乐府古题抒发个人忧国伤时的作品。

诗的前半部分在开头之后，连用两组“君不见”提出两个历史故事：一个是西周吕望（即姜太公）长期埋没人间，80 岁得遇周文王，遂展平生之志；一个是秦末的郦食其（yī jī 异基），本是一个自称“高阳酒徒”的儒生，得遇刘邦，成为楚汉战争中的风云人物。后半部分则写诗人自投明主，却遇到种种阻碍，遭受种种打击，抨击现实生活中的不合理现象：上皇不能体察诗人对国家的一片精诚，反说他的“杞人忧天”。最后表示决不放弃自己对理想的追求。

毛泽东引出《梁甫吟》的诗句，用来指出李白的弱点。李白在《梁甫吟》中引用刘邦谋士郦食其的故事。郦食其家贫落魄，无以为生，当他冒称“高阳酒徒”去游说“隆准龙颜”的刘邦时，刘“方倨床，使两女子洗足”，对他十分蔑视，他竟长揖不拜，骋其雄辞，使刘邦为之“辍洗，起，振衣，延郦生上座，谢之”。终于“伏轼下齐七十余城”，在楚汉战争中，建立了丰功伟绩。郦以一个书生游说楚汉之间而受重用，李白对此很有点推崇神往，故说“君不见高阳酒徒起草中”，“指挥楚汉如旋蓬”。毛泽东却不这么看，他随口说出几句打油诗，用史实指出郦食其的可悲下场。据《史记》载：刘邦手下大将韩信引兵东进，欲攻齐国时，为刘邦所用的郦食其抢先说降了齐王，意在争功。不料韩信仍率兵攻齐，连下七十二城，齐王以为郦食其以缓兵之计欺骗了自己，便把他抛入油锅里烹死了。从毛泽东富有情趣的调侃打油诗中，不难看出他对纯粹诗人心态的超越，对自视过高的书生意气的轻视。

《蜀道难》“主要是艺术性很高”

1975年秋天，毛泽东同陪他读书的北京大学中文系讲师芦荻，谈到李白的名作《蜀道难》，曾对她说：

> 李白的《蜀道难》，写得很好。有人从思想性方面作各种猜测，以便提高评价，其实不必。不要管那些纷纭聚讼，这首诗主要是艺术性很高，谁能写得有他那样淋漓尽致呀，它把人带进祖国壮丽险峻的山川之中，把人带进神奇优美的神话世界，让人仿佛也到了“难于上青天”的蜀道上面了。[①]

在一本中华书局印行乾隆间蘅塘退士原编的《注释唐诗三百首》中，毛泽东在《蜀道难》这首诗的天头上画着一个大圈，并批注说：“此篇有些意思。”[②] 在另一本《注释唐诗三百首》中，《蜀道难》这首诗题头上方也画了一个大圈，但没有批语。[③]

据作家杜鹏程回忆，1956年2月4日晚上，在中南海怀仁堂，毛泽东、周恩来、陈毅等领导人，接见出席关于知识分子问题会议的文学艺术界的代表。当毛泽东走到作家杜鹏程面前和他握手时，问现在哪里工作，沈雁冰介绍说在西北的铁路建设工地工作。周恩来走过来说：就是宝成铁路工地。陈毅也说：往我的家乡修铁路啊！毛泽东望着杜鹏程说：李白的

---

① 杨建业：《在毛主席身边读书——访北京大学中文系讲师芦荻》，《光明日报》1987年12月29日。

② 张贻玖：《毛泽东和诗》，春秋出版社1987年版，第27页。

③ 中央档案馆整理：《毛泽东评点诗词曲精选》(上)，中国档案出版社1996年版，第62页。

《蜀道难》就是写的你们现在工作的那些地方的艰险情景。不过“蜀道”很快就不“难”啰！说罢，就随意而动情地吟诵那首诗篇中的一些句子。

从毛泽东的引用、批注和谈论的情况来看，毛泽东对李白的《蜀道难》是很感兴趣，颇有研究的，其评论是很精辟的。

《蜀道难》是乐府《相和歌·瑟调曲》三十八曲之一。其内容是描写蜀道的险阻。李白的《蜀道难》是传统题材的再发挥。全诗是：

噫吁嚱，危乎高哉！蜀道之难，难于上青天！蚕丛及鱼凫，开国何茫然。尔来四万八千岁，不与秦塞通人烟。西当太白有鸟道，可以横绝峨眉巅。地崩山摧壮士死，然后天梯石栈相钩连。上有六龙回日之高标，下有冲波逆折之回川。黄鹤之飞尚不得过，猿猱欲度愁攀援。青泥何盘盘，百步九曲萦岩峦。扪参历井仰胁息，以手抚膺坐长叹。问君西游何时还？畏途巉岩不可攀。但见悲鸟号古木，雄飞雌从绕林间。又闻子规啼夜月，愁空山。蜀道之难，难于上青天，使人听此凋朱颜！连峰去天不盈尺，枯松倒挂倚绝壁。飞湍瀑流争喧豗，砯厓转石万壑雷。其险也如此，嗟尔远道之人，胡为乎来哉！剑阁峥嵘而崔嵬，一夫当关，万夫莫开。所守或匪亲，化为狼与豺。朝避猛虎，夕避长蛇，磨牙吮血，杀人如麻。锦城虽云乐，不如早还家。蜀道之难，难于上青天，侧身西望长咨嗟！

据孟棨《本事诗》，贺知章于天宝初年李白入京时即见此作，惊叹之余，称李白为“谪仙”［按：贺于天宝三年（744）初致仕归越，故其作创作时间不得迟于天宝三年］。

这首诗以雄奇奔放的笔调，采纳传说、民谚，夸写蜀道之艰难险峻，是李白浪漫主义诗风的代表作。

全诗先以“噫吁巇，蜀道之难，难于上青天”的强烈感叹为端，开始正面描写蜀道的艰难险阻。写秦蜀隔绝之久，蜀道开辟之难，所辟栈道之险，又引入了蚕丛、鱼凫的历史传说和五丁开山的神话故事，一幅奇险多姿的蜀道山川的神奇图画便展现在读者面前了。

接着诗人又从侧面烘托，进一步描写蜀道的荒凉空寂和雄奇绝险：悲鸟哀号，子规啼愁，山高离天不到一尺，千年古松倒挂绝壁，急流冲击山岩，瀑布发出雷鸣，写尽了山势的陡峭和涧底洪涛的声势。读到此处，惊心动魄。

最后又极写剑阁要塞的险要。剑阁是“一夫当关，万夫莫开”的咽喉要塞，易守难攻。如果守关之人不是忠臣良将，反而会酿成祸患，再加上那里时有猛虎和长蛇吃人，实在太危险了。所以成都虽然是个快乐的地方，还是不如早早回去的好。以咏叹收结，照应开头。

总之，这首诗运用丰富的想象，大胆的夸张，奇妙的神话，传神地写出了蜀山、蜀道的磅礴气象，神秘色彩和浓郁的诗情，为我们描绘了一幅壮美的山水画卷，给我们以无尽的美的享受。所以毛泽东说这首诗“主要是艺术性高”，“使人仿佛到了‘难于上青天’的蜀道上面了。”

毛泽东在同芦荻的谈话中，为什么说不必从思想性方面作各种猜测呢？这是因为古今注家对这首诗的内在意义有不同说法。有人统计说，关于这首诗的寓意，主要说法就有八种之多。一是为“房琯、杜甫处境担忧而讽严武”说（范摅：《云溪友议》）；二是“讽玄宗幸蜀”说（萧士赟《分类补注李太白集》）；三是“讽章兼琼”说（沈括《梦溪笔谈》卷八等）；四是“即事成篇，别无他意”说（胡震亨《唐音癸签》卷二十一等）；五是“送友人入蜀”说（詹锳《〈蜀道难〉的寓意及其写作年代辩》，《文学遗产增刊》第六集）；七是“痛斥当时四川统治者”说（魏兴南《简论〈蜀道难〉》，《语文》1960 年 4 月号）；八是“借蜀道之险写仕途之坎坷，抒胸中之愤懑”说（安旗《〈蜀道难〉新探》，西北大学学报 1980 年第 4 期）。此外，还有初版于 1963 年、由朱东润主编的《中国历代文学作品选》中编第一册，在该诗前面的“题解”中说：“唐时，蜀中商业经济极为发达，入蜀的人们乐不思返，而没有意识到这一地区形势险要，自古为封建割据之地，随时有发生变乱的可能。诗中强调‘所守或非亲，化为狼与豺’，就是指此而言。”这种种议论，众说纷纭，莫衷一是，难下断语。但它们有一种出发点是共同的，就是想提高此诗的思想性，毛泽东认为无此必要，并认为“主要是艺术性高”。这话出自一贯主张评价文学作品应该政治标准第一的毛泽东之口，是颇耐人寻味的。

“涉远祁连外，来从晋地游”

邓华将军博闻强识，才华横溢。红军东渡黄河前，毛泽东为一军团诸将领送行，顺口吟诗道：“涉远祁连外，来从晋地游。”众将军不解所云，面面相觑。一将军问之，毛泽东笑而不答。邓华将军略思片刻，对曰：“主席是改用李白《渡荆门送别》诗的前两句，为我们送行呢。”随即背诵全诗：

渡远荆门外，来从楚国游。
山随平野尽，江入大荒流。
月下飞天镜，云生结海楼。
仍怜故乡水，万里送行舟。①

从题目上看，这是一首送别诗，而实际上是抒情诗，是一首著名的描绘祖国壮丽河山的诗篇。这首诗是李白出蜀时赠给送别的友人。它以雄奇飘逸的诗笔，热情地描绘了长江两岸奇丽壮阔的自然景观，反映了诗人乐观开朗的心情，抒写了对故乡山水的眷恋。

“渡远荆门外，来从楚国游”，一、二两句交代了舟行的历程，点明了行踪之远和出蜀的目的。这两句是说，诗人从遥远的蜀地，乘舟东下，渡过险要的荆门，来到楚地漫游。

“山随平野尽，江入大荒流”，三、四两句着重从舟行的角度，写山写水，写江汉平原的开阔景象。前句形象地描绘了船出三峡、渡过荆门山后

① 吴东峰：《开国将军轶事》，《解放军文艺》1998 年第 8 期。

长江两岸的特有景色：山逐渐消失了，出现在眼前的是一望无际的低平的原野。后句写出了江水奔腾直泻的气势，从荆门远望，仿佛流入荒漠辽远的原野。一个“入”字用得非常贴切。诗人以高度的艺术概括，描绘了途中景物随着舟行所呈现的变幻多姿情景，景中蕴藏着诗人喜悦开朗的心情和青春的蓬勃朝气。

“月下飞天镜，云生结海楼”五、六两句从静观仰视落笔写月写云，写夜幕降临时的情景。月影映入江中，像从空中飞下的明镜，远天凝聚变幻的彩云，如同海市蜃楼。这正是从荆门一带广阔平原的高空中和平静的江面上所能观赏到的奇妙美景。以水中圆月反衬江水的平静，以天上彩云构成海市蜃楼衬托江岸的辽阔、天空的高远，生动形象地描绘了万里长江宽阔水面上那种波光流动、红云灿烂的奇丽景象。

诗的中间四句，大力铺写景物，由白昼而入夜间，由地上而达天空，目力高远，意气飞扬，想象巧妙，构成了一个壮阔瑰丽的境界。这四句将初次出蜀的人，见到广大平原时的新鲜感觉极其真切地写了出来。

“仍怜故乡水，万里送行舟”，七、八两句以拟人化手法，赋予江水以人的特征，不说留恋故乡，而说故乡水万里相送，从而形象生动地表现了诗人对故乡山水的深厚感情。“怜”“送”二字加强了诗的抒情的气氛，具有荡人心魄的艺术魅力。诗题中的“送别”二字并非多余，而是全诗特有的情致所在。

这首诗意境开阔，韵致清扬，风格雄健，形象奇伟，想象瑰丽。全诗一气呵成，如大江奔流，格调轻快。

1936 年 2 月开始的红军渡河东征，毛泽东不仅为将士们送行，而且自己也随军东渡。红军主力刚到达陕北才两三个月已经有了一次西征，为什么要出师东征呢？在 1936 年 1 月 17 日召开的中央政治局会议上，毛泽东作报告指出：抗日运动的高涨和陕北地贫、人贫、兵员缺的特定环境，不能一般地以巩固求发展，而是要以发展求巩固。我们要扩大抗日力量和主力红军。我们向南、向西、向西北的文章不好做，只有向东。我们要下极大决心到山西。山西的发展，对陕北有极大帮助。

从 2 月 18 日晚 8 时开始，红一军团、红十五军团分别从陕西省绥德县沟口、清涧县河口等地强渡黄河，一举突破阎锡山晋绥军的防线。这次东征历时 75 天，虽然因军事形势变化而没有完全达到预期目的，但无论在军事上还是政治上都取得了重大的成功。

“可起消愁破闷的作用”

1959 年 8 月 6 日，毛泽东写信给他的儿媳刘思齐：

娃：

你身体是不是好些了？妹妹考了学校没有？我还算好，比在北京时好些。登高壮观天地间，大江茫茫去不还。黄云万里动风色，白波九道流雪山。这是李白的几句诗。你愁闷时可以看点古典文学，可起消愁破闷的作用。久不见甚念。

爸爸

六月六日[①]

1961 年 8 月至 9 月，中共中央在庐山举行工作会议，讨论工业、粮食、财贸及教育等问题。毛泽东在会上分析了当时经济形势，认为问题暴露出来了，将走向反面，现在是退到谷底了，形势到了今天，是一天天向上升了。在会议结束那天，他书写了“登高壮观天地间”等四句诗，赠在庐山开会的中央常委诸同志。书写格式是这样的：

登高壮观天地间，大江茫茫去不还。黄云万里动风色，白波九道流雪山。

李白庐山谣一诗中的几句。

---

① 《老一代革命家家书选》，中央文献出版社、三联书店 1990 年版，第 57 页。

登庐山，望长江，书此以赠庐山常委诸同志。

毛泽东

一九六一年九月十六日[①]

毛泽东在写给儿媳刘思齐和在庐山书赠中央常委的几句诗，出自李白的《庐山谣寄卢侍御虚舟》。原诗全文如下：

我本楚狂人，风歌笑孔丘。手持绿玉杖，朝别黄鹤楼。五岳寻仙不辞远，一生好入名山游。庐山秀出南斗旁，屏风九叠云锦张。影落明湖青黛光。金阙前开二峰长，银河倒挂三石梁。香炉瀑布遥相望，回崖沓嶂凌苍苍。翠影红霞映朝日，鸟飞不到昊天长。登高壮观天地间，大江茫茫去不还。黄云万里动风色，白波九道流雪山。好为庐山谣，兴因庐山发。闲窥石镜清我心，谢公行处苍苔没。早服还丹无世情，琴心三叠道初成。遥见仙人彩云里，手把芙蓉朝玉京。先期汗漫九垓上，愿接卢敖游太清。

此诗作于肃宗上元元年（760），当时李白流放夜郎途中遇赦，从江夏（今湖北武昌）来到浔阳（今江西九江），往游庐山并写下此诗。卢虚舟，字幼真，范阳（今北京大兴县）人，肃宗时曾任殿中侍御史。曾与李白同游庐山。李白另有《和卢侍御通塘曲》。

这首诗写庐山名胜，并借以抒发寂寞愁苦心情。

全诗可分为三部分。诗的前六句，交代诗人来庐山的行踪，是第一部分。大意是说诗人自比歌吟以嘲讽孔丘的楚狂人接舆，如同手拿绿玉杖的仙人，朝辞武昌黄鹤楼。即使到五岳求仙也不怕远，因为诗人一生就爱到名山大川旅游。这是全篇的“引子”。

“庐山秀出南斗旁”以下13句为第二部分，是对庐山风景的生动描绘，为该诗的主体部分。其中又分两个层次来写，先写山内：“秀出南斗

① 《毛泽东手书选集·古诗词》（上），北京出版社1996年版，第123—126页。

旁”，写庐山的坐落，接写庐山的主要景观：九叠屏，鄱阳湖金阙岩、石门岭、三石梁，三叠泉瀑布、香炉峰瀑布，湖光山色，景色宜人。旭日东升，青山与红霞相映成趣，更是美不胜收。

再写山外，诗人挥动如椽大笔，描绘庐山脚下的万里长江的雄伟气势：“登高壮观天地间，大江茫茫去不还。黄云万里动风色，白波九道流雪山。”“九道”，指长江至浔阳分为九条支流。“白波”，“雪山”，泛指江水激起的波浪。这几句是说：登上庐山顶峰，纵目四望，只见浩浩长江，东流入海，黄云万里，变幻无常，茫茫九派，白波奔流。既写出了长江浩浩东流的景观，又是借江水抒发诗人的内心情怀。诗人好像在感叹：啊，光阴就如同这逝去的江水！本篇是诗人晚年的作品，纵然壮志犹在，也毕竟已是老骥伏枥了。

诗的末六句为第三部分，抒写诗人决心遁迹山林学仙求道的情怀。诗人说自己服了九转金丹，道已而成，追随手持荷花的仙人，去到道教胜地玉京朝拜。早已和“汗漫”约好要到九天之外相聚，希望早日迎接卢虚舟一道去遨游太空。诗至此戛然而止，余味不尽。

这首诗想象丰富，意境开阔，感情豪放，气势雄伟，给人以美的享受，所以历来受到人们的珍爱。

毛泽东也非常喜欢这首诗。在《毛泽东手书选集》里，收有《庐山谣寄卢侍御虚舟》全诗一帧，用纸为红线竖格的“中国人民军事委员会”稿纸，可知书写时间当在20世纪50年代末至60年代初，间或有几个别字，当是凭记忆书写的。

此诗中的“登高壮观天地间”等四句，毛泽东在1959年8月和1961年9月曾两次手书，一赠长媳刘思齐（1960年2月和杨茂之结婚后改名刘松林）；一赠当时在庐山开会的中共中央政治局常委各同志。

刘思齐1949年10月同毛泽东之子毛岸英结婚。1950年11月25日毛岸英在朝鲜前线牺牲。毛泽东写信时，刘思齐在北京大学俄罗斯语言文学系读书，身体不好，感情苦闷。毛泽东书此四句，想为她起些“消愁破闷作用”。

1961年书赠中央常委各同志，是因为当时由于“大跃进”的失误，三年困难时期，书此四句诗也是要中央领导核心成员鼓起勇气，增强信心，战胜困难。

此外，游历名山大川，也是毛泽东一生所好。早在青年时代，他就在《讲堂录》中写道："汗漫九垓，遍游四宇"，"游之为益大矣哉"！益在何处？"陶冶胸襟，可以养气。""消愁破闷""陶冶胸襟"，正是毛泽东对文学欣赏娱乐功能的强调。

“桃花潭水深千尺，不及你我手足情”

红军长征途中，1935年1月19日军委纵军离开了遵义，24日先头部队占领了土城。

红军虽然得到了赤水河边的土城，但形势依然很险恶。红一军团在土城前边的复兴场与川军遭遇后，总部首长本想集中兵力打击川军主力，准备消灭它两三个团，然后渡赤水河。战斗打响后，才知道敌人不止四五个团，而是九个团。情况发生了大变化，尾追的川军一部又咬上了。总部首长考虑到红军不能前后作战，在严重的敌情面前，为消灭、重创敌人的一部分，赢得再定大计的时间，果断决定一、三军团迅速回师土城，再加上军委纵队干部团，会同五军团进行战斗，首先解决“后顾之忧”。这一仗打好了，可以打乱蒋介绍的如意算盘，保证红军渡过赤水河，走活一盘险棋。紧急关头，朱德总司令决心亲临火线指挥作战。朱老总要披甲亲征，震动了全体红军，毛泽东连抽了几支烟都没有点头。朱老总把帽子一脱，说：“得啰，老伙计，不要光考虑我个人的安全，只要红军胜利，只要遵义会议开出新天地，区区一个朱德又何惜？敌人的枪是打不中朱德的！”

1月28日上午，久雨初晴。毛泽东和总部其他首长为朱德到作战第一线举行欢送仪式。毛泽东从欢迎队伍排头走向排尾，迎着朱总司令走过去。朱德快步走近毛泽东，毛泽东也赶忙紧走几步，两双手紧紧地握在一起。朱德很激动：“不必兴师动众。礼重了。礼重了。”毛泽东当即说道：“理应如此。理应如此。桃花潭水深千尺，不及你我手足情嘛。祝总司令多抓俘虏，多打胜仗。”说话之间，这两位首长手拉着手，走到夹道欢送队伍的尽头。周恩来、洛甫、王稼祥、博古等也满脸笑容迎上前，和朱德亲热地握手、打招呼。朱总司令一边握手还礼，一边高兴地说：“有劳各位。谢谢大家的好意。”

朱德上火线后，亲自率领着一、三、五军团及干部团，分路向敌人发起了英勇的反击，打掉了敌人的嚣张气焰，阻止了敌人的进攻，为红军渡赤水河赢得宝贵的时间。后来，毛泽东在军情紧急万分的情况下，不顾冰枪冷炮的危险，带领同志们亲自迎接朱德回来。毛泽东还亲手向朱德敬上一碗茶。①

毛泽东送朱德上前线指挥作战时吟的“桃花潭水深千尺”等两句诗，是由唐代大诗人李白的《赠汪伦》诗句改造而来。李诗的全文是：

李白乘舟将欲行，忽闻岸上踏歌声。
桃花潭水深千尺，不及汪伦送我情。

天宝十四载（755），李白从秋浦（今安徽贵池）前往泾县（今属安徽）游桃花潭，当地人汪伦常酿美酒款待他。临走时，汪伦又来为他送行，李白作了这首诗留别。

诗的前两句是叙事：先写要离去者，继写送行者，展示一幅离别的图画。起句“乘舟”表明是走水路，“将欲行”表明是在轻舟待发之际。这句使我们仿佛见到李白正在正要离岸的小船上向人们告别的情景。送行者是谁呢？一群村人踏地为节拍，边走边唱前来送行了。这句诗说得比较含蓄，先闻其声，未见其人，但已经呼之欲出了。这是诗人用了曲笔。

诗的后半是抒情。第三句遥接起句，进一步说明放船地点在桃花潭。“深千尺”，既描绘潭水的特点，又为结句预伏一笔。桃花潭水是那样地深，更触了离人的情怀。难忘汪伦的深情厚谊，水深情深自然便联系起来了。结句迸出“不及汪伦送我情”，以比物手法形象地表达了真挚纯洁的友情。潭水已“深千尺”，那么汪伦送李白的情谊有多深呢？耐人寻味。妙就妙在“不及”二字，好就好在不用比喻而用比物手法，变无形的友谊为生动的形象，空灵而有余味，自然而又情真。

① 许长庚：《送总司令上火线》，《星火燎原》杂志 1985 年第 1 期。

这首小诗，深为后人赞赏。“桃花潭水”就成为后人写别情的常用语。由于这首诗，使桃花潭一带留下许多优美的传说和旅游资源，如东岸题有“踏歌古岸”门额的踏歌岸阁，西岸彩虹冈石壁下的钓隐台等，至今成为著名的旅游胜地。

喜读李白诗的毛泽东在送朱德上前线时，“桃花潭水深千尺”，张口即来，又将下句“送我情”改为“手足情”，即兄弟的情分，足见战友情深！

吟李白《忆秦娥》词

据吴启权《毛泽东长征在四川》所述——

1935年2月26日，通晓历史的毛泽东知道，入川门户娄山关是有名的古战场，多少英雄豪杰在这里留下了他们的足迹，世纪的风云荡涤了千百年来的印记，为后人遗留下来无数个让人怀古的传说，使人们沉湎于幽古的境界之中。突然，毛泽东想到晋代张华在《励志诗》里的名句“大仪斡运，天回地游”。

接着，毛泽东又吟哦起李白的词《忆秦娥·箫声咽》：

箫声咽，秦娥梦断秦楼月。秦楼月，年年柳色，灞陵伤别。 乐游原上清秋节，咸阳古道音尘绝。音尘绝，西风残照，汉家陵阙。

毛泽东知道，有人认为这首词可能不是李白所作，但不管是否为李白所作，毛泽东认为此词下阕从怀念远人，掺入了怀古伤今之意，气象就突然开阔。所以王国维在《人间词话》卷上说：“太白纯以气象胜。‘西风残照，汉家陵阙’，寥寥八字，遂关千古登山之口。”①

又据杨庆旺《毛泽东指点江山》所述——

1935年1月19日，毛泽东登上娄山关。

毛泽东饶有兴趣地说：“嗯！在这里摆开战场，真是‘一夫当关，万夫莫开’！我记得《明史》上就是这么讲的。”

朱德远眺着群山说：“哎！真乃兵家必争之地。”

---

① 吴启权：《毛泽东长征在四川》，四川人民出版社1996年版，第149—150页。

毛泽东望着远方不无感慨地说："是啊，这儿是有名的古战场。据《遵义府志》载，明代万历年间，遵义的土司杨应龙，反抗明中央集权统治，在关上排栅挖坑，构筑了13座木关，企图设险扼守。明廷派蜀将刘延率兵从间道进兵，攀藤缘壁，迂回关口，终于毁栅入关，从而大败杨应龙，明兵乘胜直追，直捣杨应龙的老巢海龙囤，迫使杨应龙自缢身亡。从此，结束了杨氏在播州700余年的世袭统治，自明朝中叶以来，有好几次农民起义军，曾经通过这里，与朝廷的官兵浴血奋战，每每大败官军。我记得在清朝初年，由李定国统率的大西军，由此而南，攻下此关，横扫西南。大约在咸丰甲寅年间，关北的桐梓县有个叫杨隆喜的，也高举义旗，率领一支农民起义军，一举攻破此关，直捣遵义府。石达开的曾广依部也率军夺下此关，同活动在西南的太平军一道奋战，大军纵横捭阖，所向披靡。"①

查中共中央文献研究室编《毛泽东年谱》——

（1935年）1月20日，毛泽东由泗渡经板桥，翻越娄山关至桐梓。

2月28日，毛泽东同军委纵队过娄山关，到达大桥。随后，有感于娄山关战斗胜利，作《忆秦娥·娄山关》词：

西风烈，长空雁叫霜晨月。霜晨月，马蹄声碎，喇叭声咽。　雄关漫道真如铁，而今迈步从头越。从头越，苍山如海，残阳如血。②

以上两文记毛泽东两次过娄山关的时间可能有误，当以《毛泽东年谱》为准。

张华（232—300），范县万城（今河北固安）人。西晋大臣、著作家。官至中书令，力主伐吴。后在"八王之乱"中遇害。有《博物志》和后人所辑《张司空集》。

王国维（1877—1927），字静安，浙江海宁人，近代著名学者。

《忆秦娥》，词调名。一名《秦楼月》，因词中有"秦娥梦断秦楼月"

---

① 杨应旺：《毛泽东指点江山》，中央文献出版社2000年版，第477页。

② 中共中央文献研究室编：《毛泽东年谱（1893—1949）》上卷，人民出版社、中央文献出版社1993年版，第444、450页。

句，故名。又名《碧云深》《双荷叶》。双调 46 字，分平韵、仄韵两体，皆一叠韵。

这是一首写伤别的词。作者以比拟的手法，托秦娥写情怀，抒发了闺中女子对旅人的思念和分离的痛苦。这首词格调高雅，意境深远，悲怆凄凉，感人至深。

“箫声咽，秦娥梦断秦楼月。秦楼月，年年柳色，灞陵伤别。”上阕描写了主人公内心的世界：夜深人静，一缕幽咽的箫声把秦娥从梦境中惊醒，一钩残月斜映在窗前。梦虽断了，她似乎还沉浸在梦境之中，可眼前只有冰冷的残月陪伴她。可是柳色绿了，一年又一年，而伊人依然远隔一方，只有那呜咽的箫声和着低声的哭泣，冰冷的残月陪伴着她。一个“咽”字，传尽了箫的神韵。重叠三个“秦”字，是写主人公寂寞之怀，既激于怨箫，更愁于明月。秦楼人月，月正凄迷，梦中之情，眼前之境，交相引惹。追忆当年灞陵泣别，柳色青青，历经数年，还历历如在目前。闺中少妇，本不知愁，一登高楼，百感交集涌上心头。上阕始终纠葛在个人的悲欢离合之中。

“乐游原上清秋节，咸阳古道音尘绝。音尘绝，西风残照，汉家陵阙。”下阕作者直接将自身融入画面之中。以“乐游原上清秋节”突起，画面是清秋节佳侣如云的狂欢情景，可主人公茕茕孑立在西风残照之中。古道悠悠，音尘杳然，一切都被埋葬了，只剩下陵墓相伴着萧瑟的西风、如血的残阳。“音尘绝”三字，“笔落惊风雨，诗成泣鬼神”。“西风残照，汉家陵阙”，使人联想到王朝的未来。在这里，过去、现在、未来的界限被取消了，历史的代序，给人们所留下的是一种历史的纵深感，一种悲壮的历史消亡堵塞在人们心头，这就是历史反思的结果。

这首词意境博大开阔，风格宏伟浑厚。全篇上下两片，一以“秦楼”为眼，一以“音尘绝”为目，一以“伤别”为关纽，以“灞陵伤别”“汉家陵阙”为两处结穴。所以，《忆秦娥》的现实意义，不仅反映了“秦娥”的伤别，而且触及了更为深广的社会问题，因而具有更深刻、更普遍的历史意义和艺术价值。

毛泽东曾背诵手书过这首词。他的《忆秦娥·娄山关》词，用了李词的词牌和原韵，当然所写内容是全新的。

龟山咏诗

毛泽东视察湖北，要到武汉三镇走一走，看一看。在众人的簇拥下，他首先游览汉阳城北的龟山。

由李银桥和阎长林护卫着，毛泽东由北侧上山，踏着泛红的石阶一步步拾级而上。登临到山顶，他向南走到崖边，面对浩浩长江，向西眺望汉江和长江交汇处，挥手对众人说："这里正是'晴川历历汉阳树，芳草萋萋鹦鹉洲'的地方啊！"

王任重介绍说："主席，龟山东面是禹功矶，相传是大禹治水成功的地方。"

"去看看！"毛泽东说罢，在王任重和杨奇清、武竞天的引导下走向龟山东端，但见怪石嶙峋，直劈大江，与对岸的黄鹤矶头锁江相望，形成长江中下游的天然门户。

毛泽东脚踏龟山顶，面对浩浩荡荡、一泻千里的长江，不禁慨叹道："此处实可谓'天连吴蜀，地处荆襄，接洞庭之混茫，吞云梦之空阔'的地方，难怪古时的游人墨客多会于此，把酒临风啊！"

王任重见毛主席高兴，便近前说："衔远山，吞长江，浩浩荡荡；……览物之情，得无异乎？"

毛泽东大笑："你这是范仲淹的《岳阳楼记》么！"

毛泽东在谈话中引用的两句诗，见于唐代崔颢的《黄鹤楼》。

崔颢（？—741），汴州（今河南开封）人，唐诗人。玄宗开元十一年（723）进士，曾为太仆寺丞。天宝中为司勋员外郎，天宝十三年卒。《全唐诗》存其诗 42 首。

《黄鹤楼》诗原文如下：

昔人已乘黄鹤去，此地空余黄鹤楼。
黄鹤一去不复返，白云千载空悠悠。
晴川历历汉阳树，芳草萋萋鹦鹉洲。
日暮乡关何处是，烟波江上使人愁。

黄鹤楼，在今湖北武汉市长江大桥武昌桥头（此系近年在故址重建）。

这是一首“擅千古之奇”的览胜之作。相传李白登黄鹤楼，见到崔颢此诗，为之敛手不作，说：“眼前有景道不得，崔颢题诗在上头。”（《唐才子传》）后李白所作《登金陵凤凰台》《鹦鹉洲》皆模拟此诗。后来诗人和诗论家遂交口称赞。宋代的严羽说：“唐人七律，当以此为第一。”不无过誉之嫌。但此诗在艺术上却有特色。

黄鹤楼本因黄鹤山（蛇山）而得名，但古代有过仙人子安乘鹤来此的传说。诗人登楼观览，很自然地会联想到与此楼有关的古代神话传说，所以诗的前两联从楼名的来历而展开想象，仙人跨鹤而过，本是一种虚妄的传说，但诗人把它看成实有此事，是“一去不复返”。仙人既不可得，鹤去楼空，只余空中白云，千载悠悠，概括地写出了黄鹤楼古今的变化，有一种迷茫之感，表现了诗人的寂寞心情。

后两联是写登楼所见所感。诗人从视野的远处看笔，先写汉阳一带，晴空万里，绿树成荫，历历在目；再看鹦鹉洲上，芳草繁茂，碧绿如茵；俯瞰长江，暮色苍茫，烟霭沉沉，触景生情，勾起了他的淡淡的乡愁。鹦鹉洲，唐时在汉阳西南长江中，后渐被江水冲没。东汉末年，作过《鹦鹉赋》的祢衡被黄祖杀于此洲，或说因此得名。这是一个知识分子被军阀杀害之地，诗人想到这些，能无感慨吗？

毛泽东熟读古诗，当他游览至此，触景生情，吟咏此诗中的“晴川历历汉阳树，芳草萋萋鹦鹉洲”名句，便很自然了。

杜甫的诗是“政治诗”

杜甫（712—770），字子美，祖籍襄阳（今湖北襄阳）。曾祖时迁居巩县（今河南巩义）唐代伟大诗人。杜甫出生于世代“奉儒守官”的家庭，自幼接受封建正统思想的熏陶，曾有志于“致君尧舜上，再使风俗淳”的，但政治上不断受到大地主势力的排挤打击，仕途失意，又经离乱，一生都在饥寒交迫、颠沛流离中度过。从自己的困境，体验到人民的疾苦，又在漂泊中同人民一起经受苦难。他身经玄宗、肃宗、代宗三朝，正是唐王朝从兴盛转向衰败的时期。因此他的诗作，广泛而深刻地反映了当时的现实，被后人誉为“诗史”，本人亦被尊为“诗圣”。在艺术形式上，以古体、律诗见长，风格多样，以沉郁为主；语言精练，具有高度的表达能力，对后世很有影响。有《杜少陵集》。

毛泽东自幼就读过大量杜诗。早在1913年，毛泽东所记《讲堂录》中就写道：“著书存者，以其实也，无用而存，以其精，韩、柳、杜之诗是也。不然，浩然烟海塞天地矣。”“游之为益大矣哉！登视融之峰，一览众山小；泛黄渤之海，启瞬江湖失。”其中“一览众山小”，语出杜甫《望岳》诗。

1924年，他为陈子博写的挽联：出师未捷身先死，长使英雄泪满襟。句出杜甫《蜀相》，移用追怀诸葛亮诗句，怀念陈子博烈士。

1938年，毛泽东和来延安的朱光等人谈论书法和艺术。他说：杜甫的《观公孙大娘弟子舞剑器行》云：“往者吴人张旭，善草书书帖，数常于邺县见公孙大娘舞西河剑器，自此草书长进，豪荡感激……”不是至理名言吗？

1949年，毛泽东为将上中学的女儿娇娇起学名李敏。他打开《论语》，翻到《里仁》篇，指着其中的一句话——“子曰：‘君子欲讷于言而敏于行。’”然后对姣姣解释说：“讷”，就是语言迟钝的意思；“敏”则解释很多。毛泽东讲到这里，又打开了《辞源》，指着“敏”字，解释道：“敏”字有好几种解释，如敏捷，聪敏。《论语·公治长》中说：“敏而好学，不耻下问。”敏捷而通情达理。“敏”，还可以解作“灵敏、迅速”“敏捷多智”等，杜甫《不见》诗：“敏捷诗千首，飘零酒一杯。”

毛泽东相当推崇杜甫。1949年12月，他在赴苏联途中的列车上，和陪同的苏联汉学家谈论中国古代的屈原、李白、杜甫、白居易等几位诗人，其中谈到杜甫时，他说：“杜甫……他是中国古代最伟大的人民诗人。他的作品是中国后代人艺术欣赏的不朽文献。杜甫的诗，代表了中国人民天才的独特风格，也是给全人类留下的优秀的文学遗产。”①

可能是内外有别吧，其实毛泽东对杜诗评价似不太高。1942年4月，延安文艺座谈会召开前夕，他约见何其芳、严文井等作家时，严文井问：“听说主席喜欢古典诗歌。您喜欢李白，还是杜甫？”毛泽东答：“我喜欢李白。但李白有道士气。杜甫是站在小地主的立场。”

1957年1月，毛泽东与诗人臧克家、袁水拍谈诗时说：“杜甫的诗有好的，大多数并不怎么样，不甚喜爱。”

1958年3月，成都会议期间。一天，小雨如丝似线，霏霏洒洒，毛泽东对卫士长李银桥说：“好雨知时节，当春乃发生（《春夜喜雨》）啊！走，我们到杜甫草堂去！”

李银桥说：“主席，杨主任（中共中央办公厅主任杨尚昆）说不让你出去……”

“怕么事！”毛泽东出主意说，“你去叫杨尚昆，让他同我们一起去！难得在成都遇上春雨，‘花重锦官城’（《春夜喜雨》）么。现在街上人少，我们穿了雨衣出去……”

毛泽东带了李银桥、封耀松、叶子龙，还有杨尚昆、罗瑞卿，一行人穿了雨衣，乘车去西郊的浣花溪畔看杜甫草堂……

① [俄]尼·费德林：《我所接触的中苏领导人》，新华出版社1995年版，第28页。

在杜甫草堂的“史诗堂”，毛泽东浏览了宋、元两代杜诗集，对一部用雪白的宣纸影印的宋本杜工部集很感兴趣。在看了明、清和近代刻印的各种不同版本的杜诗集后，望着陈列在橱窗里的诗集说道：“是政治诗！”

在杜甫草堂的史诗堂前，毛泽东淋着蒙蒙细雨，面对梅园楠林、千竿翠竹和溪流交错的座座小桥，吟诵道：

去郭轩楹敞，无村眺望赊。
澄江平少岸，幽树晚多花。
细雨鱼儿出，微风燕子斜。
城中十万户，此地两三家。

李银桥站在毛主席身旁说：“主席，你说慢点，我得记下来。”

毛泽东笑道：“这是杜甫的诗，回北京我拿给你看。”

毛泽东兴致很高。他诵读杜甫《茅屋为秋风所破歌》，诵到“安得广厦千万间，大庇天下寒士俱欢颜，风雨不动安如山”时，风趣地说：“看来，高级知识分子的住房困难问题，是古已有之的。”随行的人员一齐笑了起来。

杨尚昆说：“主席，现在社会安定，人民群众发动起来了，我们可以‘大庇天下寒士’了！”

“不要太乐观呢！”毛泽东伸手接了蒙蒙细雨，说：“我们还要努力，还要放手发动群众搞大跃进。”

李银桥说：“主席，我也看了一首诗，说的就是大跃进。”

毛泽东很感兴趣地说：“说来大家听听！”

李银桥说：“那我可说了——‘春雨贵如油，不下也不愁；社员开油房，春雨遍地流’！”

“是么！”毛泽东沐浴在细雨中，高兴地说，“在共产党的领导下，只要有了人，什么样的人间奇迹都可以创造出来！”

毛泽东来到大廨前，仔细看悬挂着的一副楹联：

异代不同时，问如此江山，龙蟠虎卧几诗客？
先生亦流寓，有长留天地，月白风清一草堂。

毛泽东左手轻托下颚，微弯的右臂背身后，神态从容安详。他用轻微的声音朗读上联，脱口说道：“是集杜句。”（按：楹联为清人顾复初作，不全是集杜句，但其中截用了杜甫的诗句。上联中“异代不同时”，见杜甫《咏怀古迹五首》之二里“萧条异代不同时”句；下联中“有长留天地”，见杜甫《送孔巢父归游江东兼呈李白》里“诗卷长留天地间”句）然后他走到两头看完下联，赞赏地同周围同行者说：“好！”

在会议期间，毛泽东还借阅了杜甫草堂的各种版本的杜诗12部、108本，其中有明刻本张含所选、杨慎批点的《李杜诗选》。在明杨慎选的《杜诗选》这个版本上，他用铅笔圈了两首诗：《白帝城最高楼》《至后》。

《白帝城最高楼》原诗是：

城尖径昃旌旆愁，独立缥缈之飞楼。
峡坼云霾龙虎卧，江清日抱鼋鼍游。
扶桑西枝对断石，弱水东影随长流。
杖藜叹世者谁子？泣血迸空回白头。

这首诗是大历元年（766）春天，杜甫由云安初到夔州时所写。“白帝城”，故址在今重庆市奉节县白帝山上。杜甫登白帝城诗不止一首，本篇标明最高楼，可能城上不止一座楼。

这首七律，首联描绘楼高而险的情状，颔联写江峡的奇妙近景，颈联写长江一线，东西无极的远景，尾联写人以感叹当世。这首诗写登高望远，意境极为奇崛，观景叹世，感慨极为沉痛，又是用自创的拗体，很有特色，故毛泽东非常欣赏。

《至后》也是一首七律，原文是：

冬至至后日初长，远在剑南思洛阳。
青袍白马有何意？金谷铜驼非故乡。

梅花欲开不自觉，棣萼一别永相望。
愁极本凭诗遣兴，诗成吟咏转凄凉。

此诗写于唐代宗广德二年（764）冬在严武幕府时，表现了诗人对充任幕府闲职的不满和对故乡亲人的思念。

在成都会议期间，毛泽东还选编了唐宋人写的有关四川的一些诗和词，共收17位诗人的诗词64首，其中李白6首，陆游8首，其他一至数首不等，杜甫最多，有26首。这些诗是：《剑门》《蜀相》《水槛遣心二首》（选一首）、《赠花卿》《野望》《狂夫》《客至》《登楼》《绝句四首》（选一首）、《咏怀古迹五首》《秋兴八首》《登高》《白帝城最高楼》《观公孙大娘弟子舞剑器行并序》。

在成都会议之前，毛泽东1958年1月16日在南宁会议上的讲话中，说："光搞现实主义一面也不好，杜甫、白居易哭哭啼啼，我不愿看，李白、李贺、李商隐，搞点幻想。我们党建党以来，几十年没有正式研究过这问题。"

毛泽东1965年7月21日《致陈毅》的信中说："又诗要用形象思维，不能如散文那样直说，所以比、兴两法是不能不用的。赋也可以用，如杜甫之《北征》，可谓'敷陈其事而直言之也'，然其中亦有比、兴。"①

综上所述，我们应该怎样看待毛泽东对杜甫的评价呢？这里有几个层次的问题。

第一，毛泽东说杜诗是"政治诗"，是从杜诗的内容上来说的。政治是什么？毛泽东说过一段很有名的话："阶级斗争，一些阶级胜利了，一些阶级消灭了。这就是历史，这就是几千年的文明史。拿这个观点解释历史的就叫作历史的唯物主义，站在这个观点的反面的是历史的唯心主义。"②杜甫生活在唐王朝由盛到衰的动乱年代，加之仕途坎坷，流离漂泊，历经祸乱，因而能够体会和同情广大人民的疾苦。其诗在抒写个人情怀时，往

① 中共中央文献研究室编：《毛泽东书信选集》，人民出版社1983年版，第608页。
② 《毛泽东选集》第四卷，人民出版社1991年版，第1487页。

往能紧密结合时事，深刻地反映当时的社会生活和历史面貌。特别是安史之乱中，他写的《兵车行》《北征》《自京赴奉先县咏怀五百字》《春望》《羌村三首》“三吏”“三别”等诗篇，“朱门酒肉臭，路有冻死骨”等名句，几乎与事件发生同步，反映现实极为及时，可谓壮丽的历史画卷。而这些都是“政治诗”，世后誉之为“诗史”，大概是从这个意义上说的。

第二，从创作角度讲，杜甫诗作，特别是一些咏史叙事之作，赋多于比兴。这也是毛泽东对杜诗评价不是很高的原因。但他在给陈毅的信中讲写诗要用赋、比、兴的手法时，曾说：“杜甫之《北征》，可谓‘敷陈其事而直言之也’，然其中亦有比、兴。”

《北征》是安史之乱第二年，杜甫从唐肃宗所在的凤翔，到鄜州探望家小时作。全诗计 70 韵，140 句，700 字。首先叙述诗人回家探亲时忧国忧民的情怀；接着写归途所见山河破碎、生灵涂炭的悲惨图景；再叙述到家后悲喜交集的情形；再叙写对时局的估计和复国韬略的建议；最后抒发平乱在即、中兴在望的热切期待。全诗从命题到写作手法都是以赋为主，“敷陈其事而直言之也”，所谓“书一代之事，与国风、雅、颂相为表里”①；以比、兴为辅，如形容旅途中的山果“或红如丹砂”，“或黑如点漆”，即用比喻；“阴风西北来，惨淡随回纥”，即是用兴的手法，所以，毛泽东说：“其中亦有比、兴。”

第三，从诗歌欣赏上，毛泽东更喜欢浪漫主义诗作，因为浪漫主义富于“幻想”，而不大喜欢现实主义诗作，因为现实主义诗作“哭哭啼啼”。毋庸置疑，艺术欣赏往往因人因事、因时因地而异，“萝卜白菜，各有所爱”，个人偏好是可以的。毛泽东对杜甫的诗“不甚喜欢”，正是从艺术欣赏角度讲的。

很久以来，流传有毛泽东“尊李贬杜”之说，若当如是观，便迎刃而解了。

但是事实上，毛泽东对杜甫的诗一直是颇感兴趣的。1952 年 10 月，

① 胡仔：《苕溪渔隐丛话·诗眼》。

他在山东济南视察。当来到大明湖历下亭，就指着亭柱所悬的对联："海右此亭古，济南名士多"，对陪同者介绍说：历下亭闻名天下，主要是因为大诗人杜甫公元745年到齐州临邑看望其弟杜颖，而后来到济南，与当时的著名书法家、北海太守李邕等人相聚历下亭。当时杜甫挥笔写下了《陪李北海宴历下亭》的著名诗篇：

东藩驻皂盖，北渚凌清河。
海右此亭古，济南名士多。
云山已发兴，玉佩仍当歌。
修竹不爱暑，交流空涌波。
蕴其惬所遇，落日将为何！
费践俱物役，从公难重过。

毛泽东在背诵完此诗后说：海右此亭古，济南名士多，便是诗中的两句。[①]

1965年6月20日，毛泽东在上海西郊一旧式别墅里，会见复旦大学中文系教授刘大杰，谈论古典文学。当问知刘大杰是湖南岳阳人时，毛泽东立刻朗读杜甫《登岳阳楼》：

昔闻洞庭水，今上岳阳楼。
吴楚东南坼，乾坤日夜浮。
亲朋无一字，老病有孤舟。
戎马关山北，凭轩涕泗流。

1964年，毛泽东南巡后由湖南乘火车返京，在中途暂停岳阳站，当与湖南省委书记张平化谈话时曾问及岳阳楼现状，当即索笔手书了这首《登岳阳楼》。此诗手书后来由两位退休工人刻制，装嵌在新修整的岳阳楼二楼上。毛泽东凭记忆挥写，将"老病有孤舟"句笔误成"老去有归舟"。

① 《毛泽东在山东》，中央文献出版社2003年11月版，第25页。

可能随行人员不好请毛重写，就“只得仍之”了。

毛泽东晚年，常让护士孟锦云为他读书。小孟文化水平不高，有些不认识的字常读错。毛泽东常常给小孟纠正错音，有时遇到生僻字，小孟读不下去了，毛泽东很快给她接上。一次，小孟读杜甫的《进艇》：

南京久客耕南亩，北望伤神坐北窗。
昼引老妻乘小艇，晴看稚子浴清江。
俱飞蛱蝶元相逐，并蒂芙蓉本自双。
茗饮蔗浆携所有，瓷罂无谢玉为缸。

当小孟读到第五句“俱飞蛱蝶元相逐”，却不认识“蛱（jiá 夹）”字，在这里卡住了。毛泽东马上接下来，把后面四句一下子就念了出来。对于这样一首并不是很出名的诗，毛泽东竟然能熟稔于心，小孟不得不佩服地说：“主席，您都这么熟，自己背诵算了，别让我给你念了。”

毛泽东听了，并不介意地说：“听你念是一回事，我自己吟诵又是一回事嘛！”

据周世钊日记记载，1971 年林彪叛逃事件之后，毛泽东曾戏改过杜甫的《咏怀古迹五首》之三“明妃村”的诗句。这首杜诗原是七律，前四句是：“群山万壑赴荆门，生长明妃尚有村。一去紫台连朔漠，独留青冢向黄昏。”毛泽东将诗中的“明妃”戏改为“林彪”后，则为：“群山万壑赴荆门，生长林彪尚有村。一去紫台连朔漠，独留青冢向黄昏。”这四句诗便成了讽刺林彪的诗了。

据谢静宜回忆，毛泽东曾对她说：杜甫也有写得好的和比较好的诗。但总的说杜甫的诗写得消沉、凄惨了些。如《兵车行》中，“牵衣顿足拦道哭，哭声直上干云霄，……君不见青海头，古来白骨无人收。新鬼烦冤旧鬼哭，天阴雨湿声啾啾。……”作者不分是正义的或非正义的，写得太悲惨了。[①]

---

① 谢静宜：《毛泽东读书生活的片断》，《人物》1998 年第 8、9 期。

1956年4月5日，《人民日报》发表根据中共中央政治局扩大会议讨论写成的编辑部文章《关于无产阶级专政的历史经验》。在中央讨论这篇文章时，毛泽东给大家念了杜甫《戏为六绝句》之二：

王杨卢路当时体，轻薄为文哂未休。
尔曹身与名俱灭，不废江河万古流。

意谓苏共中央背离了无产阶级专政，将无损于社会主义革命运动。

1958年前后，毛泽东读《初唐四杰集》时，为王勃的《秋日楚州郝司户宅饯别崔使君序》写了长达千余字的批注，认为杜甫称赞"'王杨卢骆当时体，……不废江河万古流'是说得对的。为文尚骈，但是唐初王勃等人独创的新骈、活骈，同六朝的旧骈，死骈，相差十万八千里。他（王勃）是7世纪的人物，千余年来，多数文人都是拥护初唐四杰的，反对的只有少数。"[①] 毛泽东又一次引用《戏为六绝句》之二，批评时人对初唐四杰（王勃、杨炯、卢照邻、骆宾王）的嘲笑，肯定四杰在中国诗歌发展史上的功绩和影响。

毛泽东在诗词写作中，还多处引用、化用杜甫的诗句入诗。如《沁园春·长沙》中的"恰同学少年"，出自杜甫《秋兴八首》之三："同学少年皆不贱，五陵衣马正轻肥。"《蝶恋花·从汀州向长沙》中的"国际悲歌歌一曲，狂飙为我从天落"，出自杜甫《乾元中寓居同谷县作歌七首》之一："呜呼一歌兮歌已哀，狂飙为我从天来。"《七律·和柳亚子先生》中"落花时节读华章"，出自杜甫《江南逢李龟年》："正是江南好风景，落花时节又逢君。"《七律·送瘟神》中的"绿水青山枉自多"，出自杜甫的《征夫》："十室几人在，千山空自多。"《七绝·为女民兵题照》中"飒爽英姿五尺枪"的"飒爽英姿"，出自杜甫《丹青引赠曹将军霸》："褒公鄂公毛发动，英姿飒爽来酣战。"《七律·和周世钊同志》中"域外鸡虫事

① 中共中央文献研究室编：《毛泽东读文史古籍批语集》，中央文献出版社1993年版，第10页。

可哀”句，当系化用杜甫《缚鸡行》诗意，等等。

毛泽东还将《丹青引赠曹将军霸》中“将军魏武之子孙，于今为庶为青门。英雄割据虽已矣，文采风流今尚存”与《韦讽录事宅观曹将军画马图》中“曾貌先帝照夜白，龙池十日飞霹雳。内府殷红玛脑［瑙］盘，婕妤传诏才人索。盘赐将军拜舞归，轻纨细绮相追飞。贵族［戚］权门得笔迹，始觉屏幛［障］生光辉”及《丹青引赠曹将军霸》中“弟子韩干早入室，亦能画马穷殊相。干唯画肉不画骨，……忍令［使］骅骝气凋丧”组句。所谓组句，又称集句，旧时作诗方法之一。截取前人一代、一家或数家的诗句，拼集而成一诗。也就是说毛泽东将杜甫上述两诗中的诗句组成一首诗：

将军魏武之子孙，于今为庶为青门。
英雄割据虽［今］已矣，文采风流今尚存。
曾貌先帝照夜白，龙池十日飞霹雳。
内府殷红玛脑［瑙］盘，婕妤传诏才人索。
盌赐将军拜舞归，轻纨细绮相追飞。
贵族［戚］权门得笔迹，始觉屏幢［障］生光辉。
弟子韩干早入室，亦能画马穷殊相，
干唯画肉不画骨，忍使骅骝气凋伤。

毛泽东还手书过杜甫如下诗作：《曲江二道》（句）、《春望》（开头四句）、《水槛遣心》（“细雨鱼儿出”二句）、《登高》《秋兴八首》（两幅）（“夔府孤城落日斜”四句，“丛菊两开他日泪”四句；一幅为八句，一幅为后四句）、《江南逢李龟年》《登岳阳楼》《绝句》（两个黄鹂鸣翠柳）、《丹青引赠曹军霸》与《韦讽录事宅观曹将军画马图》两诗组句。

另外，毛泽东在阅读过程中，还圈画过至少 67 首杜诗。

“全诗以口语写心中之事”

1975 年初，孟锦云来到毛泽东身边做护士工作，闲时，毛泽东也经常让她给自己读书。

一天，孟锦云先给毛泽东读了一首陈子昂的《登幽州台歌》，读得很好，毛泽东很高兴。他对孟锦云说：“怎么样，再读一首听听。”

毛泽东话音刚落，小孟便像早有准备似的，读起杜甫的《赠卫八处士》：

人生不相见，动如参与商。
今夕复何夕，共此灯烛光。
少壮能几时，鬓发各已苍。
访旧半为鬼，惊呼热中肠。
焉知二十载，重上君子堂。
惜别君未婚，儿女忽成行。
怡然敬父执，问我来何方？
问答乃未已，驱儿罗酒浆。
夜雨剪春韭，新炊间黄粱。
主称会面难，一举累十觞。
十觞亦不醉，感子故意长。
明日隔山岳，世事两茫茫。

这首诗，小孟给毛泽东读过多次。之所以是多次，是因为小孟觉得这首诗特别顺口，毛泽东也特别喜欢这首诗。毛泽东曾对她说过：“全诗以口语写心中之事，毫无雕琢之工。”[1] 每次小孟读完之后，毛泽东还要再吟诵一遍。这样，小孟就在这本诗集里夹上一张小纸条，做个记号，一翻就能找到。只要毛泽东让她读唐诗时，她便很快找到这首诗，顺畅地读起来。

唐肃宗乾元元年（758），杜甫因上疏救房琯获罪，被贬为华州（今陕西华县）司功参军。第二年春天，他从洛阳返华州任所，路遇卫八处士，因作此诗。“卫八处士”，名不详。“处士”，隐居不仕的士人。

这首诗描写了诗人和知交卫八在春天的夜晚久别重逢、畅饮话别的生动场面和感人情谊。诗一开端就感亲朋之间别易会难，动不动就像参商二星不能相遇。“参星”即二十八宿中的参宿，“商星”即心宿，两星东西相对，此出彼没，永不相见。

接着细致地叙写和老朋友见面的心理活动以及主宾间的问答情况。乍一相见，彼此都感到苍老了，问到一些老友，也大都离开人世，这更加深了动乱岁月中人生无常的感慨。但意想不到的是时隔20年，两位老朋友又相聚了。20年前离别时，卫八还未结婚，如今已是儿女满堂了，叫人喜出望外。

之后诗人笔锋一转，着力描写在老友家中所受到的亲切热烈的招待场面：夜雨春韭，新炊黄粱，罗酒浆，累十觞，开怀畅饮，情意深长，真是“酒逢知己千杯少”！最后写相会又即相别，后会难期，诗人在感人肺腑的氛围中，发出了人生无常、世事难料的深沉感叹。《杜诗镜铨》中引张上若语，称此诗“情景逼真，兼极顿挫之妙”。

毛泽东称此诗“以口语写心中之事，毫无雕琢之工”，确定抓住了它的特点。这首诗有接近汉魏古诗和陶渊明诗歌的那种古朴自然的一面。诗人只是按事件的经过，依次写出，几无用典，语言又极通俗，“以口语写心中之事”，把那一夕生活和心底激起的层层波澜一一展现在读者面前，确实“毫无雕琢之工”，朴实自然，亲切流畅，又结构谨严，浑然一体。

另外，诗中展露的质朴无华与深情而苍凉的境界，恐怕与毛泽东晚年的心境和思绪有种对应。这可能是毛泽东喜爱此诗的又一原因。

① 郭金荣：《毛泽东爱听唐诗》，《人民日报》1992年5月30日。

“擒贼先擒王”

据毛泽东的护士长吴旭君回忆：

1972年美国总统竞选期间，毛泽东特别关注竞选情况，有一次他问吴旭君：“你选谁？”

吴旭君说：“民主党比较温和些。”

毛泽东说：“我的看法正好跟你相反，共和党是靠反共起家的，我还要选共和党的尼克松，而且我已经投了尼克松一票。”

吴旭君说：“为什么？”

毛泽东说：“民主党上台的时间比较长了，从30年代算起，罗斯福、杜鲁门、肯尼迪、约翰逊，一直到60年代后期。民主党在台上长达30多年。为了顺应美国民意，共和党在大选中赢了，尼克松在国内搞些平衡，哪怕暂时做出亲共姿态也是可以利用的。看来，尼克松意识到中国的存在的重要性。这一点，他比民主党的各届领袖们略高一筹。”

“你估计谁当选的可能性大一些呢？”毛泽东问吴旭君。

吴旭君考虑了一下说：“这个问题很难说。我了解的背景资料不多，你说呢？”

毛泽东没直接回答，而是说：“你天天跟我吹《参考》，你怎么就估计不到呢？”

吴旭君说：“有的材料《参考》里是看不到的，很难说谁当选。”

毛泽东让吴旭君到他桌子上拿几份外交部的文件。在吴旭君拿来递给他的时候，也没接，而是望着吴旭君说：“这是给你看的，你现在就看。”

吴旭君把这些文件看完，然后放在沙发旁边的茶几上。

“心里有数了吗？说说看。”毛泽东鼓励吴旭君说。

“我估计尼克松可能会再次当选。”吴旭君谨慎地说，因为这些文件也没明确提出尼克松当选的可能，只是提供了些背景材料。

毛泽东用斩钉截铁的话说：“肯定是尼克松。我要请他到北京来，你看怎么样？”

吴旭君考虑了一下，反问道：“跟一个反共老手会谈？你不考虑舆论对你的压力？你不考虑自己的形象是否会受到影响？这事毕竟是个新事情。”

“你又不懂了，先啃那些啃不动的骨头，好啃的放在一边留着，那是不用费力的。”说着，毛泽东笑了。我不明白他笑什么。对他说的也似懂非懂。他又说：“你给我背杜甫的《前出塞》。”显然，毛泽东看出了吴旭君的困惑。“哪一首？”吴旭君问。吴旭君当时觉得背诗词比谈外交家容易多了。毛泽东先背了一句：“挽弓当挽强”。

吴旭君接着往下背道：

> 挽弓当挽强，用箭当用长。射人先射马，擒贼先擒王。杀人亦有限，列国自有疆。苟能制侵凌，岂在多杀伤！

吴旭君流畅地背完了。听完了吴旭君背的诗，毛泽东说：“在保卫边疆，防止入侵之敌时，要挽强弓，用长箭。这是指武器在战争中的重要性，但不是决定性的因素。决定的因素是人。‘射人先射马，擒贼先擒王’，这是民间流传的一句极为普通的话。杜甫看出了它的意义，收集起来放在诗中。这两句表达了一种辩证法的一种战术思想。我们要打开中美的僵局，不去找那些大头头，不找能够解决问题的人去谈，行吗？选择决策人中谁是对手这点很重要。当然，天时、地利、人和都是不可排除的诸因素。原先中美大使级会谈，马拉松，谈了 15 年，136 次，只是摆摆样子。现在是到了亮牌的时候啦！”说到这儿，毛泽东显得精神抖擞，眼中闪着光，连香烟都忘了抽。看来，这些不假思索、出口成章的话在他心中已经琢磨得非常透彻。吴旭君连连点头，表示同意他的说法。

吴旭君说：“那么说，非尼克松不行？”

毛泽东说："把共和党这个最大的反共阻力挖掉，事情就好办了。非找尼克松不可。"

果不出毛泽东所料，美国总统选举的结果，尼克松以绝对多数票当选连任。

……

尼克松访华，也受到美国国内反对派，特别是反共派的强大压力。同时，有的外电评论，说尼克松是打着白旗到北京来的。

毛泽东听了吴旭君对他说的这条消息，笑了。他说："我来给尼克松解围。"吴旭君当时也还没弄清他用什么妙法解围。吴旭君在静静地等候观察。

毛泽东作出了两点出人意料的决定。

第一，在毛泽东会见尼克松的时间上，外交部一直没作具体安排，看来可能是不好肯定毛泽东会何时接见。就在尼克松的专机即将在北京机场着陆时，毛泽东对吴旭君说：你给周总理打个电话，告诉他，请总统从机场直接到游泳池，我立刻见他。外国首脑一到达北京机场后就立即受到毛泽东的接见，这种情况在以往的外交礼遇上还是较少见的。

毛泽东想用自己的行动表明他对尼克松的诚意和对他的重视。

第二，在会见的时间上，原来只定 15 分钟，可毛泽东和尼克松却谈了 65 分钟。

毛泽东是想给美国的反对派看看，中国人办事是有理有情的。

这两个时间问题，不仅仅是"时间"，而是体现外交上的微妙与策略。在中美建交的全部过程中，从包括法国、罗马尼亚、巴基斯坦三条渠道建立之日起，和紧接着的基辛格博士秘密来华的谈判，到尼克松总统公开访华，以及后来的中美双方公开谈判的整个期间，周恩来经常带着王海容、唐闻生一起反反复复，来来往往，频繁地到毛泽东中南海游泳池的住地。每次，他除了向毛泽东汇报之外，还要同时磋商下次谈判的对策。那一时期，周恩来和毛泽东一样睡得非常少，可是周恩来仍然那样精神抖擞。我经常看到周恩来在前面大步流星地走，王海容和唐闻生紧跟在周恩来的身后一路小跑，使人感到精神振奋。

人们哪里会想得到，在接见尼克松之前，毛泽东患了一场大病，接见当时是大病初愈，就在接见前的十几天，他还躺在床上，很少下地活动。我们在与接见大厅尽可能靠近的地方准备了一切急救用品，处于“一级战略”状态。连强心剂都抽到了针管里准备着，以防万一。而毛泽东与衰老、疾病作斗争的惊人毅力是无法用语言形容的，他那种不达目的誓不罢休的顽强精神令人敬佩与感动。

接见尼克松的事过去以后，毛泽东曾高兴地对我说：“中美建交是一把钥匙。这个问题解决了，其他的问题就迎刃而解了。”

的确，那一阵子，中国一下子就成为世界注视的中心，中国加入联合国，中美建交，中日建交，等等。这一时期发生的事，在毛泽东的长久以来的预想计划中逐步实现的。①

毛泽东在与吴旭君谈话中引用的是《前出塞》的第六首，意在讽刺唐玄宗的开边黩武。《出塞》《入塞》是汉乐府旧有的曲名，是以歌唱边塞战斗生活为题材的军歌。杜甫写出塞曲多首，先写的九首称为《前出塞》，后写的五首称为《后出塞》。《前出塞》写天宝末年唐将王忠嗣、高仙芝、哥舒翰先后与吐蕃交战的事，也有人认为是唐肃宗乾元时追作的。这组诗通过一个征夫的自述，反映了从出征到论功的十年征战生活。

全诗可分为前后两部分。

“挽弓当挽强，用箭当用长。射人先射马，擒贼先擒王。”前四句为第一部分，很像是当时军中流行的作战歌诀，颇富韵致，饶有理趣，深得议论要领。所以黄生说它“似谣似谚，最是乐府妙境”。它是作战经验的总结，前两句讲怎样选用武器，后两句讲怎样制胜敌人。两个“当”字，两个“先”字，妙语连珠，提出了作战步骤的关键所在，强调部队要强悍，武器要精良，智勇须并用，士气要高昂，的确是宝贵的战斗经验总结，闪耀着辩证法思想的光辉。

“杀人亦有限，立国自有疆。苟能制侵凌，岂在多杀伤？”后四句为

① 吴旭君：《毛泽东的五步高棋》，《历史的真实》，中央文献出版社1998年版，第250—255页。

第二部分，说明不必滥杀的原因。诗人直抒胸臆，发出振聋发聩的呼声。他认为，杀人也该有个限度，朝廷统治本来就有一定的区域范围。如果能制止敌人侵犯，何必要大肆杀伤人呢？诗人这种以战去战、以强兵制止侵犯的思想，是恢宏正论，安边良策，它符合国家的利益，反映了人民的愿望。

毛泽东熟知这首诗，在1972年2月，曾借用此诗中“擒贼先擒王”的战略，邀请美国总统尼克松访华，打开了封闭了23年的中美关系大门，双方在对方首都建立了联络处（1979年1月1日，升格为大使级外交关系），实现了中美两国外交关系正常化，是他的外交战略的一个成功范例。

随着中美关系的发展，世界各国纷纷向中国敞开了大门。

“露从今夜白，月是故乡明”

1949 年 3 月 23 日，毛泽东在由西柏坡向北平进发的途中，他问韩桂馨：“明日就到保定了，你和银桥都是安平县人，离保定近些，你们在保定有什么亲人吗？”

韩桂馨说：“听说我二姐和姐父都随部队到了保定，还有我的几个同学也跟着孙毅将军打进了保定城。”

“不错嘛！”毛泽东高兴地说，“你们是革命的一家人呢！晓得他们在哪里吗？进了保定城可以去看一看他们嘛！”

韩桂馨笑着说：“我倒是想去呢！可一时又不知道谁住在什么地方。再说了，保定也是才刚解放几个月，咱们在保定也只能停一下，以后再想办法同他们联系吧！”

毛泽东感慨地说：“是吗！我记得两首唐诗，很能表达你现在的这种心境。”他略沉思一下，以低沉的语气吟道：“一首是杜甫的《月夜忆舍弟》：‘戍鼓断人行，边秋一雁声。露从今夜白，月是故乡明。有弟皆分散，无家问死生。寄书长不达，况乃未休兵。’……还有一首是李益的《喜见外弟又言别》：‘十年离乱后，长大一相逢。问姓惊初见，称名忆旧容。别来沧海事，语罢暮天钟。明日巴陵道，秋山又几重。’诗里讲的是李益见到他的表弟后，第二天又要分别时的心情。”①

杜甫的《月夜忆舍弟》，是乾元二年（759）秋杜甫在秦州（今甘肃天水）所作。这年 9 月，史思明从范阳引兵南下，攻陷汴州，西进洛阳，

① 邸延生：《历史的真言——李银桥在毛主席身边纪实》，新华出版社 2000 年版，第 351—352 页。

齐、汝、郑、滑等州都处在战乱之中。杜甫的三个弟弟杜颖、杜观、杜丰都远在东方，音讯不通，引起他强烈的忧虑和思念。这首诗即是他当时思想的真实写照。

这是一首五言律诗。“戍鼓断人行，边秋一雁声。”首联叙事：路断行人，戍鼓雁声，耳闻目睹一片凄凉景象，渲染了浓重悲凉的氛围。这就是“月夜”的时代背景。

“露从今夜白，月是故乡明。”颔联写景，点醒题目。上句写自然时序，诗或作于白露节夜晚；下句写心理幻觉，月亮实无处不明，偏说“故乡明”，是为了突出对故乡的怀念。

“有弟皆分散，无家问死生。”颈联抒情：上句写兄弟离散，天各一方；下句说家已不存，生死未卜。写得伤心摧肠，十分沉痛。

“寄书常不达，况乃未休兵。”尾联叙事，进一步抒发内心的忧虑之情：亲人们四处流散，平时寄书尚且常常收不到，更何况战乱频仍，生死茫茫当更难逆料。含蓄蕴藉，一往情深，不愧为怀乡思亲的佳作。

李益（748—827），字君虞，姑臧（今甘肃武威）人。代宗大历四年（769）进士，初因仕途不顺，弃官游燕赵间。曾任郑县尉，又为幽州节度使刘济从事。唐宪宗闻其诗名，任为秘书少监，集贤殿学士。文宗时以礼部尚书致仕。卒。其诗音律和美，为当时乐工所传唱。长于七绝，以写边塞诗知名，主要抒写士兵久战思归的怨望心情，情调偏于感伤，反映出当时军事形势的变化。有《李君虞诗集》。

李益的《喜见外弟又言别》是他的名作。它写诗人同表弟（外弟）久别重逢又匆匆话别的情景。“外弟”，姑母的儿子。

这也是一首五言律诗。“十年离乱后，长大一相逢。”首联写二人相逢的背景。由于动乱，虽系至亲，十年才得一见。分手于幼时，“长大”才会面，这意味着双方容貌都发生了很大变化。

“问姓惊初见，称名忆旧容。”颔联写久别初见，仿佛已不相识，称名以后，始追忆旧容颜，极富戏剧色彩。

“别来沧海事，语罢暮天钟。”颈联写两人各叙别来离乱情事，直到深夜时分。“沧海事”，《神仙传·麻姑》：“麻姑自说云，接待以来，已见东海三为桑田。”用沧海桑田的典故，指世事变化很大。

“明日巴陵道，秋山又几重。”尾联写又别：明天表弟又要踏上通往巴陵（今湖南岳阳）的道路，秋天的山色又要暗几重。后会难期的惆怅心情，溢于言表。

这两首诗都是写思念亲友的。由于动乱，一个思而未见，一个见而又别，思乡怀亲之情有增无减，之间的感情十分深厚。韩桂馨和他的亲友，亦因战争年代，天各一方，多年不能相见，想见之情，出之必然。所以，毛泽东说这两首“很能表达”她“现在的这种心境”。

武昌鱼入诗

1956年5月底6月初，毛泽东在武汉三次畅游长江。一次，毛泽东游长江后在轮船上吃饭，厨师杨纯清给他做了四菜一汤，其中有一盘清蒸武昌鱼。毛泽东喝了一小杯茅台酒，吃了一小碗米饭，武昌鱼全吃光了。

毛泽东回到武昌东湖住地，对杨纯清说："杨师傅哎，你做的武昌鱼蛮不错。这武昌鱼还有典故的：岑参有'秋来倍忆武昌鱼，梦魂只在巴陵道'，马祖常有'携幼归来拜丘垅，南游莫忘武昌鱼'。看来武昌鱼历史悠久。"

毛泽东说罢，从口袋里掏出一张条幅，对杨纯清说："杨师傅，我刚写了一首新诗给你，要不要？不吃你做的武昌鱼，我是写不出诗来的。"——这就是那首《水调歌头·游泳》。①

毛泽东谈话中提到两位古代诗人在诗中写到武昌鱼。

一位是唐代诗人岑参。岑参（715—770），江陵（今湖北江陵）人，先世居南阳棘阳（今河南新野东北）。玄宗天宝三年（744）进士；天宝八年（749）在安息节度使高仙芝幕中任掌书记。天宝末，封常清任安西节度使，岑参摄监察御史，充安西、北庭节度判官。肃宗在凤翔时，任右补阙，后出为虢州（今河南灵宝南）长史。55岁左右升为嘉州（今四川乐山）刺史。罢官后客死成都旅舍。其诗与高迁齐名，并称"高岑"。长于七言歌行。由于从军多年，对边疆生活有深刻体验。所作善于描绘塞上风光和战争景象，想象丰富，气势豪迈，情辞慷慨，语言变化自如，是盛唐

① 杨纯清：《辣椒、娃娃菜和武昌鱼》，载《毛泽东在湖北》，中共党史出版社1993年版，第314—315页。

的一位重要边塞诗人。有《岑嘉州诗集》。

岑参写到武昌鱼的一首诗题作《送费子归武昌》。原诗是：

汉阳归客悲秋草，旅舍叶飞愁不扫。
秋来倍忆武昌鱼，梦魂只在巴陵道。
曾随上将过祁连，离家十年恒在边。
剑锋可惜虚用尽，马蹄无事今已穿。
知君开馆常爱客，摴蒱百金每一掷。
平生有钱将与人，江上故园空四壁。
吾观费子毛骨奇，广眉大口仍赤髭。
看君失路尚如此，人生贵贱那得知？
高秋八月归南楚，东门一壶聊出祖。
路指凤皇山北云，衣沾鹦鹉洲边雨。
勿叹蹉跎白发新，应须守道勿羞贫。
男儿何必恋妻子，莫向江村老却人。

这首七言歌行是送别诗。送别的对象“费子”，姓费氏，名不详，生平无考。从诗中所写的内容来看，费氏早年戍边，立有军功，并未显贵，后羁留都城长安，开了一个小旅馆。光阴荏苒，倏忽十年，费子进入老境，思归故里，诗人便写了这首诗为他送行。“子”，古代对男子的尊称或美称。

全诗二十四句，每四句为一节，共六节。开头四句写费子思归。秋天到了，费子更加思念武昌鱼，做梦只在回家的巴陵道上；“曾随上将过祁连”四句，写费子早年从军戍边，立有军功；“知君开馆常爱客”四句，写费子重义轻财，豪爽好友；“吾观费子毛骨奇”四句，写费子相貌奇特而生活失意；“高秋八月归南楚”四句，写诗人为费子饯行。末四句是诗人对费子的劝勉。总之，这首诗对费子遭遇的不公待遇深表同情，对其豪爽好客的性格热情赞扬，对其归家加以劝勉。全诗语言质朴，感情真挚，是一首送别佳作。

另一位是元代诗人马祖常。马祖常（1279—1338），字伯庸，世为雍古部，居靖州天山（在今新疆），他的高祖在金末为凤翔兵马判官，子孙因以马为姓。元统中任御史中丞等职，后辞官居光州（今河南潢川）。其诗以写田园生活及酬赠者为多，少数篇章对民间疾苦有所反映。有《石田集》。

毛泽东谈话中引他的两句诗出自《送宋显夫南归》。原诗是：

琵琶沟北识君初，藉甚才华二十馀。
欲赋兔园干孝邸，不因狗监荐相如。
潇湘路熟逢知己，韦杜天低望故居。
携幼归来拜丘垄，南游莫恋武昌鱼。

这是一首送别诗。所送的人是宋显夫，生平未详。

“琵琶沟北识君初，藉甚才华二十馀。”首联叙事。琵琶沟，无考。二句是说，当初在琵琶沟初次结识您的时候，您才20多岁，已经表现出卓著的才华。此诗本为送别，起首二句却先叙旧谊，盛赞宋显夫之才华，开头新颖别致。“藉甚”，盛大，盛多。

“欲赋兔园干孝邸，不因狗盗荐相如。”颔联用典，以汉著名辞赋家司马相如比拟宋显夫。司马相如景帝时为武骑常侍，因病免。便到诸侯国梁国求见梁孝王刘武，与枚乘等辞赋家从刘武游于菟苑，为梁孝王赋《菟园赋》。所作《子虚赋》为武帝所赏识，并因武帝的狗盗杨得意推荐，武帝用为郎。二句意谓，宋显夫像司马相如一样才华卓著，要凭自己的才华去寻找赏识自己的人，而以由狗监推荐得到任用为耻。大概正由于宋显夫正直坦率，不肯走门路，所以仕宦坎坷，得不到重用，便只好回归乡里。

“潇湘路熟逢知己，韦杜天低望故居。”颈联叙事，写宋显大南归。“潇湘”，本今湖南省境内二水名，以此代指今湖南一带，这便是宋显夫的南归之地，也是他的故乡，所以“路熟”，“知己”很多，随处可见。韦杜天低句用典，是说宋显夫的家族在湖南，就像世居长安城南的韦氏、杜氏一样是京都世家，宋氏是当地望族。二句赞扬宋显夫为世家大族，对宋不得已南归故里进行安慰。

“携幼归来拜丘垄，南游莫恋武昌鱼。”末联抒情，对宋显夫提出希望。末二句是说，宋显夫携妇将雏回归故里，当然要先去拜祭先人坟墓，家乡风物虽美，特别是有驰名的武昌鱼美味可饱口福，但一定不能贪恋家乡不出，言外之意是，如有机会一定要再出来做官，为国效力，道出送宋显夫南归本意，正是此诗题旨。

“韩愈以文为诗”，有些诗“还是可以的”

1965年7月21日，毛泽东在致陈毅的信中说：

> 又诗要用形象思维，不能如散文那样直说，所以比、兴两法是不能不用的。赋也可以用，如杜甫之《北征》，可谓“敷陈其事而直言之也”，然其中亦有比、兴。“比者，以彼物比此物”，“兴者，先言他物以引起所咏之词也”。韩愈以文为诗；有些人说他完全不知诗，则未免太过，如《山石》《衡岳》《八月十五酬张功曹》之类，还是可以的。据此可以知为诗之不易。宋人多数不懂诗是要用形象思维的，一反唐人规律，所以味同嚼蜡……。[①]

毛泽东信中所说的韩愈（768—824），字退之，河南河阳（今河南孟州西）人。因自谓郡望昌黎，世称韩昌黎。唐诗人、文学家。德宗贞元八年（792）进士。曾任国子博士、刑部侍郎等职。因谏阻宪宗迎佛骨，贬为潮州刺史。后官至吏部侍郎，世称韩吏部。谥号“文”，又称韩文公。

韩愈政治上反对藩镇割据，思想上尊儒排佛，文学上主张继承秦汉散文传统，反对六朝以来的骈体文风，提倡散体，提出“文以载道”和“文道合一”的观点，与柳宗元同为古文运动的倡导者，居“唐宋八大家之首”。其诗风格奇崛，笔力雄劲，有独特风韵，但过分追求奇崛和“以文为诗”，影响了诗歌形象和音乐美，对宋诗创作影响颇大。有《昌黎先生集》。

---

① 中共中央文献研究室编：《毛泽东书信选集》，人民出版社1983年版，第608页。

毛泽东在致陈毅谈诗的信中，举出韩愈三首诗，认为“还是可以的”。我们先看《石》：

山石荦确行径微，黄昏到寺蝙蝠飞。
升堂坐阶新雨足，芭蕉叶大支子肥。
僧言古壁佛画好，以火来照所见稀。
铺床拂席置羹饭，疏粝亦足饱我饥。
夜深静卧百虫绝，清月出岭光入扉。
天明独去无道路，出入高下穷烟霏。
山红涧碧纷烂漫，时见松枥皆十围。
当流赤足蹋涧石，水声激激风吹衣。
人生如此自可乐，岂必局促为人鞿。
嗟哉吾党二三子，安得至老不更归。

这是一首以七言古诗形式写的山中佛寺游记。所游之寺，为洛阳惠林寺。此诗写于贞元十七年（801）。山石，旧诗中常有以首句二字为题，实与内容无关。

贞元十七年七月，韩愈的几位朋友约他到洛水钓鱼，奔波整日，所获甚微，天色既晚，他们就到附近山上的惠林寺借宿，因而写了这首诗。

全诗可分四段。开头四句，先写到山寺时所感。接下六句，写到山寺后借宿过程中所见所闻所感。再接下六句，写天明离寺归去时在山林之所见所闻。最后四句，抒发乐而忘返的情怀。

全诗叙写了入寺、宿寺、离寺的全过程，是所谓“敷陈其事而直言之也”，用的是赋的写法。但描景状物，多用白描，如“山石荦（luò 落）确（kè 课）行径微，黄昏到寺蝙蝠飞。升堂坐阶新雨足，芭蕉叶大支（一作‘栀’）子肥”等，语言平易，形象鲜明，风格清新，颇为耐读，是符合形象思维规律的，所以，毛泽东认为还是可以的。

《衡岳》，原题为《谒衡岳遂宿岳寺题门楼》，也是一首古风。“谒”，进见。衡岳，即衡山，也称南岳。衡岳庙，在今湖南衡山县西 30 里。题门楼，即题诗于夺门楼上。

此诗写于永贞元年（805），诗人由郴州赴江陵途中。

诗的开头六句，先总写衡岳的崇高地位及其特殊的自然条件。次八句通过登山，具体描绘衡岳气候瞬间变化及其突兀雄拔、连延腾退的奇妙景观。再下十四句，叙写参谒衡岳庙的经过。最后四句："夜投佛寺上高阁，星月掩映云朣胧。猿鸣钟动不知曙，杲杲寒日生于东。"写宿岳寺的情况。

在韩愈"以文为诗"的笔下，这首诗写得感情饱满，形象生动，具有一种桀骜不驯的劲健风格和奇伟不凡的阔大气势。诗中不仅赞美了祖国名山胜景的雄奇俊伟，而且也宣泄了自己的牢骚和怨愤。

《八月十五夜赠功曹》。张功曹，即张署，河间（今河北河间）人。功曹，官名。

贞元十九年（803），韩愈和张署同在长安任监察御史，是时关中大旱，因进谏德宗减免赋税，情辞恳激，为幸臣李实所谗毁，触怒德宗，遂贬为阳山（今广东阳山）令，张署贬为临武（今湖南临武）令。贞元二十一年（805），顺宗李诵即位，大赦天下，韩愈和张署到郴州（今湖南郴州）待命。同年八月顺宗禅位，宪宗李纯登基，又一次颁布大赦令，韩愈得到的只是改官江陵府法曹参军，张署改为江陵府功曹参军。这首诗就是在郴州得到改官江陵的消息时作的。中秋之夜，二人饮酒赋诗，诗人写下了倾诉悲情的七言古诗。

开头六句："纤云四卷天无河，清风吹空月舒波。沙平水息声影绝，一杯相属君当歌。君歌声酸辞且苦，不能听终泪如雨。"从对月当歌的清丽景色写起，自然转入张署的歌词。接下 18 句是主题歌，诗人借张署之口，倾诉了被贬之后"十生九死"的悲惨遭遇和大赦之后本应昭雪还朝，然却仍被视为罪臣、量移"荆蛮"之地的不幸待遇。最后五句，用轻快的笔调，旷达的语言，作了自我解脱，把一腔愁绪，化为杯酒清歌。全诗结构谨严，朴素自然，声韵谐调，于严峻中显出爽朗，表现了诗人的积极思想和艺术匠心。

宋人以才学、议论，散文为诗，有时理胜于情，缺少唐诗的含蓄蕴藉。

这种风气韩愈已开其端。所谓“以文为诗”，就是指韩愈用写散文的方法作诗。宋陈师道《后山诗话》：“退之（韩愈）以文为诗，子瞻（苏轼）以诗为词，如教坊雷大使之舞，虽极天下之工，要非本色。”刘大杰《中国文学发展史》第十五章：“韩愈的诗歌，在反对当时流行的轻浮靡荡的诗风上，是起了很大的作用的。他以文为诗，别辟蹊径，同他反骈复古的散文运动的思想是一致的。”韩愈作为诗文大家，他以文为诗的特点常使他的诗作“如散文那样直说”，成为押韵的散文。这一直为历代诗评家所诟病。毛泽东也颇不欣赏。1959 年 4 月 15 日在党的八届七中全会上，谈到做工作时要留有余地时，毛泽东说：“统统讲完，像韩愈作诗，人家批评他的缺点，就是他的文章同诗都是讲完的，尽量讲，他不能割爱，特别是他的那首《南山诗》。”南山，终南山，在今陕西西安市南，属秦岭山脉。

这首《南山诗》，长达 102 韵，共 1020 字。诗人采取赋体铺排手法，极力刻画终南山的山势景物，四时变化，千姿百态，光怪陆离，笔力雄健，是韩愈险怪风格的一篇杰作。诗人先写作诗原因；次写远望终南山概貌；再写山间四时变化；又写前两次往游所见景色；再写第三次往游，尽睹终南全貌；最后以议论作结。

总之，韩愈的《南山诗》，以体物为工，写出了南山雄奇怪异的风光，体现了造化造物的伟大功绩，不愧为纪游诗名篇。但他虽然用“或”字句打了那么多比方，来铺写南山的自然景观，但因其用喻太多，反而没给读者留下深刻而清晰的印象，应该说在比喻的运用上虽创纪录，但并不是很成功。所以毛泽东认为这首《南山诗》还是“如散文那样直说”，是韩愈“以文为诗”的典型代表。

毛泽东 1976 年 2 月 12 日致刘大杰信说：“我同意你对韩愈的意见，一分为二为宜。”对韩愈的诗，也当如是观。

引韩愈诗说通古今

1939年5月12日，毛泽东在延安在职干部教育动员大会上的讲话中，讲到当时开展的学习运动时说：

古人讲过："人不通古今，马牛而襟裾"，就是说，人不知道古今，等于牛马穿了衣裳一样。什么叫"古"？"古"就是"历史"，过去的都叫"古"，自盘古开天地，一直到如今，这个中间过程就叫"古"。"今"就是现在。我们单通现在是不够的，还须通过去。延安的人要通古今，全国的人要通古今，全世界的人也要通古今，尤其是我们共产党员，要知道更多的古今。通古今就要学习，不但我们要学习，后人也要学习，所以学习运动也有它的普遍性和永久性。①

毛泽东在讲话中所说的"古人"，指唐朝的文学家韩愈；所引的两句诗，见韩愈的《符读书城南》。原诗是：

木之就规矩，在梓匠轮舆。
人之能为人，由腹有诗书。
读书勤乃有，不勤腹空虚。
欲知学之力，贤愚同一初。
由其不能学，所入遂异闾。
两家各生子，提孩巧相如。

① 《毛泽东文集》第二卷，人民出版社1993年版，第177页。

少长聚嬉戏，不殊同队鱼。
年至十二三，头角稍相疏。
二十渐乖张，清沟映污渠。
三十骨骼成，乃一龙一猪。
飞黄腾踏去，不能顾蟾蜍。
一为马前卒，鞭背生虫蛆。
一为公与相，潭潭府中居。
问之何因尔，学与不学欤！
金璧虽重宝，费用难贮储；
学问藏之身，身在则有余。
君子与小人，不系父母且。
不见公与相，起身自犁锄。
不见三公后，寒饥出无驴。
文章岂不贵，经训乃菑畲。
潢潦无根源，朝满夕已除。
人不通古今，马牛而襟裾。
行身陷不义，况望多名誉。
时秋积雨霁，新凉入郊墟。
灯火稍可亲，简编可卷舒。
岂不旦夕念，为尔惜居诸。
恩义有相夺，作诗劝踌躇。

这是一首韩愈教诲儿子韩符读书的诗。“符”，韩愈子昶的小名。韩昶自撰《墓志》：“生徐之符离，小名曰符。”“城南”，长安南郊之樊川，韩愈有别墅，即韩愈送符读书之地。

这是一首古风。全诗可分四段，从开头至“所入遂异闾”为第一段，总说读书的意义。以木匠用规和矩才能做成车子，比喻人要有智慧，必须饱读诗书。人生下来聪明和愚笨都一样，只是学习努力不同，才分出高下。

以“两家各生子”至“身在则有余”为第二段，从两家孩子的成长过程的对比中进一步论述读书的意义。孩子成长分初生下来、稍长之时、十二三岁、20岁、30岁五个阶段，从相类到差别逐步扩大，在于“学与不学”的缘故。又进而在学问与金璧的对比中说明学问的可贵。

从“君子与小人”至“况望多名誉”为第三段，阐述读书对为人处世的意义。君子小人，不系父母。王侯将相，起自草野；三公后人，无驴可骑，都因读书所致。“人不通古今，马牛而襟裾”，意谓人不通古博今，就像穿上衣裳的马牛一样，失去为人的资格，沦入动物一族，岂不悲哉！那样立身行事便会悖于事理，多有不当，还会有什么好名誉呢？

从“时秋积雨霁”至篇末为第四段，秋高气爽，正是挑灯夜读之时，劝符发愤读书，揭出此诗题旨。

此诗中“人不通古今，牛马而襟裾”二句，言简意赅地揭示出读书的重要意义，乃至理名言。1939年5月12日，毛泽东在延安在职干部教育动员大会上的讲话中引用这两句诗，并进行了精辟的解释和阐发，不仅推动了当时延安在职干部的学习运动，今天对我们仍有启迪和教育意义。

“谁言寸草心，报得三春晖”

新中国成立初期，毛泽东尊老敬贤，感谢曾教育和资助、支持他革命工作的家乡亲人和师友，请他们到北京参观游览，赠钱赠物，表达谢意。

1951年9月，曾任湖南第一师范校长的张干和历史教员罗元鲲应毛泽东之邀赴京相见，在武汉时，与毛泽东邀请的另外两位客人李漱清和邹普勋不期而遇。四人一起抵达北京，在国务院招待所住下。26日中午，毛泽东盛宴招待这几位客人。

当接他们的车子进新华门，驶到丰泽园，身材魁伟、容光焕发的毛泽东就笑盈盈地迎上前去，一一握手问好。随即请进客厅。

毛泽东恭谨谦和，定要张干、李漱清先生坐上方，他自己坐下方。李漱清是毛泽东在韶山读私塾时的老师，已80高龄，坐上方理所当然。但李先生定要首席让给小他十几岁第一师范前校长张干，张干不敢当，直到毛泽东发了话。

叙谈间，毛泽东叫来子女，向他们介绍自己的老校长和师友，诙谐地说：“你们平时讲，你们的老师怎么好，怎么好。这是我的老师。我的老师也很好。”师友们顿时消除了拘谨情绪，心里说不出的温馨和慰藉，再看毛泽东子女的神色，则是又惊异、又快活，显然都为爸爸尊师敬老之情所动。

毛泽东又说：“次苍先生和元鲲先生，都没有入蒋匪帮，是好的。没有听人讲你们的坏话。”

张干内疚不安，想到当年那场学潮和要开除毛泽东的事，如鲠在喉，欲吐为快；又觉得师友久别重逢，气氛融和，此刻道出来不好。然而，他还是控制不住自己的感情，自责了起来。

毛泽东缓缓地摆摆手："我那时年轻，看问题片面。过去的事，不要提它了。"随即问张干现在任教的情形。

张干说："我在妙高峰中学教书。"

毛泽东说："你年纪大了，就不要教了。学校应该优待，照送薪水。"

开席后，毛泽东频频为四位师友夹菜，一个一个敬酒。张干喝下毛泽东敬的酒，也敬了毛泽东一杯，并祝他万寿无疆。

毛泽东乐呵呵地说："老师敬酒祝辞，不敢当、不敢当。"他谦和地引用古诗说："'谁言寸草心，报得三春晖。'我这棵'寸草'，是怎么也难报答老师的'三春晖'啊！"[①]

毛泽东给张干劝酒时引用的两句古诗，出自唐代诗人孟郊的《游子吟》，全文如下：

慈母手中线，游子身上衣。
临行密密缝，意恐迟迟归。
谁言寸草心，报得三春晖。

孟郊（751—814），字东野，湖州武康（今浙江德清）人。少年时隐居嵩山。近五十才中进士，任溧阳县尉、协律郎等职。与韩愈交情颇深。其诗感伤自己的遭遇，多寒苦之音。用字造句力避平庸浅率，追求瘦硬。与贾岛齐名，有"郊寒岛瘦"之称。有《孟东野集》。

《游子吟》是孟郊的代表作，也是唐诗中的名篇。题下自注："迎母溧上作"，当是他居官溧阳时的作品。诗中亲切而真淳地吟诵了一种普通而伟大的人性美——母爱。因而引起了无数读者的共鸣，千百年来一直脍炙人口。

深挚的母爱，无时无刻不在沐浴着儿女们。然而对于孟郊这位颠沛流离、居无定所的游子来说，最值得回忆的，莫过于母子分离的这一时刻

---

① 谢柳青：《毛泽东的亲情·乡情·友情》，辽宁大学出版社1992年版，第111页。

了。此诗描写的就是这种时候慈母缝衣的普通场景，而表现的，却是诗人深沉的内心感情。

“慈母手中线，游子身上衣”，开头两句从人写到物，突出了两件最普通的东西，写出了母子相依为命的骨肉之情。“临行密密缝，意恐迟迟归”，三、四两句写出人物的动作和意志，把笔墨集中在慈母上。游子行前，老母一针一线，针针线线都是这样的细密，是怕儿子迟迟不归，故而把衣衫缝得更结实一点。慈母的一片深笃之情，正是在日常生活中最细微的地方流露出来。朴实自然，亲切感人。最后两句，以当事者的直觉，翻出进一层的深意：“谁言寸草心，报得三春晖。”“谁言”，有些刊本作“谁知”“谁将”，其实按诗意还是作“谁言”好。“寸草”，象征子女。“心”，草木的茎干，也叫作芯。“心”字语义双关。“三春晖”，春天的阳光，象征贫苦人家的母亲对子女的关心。这两句是说，子女对母亲的心意，不能报答母亲对于子女的爱于万一。真有“欲报之德，昊天罔极”之意，感情是那样淳厚真挚。

读者可能会问：这首诗是歌颂母爱的，毛泽东却用来称赞他的校长，是不是用错了？其实不错。因为我国古代谚语有云：一日为师，终身为父。是说一日做了老师，就终生受到像父亲一样的尊敬。极言师生情谊深厚。父亲母亲又是同样受到子女的尊敬，故亦可用称颂母爱的诗句称颂老师。

其实，毛泽东早就用这个典故赞扬自己的母亲。1919 年 10 月，毛泽东的母亲文七妹因患瘰疬（俗称疬子项）而逝世，终年 52 岁。毛泽东得知这一不幸消息，从长沙昼夜兼程赶回韶山。在悲痛中，他撰写了有 400 余字的《祭母文》，赞扬母亲的敦厚诚实、勤劳俭朴的美德，还撰写了两副著名的挽联。其中一副是：

春风南岸留晖远，
秋雨韶山洒泪多。

上联“留晖远”，就是对孟郊《游子吟》中“春晖”喻母爱之典的化用，指母亲的高风亮节传留久远；下联以韶山秋雨喻儿子悲哀眼泪之多，充分表达了母爱之深和儿子的哀思之无穷。

饭后，毛泽东陪同四位师友参观中南海、看电影。晚上，毛泽东又派人送来日用物品，每人1套。各为盖被、褥子、布毡一床，毛呢服1套，枕头1个，枕巾1方，面巾1条，袜子1双，香皂1块，牙刷1枚。他们事后得知，都是毛泽东拿自己的稿费购买赠送的。

张干在这天的日记中写道："毛主席优待我们，可谓极矣。我们对革命无所贡献，而受优待，心甚惭愧！"

9月27日下午，卫生部副部长傅连暲受毛泽东之托，来到寓所，亲自为张干等检查身体。

在京两个月，张干不但在国庆节时登上天安门观礼台，游览了京津名胜古迹，还第一次乘坐飞机鸟瞰了长城风光。

11月8日，毛泽东邀张干、李漱清、罗元鲲、邹普勋四位师友，来到中南海瀛台，合影留念。晚上，再次请他们吃饭、看电影。

11月12日，张干行将启程南归时，毛泽东派人送去零用钱150万元（旧币），并鹿茸精1瓶，嘱咐每日服2次，每次于饭前20分钟服20滴。毛泽东关照他多多保重身体。

在南行的列车上，张干依然沉浸在幸福之中，他一次次回味着60个不平凡的日日夜夜。他给毛泽东写了一封信。

润之主席惠鉴：

敬启者，干此次来京，荷蒙殷勤接待。食用兼全，被褥衣裳，全部赠给。不但给干以彻底自新之鼓励，而且足以挽回轻视教育工作者与老者之作风。愧受之余，感佩无极。兹干于参观此间办理较优之名校后，即行南返，继续学习，姑蒙不弃，委以重任，自当尽力完成，以副厚意，决不以年老家贫有所顾虑而误事也。

一此道谢，敬颂政祺，并希照拂不一。

张干

一九五一年十月二十日

张干回到长沙，先受聘为湖南省军政委员会参议室参议，后受聘为湖南省人民政府参事室顾问，每月领取优金，加上学校薪水，一家人生活有了保障。他常参议国家大事，应邀作报告，深为人敬重。

20 世纪 60 年代初，我国国民经济虽有所好转，人民生活依然比较困难。当时，张干身体不适，生活拮据。已任副省长的周世钊秉承毛泽东的来信嘱托，前去看望他。毛泽东给周世钊的一封信中写了如下一段话："老校长张干（忘其别甫，是否叫作次岺？）先生，寄我两信，尚未奉复，他叫我设法助其女儿返湘工作，以便侍养。此事我正在办，未知能办得到否？如办不到，可否另想方法。请你暇时找张先生一叙，看其生活上是否有困难，是否需要协助。叙谈结果，见告为荷。"不久，张干收到了毛泽东的复信：

次岺先生左右：

两次惠书，均已收读，甚为感激。尊恙情况，周惇元兄业已见告，极为怀念。寄上薄物若干，以为医药之助，尚望收纳为幸。

敬颂早日康复。

毛泽东

一九六三年五月二十六日

毛泽东信中所说"薄物若干"，是 2000 元人民币。这是毛泽东托湖南省委第一书记从北京捎去的。

2000 元人民币，这在当时可不是一个小数目。张干万万没有想到毛泽东给他这么一大笔钱。他十分感动，表示要好好教育子女，学成一技之长，以此报效国家。

“‘邑有流亡愧俸钱’，写出古代清官的情怀”

1959 年夏天，在庐山。

这一天是七月四日，毛主席对王任重、刘建勋和梅白说：“我今天有一点点空闲，请你们三位与我共进晚餐如何？”他们当然都很高兴。于是梅白随王、刘到毛泽东在庐山的住处吃饭。席间，毛泽东兴致很高，除说了国内国际的一些事以外，还谈到了《红楼梦》。最后，他们说到干部问题时，梅白避开了。

后来，王任重、刘建勋去开会。梅白一个人在外间削苹果。毛泽东笑着说：“你看我。”原来他吃苹果不削皮，并说：维生素都在皮里，只要洗干净也是很卫生的。

毛泽东谈吐很随便。这时，他又谈起诗来：“……唐人诗曰：‘邑有流亡愧俸钱’，这寥寥七个字，写出古代清官的情怀，也写出了古代知识分子的高尚情操。写诗就要出自己的胸怀和情操，这样才能引起读者的共鸣，才能使人感奋……”

毛泽东越说越高兴。梅白怕影响他的工作和休息，起身告辞，踏月而归，彻夜无眠[①]。

毛泽东在谈话中引用的“邑有流亡愧俸钱”，见于唐代诗人韦应物的《寄李儋元锡》一诗。

韦应物（737—约 789），长安（今陕西西安）人。15 岁时即为唐玄宗侍卫。后先历任洛阳丞、鄠县令、滁州刺史、江州刺史，终苏州刺史。

---

① 梅白：《毛主席谈杨椒山的诗》，《我眼中的毛泽东》（下），河北人民出版社 1990 年版，第 139—140 页。

德宗贞元七八年间卒于苏州，时已罢任。

韦应物有意学陶渊明，写了许多山水田园诗，语言简淡；但他身经玄宗至德宗四朝，目睹安史之乱后，藩镇纵横，郡县残破，流民遍地，因而也写了一些同情人民疾苦的作品，亦颇有佳篇。有《韦苏州集》。

《寄李儋元锡》原文如下：

去年花里逢君别，今日花开又一年。
世事茫茫难自料，春愁黯黯独成眠。
身多疾病思田里，邑有流亡愧俸钱。
问道欲来相问讯，西楼望月几回圆。

李儋（dān 丹），武威（今甘肃武威）人，曾官殿中侍御史。给事中李升期之子。元锡，字君贶，曾任淄王傅。梁肃《送元锡赴举序》称其诗有楚风，但李、元诗皆已佚。一说，李儋，字元锡。

这是一首七言律诗。本诗当作于唐德宗建中五年（784），作者正在滁州做刺史。建中四年入夏时节，韦应物从尚书比部员外郎调任滁州刺史，离开长安，秋天到达滁州。他在长安和诗交好友李儋、元锡分别后，二人曾托人问候。次年春天，韦应物这首诗寄赠二友以答。诗中叙述了别后的思念和盼望，抒发了因国乱民穷造成的内心矛盾和苦闷。

诗是寄赠好友的，所以从叙别开头，首联说去年花里在长安分别，今又花开又一年过去了。上句写欣然回忆，下句写境况萧索。颔联写自己的烦恼苦闷。“世事茫茫”，指国家的前途，也包含个人的前途。二者都无法预料。“春愁黯黯”，春天来了，自己只有忧愁苦闷，情绪低沉暗淡。颈联具体写自己的思想矛盾。自身多病使他想辞官归隐，但看到他治下有出外逃亡的人，因未尽到做地方官的责任而心中有愧。邑，指滁州。尾联是说听到你们要来看我，我就在盼望，月亮都圆了好几次了。诗以感激李儋、元锡的问候和亟盼他们来访作结。

毛泽东认为此诗中“邑有流亡愧奉钱”，这寥寥七个字，写出了古代清官的情怀，也写出了古代知识分子的高尚情操。这是非常确切的评论，很好的引申和阐发。所谓清官，就是公正廉洁的官吏。地方官守土有责，忠于职守，廉洁奉公，不徇私舞弊，贪污受贿，为老百姓办事，使老百姓安居乐业，不仅是古代清官的情怀，古代知识分子的高尚情操，更是对当今官员的起码要求。

“会背刘禹锡写的《西塞山怀古》这首诗吗”

1975年5月的一个夜晚，明月高悬，中南海的湖水静静地流着，毛泽东居住的乳白色平房笼罩在皎洁的月光中。芦荻怀着异常兴奋的心情，第一次来到毛泽东身边。

毛泽东高兴地说：“啊，四八年参加革命的，参加过抗美援朝！”接着又微笑着问：“你大概喜欢秋天吧？”

芦荻一时不知所对。

毛泽东爽朗地笑了，“你为什么叫芦荻？会背刘禹锡写的《西塞山怀古》这首诗吗？”

芦荻把这首诗背诵给毛泽东听，毛泽东也铿锵有力地吟诵了这首诗：

王濬楼船下益州，金陵王气黯然收。
千寻铁锁沉江底，一片降幡出石头。
人世几回伤往事，山形依旧枕寒流。
今逢四海为家日，故垒萧萧芦荻秋。

芦荻这才明白了，毛泽东是用这首诗的最后一句，幽默地说到她的名字。这使她在这样一个轻松的话题中，把紧张激动的心情平静下来。①

那么，芦荻是怎么来到毛泽东身边的呢？

原来毛泽东自1974年春天开始，视力明显减弱了，看东西模糊不清。看文件、批文件，不得不由机要秘书代读，照他的意见代签文件。大夫为

① 杨建业：《在毛主席身边读书——访北京大学中文系讲师芦荻》，《光明日报》1978年12月29日。

他诊看眼疾，诊断为“老年性白内障”。1975 年，毛泽东委托中共中央办公厅替他物色一位陪读古诗文的人。于是，中共中央办公厅主任汪东兴和副主任张耀祠着手选拔“侍讲学士”。当然，既要讲，普通话要好，口齿清楚，况且，能在毛泽东身边“侍讲”，古典文学的功底要好，能够跟毛泽东对话；再说，毛泽东的生活昼夜颠倒，侍讲者年纪不可太大，怕身体吃不消，但也不能太年轻，怕学术功底太浅，以中年为最合适；还有，进入中南海，政治上当然要可靠……这些，也就成了遴选侍讲者的条件。

遴选工作在悄然进行。

首先想到最合适的单位，自然是北京大学中文系。汪东兴、张耀祠委托当时的中共北京市委书记谢静宜，从大学中文系物色人选。没几天，谢静宜就送来北京大学中文系几位教师的档案。机要秘书张玉凤把这些档案一一念给毛泽东听。听罢，毛泽东说：“就让芦荻来试试吧！”

芦荻是北大一位普通老师，并非学术界名流。毛泽东选中她，原因是：

毛泽东读过中国青年出版社 1962 年、1963 年出版的《历代文选》。这套书由中国人民大学语文系文学史教研室冯其庸、刘忆萱、芦荻、刘瑞莲、李永祜、吴秋滨选注。毛泽东很喜欢其中的《触詟说赵太后》(《战国策·赵策》)、《别赋》(江淹)、《滕王阁诗序》(王勃)。很巧，这几篇文章的选注者都是芦荻。大概当时毛泽东就记住了芦荻的名字。更巧的是，从 1970 年底起，芦荻从中国人民大学语文系调到北京大学中文系。这样，北大中文系报来的备选者之中，便有芦荻。毛泽东记起了《历代文选》，也就选中了芦荻。

这时，44 岁的芦荻本人对此毫无所知。在这种情况下，通过了几次暗中试讲。

5 月 26 日晚上，看了一天的书，芦荻神情疲惫，正准备就寝，却听到敲门声。不速之客竟是谢静宜!

谢静宜要芦荻收拾衣服用具，马上一起出发。

“夜里还要讲古文?”芦荻不解，但又不便问。

楼前，一辆轿车在恭候。上了车，谢静宜开口，说了一句芦荻让难以置信的话：“我要带你去见毛主席！”

芦荻瞪大了眼睛，吓了一跳，说了声："什么？见毛主席？"

"你去给毛主席讲诗、词、歌、赋。"谢静宜说出了缘由。

芦荻几乎不相信自己的耳朵了；毛主席是全国人民的伟大领袖，他对中国古典文学造诣很深，怎么会要她去讲诗、词、歌、赋？

最使她担心的是，那"歌"讲些什么呢？中国古代并没有多少"歌"（歌行），怎么讲呢？……她如同进入幻境一般，只觉得车子像飞一样在前进。尽管身边坐着谢静宜，她又不便多问。

在谢静宜带领下，她来到毛泽东住处。当时，她好像做梦一样，一眼就看到在电视、电影中经常看见的熟悉的形象。不过，眼前的毛泽东，不像往常记者们所形容的那样"神采奕奕"，显得苍老，有点病态，但精神仍很不错。

对于芦荻的到来，毛泽东显得非常高兴。接着，便有了本文前面所引的那段谈话。

毛泽东要芦荻背诵的刘禹锡的《西塞山怀古》，是一首七言律诗。它是借古喻今的名作。西塞山，在今湖北省黄石市东，峻峭临江，形势险要，为三国时吴国西部要塞。怀古，凭吊古迹或追怀历史事件来抒发情感。

这首诗写晋伐吴事。大意是说，晋武帝时大举伐吴，派王濬率领水军乘大楼船从益州（今四川成都）沿江东下，吴国都金陵（今江苏南京）的王气便暗淡无光了。吴国用来阻拦晋军的铁索被烧毁，沉于江底，王濬水军直达吴国国都石头城（今江苏南京），吴国国君孙皓便出城投降了。人世屡经兴亡盛衰，而西塞山依然如旧。如今天下一统，江上的旧垒都已荒废无用，只有芦荻萧萧，发出悲凉的秋声。诗人刘禹锡通过缅怀历史，抒发他对国家兴亡的关注之情，指出割据分裂局面不能持久，统一是历史发展的必然趋势。

毛泽东非常喜欢这首诗，在不同版本读到它时曾圈画过六次。在一本《注释唐诗三百首》中的这首诗标题上方天头处他连画了三个小圈，还在标题右侧画了一条竖线；又在正文开头处上方画了一个大圈。在一本《唐诗别裁集》中的这首诗标题前，他用红铅笔画了一个大圈。编者在诗后注释说："时梦得与元微之、韦楚客、白乐天各赋金陵怀古。梦得诗成，乐天览之曰：‘四人探骊龙，子已获珠，余皆鳞爪矣。’遂罢唱。”“梦得”是刘禹锡的字。毛泽东对这段注释逐字加了圈点断句。

芦荻的姓名恰巧镶嵌在这首诗的末句中，因此毛泽东很快联想到这首他所熟悉的诗。

毛泽东指了指自己的右眼，说是患目疾，要请她代读中国古文。芦荻这才明白请她来此的用意，松了一口气。

芦荻一直站立在床前。毛泽东让她坐下来，跟她聊起了刘禹锡。他很喜欢刘禹锡的作品，尤其是那名句：“沉舟侧畔千帆过，病树前头万木春。”他会背刘禹锡的《陋室铭》《乌衣巷》《竹枝词》《杨柳枝词》等许多作品。

芦荻坐在一侧，很拘谨地静静听着。毛泽东的秘书、医护人员以及谢静宜，也一起听毛泽东谈话。

毛泽东兴致很高，海阔天空地聊着，从唐朝的刘禹锡，谈到三国时的阮籍，又忽地提及了北周文学家庾信，笑着对芦荻说：“该轮到你讲了，就讲讲庾信的《枯树赋》吧。”

毛泽东冷不丁地点了一个题目，芦荻毫无准备。她凭自己的记忆，背诵起《枯树赋》，边背边讲解，毛泽东听得很有兴味。

接着又谈起了那位“江郎才尽”的“江郎”——江淹的《别赋》以及《触詟说赵太后》。

大约很久没有遇到这样的可以谈论中国古典文学的对手了，毛泽东显得异常兴奋。他下了床，在屋里缓缓踱起步子来，一边踱，一边嘴里哼诗诵词。他缓步在宽大的房子里踱了三圈。这时芦荻望着他，突然产生一种静穆之感。

从夜里10时多，一口气谈到凌晨1时。大夫考虑到毛泽东正在病中，劝他早点休息。

毛泽东谈兴正浓，不肯中断谈话。又谈了两个小时，大夫下了“命令”，非要毛泽东休息不可。

这时，芦荻赶紧站了起来，向毛泽东告别。

毛泽东说：“再见吧，我们认识了，以后慢慢谈。”

就这样，芦荻结束了与毛泽东的第一次谈话。

“要有此种气概”

1959年4月，国务院副总理李先念就吕泗洋发生风暴事故后的综合情况，给周恩来总理并邓小平副总理写了一个报告。报告说，自从吕泗洋发生风暴事故后，上海、浙江、江苏等省市委都采取了一系列措施，渔民情绪已逐渐稳定，生产情绪也有很大提高。预计到本月21日，出海渔船可占总船只的70%。目前急需修船补网，所需物资，各省市正根据国务院通知，由本省市拨出，就地解决。21日，周恩来将这一报告送毛泽东等传阅。毛泽东阅后，在报告写了如下批语：

退总理。唐人诗云：沉舟侧畔千帆过，病树前头万木春。再接再厉，视死如归，在同地球开战中要有此种气概。气象预报及收音机，要认真解决。

毛泽东

四月二十四日

毛泽东批语中的“唐人”，即刘禹锡。

刘禹锡（772—842），字梦得，洛阳（今河南洛阳）人，一作彭城（今江苏徐州）人，自称是汉代中山王刘胜的后裔，因此也算河北中山人。德宗贞元九年（793）进士，登博学宏词科，授监察御史。参加王叔文集团，反对宦官和藩镇割据势力。失败后，贬朗州（今湖南常德）司马，迁连州（今广东连州）、夔州（今重庆奉节东）、和州（今安徽和县）等州刺史。57岁回长安，任主客郎中、集贤殿学士，后又贬为地方刺史，晚年官至检校礼部尚书兼太子宾客，故人称刘宾客。著有《刘宾客集》。其诗通俗清新，善用比兴手法寄托政治内容。《竹枝词》《柳枝词》，富有民歌色彩，为唐诗中别开生面之作。晚年部分诗作，也流露出安于安闲的心境和感叹“人事沦丧”的消极情绪。和柳宗元交谊很深，人称“刘柳”，后和白居易唱和甚多，也并称“刘白”。

毛泽东批语中引刘禹锡的两句诗，出自《酬乐天扬州初逢席上见赠》。全诗为：

巴山楚水凄凉地，二十三年弃置身。
怀旧空吟闻笛赋，到乡翻似烂柯人。
沉舟侧畔千帆过，病树前头万木春。
今日听君歌一曲，暂凭杯酒长精神。

在一本《唐诗别裁集》中，毛泽东在诗人刘禹锡的名字上面，用红铅笔画着大的圈记，旁边用黑铅笔画着一条粗重的着重线。在《酬乐天扬州初逢席上见赠》一诗中，毛泽东用红铅笔画着圈；用黑铅笔在第一句前面画着圈，每句诗后作了圈点。其中“沉舟侧畔千帆过，病树前头万木春”两句诗旁，用红铅笔画着着重线。

《酬乐天扬州席上见赠》一诗，作于唐敬宗宝历二年（826）冬，刘禹锡罢和州刺史，被征还京，和白居易（乐天）在扬州（今江苏扬州）相遇。白有《醉赠刘二十八（禹锡）使君》七律一首，本篇就是答白诗之作。

诗中作者首先慨叹自己长期谪居巴山楚水荒僻之地，不受重用，仕途坎坷，然后表达了对亡友的怀念，并以王质自比，说自己结束外放，此番返京已有隔世之感。

首联叙事，写自己的坎坷经历。“二十三年”，刘禹锡从唐宪宗永贞元年（805）贬连州刺史离京后，到宝历二年冬，共历22个年头。预计回到京城时，已跨进第23个年头了。中间迁徙多次，曾在朗州住了九年多，在夔州住了二年多。朗州在战国时属楚地，夔州在秦汉时蜀巴郡。“巴山”“楚水”概指这些贬谪的地方。

颔联用典，写自己的生活感慨。“闻笛赋”，晋人向秀经过亡友嵇康、吕安的旧居，听见邻人吹笛，感晋悲叹，因而写一篇《思旧赋》。这是感叹朋友中有死去的。“烂柯人”，指王质。相传晋人王质进山打柴，看见两个童子下棋。他看棋看到终局，手里的斧头柄（柯）已朽烂了。下山回到村里，才知道过去了百年，同时的人都已死尽（《述异记》）。作者以王质自比，说明被贬离京之久，感叹回京后可能和亲友都不相识了。

作者虽经多年坎坷，饱尝世态炎凉，重返故地发现人事已非，倍感惆怅。然而诗人并没有一味地消极悲叹，而是表现出了达欢通脱、豪迈激越的气概：“沉舟侧畔千帆过，病树前头万木春。”颈联议论，是答白居易赠诗中有“举眼风光常寂寞，满朝官职独蹉跎”之语。作者用这两句诗答他，虽自比为“沉舟”“病树”，但指出个人的沉滞算不了什么，世界还是要向前发展的，新陈代谢总是要继续下去的，和白诗相较，显出胸襟的差异。

《唐诗别裁集》的编者沈德潜对此二句还写了一个注解：“沉舟二语，见人事不齐，造化亦无如之何。悟得此旨，终身无不平之心矣。”毛泽东注意到这个注解。在“造化亦无如之何”下画着着重线，批注：“此种解释是错误的。”

为什么说这种解释是错误的呢？因为诗人虽然在诗中自比为“沉舟”“病树”，但从全诗以及刘禹锡的世界观和人生态度来看，作者在这两句诗中所要表达的，总体上认为历史是要向前发展的，其中包含了刘禹锡本人积极进取的人生精神。编者把它理解为一种消极的、在命运面前无能为力的人生哲学，很难说不是脱离作者的唯物主义思想和政治上硬骨头精神的一种误解。所以，毛泽东不同意这种解释，并指出它是“错误的”。他 1959 年 4 月 24 日在一个报告上的批示中，引“沉舟”二语，也是注重它积极进取、一往无前的大无畏的“气概”。

尾联抒情，是答白诗首联“为我引杯添酒饮，与君把箸击盘歌”。“长精神”，有抖擞自振之意。

写在《参考资料》上的刘禹锡的一首诗

1958年11月10日，新华社编印的《参考资料》送到了毛泽东手上。这类内容简报资料，是他了解国内外信息的主要渠道。他平常的一些指示，就是读了这些材料后在上面写的批语。

这期《参考资料》中，以《美官员竭力诬蔑我人民公社运动，但承认其意义重大影响深远，并说南十分注意这一发展》为题，刊载了合众国际社的电讯。合众国际社这则电讯的意思是，中国的安危存亡，系于“大跃进”和人民公社化运动的成败，但它的结论是明确的，这是“冒险的计划”，而且使“反革命基础聚集起来”，很有点幸灾乐祸的味道。

毛泽东在上述几段文字下面画了横线，或作有着重号，并在这篇电讯的天头和旁边抄录了唐代诗人刘禹锡的诗《赠李司空妓》：

高髻危冠宫样装，春风一曲杜韦娘。
司空见惯浑闲事，断尽苏州刺史肠。①

据唐孟棨《本事诗・情感》载：“刘尚书禹锡罢和州……李司空罢镇在京，慕刘名，尝邀至第中，厚设饮馔。酒酣，命妙奴歌以送之。刘于席上赋诗曰：（略）李以妓赠之。”

这是一首赠给李绅的诗。诗中赞扬了李绅艺妓的美妙歌声和潇洒的风采，流露了无限深情。李司空，即李绅。李绅武宗时拜相，出为淮南节度使。司空，官名，汉改御史大夫为大司空，与大司马、大司徒并列为三公，后去大字为司空。诗题一作《禹锡赴吴台》。

---

①《建国以来毛泽东文稿》第七册，中央文献出版社1992年版，第601—602页。

这是一首七言绝句。“高髻危冠宫样装，春风一曲杜韦娘。”首句写歌妓的发型，用“宫样装”形容，给人以奇特之感。次句写歌妓的演唱。杜韦娘，本唐歌女名，用为曲名。唱杜韦娘曲，也极不普通。“司空见惯浑闲事，断尽苏州刺史肠。”这两句是说，让这样打扮的人唱这种歌曲来侑酒，对你这位司空大人来说是平常的事，但已使我这个苏州刺史悲伤得肠要断尽了。苏州刺史，作者自谓。后代人摘取诗中“司空见惯”四字，来比喻对某种事情习惯了就不以为奇的意思，现在成了人们常用的一个成语。

毛泽东引此诗来评合众国际社的电讯，举重若轻地作了回答——我们搞的旨在推进经济发展的“大跃进”和人民公社化运动，本是“司空见惯”的平常事，却让别有用心的人痛断肝肠。

这个意思，毛泽东不久便明确地说了出来。也是新华社编印的《参考资料》，在1958年11月14日的第2513期上，刊载了美国国务卿杜勒斯在西雅图商会发表的一篇演说，其中对中国的集体劳动和公社化进行了直接的攻击。在11月28日于武昌召开中共中央八届六中全会前夕，毛泽东找来杜勒斯的这篇演说，在各段内容前重拟了几个标题，其中便有：“杜勒斯批评我国的人民公社”“表示他对我国大跃进感到恐慌”。然后指示，把这份演说印发中央全会的与会者。

12月9日，毛泽东在中央全会的讲话中，讲到我国前途有“两种可能性”：公共食堂、托儿所、人民公社，巩固和垮台两种可能都有，垮台是部分的和暂时的。党的巩固和分裂，都可能，小分裂是必然的，几乎每天都有，无此不能发展。大分裂也有可能。大、中分裂都是暂时的。人民共和国，或者胜利，或者灭亡，如果有灭亡的情况出现，它只是暂时的，而世界上资产阶级的灭亡，则是永久的[①]。

这是毛泽东留下文字的讲话提纲里的话，可见他对这个问题是多么重视。在这段文字的结束处，毛泽东又引用了被他视为有唯物主义思想的诗人刘禹锡的两句诗：“沉舟侧畔千帆过，病树前头万木春。”

对现实有忧虑，但更自信。这是毛泽东当时思想心态的基调。

① 陈晋：《毛泽东之魂》，吉林人民出版社1993年版，第199页。

“还是刘禹锡说得好呵”

1975年8月，毛泽东和“四人帮”的狗头军师张春桥一次谈话时，提到唐朝刘禹锡的一些诗。

“喜欢读诗吗？”毛泽东问。

张春桥笑了笑：“偶尔也读点，但经常读的是主席的，公开发表的大多都会背了。”说着背了几首。

“会背《西塞山怀古》吗？刘禹锡的。”

“看过，背不下来。”

毛泽东用手击着床帮子，铿锵有力地吟诵起来：

王濬楼船下益州，金陵王气黯然收。
千寻铁锁沉江底，一片降幡出石头。
人世几回伤往事，山形依旧枕寒流。
而今四海为家日，故垒萧萧芦荻秋。

“主席的记性真好！”

毛泽东深思地说：“中唐的刘禹锡，是个唯物主义者，忧国忧民，立志革新，最后失败被贬为朗州司马。中国这片土地，人事沧桑变迁，惟有事业永留。他遭贬后过上了流浪生活，还写了‘沉舟侧畔千帆过，病树前头万木春。今日听君歌一曲，暂凭杯酒长精神’的诗句，你们行吗？”

张春桥低头不语。

毛泽东长叹一口气，挥起手无力地晃动了一下，说：“‘文化大革命’可能要失败，你们要准备被人请上断头台。还是刘禹锡说得好呵：

天下英雄气，千秋尚凛然。
势分三足鼎，业复五铢钱。
得相能开国，生儿不像贤。
凄凉蜀故妓，来舞魏宫前。

不知你们有何感想，让文元写篇文章，怎么样？”[①]

毛泽东谈话中所引刘禹锡的前两首诗《西塞山怀古》和《酬乐天扬州初逢席上见赠》，另见他文。最后一首题作《蜀先主庙》。

这首诗是刘禹锡任夔州（今重庆奉节东）刺史时所作。夔州有蜀汉先主刘备庙。这是首咏史诗，即借吟咏历史人物和历史事件而抒发情怀的诗。毛泽东在清蘅塘退士原编《注释唐诗三百首》中读到这首诗时，先在标题上方天头空白处连画三个小圈，又在正文上方天头空白处批注道：“略好。”

这是一首五言律诗。

“天下英雄气，千秋尚凛然。”首联赞叹先主刘备的英雄气概万古长存。“天下英雄”，曹操曾对刘备说，当时“天下英雄”只有两个，一个是刘备，一个是自己（《三国志·蜀志·先主传》）。这里作者用曹操的话称颂刘备，并点明“先主庙”。“凛然”，肃然，形容引起别人尊敬的气概。

“势分三足鼎，业复五铢钱。”颔联概括刘备一生的事业。刘备出身寒门，在汉末的乱世之中，结交英雄，广揽贤才，南征北战，终于和曹操、孙权三分天下，成“鼎足”之势，建立蜀政权后。“五铢钱”是用典：汉武帝元狩五年（前118年）铸的一种货币叫五铢钱，王莽篡汉时将这种钱废除了，东汉初，光武帝刘秀又恢复了这种钱币，这里诗人借五铢钱比喻刘备复汉的。

颈联是为刘备建立的蜀汉政权未能统一中国而叹惜。“得相能开国”，指刘备三顾茅庐，请出了诸葛亮，在诸葛亮的辅佐下，建立了蜀国。“生

① 师东兵：《决定中国命运的二十八天——粉碎“四人帮”集团纪实》，河南人民出版社1993年版，第368—369页。

儿不像贤”是说，刘备的儿子刘禅不能学习父亲的贤德，愚昧懦弱，亲近小人，致使刘备开创的基业被他葬送掉。“像贤”，效法先人的贤才。此联中，诗人用对比的手法，总结出一条历史教训：创业难，守成更难。

“凄凉蜀故妓，来舞魏宫前”，尾联是感叹后生刘禅的亡国。刘禅降魏后，被迫离开蜀地，迁到洛阳，封为安乐县公。但他仍不思恢复，不知耻辱。司马昭“之为作故蜀伎。旁人皆为之感怆，而禅喜笑自若”。真是到了乐不思蜀的地步。尾联渗透着诗人对刘备大业被不肖子断送的无限伤悼之情。

全诗从结构上来看，前四句写盛德，后四句写衰业。通过鲜明的对比，造成强烈的艺术反差，让人们清楚地看出古今兴亡的一个深刻教训。刘禹锡是王叔文革新集团的骨干力量，面对唐王朝江河日下的现实，他的兴亡之感是深刻的。

毛泽东是借这首诗批评“四人帮”不能继承革命事业，但张春桥作为“四人帮”的重要成员，他们的罪恶目的是“篡党夺权”，自然另当别论。

“同是天涯沦落人，相逢何必曾相识”

在一本清蘅塘退士原编《注释唐诗三百首》中《琵琶行》这首诗的天头上，毛泽东批注：

> 江州司马，青衫泪湿，同在天涯。作者与琵琶演奏者有平等心情。白诗高处在此，不在他处。岂然岂其然乎？

他还在这首诗的标题上连画三个大圈，并在从开头至“名属教坊第一部”和“前月浮梁买茶去”“梦啼妆泪红阑干”“相逢何必曾相识”“为君翻作琵琶行”及末句都画了一条斜横线，在“同是天涯沦落人，相逢何必曾相识”两句右侧各画了四个圈。[①]

1961年9月，毛泽东在庐山还手书了《琵琶行》全诗。这幅墨迹，612个字，写在16开印有红丝栏的中国人民革命军事委员会的信笺上，共用了8张信笔，是毛泽东传世的书法作品中最长的一幅。在书写时，突破格局，顶天立地，笔势飞动，草而不乱，传达了毛泽东的诗人气质和书法家的感情，是毛泽东书法登峰造极的代表作之一。

《琵琶行》是唐代诗人白居易的代表作。

白居易（772—846），字乐天，晚年自号香山居士。其先太原（今山西太原）人，后迁居下邽（今陕西渭南东北）。唐代大诗人。青年时期家境贫困，对社会生活及人民疾苦，有较多的接触和了解。唐德宗贞元进士，

---

① 中央档案馆整理：《毛泽东评点诗词曲精选》（上），中国档案出版社1998年版，第51—54页。

授秘书省校书郎。宪宗元和年间任左拾遗及左赞善大夫，后因上表请求严缉刺杀宰相武元衡的凶手，得罪权贵，贬为江州司马。穆宗长庆初年任杭州刺史，敬宗宝历初任苏州刺史，后任刑部尚书、中书舍人、秘书监、河南尹、太子少傅等职。晚年退居东都洛阳香山，过了 18 年的隐居生活，卒于洛阳并葬香山。

在文学上，白居易主张“文章合为时而著，歌诗合为事而作”，反对“嘲风雪，弄花草”而别无寄托之作，是新乐府运动的倡导者。早年所作讽谕诗，如《秦中吟》《新乐府》中少数篇章，较广泛尖锐地揭发了当时政治上的黑暗现实，反映出人民的痛苦生活。自遭贬谪后，意志逐渐消沉，晚年尤甚，因此诗文创作不如前期。所作《长恨歌》《琵琶行》也颇有名。其诗语言通俗，相传老妪皆解。与元稹友谊甚笃，且与齐名，世称“元白”，又与刘禹锡唱和甚多，人称“刘白”。有《白氏长庆集》。

其所作《琵琶行并序》全文如下：

元和十年，予左迁九江郡司马。明年秋，送客湓浦口。闻舟中夜弹琵琶者，听其音，铮铮然有京都声；问其人，本长安倡女，尝学琵琶于穆、曹二善才，年长色衰，委身为贾人妇。遂命酒，使快弹数曲，曲罢悯然。自叙少小时欢乐事，今漂沦憔悴，转徙于江湖间。予出官二年，恬然自安；感斯人言，是夕始觉有迁谪意。因为长句，歌以赠之。凡六百一十二言，命曰《琵琶行》。

浔阳江头夜送客，枫叶荻花秋瑟瑟。
主人下马客在船，举酒欲饮无管弦。
醉不成欢惨将别，别时茫茫江浸月。
忽闻水上琵琶声，主人忘归客不发。
寻声暗问弹者谁？琵琶声停欲语迟。
移船相近邀相见，添酒回灯重开宴。
千呼万唤始出来，犹抱琵琶半遮面。

转轴拨弦三两声，未成曲调先有情。
弦弦掩抑声声思，似诉平生不得志。
低眉信手续续弹，说尽心中无限事。
轻拢慢撚抹复挑，初为霓裳后六幺。
大弦嘈嘈如急雨，小弦切切如私语。
嘈嘈切切错杂弹，大珠小珠落玉盘。
间关莺语花底滑，幽咽流泉冰下难。
水泉冷涩弦凝绝，凝绝不通声渐歇。
别有幽愁暗恨生，此时无声胜有声。
银瓶乍破水浆迸，铁骑突出刀枪鸣。
曲终收拨当心划，四弦一声如裂帛。
东船西舫悄无言，唯见江心秋月白。

沉吟放拨插弦中，整顿衣裳起敛容。
自言本是京城女，家在虾蟆陵下住。
十三学得琵琶成，名属教坊第一部。
曲罢曾教善才服，妆成每被秋娘妒。
五陵年少争缠头，一曲红绡不知数。
钿头银篦击节碎，血色罗裙翻酒污。
今年欢笑复明年，秋月春风等闲度。
弟走从军阿姨死，暮去朝来颜色故。
门前冷落车马稀，老大嫁作商人妇。
商人重利轻别离，前月浮梁买茶去。
去来江口守空船，绕船明月江水寒。
夜深忽梦少年事，梦啼妆泪红阑干。

我闻琵琶已叹息，又闻此语重唧唧。
同是天涯沦落人，相逢何必曾相识！
我从去年辞帝京，谪居卧病浔阳城。

浔阳地僻无音乐，终岁不闻丝竹声。
住近湓江地低湿，黄芦苦竹绕宅生。
其间旦暮闻何物？杜鹃啼血猿哀鸣。
春江花朝秋月夜，往往取酒还独倾。
岂无山歌与村笛？呕哑嘲哳难为听。
今夜闻君琵琶语，如听仙乐耳暂明。
莫辞更坐弹一曲，为君翻作琵琶行。
感我此言良久立，却坐促弦弦转急。
凄凄不似向前声，满座重闻皆掩泣。
座中泣下谁最多？江州司马青衫湿。

这首诗作于元和十一年（816），即白居易被贬到江州的第二年。当时，统治阶级内部斗争激烈，藩镇和宦官勾结，企图夺取更大权力。元和十年，泽潞节度使李师道密派刺客，在京城长安刺死了力主削藩的宰相武元衡，刺伤了御史中丞裴度。时任左赞善大夫的白居易，虽非谏官，上疏请求追捕刺客，严惩凶手，遭到权贵们的忌恨，以越职言事罪名，贬为江州司马。

本篇叙写浔阳舟中一位商人妇弹琵琶并叙述她的不幸遭遇，联系作者自己在政治上的升沉经历，揭露封建社会的一些黑暗，抒发了自己的愤慨。

全诗可分为四段。

从开头到“犹抱琵琶半遮面”为第一段，由送客写起，点明时间、地点、人物、环境，为以后的情节开展作了必要的铺垫和交代。

从“转轴拨弦三两声”到“唯见江心秋月白”为第二段，着力描绘琵琶女的精湛演技和强烈的艺术感染力量，以及琵琶女通过曲调所表达的“幽愁暗恨”。

从“沉吟放拨插弦中”到“梦啼妆泪红阑干”为第三段，叙述琵琶女昔盛今衰的身世，揭示“幽愁暗恨”的原因。

从“我闻琵琶已叹息”至篇末为第四段，联系作者自己的遭遇，倾诉悲怀。

诗人把自己被贬谪的不幸遭遇和琵琶女的不幸联系起来，与之共鸣的思想感情，深刻的同情与理解，使之写出“同是天涯沦落人，相逢何必曾相识”这样的传世佳句，激动人心的相互慰藉和无限哀怨感人至深。作为封建时代的官僚和诗人的白居易，能够这样尊重和同情一个被污辱被损害的地位卑贱的歌女，应该是具有一定的民主精神的，是十分难能可贵的。毛泽东说白居易与弹琵琶女子“有平等的心情”，并称赞这是“白诗高处”，可谓一语点破了这首诗的精髓。诗人白居易是弹琵琶女子的知音，毛泽东是诗人白居易的知音！

需要说明的是，毛泽东批语中的“江州司马，青衫泪湿，同在天涯”是借用金人吴激《人月圆・南朝千古伤心事》词中成句，只“在”字原作“是”。毛泽东借用人成句批注他人，是他惯用的一种方法。

毛泽东在读清代吴景旭的《历代诗话》时，也很注意古人对《琵琶行》中一些字句和地名的疏解。如《琵琶行》中“枫叶荻花秋瑟瑟”一句，有人解释“瑟瑟”是形容秋天的萧瑟。《历代诗话・庚集》的《瑟瑟》一文中说：“杨升庵曰：枫叶红，荻花白，映秋色碧。瑟瑟，珍宝名，其色碧，故以瑟瑟影碧字。”作者列举对“瑟瑟”的各种注解：“《博雅》，瑟瑟，碧珠也。《杜阳杂编》，有瑟瑟幕，其色轻明虚薄，无与为比。《唐语林》，卢昂有瑟瑟枕，宪宗估其价曰：至宝无价。《水经注》，水木明瑟。”又举韦庄等人的诗加以论证。毛泽东对此，逐句加了圈点。又《琵琶行》中“自言本是京城女，家在虾蟆陵下住”，《历代诗话・庚集》有《虾蟆陵》一文。其中说，杨升庵考证，虾蟆陵在长安。作者认为，以故号下马陵，而语讹为虾蟆陵。白公诗亦循俗之过。并举苏东坡的诗论证自己的观点。毛泽东对此，也是逐句加了圈点。

由此可见，毛泽东不是一般地阅读和了解《琵琶行》，而是下了一番研究功夫的。

“在天愿作比翼鸟，在地愿为连理枝”

1975年春，孟锦云调到毛泽东身旁做护理工作。当时毛泽东患了老年性白内障，视力模糊，读书、看报、看文件、批文件，比较困难，所以有时也让孟锦云为他读书。

一天，孟锦云先给他谈了陈子昂的《登幽州台歌》和杜甫的《赠卫八处士》，毛泽东非常高兴，小孟自己也感到满意，她又问毛泽东：“您还想听读哪首诗呢？”

毛泽东稍稍深思了一会儿，他没有马上回答。正当小孟准备把书放下，安排他休息时，毛泽东突然又发话了：“孟夫子，读读白居易的《长恨歌》吧！”

毛泽东把《长恨歌》这句话说得特别重，语调里有一种惆怅，又有一种近似恳求。

小孟可从来没有给他读过这首诗，但她有一次倒听到毛泽东吟咏过其中的诗句：

忽闻海上有仙山，山在虚无缥缈间。
楼阁玲珑五云起，其中绰约多仙子。

当时听毛泽东吟诵这些诗句时，小孟便跟他开玩笑地说：“您会那么多诗，出口成章，老是文绉绉的，我可听不懂。您是大主席，又是个大诗人，真了不起啊。”

这首白居易的《长恨歌》，她倒是回忆起毛泽东自己吟诵过。小孟开始翻目录，但找来找去，也没找到，嘴里还不住地念叨《长恨歌》，白居易……”

毛泽东看小孟找得怪着急的，便打趣地说：“孟夫子，还是让我来找，你是视而不见哟。”

小孟还是不服气，便说：“您先别着急，我肯定能找到。”

“如何查目录？孟夫子，这是有规律的嘛，这首诗是七言古诗，你应该从这个项目里去找才是。”

小孟连“七言古诗”这项也找不到，越着急越找不到，她便不情愿地把书递给了毛泽东。毛泽东接过书，翻了两下就找到了，马上递给小孟：“孟夫子，有眼不识泰山，这不是嘛！”

小孟接过书来，开始朗读起来，她读得很慢，总觉得不太顺当，好不容易才读到最后几句：

> 在天愿作比翼鸟，在地愿为连理枝。
> 天长地久有时尽，此恨绵绵无绝期。

小孟读完最后一句时，毛泽东已闭着眼睛，似乎陷入了沉思。毛泽东从这首叙事诗中到底感受到了什么？是赞赏诗中哀艳动人的故事，悠扬婉转的诗句，还是对诗中所提出的告诫表示慨叹？令小孟不解。

1958 年炮轰金门期间，毛泽东请民主人士章士钊写信给蒋介石，把“联蒋抗美”的方针告知台湾。章士钊欣然应命。

章士钊的信很有特色，信中有这样的话：“溪口花草无恙，奉化庐墓依然”；“台彭金马，唇齿相依，遥望南天，希诸珍重。”毛泽东特别欣赏，但认为把台湾看作“南天”不恰当，后改为“南云”。然后毛泽东对章士钊说：

我们同台湾，谁也离不开谁，就像《长恨歌》中所说：“在天愿作比翼鸟，在地愿为连理枝。”蒋介石把枝连到美国，而美国却连根都会挖掉[①]。

① 纪明：《毛泽东、周恩来为祖国统一与台湾当局的交往》，《人物》1996 年第 4 期。

白居易的《长恨歌》，原文如下：

汉皇重色思倾国，御宇多年求不得。
杨家有女初长成，养在深闺人未识。
天生丽质难自弃，一朝选在君王侧。
回眸一笑百媚生，六宫粉黛无颜色。
春寒赐浴华清池，温泉水滑洗凝脂。
侍儿扶起娇无力，始是新承恩泽时。
云鬓花颜金步摇，芙蓉帐暖度春宵。
春宵苦短日高起，从此君王不早朝。
承欢侍宴无闲暇，春从春游夜专夜。
后宫佳丽三千人，三千宠爱在一身。
金屋妆成娇侍夜，玉楼宴罢醉和春。
姊妹弟兄皆列士，可怜光彩生门户。
遂令天下父母心，不重生男重生女。

骊宫高处入青云，仙乐风飘处处闻。
缓歌慢舞凝丝竹，尽日君王看不足。
渔阳鼙鼓动地来，惊破霓裳羽衣曲。
九重城阙烟尘生，千乘万骑西南行。
翠华摇摇行复止，西出都门百余里。
六军不发无奈何，宛转蛾眉马前死。
花钿委地无人收，翠翘金雀玉搔头。
君王掩面救不得，回看血泪相和流。
黄埃散漫风萧索，云栈萦纡登剑阁。
峨嵋山下少人行，旌旗无光日色薄。
蜀江水碧蜀山青，圣主朝朝暮暮情。
行宫见月伤心色，夜雨闻铃肠断声。
天旋地转回龙驭，到此踌躇不能去。
马嵬坡下泥土中，不见玉颜空死处。

君臣相顾尽沾衣，东望都门信马归。
归来池苑皆依旧，太液芙蓉未央柳。
芙蓉如面柳如眉，对此如何不泪垂。
春风桃李花开夜，秋雨梧桐叶落时。
西宫南内多秋草，落叶满阶红不扫。
梨园弟子白发新，椒房阿监青娥老。
夕殿萤飞思悄然，孤灯挑尽未成眠。
迟迟钟鼓初长夜，耿耿星河欲曙天。
鸳鸯瓦冷霜华重，翡翠衾寒谁与共。
悠悠生死别经年，魂魄不曾来入梦。

临邛道士鸿都客，能以精诚致魂魄。
为感君王辗转思，遂教方士殷勤觅。
排空驭气奔如电，升天入地求之遍。
上穷碧落下黄泉，两处茫茫皆不见。
忽闻海上有仙山，山在虚无缥缈间。
楼阁玲珑五云起，其中绰约多仙子。
中有一人字太真，雪肤花貌参差是。
金阙西厢叩玉扃，转教小玉报双成。
闻道汉家天子使，九华帐里梦魂惊。
揽衣推枕起徘徊，珠箔银屏迤逦开。
云髻半偏新睡觉，花冠不整下堂来。
风吹仙袂飘飖举，犹似霓裳羽衣舞。
玉容寂寞泪阑干，梨花一枝春带雨。

含情凝睇谢君王，一别音容两渺茫。
昭阳殿里恩爱绝，蓬莱宫中日月长。
回头下望人寰处，不见长安见尘雾。
惟将旧物表深情，钿合金钗寄将去。

钗留一股合一扇，钗擘黄金合分钿。
但教心似金钿坚，天上人间会相见。
临别殷勤重寄词，词中有誓两心知。
七月七日长生殿，夜半无人私语时。
在天愿作比翼鸟，在地愿为连理枝。
天长地久有时尽，此恨绵绵无绝期。

此诗作于元和元年（806），当时作者正在盩厔县任县尉。诗成后，陈鸿为作《长恨歌传》。诗中写流传已久的唐玄宗（李隆基）和杨贵妃（玉环）的爱情悲剧故事，一面是揭露和讽刺，在一定程度上反映了当时社会复杂而尖锐的阶级矛盾的某些方面；一面又因作者封建士大夫的立场，对帝妃的爱情悲剧表示了某种程度的同情。

全诗可分为五段。从开头至“不重生男重生女”为第一段，写杨贵妃得宠，兄弟姐妹高官厚禄，煊赫一时。从“骊宫高处入青云”至“不见玉颜空死处”为第二段，写安禄山起兵后，唐朝君臣逃奔西蜀，途中兵变，杨贵妃被缢死的经过。从“君臣相顾尽沾衣”至“魂魄不曾来入梦”为第三段，写唐玄宗返京后对杨贵妃的思念。从“临邛道士鸿都客”至“梨花一枝春带雨”为第四段，写道士到仙山寻找杨贵妃。从“含情凝涕谢君王”至篇末为第五段，记杨贵妃的话，点明“长恨”。

《长恨歌》是文学作品，不是人物传记，更不是封建帝王的起居注，它虽然以历史上唐明皇和杨贵妃的故事为题材，但已赋予这种爱情以普遍的形式和意义。因此诗人在这篇著名的长诗中，并没有按照历史的本来面目去刻画，而是按照自己感兴趣的美学原则，驰骋想象，把李杨爱情的悲剧，以生动的艺术形象绘形绘色地描绘了出来，哀婉动人，缠绵悱恻，千百年来感染了无数读者。特别是诗的最后四句：“在天愿作比翼鸟，在地愿为连理枝。天长地久有时尽，此恨绵绵无绝期。”“比翼鸟”，雌雄相比而飞的鸟。《尔雅·释地》：“南方有比翼鸟焉，不比不飞，其名谓之鹣鹣。”古典诗词中常用来比喻为永不分离的恩爱夫妻。“连理枝”，两棵树不同根而枝干结合在一起，这也是古人用来象征美好爱情的。连下二句，诗人明确地表达了对这种爱情悲剧的无限眷恋和哀伤的情绪，也成了后世因种种原因不能相亲相爱的情人的誓言和怨语。这便是李杨爱情超越时空的普遍意义和永久的魅力所在。

毛泽东这样的无产阶级革命领袖，也很喜欢这首诗。在听孟锦云读这首诗时，也深受感染。他更别出心裁地拿此诗中“在天愿作比翼鸟，在地愿为连理枝”，来比大陆和台湾的关系，是“谁也离不开谁”，意谓台湾作为中国的不可分割的一部分，离不开大陆主体，而大陆主体离开台湾，便损害了中国领土和主权的完整，都是不可能的。

盖棺才能定论

1939年5月30日，毛泽东在延安庆贺模范青年大会上作了题为《永久奋斗》的演讲，他说：

> 奋斗到什么程度呢？要奋斗到五年，十年，四十年，五十年，甚至六十年，七十年，总之一句话，要奋斗到死，没有死就还没有达到永久奋斗的目标。从前有一首诗说："周公恐惧流言日，王莽谦恭下士时，倘使当年身便死，一生真伪有谁知？"这在我们的历史学家那里叫做"盖棺定论"，就是说，人到死的时候，才能断定他是好是坏。假使周公在那个谣言流传的时候就死了，人家一定会加他一个"奸臣"的头衔；又若王莽在那个谦让卑恭的时候死了，那后世人一定会赞扬他的。不过我们现在不是讲历史，那两个人究竟孰好孰坏，我们不论，然而它说明了人只有到死，才可以论定他的功罪是非。我们说：永久奋斗，就是要奋斗到死。①

毛泽东的这次讲话对象，是纪念五四运动20周年时选出来的模范青年。所以他从继承五四革命传统讲起，中国民族解放先锋队、西北青年救国会的许多优秀分子，是继承了五四传统，是好的；"但是，也有一些人，五四运动时在北平奋斗得很英勇，后来变了，内中的一个就是张国焘，还有康白情、罗家伦等一些人。"②

---

① 《毛泽东文集》第2册，人民出版社1993年版，第191，190页。

② 《毛泽东文集》第2册，人民出版社1993年版，第191，190页。

张国焘（1897—1979），江西萍乡人。1919年五四运动时，任北京大学学生干事会成员、北京学生联合会讲演部长、总干事。1921年参加中国共产党第一次全国代表大会。曾在中共中央、中华苏维埃共和国临时中央政府、中国工农红军中担任过重要领导职务。长征途中进行分裂党和红军的活动，另立中央。到达陕北后任陕甘宁边区政府副主席、代主席。1938年4月，他乘祭黄帝陵之机逃离陕甘宁边区，经西安到武汉，投入国民党特务集团，成为中国革命的叛徒，随即被开除党籍。

毛泽东在演讲中举了正反两个方面的例子，说明人应该“永久奋斗”的道理。而张国焘等反面人物的一个共同特点，“就是奋斗性比较差，没有‘永久奋斗’的精神”之后，毛泽东便引了古人四句诗，进一步阐明要永久奋斗的道理。

这四句诗，出自唐代诗人白居易《放言五首并序》之三。全诗如下：

赠君一法决狐疑，不用钻龟与祝蓍。
试玉要烧三日满，辨材须待七年期。
周公恐惧流言后，王莽谦恭未篡时。
向使当初身便死，一生真伪复谁知？

《放言五首并序》，元和十年（815）诗人在被贬谪去江州的途中和元稹之作。诗前小序云：“元九在江陵时，有放言长句（七言）诗五首，韵高而体律，意古而词新。予每咏之，甚觉有味；虽前辈深于诗者，未有此作，唯李颀有云：‘济水自清河自浊，周公大圣接舆狂。’斯句近之矣。予出佐浔阳，未届所任，舟中多暇，江上独吟，因缀五篇，以续其意耳。”说明了白氏写作《放言五首》的起因。

这是一首七言律诗。

“赠君一法决狐疑，不用钻龟与祝蓍”，首联说要告诉人们一个决狐疑的方法。这个方法很特别，不用钻龟壳后看它的裂纹以卜吉凶，也不用拿着蓍草的茎来占卜休咎。

“试玉要烧三日满，辨材须待七年期”，颔联正面介绍决狐疑的方法：

让时间来考验。试玉的真假需烧满三天，辨别木材好坏需等待七年。“试玉”，作者原注：“真玉烧三日不热。”《淮南子·俶真训》：“钟山之玉，炊以炉炭，三日三夜而色彩不变。”“辨材”，作者自注：“豫章木，生七年而后知。”豫章，枕木和樟木。《史记·司马相如列传》：“其北则有阴林巨树楩枏豫章。”《正义》云：“豫，今之枕木也。章，今之樟木也。二木生至七年，枕章乃可分别。”

“周公恐惧流言后，王莽谦恭未篡时”，颈联再举历史人物证实，举了周公与王莽正反两个例子。周公，名旦，周武王之弟，成王之叔。武王死，成王年幼，周公摄政，管、蔡、霍三叔，阴谋陷害，说周公要篡位，成王命周公东征，奠定东南。王莽，字臣君，前汉末孝元皇后之侄，封新都侯，为司马，秉政。哀帝死，莽立平帝，以己女为皇后，独揽朝政，号安汉公。《汉书·王莽传》：“（莽）爵位益尊，节操愈谦。散舆马衣裘，振施宾客，家无所余。收瞻名士，交结将相卿大夫甚众。……欲令名誉过前人，遂克己不倦。”旋弑平帝，立孺子婴，摄政；不久篡位自立，改国号“新”。以上两句，用周公、王莽两人的事例，一正一反，说明时间是对人的重要考验，不能只凭一时一地的现象就下结论。否则就会把周公当作篡位者，把王莽当作谦谦君子了。

“向使当初身便死，一生真伪复谁知”？尾联点出关键性的问题：如果过早地下结论，不待时间来考验，就会被一时的表面现象所蒙蔽，不辨真伪，不分是非。

这首诗道出了识别一个人真伪的哲理，所以，毛泽东不止一次谈到它。1972 年，在批判林彪阳奉阴违、最终自我暴露的反革命罪行时，他又引了这首诗的后四句，用以说明：一个人错误的发展是有一个过程的，认识一个人是真革命还是假革命也是有一定过程的。

毛泽东中南海故居里还有一本平装的《白香山集》，其中《放言五首并序》的第三首（即本诗），毛泽东对全诗都用红铅笔画满了着重线。

在延安植树谈白居易词

在延安，有一次，毛泽东和战士们一起植树，他即景生情，朗诵起白居易的《忆江南》：

江南好，风景旧曾谙。日出江花红胜火，春来江水绿如蓝。能不忆江南。

接着，他一句一句地讲给战士们听，还说："陕北荒山秃岭多，如果我们能把陕北变成江南一样绿树满山，那可是一件功在子孙的大好事啊！咱们住延安，一定把这件事办好！"①

《忆江南》，唐教坊曲中有《望江南》，后用为词牌。《乐府杂录》谓此调本名《谢秋娘》，系唐李德裕为亡姬谢秋娘作。后进入教坊。白居易依其调作《忆江南》词，始名《忆江南》，又名《梦江南》《江南好》等。分单调、双调两体。单调27字，双调54字，皆平韵。此首是单调。

白居易在青年时期曾漫游江南，行旅苏、杭。其后又在苏、杭做官：唐穆宗长庆二年（822）七月任杭州刺史，十月到任，长庆四年五月任满离杭；唐敬宗宝历元年（825）三月任苏州刺史，五月初到任，次年秋天因目疾免郡事，回到洛阳。回到洛阳之后，写了不少怀念旧游的诗作。直到开成三年（838）67岁的时候，还写了三首《忆江南》。此是第一首。

此首泛忆江南，兼包苏、杭，写春景。全词五句。一开口就赞颂"江

① 王保成：《毛主席和我们栽树》，《解放军报》1992年3月10日。

南好”。“风景旧曾谙（àn 暗）”，往时江南的风景十分熟悉。那是怎样一种风景呢？“日出江花红胜火，春来江水绿如蓝。”二句是说，江边盛开的花被太阳一照比火苗还要红艳，春天江河里的水比蓝草还要蓝。“蓝”是一种蓼科植物，其叶可制成青绿染料。《通志》：“蓼蓝，染绿。大蓝，如芥，浅碧。槐蓝，如槐，染青。”上句写花，下句写水。江花红，江水绿，二者互相映衬，于是红者更红，“红胜火”；绿者更绿，“绿如蓝”。

“能不忆江南”，末句寄慨。全词以追忆的情怀，写“旧曾谙”的江南春景。而此时，作者却在洛阳。比起江南来，洛阳的春天来得晚。作者写于洛阳的《魏王堤》云：“花寒懒发鸟慵啼，信马闲行到日西。何处未春先有思，柳条无力魏王堤。”在江南“日出江花红胜火”的季节，洛阳却“花寒懒发”，只有魏王堤上的柳丝，才透露出一点儿春意。而魏王堤护卫的洛水也不会碧波荡漾。两相比照，触景生情，怎能不追忆江南春景？从内心深处赞叹“江南好”呢！诗人以“能不忆江南”的眷恋之情收来全词，余情摇漾，凌空远去，自然引出第二首、第三首对杭州和苏州的回忆。

在延安，毛泽东和战士们一起植树时，为战士们讲解了这首词，号召把陕北的“荒山秃岭”，“变成江南一样绿满山”，做好这件“功在子孙”、利在千秋的大事，是对全党全军同志的号召和期望。这个号召，当年已由三五九旅作出了表率，他们把南泥湾的荒山秃岭变成了“陕北的好江南”。

“李贺诗很值得一读”

李贺是毛泽东最喜欢的诗人之一。

李贺（790—816），字长吉，昌谷（今河南宜阳西）人。唐诗人。唐宗室郑王李亮的后裔，至贺家世已衰，生活困顿。因避家父晋肃名讳，谓“晋”“进”同音，“父名晋肃，子不得举进士”，被迫不得应进士科考试，韩愈曾为之作《讳辩》。自幼聪明，少有诗名，作诗极为刻苦，曾深得韩愈与皇甫堤赏识，和沈亚之友善。仕途不得意，一生只做了三年奉礼郎便郁郁而死，年仅 27 岁。

李贺一生，以诗为业，所作多古诗、乐府，极少近体诗。其诗在内容上，对统治集团的昏庸腐朽、宦官专权、藩镇割据的现实，加以揭露、批判，也表现出政治上不得志的悲愤。在艺术上，贺诗上承楚辞、九歌和南朝乐府的传统，下继李白的浪漫主义精神，并直接受韩愈的影响，形成想象丰富，构思新奇、意境迷离、语言瑰丽的积极浪漫主义风格。在中唐诗坛上独树一帜，并对后世产生一定影响。不足之处在于有些作品情调阴郁低沉，语言过于雕琢，不甚好懂。有《昌谷集》。

毛泽东在《读〈初唐四杰集·王勃秋日楚州郝司户宅饯别崔使君序〉》的批语中写道：“还有李贺死时二十七，夏完淳死时十七。都是英俊天才，惜乎死得太早了。”① 毛泽东于 1958 年 5 月 8 日在中共八大二次会议第一次讲话中说：“唐朝诗人李贺，河南宜阳人，死的时候只有二十七岁。”② 称赞李贺是“英俊天才”，并惋惜他“死得太早了”。

---

① 《毛泽东读文史古籍批语集》，中央文献出版社 1993 年版，第 11 页。

② 王子今：《毛泽东与史学》，中共中央党校出版社 1993 年版，第 199 页。

在1958年1月16日南宁会议的讲话中，毛泽东说："光搞现实主义一面也不好，杜甫、白居易哭哭啼啼，我不愿看。李白、李贺、李商隐，搞点幻想。"[①]幻想是浪漫主义诗人的主要特征之一，这大概是毛泽东喜欢"三李"的重要原因。

1958年3月22日，毛泽东在成都会议上，谈到要破除迷信、大胆创造时，说："中国的儒学家，对孔子就是迷信，不敢称孔丘。唐朝李贺就不是这样，对汉武帝直写其名，曰刘彻、刘郎，称魏夫人为魏娘。一有迷信就把我们的脑子镇压住了，不敢跳出圈子想问题。"赞扬李贺胆子很大。

1965年7月21日，毛泽东在《致陈毅》信中写道："李贺除了有很少五言律外，七言律他一首也不写。"李贺诗很值得一读，不知你有兴趣否？"建议陈毅多读李贺诗。

毛泽东非常重视李贺，很喜欢读李贺的诗。

在一本《新唐书·李贺传》中，他在天头上标写着"李贺"两个醒目的大字，在记载李贺写诗"未始先立题，然后为诗，如他人牵合程课者"等处，逐句加了旁圈。在一本刘大杰编写的《中国文学发展史》的目录上，在"第十章，李贺、李商隐及晚唐诗人"中李贺的名字下，他用红笔画着重线，在"第十章"前用红笔画着大圈。在一本《李长吉歌诗集》杜牧写的序言中，毛泽东多处画着曲线和圈。

在中南海毛泽东故居菊香书屋里，藏有多种版本的李贺诗集，如《李长吉歌诗集》《李长吉集》《李昌谷诗集》《李昌谷诗注》，等等。这些诗集中，每本都有毛泽东的圈画。李贺流传于世的诗约223首，毛泽东圈画过的有83首之多，有些诗还圈画过四五次。这说明毛泽东对李贺的个人经历和诗歌创作的研究，是颇下了一番功夫的。

毛泽东对李贺诗歌的偏爱和熟悉，还有这样一个例子。1959年3月，文物出版社刻印了一册线装本的《鲁迅诗集》。其中的《湘灵歌》，是鲁迅于1931年3月5日写赠给日本友人松元三郎的。"湘灵"是古代楚人

① 陈晋主编：《毛泽东读书笔记解析》，广东人民出版社1996年版，第1301页。

神话里的湘水女神，鲁迅借用这个古代神话，表达对被国民党反动派杀害共产党人和革命群众的强烈憎恨，以及对死难者的哀思。全诗为：“昔闻湘水碧如染，今闻湘水胭脂痕。湘灵装成照湘水，皎如皓月窥彤云。高丘寂寞竦中夜，芳荃零落无余春。鼓完瑶琴人不闻，太平成像盈秋门。”毛泽东在该诗末句旁边批注：“从李长吉来。”李贺在《自昌谷到洛后门》一诗中有“九月大野白，苍苓竦秋门”之句。明代曾益注：“《洛阳故宫纪》云：洛阳有宜秋门、千秋门。”洛阳是唐朝的东都，鲁迅借指国民党政府首都南京。

李贺的诗富于想象，这与毛泽东浪漫主义气质正相吻合。这大概是毛泽东喜欢李贺诗的重要原因。浪漫主义的本质是理想主义精神，它往往运用奇特的想象、大胆的夸张等手法，塑造奇特的艺术形象。李贺的诗大体上有讽喻、抒情、神怪、咏物等四类。这四类诗，毛泽东都有不少圈画。在讽喻类中，《秦王饮酒》讽刺唐朝宫廷酣歌宴舞，夜以继日的佚乐生活；《昆仑使者》批判唐宪宗求仙；《雁门太守行》歌颂削平藩镇叛乱；《老夫采玉歌》揭露封建统治阶级对人民的剥削迫害；《黄家洞》反映对少数民族的军事镇压；《送沈亚之歌》抨击科举制度不能选拔真正有用的人才，等等。这些诗从不同方面揭露批判黑暗政治和不良社会现象，毛泽东都圈阅过。

在抒情类作品中，毛泽东圈画得较多的是李贺的《南园十三首》和《马诗二十三首》。这两组诗是诗人用托物言志、借景抒情手法，抒发自己对政治、对人生的抱负和感慨。毛泽东除了在几部李贺的专集中圈画了这些诗外，在《唐诗别裁集》中也作了圈画。而《南园》之五：“男儿何不带吴钩？收取关山五十州。请君暂上凌烟阁，若个书生万户侯？”《南园》之六：“寻章摘句老雕虫，晓月当帘挂玉弓。不见年年辽海上，文章何处哭秋风？”这两首诗是抒发诗人要求参加削藩平叛的战斗豪情，嘲讽那些死读经书，无所作为的腐儒的。这两首诗毛泽东圈画最多。这类诗还有《浩歌》：“南风吹山作平地，帝遣天吴移海水。王母桃花千遍红，彭祖巫咸几回死？”诗人用神话传说，描绘自然界的变化，感叹人生易老，因而怀念历史上知人善任的平原君赵胜。“买丝绣作平原君，有酒惟浇赵州土！”这首发愤抒情之作，表达了诗人渴望在少壮时期奋发图进的强烈愿望。这首诗毛泽东也多次圈画过。《马诗二十三首》，借咏马以反映现实政治，抒发作者的愤激心情，毛泽东也多有圈画。

李贺是一个青年诗人，但在他的作品中出现的“死”字却达20多个，“老”字多达50多个，反映了他对好景不长、时光易逝的感伤情绪。“况是青春日将暮，桃花乱落如红雨”（《将进酒》），就表达了他对现实人生无可奈何的心情。于是他探索死亡的途径，便产生了对神仙境界的奇妙幻想。王母、嫦娥等神话人物，银浦、月宫等天国风光，出现在《天上谣》《梦天》等名作中，极奇丽谲幻之观。而在《古悠悠行》《官街鼓》《神弦》《神弦曲》等作品中，则写到神仙的虚诞和沧桑的变化。既然死亡无法逃避，于是又出现了对另一种鬼魅世界的描写：“秋坟鬼唱鲍家诗，恨血千年土中碧”（《秋来》）、“百年老鸮成木魅，笑声碧火巢中起”（《神弦曲》）。这些诗，毛泽东都加以圈画。李贺写的这种神怪诗并不多，总数不过十余首，却占其名作的一半以上，因此宋人钱易、宋祁等称李贺为“诗鬼”。于是，如同李白被称为“诗仙”，杜甫被称为“诗圣”一样，李贺便得到了“诗鬼”的雅号。

在李贺的咏物诗中，如《李凭箜篌引》《申胡子觱篥歌》《听颖师弹琴歌》等，通过“石破天惊”的奇特想象和比喻等手法，描绘音乐家的高超技艺和动人的音乐美，抒发诗人的怀抱，是文学史上描写音乐的名篇。毛泽东十分喜爱，前者曾多次圈阅过。《杨生青花紫石砚歌》，赞颂劳动人民巧夺天工的手艺；《罗浮山人与葛篇》，描写织布老人织雨剪湘的绝技。这些直接反映劳动人民生活的作品，毛泽东自然也加以圈画。

毛泽东不仅熟知李贺的诗，还将李贺诗中的佳句引用、化用在自己的诗词创作之中。毛泽东1950年写《浣溪沙·和柳亚子先生》一词中“雄鸡一唱天下白”，点化李贺《致酒行》中“一唱雄鸡天下白”入词，形容全国解放后，由黑暗走向光明。《七律·人民解放军占领南京》引用李贺《金铜仙人辞汉歌》中“天若有情天亦老”成句入诗，是说苍天亦为国民党反动统治的被推翻而动情，再续以“人间正道是沧桑”，阐明了翻天覆地的沧桑巨变是人类历史的发展规律。这后一句的生发，使李贺原诗的前一句变得更加积极而诗意更浓。1958年毛泽东写的《送瘟神二首》中“万户萧疏鬼唱歌”的诗句，显然是从李贺《秋来》诗中“秋坟鬼唱鲍家诗”化出。此诗中的“红雨随心翻作浪”一语，系从李贺《将进酒》中“桃花乱落如红雨”点化而来，极写风光烂漫，春光随人意，改变了李诗原有的伤春之意。

李贺“专门作古怪的诗”

1960年5月，毛泽东在济南同山东省委负责人舒同等谈话。当听说拥有渤、黄二海的山东缺水，毛泽东说：“能把海水变淡水，水就多了。从前有人写这个海水是：‘黄尘清水三山下，更变千年如走马。遥望齐州九点烟，一泓海水杯中泻。’‘三山’，就是海里头三个神仙住的山。‘更变千年如走马’，就是世事变得很快。那个时候他所讲的‘齐州’，不单是山东，是指整个中国。‘九点烟’，是讲九州。后来它缩小到你们济南附近的九点烟了。这是唐朝李贺的诗。这个诗人只有27岁就死了。他是专门作古怪的诗的（有人插话：李贺的诗不容易懂），有些诗还是容易懂。人们说他写的是鬼诗，不是人诗。”①

上述谈话中，毛泽东引的几句诗，见于唐人李贺的《梦天》诗，全文如下：

老兔寒蟾泣天色，云楼半开壁斜白。
玉轮轧露湿团光，鸾珮相逢桂香陌。
黄尘清水三山下，更变千年如走马。
遥望齐州九点烟，一泓海水杯中泻。

这是一首七言古诗。此诗写诗人梦中遨游天上。前四句写月宫，后四句写俯视地上海陆，见到沧桑变化。

“老兔寒蟾泣天色，云楼半开壁斜白”，一、二两句写诗人梦中初入月

① 陈晋主编：《毛泽东读书笔记》（上册），广东人民出版社1986年版，第353页。

宫时所见。“老兔寒蟾”，指月亮。古代传说，月里住着玉兔和蟾蜍。“云楼”，高楼。二句是说，月中天色昏暗迷蒙，老兔寒蟾为之悲惨，月中白色楼阁被云影斜遮，壁上只见“斜白”。

“玉轮轧露湿团光，鸾珮相逢桂香陌”，三、四两句是说，月亮带着晕圈，像被露水湿了似的，诗人在月宫中桂花飘香的小路上和仙女相遇。“珮”，是系在带上的饰物，用不同形状的一串玉块组成，走路时互相撞击，发出声响。“鸾珮”，形容佩玉声像鸾鸟的鸣声悦耳动听。“桂香陌”，月宫中有桂树的传说。

“黄尘清水三山下，更变千年如走马”，五、六两句是说，三座神山下边，海变陆，陆变海，变得很快。人间的千年在天上只像跑马一样迅速过去了。“黄尘清水”，意与沧海桑田相近。葛洪《神仙传》记载：仙女麻姑有一次对王方平说：“接待以来，已见东海三为桑田；向到蓬莱，水又浅于往日会时略半耳。岂将复为陵陆乎？”“三山”，指神仙家所说的海上三神座山，即蓬莱、方丈、瀛洲。

“遥望齐州九点烟，一泓海水杯中泻”，末二句是说，遥望中国，九州小得像九个模糊的小点，大海小得如同一杯水被打翻了一样。“齐州”，中州，即中国。中国境内分为九州，最早见于《尚书·禹贡》。“一泓”，一汪。

李贺在这首诗里，通过梦游月宫，描写天上仙境，以排遣个人苦闷。天上众多仙女在清幽的环境中，你来我往，过着一种宁静的生活；而俯视人间，时间是那样短促，空间是那样渺小，寄寓了诗人对人世沧桑的深沉感慨，表现出冷眼看现实的态度。想象丰富，构思奇妙，用喻新颖，体现了李贺诗歌变幻怪谲的风格。这正是毛泽东所说李贺专门写怪诗的一个典型例子，是所谓“鬼诗，不是人诗”，但还是可以懂的。

毛泽东很喜爱李贺的神怪诗。在黄陶庵评本《李长吉集》中《梦天》一首，他对“遥望齐州九点烟，一泓海水杯中泻”两句末画着圈。天头上的编者评语说：“论长吉每道是鬼才，而其为仙语，乃李白所不及，九州二句，妙有千古”。毛泽东读至此，每句都圈点断句，很重视这一评论。

“尘世难逢开口笑”是“人生的哲学”

1929年10月10日，毛泽东来到福建省上杭县的临江楼住下。11日，正是农历重阳佳节。毛泽东教贺子珍读诗，特地选了唐代诗人杜牧的《九日齐山登高》：

江涵秋影雁初飞，与客携壶上翠微。
尘世难逢开口笑，菊花须插满头归。
但将酩酊酬佳节，不用登城恨落晖。
古往今来只如此，牛山何必独沾衣。

贺子珍听了毛泽东对诗的大略解释之后，说对“尘世难逢开口笑”一句似懂非懂，毛泽东又解释说：“尘世难逢开口笑”，意思是人生的哲学，斗争的哲学，阶级斗争，革命斗争……①

杜牧（803—825），字牧之，京兆万年（今陕西西安）人。唐诗人。文宗大和进士，曾为江西观察使、宣歙观察使沈传师和淮南节度使牛僧孺的幕僚，历任监察御史，黄、池、睦诸州刺史，后入为司勋员外郎，官终中书舍人。后人称为“小杜”。以济世之才自负，曾注曹操所定《孙子》十三篇。感于藩镇跋扈和吐蕃、回纥贵族的政掠，时文多指陈时政之作。写最抒情的小诗，多清丽生动。少数以纵酒狎妓为题材的诗篇则流于颓废。有《樊川文集》。

农历九月九日重阳节，是我国的一个传统节日。三国魏曹丕《九日与

① 舒龙、凌步机：《岁岁重阳》，海南出版社1993年版，第39页。

锺繇书》：“岁往月来，忽逢九月九日。九为阳数，而日月并应，俗嘉其名，以为宜于长久，故以享宴高会。”在这个节日里，秋高气爽，菊花盛开，气候宜人，景物鲜妍，古人往往结伴登高，饮酒览胜。骚人墨客，吟诗作赋，咏赏不绝。这首《九日齐山登高》，是杜牧在唐武宗会昌五年（845）任池州刺史时所作。“齐山”，在今安徽省贵池县。

这是一首七言律诗。

“江涵秋影雁初飞，与客携壶上翠微”，首联写诗人与客人登上齐山翠微亭，俯视溪中鸿雁南飞和齐山的倒影。池州在长江南岸，山川秀美，境内九华山和齐山是江南名胜之地。据《九华山录》：“池州齐山，山脚插入清溪，石色清苍可画，洞穴半出水中，清溪直接大江，眼界豁然。又其旁，拔起数峰，奇甚，谓之小九华，皆齐山最胜处也。又其上，即翠微亭，是为山巅。杜牧云，‘江涵秋影雁初飞’，此地此时也。”“翠微”，即翠微亭，在齐山九顶洞南隅，它是诗人携壶登临的地方。与杜牧携壶登临的是晚唐著名诗人张祜。张祜被元稹排挤，遂至淮南，爱丹阳曲河地，隐居以终，也是一个怀才不遇的人。

“尘世难逢开口笑，菊花须插满头归。但将酩酊酬佳节，不用登临恨落晖”。中间颔、颈两联，夹叙夹议，写出了诗人登上绝顶的矛盾心情。杜牧生当晚唐多事之秋，他有建功立业、经邦济世的抱负和忧国忧民的情怀，却不被重用而出牧池州，使他想起了庄子的话：“人上寿百岁，中寿八十，下寿六十，除病瘦、死丧、忧患，其中开口而笑者，一月之中，不过四五日而已矣”，唱出了“尘世难逢开口笑”的旷达之音，顿时觉得值此一年一度的重阳佳节，应以菊花插满头的放浪习俗、酩酊大醉的忘忧之举，驱散积压在心头的郁结，无须在节日登临时为夕阳西下而怨恨。当时诗人年仅 43 岁，正值中年，应是来日方长，岂能“人到中年万事休”而自暴自弃？

“古往今来只如此，牛山何必独沾衣。”尾联抒发诗人内心的不平和感慨。古人登高，看到山川秀美，云烟满眼，往往触景生情，感叹不已，何必像齐景公登牛山那样痛哭流涕呢！《列子・为命》：“云齐景公游于牛山，北临其国城而流涕曰：‘美哉国乎，郁郁芊芊，若何滴滴，去此国而死乎！’”景公之在牛山，是因为感于自己一旦离开人世，美好的江山能否永保。杜牧这次登高，表面看去，心情坦荡，把自己的怀才不遇置之度外，但通过表面的超然物外，委婉曲折地表达了他内心的不平和感慨。

杜牧才思敏捷，又好标新立异，他把容易勾起人生易老、世事沦丧的登高诗，写成这种含蓄蕴藉、朗朗上口的喜人之作，表现了他的卓越才能。

毛泽东在教贺子珍学这首诗时，把“尘世难逢开口笑”，解释为人生的哲学、斗争的哲学、阶级斗争、革命斗争，可谓化腐朽为神奇。因此话来自庄子，庄子是说人生心情舒畅，开口大笑的时候很少，要及时抓住这样的机遇不放，偏于消极。而毛泽东则赋予全新的解释。“尘世”即人世。人世有两解，一指人生，一指人类社会。所以杜牧的这句诗可以理解为人生的哲学。在马克思主义者看来，人生哲学就是斗争的哲学，而在阶级社会中，也就是阶级斗争及其最高形式——革命斗争了。

毛泽东 1964 年春在《贺新郎〈读史〉》中写道：“人世难逢开口笑，上疆场彼此弯弓月。流遍了，郊原血。”不仅将杜牧“尘世难逢开口笑”点化入诗，而且指出人类过去的历史充满了各种苦难和战争。时隔 35 年，毛泽东对杜牧的这句话的诠解与运用，完全一致，互相阐发，也可以看出他对杜牧这首诗的喜爱。

“真是‘折戟沉沙’呀！”

1971 年 9 月 13 日，林彪乘三叉戟飞机叛逃，摔死在蒙古人民共和国的温都尔汗。

10 月 20 日晚，周恩来、叶剑英、姬鹏飞、熊向晖、章文晋等到毛泽东住处，汇报将于 10 月下旬接待公开访华的美国国务卿基辛格的方案。

毛泽东见到熊向晖，就笑着问：“那个‘副统帅’呢？那个‘参谋总长’哪里去了？”熊向晖也笑着说：“主席问我的时候，我确实不知道呀！”

毛泽东打趣地说：“现在知道了吧？”熊向晖说：“现在当然知道了。”

毛泽东幽默地说：“你什么也没嗅出来，是不是伤风了，感冒了？”他又连连地说：“我的‘亲密战友’啊！多‘亲密’啊！……‘折戟沉沙铁未销，自将磨洗认前朝。东风不与周郎便，铜雀春深锁二乔。’三叉戟飞机摔在外蒙古，真是‘折戟沉沙’呀！”①

1971 年 11 月 3 日上午，毛泽东在北京中南海丰泽园游泳，他接见女儿李讷和许志明。据许志明回忆，毛泽东在和他们散步时谈到林彪。

毛泽东步履稳健，边走边说：“有人请示我，打不打。怎么好打呀！说是我的接班人，最最亲密的战友，怎么好打呀！打下来，让我怎么向全国人民交（代），怎么向全党交（代）呀！”

稍停了一会，他老人家又吮吮下唇，说：

折戟沉沙铁未销，自将磨洗认前朝。

---

① 熊向晖：《历史的注脚——回忆毛泽东、周恩来及四老帅》，中共中央党校出版社 1995 年版，第 37 页。

东风不与周郎便，铜雀春深锁二乔。

毛泽东蔑视地挥动了一下手臂，说道："三叉戟飞机摔在外蒙古，真是'折戟沉沙'呀！"[①]

毛泽东以上两次谈话中所引的四句诗，是唐代诗人杜牧的一首七绝《赤壁》。此诗一作李商隐诗。"赤壁"，赤壁山，在今湖北省蒲圻县西北，地处长江南岸，耸立江边，山岩呈赭红色，故称赤壁。相传是三国吴蜀联军火烧魏军之处。

"折戟沉沙铁未销，自将磨洗认前朝"。前两句叙事，借一件古物来兴起对前朝人物和事迹的述说。"戟"，古代兵器，上杆顶端有锐利枪尖，旁有月牙形利刃，能直刺横击。"销"，毁坏。"将"，拿起。二句是说，在水底沉沙中发现一支折断的戟，还没有锈蚀坏，拿起来经过一番磨洗，认定它是600年前赤壁之战的遗物。

"东风不与周郎便，铜雀春深锁二乔"。后两句议论：倘若不是东风给周郎方便，那么东吴将被曹操所灭，二乔也将被虏而藏在铜雀台中了。"周郎"，三国时吴国大将周瑜，赤壁之战中孙吴联军总指挥，时年24岁，故称周郎。赤壁之战，汉献帝建安十三年（208），曹操攻灭荆州刘氏之后，乘胜顺江东下攻吴，北方士兵不习水战，于是将战船用铁链连接在一起。孙刘联军采用火攻，恰值东南风起，火势猛烈，曹操战船被烧毁，曹军大败。上句强调了东风在赤壁之战火攻中的作用。后句则从反面着笔，意谓如果不是东风给周瑜方便，东吴败，曹操胜，胜败就会相反。如果战争的结果是这样，那么东吴的两个美女就成了曹操的战利品了。"铜雀"，台名，建安十五年（210），曹操建于邺城（今河北临漳县西），以楼顶铸有铜雀而得名。"二乔"，即大桥、小桥姐妹，乔玄之女，分别嫁孙策和周瑜。"桥"，后人讹为"乔"，称为"二乔"。

这是一首咏史诗。诗人把周瑜在赤壁之战中的巨大胜利，完全归之于

---

① 《在毛泽东身边》，山西人民出版社1993年版，第255页。

偶然的东风。他之所以这样写，其用意在于自负知兵，借史事来吐其胸中抑郁不平之气罢了。

毛泽东谈到林彪乘三叉戟飞机叛逃，摔死在蒙古人民共和国温都尔汗沙漠中，因而和杜牧《赤壁》诗中“折戟沉沙”发生联想。“真是‘折戟沉沙’呀！”意谓林彪叛逃摔死是罪有应得，死有余辜。

“无题诗要一分为二”

李商隐是毛泽东非常偏爱的唐朝“三李”之一。1958 年 1 月 16 日，毛泽东在南宁会议上讲话时曾说：“不愿看杜甫、白居易那种哭哭啼啼的作品，光搞现实主义一面不好，李白、李贺、李商隐，要搞点幻想，太现实就不能写诗了。”①

李商隐（约 813—约 858），字义山，号玉谿生，怀庆河内（今河南沁阳）人。因令孤楚的延誉，唐文宗开成二年（837）登进士第，曾任弘农县尉、秘书省校书郎等职。不久，因娶李党王茂元之女，令孤楚与王茂元是政敌，于是他陷入党争的旋涡中。后令狐楚之子令狐绹为相，长期执政，政治上屡受排挤，郁郁寡欢，颠沛流离，潦倒终生。后充任幕僚，病死荥阳。

李商隐工诗善文，尤以近体诗和律诗的成就为高。与杜牧齐名，人称“小李杜”，是晚唐重要诗人之一。其诗题材广泛，内容丰富。政治诗针砭时弊，揭露宦官专权、藩镇割据；咏史诗往往有讽有叹，以古喻今；咏物诗往往借慨身世，写物的同时也写出了作者自己；爱情诗常常写相思失望，情思委婉，感情浓郁，读来令人回肠荡气，最能体现其绮丽精工、意境朦胧的艺术特色。有《玉谿生诗》。

毛泽东很早就喜欢李商隐的诗，而且颇有研究。1926 年，毛泽东在武昌农民运动讲习所和黄梅邓雅声相识，他很欣赏邓的旧体诗。1958 年，他在武昌东湖住所回忆已牺牲的邓雅声烈士，称赞邓的名句“范叔一寒何至此？梁鸿余热不因人”，说：“这两句用典，很融洽，很活，我看比李商隐的好。”②

---

① 陈晋：《毛泽东的文化性格》，中国青年出版社 1991 年版，第 268 页。

② 陈晋主编：《毛泽东读书笔记解析》，广东人民出版社 1996 年版，第 1009 页。

1932年冬，毛泽东在福建长汀养病期间有一天和贺子珍参观北山金沙寺，见寺里梅花盛开，脱口吟出两句诗：

春心乐共花争开，与君一赏一陶然。

首句显然出自李商隐《无题》（飒飒东风细雨来）的第七句“春心莫共花争发”；次句亦带有李商隐《锦瑟》的“只是当时已惘然”的痕迹。

在日常生活中，毛泽东有时还善于用李商隐的诗句开导别人。20世纪50年代初，他对来自家乡的人说：“现在和将来，我们都摆不起阔气。唐代诗人李商隐有诗警醒后世人：‘历览前贤国与家，成由勤俭败由奢。’你想想，我们能不养成一种勤俭节约的风气吗？”①

毛泽东平生能背诵李商隐的不少诗篇。

1965年12月的一天，周谷城在上海见到了毛泽东。两人的谈话范围非常广泛。周谷城回忆说：“我们的谈话涉及古今中外文学、史学、哲学。关于旧体诗，我们谈到了李商隐，我一时高兴，随便把李商隐的一首七言律诗用湖南腔调哼起来，曰：‘海外徒闻更九州，他生未卜此生休。空闻虎旅鸣宵柝，无复鸡人报晓筹。此日六军同驻马，当时七夕笑牵牛。’把五六句哼了几遍，七八两句居然哼不出来。毛泽东知道我忘了，便笑着代我念出：‘如何四纪为天子，不及卢家有莫愁’。毛泽东念出时，我跟着他的后面哼。一时心情舒畅，超乎寻常。”②

1975年7月，北京大学中文系讲师芦荻给毛泽东谈了李商隐的《锦瑟》：

锦瑟无端五十弦，一弦一柱思华年。
庄生晓梦迷蝴蝶，望帝春心托杜鹃。
沧海月明珠有泪，蓝田日暖玉生烟。
此情可待成追忆，只是当时已惘然。

---

① 张步真、赵志超：《故园行》，海南出版社1993年版，第109页。

② 周谷城：《回忆毛泽东的教导》，《毛泽东同志八十五诞辰纪念文选》，人民出版社1979年版，第193页。

对于这首七律，从来解说不一：有说是写锦瑟之为乐器的乐音的特点，有说是对妻子的怀念，有说锦瑟是一个姑娘的名字，有说是诗人总结自己创作体验的，也有说他年近五十自伤生平的。芦荻因此请教毛泽东怎么看。

毛泽东说：不要做烦琐的钻牛角尖的研究，只要感觉文采非常美、徜徉迷离，给你一种美的享受就行了。这首诗为什么流传得这么久，自有它迷人的魅力。不要整天说它是悼亡还是托言，怎么说都可以，总之寄托了作者心中的一种惆怅。

《锦瑟》以锦瑟起兴，以首二字标题，等于"无题"。它不是咏锦瑟而是作者晚年回想过去，自述感慨。旧说种种推测都不尽可通。

首联写因瑟的柱数引起华年之思，作者时年近五十。"锦瑟"，瑟上绘文如锦。瑟是一种乐器，传说古瑟本五十弦，后代弦数不一，一般是二十五弦。"柱"，弦的支柱。"华年"，少年。

颔联是说，往事犹如梦幻，远大的抱负和美好的理想化为云烟，借庄周和望帝的事为比。《庄子・内篇・齐物论》："昔者庄周梦为蝴蝶，栩栩然蝴蝶也。""望帝"，周末蜀国君主的一个称号。他名叫杜宇，相传死后魂魄化为鸟，名杜鹃，鸣声凄哀。春心，《楚辞・招魂》："目极千里兮伤春心。"这里说望帝已变为杜鹃鸟，他的伤春之心只能借杜鹃的嘴叫出来。

颈联写水泡和烟影的形象，以泡、影喻往事，言可望不可即或幻灭不可复追。"月明珠"，古人有海里的蚌珠与月亮相感应的传说，月满珠就圆，月亏月就缺。"泪"，古有"鲛人泣珠"的传说，鲛人是在海里像鱼一样生活的人，能织绡，哭泣时眼泪变成珠。"蓝田"，山名，在今陕西省蓝田县东南。蓝田山是有名的产玉之地。

末联说往日身历其境的时候已经是惘然了，并非等到回忆的时候有才此感。

这首诗确如毛泽东所说，寄托了作者心中因失意或失望而引起的一种惆怅。

一次，芦荻在背诵李商隐的诗时，背错了一个字。毛泽东立即让她停下来，进行纠正，并说：读书的时候，一定要念得准确，记得精确，丝毫不能含糊。

对李商隐的“无题诗”，毛泽东也非常熟悉，并有自己的见解和评价。这些“无题诗”因大部分无所确指，成为后世文人评论的一个热点。毛泽东对此也特别留意，对古人关于一些难懂作品的解释他都很细心研究。1965 年 6 月 20 日在上海接见刘大杰时，谈到李商隐的“无题诗”，毛泽东就说：“无题诗要一分为二，不要一概而论。”他还谈到《李义山集》的一篇《行次西郊作一百韵》，认为这是篇史诗，可与杜甫的《北征》媲美。①1976 年 2 月 12 日致刘大杰信又说：“李义山无题诗现在难下断语，暂时存疑可也。”② 这是实事求是的科学态度。

毛泽东非常爱读李商隐的诗，从他中南海故居藏书看，他圈阅的李商隐的诗就有 30 余首。李商隐的几类诗，毛泽东都有圈阅，但圈阅较多的是他的咏史诗和无题诗。

在政治诗中，毛泽东圈阅过《有感二首》和《重有感》。这两首诗都是写大和末年轰动朝野的“甘露事变”的。大和九年，唐文宗与宰相李训和凤翔节度使郑注等策划，假托官中石榴树夜降甘露，引诱专权宦官仇士良等往观，乘机诛杀，因所伏甲兵暴露而失败。仇士良追杀李训、郑注等人，株连 1000 多人。文宗被宦官挟持，下诏杀死他明知无罪的大臣王涯，史称“甘露之变”。当时宦官气焰嚣张，朝中人人自危，李商隐却敢在诗中痛斥宦官为“凶徒”，为无辜者鸣冤叫屈：“谁瞑衔冤目，宁吞欲绝声？”王涯曾受命定《云韶乐》，诗中“近闻开寿宴，不废用《咸》《英》”。《咸》《英》为古代名曲，这里隐指王涯的《云韶乐》。意思是说文宗杀了无辜的王涯之后，在寿宴上仍然演奏他定的乐曲而无动于衷。这两句诗，把这位无权、无能而又贪于享乐的文宗皇帝刻画得入木三分。

李商隐的咏史诗，毛泽东圈画较多。前面他和周谷城一道背出的《马嵬》，便是首有名的咏史诗。它是写安史之乱，唐玄宗迫于兵变赐死宠妃杨贵妃的。在中南海故居藏书中，这首诗毛泽东有三处圈画。又如《贾生》：“宣室求贤访逐臣，贾生才调更无伦。可怜夜半虚前席，不问苍生问

① 董学文等：《毛泽东的文艺美学活动》，高等教育出版社 1995 年版，第 234 页。

② 《毛泽东文艺评论集》，中央文献出版社 2002 年版，第 338 页。

鬼神！”汉文帝召见贾谊这样有才能的人，不向他征询国计民生的大事，却问鬼神之道，足见其昏庸之极。笔触含蓄，讽刺辛辣。这首诗，毛泽东圈画了六处。1965 年 6 月 28 日在上海同刘大杰教授谈话时，毛泽东还特别问刘：“《贾生》一诗能背得出来吗？”刘背完后，毛泽东喟然叹道：“写得好哇！写得好！”[①]《北齐二首》写北周大军出征灭齐，齐后主高伟仍在醉生梦死地过着腐朽享乐的生活；《隋宫》写隋炀帝荒淫无度，不听谏言；等等。这些诗和《韩碑》，毛泽东都分别圈画三至五遍之多。在一本《注释唐诗三百首》中，毛泽东在《隋宫（二首）》《嫦娥》《贾生》等诗题目上方各画一个大圈，在正文上方天头空白处各画了三个小圈，在《筹笔驿》标题上方天头空白处连画了三个小圈，在正文上方天头空白处画了一个大圈，在《韩碑》题目上方画了一个大圈，表示比较欣赏。

无题诗是李商隐的独特创造，大部分是写爱情的，有些诗则难以确指，众说纷纭，所以毛泽东认为“要一分为二，不能一概而论”，“现在难下断语，暂时存疑可也”。这是科学的态度。李商隐的爱情诗，情致缠绵而不庸俗，辞藻朴实而自然，毛泽东很爱读。在一本《注释唐诗三百首》中，毛泽东在《无题》（相见时难别亦难）标题上方天头空白处连画了三个小圈，在正文上方天头空白处画了一个大圈，在《无题》（本是空言去绝踪、飒飒东风细雨来、昨夜星辰昨夜风）三诗标题上方天头空白处各连画了三个圈。这些诗他在不同版本多次圈画。

毛泽东不仅熟知李商隐的诗，还十分注意李诗的研究和作者的生平。《锦瑟》一诗中：“锦瑟无端五十弦”。对这首诗和“五十弦”的解释，历来众说纷纭。《历代诗话》中的《锦瑟》一文，记述了苏轼的解释，作者在按语中还辑录了另外几种不同的解释，还从《汉书》《史记》中考证了瑟弦的数目。毛泽东对这些解释和考证，一路密圈。这些功夫已不是一个读者应下的，而俨然是一位学者专家了。1959 年，毛泽东视察河南，在接见沁阳县委书记时，曾关心地询问起李商隐故里沁阳雍店的情况，并指示

---

① 孙琴安：《毛泽东与刘大杰教授淡古典文学》，《文艺报》1991 年 12 月 28 日。

要重视李商隐研究，保护好有关文物史迹。

女作家、学者苏雪林在20世纪30年代写过研究李商隐的专著，为此，毛泽东还曾写信给秘书田家英："苏雪林著《李义山恋爱事迹考》请去坊间找一下，看是否可以买到，或问商务印书馆有无此书。"[①]说明他还注意了解李商隐的生平事迹。

毛泽东在诗词创作中也借鉴李商隐的诗。毛泽东很喜欢西汉谋士贾谊，曾写七绝、七律各一首咏赞他。其中《七绝·贾谊》云："贾生才调更无伦，哭泣情怀吊屈文。梁王堕马寻常事，何用哀伤付一生。"这首诗中首句是由李商隐《贾生》中"贾生才调更无伦"化用入诗。毛泽东的《七律·答友人》中"长岛人歌动地诗"，也是由李商隐《瑶池》诗中"黄竹歌声动地哀"脱化而来，《七律二首·送瘟神》中"坐地日行八万里"，与《瑶池》中"八骏日行三万里"也有明显的继承关系。

另外，毛泽东还写了一首七绝《刘蕡》："千载长天起大云，中唐俊伟有刘蕡。孤鸿铩羽悲鸣镝，万马齐喑叫一声。"这也与李商隐有关。毛泽东在读《旧唐书·刘蕡传》时，对刘蕡的策论很欣赏，旁批独特。这是说通过读史书，毛泽东对刘蕡有了解。李商隐与刘蕡有交往，会昌元年（841）春李商隐与贬柳州的刘蕡在黄陵（今湖南湘阴）晤别，有《赠刘蕡》一诗记其事。第二年，刘蕡去世。听到刘蕡的死讯后，李商隐接连写了《哭刘蕡》《哭刘司户二首》《哭刘司户蕡》等四首诗沉痛悼念。痛悼志在中兴，才堪重任而终身遭斥、冤死他乡的刘蕡，深为其惋惜不平。毛泽东的七绝《刘蕡》生动地刻画了刘蕡这位有才华而受压抑的士子形象，对他表示深刻的同情与赞扬，与李诗的精神是相通的。

毛泽东终生喜读李商隐的诗，晚年视力下降，曾要出版社排大字本。当时人民文学出版社得到来自上面的通知，赶排《李义山诗文全集》线装大字本，因要赶时间，所排诗文随时呈送。1976年9月8日（毛泽东逝世前一天）还送去部分散页。

① 董边等：《毛泽东和他的秘书田家英》，中央文献出版社1989年版，第115页。

“时来天地皆同力，运去英雄不自由”

毛泽东中南海故居菊香书屋的藏书中，有罗隐的两本诗集——《罗昭谏集》和《甲乙集》。毛泽东对这两种诗集中很多诗都圈了浓圈密点，据不完全统计有 91 首之多。毛泽东喜欢罗隐的诗，与罗隐的生平遭际和才气有关。

罗隐（833—909），原名横，字昭谏，号江东生，余杭（今浙江杭州）人，一作新登（今浙江富阳）人。唐诗人。天资聪明，少负诗名。他自 28 岁至 55 岁，奔波游历，都是考进士，但十举进士不第，于是改名为隐。唐懿宗咸阳十一年（870）入湖南幕府，次年任衡阳主簿。不久遭受打击，愤而辞职。后游大梁、淮、润等地。55 岁投奔镇海节度使钱镠，得到任用，历任钱塘令、节度使判官，著作郎等职。唐亡后，钱镠对后梁称臣，罗隐受到给事中的封爵，以谏议大夫征隐入朝，不就。卒年 77 岁，是唐代享有高龄的诗人之一。其散文小品，笔锋犀利。诗亦颇有讽刺现实之作，多用口语、音调悠扬，平实动人。有诗集《甲乙集》，清人辑有《罗昭谏集》。

罗隐有一首七绝《偶题》曰：

钟陵醉别十余春，重见云英掌上身。
我未成名君未嫁，可能俱是不如人。

毛泽东非常欣赏这首诗，在《甲乙集》中读到这首诗时批注道：“十上不中第。”[①] 在《罗昭谏集》中读到这首诗时，对此诗的后两句字字都

① 《毛泽东读文史籍批语集》，中央文献出版社 1993 年版，第 17 页。

画了密圈。

此诗载《罗昭谏集》卷四，题作《嘲钟陵妓云英》；载《唐诗别裁集》卷二，题作《赠妓云英》。原来，罗隐当年以寒士身份赴举，路过钟陵（今江西进贤西北，已并入南昌市），结识了当地一位颇有才思的歌妓云英。12年后他以落第之身再度路过钟陵，又与云英不期而遇。诗人见云英仍属乐籍，未脱风尘，不胜感慨；不料云英见他仍是布衣，更为惊诧。诗人就写此诗赠她。

“钟陵醉别十余春”，首句叙事，追叙诗人12年前初见云英醉欢而别的往事。

“重见云英掌上身”，次句仍叙事，写此次与云英的重逢。“掌上身”，相传汉成帝之后赵飞燕体态轻盈，能为掌上舞（见《白孔六帖》卷六一）。后指体态轻盈的舞蹈。掌上身，则指女子轻盈善舞的体态。

“我未成名君未嫁，可能俱是不如人”，三、四两句叙事兼议论，写云英为诗人不第而感到惊诧，诗人也为云英未脱风尘而愤愤不平，可谓“同是天涯沦落人”（唐白居易《琵琶行》），同病相怜吧！此句写得沉痛悲愤，是诗人对封建社会压抑人才的强烈抗议。毛泽东读到这里，大笔一挥，批注道：“十上不中举。”意思是说，问题还不止此，而是一直考到55岁，一共十次考进士都没有考中，不仅表达了对云英这位可怜女性的同情，也是对罗隐身世遭际的深刻理解。

毛泽东对罗隐的一首咏史诗《筹笔驿》也非常喜欢。《筹笔驿》原诗如下：

抛掷南阳为主忧，北征东讨尽良筹。
时来天地皆同力，运去英雄不自由。
千里山河轻孺子，两朝冠剑恨谯周。
唯余岩下多情水，犹解年年傍驿流。

“筹笔驿”，在利州绵谷县（今四川广元北80里处），今朝天驿北。据传诸葛亮出师，曾在这里驻军，挥笔筹划。罗隐曾经到过蜀中，大概是应试不中，来成都节度使幕中干谒过此的。

首联叙事，写诸葛亮为先主刘备之忧而离开南阳，北征曹魏，东讨孙吴都是好计谋。南阳，今河南南阳市。诸葛亮出山前躬耕于南阳卧龙冈（一说为湖北襄阳古隆中）。东讨是刘备之意，非诸葛亮之谋。

颔联议论，写诸葛亮这样的英雄人物抓住机遇，建功立业，好像天地也一起努力，失掉机遇他也不由自己了。二句揭示了“时势造英雄”的历史辩证法，表现诗人对诸葛亮英才盖世的敬仰，也为他大业未竟而深表同情。

颈联议论，写后主刘禅不重视先主所开辟的江山，先主和后主两朝的文臣武将，都痛恨谯周主张降魏使蜀国灭亡。孺子，指后主刘禅，是说他不肖（这时他已四十多岁）。谯周（201—270），巴西西充国（今四川阆中西南）人，诸葛亮为益州牧，谯周为劝学从事，诸葛亮死后，他急忙奔丧，蒋琬仍然用他。后为太子家令、光禄大夫，主张降魏，魏封为阳亭城侯。入晋，任骑都尉、散骑常侍。

尾联抒情，写诗人凭吊胜迹的凄凉之感和对诸葛亮的缅怀之情。犹解，还懂得。

毛泽东非常喜欢此诗。在此诗的标题前画着三个大圈，每句末都画着圈，第一句旁画着曲线，从第三句起，又一路密圈到底。他还手书过此诗全诗和“时来天地皆同力，运去英雄不自由”二句。1958 年 3 月成都会议期间，毛泽东编选的《唐宋人写的有关四川的一些诗和词》中也收有这首诗。他在阅读《南史 · 梁高祖本纪》时，曾把“时来天地皆同力，运去英雄不自由”二句写在天头上，作为批语。

1967 年 9 月，毛泽东从南方乘火车回到北京，在中南海等候的王海容向他汇报有关情况，试探他对陈毅和王力、关锋、戚本禹的态度。当王海容谈到王力“八七讲话”不得人心时，毛泽东针对王、关、戚的问题，只援引了两句诗“时来天地皆同力，运去英雄不自由”，并说你回去吧，我想休息了。据王季范查明，这两句诗出自罗隐《筹笔驿》。毛泽东援引罗隐这两句诗，意思是说，王、关、戚等人，在“文化大革命”开始以来，时来运转，红极一时，似乎天、地、人都协力支持他们，一切都很得手，但曾几何时，他们多行不义必自毙，好运不长，气数已尽。①

毛泽东之所以同情罗隐，还因为他并不是没有实际才干的空头书生。毛泽东读过的一本《通鉴纪事本末》卷三十九记载：唐末藩镇割据，江东纷扰，镇海、镇东节度使钱镠与黄巢所属孙儒旧部作战时，在杭州修筑城堡谓僚佐曰：‘十步一楼，可以为固矣。’掌书记罗隐曰：‘楼不若皆内向’。至是，人以隐言为验。”毛泽东对罗隐的话，逐字加了旁圈，批注：“昭谏亦有军谋。”

① 《党的文献》，1998 年第 3 期。

“要学芙蓉花的长处”

20世纪60年代，为了活跃中央首长的生活，中南海常举行周末舞会。一天晚上，在中南海春藕斋舞会上，毛泽东问一伴舞的演员：“你叫什么名字？”

“刘芙蓉。我这个名字不好，花花草草的。”

毛泽东摇摇头说：“哪个讲的不好？芙蓉这名字蛮好嘛。我念一首诗你听。”他说着便吟诵起来：

> 天上碧桃和露种，日边红杏倚云栽。
> 芙蓉生在秋江上，不向东风怨未开。

念完，他进一步解释说：“你读过《千家诗》吗？这是唐朝渤海人高蟾写来称赞一个朋友的。春天不开秋天开，既不争春，又耐得霜寒。你还说芙蓉不好么？要学芙蓉花的长处，春去了，万花凋零，独有芙蓉拒霜而开。做人也应这样。”①

高蟾，河朔（今河北一带）人。初落第。乾符进士。曾官御史中丞。《全唐诗》存其诗一卷。

毛泽东引用高蟾的诗题为《下第后上永崇高侍郎》。永崇，唐时长安街名。侍郎，官名。关于此诗，有一段本事，见《唐才子传》：“（高蟾）初累举不上，题诗省墙间曰：‘冰柱数条搘（zhī 至）白日，天门几扇锁明时。阳春发处无根蒂，凭仗东风次第吹’，怨而切。是年人论不公，又下

① 杨肇林：《建立强大的海军》，江苏文艺出版社1994年版，第307页。

第。上马（高）侍郎云（诗从略，即本诗）。”晚唐科举场上弊端极多，诗歌中有大量反映，此诗就是其中著名的一首。

唐代科举尤重进士，因而新进士极为荣耀。此诗前两句写得第者平步青云之概。诗人用“天上碧桃”“日边红杏”来作比拟。“天上”“日边”，象征着得第者一登龙门而身价百倍，社会地位迅速提升；“和露种”“倚云栽”，比喻他们有所凭恃，特承恩宠；“碧桃”“红杏”，鲜花盛开，意谓他们春风得意，前程似锦。

“芙蓉生在秋江上”，第三句写诗人以秋江芙蓉自比。作为取譬的意象，芙蓉是由桃杏的比喻连类生发而来。三者虽然同属名花，但“天上”“日边”与“秋江”之上，所处地位悬殊。而且还有一层寓意。秋江芙蓉美在风神标格，与春风桃杏美在颜色娇艳不同。《唐才子传》称“蟾本寒士，……性倜傥离群，稍尚气节。”秋江芙蓉的孤高格调与作者的人品是统一的。

“不向东风怨未开”，末句话里带刺。表面只怪芙蓉生得不是地方（秋江上），不是时候（正值东风），却暗寓自己生不逢时。说“未开”而不说“不开”，这是芙蓉开花要等到秋高气爽的时候。这似乎表现出作者对自己才具的自信。果不其然，高蟾作诗后的第二年，终于蟾宫折桂，如愿以偿。

毛泽东问刘芙蓉读过《千家诗》没有，因为高蟾的这首诗收在《千家诗》中。《千家诗》，诗集名。南宋刘克庄有《分门纂类唐宋时贤千家诗选》22 卷（简称《千家诗选》）所收都是近体。后出的《千家诗》，虽收诗仅数十家，而仍以“千家诗”为名，大半根据刘克庄所选增删而成。上集七言绝句 80 余首，下集七言律诗 40 余首，旧时为儿童启蒙读物。刻本很多，通行的为王相注本，王并补《五言千家诗》附刻于后。

芙蓉，毛泽东指出是指木芙蓉，不是荷花。木芙蓉，即木莲。落叶大灌木，叶大掌状浅裂，冬凋夏茂，仲秋开花，花有大柄，色有红白，晚上变深红，耐寒不落，又名拒霜。毛泽东根据芙蓉的特性，教育刘芙蓉“要学芙蓉的长处”，“既不争春，又耐得霜寒”，意谓既不与人争名夺利，又要经得起艰苦的考验。领袖的谆谆教导，体现了对青年人的关爱和期望。

“自古英雄尽解诗”

1929年10月，毛泽东住在福建上杭临江楼上，闽西特委书记邓子恢、红四军第四纵队政治部主任谭震林、上杭县赤卫总队队长和红四军“肃反”委员会主任傅柏翠，经常到临江楼向毛泽东汇报、请示工作。

傅柏翠向毛泽东汇报工作，毛泽东指示筹备成立闽西苏维埃政府。工作商讨完后，两人畅谈起菊花诗来。

毛泽东望着对岸微黄的田野和秋高气爽的长空，回过头来，面对楼内十几盆盛开的大菊花，问道：“柏翠，今天是九月初几？”

傅柏翠说：“今天是初八，明天是重阳了。”

“黄巢有一首菊花诗：

待到秋来九月八，我花开后百花杀。
冲天香阵透长安，满城尽带黄金甲。”

毛泽东望着面前金灿灿的大菊花，“黄金甲，黄金甲，黄巢把菊花瓣设想为战士盔甲，语意双关，既形容菊花秀色，又展示了菊花英姿。冲天香阵透长安，满城尽带黄金甲，说明起义要拿下长安，主宰帝都。何等气势，这是封建文人们想也不敢想的！”

毛泽东走了几步，又说：“黄巢还有一首题菊花诗：

飒飒西风满院栽，蕊寒香冷蝶难来。
他年我若为青帝，报与桃花一处开。

菊花在寒秋里开放，蜂蝶不来，惟有孤芳自赏，生不逢时。黄巢感叹不已，他要做司春之神，让菊花在春天里开放，与万花争艳，想得多么浪漫。有人说，他年我若为青帝，是向帝王挑战的叛逆思想。这诗好就好在想别人所不敢想，说别人所不敢说的。他如果想获得政权，给平民百姓带来幸福生活，有何不可。还有人说这诗是黄巢五岁时写的，自然是胡扯。若说他早有叛逆思想就对了。”

傅柏翠完全赞同毛泽东的见解，他说：“反对朝廷的农民领袖，他的笔下自然要流露出这样的思想和感情。黄巢的菊花诗与别人的作品完全不同，它脱却了封建文人的气味，豪壮又不失含蓄。”

毛泽东双手背叉在腰后踱着步，笑着说：“现在为人民利益而造反的革命者都要超过前人了。”

傅柏翠说：“当然，共产主义是前人没有的事业啊！”

毛泽东说：“你们上杭城，过去造反者都无法攻下，现在不是被我们红军攻下来了？”

傅柏翠说：“是，我们办了前人办不成的事。”

毛泽东说：“太平天国石达开部将石国宗，率数万人攻上杭城，城也攻不开。我们胜利，不是因为攻城人马比石达开的人马多，也不是城里守军比当年清军弱，而是我们懂得依靠群众，发动群众。攻打上杭城时，你和县委同志不是发动了全县区乡赤卫队和农会会员数千人，配合红军攻城吗？还有城里群众为我们通风报信。太平军就不会这样做。”

傅柏翠说：“毛委员说得对。”

毛泽东在一盆大菊花前停下来，说：“石达开是英雄，也能诗。黄巢是英雄，也能诗。古人说：‘莫言马上得天下，自古英雄尽解诗’。很有道理。”

毛泽东又说：“黄巢自号冲天大将军，打下长安，做了皇帝，可他失败了，自杀了。从起义到灭亡，前后仅 10 年。他到处流动，攻城夺地，一个胜利接一个胜利。今天夺下一个城池，明天又把它丢了。他所过的州郡不下数十个，从不选择其中险要的雄关重镇，派兵驻守，作为后方根据地，结果攻下的州郡都丢了。入长安做皇帝，只剩下巴掌大的地盘，没有牢固根基，如何能长久维持？我们需要那样有雄才大略的人民英雄，但不能有他的流寇思想和成功后享乐腐化、忘本思想。黄巢年轻的时候，贩过私盐，侠义勇为，同情农民。造反时，才几个月就聚众数万，说明他深得民心。今天，我们也需要黄巢那样的盐贩子。共产党、红军建立了苏区，蒋介石封锁苏区，不让食盐运入苏区，给我们制造困难。在苏区未扩大到产盐地前，我们都要靠私盐贩子运来盐巴。黄巢若生长今天，我们当请他助一臂之力！”①

黄巢（？—884），曹州冤句（今山东菏泽西南）人。他出生于盐贩家庭，从小就从事贩卖私盐的活动。读过书，会写文章，会写诗，武艺高强，骑马，射箭，样样都能。他到长安应过科举考试，没有考中。唐僖宗乾符二年（875），黄巢率数千人响应王仙芝领导的农民起义。次年，因不满王仙芝动摇，分兵独立作战。王仙芝牺牲后，被推举为起义军领袖，号“冲天大将军”。

黄巢的起义军曾经两次出山东流动作战。第一次由山东到河南，转入安徽和湖北，由湖北回到山东；第二次又由山东到河南，转到江西经浙东到福建及广东，转广西经湖南到湖北，再由湖北东进安徽、浙江等地，然后渡淮入河南，走洛阳破潼关，据有长安。唐僖宗广明元年（880）十二年十三日在长安建立大齐国，称皇帝，年号“金统”。后因唐军郑畋部反扑和部将朱温叛变降唐，又受沙陀族酋长李克用军队的进攻，长安城内又严重缺粮，于中和三年（883）四月撤出长安。中和四年（884）七月，起义军陷入唐军的包围，终于失败，黄巢自杀于莱芜东南的虎狼谷。

黄巢领导的农民战争持续了十年之久，是中国历史上有名的农民战争之一。终因流动作战，没有建立根据地而失败，教训弥深。1929年12月，毛泽东为红四军党的第九次代表大会写的决议第一部分《关于纠正党内的错误思想》中，就关于流寇思想指出：“一切流寇思想的表现极大地妨碍着红军去执行正确的任务，故肃清流寇思想，实为红军党内思想斗争的一个重要目标。应当认识，历史上黄巢、李闯式的流寇主义，已为今日的环

① 《福建党史月刊》1996年第1期。

境所不许可[①]。”

1975年12月26日，是毛泽东82岁生日。环视他陈设简单，但不空旷的卧室，床上书桌上，尚可见可知若干书名，及其插有若干书签的所在，比如《新唐书》在“卷225下列传第150下逆臣下黄巢”，《旧唐书》在“卷200下列传第115下黄巢”，《明史》在“卷309列传第197流寇李自成”，《征四寇》在第24回《燕青月夜遇道君，戴宗定计赚萧让》，《水浒后传》在第24回《换青衣二帝惨蒙尘，献黄柑孤臣完大义》。此外，未插书签的有《金田起义前洪秀全年谱》《忠王李秀成自传原稿》《太平天国史事考》《太平天国史迹调查集》等[②]。

中国历史上的农民起义的前途不外乎两种：一种是胜利了，自己变成了统治者，如刘邦、朱元璋；一种是失败了，如黄巢、李自成、宋江、洪秀全。毛泽东这个农民的儿子，他领导的革命实质上也是农民革命，胜利了，建立了中华人民共和国，进行着社会主义建设，但他晚年领导的“文化大革命”反对的人不少，赞成的人不多，可能要失败。在他百年之后，中国未来的前途命运如何，实在不容他不加思考。在他生日这天，他又重读中国历史上四次农民大起义的有关史料，是否与此有关呢？

黄巢的两首菊花诗，都是以菊喻志的。前者是黄巢应试落第后所写，《全唐诗》题作《不第后赋菊》，《清暇录》题作《菊花》；后者名为《题菊花》。前者极写菊花盛开的壮丽图景，表现了农民起义领袖果决坚定的精神风貌；后者写满院菊花在飒飒秋风中凌霜傲雪开放的风姿，表现了农民起义领袖人物，推翻旧政权的斗争精神和必胜信念。二诗迥别于封建文人赋菊之作，别有一番风韵。正如唐代诗人林宽所说：“莫言马上得天下，自古英雄尽解诗。”（《歌风台》）古往今来，确有不少能“解诗”的英雄，黄巢就是其中突出的一个。

① 《毛泽东选集》第一卷，人民出版社1991年版，第94页。

② 舒群：《十二月二十六日》，《毛泽东故事》，作家出版社1986年版，第204—205页。

“刘项原来不读书”

晚唐诗人章碣，桐庐（今浙江桐庐）人。诗人章孝标之子。在唐末咸道、乾简年间，屡次不第，后流落不知所终。《全唐诗》存其诗仅26首，其中23首是七律，其余3首是七绝。其诗语意愤激，例如“尘土十分归举子，乾坤大半属偷儿”（《癸卯岁毗陵登高会中贻同志》），是很泼辣的诗句。方干称赞他的诗说：“织锦虽云用旧机，抽梭起样更新奇。”（《赠进士章碣》）

他有一首七绝《焚书坑》，毛泽东非常喜欢，曾数次运用。

1959年12月11日，毛泽东为查找《焚书坑》一诗的作者，给他的办公室秘书林克写了一封信：

林克：

请查找《焚书坑》一诗，是否是浙人章碣（晚唐人）写的？诗云：

竹帛烟销帝业虚，
关河空锁祖龙居。
坑灰未烬（冷）山东乱，
刘项原来不读书。

毛泽东

十二月十一日

阅后退毛[①]

---

①《建国以来毛泽东文稿》第八册，中央文献出版社1993年版，第613页。

1966年4月14日，毛泽东在《对〈在京艺术院校试行半工（农）半读〉一文的批语》中又引用了章碣的《焚书坑》一诗。他说："唐人诗云：'竹帛烟销帝业虚，山河空锁祖龙居。坑灰未烬山东乱，刘项原来不读书。'"

毛泽东喜欢这首诗，便想了解章碣是怎样一个人。为了弄清章碣的生平以及该诗是不是他写的，毛泽东是下了很大功夫的。在让林克查找以前，他让康生查过，12月8日，康生在给毛泽东的报告中说："主席，关于章碣的生平材料很少，查了几条，但同中国文学家大辞典所记差不多，送上请阅。"或是康生送上的材料不能回答毛泽东的询问，所以他又请林克再查。前面引述的给林克在的信，便是写在康生送的报告上面的。

毛泽东经常谈到秦始皇"焚书坑儒"的事，也关心前人的评价。章碣的《焚书坑》诗，对秦始皇"焚书坑儒"事件的评价相当深刻，故引起毛泽东的注意。

秦始皇三十四年（前213），丞相李斯建议，在全国范围内搜集民间所藏《诗》《书》和百家之书（秦纪、医药、卜筮、种树之书除外）一律焚毁：谈论《诗》《书》者死；以古非今者诛；学习法令者以吏为师。秦始皇采纳李斯这一建议。次年，方士、儒生求仙药不得，卢生等又逃亡，始皇怒，在咸阳坑杀诸生460余人。这一事件史称"焚书坑儒"。这一事件造成中国历史上一场文化浩劫。

焚书坑，据说是当年焚书的一个洞穴，旧址在今陕西省临潼东南的骊山上。章碣或许到过这里，目之所见，感慨系之，便写了这首诗。

"竹帛烟销帝业虚"，首句是说竹帛化为灰烟消失了，秦始皇的帝业也跟着灭亡了。"竹帛"是古代写书的材料，这里指书。

"关河空锁祖龙居"，次句是说虽然有关河的险固，也保卫不住秦始皇都城中的宫殿。"关河"，主要指函谷关和黄河，也包括其他关隘、河流，如散关、萧关、泾河、渭河等。汉贾谊《过秦论》："秦地被山带河以为固，四塞之国也。""祖龙"，指秦始皇。《史记·秦始皇本纪》记载一项传说：秦始皇三十六年，有神人对秦使者说："今年祖龙死。"使者回报秦始皇，始皇听了，好久不讲话，过后自作解释说："祖龙者，人之先也。"

秦始皇一心要做子孙万代诸“龙”之祖。

“坑灰未冷山东乱”，三句用历史事实对“焚书”一事做出评价。秦始皇和李斯等人，把“书”看成是祸乱的根源，以为焚了书就可以天下太平了。可是焚书坑的灰烬还未冷却，山东便动乱了。此系夸张，距陈胜吴广领导的大泽乡农民起义还有四年时间。

“刘项原来不读书”，末句抒发感慨说，灭亡秦朝的刘邦和项羽都不是读书人。揶揄调侃的口吻，包含着极为辛辣的讽刺意味。

这首诗就秦末动乱的局面，对秦始皇焚书的荒谬行为，进行了辛辣的嘲讽和无情的谴责。

清人吴景旭《历代诗话》中《焚书》一文，说的是章碣的《焚书坑》诗。作者对“坑灰未冷山东乱，刘项原来不读书”中的“焚书坑”作了考证，指出是在骊山下，即“坑儒谷”。文中辑录了对秦始皇焚书坑儒持不同看法的两首诗：“万历中，陈眉公诗：‘雪满前山酒满觚，一编常对老潜夫。尔曹空恨咸阳火，焚后残书读尽无。’天启中，叶圣野诗：‘黄鸟歌残恨未央，可怜一夕葬三良。坑儒旧是秦家事，何独伤心怨始皇。’一诘责后人，一追咎前人。各妙。”接着作者列举历史事实，阐述自己的观点。即：“秦时未尝废儒，而始皇所坑者，盖一时议论不合者耳。”毛泽东对此加了圈点。

对这件事，毛泽东有自己的评价。他多次谈过，秦始皇这个人大概缺点甚多，有三个指头。主要骂他的一条是“焚书坑儒”，坑了460个儒，其实主要是反对他的人，而我们搞掉几十万反革命，比他多好多倍。这基本上是为秦始皇辩护的。

在毛泽东看来，秦始皇“焚书坑儒”的失误，在于他以为搞掉秀才就万事大吉了。正是在这个意义上，他非常赞同章碣《焚书坑》的观点。

不仅如此，毛泽东为了强调革命实践的重要性，在《对〈在京艺术院校半工（农）半读〉一文的批语》中，甚至认为“书读多了是害死人的”，并引章碣的《焚书坑》为证，赞成有人说的“学问少的打倒学问多的，年纪小的打倒年纪大的”，说“这是古今一条规律”，就未免太偏颇了。

1945年7月1—5日，褚辅成、黄炎培、冷遹、傅斯年、左舜生、章伯钧（王云五因病未成行）六位国民参政员，从重庆飞抵延安访问期间，毛泽东和他们进行了多次会见和会谈，参加宴会和迎送，并书写晚唐诗人章碣的《焚书坑》一诗赠给傅斯年。

1975年，病中的毛泽东与护士孟锦云谈司马光《资治通鉴》又谈到这首诗。他说：古人说，秀才造反，三年不成。我看古人是说少了，光靠秀才，30年，300年也不行噢。小孟问："古代这么说，现代也这么说，为什么秀才就不行呢？"毛泽东接着说："因为秀才有个通病：一是说得多，做得少，向来是君子动口不对手；二是秀才谁也看不起谁，文人相轻嘛。秦始皇怕秀才造反，就'焚书坑儒'，以为烧了书，杀了秀才，就可以天下太平，一劳永逸了，可以二世、三世传下去，天下永远姓秦，结果是'坑灰未冷山东乱，刘项原来不读书'。是陈胜、吴广、刘邦、项羽这些文化不高的人，带头造反了。可是没有秀才也不行，秀才读书多，见识广，可以出谋划策，帮助治天下，治国家，历代的明君都有一些贤臣辅佐，他们都不能离开秀才啊！"

“秋风万里芙蓉国，暮雨朝云薜荔村”

毛泽东 1961 年 12 月 26 日，毛泽东写信给他的老朋友周世钊。信是这样写的：

世钊同志：

惠书收到，迟复为歉。很赞成你的意见。你努力奋斗吧。我甚好，无病，堪以告慰。“秋风万里芙蓉国，暮雨朝云薜荔村”。“西南云气来衡岳，日夜江声下洞庭。”同志，你处在这样的环境中，岂不妙哉？

毛泽东

一九六一年十二月二十六日 ①

周世钊是毛泽东的同乡、同学，又是诗友。他当时任湖南省副省长。在这封信中，毛泽东借用古人的诗句，表现了他对故乡深切的爱。

“秋风万里芙蓉国，暮雨朝云薜荔村”，这是唐末五代谭用之《秋宿湘江遇雨》中的两句诗。原诗是：

江上阴云锁梦魂，江边深夜舞刘琨。
秋风万里芙蓉国，暮雨千家薜荔村。
乡思不堪悲橘柚，旅游谁肯重王孙。
渔人相见不相问，长笛一声归岛门。

① 中共中央文献研究室编：《毛泽东书信选集》，人民出版社 1983 年版，第 588 页。

谭用之，字藏用，唐末五代时人。喜七律，描写细腻，语言工巧流畅。《全唐诗》存其诗一卷。

谭用之生在天下大乱之时，很有才气，抱负不凡。他离乡背井，求取功名，却四处碰壁，得不到赏识和任用，常有怀才不遇之叹。这首七律，借对秋雨中湘江景色的描写，抒发其慷慨不平之气，情景交融，意境壮阔，感情健朗。它是一首自拔于唐末五代卑弱诗风的佳作。

首联上句交代泊船湘江的特定环境：滚滚湘江，阴云四合，孤舟受阻，诗人回乡的愿望将化为泡影。下句由写景转而叙事，抒写其雄心壮志。刘琨，即刘琨闻鸡起来舞剑。刘琨，西晋人。少有志气，与祖逖为友，二人曾同被共寝，夜闻鸡起舞。后以"闻鸡起舞"用为志士仁人及时奋发之典。作者用此典故，表现了干时济世的远大抱负。

颔联描写，描绘了一幅宏伟壮丽的湘江秋景图。此联写湘江两岸特有的两种景物：上句写芙蓉，这里指木芙蓉，不是荷花。木芙蓉为灌木，花繁盛，有白、黄、淡红数色，颇为淡雅素美。下句写的薜荔，是一种蔓生的常绿灌木，叶椭圆形，花极小，隐于花托内。湘江沿岸，一丛丛一簇簇木芙蓉，繁花似锦，在秋风的吹拂下，更加摇曳多姿；千村万落到处攀爬着薜荔，经秋雨一洗，更是美不胜收。两句把湘江两岸的景色，写得极为雄奇壮阔。后人称湖南为芙蓉国，其源出于此。

颈联抒情，写诗人回家无路，报国无门的感慨。悲橘柚，是说橘柚引起了诗人的悲叹。湘江一带盛产橘柚，其味甘美，但不是自己故乡，故而生悲。王孙，王的子孙，后泛指贵族子弟。汉淮南小山《楚辞·招隐士》："王孙游兮不归，春草生兮萋萋。"后借指游子。此是作者自比。诗人宦游他乡，羁旅湘江，虽抱济世之志，终感报国无门。

尾联以景结情，意在言外。《楚辞·渔父》有云："屈原既放，游于江潭，行吟泽畔，颜色憔悴，形容枯槁。渔父见而问之曰：'子非三闾大夫与？'"屈原身处逆境，尚有一渔父与他对话；而诗人遇到的却是"渔人相见不相问，长笛一声归岛门。"渔人看见他竟不与之言语，只管自己吹着笛子回岛上的家中去了。诗人不被理解的郁闷，壮志难酬的悲愤，都在这无可奈何之中了。

毛泽东对唐人描写自己家乡风物的这首佳作，可谓情有独钟。他曾经两次手书过这首诗的全文，还手书过“秋风万里芙蓉国，暮雨千家薜荔村”二句，并在自己的七律《答友人》中化用其意，写出了“芙蓉国里尽朝晖”，“长岛人歌动地诗”这样脍炙人口的诗句，而且他在为这两句诗作的注释，明确指出了与二句与谭诗的关系。“长岛人歌动地诗”，“长岛”即水陆洲，也叫橘子洲，长沙因此得名，就像汉口因在汉水之口而得名一样。”[①]“芙蓉国里尽朝晖”，“芙蓉国”，指湖南，见谭用之诗“秋风万里芙蓉国”。谭诗可查《全唐诗》。[②]毛泽东还在他的七律《送瘟神》中将“暮雨千家薜荔村”化用为“千村薜荔人遗矢”。特别是我们上面引述的给周世钊的信中，援引了此诗中“秋风万里芙蓉国，暮雨朝云（千家）薜荔村”后又说：“同志，你处在这样的环境中，岂不妙哉？”他用十分凝练的语言，含蓄地表达了丰富的感情，同时亦能引起对方的无限联想，激起为家乡的美好未来而努力奋斗的豪情。

至于信中所引另两句诗，见之于清末诗人黄道让的《重登岳麓》，我们另外撰文。

---

① 《对〈毛泽东诗词〉中若干词句的解释》，《毛泽东诗词集》，中央文献出版社1996年版，第260—261页。

② 《对〈毛泽东诗词〉中若干词句的解释》，《毛泽东诗词集》，中央文献出版社1996年版，第260—261页。

“消息未通何计是”

据徐中远撰文说，在延安时，毛泽东得到一套1938年上海出版的《鲁迅全集》的“纪念本”（这种“纪念本”共发行不到200套，是很珍贵的）。他“忙里偷闲”，在枣园窑洞里挑灯夜读。边读边圈点，遇有排版上的错讹，还顺手改正过来。《鲁迅全集》第四卷的《二心集》中有一篇题为《唐朝的盯梢》的散文，其中有一段文字，记述唐代的诗人张泌，写有《浣溪沙》十首。其九云：“晚逐香车入凤城，东风斜揭绣帘轻，慢回娇眼笑盈盈。消息未通何计从，便须佯醉且随行，依稀闻道太狂生。”毛泽东读到“消息未通何计从”时，将“从”字改为“是”①。

张泌，字子澄，淮南（治今江苏扬州）人。南唐时为句容县尉，官至中书舍人。《全唐诗》存其诗一卷。

上文中提到的张泌《浣溪沙》，原文是：

晚逐香车入凤城，东风斜揭绣帘轻，慢回娇眼笑盈盈。
消息未通何计是，便须佯醉且随行。依稀闻道太狂生！

这首词以轻松、风趣的笔调，写一个青年男子，对一位素不相识的青年女子穷追不舍的趣事。这不过是封建社会青年男女的一种风流韵事，一幕小小的喜剧。

词是以男青年的口吻来写的。词的上片，写男青年追逐的结果赢得女子的嫣然一笑。“晚逐香车入凤城”，首句叙事，单刀直入，一上来就进入

① 萧永义：《毛泽东诗词史话》，东方出版社1996年版，第354页。

情节，交代了故事发生的时间（晚）、地点（凤城）、人物（青年男女）。在踏青游春人众归去的时候，从京郊进城的道路上，一辆华丽的车子在前面走，一个骑马的翩翩少年尾随其后。车中坐的什么人，这青年男子并不知道，车中女子对车后有人追逐更是浑然不觉，这简直是一幕滑稽剧。但这位少年从华丽的车子直感到车里坐的一定是位“窈窕淑女”。正在他胡思乱想之时，忽然一阵东风吹来，车帘被轻轻地斜着揭开。香车中果然坐着一位妩媚可爱的女子。“慢回娇眼笑盈盈。”这位女子对眼前所发生的事情，既没有感到奇怪，也没有表现出惊惶，既没有恼怒之色，也没有羞涩之颜，而是“笑盈盈”地回之以“娇眼”。“回眸一笑百媚生，六宫粉黛无颜色。”（白居易《长恨歌》）这回头嫣然一笑，虽说不上是爱情，但绝不是反感，这就为青年男子的追逐带来了希望。

下片写男子穷追不舍，得到的是女子“太狂生”的詈骂。这盈盈一笑，是一种暗示，一种挑逗，本来也是一种“消息”，但由于未交一言，没得到女子语言上的明确印证，故仍然觉得“消息未通”。“消息未通何计是”，准确地传达出男青年的心理活动，使人想见他在焦灼中苦苦思索的情状。办法终于想出来了：“便须佯醉且随行”。“佯醉”，是为了掩人耳目，达到“随行”的目的。因为只有“随行”，才能找到“通消息”的机会。工夫不负有心人，通消息的机会果然来了：“依稀闻道‘太狂生’！”从那绣帘之内终于传来一句莺声燕语似的“太狂生”的话语。意谓这样一味穷追不舍未免太张狂了，是嘲笑，是詈骂，但这是打情骂俏的骂，是大有希望的“消息”。明徐士俊在《古今词统》卷四中评道：“闻此语，当更狂矣！”全词就在这具有特殊意义的骂声中结束，而将骂后事情的发展，留给读者去想象。

《秦妇吟》“是怀念君王的”

《诗经》，是中国诗史上第一座高峰，相传为孔子编订，历代注家很多，意见纷呈。1964年8月18日，毛泽东在北戴河同哲学工作者谈话，其中有吴江、邵铁真、龚育之等人，康生也在座。

毛泽东在谈话中对《诗经》研究有一段评论，他说：

> 司马迁对《诗经》品评很高，说是三百篇皆古圣贤发愤之所为作也。大部分是风诗，是老百姓的民歌。老百姓也是圣贤。“发愤之所为作”，心里没有气，他写诗？“不稼不穑，胡取禾三百廛兮”？“不狩不猎，胡瞻尔庭有县特兮”？“彼君子兮，不素餐兮！”“尸位素餐”就是从这里来的。这是怨天，反对统治者的诗。孔夫子也相当民主，男女恋爱的诗他也收。朱熹注为淫奔之诗。其实有的是，有的不是，是借男女写君臣。五代十国时蜀国的韦庄，有一首少年之作，叫《秦妇吟》，是怀念君王的。①

毛泽东关于《诗经》的评论我们另文再说，这里只说韦庄的《秦妇吟》。

韦庄（836—910），字端己，京兆杜陵（今陕西西安东南）人，五代前蜀诗人、词人。唐昭宗乾宁元年（894）中进士，授校书郎，转补阙。李询为两川宣谕和协使，辟为判官。后依王建，前蜀开国，为吏部侍郎同平章事。韦庄能诗词，他的长诗《秦妇吟》很有名。其词语言清丽，多用白描手法，写闺情离愁和游乐生活，在《花间集》中较有特色。因为他曾于

① 陈晋：《“心里没有气，他写诗？”》，《瞭望》1991年第36期。

杜甫浣花故居遗址重建草堂居住，其弟韦蔼编定他的诗也为《浣花集》。

《秦妇吟》原文如下：

中和癸卯春三月，洛阳城外花如雪。东西南北路人绝，绿杨悄悄香尘灭。路旁忽见如花人，独向绿杨阴下歇。凤侧鸾欹鬓脚斜，红攒黛敛眉心折。借问女郎何处来？含颦欲语声先咽。回头敛袂谢行人：丧乱漂沦何堪说！三年陷贼留秦地，依稀记得秦中事。君能为妾解金鞍，妾亦与君停玉趾。

前年庚子腊月五，正闭金笼教鹦鹉。斜开鸾镜懒梳头，闲凭雕阑慵不语。忽看门外起红尘，已见街中擂金鼓。居人走出半仓惶，朝士归来尚疑误。是时西面官军入，拟向潼关为警急。皆言博野自相持，尽道贼军来未及。须臾主父乘奔至，下马入门痴似醉。适逢紫盖去蒙尘，已见白衣来遍地。扶羸携幼竞相呼，上屋缘墙不知次；南邻走入北邻藏，东邻走向西邻避。北邻诸妇咸相凑，户外崩腾如走兽。轰轰昆昆乾坤动，万马雷声从地涌。火迸金星上九天，十二天街烟烘炯。日轮西下寒光白，上帝无言空脉脉。阴云晕气若重围，宦者流星如血色。紫气渐随帝座移，妖光暗射台星坼。家家流血如泉沸，处处冤声声动地。舞伎歌姬尽暗损，婴儿稚女皆生弃。

东邻有女眉新画，倾国倾城不知价。长戈拥得上戎车，回首香闺泪盈把。旋抽金线学缝旗．扶上雕鞍教走马。有时马上见良人，不敢回眸空泪下。西邻有女真仙子，一寸横波翦秋水。妆成只对镜中春，年幼不知门外事。一夫跳跃上金阶，斜袒半肩欲相耻。牵衣不肯出朱门，红粉香脂刀下死。南邻有女不记姓，昨日良媒新纳聘。琉璃帘外不闻声，翡翠楼间空见影。忽看庭际刀刃鸣，身首支离在俄顷。仰天掩面哭一声，女弟女兄同入井。北邻少妇行相促，旋解云鬟拭眉绿。已闻击托坏高门，不觉攀缘上重屋。须臾四面火光来，欲下危梯梯又摧。烟中大叫犹求救，梁上悬尸已作灰。妾身幸得全刀锯，不敢踟蹰久回顾。旋梳蝉鬓逐军行，强展蛾眉出门去。旧里从兹不得归，六亲自此无寻处！

一从陷贼经三载，终日惊忧心胆碎。夜卧千重剑戟围，朝飧一味人肝脍。鸳帏纵入讵成欢，宝货虽多非所爱。蓬头垢面狵眉赤，几转横波看不得。衣裳颠倒语言异，面上夸功雕作字。柏台多士尽狐精，兰省诸郎皆鼠魅。还将短发戴华簪，不脱朝衣缠绣被。翻持象笏作三公，倒佩金鱼为两史。朝闻奏对入朝堂，暮见喧呼来酒市。

一朝五鼓人惊起，叫啸喧争如窃议：夜来探马入皇城，昨日官军收赤水。赤水去城一百里，朝若来兮暮应至。凶徒马上暗吞声，女伴闺中潜失喜。皆言冤愤此是销，必谓妖徒今日死。逡巡走马传声急，又道官军全阵入。大彭小彭相顾忧，二郎四郎抱鞍泣。沉沉数日无消息，必谓军前已衔璧。簸旗掉剑却来归，又道官军悉败绩！

四面从兹多厄束，一斗黄金一斗粟。尚让营中食木皮，黄巢机上刲人肉。东南断绝无粮道，沟壑渐平人渐少。六军门外倚僵尸，七架营中填饿殍。长安寂寂金何有，废市荒街麦苗秀。采樵斫尽杏园花，修寨诛残御沟柳。华轩绣毂皆销散，甲第朱门无一半。含元殿上狐兔行，花萼楼前荆棘满。昔时繁盛皆埋没，举目凄凉无故物。内库烧为锦绣灰，天街踏尽公卿骨！

来时晓出城东陌，城外风烟如塞色。路旁时见游奕军，坡下寂无迎送客。霸陵东望人烟绝，树锁骊山金翠灭。大道俱成棘子林，行人夜宿墙匡月。明朝晓至三峰路，百万人家无一户。破落田园但有蒿，摧残竹树皆无主。路旁试问金天神，金天无语愁于人。庙中古柏有残枿，殿上金炉生暗尘。一从狂寇陷中国，天地晦冥风雨黑。案前神水咒不成，壁上阴兵驱不得。闲日徒歆奠飨恩，危时不助神通力。我今愧恧拙为神，且向山中深避匿。寰中箫管不曾闻，筵上牺牲无处觅。旋教魇鬼傍乡村，诛剥生灵过朝夕。妄闻此语愁更愁，天遣时灾非自由。神在山中犹避难，何须责望东诸侯！

前年又出杨震关，举头云际见荆山。如从地府到人间，顿觉时清天地闲。陕州主帅忠且贞，不动干戈惟守城。蒲津主帅能戢兵，千里晏然无戈声。朝携宝货无人问，夜插金钗惟独行。

明朝又过新安东，路上乞浆逢一翁，苍苍面带苔藓色，隐隐身藏蓬荻中。问翁本是何乡曲？底事寒天霜露宿？老翁暂起欲陈词，却坐支颐仰天哭：乡园本贯东畿县，岁岁耕桑临近甸。岁种桑田二百廛，年输户税三千万。小姑惯织褐绝袍，中妇能炊红黍饭。千间仓兮万丝箱，黄巢过后犹残半。自从洛下屯师旅，日夜巡兵入村坞。匣中秋水拔青蛇，旗上高风吹白虎。入门下马若旋风，罄室倾囊如卷土。家财既罄骨肉离，今日垂年一身苦。一身苦兮何足嗟，山中更有千万家。朝饥山草寻蓬子，夜宿霜中卧荻花！

妾闻此父伤心语，竟日阑干泪如雨。出门惟见乱枭鸣，更欲东奔何处所。仍闻汴路舟车绝，又道彭门自相杀。野色徒销战士魂，河津半是冤人血。适闻有客金陵至，见说江南风景异。自从大寇犯中原，戎马不曾生四鄙。诛锄窃盗若神功，惠爱生灵如赤子。城壕固护教金汤，赋税如云送军垒。如何四海尽滔滔，堪然一镜平如砥。避难徒为阙下人，怀安却羡江南鬼。愿君举棹东复东，咏此长歌献相公。

1964年8月18日，毛泽东在北戴河同哲学工作者谈话时指出，《诗经》中的有些诗是“借男女写君臣的。五代十国时的韦庄，有一首少年之作，叫《秦妇吟》，是怀念君王的。”

唐僖宗广明元年（880），韦庄在京都长安（今陕西西安）应试，适逢黄巢义军攻陷长安，他目睹了这次轰轰烈烈的农民大起义。中和三年（883）三月，韦庄由东都洛阳游江南，写了《秦妇吟》，投献镇海军节度使周宝。此诗长达1666字，为现存唐诗中最长的一首，也是中国诗史上为数不多的叙事长诗之一。

《秦妇吟》，通过一位从长安逃难出来的女子即“秦妇”的叙说，正面描写了黄巢起义军攻占长安、称帝建国，与唐军反复争夺长安以及城中被围绝粮的情形，从一个侧面反映了由于黄巢农民起义的打击，唐王朝日益分崩离析的历史过程。

全诗先写中和三年诗人在洛阳城外得遇从长安逃出的秦妇，叙说她在黄巢起义军中的亲身经历；次写黄巢起义军攻占长安，建国称帝，与唐军反复争夺长安的经过及造成的严重灾难；再写战乱给长安城外带来的严重破坏；最后写“秦妇”劝诗人由洛阳南游江南，依附开明的镇海军节度使周宝，结束全篇。

在这首诗中，诗人站在封建地主阶级立场上，对农民起义军抱着敌视态度，诬称起义军为“贼”，诅咒、嘲笑和丑化农民起义军将士是错误的；但诗人对人民疾苦表示同情，对唐王朝的腐败表示不满，对官军的暴行和藩镇割据有所揭露，都有一定的进步意义。

毛泽东在上述谈话中，认为《诗经》中的爱情诗，有的是写男女恋爱的，“有的不是，是借男女写君臣”。并说韦庄的《秦妇吟》“是怀念君王的”。其实所谓“秦妇”乃是诗人的化身。诗中的秦妇对农民起义极端仇视，诅咒，丑化无所不用其极，对周宝等一些守土有方的唐将热情赞扬，对唐僖宗的逃亡极为惋惜，并热切盼望他早日复位，由此表明秦妇是怀念君王的。所以，从整首诗的思想倾向来看，《秦妇吟》无疑“是怀念君王的”。

“天教心愿与身违”

1948年10月12日，毛泽东让他的卫士长李银桥，把自己的笔记本拿出来，帮他修改病句和错别字。当他逐页逐句地看到笔记中有一首词时，毛泽东先是愣了一下，随后又大笑起来：“银桥呀，你把南唐冯延巳的《浣溪沙》词写错了。”

李银桥拿过本子来一看，说：“没错，这是主席在朱官寨时念出来的呀！”

毛泽东止住笑，将李银桥误写错的“转注飘朋一梦归，于旬陈迹常人飞，天叫心愿与身违”的词句改写为正确的原句[①]。

冯延巳（约903—960），一名延嗣，字正中，广陵（今江苏扬州）人。五代词人。南唐李昪时官至元帅府掌书记。南唐中主李璟时，历任谏议大夫、户部侍郎、同平章事等职。无治国之才而有文才，工诗，尤喜为乐府词。其词长于抒写人的内心感情，语言清新自然，委婉情深，不事雕琢。有《阳春集》。

前面提到的冯延巳《浣溪沙》词，原文是：

转烛飘蓬一梦归，欲寻陈迹怅人非。天教心愿与身违。
待月池台空逝水，荫花楼阁漫斜晖。登临不惜更沾衣。

这首词写词人故地重游、人非物是的人生感慨。词人采取倒叙结构，上阕先抒发词人人非物是的感慨，下阕再叙故地重游的情景。“转烛飘蓬

---

①《历史的真言——李银桥在毛泽东身边工作纪实》，新华出版社2000年版，第58页。

一梦归，欲寻陈迹怅人非。”起首二句叙事，意谓世事变幻莫测，自己又像一棵无根的蓬草，到处漂泊，如今归来，寻找多年前的旧迹，发现令人感叹的却是人非物是。人非物是，又作物是人非，意谓人事变迁，景物依旧。人与物两相比照，容易使人产生今非昔比之感，非常失意，这就逼出了下句：“天教心愿与身违。”此句议论，是说自己多年的亲身经历与心愿是相乖违的，这是自己不愿意看到的，是一种无法抗拒的力量（“天”）造成的，当然，是无可奈何的了。

下阕写词人故地重游的情形，揭示产生人生感慨的原因。“待月池台空逝水，荫花楼阁漫斜晖。”起首二句描状，交代词人寻访“陈迹”的时间和地点。时间是夕阳西下之时（“斜晖”），月亮东升之际（“待月”），即傍晚时分，俗谓黄昏。这不能不让我们想起南宋女词人朱淑真的著名词句：“月上柳梢头，人约黄昏后。”（《生查子》）由“待月”又让我们想起唐代小说家元稹的《莺莺传》载：莺莺约张生月夜在花园相会，题《月明三五夜》诗一首。其词曰：“待月西厢下，迎风户半开。拂墙花影动，疑是玉人来。”后因以“待月西厢”谓情人私相约会。后来在元杂剧中王实甫的《西厢记》，便把这个爱情故事发展为经典性的爱情喜剧，这更是家喻户晓了。看来词人选择黄昏时分来故地重游，是刻意所为，展现在他眼前的景观是，山光水色依旧，亭台楼阁依然，“伤心桥下春波绿，曾是惊鸿照影来。”（陆游：《沈园二首》）看来词人和他一位所钟爱的女子，在这里有一件憾事，所以，事隔多年以后还来寻访“陈迹”重温旧梦。然而，“物是人非事事休，欲语泪先流。”（李清照：《武陵春》）即便如此，词人也毫不退缩，所以末句写道：“登临不惜更沾衣。”如果当时没下雨，那便是夜露沾衣了，说明词人徘徊其间已经很久了，看来这是一段不了情啊！

总之，这首词中所表现的词人故地重游时人非物是、“心愿与身违”的人生感慨，不单是一种个人生活体验，而且具有一种普遍意义。因为它揭示了一种生活哲理，给人以启迪和教益。俗话说“不如意事常八九”，就是说的这种生活体验。这便是这首词葆有艺术魅力的原因所在。

“不眠特地长相忆”

1975年8月，毛泽东重病期间，曾口述冯延巳的词《归国谣》，寄给女儿李讷。他的口述是：

何处笛，深夜梦回情脉脉，暗风残雨寒窗湿。今头白，不眠特地长相忆。

录古人短句一首[①]。

《归国谣》（谣，当作遥），唐教坊曲名，后用为词牌，见《花间集》。双调42字或43字，仄韵。《词律》误为调，称《归自谣》为《归国谣》之一体，双调34字，仄韵。但两首实非一体，《词律》已分列。本首应为《归自谣》。

这首《归自谣》的原文是：

何处笛？终夜梦魂情脉脉，竹风檐雨寒窗滴。

离人数岁无消息。今头白，不眠特地重相忆。

这首词写一个女子梦醒之后，对外出数年不归且无消息的丈夫的深情思念。一作欧阳修作。

上片写女主公彻夜难眠。意思是说，什么地方传来的吹笛子的声音

① 叶永烈：《文坛风云录》（叶永烈文集），湖南人民出版社2011年版，第415—416页。

啊？梦中醒来我整夜深情地思念着心上的人，透过竹丛的风吹落屋檐上的雨把窗户都打湿了。笛声的凄惋，风雨夜之清冷，与女主公凄苦的心境，正相谐调一改。

下片写女主公彻夜不眠的原因。意思是说，丈夫离开自己远走他乡，好几年没有消息，现在我的头发都白了，夜里睡不着觉，特别地又回忆他。丈夫远走他乡，数年杳无音讯。多情女子只好日复一日，年复一年地思念，时日益久，思之弥深。如今头发白了，这自然有岁月流逝的因素，但主要的恐怕是忧愁凄苦的折磨和含情脉脉的苦苦相思所致。于是，一个对丈夫梦绕魂牵的思妇形象，便站立在我们面前了。

毛泽东口述与原作有出入："深夜梦回"，原作"终夜梦魂"，暗风残雨寒窗湿，原作"竹风檐雨寒窗滴"，意思更明白，更切合自己当时的情形；删去了"离人数岁无消息"一句，显然也是根据实际情况有意删去的。从这些不同之处，笔者认为是毛泽东有意改动，以表达他当时的心情。这种心情，不仅婉约、沉郁而且凄惋了。

“云里烟村雨里滩，看之容易作之难”

1941 年 4 月，鲁迅艺术学院美术系一位画家，从南方到西北，沿途画了许多速写。他把这个速写画册，送给毛泽东翻阅，请他题词。毛泽东在画册扉页上，题写了宋代诗人李唐的一首《题画》诗。这位画家很高兴，认为毛泽东是赞扬他的速写。有的同志认为毛泽东是借李唐的诗，希望画家多表现劳动人民的生活，才能成为人民大众所欣赏和喜爱的“牡丹”[①]。

李唐（1049—1130），字晞古，河阳三城（今河南孟州南）人。北宋诗人、画家。徽宗朝入宣和画院。建炎年间，复人画院为待诏，授成忠郎。善画山水人物，以画牛著称。有《万壑松风图》《晋文公复国图》《采薇图》等传世。

他的《题画》诗原文是：

云里烟村雨里滩，看之容易作之难。
早知不入时人眼，多买燕脂画牡丹。

这是一首题画诗。题画诗是由别人或画家本人把诗句题写在画幅上，是一种融诗歌、绘画、书法为一体的综合艺术，是我国古代的优秀艺术传统之一。这首诗是由画家本人题写在自己画的山水图卷上。李唐是宋代著名山水画家，徽宗朝入宣和画院，高宗南渡，李唐亦流亡至临安（今浙江杭州市），在画院任待诏，时年近八十，擅画山水，变荆浩、范宽之法，

① 董学文等：《毛泽东的文艺美学活动》，高等教育出版社 1995 年版，第 85 页。

用峭劲的笔法，写出山川雄峻之气。但无人赏识，只得靠卖画糊口，生活十分艰苦（见明人郁逢庆《书画题跋记》）。他便写了这首诗，用来讽刺当时社会崇尚艳丽花鸟画的倾向，抒发了个人的感慨和不平。

这首诗名为“题画”，其实涉及画本身的只有第一句；其余三句，都是借题发挥。“云里烟村雨里滩”，首句描述画的内容：画幅上方画着云雾缭绕的山村，下方是雨水滂沱的河滩。一静，一动，相映成趣。在烟笼雾锁中，山村依稀可辨；在大雨滂沱中，水声仿佛可闻。画面层次分明，很有立体感，而且具有一种朦胧美。作画至此，可见其造诣之深，当然也是辛勤劳动的结晶，所以他深有体会地说：“看之容易作之难。”“看之容易”，谓看起来作这种山水画很容易，是谁看？恐怕指不谙画事的平常人，更指后面所说“时人”。“作之难”，这是诗人一生艺术实践的总结，是符合艺术规律的甘苦之言，对人有重要的启迪意义。比李唐稍后的著名诗人陆游在《冬夜读书示子聿》诗中有两句名言：“纸上得来终觉浅，绝知此事要躬行。”陆游是诗人，是向儿子传授写诗秘诀；李唐是画家，是讲自己作画的甘苦，都强调要亲身实践，身体力行，揭示了一个共同的艺术创作规律，启迪后人，功不可没。

但是李唐高妙的山水画并不被“时人”赏识，所以他感慨地写道：“早知不入时人眼，多买燕脂画牡丹。”“时人”，当时的，同时代的人。《汉书·艺文志》：“《论语》者，孔子应答弟子时人相与言，而接闻于夫子之语也。”五代颜红都《农家》诗：“时人不识农家苦，将谓田中谷自生。”所以“时人”虽然可直解为当时的人，但绝非当时的普通老百姓，而是指能左右时势，煽一时风尚的统治阶级人物。因为虽然南宋只有半壁江山，偏安一隅，统治者却过着纸醉金迷、醉生梦死的生活，正如诗人林升所描绘的：“山外青山楼外楼，西湖歌舞几时休。暖风熏得游人醉，直把杭州作汴州。”贪图享乐，不图恢复旧山河的特殊的“时人”——统治者，自然不喜欢气势磅礴的山水画，而偏爱画的雍容典雅的富贵花——牡丹。所以“时人”一句不可轻轻放过。

时人们对绘画作品的审美导向，对诗人是不公正的，所以，他愤慨地说：“多买燕脂画牡丹。”“燕脂”，又作“胭脂”，一种红色的颜料，画牡丹多用此色。故说“多买燕脂画牡丹”，意思是说，如果我多买一些燕脂颜料来画牡丹花，定会受到时人的青睐。这当然是反话，是愤激之语，幽默之中饱含着血泪的痛苦，喷射着愤怒的火焰。在这亦庄亦谐、痛快淋漓的议论中，我们从画家的画品看到了他的人品。这正是我国古代艺术家的一个优良传统。

“既苍凉，又优美，使人不厌读”

范仲淹（989—1052），字希文，苏州吴县（今江苏苏州）人。北宋大臣，文学家。宋真宗大中祥符进士。仁宗天圣中任西溪盐官，建议在泰州修建捍海堰。宝元三年（1040），任陕西经略安抚招讨副使，兼知延州，加强对西夏的防御。庆历三年（1043）任参知政事，曾建议十事，要求在原有的法制的范围内，作一些整顿的措施，包括限制“恩荫”为官，选用干练的人员，严格执行政令等项，又主张兴修水利。因遭反对，未能实现。罢政后，出任陕西四路宣抚使、邓州（今河南邓州）刺使，还在杭州、青州（今山东益都）做过官，皇祐四年（1052）调任颍州（今安徽阜阳），在赴颍州途中病死。所作散文富于政治内容；词传世仅五首，风格较为明健，善写塞上风光。有《范文公集》。

范仲淹可谓毛泽东终生服膺之人。早在1913年毛泽东在湖南第一师范读书时的《讲堂录》中，就记载着范仲淹年轻时“厉志苦学，三年衣不解带”的话：“范文正世家子，父丧，幼随母适朱，故名朱悦。初不自知其为范氏子也，人告以故，乃感极而泣。厉志苦学，三年衣不解带，尝见金不取，管宁之亚也。公盖苏州人。子尧夫，仁侠似之，尝遇故旧于途，见窘于资，指赠以麦云。”[①] 对他的苦学精神表示钦佩。

1914年，比他高三年级的同学萧子升，曾把自己写有20多篇作文的两个大练习本借给毛泽东看，其中第一篇作文便是“《评范仲淹的〈严先生祠堂记〉》”。文中认为，光武帝仅仅请朋友帮忙处理繁难的政务，未必就是求贤若渴；严光也并不像人们所说的那样纯洁高尚，如果他早知道自

---

① 中共中央文献研究室等编：《毛泽东早期文稿》，湖南出版社1990年版，第593页。

己不会接受委任，那么他为什么还来拜访皇帝并与之同床共寝？这不也表明他同样爱慕虚荣吗？据萧子升在《我和毛泽东的一段曲折经历》（法文版原名《我和毛泽东曾是乞丐》）中记述："毛不同意我的一些见解。整个黄昏，我们都在争论。""毛泽东的看法却是这样的：他认为刘秀登基后，严光应该当宰相，就像比他早200年的前人张良辅佐汉高祖一样。"我反驳道："你显然没有理解严光的思想。"①

毛泽东在1919年8月23日致黎锦熙的信中说：

"弟对于学校甚多不满之处，……弟久思组织私塾……所忧盖有三事：一曰人，有师有友，方不孤陋寡闻；二曰地，须交通而避烦嚣；三曰财，家薄必不能任，既不教书，阙少一分收入，又须费用，增加一分支出，三者惟此为难。然拟学颜子之箪瓢与范公之画粥，冀可勉强支持也。"②表示自己要办一种中西合璧的学校，要"学颜子之箪瓢与范公之画粥"，来解决经费之不足。

毛泽东在1913年10月至12月的《讲堂录》11月23日《修身课》笔记中写道："有办事之人，有传教之人。前如诸葛武侯范希文，后如孔孟朱陆王阳明等是也。宋韩范并称，清曾左并称。然韩左办事之人也，范曾办事而兼传教之人也。"③

在这里，毛泽东把历史上有成就的人分为三类："办事之人""传教之人"和"办事兼传教之人"。他举例说，诸葛亮是办事之人，孔子、孟子、朱熹、陆九渊、王阳明这些哲学家、思想家，都是传教之人。在宋代，"韩范并称"，在清代，"曾左并称"，但韩琦、左宗棠是办事之人，而范仲淹、曾国藩是"办事而兼传教之人也"。他认为，范仲淹与曾国藩不仅能建立事功，而且能立言、立德，沾溉后人。由此可见，他对范仲淹的评价之高。

范仲淹的事功，主要他采取"屯田久戍"方针，防御西夏入侵的成

---

① 陈晋主编：《毛泽东读书笔记解析》，广东人民出版社1996年版，第88—89页。

② 中共中央文献研究室等编：《毛泽东早期文稿》，湖南出版社1990年版，第89—90页。

③ 中共中央文献研究室等编：《毛泽东早期文稿》，湖南出版社1990年版，第591页。

功，提出10项改革措施的“庆历新政”，以及任外任时的种种善举。范仲淹的立言、立德，主要表现在《岳阳楼记》中抒发的“不以物喜”，“不以己悲”，“先天下之忧而忧，后天下之乐而乐”的忧国忧民理想与抱负。毛泽东对范仲淹的这两个方面都加以肯定，给予很高评价。1959年毛泽东回故乡韶山看望父母的墓时对人说：“前人辛苦，后人幸福。先天下之忧而忧，后天下之乐而乐。”回到绿树成荫的住所，当陪同来的罗瑞卿在午后去看望他时，他还说我们共产党人是彻底的唯物主义者，不迷信什么鬼神。但生我者父母，教我者党、同志、老师、朋友也，还得承认。”并说：“我下次来，还要去看看他们两位。”他援引范仲淹的名言，用以说明中国革命胜利来之不易，勉励人们珍惜今天的幸福生活。

范仲淹是有远大抱负的政治家、军事家，不过是“余事作诗人”。但他也擅长词赋，他流传下来的词不过五六首，大抵是写边塞生活的。

延安时期，1937年5月的一天，叶子龙随毛泽东登嘉岭山，走到范公井处，毛泽东讲了范仲淹驻守延州的故事，他说：“范仲淹是个了不起的人物，‘先天下之忧而忧，后天下之乐而乐’，古人尚且如此，我们共产党人要做得更好些！”①

同年的一天，毛泽东同刚到延安不久的左谟野谈话。因左谟野是湖南岳阳人，他们的谈话便从岳阳楼起。说到《岳阳楼记》，毛泽东特别赞赏其中的“先天下之忧而忧，后天下之乐而乐”这两句，他说：“‘先忧后乐’的思想，较之‘吃苦在前，享受在后’的提法，境界更高了。”他从《岳阳楼记》的作者范仲淹，说到延安钟鼓楼上书有“范韩旧治”四字的横匾。他说延安也是范仲淹的旧游之地。“范韩”就是范仲淹、韩琦。为了防御西夏入侵，他们曾经镇守延安。西夏人称范仲淹胸中有数万甲兵。当时有一个民谣：“军中有一范，敌人闻之惊破胆。”许多人都知道范仲淹是一个文人，很少人知道他还是一个镇守边疆的主帅。中国历史上有些知识分子是文武双全，不但能够下笔千言，而且是知兵知战。范仲淹就是这样的一个典型。

---

① 《叶子龙回忆录》，中央文献出版社2000年版，第47—48页。

左谟野说："我爱范仲淹写的词，特别是那首《渔家傲》：'塞下秋来风景异，衡阳雁去无留意……'"

毛泽东说："那是他在陕北戍边的时候写的，他是一个边塞词人。"①

1957 年 8 月 1 日，毛泽东"睡不着"，哼范仲淹的两首词，谈了他对宋词婉约、豪放两派的看法。全文如下：

词有婉约、豪放两派，各有兴会，应当兼读。读婉约派久了，厌倦了，要改读豪放派。豪放派久了，又厌倦了，应当改读婉约派。我的兴趣偏于豪放，不废婉约。婉约派中有许多意境苍凉而又优美的词。范仲淹的上两首②，介于婉约与豪放两派之间，可算中间派吧；但基本上仍属婉约，既苍凉又优美，使人不厌读。婉约派中的一味儿女情长，豪放派中的一味铜琶铁板，读久了，都令人厌倦的。人的心情是复杂的，有所偏袒仍是复杂的。所谓复杂，就是对立统一。人的心情，经常有对立的成分，不是单一的，是可以分析的。词的婉约、豪放两派，在一个人读起来，有时喜欢前者，有时喜欢后者，就是一例。睡不着，哼范词，写了这些。江青看后，给李讷看一看。③

《渔家傲》原文是：

塞下秋来风景异，衡阳雁去无留意。四面边声连角起。千嶂里，长烟落日孤城闭。

浊酒一杯家万里，燕然未勒归无计。羌管悠悠霜满地。人不寐，将军白发征夫泪。

① 左谟野：《回忆毛主席二三事》，《在毛泽东身边》，中共中央党校出版社 1993 年版，第 111 页。

② 指《苏幕遮·碧云天》和《渔家傲·塞下秋来风景异》。

③《读范仲淹两首词的批语》，《毛泽东读文史古籍批语集》，中央文献出版社 1993 年版，第 27—28 页。

这首词大笔挥洒，写得沉郁苍凉。边声角声、长烟落日的景象，构成壮阔雄伟的背景，烘托出戍边将士们立功报国的壮志和离家万里的忧思。这与作者的思想境界和亲身体验的生活是分不开的。这时候，范仲淹已经50多岁了，词里的白发将军，也正是他自己的形象。

《苏幕遮》原文是：

碧云天，黄叶地，秋色连波，波上寒烟翠。山映斜阳天接水，芳草无情，更在斜阳外。

黯乡魂，追旅意，夜夜除非，好梦留人睡。明月楼高休独倚。酒入愁肠，化作相思泪。

这首词抒写羁旅相思之情，上片写景，下片抒情，这本是词中常见的结构和情景结合方式。它的特色在于阔远之境、绮丽之景与深挚之情的统一。写乡思离愁的词，往往借萧瑟的秋景来表达，这首词所描绘的景色却是阔远而秾丽。它一方面显示了词人胸襟的广阔和对生活对自然的热爱，反过来衬托了离情的悲伤；另一方面又使下片所抒之情显得柔而有骨，深挚而不流于颓靡。整体来说，这首词的用语与手法虽与一般的词类似，意境情调却近于传统的诗。这说明，抒写离愁别恨的小词是可以写得境界阔远，不局限于闺阁庭院的。邹祇模说："范希文《苏幕遮》一调，前段多入丽语，后段纯写柔情，遂成绝唱。"指出了范词的独创性。

毛泽东对范仲淹这两首词的评语是"既苍凉又优美"，属于"中间派"，并借此引出对于婉约与豪放两派的评论。"词为艳科"，词自晚唐产生以来，历经五代，至宋初词学大盛，逐渐分成两大派别。正如毛泽东所说："在同一朝代，如宋朝，有柳永、李清照一派，也有苏东坡、陆游一派。柳、李的作品只讲爱情。"① 两派在内容和形式上都有明显差异，但主要是从风格上区分的。婉约派风格绮靡婉约，情意绵绵，豪放派豪迈宏

① 1963年2月26日在中央工作会议上召集各大区第一书记的谈话。

伟，气势奔放。俞文豹《吹剑录》有一则故事很能说明这个问题。故事援引俞文豹的话说："东坡在玉堂日，有幕士善歌，因问：'我词何如耆卿？'对曰：'郎中词，只好十七八女子，执红牙板，歌杨柳岸晓风残月；学士词，须关西大汉，绰铁板，唱大江东去，为之绝倒'。"从毛泽东的批评看，也是从风格上来区分婉约与豪放的。

毛泽东对两派不加轩轾，但他申明自己的兴趣是"偏于豪放，不废婉约"。从文学欣赏来看，毛泽东圈画苏轼、陆游、岳飞、张元干、张孝祥、刘过等不少豪放派词人的作品，而圈画最多的是辛弃疾的词，约98首；而婉约派的张先、秦观、李清照、朱淑真等词人的也有圈画，圈画最多的是柳永，也有35首之多。从诗词创作来讲，毛泽东是豪放诗人，但也不乏婉约的情调。他的大部分诗词都是慷慨激昂、豪壮乐观的，但也有几首婉约情调的绝唱。如他1921年写的《虞美人·枕上》和1923年写的《贺新郎·别友》，都深切地表达了毛泽东和杨开慧之间缠绵缱绻的柔情蜜意，透露出毛泽东作为一代伟人不常显露的内在情思，无疑是道地的婉约风格。

值得注意的是，毛泽东在说明他读宋词时对作品风格的选择，有两个角度：一是从鉴赏的客体（作品）讲，不同风格的作品给予读者的审美享受不同，要不断转换作品类型，调剂阅读趣味；二是从欣赏主体（读者）的审美需求来讲，因时因地而异，需要不断转换作品风格。这样就从文艺鉴赏心理学角度，阐明了接受主体与作品风格的关系，值得人们注意。

“《念奴娇·赤壁怀古》，是千古绝唱”

毛泽东对宋代文学家苏轼非常推崇。他曾多次评论苏轼及其作品。

1963年2月26日，毛泽东同各大区第一书记谈话，当有人提轻声乐是抒情的，重音乐是战斗的，他指出：“那战士就没有抒情？诗、词也同音乐一样的情况。在同一朝代，如宋朝，有柳永、李清照一派的词，也有辛弃疾、苏东坡、陆游一派的词。柳、李的词专讲爱情。”

1956年，毛泽东曾说：

苏东坡是宋代的大文豪，长于词赋，有许多创造，“一洗绮罗香泽之态，摆脱宛转绸缪之度”，如《念奴娇·赤壁怀古》，是千古绝唱。然而此人政治上坎坷不平，宦海升降沉浮，风云莫测。因此，他常寄诗清风明月，扁舟壶酒以消情。①

苏轼（1037—1101），字子瞻，号东坡居士，眉山（今四川眉山）人，北宋大文学家、书画家。苏洵子。仁宗嘉祐三年（1058）进士。神宗时，反对王安石变法。王罢相后，何正臣等新进官僚弹劾苏轼“指斥乘舆”，“包藏祸心”，下狱，是北宋有名的文字狱“乌台诗案”。获释后，谪黄州。哲宗时为翰林学士，曾出知杭州、颍州，官礼部侍郎。绍兴初年，复行新法，贬惠州，再贬儋州。徽宗立，遇赦北还，卒于常州。谥文忠。其文明白畅达，为“唐宋八大家”之一；其诗清新豪健，善用夸张比喻，在艺术表现方面独具风格；词开豪放一派，对后代很有影响。诗文有《东坡七集》等。

苏轼《念奴娇·赤壁怀古》原文如下：

① 《毛泽东回湖南纪实》，湖南出版社1993年版，第45页。

大江东去，浪淘尽、千古风流人物。故垒西边，人道是、三国周郎赤壁。乱石崩云，惊涛裂岸，卷起千堆雪。江山如画，一时多少豪杰！

遥想公瑾当年，小乔初嫁了，雄姿英发。羽扇纶巾，谈笑间、樯橹灰飞烟灭。故国神游，多情应笑我，早生华发。人生如梦，一樽还酹江月。

神宗元丰五年（1082）七月十六日，苏轼与友人泛舟游黄州赤鼻矶，归来写了《前赤壁赋》这首词。

苏轼在黄州过的是贬谪生活，政治上十分失意，生活上非常困窘，但却仍然热情地关心国计民生。他在《与滕达道书》中说："虽废弃，未忘国家虑也。"因此，当时他的内心处于极度的矛盾之中：入世与出世，积极进取与清静无为，忧郁愤懑与旷达乐观，施展抱负与放情山水等，多重矛盾集于一身。本词就是在这种精神状态下写成的。

按内容划分，全词包括写景、怀古、伤今三部分。写景是为了更好地抒发怀古、伤今之情。

上片即景怀古。

词一开始，先以阔大的气势、雄伟的笔触，将江山、历史、人物一起推出："大江东去，浪淘尽、千古风流人物。"这两句，包举了从古至今的长江万里奔腾的气势和历史烟云翻滚变迁的情况，为全篇打下了豪放的基调；同时，又由"大江"引出"赤壁"，由"风流人物"引出"周郎"，为下文设下伏笔。"浪淘尽"则将奔腾咆哮、滚滚东去的大江与古往今来的风流人物融合在一起，引出了怀古的幽情。

"故垒西边，人道是、三国周郎赤壁。"点出周郎与赤壁，将"风流人物"及其活动地点具体化。描写范畴从大到小，由面到点，转入对"怀古"这一中心主题的揭示。"人道是"三字，说明黄州赤壁仅是人们的传说，并非真正的破曹赤壁。接下去描写赤壁风光："乱石崩云，惊涛裂岸，卷起千堆雪。"用"乱"写石，形容其突兀交错，"崩云"形容其高耸挺拔，是仰视。用"惊"写涛，形容其声势宏大，"裂岸"形容其流势凶猛，"卷起千堆雪"，尤见其怒涛汹涌、浪花千叠之态，是俯视。三句中，"石""涛"是实写，"云""雪"是联想和比喻。"崩""裂""卷"三个动词，既表现了赤壁风光的雄奇险峻，同时也映衬出当年赤壁战场的气氛和声势。面对如此瑰丽壮阔的景象，作者不由发出“江山如画，一时多少豪杰”的赞叹。“江山如画”，承接上文，是赤壁风光的总括；“一时多少豪杰”，一方面呼应开端的“千古风流人物”，另一方面为下片埋下伏笔。

下片由古感今。

“遥想公瑾当年，小乔初嫁了，雄姿英发。”此三句写周瑜的年少英俊。“遥想”二字，承接上文，使上下片文意更紧密。“小乔初嫁了”，写周瑜新婚未久，春风得意。此五字，看似闲笔，实际是衬托周瑜的风流英俊，既使作品增加了浪漫色彩，又突出了周瑜的年少，以便与久经沙场、老谋深算的曹操形成鲜明的对比。

“羽扇纶（guān 关）巾，谈笑间、樯橹灰飞烟灭。”写周瑜赤壁之战时的赫赫战功。作者从装束和神态两方面突出他的从容闲雅、指挥若定：大敌当前，不提枪握剑而持羽扇，不穿胄甲而戴纶巾，不是怒目疾呼而谈笑风生。寥寥几笔，就生动刻画出“雄姿英发”的少年英雄形象。

苏轼写这首词时已 47 岁，不但没有建树，反而待罪黄州。由古及今，从周瑜联想到自己，不免百感交集，于是接着写出了“故国神游，多情应笑我，早生华发。人生如梦，一樽还酹（lèi 泪）江月。”想想周瑜，再看看自己，现在自己已满头白发，却仍对故国往事一片情深，真乃令人好笑。然而人生几何？何苦让种种“多情”萦绕心头，还是放眼大江，举酒赏月吧！这几句词意盘旋而下，思想由开朗转入低沉，最后发出无可奈何的叹惋。感情的激浪，到此出现一个极大的落差。这是历史与现状、理想与实际尖锐冲突之后，在作者心理上的一种反映。这种感情跌宕，从某种意义上说，更能引起读者的思考。

这首词是苏轼的代表作，在词的发展史上被视为豪放词的一颗明珠。词中视野开阔，气魄宏伟，想象丰富，善于运用联想、衬托、对照等手法进行概括，充分体现了豪放词奔放旷达、雄浑开阔的风格，确实是“千古绝唱”。

“但愿人长久，千里共婵娟”

1958年5月16日晚，夜已经很深了，毛泽东仍漫步在月光下。他突然问身边的工作人员：“你们说，是天上好，还是人间好？”接着他又自我回答，随口吟出苏轼的一首词：“明月几时有？把酒问青天。……”①

1950年，毛泽东约请周世钊赴京参加国庆观礼。……10月5日下午，在中南海毛泽东家的客厅里，周世钊见到了多年未见的老同学毛泽东。毛泽东精神焕发，红光满面，比原来胖了。这是解放以后周世钊和他的第一次见面。周世钊和毛泽东紧紧握手，泪眼模糊地说：“润之兄，我好想你啊！”毛泽东望着周世钊说：“难道我就不想你吗？我梦见了你几次，每次梦醒我就默吟：‘但愿人长久，千里共婵娟’……”寒暄之后，毛泽东就问周世钊到北京之后见到了哪些熟人。周世钊向毛泽东汇报说，见到了徐特老、谢觉老、熊瑾老、王季老。毛泽东听后马上嘱咐秘书打电话约这几位老人到他家里做客叙谈。②

毛泽东吟咏的这两句词，出自宋人苏轼的《水调歌头》。其原词如下：

明月几时有？把酒问青天。不知天上宫阙，今夕是何年。我欲乘风归去，又恐琼楼玉宇，高处不胜寒。起舞弄清影，何似在人间！

转朱阁，低绮户，照无眠。不应有恨，何事长向别时圆？人有悲欢离合，月有阴晴圆缺，此事古难全。但愿人长久，千里共婵娟。

---

① 张建伟：《中国院士》，江苏文艺出版社2000年版，第252页。

② 陈明新：《领袖情：毛泽东与周世钊》，中共中央党校出版社1997年版，第127—128页。

这是一首在中国文学史上久负盛誉的词。此词是宋神宗熙宁九年（1076），即农历丙辰年的中秋之夜，词人在任所密州（今山东诸城）超然台上饮酒赏月时所作。熙宁四年（1071），苏轼因与变法派不和，自请外任，至此时，离京游宦已近5年，作者也已41岁了。当时苏轼父母双亡，丧妻别子，而其弟苏辙又在齐州（今山东济南）李常幕府任职。他俩虽然都在京东，相隔不远，但也已有7年没有晤面。很快密州知州任满，他又要离去。所有这些，均使苏轼更觉孤寂，再加之政治上的不甚得意，使他不禁对月抒怀。所以，此词是酒后抒怀之作，同时又表达了对弟弟苏辙的思念。

本词通篇赋月，月是词的中心形象，却处处关乎人事，表现出人与自然社会和谐的特点。它上阕借明月自喻清高，下阕用圆月衬托离别。词一开头，苏轼就乘着酒兴，向茫茫青天发问："明月几时有？把酒问青天。"这是作者提出的第一个问题。当然，苏轼并非要计算月亮产生的年代，而是在抒发一种感想，是词人感到迷惘、惝恍和抑郁不平心绪的映现，蕴含着对现实社会不满的怀绪。"明月"二句很容易想起屈原《天问》"天何所沓？十二焉分？明月安属？列星安陈？"和李白《把酒问月》中"青天有月来几时？我欲停杯一问之"的诗意。

"不知天上宫阙，今夕是何年。"这是词人提出的第二个问题。"不知"两句出自唐人韦瑾《周秦行纪》中的情节。小说里托名牛僧孺，有一次偶然走到一个地方，因请求借宿一夜，却无意中见到了古代的许多美人，如王昭君、绿珠、杨贵妃等。美人们都作了诗，并要牛僧孺也作一首。于是他写道："香风引到大罗天，月地云阶拜洞仙。共道人间惆怅事，不知今夕是何年？"牛僧孺此诗又是运用《诗经·唐风·绸缪》中"今夕何夕，见此良人"的诗句，表达了作者极为惊喜的感情。这两句是说，不知道今天晚上是天上的什么好日子，为什么今晚的月亮会这样美好呢？所以，它既突出了词人对月亮的赞美，也就隐含着对现实社会的不满，为下文作者写幻想游仙作了铺垫。

"我欲乘风归去，又恐琼楼玉宇，高处不胜寒。起舞弄清影，何似在人间！"不称上天而称"归去"，是因为古人迷信，认为才华出众的人，都是天上的星宿下凡，所以上天犹如归家。而且归去的方式是“乘风”，即后世小说中所说的腾云驾雾。《列子·黄帝篇》说，列子从周老商氏学道，达到物我两忘，“心凝神释，骨肉都融，不知形之所倚，足之所履；犹木叶干壳，意不知风乘我耶？我乘风乎？”作者用此典，暗含忘掉一切之意，表现了他醉后那种飘然若仙的神态，故人们称他为“坡仙”。接下来“又恐”二句，是全词的第一个转折。“琼楼玉宇”，指月中用美玉砌成的宫殿。《大业拾遗记》载：“瞿乾祐于江边玩月，或问此中何有。瞿笑曰：‘可随我观之。’俄见月轨半天，琼楼玉宇灿然。”“高处”句，典出《淮南子·天文训》：“积阴之寒气为水，水气之精者为月。”又《龙城录·明皇梦游广寒宫》载，唐玄宗游月宫，见一大宫府，榜曰“广寒清虚之府”。后人因称月宫为广寒宫。此皆月宫寒之所本。词人担心自己经不起月宫的寒冷，所以又不敢“归去”。于是又有了第二个转折，写了不愿归去，其原因是“起舞弄清影，何似在人间！”此受李白《月下独酌》中“我歌月徘徊，我舞影零乱”诗意的启发。“弄清影”，指月宫起舞，清影随人。“何似”，哪像。二句意谓上天之后在月宫中跳舞，清影随人，像月宫中的寂寞嫦娥一样，清冷的月宫怎比得上人间生活美好。这时作者的思想从天上的幻境回到了地上的现实，表现了作者对人间生活的赞美和热爱。

“转朱阁，低绮户，照无眠。”词换头处三句意谓月光转移，照遍了朱红的楼阁，又低低地透进雕花的门窗里，照着有心事不能安眠的人。一个“转”字，写出了赏月之间，时光暗暗地、缓缓地过去的情状；一个“低”字，更见出月已平西，渐渐斜落下去的氛围，恰切地传达出赏月人的心情：刚才是举杯望月，兴高采烈；渐渐地随着夜深，豪兴已经收敛，转入一种深沉的思绪里去了。“无眠”当指作者及其弟子由，甚至包括那些因有离愁别恨而无眠的人。

“不应有恨，何事长向别时圆”两句，承“照无眠”而下，笔法浏漓顿挫。表面上是恼月照人，增人“月圆人不圆”的怅恨，实际上是抱着怀人心事，借见月而表达。司马光《温公诗话》引石曼卿诗句“月如无恨月长圆”，说的是月缺示有恨，无恨应长圆。这里更进一层，说：月亮既圆，便不应有恨了，但为什么偏偏要趁着人们离别的时候圆呢？这就使人在相形之下，更加重自己的离恨。

“人有悲欢离合，月有阴晴圆缺，此事古难全。”此三句是全词的第三个转折。三句从“别时圆”生发而来。意谓知人之“悲欢离合”与月之“阴晴圆缺”，实自古而然。既如此理，便不应对圆月而感别离，生无谓的怅恨。从感情转入理智，对人生宇宙作总的探索，并用形象化的语言，表达一种普遍而深刻的哲理，也转而对上述疑问作出解答。想到这里，作者的沉郁心情因自然现象的启示而得到了安慰，同时，也以此来劝慰其弟子由。

亲人间的团圆既不能强求，值此中秋月圆之夜，则惟有“但愿人长久，千里共婵娟”了。最后这一转，表达了作者的乐观、旷达。“婵娟”，颜色美好貌。此指月色；一说美女之称，这里指月里的嫦娥，代指月亮。此二句虽从南朝宋人谢庄的《月赋》中“美人迈兮音尘阙，隔千里兮共明月”化出，然而苏轼加“但愿”二字，转出更高的思想境界，向世间所有离别的亲人（包括自己的弟弟），致以美好祝愿，给全词增添了积极奋发的意蕴。

这首词是苏词的代表作之一。它想象奇异，蹊径独辟，极富浪漫色彩。从格调上看，它“一洗绮罗香泽之态，摆脱绸缪宛转之度，使人登高望远，举杯高歌”（胡寅《酒边词序》），是历来中秋词中的绝唱。

“诗变为词”

1957年夏季，一个偶然的机会，使舒湮在中南海又见到了毛泽东。事情是从他父亲冒广生（鹤亭）在《人民日报》上一篇文章《对目前整风的一点意见》引起的。……

6月的一天深夜，中南海派车来接冒广生。舒湮是奉命陪同这位年逾八旬的老人去见党和国家主席毛泽东的。车子在静夜飞速驶向府右街，穿过怀仁堂，北折进入中南海甲区，一瞬间在游泳池畔戛然而止。从甬道转入，一顶硕大的帐篷立于池边，内有一张办公桌和一张方桌，几把藤椅、一个小铁床、一只帆布榻。这就是毛泽东夏令办公和小憩的处所。警卫员先行步入通报。毛泽东立刻自餐桌边伸出手来：“冒先生，欢迎你！”

后来，他们谈词的问题。一代风流人物谦虚地说：“愿闻高见。”舒湮自愧未承家学，仅记得父亲提到：诗变为词，小令衍的长调，不外增、减、摊、破四法。蜀后主孟昶的《玉楼春·冰肌玉骨》是两首七绝，经苏轼的增字、增韵而成八十三字的《洞仙歌》。诗词贵简练含蓄。孟昶原作本意已足，东坡好事，未免文字游戏。

毛泽东真是风趣的解人。他说：“东坡是大家，所以论者不以蹈袭前人为非，如果是别人，后人早指他是文抄公了。”

冒广生继而表述对300年来词人提倡填词必墨守四声的不同意见。认为：“拘泥太甚，则作茧自缚。写诗填词岂能桎梏性灵，何苦在高天厚地之中，日日披枷戴锁作诗囚？宋朝是词鼎盛时期，那时还没有词谱、词律和词韵呢。我作《四声钩沉》，即在提倡同体解放。”

毛泽东对这个提法很感兴趣，认为：旧体诗词格律过严，束缚人的思想，一向不主张青年人花偌大精力去搞，但老一辈的人要搞就搞得像样，不论平仄，不讲叶韵，还算什么格律诗词？掌握了格律，就觉得有自由了。

“主席讲的是。诗词既重格律，也讲遣词雅驯，力戒粗野，能兼顾而后能并美。”

毛泽东这时看了看表。“今天我们就谈到这里吧。冒先生的著作，我希望一读为快。”

舒湮将父亲的手稿本《疚斋词话》《四声钩沉》《宋曲章句》等四大册递交父亲转呈。毛泽东含笑接过，道声：“拜读。”

冒广生起立告别。毛泽东握着他的手说：“我过几天要到外地去。希望你老明年再来北京。”

毛泽东一定要送冒广生。他指着一泓碧波说：“我每天就在这里游泳。”他走了一程，忽然停步问：“老先生有何临别赠言？”

“现在党内整风。共产党能把这样大的国家治理得如此好，国势的强大是历史上从未有过的。”冒广生略一思索，继续说：“我记得佛经上说过，一头雄狮也不免被身上几只虮虱所苦。虮虱虽小，害莫大焉。请务必提防！”

毛泽东侧身问舒湮，说没听清楚两个字，是否指的那种寄生于人体或动物身上白色的小虫子？说时，他用拇指捻着食指形容着。

舒湮立定回答：“是的，主席。”

“讲得好呀！”毛泽东赶上一步，用严肃的表情，右手指着胸口说：“我一定牢记在心上。”

一霎时，不觉已走近汽车旁，警卫员拉开车门，毛泽东这时伸手掩护老人的头顶，叮嘱：“当心脑壳！”

他深知年近九旬的老人是不大可能重游京华了。此生最初的一面，也许就是最后的一面吧？他伫立良久，目送过去一代的人物行将与这世界告别。

汽车驶出好远了，冒广生父子依稀望见毛泽东高大的背影缓缓向归途移动。任何伟大人物也无法羁留时代的脚步。[①]

孟昶（919—965），初名仁赞，字保元，后蜀高祖孟知祥第三子，邢州龙冈（今河北邢台）人，五代时后蜀国君。公元934—965年在位。起家于西川节度使行军司马。后蜀建国，晋东川节度使，同中书门下平章事，充崇圣宫使。明德元年（934）即后蜀帝位后，抑制权臣，加强集权。得后晋秦、阶、成三州归附，又攻取凤州，悉有前蜀故地。宋太祖乾德三年（965），宋兵攻入成都，降宋，至汴京（今河南开封），被封为秦国公。同年卒。世称后蜀后主。能诗词，存词二首，分别为伍本《阳春白雪》和万历本《花草粹编》录存。其《玉楼春》原文是：

冰肌玉骨清无汗，水殿风来暗香满。绣帘一点月窥人，欹枕钗横云鬓乱。

起来琼户启无声，时见疏星渡河汉。屈指西风几时来，只恐流年暗中换。

冒广生先生认为孟昶这首《玉楼春》是两首七绝，经苏轼的增字、增韵而成八十三字的《洞仙歌》。《洞仙歌》原文是：

余七岁时，见眉山老尼，姓朱，忘其名，年九十岁。自言尝随其师入蜀主孟昶宫中，一日，大热，蜀主与花蕊夫人夜纳凉摩诃池上，作一词，朱具能记之。今四十年，朱已死久矣，人无知此词者，但记得首两句，暇日寻味，岂洞仙歌令乎？乃为足之云。

冰肌玉骨，自清凉无汗，水殿风来暗香满。绣帘开一点明月窥人。人未寝，欹枕钗横鬓乱。　　起来携素手，庭户无声，时见疏星渡河汉。试问夜如何？夜已三更，金波淡，玉绳低转。但屈指，西风几时来，又不道、流年暗中偷换。

① 舒湮：《1957年夏季，我又见到了毛主席》，《我眼中的毛泽东》，河北人民出版社1990年版，106—112页。

二词均写蜀主孟昶与花蕊夫人避暑摩诃池上之事，大意相近，苏词为详。下面只看苏词。上阕写避暑池上。“冰肌玉骨，自清凉无汗”，起首二句描写，先出人物花蕊夫人。不写她“花容月貌”，只说她“冰肌玉骨”，不写出其肌骨白皙。试想，盛夏之时，其人肌骨自凉，全无汗染之气，是多么与众不同。“水殿风来暗香满。”暗香者，何香？是殿里焚烧之熏香？是殿外风送莲荷之清香？还是“冰肌玉骨”之人，体自生香？一时俱难分析，留待读者思而得之。接下来，作者写道：“绣帘开，一点明月窥人。人未寝，欹枕钗横鬓乱。”这几句写帘开，写月照，写欹枕，写钗鬓，都是为了烘托天气太热，暑气难耐，才自然逼出下阕起视星汉。

“起来携素手，庭户无声，时见疏星渡河汉。”因天气太热，人不能寐，及风来水殿，月到天中，再也不能闭置绣户之内，于是携手中庭。所携之手着一“素”字，正与“冰肌玉骨”相应。来到中庭，时已深夜，万籁俱寂，悄无声响。唯有微风时送清香之气，精神为之一爽，顿时神旺，仰而见月，由看月而又看银河天汉，时见流星一点，掠过其间，写得何等超妙入神。“试问夜如何？夜已三更，金波淡，玉绳低转。”在大热之中静夜纳凉，不觉已久，才有“夜如何”之间。及闻已是三更，再观霄汉，果见月色转淡，北斗玉绳，柄更低垂。这表明夜已经很深了，应该是归寝的时候了。但是大热似乎并不随夜深而稍减，于是又不禁语曰：什么时候才得夏尽秋来，暑气全消呢？

总之，上阕写暑热，交代背景。换头处方写行止，以下写感受，写思索，写意境，写期盼。通篇不离大热二字，又以蜀永孟昶及花蕊夫人的风流韵事出之，越显得空灵剔透，兴味盎然。沈际飞在《草堂诗馀正集》中评道：“清越之音，解烦涤苛。”这个评价是恰当的。

《洞仙歌·冰肌玉骨》是苏轼的一首著名词作。因其题下小序交代了写作缘起，是词人7岁时，曾听一位90多岁的眉山老尼朱氏口述，当年蜀主孟昶与花蕊夫人，夜起避暑摩诃池上所作之词，40年后，成了大文学家的苏轼，把仅记得的两句加以补足，便成了今天的《洞仙歌》。

由于词人的这个交代，于是便引起了一场关于这首词的著作权的争论。否定此词为苏轼所作的，一说是苏轼檃括孟昶或花蕊夫人的两首七绝而成，持此说的是张仲喜《本事记》和田艺蘅《留青日记》，冒广生也持此说；一说孟昶所作原是一词，“蜀帅谢元明因开摩诃池，得古石刻，遂见全篇”，词曰：“冰肌玉骨，自清凉无汗。贝阙琳宫恨初远。玉阑干倚遍，怯尽朝寒；回首处，何必留连穆满。芙蓉开过也，楼阁香融，千片红英泛波面。洞房深深锁，莫放轻舟；瑶台去，甘与尘寰路断。更莫遣流红到人间，怕一似当时，误他刘阮。”此说见于赵闻礼《阳春白雪》。

笔者认为，当以东坡题下小序为正，原作不知是什么词牌，故有“岂洞仙歌令乎”之说。宋人所传孟昶或花蕊夫人《玉楼春》词和《洞仙歌》词，皆系据东坡此篇改写的。若孟词系原作，则东坡既抄袭了，又自言其所出，岂不太笨拙了吗？况且改作与苏氏原作相较，工劣自见。既然是苏氏所作，那么，他为什么又假托听老尼朱氏所言孟昶与花蕊夫人之事呢？笔者以为这不过苏氏的笔墨游戏，以增加其可信程度罢了。

冒广生先生认为诗变为词，小令衍为长调，不外增、减、摊、破四法，并举孟昶的《玉楼春》，苏轼经过增字、增韵而成83字的《洞仙歌》，只是一家之言，自然未可厚非。所以毛泽东很善解人意，不加评论，只是换了个角度，说苏轼是大家，所以人们不以蹈袭前人为非，既是对冒老先生的尊重，也委婉地表达了自己的不同意见，十分得体。至于“四法”作为诗变词之法，就更为偏颇了。因为词是起源于民间，并非由诗演变过来的，尽管它们之间有承传、借鉴。

“小舟从此逝，江海寄余生”

1956年夏，毛泽东到大江南北视察。五月底在长沙，毛泽东看到湖南各方面形势很好，十分高兴。他对周小舟说：“苏东坡讲‘驾一叶之扁舟’，那说的是小舟，你已经不是小舟了。你成了承载几千万人的船了。”①

毛泽东又说：“苏东坡驾一叶之小舟，那说的是小舟，‘小舟从此逝，江海寄余生’，是追求小我的自由。”②

周小舟（1912—1966），湖南湘潭人。延安时期曾任毛泽东秘书。后曾任中共冀中区委员会委员、宣传部部长。新中国成立后，曾任中共中央候补委员、湖南省委第一书记。1959年8月在中共八届八中全会上，被错误地定为“彭德怀、黄克诚、张闻天、周小舟反党集团”成员。1981年6月27日中共十一届六中全会通过的《关于建国以来党的若干历史问题的决议》指出：“八届八中全会关于所谓‘彭德怀、黄克诚、张闻天、周小舟反党集团’的决议是完全错误的。”

毛泽东谈话中所说苏东坡“驾一叶之扁舟”，见于宋人苏轼《经进东坡文集事略·前赤壁赋》，而“小舟从此逝，江海寄余生”，则见于苏轼词《临江仙·夜归临皋》。其原文是：

夜饮东坡醒复醉，归来仿佛三更。家童鼻息已雷鸣。敲门都不应，倚杖听江声。

长恨此身非我有，何时忘却营营？夜阑风静縠纹平。小舟从此逝，江海寄余生。

---

① 赵志超：《毛泽东和他的父老乡亲》，湖南文艺出版社1992年版，第401—402页。

② 《毛泽东回湖南纪实》，湖南出版社1993年版，第45页。

王文浩《苏诗总集》题作《壬戌九月，雪堂夜饮，醉归东皋作》。雪堂是苏轼在黄冈县东面的东坡所筑的房子。临皋在黄冈县南长江边上，苏轼的寓所在此。

这首词写于宋神宗元丰五年（1082）九月，记叙深秋之夜词人在东坡雪堂开怀畅饮，醉归临皋时的情形，抒发了他欲要放浪于山水之间的情怀。

上阕叙事。“夜饮东坡醒复醉，归来仿佛三更。”起首二句点明夜饮的地点，醉酒的程度和归来的时间。饮酒而至沉醉，当他回到临皋时，自然已经很晚了。“醒复醉”表现了他饮酒的豪兴。“仿佛”二字，传神地画出了词人醉眼蒙眬的情态。接着，三句写词人已回到寓所门外停留下来的情景：“家童鼻息已雷鸣。敲门都不应，倚杖听江声。”因为夜阑人静，万籁俱寂，所以词人伫立门外，能听到门里家童的鼾声。也正因为四周极其静谧，所以词人在敲门不应的时候，能够悠然“倚杖听江声”。读到这里，一位风神萧散的词人形象便浮现在我们的眼前了。从艺术手法来看，家童的鼻息声，词人的敲门声，长江的波涛声，都是以动衬静，以有声衬无声，就把夜之静、夜之深完全衬托出来了，使人有身临其境之感。

下阕抒情。“倚杖听江声”，这个富有启发性的句子很自然地引出下阕的内容。“长恨此身非我有，何时忘却营营？”两句都是用典，上句化用《庄子·知北游》“汝身非汝有也”句；下句化用《庄子·庚桑楚》“全汝形，抱汝生，无使汝思虑营营”。意思是说，一个人的形体精神是天地自然赋予的，此身非人所自有。为人当守本身，保其生机，不要因世事而思虑百端，随其周旋忙碌。这两句直抒胸臆的议论中充满着哲理意味。苏轼在政治上受了很大挫折，忧惧苦恼，向老庄思想寻求超脱之方。词人静夜沉思，豁然有悟，既然无法掌握自己的命运，就应当全身远祸。顾盼江山上的景色，是“夜阑风静縠纹平”，心与境会，神与物游，为此静谧美好的大自然所陶醉了。对于历尽宦海风波、九死一生的词人来说，现在置身于这宁静、旷阔的大自然中，会感到一种精神上的解脱。官场的忧愁与烦恼，人生的得失荣辱，刹那间都被老庄的“出世”思想所代替，进而追求一种新的人生。于是他情不自禁地产生脱离现实社会的浪漫主义遐想，唱道："小舟从此逝，江海寄余生。"他要趁此良辰美景，驾一叶扁舟，随波流逝，任其东西，将自己有限的生命融化在无限的大自然之中。末二句写得多么飘逸，又多么富有浪漫情调。这样的诗句，也只有从东坡磊落豁达的襟怀中才能流出，遂成为千古名句。

毛泽东批评苏轼是"追求小我（个人）的自由"，教育周小舟作为省委书记，应作承载全省人民的"大船"，即为全省人民谋福祉，意味深长。

“苏东坡《饮湖上初晴后雨》实在绝了”

毛泽东非常赞赏西湖。据在他身边工作过的同志回忆，毛泽东曾说过：“苏东坡《饮湖上初晴后雨》实在绝了，我不敢造次。”毛泽东手书过不少古诗词，其中有五首描写西湖景色。有唐代宋之问“楼观沧海日，门对浙江潮”，宋代林和靖“疏影横斜水清浅，暗香浮动月黄昏”，宋代柳永的《望海潮》词，南宋刘过《沁园春》词，明代高启《吊岳王墓》诗①。

1964 年，有一天，浙江省委书记谭启龙陪着毛泽东沿着西湖湖滨散步。正是江南春光明媚时节。毛泽东指着苏堤说：“修这道堤的苏东坡抓住了几点特色，他有诗道：

‘水光潋滟晴方好，山色空蒙雨亦奇。

欲把西湖比西子，淡妆浓抹总相宜。’

晴天的水，雨天的山，一浓抹，一淡妆，确是西湖之美啊。你看，阳光下桃李争艳的苏堤，就是‘水光潋滟晴方好’的浓抹之时啊。”②

本题共二首，这是第二首。

诗题中“饮湖上”是指在西湖上饮酒。在饮酒之间作者经历了天气由晴朗到下雨的变化，从而看到了西湖在晴天和下雨时的不同景色，抒发了自己的欣喜之情。

这是一首描写西湖景色的有名绝句。“水光潋滟晴方好，山色空蒙雨亦奇。”诗的前两句从天气刚晴又雨的具体情景着笔，把西湖迷人的景色作了典型描绘。首句写晴日照耀下碧波荡漾的湖面，次句写雨幕笼罩下缥

---

① 施奠东主编：《西湖志》，上海古籍出版社 1995 年版，第 111—112 页。

② 李约翰等：《和省委书记们》，中央文献出版社 1994 年版，第 65 页。

缈的山影。联系诗题《饮湖上初晴后雨》来看，两句所描摹的正是当天先后呈现的诗人眼前的真实景观。那一天，诗人在西湖上游宴，先是阳光明媚，后来又下了一阵雨。而在善于领略自然风光并对西湖有深厚感情的诗人眼中，无论是山是水，或晴或雨，都是美好奇妙的。从“晴方好”“雨亦奇”这一赞许，读者不仅可以想见在不同天气下的湖山胜景，也可想见诗人即景挥毫时的兴致及其洒脱的性格、开阔的胸怀。

“欲把西湖比西子，淡妆浓抹总相宜。”后两句诗人采用遗貌取神之法，把“西湖”比作“西子”。这个既空灵而又贴切的比拟就传出了湖山的神韵。“西子”，即西施，春秋末期越国著名的美人。或称先施，别名夷光，亦称西子。姓施，春秋末年越国学罗（今浙江诸暨南）人。越王勾践败于会稽，范蠡取西施献给吴王夫差，使其迷惑忘政。越遂亡吴。后西施归范蠡，同泛五湖。从西施能使夫差“迷惑忘政”，终至亡国这件事来看，西施一定是位美貌绝伦的佳人。但西施究竟是如何之美，无从考证，只能凭人们想象。人们凭借想象，丰富她，完美她。西湖瞬息万变之美，也是无法描写的。用西施作比，妙极了！西施这样的绝世美人，淡淡的装束也好，浓浓的粉黛也好，对于她来说总是适宜的。类比到西湖的景色，“水光潋滟”也好，“山色空蒙”也好，大自然无论怎么变化也都是极美的了。诗人把西湖和西施联在一起作比，唤起人们的想象，极富艺术魅力，实在是举重若轻之法。

这里，诗人抒发的是一时的才思，但这一比拟却传诵开来，遂成西湖定评（陈衍《宋诗精华录》）。从此，人们常以“西子湖”作为西湖的别称。南宋建都杭州，荒淫奢侈，亡国以后，方回《桐江绪集》卷二十四《问西湖》：“谁将西湖比西子？旧日繁华渐欲无。始信坡仙诗是谶，捧心国色解亡吴！”武衍在《正月二日泛舟湖上》云：“除却淡装浓抹句，更将何语比西湖？”苏轼本人对这首诗似乎也很自负，所以几次三番地把它的词意用在不同作品中，例如《次韵仲殊游西湖》：“水光潋滟犹浮碧，山色空蒙已欲昏”；《次韵刘景文登介亭》：“西湖真西子”；《次韵答马中玉》：“只有西湖似西子。”王文浩在《苏文忠公诗编注集成》中称这首诗是“前无古人，后无来者”的“名篇”，不为过誉。

毛泽东认为苏轼这首诗把西湖写绝了，自己“不敢造次”，评价很高。

“丹青意造本无法”

齐白石（1863—1957），原名纯芝，字渭清，后改名璜，字濒生，号白石，湖南湘潭人。现代书画家、篆刻家。早年曾为木工，后结交当地文人，学习绘画、诗文、篆刻、书法，靠为人写照、卖画、刻印为生。中年多次出游南北，57岁定居北京，专业卖画、刻印。60岁后，画风剧变，重视创造，融合传统写意画和民间绘画的表现技法，形成独特的艺术风格。擅作花鸟虫鱼，笔墨纵横雄健，造形简练质朴，色彩鲜明热烈；并善于把阔笔写意花卉与微毫毕现的草虫巧妙地结合在一起。亦画山水，人物。论画有“妙在似与不似之间，太似为媚俗，不似为欺世”的见解。篆刻初学浙派，后多取法汉代凿印，布局奇肆朴茂，单刀直下，劲辣有力。能诗文。

新中国成立后，曾任北京中国画院名誉院长、中国美术家协会主席。1953年，中央人民政府文化部授予他“中国人民杰出的艺术家”光荣称号，后当选为全国人大代表，获德意志民主共和国艺术科学院院士衔、世界和平理事会1955年度国际和平奖金。

1949年1月31日，北京和平解放了。历尽旧时代沧桑的86岁高龄的画家齐白石，从此步入了新时代的幸福坦途，受到党和国家无微不至的关怀。因为有一件事要办，毛泽东曾亲笔写信给他，字里行间充满了人民领袖对老画家的尊敬谦和之情，信中还邀请他以无党派民主人士身份参加新政协会议，共商建国大计。齐白石看了信，高兴得一夜没有合眼。

为了表达对毛泽东的一片崇敬之情，齐白石精心选出了两方名贵的寿山石章料，操起刻刀，精心镌刻了“毛泽东”朱、白两方印章，用宣纸包好，托诗人艾青呈献给毛泽东。

毛泽东是人民领袖，又是书法艺术的爱好者。他收到齐白石赠送的两方印章，如获至宝，看了又看，还发现包印章的是一幅画，让秘书保存起来，裱好。于是出现了一场“争画”的珍闻。

毛泽东从小受到了中国传统文化的熏陶，青少年时代就打下了书法基础。他早年受晋唐楷书和魏碑的影响，用笔严谨而又开拓。不论是在革命战争年代，还是在全国解放以后，他经常阅览字帖。1949 年他出访苏联时，还随身带着《三希堂法帖》。1955 年以后，他让身边工作人员广泛收集碑帖，在给秘书田家英的信中写道：

> 请将已存各种草书字帖清出给我，包括若干拓本（王羲之等），于右任千字文及草诀歌。此外，请向故宫博物院负责人（是否郑振铎？）一询，可否借阅那里的各种草书手迹若干，如可，应开单据，以便按件清还。

毛泽东所存拓本及影本碑帖六百多种，看过的也有近四百种，真可谓博览群帖，就这样浇灌滋润出了毛泽东独创一格的书法艺术之花，他一生留下了大量的传世墨宝。

酷爱书法艺术的毛泽东收到齐白石赠送的两枚印章，深为喜爱。为了答谢白石老人，毛泽东在中南海设宴，请郭沫若作陪。

著名史学家郭沫若也非常喜欢书法和绘画，常为名画题词，对于齐白石的画更是欣赏备至。他为齐白石的画《白菜萝卜》题词：“大白菜，半头红，老农本质是英雄。堆肥选种，栉雨沐风。肥根厚叶皆辛苦，艺术三昧在其中。愿在战斗里成长，多种精神粮食，永远不倦如老农。”即使齐白石逝世后，郭沫若还是高度评价齐白石的精神，指出他的成绩的取得，“主要是因为他有为人民服务的献身的劳动精神”，值得大家学习景仰，并发表悼念题词：“百岁老人永使百花齐放，万年不朽赢得万口同声。”

毛泽东常以文会友，结交相知，一个伟大领袖、一个文坛巨匠、一个画坛宗师，酒席间，三人谈诗论画，不亦乐乎。毛泽东首先端起酒杯，向白石老人敬酒，感谢他赠送印章和国画。齐白石为之一怔，问毛泽东：“我什么时候为主席作过画？”毛泽东笑着对秘书说：“把画拿来，请画家亲自验证验证。”

这是一幅国画，上面画着一棵郁郁葱葱的李子树，树上有一群毛绒绒的小鸟，树下有一头憨厚的老牛侧着脑袋望着小鸟出神，颇有意境。齐白石见画后恍然大悟，这是他练笔的“废品”，没注意用来给毛泽东包印章了。这确是包印章的那幅练笔画，毛泽东让人用全绫装裱起来，就成了一件珍品。

齐白石不好意思地说：“主席，都怪我疏忽大意，这废作说什么也不能给您，您若喜欢这种笔墨，我回去马上画。”

“我喜欢的就是这一幅嘛！”毛泽东固执地说。

齐白石听罢站起身来，一甩长髯，说：“主席再不允许，我可要抢了！”

郭沫若见势忙走过来，用身体挡住画说：“白老这件墨宝是送给郭沫若的，要想带走，应当问我！”

“送给你的？”齐白石惊诧地问。

“这不，画上标着我的名字吗？”郭沫若解释说。

齐白石看看画，画上没有一个字。他又看看郭沫若，摇摇头，猜不透其中的含义。

郭沫若看到齐白石那副认真的样子，笑了起来，他指着画说：“这树上画了几只鸟？”

“五只。”

“树上五只鸟，这不是我的名字吗？”郭沫若把“上五”两个字的语气说得很重。

齐白石手捋长髯大笑起来：“好！郭老大号正是‘尚武’，您真是诗人的头脑哇！”

“快快与我松手，没看见画上标有本人的名字嘛？”毛泽东说。

“您的名字？”郭沫若和齐白石都愣了。

看着两个人发愣的样子，毛泽东哈哈大笑起来，怡然自得地说：“请问，白老画的是什么树？”

“李子树。”

“画得茂盛吗？”

"茂盛。"

"李树画得很茂盛——这不是敝人之名讳吗？"

"李得盛"与毛泽东转战陕北时的代号"李得胜"同音，所以毛泽东说此画是赠给他的。

齐白石乐了："如此说来，拙画还有点意思。那么，劳驾两位在卷上赏赐几个字，如何？"

二人欣然应允，毛泽东挥笔题书"丹青意造本无法"，郭沫若接对"画圣胸中常有诗"。

齐白石得此墨宝，喜出望外："两位这样夸奖白石，我可要把它带走啦。"

两位政治家斗不过一位艺术家，三人相视，哈哈大笑起来。

书与画在毛泽东与齐白石之间架起了一座友谊的桥梁。

在新中国成立一周年的前夕，齐白石在他的自存作品中挑出两件最精美的作品送给毛泽东，一件是 1937 年写的篆联："海为龙世界，云是鹤家乡"。蛟龙入海，鹤翔云天，铿锵有力，气魄雄伟。这幅五言篆书最能表达老画家宽阔的胸怀、高尚的思想境界和宏远的理想抱负。另一件是 1941 年画的《鹰图》，巨鹰雄立，顾盼生姿，大有叱咤风云的气概。这两件作品是齐白石的得意之作，原想自己珍存。此次呈送毛泽东，以表自己对毛泽东的敬佩和爱戴之情。同时赠送给毛泽东的还有一方石砚。这方石砚是用齐白石家乡湖南的花岗石做的，质地坚硬，发墨快而滋润。毛泽东收下这些珍贵的礼物后，很快派人给齐白石送去一笔丰厚润笔费表示感谢。

1952 年，齐白石和几位画家共同创作了一幅大画《普天同庆》，呈献给毛泽东。毛泽东收到大作，十分高兴，立即给齐白石写了封感谢信：

白石先生：

承赠《普天同庆》绘画一轴，业已收到，甚为感谢！并向共同创作者徐石雪、于非闇、汪慎生、胡佩衡、溥毅斋、溥雪斋、关松房诸先生致谢意。

毛泽东

一九五二年十月五日

这不是一封普通的信函，而是一件潇洒、醉人的书法珍品。书作和文意一样轻松、自由，给人以美感，使人欢心、愉快。

1953 年 1 月 7 日，是齐白石的 90 岁寿辰，首都文化艺术界为他举行了盛大庆祝会。庆祝会后不久，齐白石收到了毛泽东派人送来的礼品：一坛湖南特产茶油寒菌，一对特制长锋纯羊毫书画笔，一支东北野山参，一架鹿茸。收到这些珍贵的礼品，齐白石暮年逢盛世的幸福感油然而生，感叹道："古人说，'蔗境弥甘'，我可是享了这个福了。"

生日过后，齐白石创作了《旭日老松白鹤图》和《祝融朝日图》两幅画送给毛泽东。旭日象征光明和温暖，老松和白鹤是祝福毛泽东长寿；祝融朝日寓意湖南升起红太阳，以此来报答毛泽东对他的深情厚谊，歌颂毛泽东的英明伟大。

毛泽东在齐白石的画上题的"丹青造化本无法"的诗句，见于宋代苏轼《石苍舒醉墨堂》诗。原文是：

人生识字忧患始，姓名粗记可以休。
何用草书夸神速，开卷惝怳令人愁。
我尝好之每自笑，君有此病何能瘳。
自言其中有《至乐》，适意无疑《逍遥游》。
近者作堂名醉墨，如饮美酒消百忧。
乃知柳子语不妄，病嗜土炭如珍羞。
君子此艺亦云至，堆墙败笔如山丘。
兴来一挥百纸尽，骏马倏忽踏九州。
我书意造本无法，点画顺手烦推求。
胡为议论独见假，只字片纸皆藏收。
不减钟张君自足，下方罗赵我亦优。
不须临池更苦学，完取绢素作衾裯。

石苍舒，字才美（本传作"才翁"），长安（今陕西西安）人，善草书，他家藏有唐书家褚遂良写的《圣教序》真迹，故起堂取名"醉墨"。

石氏与苏轼过从甚密，苏轼在凤翔任时，往返常过其家。熙宁元年（1068）苏轼凤翔任满还朝，在石家过年，石氏因邀苏轼作诗。苏轼回到东京（今河南开封）任监官时，写了这首诗寄给石氏。醉墨，谓醉中所作的书法诗画。

苏轼是大书法家，他和米芾、蔡襄、黄庭坚合称“宋四家”。他有多篇诗论及书法，而这首诗提出“我书意造本无法”，是苏氏论书的核心观点，极富理论意义和实践意义。

这是一首七言古诗。全诗二十四句，每八句为一层，可分为三个层次。从开头至“适意无异《逍遥游》”，前八句为第一层，写石苍舒和作者都爱好书法。作者把书法先从“识字”入手，起笔奇特。接着用兴，借用西楚霸王项羽“书足记姓名而已”的话。意谓识字本多余的事，更何况识草字，写草字，又写得龙飞凤舞，让人打开书卷一看惊叹不已，岂非更为不对！“惝恍”二字形容草书变化无端。“令人愁”，明贬暗褒。开头四句破空而来，合写二人而侧重对方。五六二句从自己到对方，在章法上是转换处，诗人用“我尝好之”对比“君有此病”，也是明贬暗褒，暗伏对方草书工力之深，引出七八两句，把《庄子》中两个篇名，作为石氏草书的两种境界，来赞美他的草书成就。这是诗的第一层。

从“近者作堂名醉墨”至“骏马倏忽踏九州”共八句，为第二层，围绕“醉墨”二字，进一步写石氏的草书成就。“近者作堂名醉墨，如饮美酒消百忧，”二句正面点明石氏用“醉墨”名堂的用意，也是点醒题旨。接下两句又用柳宗元的比喻回应“君有此病何能瘳”，看似批评，实是褒扬。孔子曰：“知之者不如好之者，好之者不如乐之者。”乐此不疲，造诣必深。下面四句便是正面赞美：“君于此艺亦云至”，先总赞其成就之高，再暗用前人“笔冢”的故事写其用力之勤，再写其造诣之深，这是用力之勤的必然结果。这两句又和篇首“神速”句呼应，一正写，一比喻，条理井然，语言飞动。

“我书意造本无法”至篇末共八句，为第三层，提出论书的主张，与石苍舒共勉。“我书”四句回到自己，上应“我尝好之”句先谦抑，表明不上规模，实际上戛戛独创。“意造”，意谓凭想象力进行创作。作者说自己作书意造无法，只是随手点画，信手挥洒，厌于推求笔法。接下两句反问石苍舒，为何对我的书法如此偏爱，看似自我否定，实有自负之意。末四句又由作者回到石氏，对其称赞并进行勉励。怀素说："王右军云，吾真书过钟而草不减张。仆以为真不如钟，草不及张。""不减钟张"即翻用这个典故赞美石苍舒。汉末张芝和罗晖、赵袭并称，张芝自称："上比崔杜不足，下方罗、赵有余。"（《晋书·卫恒传》"下方罗赵"句即正用此典收束"我书"。二句是说石苍舒书法可与钟张相比，自谓比罗叔景、赵元嗣略胜一筹。末二句又用张芝临池学书典故，说不须像张芝那样临池苦学，与其拿绢帛来写字，不如用来作被褥。回应篇首四句，石我双收，有彼此互勉之意。

东坡论书法不斤斤较工拙于波磔之间，故能超乎书法而意境自高。"我书意造本无法"这种主张，与他的诗论、文论主张是一致的，即崇尚自然，重视想象。为了把丰富多彩的客观事物准确、生动地描绘出来，他主张艺术创作应该驰骋艺术想象，打破一切格套，自由表达。所谓"吾文如万斛泉源，不择地而出"，"与山石曲折，随物赋形"（《文说》），"大略如行云流水，初无定质，但常行于所当行，常止于所不可不止，文理自然，姿态横生"（《答谢民师书》），等等，实际上都是说的这个意思。

“空梁落燕泥”，“春江水暖鸭先知”

1949 年 5 月 5 日，毛泽东派秘书田家英去颐和园接柳亚子到香山寓所叙谈。其间谈论了南北朝诗人谢灵运《登池上楼》、隋朝诗人薛道衡《昔昔盐》、宋朝诗人苏轼《题惠崇春江晓景》等诗篇，并论及其中“池塘生春草”“空梁落燕泥”“竹外桃花三两枝、春江水暖鸭先知”等名句。

中午，毛泽东宴请柳亚子，作陪的有朱德、江青、女儿李讷和秘书田家英。

毛泽东将上述诗句题写在柳亚子《羿楼纪念册》上，并作一题记：“一九四九年五月五日柳先生惠临敝舍，曾相与论及上述诸语，因书以为纪念。”①

谢灵运《登池上楼》，另见。

薛道衡（540—609），字玄卿，河东汾阴（今山西万荣西）人。隋诗人。历仕北齐、北周，隋时官司隶大夫，后为炀帝所害。其诗词藻华艳，少数边塞诗较为雄健。明人辑有《薛司隶集》。

“空梁落燕泥”出自其所作《昔昔盐》，原文如下：

垂柳覆金堤，蘼芜叶复齐。
水溢芙蓉沼，花飞桃李蹊。
采桑秦氏女，织锦窦家妻。
关山别荡子，风月守空闺。

---

① 中共中央文献研究室编：《毛泽东年谱》（下），人民出版社、中央文献出版社 1993 年版，第 496 页。

恒敛千金笑，长垂双玉啼。
盘龙随镜隐，彩凤逐帷低。
飞魂同夜鹊，倦寝忆晨鸡。
暗牖悬蛛网，空梁落燕泥。
前年过代北，今年经辽西。
一去无消息，那能惜马蹄。

这是一首著名的闺怨诗。“昔昔盐”，曲调名。“昔”，通“夕”，“昔昔”，犹夕夕、夜夜；“盐”，犹“艳”，“艳”是曲的别名。

全诗描写一位少妇怀念在外从军的丈夫，着重描写思妇“风月守空闺”的空虚惆怅的心情。

全诗二十句。开头四句写垂柳、蘼芜、芙蓉和飞花，展现出一幅春光融和的春景，暗示思妇春心荡漾的心态。

“采桑秦氏女”等十二句，采用比喻、烘托、细节描写等多种修辞手法，描写女主人公“风月空闺”的孤寂心境。前四句交代人物的身份和处境，以《陌上桑》中的秦罗敷和编织回文诗的苏蕙比喻诗中的女主人公，十分贴切。接下来八句，通过典型的环境烘托和细节描写，展示人物的相思之苦和悲寂之情。“双玉”指代泪水。“盘龙”句写厌倦梳妆的思妇，将以“盘龙”为饰的铜镜长久地隐藏在匣中，“彩凤”句写懒于整理闺房的思妇，使绣有彩凤的帷帐不上钩而下垂。“夜鹊”化用曹操《短歌行》中“月明星稀，乌鹊南飞。绕树三匝，何枝可依”诗意，犹言丈夫远离、妻子无所依靠。“暗牖”二句是历代传诵的名句，上句从“蟏蛸在户”（《诗经·豳风·东山》）化出。极写窗棂上挂满蜘蛛网，空梁上破损的燕窠滴落下几许泥，为读者留下了较大的想象的空白，提供了广阔的想象空间，极富表现力。刘悚《隋唐嘉话》记载：“炀帝善属文，而不欲人出其右。司隶薛道衡由是得罪。后因是诛之，曰‘更能作空梁落燕泥否？’此系传闻，虽与薛道衡被害关系不大，但这种典型环境的细节描写，是艺术的创造，因而在当时流传极广，影响颇大。

“竹外桃花三两枝，春江水暖鸭先知”出自宋人苏轼《题惠崇春江晓景》之一，其全文是：

竹外桃花三两枝，春江水暖鸭先知。
蒌蒿满地芦芽短，正是河豚欲上时。

此题共二首，这是第一首。

惠崇是北宋九僧之一，福建建阳人，能诗善画，尤擅长画鹅、雁、鹭和寒汀远渚小景。

这两首诗是苏轼元丰八年（1085）在汴京（今河南开封）为惠崇的画所作的题画诗。从诗的内容可以看出，原画是一幅鸭戏图。画今已佚，苏轼的诗则广为传诵，脍炙人口。

诗的前三句，是画面上已有的景物。分别来看：第一句“竹外桃花三两枝”，画的是地面景物；第二句“春江水暖鸭先知”，画的是江面景物；第三句“蒌蒿满地芦芽短”，画的是江边景物。单就画面而言，取景精美，布局合理。其中有地面上青翠的竹子，三两枝盛开的桃花；江面上溶溶的春水，嬉戏的鸭子；岸边茂密的蒌蒿，鲜嫩的芦芽等，真不愧是一幅好画。但苏轼并没有被原画所囿。他凭着诗人善于体物察情的独特艺术敏感和丰富的想象力，从鸭子的戏水感知江水之“暖”，从满地芦苇联想到“河豚欲上”，把人们从画境中直接带入春意盎然、充满生机的大自然中去，写出了视觉之外的春江暖意和潜伏在这股流之下的生命律动。水的冷暖和水中动物世界的活动，都是画家难以用画笔所表达的，但诗人却用诗笔成功地描绘出来了。诗人写鸭近水最先知道春的消息，后引申为某一新的情况或消息被某些消息灵通人士最先知道，赋予它以普遍意义，故成为流传千古的名句。

秦少游“是一个很有才华的人”

1960 年 3 月 12 日，毛泽东在湖南郴州视察，当天晚上在专列上接见了湖南省、地、市委书记。当他知道陈洪新是郴州地委书记时，便饶有兴味问道：“郴州有个‘三绝碑’，你看过吗？”陈洪新不好意思地回答：“没看过。”毛泽东示意大家坐下，便娓娓叙说起苏仙岭“三绝碑’的故事。

毛泽东说：古时候，郴州这个地方，是蛮荒之地，很荒凉，鞭长莫及，谁也不愿意去的地方。宋朝有个秦少游，是一个很有才华的人。经苏轼的推荐，应召进京，当过秘书省正字，兼国史院编修官，是个著名词学家。后来因为新旧党争，他受“元祐党人”的牵连，遭章惇的排挤和打击，最后削去官职，于绍圣三年（1096），安置到郴州当老百姓。秦少游含冤被贬，远离亲朋，穷愁潦倒，忧愤满腹，又没有地方去讲，后来他就写了《踏莎行 · 郴州旅舍》一词。毛泽东吸了一口烟，接着便琅琅有声地背诵起来：

雾失楼台，月迷津渡，桃源望断知何（无寻）处。可堪孤馆闭春寒，杜鹃声里残（斜）阳树（暮）。

驿寄梅花，鱼传尺素，砌成此恨无重数。郴江本（幸）自绕郴山，为谁流下潇湘去？

毛泽东一字不漏地背完这首词，继续讲道：这首词将一个在封建阶级内部冲突中，受排挤打击的知识分子不得志的心境，描述得淋漓尽致。苏东坡很喜欢这首词，因为秦观与他同病相怜。四年后，秦观病死，苏东坡为怀念朋友，将此词抄在自己的扇子上，并附上跋语：“少游已矣，虽万人何赎。”后来，书法家米芾以其沉着俊逸的书法将秦词苏跋写下来。宋朝以“淮海词、东坡跋、米芾笔”之造诣精深而谓之“三绝”。秦观死后166年，南宋有个名叫邹恭的来郴州当知州，再把原碑拓片，转刻在苏仙岭白鹿洞的大石壁上，就是今天我们能看到的“三绝碑”。这块碑很有历史价值，是我们国家在文学艺术上的瑰宝，要很好地加以保护。

毛泽东亲切地望着陈洪新，语重心长地说：“过去郴州是瘴疫之地，文人骚客多贬于此。现在郴州不同了吧？”陈洪新激动地回答：“现在很好，我很安心，我们一定要把郴州建设好。”

事后，陈洪新等落实了修复和保护“三绝碑”的措施，使之重放光彩[①]。

秦观（1049—1100），字少游、太虚，号淮海居士，高邮（今江苏高邮）人，北宋词人。曾任秘书省正字，兼国史院编修官等职。因政治上倾向于旧党，被目为元祐党人，宋哲宗绍圣后累遭贬谪。文词为苏轼所赏识，是“苏门四学士”之一。词属婉约一派，多写男女情爱，也颇有感伤身世之作。又能诗。有《淮海集》。

米芾（1051—1107），字元章，祖居太原，后迁湖北襄阳，定居润州（今江苏镇江）。北宋书画家。书法与蔡襄、苏轼、黄庭坚并称“宋四家”。

秦观《踏莎行·郴州旅舍》原文是：

雾失楼台，月迷津渡，桃源望断无寻处。可堪孤馆闭春寒，杜鹃声里斜阳暮。

驿寄梅花，鱼传尺素，砌成此恨无重数。郴江幸自绕郴山，为谁流下潇湘去？

宋哲宗绍圣初年，新党重新当政，排斥元祐党人。秦观也因旧党的关系在朝廷里受到排斥，一再遭贬，削掉了官职，远徙郴州（今湖南郴州）。

① 陈晋主编：《毛泽东读书笔记解析》，广东人民出版社1996年版，第1492—1493页。

政治失意，孤独愁苦，遂于次年，即绍圣四年（1097）写了这首词。

上阕写景，景中含情，抒发困居郴州旅舍的愁绪。“雾失楼台，月迷津渡”，起首二句互文见义，不当分解，意思是春天傍晚的郴州，雾气氤氲，月色朦胧，楼台渡口皆不可见。接着第三句说：“桃源望断无寻处。”是说那个陶渊明笔下的世外桃源（在郴州以北的武陵），更是云遮雾罩，无处寻觅了。作者为什么忽然想到桃花源呢？因为东晋大诗人陶潜笔下的桃花源，是一方世外乐土。那里男耕女织，民风古朴，“春蚕收长丝，秋熟靡王税”，没有剥削，没有压迫，人们过着自由自在的生活。那种自由、美好而无倾轧的地方，是失意之士逃避现实最为理想的场所。开头三句，作者用了“失”“迷”“无”三个否定词语，接连写出三种在人们的现实生活和想象中存在的美好事物的消失，表现了一个屡遭贬谪之人的怅惘之情和对前途的渺茫之感。眼前一片迷茫，不知所从，只得自伤沦落，这就逼出了“可堪孤馆闭春寒，杜鹃声里斜阳暮”两句凄厉之语，不仅点明时在春天傍晚，而且引出人物。试想，在春寒料峭之中，孤馆冷落之处，夕阳西下、杜鹃啼血之时，多愁善感的词人将如何忍受？

下阕抒情，写作者思亲怀乡的复杂情思。“驿寄梅花，鱼传尺素”，二句用典，借以抒情。“驿寄梅花”，见于《荆州记》载陆凯写诗寄给远离故乡的范晔，作者显然是以范晔自比。“鱼传尺素”是用汉乐府《饮马长城窟行》诗意，指书信往来，作者也是以飘零之人自喻。亲朋的书信，引起无尽的乡思。书信越多，离恨也就积累得越多，于是便“砌成此恨无重数”了。离恨可积，不仅使抽象微妙的思想感情形象化了，而且也使人想见词人心中的积恨是何等的沉重而又无法消解啊！

“郴江幸自绕郴山，为谁流下潇湘去？”结末二句，后人解释歧见颇多：或以为词人怪郴江无端与山分离，暗喻把握不了自己的命运，寄慨沦落；或以为郴江本应环绕郴山不去，但难耐郴州寂寞而远下潇湘二水，暗喻自己羁留郴州，不得自由；或以为自己本应安居故乡，不该出外做官，有深悔误入仕途之意。等等，等等，不一而足。以上诸说各有所窥，都不无道理。但笔者认为，人的感情本来就是复杂的，处境艰难的作者，当时的心情也不会是单一的，虽然如此，既羡郴江有幸能环绕郴山，感喟人生本可自主，又哀郴江无端离去，叹惜人生不得自主，自伤沦落；再加之思念故乡，怀念亲友。凡此数端，兼而有之，岂不可乎？这结末二句，意蕴丰富，不可呆看。据《冷斋夜话》载：“东坡绝爱其尾两句，自书手扇。少游死，曰：‘少游已矣，虽万人何赎！’”这无非是因为苏轼与秦观都屡受贬谪，同病相怜。此二句虽发自秦观的肺腑，却道出了二人乃至左迁飘零一流人物的共同心声。

“忆昔午桥桥上饮，座中多是豪英”

陈毅作为一位元帅诗人，在他的一生中，对毛泽东的诗词是十分推崇和珍爱的，而毛泽东作为陈毅的一位忠实诗友，则又时常关注着陈毅的诗作。

早在井冈山时期，陈毅就是毛泽东的诗友。每有余暇，两人便在一起谈论诗词或者朗诵中国古典诗词。后来，陈毅在回忆这一时期的生活时曾说，毛泽东在井冈山时很喜欢宋朝诗人陈与义的一首《临江仙》词：

忆昔午桥桥上饮，座中多是豪英。长沟流月去无声。杏花疏影里，吹笛到天明。

二十余年如一梦，此身虽在堪惊。闲登小阁看新晴。古今多少事，渔唱起三更[①]。

陈与义（1090—1138），字去非，号简斋，洛阳（今河南洛阳）人。宋徽宗政和三年（1113）上舍甲科，授开德府教授。南宋高宗绍兴年间，累官参知政事。从高宗至建康（今江苏南京）。还临安（今浙江杭州），提举洞霄宫，卒。长于诗。他是江西诗派的代表性作家之一。词虽不多，“识者谓可摩坡仙（苏轼）之垒”。有《简斋集》，附《无住词》18首。

陈与义是两宋之交的著名诗人，也善于填词。他平生致力于诗，所作甚多，约600首，而其词作仅有其《无住词》18首，其中绝大部分，是他晚年奉祠退居湖州青墩镇寿圣院僧舍时所作。青墩僧舍有“无住庵”，陈

① 袁德全：《毛泽东与陈毅之谜》，上海古籍出版社2006年版，第354—355页。

与义曾在这里住过，故遂以“无住”名词。

这首《临江仙》词题作《夜登小阁，忆洛中旧游》，约作于宋高宗绍兴五年（1135）前后，是陈与义退居青墩镇僧舍时所作，时年四十六七岁。陈与义是洛阳人，他追忆20多年前的“洛中旧游”。那时是宋徽宗政和年间，天下还太平无事，可以有游赏之乐。其后金兵南下，北宋灭亡。陈与义流离失所，逃难南方，艰苦备尝。而南宋朝廷则在播迁之后，仅能苟且偷安。词人回忆起20多年前的往事，真是百感交集，因作此词抒发自己的身世悲慨。但是当他作词以抒发这种感慨时，并不直写事实，而是用空灵的笔法以唱叹出之。

上片是追忆洛中旧游。“忆昔午桥桥上饮，座中多是豪英”，起首二句叙事，亦是点醒题目。“午桥”，在洛阳南十里许，是个佳胜去处。唐代名相裴度任东都留守时曾居其间，筑绿野堂别墅，与白居易、刘禹锡交游，把酒相欢其间。宋人张齐贤，在宋太祖幸西都时，以布衣陈十策。太祖归谓晋王曰：他日可使辅汝为相。太宗即位，取进士，置下第。帝不悦，一榜尽赐及第。以大理评事通判衡州。真宗时官至兵部尚书、同中书门下平章事，寻以司空致仕。他议论慷慨有大略，留心刑狱。归洛阳，得裴度午桥庄，日与故旧游钓其间。午桥庄亦是词人和旧友们的相聚之所，遂成为词人历久难忘、频频回顾的触发点。“忆昔”领起上阕的意境和意趣的描述，把时间和空间一下子推展开去。

最能激发词人思旧之绪的是“午桥桥上饮”的情景。忆午桥之饮，其核心是忆座中豪英。接着词人便描绘了一幅幽美而极富神韵的豪英夜饮图：“长沟流月去无声。杏花疏影里，吹笛到天明。”午桥濒临洛河，“长沟”，当指洛河。天上的明月映在河里，河水默默地流向远方。满座豪英开怀畅饮，酒酣耳热之时，议论风发，不可抑止。然后又在朦胧的月光中、枝叶扶疏的杏花底下吹笛取乐，悠扬的笛声一直响到天明。“长沟流月”的天上地下的空间配置，使境界开阔舒展。月光临照，投影水中，无声地流向远方而去。“去无声”，点染“长沟流月”的独有特征，创造出一种幽美意境。词人远送水、月而去，视线却落在桥畔。“杏花疏影”的迷离景象，犹如一幅淡勾轻勒的水墨画。当然，“无声”是为了突出有声，果然，豪英们“吹笛到天明”。吹笛竟到天明，一句写尽旧游的盛况、旧友的豪情。至此，二十余年来难以释怀的旧游图景便惟妙惟肖地描绘出来了。由“无声”到有声的转换，是格调、氛围由静谧到昂奋的变化。清人沈际飞《草堂诗馀正编》曰：“流月无声，巧语也；吹笛天明，爽语也。”由“巧语”到“爽语”，正显示出这种情绪变化的轨迹。

下阕写闲登小阁看见所感。“二十余年如一梦，此身虽在堪惊。”起首二句一下子说到当前，两句中包含了南北宋交替之际二十多年中无限的国事沧桑、自身颠沛流离的艰辛和知交零落之感，内容极其丰富，而用笔极其空灵。

“闲登小阁看新晴。古今多少事，渔唱起三更。”接下来三句，不再接上文之意发抒悲叹，而是宕开去写。想到国家的兴亡盛衰，古今同慨，于是看新晴，听渔唱，将沉挚的悲感化为旷达。

这首词疏快明亮，浑成自然，如水到渠成，不见矜心作意之迹。宋代张炎称此词“真是自然而然”（《词源》卷下）。

毛泽东在揭竿而起后的井冈山斗争时期，喜读陈氏写昔年与朋友优游生活的词作，是对往昔“携来百侣曾游”生活的回忆，又是渴求“豪英”心情的流露。

“无可奈何花落去，似曾相识燕归来”

1964年11月4日，在人民大会堂北京厅，毛泽东和中央其他领导人听周恩来讲去莫斯科和苏共新领导人会谈的情况，分析苏共新领导的趋向，毛泽东认为他们“实行的可能是没有赫鲁晓夫的赫鲁晓夫主义”，接着他说：

> 赫鲁晓夫的垮台和苏共新领导的趋向，很可能像我国古代词人所形容的那样：“无可奈何花落去，似曾相识燕归来。”①

1959年3月10日，西藏上层反动集团在外国势力支持下，蓄意破坏《关于和平解放西藏办法的协议》的实行，公开宣布“西藏独立”。17日，达赖喇嘛逃往印度。19日，叛乱分子发动对人民解放军驻拉萨部队和中央代表机关的全面进攻。中国人民解放军驻藏部队于20日对拉萨叛乱武装实施反击，并相继平息了其他地区的武装叛变，维护了国家统一和民族团结。

4月15日，毛泽东在第十六次最高国务会议上的讲话中讲到西藏问题时说：

> 有些人对于西藏寄予同情，但是他们只同情少数人，不同情多数人，一百个人里头，同情几个人，就是那些叛变分子，而不同情百分之九十几的人。在国外，有那么一些人，他们对西藏就是只同情一两

① 吴冷西：《冷战十年》（下），中央文献出版社1999年版，第883页。

万人，顶多三四万人。……我们则相反，我们同情一百一十几万人，而不同情那少数人。

那少数人是一些什么人呢？就是剥削、压迫分子。……

有些人，像印度资产阶级中的一些人，又不同一点，他们有两面性。他们一方面非常不高兴，非常反对我们三月二十日以后开始的坚决镇压叛乱，非常反对我们这种政策，他们同情叛乱分子。另一方面，又不愿意跟我们闹翻，他们想到过去几千年中国跟印度都没有闹翻过，没有战争，同时，他们看到无可奈何花落去，花已经落去了。一九五四年中印两国订了条约，就是声明五项原则的那个条约，他们承认西藏是中国的一部分，是中国的领土。他们留下一手，不做绝。①

毛泽东在讲话用“无可奈何花落去”来形容1959年西藏叛乱平定后的西藏形势，十分贴切。他们同情叛乱分子，希望不要被平灭，但人民解放军迅速地平定了叛乱，已成定局，他们也只有“无可奈何”了。这句诗出自宋代词人晏殊的《浣溪沙》。

晏殊（991—1055），字同叔，抚州临川（今江西临川）人，北宋词人。7岁能属文，以神童荐。真宗景德二年召试，赐同进士出身。仁宗庆历间，官至集贤殿学士。同平章事兼枢密使。卒，谥元献。其词擅长小令，多表现官僚士大夫的诗酒生活和悠闲情致，语言婉丽，颇受南唐冯延巳的影响。原有集，已散佚，仅存《珠玉词》，清人辑有《晏元献遗文》。

《浣溪沙》的原文是：

一曲新词酒一杯，去年天气旧亭台。夕阳西下几时回？
无可奈何花落去，似曾相识燕归来。小园香径独徘徊。

这是晏殊的名作之一。无名氏《草堂诗余》误为李璟作。它之所以有

① 毛泽东：《关于西藏平叛》，《毛泽东文集》第八卷，中央文献出版社1999年版，第44页。

名，在于其中“无可奈何花落去，似曾相识燕归来”二句，属对工巧流利，意蕴丰富，博得不少名家的赞赏。明代诗论家杨慎曰：“‘无可奈何’二语工丽，天然奇偶。”（《词品》）沈际飞曰：“‘无可奈何花落去’，律诗俊语也，然自是天成一段词，著诗不得。”（《草堂诗余正集》）王士稹曰：“或问诗词、词曲分界，予曰：‘无可奈何花落去，似曾相识燕归来’，定非香奁诗。‘良辰美景奈何天，赏心乐事谁家院？’定非草堂词也。”（《花草蒙拾》）

作者自己对此二句也颇为得意，曾经在诗、词中重复使用。据《词林纪事》载张宗铺云：“元献尚有《示张寺水王校勘》七律一首：‘上巳清明假未开，小园幽径独徘徊。春寒不定斑斑雨，宿醉难禁滟滟杯。无可奈何花落去，似曾相识燕归来。梁园赋客多风味，莫惜青钱万选才。’中三句与此词同，只易一字。细玩‘无可奈何’一联，意致缠绵，音调谐婉，的确是倚声家语，若作七律，未免软弱矣。”而《四库全书提要》认为是诗中先用，“今复填入词内，岂自爱其词语之工，故不嫌复用耶”？并援引唐人许浑佳句“前后两见”为例，证明“古人原有其例”。

这首小词，起首二句叙事兼有描写，是词人暮春时节一次对酒听歌的描述。“一曲新词酒一杯，去年天气旧亭台。”以复叠错综的句式，轻快流利的语调来看，开始时，他听着清歌，饮着美酒，心情是轻松愉快的，潇洒安闲的。这种舒适幽雅的生活和闲情逸致，和“去年”几乎没有什么两样。然而，在似乎一切依旧的表象下，又分明感觉到岁月的流逝和人事的变迁。于是作者不由得从心底发出感喟：“夕阳西下几时回？”“夕阳无限好，只是近黄昏”。唐代诗人李商隐这两句为人津津乐道的警句，既写出了夕阳灿烂辉煌、照耀大地的壮观景象，又写出因其将“近黄昏”——好景不长而发出令人惋惜的感叹。此句化用李诗句意，又寄予了新的希望，这样就从眼前景物的描状，进而扩展到整个社会人生的思考。夕阳西下，是无法抗拒的自然规律，只能寄希望于它的东升再现。

“无可奈何花落去，似曾相识燕归来。”这两句是佳句，也是词眼，是全词意蕴之所在。它的成功不外乎两个方面。一是形式上的工巧流利、对仗工稳，特别是用虚字构成工整的对仗，殊为难得。正如卓人月在《词统》中称赞说："实处易工，虚处难工，对法之妙无两。"二是内容上的意蕴丰富。花的凋落，春的消逝，时光的流逝，都是不可抗拒的自然规律，虽然惋惜留恋也无济于事，所以说"无可奈何"，这句上承"夕阳西下"而来；然而在这暮春天气中，那翩翩来归的燕子，不就是去年曾在这里筑巢的旧相识吗？这一句应上"几时回"。花落、燕归也是眼前景，但一经和"无可奈何""似曾相识"这些极富情感色彩的词语相联系，它们的内涵便变得非常广泛，带有美好事物的象征的意味。在惋惜与欣慰的交织中，蕴含着某种生活哲理：一些必然要消失的美好事物，不可阻止地消逝了，而与此同时，另一些美好的事物又出现了，美好的事物都是相似的，但又各有各的特性，所以它只是"似曾相识"而已。这两句诗意的艺术描绘，给予人们以多方面的启示。这正是它博得人们的交口称赞，而自己也十分满意的原因所在。"小园香径独徘徊。"末句是说，在小园铺满落花的小径上，词人独自走来走去，品味着，寻思着，一种惋惜、欣慰、惆怅之情油然而生，启人遐想，给人以余味不尽的感觉。

“‘凄凄惨惨，冷冷清清’，那并不见得好”

1958年3月18日，在中共中央召开的成都会议上，毛泽东在陈伯达发言时插话说：“有两个问题。一个问题可以这么看，同帝国主义争时间、争速度。假如帝国主义都搞掉了，也是两种办法：一种是干劲十足，群众路线，在轰轰烈烈热潮中前进。另一种是‘寻寻觅觅，冷冷清清，凄凄惨惨戚戚，乍暖还寒时候，最难将息’。也可以是这样一条路线。‘凄凄惨惨，冷冷清清’，那并不见得好。这是宋朝女词人李清照的一首词，她是个寡妇。这首词可能是金兵打杭州，把宋高宗追到海里头那个时候写的。是一个寡妇面孔、寡妇心情来建设社会主义，还是另外一种心态来建设社会主义。”①

同年3月20日，毛泽东在成都会议的一次讲话中，谈到要实干，不要一阵风，大家抢先，各省都要争个第一时，引用“状元三年一个，美人千载难逢”的话语，并指出：我们做工作要轰轰烈烈，高高兴兴，不要“寻寻觅觅，冷冷清清”。②

李清照《声声慢》的原文是：

寻寻觅觅，冷冷清清，凄凄惨惨戚戚。乍暖还寒时候，最难将息。三杯两盏淡酒，怎敌他、晚来风急？雁过也，正伤心，却是旧时相识。

满地黄花堆积，憔悴损，如今有谁堪摘？守着窗儿，独自怎生得黑！梧桐更兼细雨，到黄昏、点点滴滴。这次第，怎一个愁字了得！

---

① 李锐：《“大跃进”亲历记》，上海远东出版社1996年版，第206页。

② 董学文等：《毛泽东的文艺美学活动》，高等教育出版社1995年版，第179页。

《声声慢》，词牌名。又名《胜胜慢》。双调96字或99字等，有平韵、仄韵两体，仄韵例用入声。

公元1127年，金兵攻陷北宋京都汴京，汉族统治政权被迫南迁。南渡以后不久，作者的丈夫赵明诚染病身亡，接着金兵乘势南下。李清照遭逢了国破家亡、背井离乡、颠沛流离之苦。晚年孑然一身，使她陷入极度的辛酸、苦痛之中。这首《声声慢》抒写了作者寂寞、孤苦、凄凉、悲痛的情怀。

上片起头三句就出手不凡，一连用了七组叠字，给人以出其不意、突如其来之感，好似突然听到作者从心底发出的悲痛哀音，她泣不成声，在喃喃诉说。

“寻寻觅觅”，描写人物的动作。主人公若有所失，似在寻找。是寻找她曾经有过的幸福生活？是那已经去世的丈夫？还是在战乱中丧失殆尽的书画文物？……她神情恍惚，不知如何。没有目的、没有方向、连自己也难以说清的“寻觅”，形象地表现了主人公所处环境孤寂、冷落、无以寄托的精神状态。“冷冷清清”，是作者在“寻觅”过程中的心灵感触，也是她对自身所处环境的真切感受，是内感与外感的同时呈现。“凄凄惨惨戚戚”，是“寻寻觅觅”的结果，也是前两句内容的自然延伸。至此，仅仅14个字，使主人公在情绪、心理上完成了一个大幅度的跨越。

如果说在“寻觅”的过程中她还对生活、对明天抱有希望和幻想，可残酷无情的现实却使她屡遭打击，彻底失望。晚年的李清照孤苦伶仃，无依无靠，不仅遭逢了古代妇女在那个时代最不幸的遭遇，而且作为一个能诗善词、才华出众、不愿恪守传统性别规范的女词人，当时还不断受到来自封建卫道者的讽刺、挖苦和诽谤。她要活下去，就要同不幸的命运、同使她身心备受伤害的恶劣环境作坚韧的抗争。然而，这一天天是多么不容易熬啊！尤其是在“乍暖还寒时候，最难将息”，忽冷忽热、似暖非暖的日子，最难以使人适应。她感到周身寒冷，浑身上下不舒服。但总得想办法活下去。她本想啜酒御寒，可“三杯两盏淡酒”，虽稍有暖意，却怎能抵挡住傍晚猛烈的狂风袭击？至此，我们看到晚年的词人，其生存是多么艰辛，力量是如此微薄，愁苦又是那样的沉重！这里，作者在语意上埋怨酒量少、酒性淡、凄寒难挨，实际上暗寓在生活的逆境中，痛苦沉重、难以承受，接下“雁过也”，似乎要转换语气、打破沉寂，可凄厉的长空雁叫又情不自禁唤起了词人对往事的回忆。当年一次次云中传书、寄托离愁别恨，如今满腹的哀怨愁苦向何人诉说？目送雁字成行、结队飞去，更使人失意、怅惘，伤心不已。“正伤心，却是旧时相识”。可怜的候鸟，它们也是从北方来到南方避难，“同是天涯沦落人”！人与鸟儿的命运相似，顿使人感慨万千，更增加作者对故土、对亡夫的深深怀念。

下片开头，作者将视线由空中移向眼前。“黄花”在李清照作品中曾不止一次地出现，词人似与黄花有缘。据说她在31岁时所画的一幅小像就手执菊花一束。大概是因菊花的清香、俊雅，李清照很喜欢菊花。然而，眼前的菊花却已无“暗香盈袖”，而是“憔悴损”。昔日迎风傲霜、潇洒竞放的遍地黄花，如今几经风吹霜打，已萎缩残败，一片萧瑟，还有谁去采摘、去欣赏呢？作者以花喻人，比拟自己的苦况。当年因离愁相思的折磨而“人比黄花瘦”的李清照，如今已是身心困顿、风烛残年。余剩的日子可怎么熬过？“守着窗儿，独自怎生得黑？”作者在痛苦地呼唤，这心声发自肺腑；作者在愤懑地诉说，这不平出自真情。在封建专制社会，在多灾多难的战乱年代，许许多多丧夫失家、无儿无女、孤苦伶仃的年迈妇女，就是这样地“独自”“守着窗儿”，白天、黑夜地苦苦煎熬，打发余生。

“梧桐更兼细雨，到黄昏、点点滴滴。”这一句又连用两组叠字，既有如闻其声之感，又增强了感情的表达分量。那点点滴滴、无休无止、敲打在梧桐叶上的凄厉雨声，撞击着作者那满是创伤的心。难挨的黄昏，无情的风雨，冷酷的现实，一刻不停地在折磨着一颗几乎要破碎的心。“这次第，怎一个愁字了得！”作者难以再叙说下去，也实在难以说清聚集在心中的种种复杂感受。这一切，又岂是用一个“愁”字能概括得了的呢？戛然而止，以少胜多。“愁”字在这里起到了画龙点睛的作用。它提示了整篇作品所要表达的情绪感受，调动了读者的全部想象力和感受力，给人以无限回味的余地。

成都会议，指中共中央1958年3月8日至26日在成都召开的有中央有关部门和各省市、自治区党委第一书记参加的工作会议。在会议期间，毛泽东共作了四次讲话，除了讲一些具体工作问题外，肯定“只要总路线正确”（多快好省，鼓足干劲，力争上游），并提出了“十五年赶上英国”的口号，认为“路线由于群众斗争和我们的思想反映已开始形成”。1958年5月5日至23日中共中央八大二次会议上，毛泽东又作了四次讲话，破除迷信，解放思想，又提出“十五[年]赶上美国，可能的”，会议通过了鼓足干劲，力争上游，多快好省地建设社会主义总路线，一声轰轰烈烈的“大跃进”运动便开始了。这场“大跃进”事实上成了一场大灾难，这是后来才认识到的。当时认为是对的，毛泽东正是在这个意义批评了李清照词中描绘的那种萎靡不振的心态的。

郭沫若后来写了一首《声声快》说：

李易安有《声声慢》一词，入骨地诉说了“冷冷清清、凄凄惨惨戚戚”的个人情趣。那也可以说是旧时代的面貌。

我如今和她一首，但一反其意，以反映当前“一天等于二十年”的“大跃进”高潮，因而把词牌名改为“声声快”。

《声声慢》或作《胜胜慢》，别名《人在楼上》。“慢”是调名，前人云“慢者调长声缓”。今改为“快”可以看作是“快板”之省。

磊磊落落，正正堂堂，处处轰轰烈烈，六亿人民跃进，天崩地裂。一穷二白面貌，要使它永远消灭！多益善，看今朝，遍地英雄豪杰。

“八·二”煌煌议决[①]，十九字，已将路线总结。鼓足干劲，争赴上游须力！多快更兼好省，要增添，亿吨钢铁。加紧地将社会主义建设。

郭词显然是受了毛泽东对李词的批评的影响而写的，录以比照，将有助于我们对毛泽东对李词批评的理解。

---

① 指中国共产党第八届代表大会二次会议通过了社会主义建设总路线。

“感到苍凉寂寞，因此作词”

1962年12月，毛泽东读了陆游《卜算子·咏梅》词，写道：“读陆游《咏梅》词，反其意而用之。”即用陆游这首词的原调、原题填了一首词：

风雨送春归，飞雪迎春到。已是悬崖百丈冰，犹有花枝俏。
俏也不争春，只把春来报。待到山花烂漫时，她在丛中笑。①

他读了陆游《卜算子·咏梅》词还批注道：

“作者（编者注：指陆游）北伐主张失败，皇帝不信任他，卖国分子打击他，自己陷于孤立，感到苍凉寂寞，因作此词。”②

陆游（1125—1210），字务观，号放翁，山阴（今浙江绍兴）人，南宋大诗人。生当北宋灭亡之际，少年时即受家庭中爱国思想熏陶。宋高宗绍兴年间应礼部试，为奸相秦桧所黜。孝宗即位，赐进士出身，曾任镇江、隆兴通判。乾道六年（1170）入蜀，任夔州通判。乾道八年，入四川宣抚使王炎幕府，投身军旅生活。后官至宝章阁待制。在政治上，主张坚决抗战，一直受到投降集团的压制。晚年退居家乡，但收复中原的信念始终不渝。

一生创作诗歌很多，今存9000多首，内容极为丰富。抒发政治抱负，反映人民疾苦，批判当时统治集团的屈辱投降，风格雄浑豪放，表现出渴

① 中共中央文献研究室编:《毛泽东诗词集》,中央文献出版社1996年版,第129页。

② 《对陆游〈卜算子·咏梅〉词的批语》,《建国以来毛泽东文稿》第九册，中央文献出版社1996年版，第617页。

望恢复国家统一的强烈爱国热情。抒写日常生活，也多清新之作。亦工词，杨慎谓其纤丽处似秦观，雄慨处似苏轼。有《剑南诗稿》《渭南文集》等。

陆游《卜算子·咏梅》原文是：

驿外断桥边，寂寞开无主。已是黄昏独自愁，更著风和雨。　无意苦争春，一任群芳妒。零落成泥碾作尘，只有香如故。

这是一首咏物之作，写于韩侂胄北伐失败后，词人生命的最后3年。陆游因支持这次北伐，皇帝不信任他，投降派打击他，道学家对他也多有贬词，连朋友杨万里也写诗加以讥讽。词人原是为抗金复国而支持北伐的，却落得如此结局。回顾一生的坎坷经历，词人借咏梅以自明情志。

“驿外断桥边”，上片首句写梅花所处的特殊环境。寥寥五字，从空间方位上画出了一个荒郊僻野、人迹罕至的处所，为下文“寂寞”二字张目。“寂寞开无主”，写梅花的孤寂。因地处荒郊僻野，梅花既无游人观览，也无雅士吟赏，甚或连过往路人那匆匆一瞥的机会也难以得到，只能独自寂寞地开放。

“已是黄昏独自愁，更著风和雨”，接下两句写梅花愁苦的心情。地处僻野，身境孤寂，日已黄昏，这些使梅花愁绪满怀，可偏偏又碰上风雨交加，怎能不使她愁苦欲绝呢?

“无意苦争春，一任群芳妒”，下片前辆句写梅花高洁的品格。梅花先于百花破寒怒放，原是自然本性，并非有意与百花争先，独享春光。然群芳出于私心，嫉妒梅花。梅花对这种庸俗的嫉妒，不屑计较。这就突出了梅花不同流俗、纯洁自爱的品格。

“零落成泥碾作尘，只有香如故”，写梅花坚贞的节操。从时间上说，这两句写未来。遭风雨、受妒忌的梅花飘零坠落，本是客观的必然，然而即使车轮辗轧，变作尘土，梅花美丽的形体虽不复存在了，但是那沁人心脾的清香将仍像盛开时一样，留芳人间。这是多么坚贞的操守！词的下片歌颂了梅花不同流俗的品格和节操。

这首咏梅词，托物言志。词中的梅花是陆游身世的缩影，是他高洁品格的化身；梅花的坚贞操守，体现了词人生死不渝的报国热忱。当然，梅花那种孤芳自赏的情绪，不能给人以积极向上的精神，这是时代的局限。全词通篇运用象征手法，明写梅花，实写作者自己。

毛泽东的《咏梅》词用陆游原调原题，“反其意而用之”，情调完全相反。1961 年 12 月 27 日，他在批示的内部印发这首词时，曾将陆游原词附录于后，并加注说明，即前面我们所引“批语”。

所谓“反其意而用之”，应该怎么理解呢？毛泽东和陆游在作品中都写梅花品格之高，那又怎么“反其意”呢？首先，从词的主题看，陆游是从“香”来说，“只有香如故”来写梅花品格之高，以梅花自比，自己即使被当权派排挤打击，他的抗战爱国的精神，至死不变，这从个人品质来讲已是最高境界。毛泽东这首词，从“报春”着眼，“只把春来报”。是从个人对整个共产主义事业的作用来讲，只报春，不争春，表现了一个共产党人宽广的革命胸怀。而时代是“山花烂漫时”，即共产主义运动在蓬勃发展，与陆游的南宋趋向没落时，却是完全不同的。其次，再从格调上看，陆词表现出孤芳自赏、凄凉抑郁的调子；而毛词表现出胸襟宽广、昂扬向上的风格，情调完全相反。这也说明两首词的主题和风格不同，所以用意也完全不同了。

“梦游处、不知何地”

1959年9月，有一天，在北大中文系读书的邵华（毛泽东的二儿媳）向毛泽东谈学宋词。毛泽东问她最喜欢宋代的哪几位诗人，邵华说最喜欢陆游。毛泽东又问她最喜欢陆游的哪几首诗词，邵华说了《关山月》《书愤》《诉衷情》《夜游宫》《示儿》等篇，并将其中的几首背给毛泽东听。背诵中邵华略微停顿想下句时，毛泽东就提示她一下。邵华背诵《夜游宫》，背到“睡觉寒灯里”时，毛泽东指出她读错了一个字，“睡觉寒灯里”这个“觉”，这里不能读 jiào（教），应该读 jué（决），并叫她回去问问老师这样念对不对。邵华乘机请求爸爸把这首词写出来给她。毛泽东谈兴正浓，立刻站起身来，走到桌前，铺开宣纸，饱蘸墨汁，挥笔写下了这首词。毛泽东写完，邵华如获至宝，立刻双手将纸捧了起来，用嘴吹干墨迹①。

这首词，毛泽东在20世纪60年代还写下来送给卫士张仙朋。毛泽东有手书这首词的三幅墨迹。②

陆游《夜游宫·记梦寄师伯浑》原文是：

雪晓清笳乱起，梦游处、不知何地。铁骑无声望似水。想关河，雁门西，青海际。

睡觉寒灯里。漏声断、月斜窗纸。自许封侯在万里。有谁知，鬓虽残，心未死！

---

① 东方骥编：《落日余晖》，河北人民出版社1990年版，第135页。

② 中央档案馆整理：《毛泽东手书选集·古诗词》（下），北京出版社1996年版，第121—128页。

《夜游宫》，词调名。贺铸词有“江北江南新念别”句，故又名《新念别》。

这是一首记梦词。约作于宋孝宗淳熙元年至五年（1174—1178）陆游在四川期间。师伯浑，名浑甫，蜀之眉州（今四川眉山）人，是陆游在蜀时结识的有识之士。这首记梦词就是寄赠给他的。词的上片记梦境，下片抒壮志。

“雪晓清笳乱起，梦游处、不知何地。”大雪纷纷扬扬，晓色朦胧，胡笳声声，此起彼伏。起首二句，展示出一幅北国边塞风光的画图。“梦游”二字点题，指明是梦中所见。因是梦游，所以惝恍迷离，认不清所游之处是什么地方。“铁骑无声望似水。想关河，雁门西，青海际”，继续写梦境。当词人正在疑虑，不知身游何地时，又望见身披铁甲的骑兵悄然无声，像一片水流似的铺地而进。这一句形象性很强，猛然间勾起词人的记忆，明白了身游之处正是关塞的河山，是雁门以西、直到青海边际的关塞重镇。“雁门”，在山西代县以西。雁门关以西至青海一带，这里是代表抗金最前方。而词人梦中依然驰骋边防前线，表现了高尚的爱国精神。

换头三句“睡觉寒灯里。漏声断、月斜窗纸”，写自身处境。“睡觉”，即睡醒。梦境结束，醒来睁眼一看，只见寒灯一盏，光照四壁。夜色已深，漏壶滴水之声已停。月已西斜，光线洒在窗纸上。词人梦醒的处境，与梦境形成鲜明的对比。志在报国疆场的词人，晚年的处境是多么冷落。“自许封侯在万里。有谁知，鬓虽残，心未死”，写心境。词人虽然处境孤独冷落，但大敌当前，中原沦陷，失地待复，功业待立，词人仍“自许封侯在万里”，这是多么难能可贵的报国精神。“封侯在万里”，是用汉班超的典故。班超少有大志，长而投笔从戎，远赴西域万里之遥，建立大功，被封为定远侯。陆游这里以班超自比，抒发了老当益壮、报效祖国的雄心壮志。然而“有谁知，鬓虽残，心未死”，有谁了解这位鬓发花白的词人，仍然壮心不已，日夜思念着报效祖国呢？“有谁知”三个字，有力地批判了南宋统治者苟且偷安、不思抗金复国、存心排斥打击抗战志士的罪恶行径。“鬓虽残，心未死”，则表现了陆游矢志报国、到老不衰的爱国热情。

这首词上片写梦境，下片写处境和心境，抒发了强烈的爱国主义精神，表现了对宋朝皇帝和一些大臣主和苟安的不满。

“这是陆游写的一首词：《钗头凤·红酥手》”

1957年的一天，姚淑贤和爱人在天津相聚时，一道去看了场戏。演的是南宋诗人陆游的爱情悲剧。

回到专列上，晚饭时，姚淑贤把看的戏讲给毛泽东听。她见毛泽东听得很认真，不时点头，于是情绪更高了，讲得很仔细，还夹带发议论。讲完了，毛泽东问她：“这戏的名字叫什么？”

“《凤头钗》。”小姚以为毛泽东没看过，提议说，“主席，应该看看，很不错的。”

“《凤头钗》？”毛泽东望着小姚。

小姚犹豫了，说：“是《凤头钗》，还是……《钗头凤》来着？哎呀，我记不清了。”

毛泽东笑了，说：“是《钗头凤》。这是陆游写的一首词：《钗头凤·红酥手》。陆游是南宋一位了不起的大诗人，年轻时就立志‘上马击狂胡，下马草军书’。他的表妹叫唐琬，也是一位有才华重感情的妇女。他们的爱情悲剧在《齐东野语》里有记载……”①

毛泽东还曾对他的保健医生徐涛说：“陆游与唐琬离异后，又相遇于沈园。那是他们情意缠绵之地，陆游的那首《钗头凤》就题在沈园的墙壁之上。”说着还把这首词写了下来。写完后又问徐涛，知不知道唐琬回赠的那首词。徐涛说没有读过。毛泽东便脱口念了起来：“世情薄，人情恶，雨送黄昏花易落。晓风干，泪痕残。欲笺心事，独语斜阑。难，难，难！　人成各，今非昨，病魂常似秋千索。角声寒，夜阑珊。怕人寻

① 权延赤：《红墙内外》，昆仑出版社1989年版，第172页。

问，咽泪装欢。瞒，瞒，瞒！”念完，又说：“这首词回赠没有多久，唐琬就因积愁而死去。当初是陆游的母亲与唐琬不和。陆游这一对夫妻，没有得到真正的幸福，这是封建社会的悲剧。”①

陆游《钗头凤·红酥手》的原文是：

> 红酥手，黄縢酒，满城春色宫墙柳。东风恶，欢情薄。一怀愁绪，几年离索。错，错，错！
>
> 春如旧，人空瘦，泪痕红浥鲛绡透。桃花落，闲池阁。山盟虽在，锦书难托。莫，莫，莫！

陆游的前妻是舅父的女儿唐琬。二人是姑舅结亲，唐琬是陆母的娘家侄女，侄女随姑，婆媳本来应当容易相处，况且唐琬贤淑聪明，知书达理，亦能诗词。婚后夫妻情同鱼水。然而陆游之母却不喜欢这位儿媳妇。陆游迫于母命只好休妻，但却瞒着母亲，暗中把唐琬别作安置，偷偷会面。不久母亲发觉，夫妻只好忍痛离散。后来陆游再娶王氏，唐琬改嫁宋宗室赵士程。数年后的一个春日，陆游去绍兴城南的沈家园赏春解闷，恰遇唐琬与赵士程偕来游赏。当着赵士程的面，二人万语千言却无从说起。当时，唐琬对赵士程提起陆游，并遣使送酒给陆游，以表心意。陆游接酒在手，往昔与自己伉俪相得的妻子的心意，使他非常激动，旧怨新愁一齐涌上心头。他将酒一饮而尽，在身边的墙上，挥笔写下了这首传诵千古的爱情篇章。

词分上下两阕，上阕忆昔，下阕伤今。“红酥手，黄縢酒，满城春色宫墙柳。”起首三句，写词人昔日对唐琬的倾倒。“红酥手”，写唐琬的貌美。这里虽只言手，但唐琬的如花容貌已现，艺术上谓之以部分代全体。“黄縢酒”，写昔日唐琬对词人的深情。陆游婚后妇敬夫爱，妻子为丈夫把盏劝酒，共赏春色。黄縢酒浓，妻子情深。这两句既写出了唐琬的美丽，

① 徐涛：《毛泽东保健养生之道》，《缅怀毛泽东》（下），中央文献出版社1993年版，第625—626页。

也写出了夫妻爱情的甜蜜。字里行间，流露了一位天才词人对妻子的无限倾倒。“满城春色宫墙柳”，是以春景渲染，加重抒情的气氛。春满绍兴，柳拂宫墙，盎然的春意与夫妻之情交相融合。以上三句，是昔日陆游与唐琬恩爱生活的一个剪影，在邂逅的刹那，重现在诗人心头，构成甜蜜的回忆，为下文写这对恩爱夫妻的离散及词人的怨愤作铺垫。

“东风恶，欢情薄”二句，写夫妻的离散。这里明言由于东风狂吹猛扫，使得满城春意为之阑珊，欢乐之情顿减，实际上暗喻母亲的逼迫，使得这对恩爱夫妻被迫离散。这里着一“恶”字，陆母的严厉面孔如绘；一“薄”字，美满姻缘被迫拆散之状毕现。

“一怀愁绪，几年离索。错，错，错！”这三句写痛苦之深长。沈园重逢，距离二人的婚姻变故已近10年。这对恩爱夫妻本欲白头偕老，却不料中途离散，心灵的创伤是深重的，愈合是长期的。所以虽经10年之久，词人的一怀愁绪却始终不曾消解。实际上愁绪不解，何止10年。而“错，错，错！”三个叠字，感情的分量一个比一个加重。词人是责备自己错过了美好的姻缘呢，还是责备其母错误地干涉了这美满之缘呢？看来不能作单一的回答。词的上阕既有甜蜜的回忆，又有经久不消的苦痛，是词人与唐琬邂逅时所激起的对往昔的缅怀。

“春如旧，人空瘦，泪痕红浥鲛绡透”，过片三句，写对唐琬的怜悯。“春如旧”，三字直承“满城春色宫墙柳”。柳映宫墙，春满绍兴，“春”还是那个老样子，但美满的婚姻却已经不存在了。“泪痕红浥鲛绡透”，以斑斑血泪写婚变后的深切痛苦，这种痛苦使唐琬，当然也包括词人自己变得消瘦了。然而这种消瘦，这种熬煎，丝毫也不能改变残酷的现实。一个“空”字，既透出了词人对唐琬的深情怜悯，又表达了词人对无情的冷酷现实的控诉。

“桃花落，闲池阁”，写春意寥落。“桃花落”，是眼前景物的实写。沈家园里春意阑珊，桃花飘零，亭台楼阁也只能闲立在那里，无人去领略观赏。这两句写出了春意的衰残，也透出了词人心灰意冷的情绪。

“山盟虽在，锦书难托。莫，莫，莫！”末三句写诗人的苦衷。陆游和唐琬爱情的山盟海誓虽在，但是唐琬早归他人，自己也已再婚王氏。碍于封建的道德礼法，这种爱情只能深藏心底，既不可能相对倾吐衷肠，也不可能托之于锦书殷勤致意，这就自然逼出结句的三个叠字“莫，莫，莫”，这三个叠字，感情的分量同样越来越重。其含意究竟是在劝慰，要彼此从今以后莫要相思，莫要怨恨，还是意在抒愤，表示后悔莫及，有莫可名状的痛苦呢？任何单一的解答，都无以说明彼时彼地词人万端复杂的情感世界。词的下阕怜悯唐琬，悲伤离散而又无可奈何，是对情感上火热相爱、礼法上却音信难通的冷酷现实的愤怨。

这首词通过对爱情悲剧的咏唱，抒写了作者内心的强烈痛苦和对封建礼教的不满。据说唐琬看到这首《钗头凤》词后，曾和作一首（已见前引），未几便郁郁死去了。陆游对这位聪明而多情的前妻，曾多次写诗伤悼，最著名的便是《沈园》二首：

城上斜阳画角哀，沈园非复旧池台。
伤心桥下春波绿，曾是惊鸿照影来。

梦断香销四十年，沈园柳老不吹绵。
此身行作稽山土，犹吊遗踪一泫然。

甚至在生命的最后一息，他还念念不忘唐琬。陆游对于爱情的执着精神，表现了这位爱国诗人品格中另一可贵的方面，成了流传千古的爱情佳话。

“公祭无忘告马翁”

1958年12月21日，毛泽东在文物出版社刻印的大字本《毛泽东诗词十九首》书眉上写了一段说明：

我的几首歪词，发表以后，注家锋（蜂）起，全是好心。一部分说对了，一部分说得不对，我有说明的责任。一九五八年十二月，在广州，见文物出版社一九五八年九月刊本，天头甚宽，因而写了下面的一些字，谢注家，兼谢读者。鲁迅一九二七年在广州，修改他的《古小说钩沉》，然后说道：于时云海沉沉，星月澄碧，餮蚊遥叹，予在广州。从那时到今天，三十一年了，大陆上的蚊子灭得差不多了，当然革命尚未全成，同志仍须努力。港台一带，餮蚊尚多，西方世界，餮蚊成阵。安得起全世界各民族千百万愚公，用他们自己的移山办法，把蚊阵一扫而空，岂不伟哉！试仿陆放翁曰：

人类今娴上太空，但悲不见五洲同。
愚公尽扫饕蚊日，公祭无忘告马翁。

毛泽东
一九五八年十二月二十一日
上时（午）十时[①]

上述文字中引鲁迅的几句话，是毛泽东凭记忆写的。鲁迅1927年在广州编校《唐宋传奇集》后，作《序例》，文末题记说：“时大夜弥天，璧

① 《在〈毛泽东诗词十九首〉上的批注》，《建国以来毛泽东文稿》第七册，中央文献出版社1992年版，第618页。

月澄照，饕蚊遥叹，余在广州。”《唐宋传奇集》上册 1927 年 12 月由北新书局出版，次年 2 月续出下册。

陆放翁，即陆游，号放翁，南宋大诗人。陆游有一首七绝《示儿》原文是：

死去元知万事空，但悲不见九州同。
王师北定中原日，家祭无忘告乃翁。

陆游卒于南宋宁宗嘉定二年（1209）十二月。这首《示儿》诗是他临终前写的，既是他的绝笔也是他的遗嘱。

作为一篇遗嘱，它无愧于诗人爱国的一生。一个人在病榻弥留之际，回首平生，百感交集，环顾家人，儿女情深，要抒发的感慨，要留下的遗言，是千头万绪的。而诗人却以“北定中原”来表达他生命中的最后意愿，以“无忘告乃翁”作为对亲人的最后嘱咐，这是极其难能可贵的。“乃翁”，你的父亲。

陆游生于北宋覆亡前夕，身历神州陆沉之恨，深以南宋偏安一隅、屈膝乞和为耻，念念不忘收复中原。《剑南诗稿》卷九《感兴》第一首“常恐先狗马，不见清中原”；卷二十七《太息》：“砥柱河流仙掌日，死前恨不见中原”；卷三十六《武望》：“宁知墓木拱，不见塞尘清”；卷三十八《夜间落叶》：“死至人所同，此理何待评？但有一可恨，不见复两京。”这首悲壮的绝句，最后一次把将断的气息，又来说未完的心事和无穷的希望。陆游死后二十四年，宋和蒙古会师灭金，刘克庄《后村大全集》卷十一《端嘉杂诗》第四首写道：“不及生前见虏亡，放翁易箦愤堂堂；遥知小陆羞时荐，定告王师入洛阳。”陆游死后六十六年元师灭宋，林景熙《霁山先生集》卷三《书陆放翁书卷后》又写道：“青山一发愁蒙蒙，干戈况满天南东；来孙却见九州同，家祭如何告乃翁？”

毛泽东仿陆游《示儿》诗所写七绝，改“九州”为“五洲”，指全世界；餮蚊，比喻贪婪的剥削者；“乃翁”改“马翁”，指马克思。它表现了毛泽东作为一个伟大的无产阶级革命导师，放眼全球，胸怀世界人民，谋求世界无产阶革命成功，实现共产主义的伟大理想。

“请你替我给岳王坟献个花圈”

毛泽东对岳飞这位抗金名将非常尊敬。1952 年 12 月 1 日，他视察南方回京路经汤阴时，停下专列，在月台上“岳忠武王故里碑”前驻足观看并留影纪念。汤阴县长王庭文汇报说：据我们所查，岳家后代没有一个是当过汉奸的。毛泽东听后高兴地说：很好，很好，岳飞是个大好人，岳家又没有一个当汉奸的，都保持了岳飞的爱国主义气节。五六十年代，毛泽东默写手书的《满江红》全词，现收入中央档案馆编《毛泽东手书古诗词选》中。1966 年 6 月他写的七律《有所思》中“凭阑卧听潇潇雨”，即化用此词“凭阑处、潇潇雨歇”句意。毛泽东很爱读《满江红》这首词，特别是晚年，经常击拍高声吟诵。1975 年 8 月中旬，毛泽东接受眼睛白内障手术时，让人放岳飞裔孙岳美缇演唱的这首词的唱片。

20 世纪 60 年代的一个春天，在杭州刘庄毛泽东办公室里，毛泽东按铃叫来负责保卫工作的浙江省公安厅厅长王芳。

“快到清明节了，是吗？”毛泽东若有所思地轻声问。

王芳赶紧回答：“主席，后天就是清明节了。”

“你知道‘以身许国，何事不敢为’是谁的话吗？”毛泽东的声音还是很轻。

“这是宋朝民族英雄岳飞的名言。”王芳说。

毛泽东这时满脸不高兴地问王芳：“你知道西湖边有多少坟墓吗？”

“具体数字，我说不清楚，反正到处是坟墓。”

“是啊，我们这是与鬼为邻：成天与死人打交道，这些达官贵人们，活着时住深宅大院，过着花天酒地挥金如土的生活，死了，还要在西湖边上占上一块宝地，这怎么能行？”

“主席，您说怎么办？”

“除了岳王墓等少数几个有代表性的人物的坟墓外，其他的应该统统迁到别处去。西湖风景区应该成为劳动人民休息和游览的地方，不能让人们看到这里到处是坟堆、墓碑，这些真是大煞风景啊。”

说到这里，王芳猜测，莫非主席想去祭奠岳飞？

“岳飞是中国历史上一个伟大的爱国英雄。公元12世纪，女真族在北方建立了金国。金人不安心偏居于北方，随着国力的增强，他们吞并宋朝的野心日益膨胀起来，并不断肆无忌惮地侵袭和骚扰中原地区。面对国家山河破碎，民不聊生，甚至生灵涂炭的悲惨景象，岳飞再也按捺不住心中的怒火，他主动请缨提旅，率领英勇善战的‘岳家军’，驰骋抗金前线，杀得金人弃盔丢甲，闻风丧胆，真是英勇无比啊！”

毛泽东舒缓了一口气，又接着讲；

“1140年，当岳飞正乘胜追击，即将打过黄河，‘直捣黄龙府’时，被苟且偷安的南宋小朝廷一纸命令召回临安，就是这个大名鼎鼎的杭州哟。岳飞回来后，就被宋高宗和奸佞秦桧等人以‘莫须有’的罪名残害致死。岳飞精忠报国，心昭天日的爱国壮志，千百年来，在民间广为传颂，他，可以说是个家喻户晓、妇幼皆知的大英雄。……当然，他受朝廷差遣，去湖南镇压农民起义的行为我们应该批判，他那愚昧的忠君思想，我们应该摒弃，但就其短暂的一生而言，他为国家和民族立的功劳，还是远远大于过错。他是个值得我们称颂的民族英雄……”

毛泽东讲得深入浅出通俗易懂。

片刻的沉默之后，王芳开了口：“主席，人们用生铁铸成的秦桧夫妇的跪像，至今仍然跪在岳飞坟前。当年出卖民族利益，认贼为父，残害忠良的奸臣及其走狗，将永远被世人不齿、所唾骂。”

“‘青山有幸埋忠骨，白铁无辜铸佞臣。’这诗写得真是入木三分。”毛泽东毫不掩饰心中的爱和恨。

“王芳，岳飞的《满江红》你会背吗？”

毛泽东上次在汤阴也曾这样问过那位县长。

“背不好。”王芳的山东口音较重，他怕毛泽东听不清楚，想推辞。

“你背背，试试看。”毛泽东热情地鼓励王芳。

“怒发冲冠，凭栏处、潇潇雨歇。抬望眼，仰天长啸，壮怀激烈。”王芳尽力用山东腔的普通话背诵着。

“三十功名尘与土，八千里路云和月。莫等闲，白了少年头，空悲切。”毛泽东也情不自禁地随着王芳的声音低吟着。

“靖康耻，犹未雪；臣子恨，何时灭。驾长车，踏破贺兰山缺。壮志饥餐胡虏肉，笑谈渴饮匈奴血，待从头、收拾旧山河，朝天阙。”

岳飞的词背完了，但他们两人都还沉浸在《满江红》所创造的意境之中。毛泽东对王芳说：

“快到清明节了，按我们民族的习惯，清明节是祭奠先人的日子，请你替我给岳飞坟献个花圈。”

于是，当天下午，在岳王坟前的花圈丛中，又增添了一枚制作精美但没有标明敬挽人姓名的花圈。①

岳飞（1103—1141），字鹏举，相州汤阴（今河南汤阴）人，宋代民族英雄、词人。家贫，幼习兵法。宋徽宗宣和四年（1122）应募，旋隶留守宗泽，战开德、曹州，皆有战功。宗泽大奇之，因授以阵图。飞曰：“阵而后战，兵法之常。运用之妙，存乎一心。”高宗时历少保，河南北诸路招讨使，进枢密副使，封武昌郡开国公。屡败金兵，在郾城大败金兀术，直抵离北宋都城45里的朱仙镇，后被12道金牌召回。坚持抗敌，反对议和，秦桧以岳飞不死，己必受祸，故以“莫须有”之罪名杀之。死时年三十九。后孝宗诏复飞官爵，以礼改葬，谥武穆。岳飞工诗、词，自抒怀抱。惜传作不多。有《岳武穆集》。

岳飞的《满江红·怒发冲冠》是一首洋溢着爱国豪情的战歌。

上片抒写作者国耻未雪的憾恨和渴望为国杀敌立功的情怀。开篇五句直抒胸臆，起势突兀，如破空而来。骤雨初歇，词人登上高台，凭栏眺望，面对祖国破碎的山河，想到中原沦陷、二帝被虏、生灵涂炭，不由得

① 李约翰等：《和省委书记们》，中央文献出版社1994年版，第82—86页。

义愤填膺、“怒发冲冠”。“怒发冲冠”，是说因愤怒而头发竖起来，好像要冲掉帽子似的。这是极写人的愤怒，是夸张手法。接下“抬望眼，仰天长啸”这一剧烈的动态描写，虽然也稍有夸张，但因“情有所感，不能无所寄，意有所郁，不能无所泄”，其实这正是词人披肝沥胆、汹涌澎湃心潮的自然流露。“三十功名尘与土，八千里路云和月”两句轻微的慨叹，以舒缓的节奏接下面的急旋律，使得作品在结构上张弛疾徐、跌宕多姿，形成抑扬顿挫之妙。这两句是对往事的回顾，也是作者的自我抒怀。岳飞从二十岁应募入伍，到作此词时已三十多岁了。他披星戴月，转战南北。十多年来的戎马生涯使他建立这些功名，但这些个人的富贵荣名不过是尘土草芥而已。“三十功名尘与土”，是说建立这些战功微不足道。“八千里路云和月”，瞻望前程，披星戴月、餐风露宿的抗金生涯，还道远而任重。为了实现光复中原，“直捣黄龙府”的目标，词人大声疾呼，“莫等闲，白了少年头，空悲切”。不要虚度年华，使宝贵的青春悄然逝去。这既是作者自勉之辞，又是激励抗金军民的战斗号角。

下片转入言志，写作者洗刷国耻、重振乾坤的雄心壮志。“靖康耻”，指宋钦宗靖康二年，徽钦二帝、太子、公主、六宫嫔妃三千余人以及珍宝、器皿、图书尽被金人掳去，北宋从此灭亡。这是赵宋臣民的奇耻大辱。而对志在“扫清胡虏，复归故国，迎两宫还朝，宽天子宵旰之忧”的岳飞来说，此耻此辱仍然未雪，“恨”自然未灭。“何时灭”，似问非问，蕴含着无限的悲愤和感慨，从而也表达其与敌人不共戴天的深仇大恨。“靖康耻”四句，促语连珠，一气贯注，吐露其爱国忠君的思想，道出了“怒发冲冠”的深衷，也点燃了下文“壮怀激烈”的引线。“驾长车”以下，是实现“壮志”的具体行动。“长车”，指古代的兵车。“贺兰山”，又名阿拉善山，在今宁夏回族自治区和内蒙古自治区的交界处。这里泛指被金人侵占的地方。这两句是说，自己要挥师北伐，驾着战车，长驱直入，踏破重重险关要塞，直捣敌人的老巢。“壮志饥餐胡虏肉，笑谈渴饮匈奴血”，言其对金人蹂躏中原、荼毒生灵的切齿痛恨，以及消灭强敌的坚强决心。雄壮之笔，字字掷地有金石声。“待从头、收拾旧山河，朝天阙”，是说等到收复失地、统一江山之后，再收兵回朝拜见皇帝，完成一生功业。肺腑之言，气壮山河，感奋人心，给全篇加上了完美的一笔。

在毛泽东眼中，岳飞是一位优秀诗人。对岳飞流传下来的为数不多的几首诗词，毛泽东口诵手书，十分爱读。除了上面所述《满江红》词外，对岳飞的另一首词《小重山》也非常看重，在阅读时密密地加了圈点。岳飞的《池州翠微亭》《送紫岩张先生北伐》两首小诗，毛泽东也手书过。

当然，毛泽东推崇岳飞，因为他是一位民族英雄。他在读《新唐书·徐有功传》时有一个有名的批语："'命系庖厨'，何足惜哉，此言不当，岳飞、文天祥、曾静、戴名世、瞿秋白、方志敏、邓演达、杨虎城、闻一多诸辈，以身殉志，不亦伟乎！"

徐有功是唐朝武则天执政时期的执法大臣，他秉公执法，不徇私情，曾 3 次被判死刑，而却守法不阿。他在一次被弹劾罢官又被起用时，给武则天写了一份奏折，其中有"命系庖厨"的话，意思是说，生活在山林里的鹿，很难逃脱被猎杀，成为人们厨房里的案板上的肉的命运。徐有功以鹿自喻，说出了作为正直不阿的执法大臣的共同命运。在毛泽东看来，为执法而死，以身殉志，是很伟大的。毛泽东从徐有功谈死，联想到古今许多志士仁人，其中他想到的第一位便是岳飞，可见岳飞在他心目中的地位。

毛泽东还赞扬岳飞是位卓越的军事家。他在《论持久战》中讲到战争的灵活性时说："古人所谓'运用之妙，存乎一心'，这个'妙'，我们叫做灵活性，这是聪明的指挥员的出产品。灵活不是妄动，妄动是应该拒绝的。灵活，是聪明的指挥员，基于客观情况，'审时度势'（这个势，包括敌势、我势、地势等项）而采取及时的和恰当的处置方法的一种才能，即是所谓'运用之妙'"。毛泽东所说的古人便是岳飞。

还有一件趣事，也关系到毛泽东对岳飞的评价。1949 年 12 月至 1950 年 1 月，毛泽东第一次访苏期间。在和斯大林会谈时，毛泽东回忆自己过去同国民党军队的战斗中，有一次极其危险，多次冲锋，未能冲破敌人的封锁。于是指挥员号召战士："不畏艰险，视死如归。"苏方翻译费德林不知如何准确翻译。毛泽东解释说，"这是 21 世纪古代中国的一位著名统帅岳飞使用过的一种说法。""中国的'归'，在这里不是通常的'回来''再来’的意思。在历史上，‘归’的意思是‘回到原来状态’。因此，这个成语应当这样理解：“‘藐视一切困难和痛苦，像看待自己回到原本状态一样看待死亡。’”

斯大林耐心地听完毛泽东解释的翻译，略加思索后，小声说道：“看来这是一个天才的统帅……表现出大无畏的精神和雄才大略……”

毛泽东称岳飞是“古代中国一位著名的统帅”，斯大林称岳飞是“一位天才的统帅”，两位伟大人物对岳飞的高度赞扬，岳飞是当之无愧的！

“生子当如孙仲谋”

1957年3月20日13时至14时，毛泽东由南京飞往上海途中，大部分时间在学英语；当飞机飞临镇江上空时，他书写了辛弃疾的词《南乡子·登京口北固楼有怀》，并向随行的秘书林克解释了这首词的意思和词中的典故。他说辛词里的“不尽长江滚滚流”是借引杜甫诗里的句子。“生子当如孙仲谋”是借用曹操的语句。他讲到《三国演义》中曹操煮酒论英雄一节时说，曹操说：夫英雄者胸怀大志，腹有良谋，有包藏宇宙之机，吞吐天地之志者也。刘备问：谁能当之，曹操以手指刘备又自指说：今天下英雄，惟使君与操耳。接着，毛泽东指出：“尽管刘备比曹操所见略逊，但刘备这个人会用人，能团结人，终成大事[①]。”

1975年5月3日，毛泽东召集在京政治局委员开会。在会议快结束时，毛泽东念了辛稼轩的一首《南乡子》中的两句：“天下英雄谁敌手？曹刘，当今惜无孙仲谋。”他指着叶剑英说：“他看不起吴法宪。刘是刘震，曹是曹里怀，就是说吴法宪不行。”毛泽东让叶剑英念这首《南乡子》。叶剑英随口念了出来。毛泽东很高兴，对大家说：“此人有文化。”他指的是叶剑英，并且又重复了一遍刚才念过的这首词中的那两句，以及吴法宪不行，曹、刘为谁的话。[②]

辛弃疾（1140—1207），字幼安，号稼轩，历城（今山东济南）人，南宋大词人。出生时，山东已为金兵所占。21岁参加抗金起义军，不久即归南宋，历任湖北、江西、湖南、福建、浙东安抚使等职。一生坚决主张

① 李林达：《情满西湖》，中央文献出版社1993年版，第239—240页。

② 贾思楠：《毛泽东人际交往实录》，江苏文艺出版社1989年版，第332—333页。

抗金，提出不少恢复失地的建议，要求加强战备，恢复中原，统一中国，均未被采纳，并遭受到主和派的打击，曾长期落职闲居于江西上饶一带。

其词抒写力图恢复国家统一的爱国热情，倾诉壮志难酬的悲愤，对南宋上层统治集团的屈辱投降进行揭露和批判；也有不少吟咏祖国河山的作品。艺术风格多样，以豪放为主。热情洋溢，慷慨悲壮，笔力雄厚，与苏轼并称为“苏辛”，是豪放派的代表作家。有《稼轩长短句》。

辛弃疾《南乡子·登京口北固亭有怀》原文是：

何处望神州？满眼风光北固楼。千古兴亡多少事，悠悠，不尽长江滚滚流。

年少万兜鍪，坐断东南战未休。天下英雄谁敌手？曹、刘。生子当如孙仲谋。

《南乡子》，原为唐教坊曲名，后用作词牌名。此调多用以咏江南风物，所以得名，又叫《好离乡》《蕉叶怨》。本是单调，经冯延已重填一片，便成了双调。定格上、下片各五句，共56个字。两片第一、二、四、五句都押平声韵。

京口是江苏省镇江的旧名。城西北有陡峭挺拔的北固山，山上有北固亭。南宋嘉泰四年（1204）正月，65岁的抗金老将辛弃疾，受到宁宗皇帝召见，支持平原郡王韩侂胄抗金北伐的重大决策。3月，辛弃疾以参赞军事的身份受命出知镇江府。他与友人姜夔登上北固亭，写下了这首词与《永遇乐·京口北固亭怀古》。题中标明“有怀”，是在怀念古代与京口有关的英雄人物。但首句却从眼前写起。“神州”指中原地区，已沦陷很久，尽力北望也望不见，所以作者万分感慨说：“何处望神州？”收入眼底的只有北固楼。据《方舆胜览》载：“北固山在州北一里，回岭下临长江，其势险固。”又说：“北固楼在北固山上，天色晴明，望见广陵城，如青霄中鸟道。”广陵城即扬州，再往北可从两淮直入山东、河北，这是当年辛弃疾抗击金军南归之路，也是他日夜盼望北伐进军之路。当他登临北固亭远眺广陵时，不只自身往事滚滚而来，而是“千古兴亡多少事”，连绵不断，涌集心头，正如那不尽长江，滚滚滔滔，日夜奔流。上片所写一半景一半情，皆从“望”中而来，但却思绪万端，欲说又无从写起。千古成败，兴盛衰亡，悠悠往事，多少风流人物，正像那无边落木，惟有“不尽长江滚滚流”。

下片则直抒胸臆，提出从京口起家的孙权。孙权公元222年为吴王，才19岁，统率东吴千军万马，与北方曹魏抗衡，雄踞东南。据《三国志·吴书·吴主传》引《吴历》记载，曹操南下与孙权对垒濡须口，孙权乘轻船闯入曹军，曹操见东吴“舟船器仗军伍整肃，喟然叹曰：‘生子当如孙仲谋，刘景升儿子若豚犬耳。’”刘景升的儿子是刘琮，继承父业坐镇荆州，曹军一到望风投降，所以曹操说他如同猪狗一样。辛弃疾用典直引曹操称赞孙权的话，借以讽刺南宋屈辱求和，是像刘琮一样的豚犬之辈。而其“天下英雄”句，亦化用曹操语。《三国志·蜀书·先主传》载，曹操与刘备青梅煮酒论英雄，曾说：“今天下英雄，惟使君（刘备）与操耳。”

然当时能称为敌手与曹、刘抗衡的，也只有孙仲谋。陈廷焯《词则》曾评尾句：“信手拈来，自然合拍。”辛弃疾借曹操之口，热烈称赞了“坐断东南”、敢于进击北方强敌的孙权，痛斥了畏敌如虎、屈膝投降的刘琮。在南宋偏安江左四五十年之际，大声疾呼“生子当如孙仲谋”，则有严整军备、振奋士气、北伐中原、威慑强敌的现实意义，闪烁着炽烈的爱国主义光辉。

古人诗词中的地球观念

1964 年 8 月 24 日，毛泽东在同北京大学副校长周培源、中共中央宣传部科学处处长、国家科委副主任于光远谈话时说：

“事物在运动中。地球绕太阳转，自转成日，公转成年。哥白尼的时代，在欧洲只有几个人相信哥白尼的学说，例如伽利略、开普勒，在中国一个人也没有。不过宋朝辛弃疾写的一首词里说，当月亮从我们这里落下去的时候，它照亮着别的地方。晋朝的张华在他的一首诗里也写道“太仪斡运，天回地游”。①

《自然辩证法研究通信》1964 年第 3 期，刊载了日本物理学家坂田昌一的文章《关于量子力学理论的解释问题》。坂田说基本粒子不是不可分的，电子是可分的。他这样说是站在辩证唯物主义立场上的。毛泽东很感兴趣，因此邀周培源、于光远来谈坂田的文章。

谈话中提到的哥白尼（1473—1543），波兰天文学家。在《天体运行论》一书中，证明地球绕自己的轴旋转，并和其他行星一起，围绕着太阳旋转，推翻约两千年来的地球不动说。

伽利略（1564—1642），意大利物理学家、天文学家。1632 年发表《关于托勒密和哥白尼两大世界体系的对话》，支持和发展了哥白尼的地动说，次年被罗马天主教法庭判罪。

开普勒（1571—1630），德国天文学家，著有《哥白尼天文学概论》。

辛弃疾（1140—1207），字幼安，号稼轩，历城（今山东济南）人。

---

①《关天人的认识问题》,《毛泽东文集》第八卷，人民出版社 1999 年版，第 391—392 页。

南宋大词人。一生主张抗金，反对妥协投降。要求加强战备，激励士气，恢复中原，统一中国。其词抒写力图恢复国家统一的爱国情怀，倾吐壮志难酬的悲愤；也有不少吟咏祖国山河的作品。艺术风格多样，以豪放为主。热情洋溢，慷慨悲壮，笔力雄健，与苏轼并称为“苏辛”，是宋词豪放派的代表作家。毛泽东在谈话中提到的一首词，即他的《木兰花慢·可怜今夕月》。原词为：

可怜今夕月，向何处，去悠悠？是别有人间，那边才见，光影东头？是天外，空汗漫，但长风浩浩送中秋？飞镜无根谁系？姮娥不嫁谁留？

谓经海底问无由，恍惚使人愁。怕万里长鲸，纵横触波，玉殿琼楼。虾蟆故堪浴水，问云何玉兔解沉浮？若道都齐无恙，云何渐渐如钩？

这首词正文前有一小序云：“中秋饮酒，将旦，客谓前人诗词有赋待月而无送月者，因用《天问》体赋。”此诗以一连串的探寻追问（所谓“天问体”），使用横向罗列意象，构成并发共存的艺术结构。

上阕写月亮从天空降落。“可怜今夕月，向何处，去悠悠？”开头三句意谓美丽的中秋明月，你悠悠飞去，将飞向何方？对西落之月的去向表示关注。“是别有人间，那边才见，光影东头？”接下三句是说．你是否进入另一个世界，在那里看见你从东方刚刚升起。

“是天外”以下五句，诗人继续发问：也许你飞往天外无限的宇宙，长风吹动你照临人间，送来中秋佳节？高空明月，飞跃中天，是谁把它系住不落？它系在何处？是怎样系住的？嫦娥奔月独居，离弃丈夫不嫁，是谁把她羁留住的？词人在远古神话基础上，就眼前中秋景色，作了新的妙趣横生的联想，意象生动，异趣横生。

下阕写月亮从海底经过。“谓经海底”以下七句意谓：有人说你西落之后曾从海底经过，虽然这说法无从问明白，令人恍惚，只怕你要遭到万丈长鲸的疯狂冲撞，月宫中的玉殿琼楼岂不要坍塌？蛤蟆本来会水，进入海里没有妨碍；可是，那不识水性的玉兔怎么也能劈波斩浪，安然通过？“若道都齐无恙，云何渐如钩？”末二句承上诸问作总的发问与收结：如果说上述这一切都使你明月完整无缺，安然无恙，那么为何变成弯钩?

这首词是作者经过仔细的观察，发挥丰富的想象，看到月亮由东升起，至西落下，再经由海底回到东方，于是又从东方升起，到西方落下，循环往复，以至无穷，猜想到地球是圆和月亮绕地球旋转。这在天文史上是个佳话。近人王国维在《人间词话》讲到这首词时说："词人想象，直悟月轮绕地之理，与科学家密合，可谓神悟。"

毛泽东很喜欢这首诗，在一本《稼轩长短句》中这首词的标题前画三个大圈；对小序中的每句话加了圈点；对词中每个疑问句后，都画着一个大大的问号。1964 年又同周培源、于光远谈到这首词包含地圆说想法。由此可见，毛泽东对这首词着意圈画，除艺术上的欣赏外，还十分欣赏词人辩证思维的深刻性。

张华（232—300），字茂先，范阳方城（今河北固安南）人，西晋大臣、文学家。晋初任中书令，加散骑常练。惠帝时，历任侍中、中书监、司空。后被赵王（司马伦）和孙秀所杀。以博洽著称。其诗辞藻华丽，后人评为"儿女情多，风云气少"。（《诗品》）

张华的《励志诗》是一首 73 句的四言古诗，共分九章。毛泽东在谈话时引的两句见于第一章。原诗为：

> 太仪斡运，天回地游。四气鳞次，寒暑环周。星火既夕，忽焉素秋。凉风振落，熠熠宵流。

《励志诗》，顾名思义，乃自我勉励之作，表现了较好的志向情趣。第一章从天体运行与四季变化，讲励志的必要。但它客观上反映诗人对自然科学的认识。"太仪斡运，天回地游"，是说大气旋转运行，天体运转，大地游动。"太仪"，太极。指形成天地万物的混沌之气。《文选》李善注："太仪，太极也。以生天地谓之太，成形之始谓之仪。""斡（wò 沃），旋转。《春秋元命苞》："天左旋，地右动。"

"四气鳞次，寒暑环周"，是说四气阴阳变化，像鱼鳞般依次排列，寒冷和暑热周而复始变化不停。"四气"，四时阴阳变化，温热冷寒之气。

“星火既夕，忽焉素秋”，是说暑热的夏季刚过，忽然就到了凉爽的秋天。“星火”，古星名，火星。《尚书·尧典》：“日永星火，以仲夏。”此指仲夏。“素秋”，秋季。古代五行说，以金配秋，其色白，故称素秋。

“凉风振落，熠熠宵流”，是说秋风吹动落叶，夜之流动，光彩灿烂。“熠（yì 义）熠”，光彩鲜明之状。“宵”，夜。

这章从天体运转和四季的变迁，说明世间万事万物都在生生不息，这就为人要励志有为打下了理论基础。毛泽东独具慧眼，从哲学的高度、从地球运行的规律的角度，看出了它包含有“地圆”的思想，反映了他思路的活跃和欣赏文学作品的灵活性。毛泽东是在清沈德潜编选的《古诗源》中读到这首诗的。在 1964 年 8 月的这次谈话中，他便指出：这首诗收在《古诗源》里。

1935 年 2 月 26 日，通晓历史的毛泽东知道入川门户娄山关是有名的古战场，多少英雄豪杰在这里留下了他们的足迹，世纪的风云荡涤了千百年来的印记，为后人遗留下无数个让人怀古的传说，使人们沉湎于幽古的境界之中。突然，毛泽东想到晋代张华在《励志诗》里的名句：“太仪斡运，天回地游[①]。”

① 《毛泽东在四川》，四川人民出版社 1996 年版，第 149 页。

“君且去，休回顾”

毛泽东经常吟诵张元干的《贺新郎·送胡邦衡待制赴新州》一词。听他身边的工作人员说，1975 年 4 月，董必武同志逝世时，他很难过，那一天都没怎么吃东西，也不说话，整整让放了一天这首《贺新郎》的唱片。他时而躺着听，时而用手拍床，神情严肃悲痛，他老人家在沉痛悼念自己的老战友董必武同志，过了不久，又把词的最后两句改为“君且去，休回顾”。说是原来的两句太伤感了。毛泽东正是用改后的两句话，表达他要慰董老的英灵于九泉，使董老放心于国事，放心于党的事业。这首词的原文是：

梦绕神州路。怅秋风，连营画角，故宫离黍。底事昆仑倾砥柱，九地黄流乱注？聚万落，千村狐兔。天意从来高难问，况人情、老易悲难诉！更南浦，送君去。

凉生岸柳催残暑。耿斜河、疏星淡月，断云微度。万里江山知何处？回首对床夜语。雁不到，书成谁与？目尽青天怀今古，肯儿曹、恩怨相尔汝？举大白，听《金缕》。①

毛泽东 1961 年 3 月写在新华通讯社 1961 年 3 月 17 日编印的《内部参考》第 198 期增刊的封面上的《关于查找南宋几部诗文集批语》：

找南宋张元干的《归来集》。

① 杨建业：《在毛主席身边读书——访北京大学讲师芦荻》，1978 年 12 月 29 日《光明日报》。

找南宋张孝祥的于湖集、词。

找南宋洪皓的诗文集。①

张元干（1091—1170？），字仲宗，号芦川居士，又号真隐山人，永福（今福建永泰）人。宋词人。宋徽宗宣和七年（1125）任陈留县丞。其后为李纲幕僚。李纲罢官，他也因而获罪。宋高宗绍兴元年（1131），以将作监丞致仕，先后闲居20多年。在秦桧当政时期，因作词送胡铨，触怒秦桧，削去官职。晚年漫游江南，客死异乡。其词风格豪放，慷慨悲壮，亦有不少清新婉丽之作。著有《芦川归来集》和《芦川词》。

张元干的这首《贺新郎》题作《送胡邦衡待制赴新州》。

胡邦衡，即胡铨（1102—1180），字邦衡，号澹庵，庐陵（今江西吉安）人，南宋著名爱国词人。“待制”是皇帝的顾问官。宋高宗绍兴八年（1138），胡铨因反对宋金议和，请斩王伦、秦桧、孙近，遭贬。胡铨受到除名，编管新州的处罚。绍兴十二年（1142），诗人在福州写此词，为即将赴新州的胡铨送行，表现出强烈的爱国主义思想。通篇跌宕悲壮，大气磅礴，堪称杰作。

上片首句“梦绕神州路。”“神州”，战国时，驺衍称中国为赤县神州。这里指被北方金人占领的中原一带。此句是说，是我辈连做梦都离不开那中原故土。当时张元干寓居三台（今福建福州），为什么还梦绕魂牵地记挂着中原呢？“怅秋风，连营画角，故宫离黍。”“画角”，一种古乐器，出自西羌。形如竹筒，本细末大。以竹木或皮革制成，因外加彩绘，故叫画角。发声哀厉高亢。古时军中用以警昏晓。“故宫离黍”是用典。《诗经·王风·黍离》写周朝的志士行经故都，看到故宫尽是禾黍，念国亡而不忍去，而作此诗，首句是“彼黍离离”，故以名篇。这三句是说，在秋风中怅望，只见南宋军队军营相连，画角声声，军容似乎十分整肃、威武，但可悲的是北宋故都汴京（今河南开封），早已禾黍遍地，一片荒

① 《毛泽东建国以来文稿》第九册，中央文献出版社1996年版，第462页。

凉败落景象。此将南北宋形势对照来写，缩万里于尺幅之中。

接着诗人问道：“底事昆仑倾砥柱，九地黄流乱注？聚万落千村狐兔。”“底事”，何事。“昆仑倾砥柱”，相传昆仑山有铜柱，其高入天，称为天柱。古代共工与颛顼争帝位，共工怒触不周山，天柱折。禹治水，破山通河，河水环山而过，山在水中如柱。见《神异经》《水经注》及《淮南子》等书。“九地”，遍地。“黄流”，比喻金兵侵扰，如黄河之水泛滥成灾。“千村狐兔”，指金人盘踞下的中原荒凉景象。这里词人一连用了三个比喻：用“昆仑倾砥柱”比喻北宋王朝的倾覆；用“黄流乱注”比喻中原沦陷的颠危时局；以“千村狐兔”比喻金人占领区的残破景象。词人愤慨地提出这些问题，在词中并没有明确回答，也无法回答，只能含糊地说：“天意从来高难问，况人情、老易悲难诉！”“天意”句，是化用杜甫《暮春江陵送马大卿公恩命追赴阙下》“天意高难问，人情老易悲”诗意。清陈廷焯《词则》说此句“情见乎词，即悠悠苍天之意”。这里借指南宋最高统治者的旨意是无法窥测的，人之常情也是年老易生悲伤，但如今这种悲痛却无法向人诉说！这既是对南宋统治者苟且偷安的针砭，也是对因力主抗金而一边遭贬的友人胡铨的宽慰。这样便自然转到为胡铨送别上。上片一路写来，全力逼出“更南浦，送君去”二句。“南浦”句，用江淹《别赋》“送君南浦，伤之如何”，使表达的感情更加深沉。

下片写送行是在傍水之处进行的。夜风拂柳，凉气渐生，暑气顿消。换头处点明送行是在初秋。接着便描写当时夜景。银河斜挂，月明星稀，片片白云飘动。从银河斜挂特别明亮来看，说明别宴一直进行到深夜。宜人景色的描写之后，似乎该写朋友叙别，忽转接“万里江山知何处”一感慨之语。中原仍被金人占领，收复中原没有希望，祖国的万里河山又在哪里呢？愤激之至，却又不往下说，却接了一句“回首对床夜语”。“对床夜语”，两人夜间对床共语，喻亲友间无话不谈。本是今夜“对床夜语”，所谈内容或有关家国前途的预测，不便明言。故说将来“回首”今夜所谈，将证明二人看法的正确。既写出二人关系亲密，表达了他们对国事的担忧，又跳过一层，避免直说，授人以柄。

“雁不到，书成谁与？”此是用典。我国古代传说雁南飞不过衡阳，衡阳有回雁峰。胡铨所去之新州在衡阳之南，所以说“雁不到”，言其地僻荒远，今后连书信都难通了。“目尽青山怀今古，肯儿曹恩怨相尔汝？”韩愈《听颖师弹琴》有“昵昵儿女语，恩怨相尔汝”之语。这几句是说，尽管分别在即，日后又难通音问，但二人都是展望天下胸怀古今的人，一心关注国家安危，以恢复中原为己任，岂肯像小儿女一样，个人恩怨呢呢喃喃说个没完没了呢？

“举大白，听《金缕》。”“大白”，指大酒杯。《说苑·善说》：“魏文侯与大夫饮酒，使公乘不仁为觞政，曰：‘日饮不釂者，浮以大白’。”“《金缕》”，指《金缕曲》，即《贺新郎》，又名《金缕歌》，以叶梦得有唱“金缕歌”而得名。末二句是说，让我们举起酒杯痛饮消愁，听我唱一曲《金缕曲》吧！可谓大气磅礴，余韵不尽。

“危楼还望，叹此意、今古几人曾会？”

据陪毛泽东晚年读书的北京大学中文系讲师芦荻回忆：毛主席经常用手拍着桌子击节，高声吟诵岳飞的《满江红》和南宋词人陈亮《念奴娇·登多景楼》词。

1975 年 8 月初的一天晚上，毛泽东慷慨悲歌地吟罢《登多景楼》词后，又让在场的工作人员一起念了这首词：“危楼还望，叹此意、古今几人曾会？鬼设神施，浑认作、天限南疆北界。一水横陈，连岗三面，做出争雄势。六朝何事，只成门户私计？　因笑王谢诸人，登高怀远，也学英雄涕。凭却江山，管不到、河洛腥膻无际。正好长驱，不须反顾，寻取中流誓。小儿破贼，势成宁问强对！”①

毛泽东的眼睛复明后，有一天他又读陈亮的《念奴娇·登多景楼》，读着读着，忽然毛泽东哭了起来，真是情绪激动，涕泗滂沱，不能自抑。医生劝慰后询问才知道，他是因读陈亮词有感而泣。

陈亮是什么人?《念奴娇·登多景楼》是一篇什么样的作品呢?

陈亮（1143—1194），字同甫，世称龙川先生，婺州永康（今浙江永康）人。南宋哲学家、文学家。光宗策进士，擢第一。授签书建康军判官厅公事，未赴任卒。曾多次上书，反对“和议”，力主抗金，痛斥秦桧之流是“国之贼”，提出“任贤使能”“简法重令”等主张，遭到当权者的嫉恨，三次被诬入狱。所作政论气势纵横，笔锋犀利；词作也感情激越，风格豪放，表现出他的政治抱负。有《龙川文集》《龙川词》。

---

① 杨建业:《在毛主席身边读书——访北京大学中文系讲师芦荻》,1979 年 12 月 29 日《人民日报》。

陈亮的《念奴娇·登多景楼》原文是：

危楼还望，叹此意、今古几人曾会？鬼设神施，浑认作、天限南疆北界。一水横陈，连岗三面，做出争雄势。六朝何事，只成门户私计？

因笑王谢诸人，登高怀远，也学英雄涕。凭却长江，管不到、河洛腥膻无际。正好长驱，不须反顾，寻取中流誓。小儿破贼，势成宁问强对！

陈亮是南宋爱国主义思想家，志在恢复中原，收复失地。这首词集中表现了他的爱国主义精神。

多景楼，在江苏省丹徒县北固山甘露寺内，面对长江。隔江可以遥望军事重镇扬州，这一带是历史上兵家必争之地。为了推动抗金斗争，陈亮亲往京口（今江苏省镇江市）考察形势，登上多景楼，感慨万端，写下了这首著名的爱国篇章。

词一开头就提出："叹此意、今古几人曾会？"古往今来登多景楼的人，有几个能真正认识到它所特有的战略价值呢？长江天险，是自然界的造化之功，却被人们认作是上天注定的南疆北界。"浑认作"，带有鄙视之意。他分析长江的地理形势说，前面横着一条大江，可以阻拦北来军马；沿着长江南面还有一系列山峦，从三面向北围拢，显示出一个天然的作战优势。然而，这样好的地理条件，"六朝"做出了什么大事呢？仅仅为了一门一户的私人利益，甘愿退缩在江南一角，真是太可怜了！陈亮想起从东吴、东晋到宋、齐、梁、陈几个朝代都偏安江左，毫无雄心壮志，内心油然而生一种蔑视。表面上是指斥六朝，骨子里却是针对现实的。

下片又用了几个典故，借古讽今，用六朝旧事对南宋当时划江自守的政策给予辛辣的讽刺。前三句用新亭对泣故事。"王谢诸人"，概指东晋世家大族的上层人物，说他们空洒英雄之泪，却无克服神州的实际行动，借以讽刺南宋上层统治者有些人空有慷慨激昂的言辞，而无北伐的行动。"也学英雄涕"，讽刺尖刻辛辣。

"凭却长江，管不到、河洛腥膻无际。"意谓南宋凭借长江天险，自以为可以长保偏安一隅，哪里管得到广大的中原地区，长久为民族势力所盘踞，广大人民呻吟于铁蹄之下呢？这是对统治者“只成门户私计”的进一步批判。

“正好长驱，不须反顾，寻取中流誓。”“中流誓”，用祖逖统兵北伐，渡江击楫而誓的典故。在词人看来，凭借这样有利的江山地势，正可以长驱北伐，无须瞻前顾后，应当像当年祖逖那样，中游起誓，决心收复中原。

“小儿破贼，势成宁问强对！”“小儿破贼”，见《世说新语·雅量》。淝水之战，谢安之侄谢玄等击败前秦苻坚大军，捷书至，丞相谢安方与客围棋，看书毕，默然无言，依旧对局。客问淮上利害，答曰：“小儿辈大破贼。”“强对”，强大的对手。《三国志·吴书·陆逊传》：“刘备天下知名，曹操所惮，今在境界，此强对也。”末二句意谓，南方并不乏运筹帷幄、决胜千里的统帅，也不乏披坚执锐、冲锋陷阵的猛将，完全应当像往日的谢安一样，对打败北方强敌具有充分信心，一旦有利形势已成，便当长驱直入，扫清河洛，尽复故土，何须顾虑敌人强大呢？

此时毛泽东已年老力衰，力不从心，仍忧心国事，他看到北方社会帝国主义在我边境陈兵百万，南方宝岛台湾尚未解放，统一大业仍未完成，自己又时日无多，忧患意识使他读这种词作时不能不产生强烈共鸣。

“人生自古谁无死，留取丹心照汗青”

1964年内，毛泽东与表侄孙女王海容谈话，要她读文天祥的《过零丁洋》一诗，并问：“假如敌人把你捉去了，你怎么办？”王海容回答：“人生自古谁无死，留取丹心照汗青。”毛泽东说：“对了。”[①]

1964年，曾为毛泽东开过一段时期车的司机朱德奎得肝病住院，毛泽东几次问起他的病情，当得知他有悲观情绪，乃手书南宋末文天祥的诗句：“人生自古谁无死，留取丹心照汗青”，让人给他送去，并嘱咐说：“死都不怕，还有什么可怕的，更不怕养不好病了。”[②]

文天祥（1236—1283），字履善，一字宋瑞，号文山，吉州卢陵（今江西吉安）人。南宋著名民族英雄、诗人。宋理宗宝祐四年（1256），20岁中进士第一名。历知端、赣等州。1276年拜右丞相兼枢密使。出使元营议和，被扣留。后脱逃，至温州，又率兵抗元，进兵江西，收复州县多处，不久败退广东，端宗景炎三年（1278）在五坡岭（今广东海丰北）兵败被俘，次年运至大都（今北京），囚三年，始终不屈，英勇就义。其作品多写刚毅不屈的民族气节和昂扬斗志。有《文山先生全集》。

其《过零丁洋》诗全文如下：

辛苦遭逢起一经，干戈寥落四周星。
山河破碎风飘絮，身世浮沉雨打萍。

---

① 张贻玖：《毛泽东评点圈阅的中国古典诗词》，中国工人出版社1992年版，第208页。

② 徐亲民编：《在毛泽东身边》，中共中央党校出版社1993年版，第207页。

惶恐滩头说惶恐，零丁洋里叹零丁。
人生自古谁无死，留取丹心照汗青。

这首诗洋溢着爱国主义激情，是文天祥明志之作。公元1278年冬，文天祥率兵与元军转战于广东潮阳一带，不幸在五坡岭战败被俘。第二年正月，元军将领张弘范强迫文天祥随船同往，追击在崖山的宋帝赵昺，经过零丁洋时，文天祥想到自己兵败被俘，求死不能，又无法前去帮助宋军，反而要亲眼看着元军进攻宋军，感慨万端，写下了这首诗。元将张弘范逼迫文天祥写信，劝降在崖山抗击元军的爱国将领张世杰，文天祥就将这首诗交给张弘范，让他送给张世杰。诗里叙述了他的身世遭遇和眼见山河破碎的痛苦，抒写了他以身殉国的决心和崇高的民族气节。

首联叙事，写他的出身和四年的抗元斗争生活。宋代的科举制度有专经进士，要求考生在广泛读儒家经史的基础上精通其中的一门经书。文天祥从小博览群书，深钻经书。21岁时参加考试，中了“状元”，踏上仕途。所以他用“辛苦遭逢起一经”交代自己的出身。“寥落”，荒凉冷落。这里用来形容当时的形势。“四周星”，即四周年。文天祥从公元1275起兵抗元，到公元1278年被俘，正是四年。这四年间，文天祥老母被俘，妻妾被囚，儿子丧生，经受了一次又一次的打击。然而他赤心爱国，始终坚持与元军作战。

颔联用喻描写国事身世。“山河破碎风飘絮”，用“风飘絮”比喻南宋的大好河山落入元军之手的危急情况。国家危难，文天祥自己怎样呢？“身世浮沉雨打萍”。文天祥从起兵抗元开始，就没有过一天好日子。他曾被元军扣留，从元营脱险后，沿途又屡遭艰险，几乎丧命。后又多次兵败，直至被俘。他的经历，确实像雨打的浮萍一样浮沉不定。两个比喻贴切、形象。

颈联抒情，写的是自己的心情。诗人巧用“惶恐滩”和“零丁洋”这两个富有感情色彩的地名，来表达其昔日的“惶恐”和今日的“零丁”。公元1277年，文天祥在江西吉水县被元兵打败，率军经过惶恐滩撤退到福建汀州。当时后有追兵，前为茫茫大海，诗人报国有志，而战败退走，内心怎能不“惶恐”？而今身陷敌手，只身被押着渡过这零丁洋，想同崖山的军民抗元而又不可得，心里怎能不感到“零丁”？

尾联议论，写捐躯报国的决心。意思是说，人生在世，自古以来哪有不死的呢？只要能留得这颗赤诚的爱国忠心照耀在史册上就行了。文天祥实践了这一诺言。临刑时，他对吏卒说，“吾事毕矣！”脸不变色，从容就义。这两句诗已成为中华诗史上千古不朽的名句。它一直在激励和鼓舞着仁人志士为祖国、为民族、为正义事业而奋斗、而献身。

毛泽东还多次赞扬文天祥。1930 年 10 月，红军占领江西吉安，毛泽东进城后数点吉安古今风流人物说：“自古以来，庐陵吉水是人杰地灵之地，”又说，“民族英雄文天祥，就是吉安富田人。”

1939 年 4 月 8 日，毛泽东在延安抗大工作总结大会作演讲时，就革命者要有气节一事说道，一种人被捉了，要杀就杀，这种英勇的人，中国历史上很多，有文天祥、项羽、岳飞，决不投降，他们就有这种骨气。同月 29 日，他在延安活动分子会议上报告指出：“文天祥、岳武穆就是为国家尽忠，为民族行孝的圣人。”

1964 年 2 月 13 日，毛泽东在春节座谈会上说：“历史上的状元，出色的状元没有几个。唐朝的李白、杜甫两大诗人都不是状元，出色的状元只有文天祥。”①

此外，毛泽东在读《新唐书·徐有功传》时，读到徐有功说自己“命系庖厨”，批注道：“‘命系庖厨’，何足惜哉，此言不当。岳飞、文天祥、曾静、戴名世、瞿秋白、方志敏、邓演达、杨虎城、闻一多诸辈，以身殉志，不亦伟乎！”②

① 《毛泽东著作专题摘编》，中央文献出版社 2003 年版，第 2288 页。

② 中共中央文献研究室编：《毛泽东读文史古籍批语集》，中央文献出版社 1993 年版，第 237 页。

·毛泽东谈文论史全编·

顾 问：龙新民 郑欣淼 陈 晋 阎晓宏

诗 话

MAOZEDONG SHIHUA

2

毕桂发 主 编
陈锡祥 副主编

中国文史出版社

目　录

“大有英雄豪迈、博大苍凉之气”

1957年3月19日上午，毛泽东自徐州登机赴南京。毛泽东问他的英语教师林克，读没读过萨都剌的《彭城怀古》。林克回答没读过。毛泽东随即拿支铅笔，在林克正在读的一本书的扉页和正文边角上写下了萨都剌的《木兰花慢·彭城怀古》。

搁下笔，毛泽东在机舱的客厅里，向林克讲起了这首词。他说：“这首词的词牌叫‘木兰花慢’，原题是《彭城怀古》。彭城就是古徐州，就是那个八百岁的彭祖的家乡。徐州地区沛县是刘邦的家乡……。”

“萨都剌是蒙古人，出生在现在的山西雁门关一带。他的词写得不错。大有英雄豪迈、博大苍凉之气。”毛泽东用称赞的语调说。

此时，毛泽东思如泉涌，兴致勃勃地解说起这首词的意思来：“‘重瞳’指的是西楚霸王项羽。司马迁《史记》中提及项羽其貌不凡，铁马重瞳。他的坐骑叫乌骓马。起初兵多势大，可惜有勇无谋，不讲政策，丧失人心，最后‘玉帐连空’，兵败垓下，自刎乌江。”

“……项羽重瞳，犹有乌江之败；湘东一目，宁为赤县所归。”湘东一目，指的是梁武帝年间的湘东王萧绎，他幼年瞎了一眼，后来好学成才，平定侯景之乱，即位江陵。

谈及历史，毛泽东谈锋更健，他话锋一转，讲起词的下半阕：“‘戏马台’原是项羽阅兵的地方，刘裕北伐时也曾在此大会将校宾客，横槊赋诗，气势如虹。‘画眉人’用的是西汉张敞的故事，此人直言敢谏。‘燕子楼’为唐朝驻徐州节度使张愔接父职驻节徐州，结识彭城名姬关盼盼，收娶为妾。她歌舞双绝，尤工诗文。张死后归葬洛阳，盼盼恋张旧情，独守空楼十余年。小楼多燕子，故名‘燕子楼’。诗人白居易过徐州，因此故事写了一首七绝：‘满窗明月满帘霜，被冷灯残拂卧床。燕子楼中霜月夜，秋来只为一人长。’”

讲解完毕，毛泽东又说道：“萨都剌写了这些有关徐州的典故，思古伤今，感慨人生，大有英雄一去不复返，此地空余乱山川的情调。初一略看，好似低沉颓唐，实际上他的感情很激烈深刻。”[①]

萨都剌（约 1308—？），字天锡，号直斋，答失蛮氏，蒙古人。元诗人。因其父留镇云、代，遂居雁门（今山西代县）。一云本朱氏子，其父阿鲁赤养为己子。泰定四年（1327）进士。后任京口录事司达鲁花赤、江南行御史台椽史、淮西江北道经历之职，都是九品至七品小官。晚年寓武林（今浙江杭州），常游历山水，后入方国珍幕府，卒。

其诗多写自然景物，间有反映民间疾苦之作。亦工词，《念奴娇·登石头城》《木兰花慢·彭城怀古》等篇吊古伤今，韵味苍凉，最为著名，有《雁门集》。

萨都剌《木兰花慢·彭城怀古》原文是：

古徐州形胜，消磨尽、几英雄？想铁甲重瞳，乌骓汗血，玉帐连空。楚歌八千兵散，料梦魂、应不到江东。空有黄河如带，乱山回合云龙！

汉家陵阙动秋风，禾黍满关中。更戏马台荒，画眉人远，燕子楼空。人生百年如寄，且开怀、一饮尽千钟。回首荒城斜日，倚栏目送飞鸿。

萨都剌在这首词中，通过对古代英雄人物的缅怀，寄托了自己空怀壮志的惆怅心情，表现了对现实社会的不满情绪和对人生的感叹。

“彭城”即“古徐州”，相传帝尧时封颛顼后裔彭祖于此，建大彭氏国，“彭城”之名盖始于此。汉末曹操曾迁徐州刺史治所于彭城，于是彭

---

① 李林达：《情满西湖》，中央文献出版社 1993 年版，第 236—238 页。

城始称徐州。徐州为古九州之一，因其北有泰山、东有黄海、南有淮水、西有济水，当东西要冲、南北锁钥，自古为兵家必争之地。

作者在词的开头，直扣题意，以“形胜”二字概括了古徐州的壮美景观。因作者意在怀古而不在览胜，紧接着又以“消磨尽、几英雄”一句开启下文。“想铁甲重瞳，乌骓汗血，玉帐连空”三句，以磅礴气势写出了项羽的不同凡响及其兵威之盛。“铁甲重瞳”，代指项羽。《史记·项羽本纪》记载：“闻项羽亦重瞳子。”“重瞳子”即双瞳人。“乌骓汗血”，描写项羽身披铁甲，驾驭骏马，勇不可当。《史记》记载，项羽有“骏马名骓，常骑之“汗血”，骏马名，又叫“天马”，是来自西域大宛的良马。“汗血”亦可理解为流出血汗，极状乌骓马征战之劳苦。“玉帐连空”，以夸张的手法形容帐篷之多，兵士之众。“楚歌八千兵散，料梦魂、应不到江东”三句，转写项羽的垓下（今安徽省灵璧境）兵败，并引出历史事实：项羽在江苏吴县起事，有精兵八千，与刘邦争夺天下。公元前 202 年垓下决战，项羽兵少食尽，夜闻四面楚歌，军心瓦解，兵败乌江。乌江亭长劝他东渡，项羽无颜回见江东父老而自杀。“空有黄河如带，乱山回合云龙”二句，由怀古转向彭城景象：黄河蜿蜒如带，山势曲折如云起龙骤。“空有”二字，表达了作者的感怆之情，并隐含作者对现实的不满。

词的下阕通过几组历史遗迹的变迁，进一步吊古伤今，感慨世事。“汉家陵阙动秋风，禾黍满关中”两句，由眼前的彭城近景想到远在关中的刘邦的陵墓，也应该是秋风萧瑟、禾黍离离了。“更戏马台荒，画眉人远，燕子楼空”三句，思绪再回到彭城。“戏马台”，相传为项羽遗址。“画眉人远”，是借西汉张敞画眉之事，以咏唐武宁军（治徐州）节度使张愔与彭城名妓关盼盼的恋情。“燕子楼”，为徐州名楼之一，是张氏旧第中的一座小楼。张愔卒后，关盼盼独守空楼十余载，被传为佳话。作者在此用“台荒”“人远”“楼空”，引发出“人生百年如寄”的感叹。“且开怀、一饮尽千钟”，是作者内心情感的宣泄，把对古代英雄美人的追怀以及对匆匆人生的惆怅之情，尽融于“千钟”浊酒之中。“回首荒城斜日，倚栏目送飞鸿”，写作者倚栏望着挂在这荒城一角的斜阳和那愈飞愈远的飞鸿，思绪万千，一言难尽。

这首词沉郁苍凉，意境深远，确如毛泽东所说，“大有英雄豪迈，博大苍凉之气”。后人推崇萨都剌为“有元一代词人之冠”，并非溢美之词。

毛泽东在解释“燕子楼空”时引了白居易的一首诗，实有三首，并有小序说明写诗缘由：

徐州故张尚书有爱妓曰盼盼，善歌舞，雅多风态。余为校书郎时，游徐、泗间。张尚书宴余，酒酣，出盼盼以佐欢，欢甚。余因赠诗云：“醉娇胜不得，风袅牡丹花。”一欢而去，尔后绝不相闻，迨兹仅一纪矣。昨日，司勋员外郎张仲素绘之访余，因吟新诗，有《燕子楼》三首，词甚婉丽，诘其由，为盼盼作也。绘之从事武宁军累年，颇知盼盼始末，云：“尚书既殁，归葬东洛，而彭城有张氏旧第，第中有小楼名燕子。盼盼念旧爱而不嫁，居是楼十余年，幽独块然，于今尚在。”余爱绘之新咏，感彭城旧游，因同其题，作三绝句。

这三首绝句是：

满窗明月满帘霜，被冷灯残拂卧床。
燕子楼中霜月夜，秋来只为一人长。

钿晕罗衫色似烟，几回欲著即潸然。
自从不舞霓裳曲，叠在空箱十一年。

今春有客洛阳回，曾到尚书墓上来。
见说白杨堪作柱，争教红粉不成灰？

在莫斯科即兴吟诗

1957年11月，毛泽东第二次访问苏联。在苏联，除了参加苏联十月社会主义革命40周年庆典的活动，还出席了12个社会主义国家共产党和工人党的代表会议，出席了68个国家共产党和工人党的代表会议，并代表中国共产党在《莫斯科宣言》和《和平宣言》上签了字。

最后，苏共中央举行盛大宴会，招待各国党的代表团。毛泽东在祝酒时，说："我们开了两个很好的会，大家要团结起来，这是历史的需要，是各国人民的需要。……中国有首古诗：

两个泥菩萨，一起都打破。
用水一调和，再来做两个。
我身上有你，你身上有我。"①

这首"古诗"，实是毛泽东以《南宫词纪》中《锁南枝》（另见）为底本即兴创作的，一说是以元朝赵孟頫夫人管道昇的《锁南枝》为底本即兴吟出的。管氏的《锁南枝》的全文是：

你侬我侬，忒煞情多；
情多处、热如火。
把一块泥，

① 李越然：《从中南海到克里姆林宫——回忆给毛泽东同志当翻译》，《缅怀毛泽东》（上），中央文献出版社1993年版，第490—491页。

捻一个你，塑一个我。
将咱两个，一齐打破。
用水调和！
再捻一个你，再塑一个我。
我泥中有你；
你泥中有我。
与你生同一个衾，
死同一个椁。

毛泽东读1931年光华书局出版的顾名编《曲选》时曾加以圈点，他在“情多处”后加了一点逗号，并在最后两句旁各画了三个圈。

赵孟頫（fǔ 甫）（1254—1322），字子昂，号松雪道人，水精宫道人，湖州（今浙江湖州）人。元代书画家。宋宗室。入元，官刑部主事，后累官至翰林学士承旨，封魏国公，谥文敏。工书善画，传世书画作品较多。有《松雪斋集》。

其妻管道昇，字仲姬，一字瑶姬，吴兴人。封魏国夫人，世称管夫人。画墨竹兰梅，笔意清绝；亦工山水佛像，翰墨词章；书牍行楷，殆与其夫不辨。

赵孟頫有件艳事：他想纳妾，又不便开口，便填了首曲，给管夫人看，其中有：“岂不闻王学士有桃叶、桃根，苏学士有朝云、暮云？我便多娶几个吴姬、越女无过分。”还安慰她：“你年纪已过四旬，只管占住玉堂春。”管夫人知道后，自然很不高兴，可又不便发作。为了劝阻丈夫，便填了这首《我侬词》。

赵孟頫的曲中“桃叶”为晋书法家王献之爱妾，“桃根”为“桃叶”之妹。“朝云”为宋诗人苏轼的爱妾。他举出王献之、苏轼为例，说明像王、苏这样的名家都能纳妾，自己当然也可纳妾了。但管道昇不和他争辩能不能纳妾、该不该纳妾，因为封建社会实行一夫多妻制，纳妾是合法的，无法争辩，她便别出心裁写了《我侬词》，动之以情，打动丈夫，让他放弃纳妾打算，果然收到了好的效果。

那么诗人是怎么写的呢？“你侬我侬（nóng 农），忒（tè 特）煞情多。”“侬”，你。元杨维桢《西湖竹枝词》“劝郎莫上南高峰，劝侬莫上北高峰。”“忒煞”，亦作“忒杀”“忒噄”。太，过分。起首三句是说，我和你两个人，感情太好了。接着说，打个比方，就像用一块黄泥，捏一个你，再捏一个我。把两个泥人全打破，再浇水，和泥，重新捏制你和我。这再捏塑的你和我，已经是我身上也有了你，你身上也有了我，所以最后说活着与你同盖一床被，死了同用一个棺材，表示生死永不分离了。“衾（qīn 亲）”，大被。“椁（guǒ 果）”，古代套于棺外的大棺。

1957 年，毛泽东赴苏联参加世界共产党、工人们会议，在苏共中央举行的招待各国代表团的盛大宴会祝酒时，根据管夫人的这首《我侬词》改写成一首“古诗”，意在强调应该从团结的愿望出发，求大同，存小异，互相支援，结为一体，共同对付敌帝主义的挑战。

此前，毛泽东在《在莫斯科共产党和工人党代表会上的讲话》中专门讲了团结问题，其中有一段很有名的话：

> ……任何一个人都要人支持。一个好汉也要三个帮，一个篱笆也要三个桩。这是中国的成语。中国还有一句成语，荷花虽好，也要绿叶扶持。我毛泽东这朵花不好，更要绿叶扶持。这合乎我们赫鲁晓夫同志的口号——集体领导。单独的一个诸葛亮总是不完全的，总是有缺陷的。你看我们这十二国宣言，第一、第二、第三、第四次草稿，现在文字上的修正还没有完结。我看要是自称全智全能，像上帝一样，那种思想是不妥当的。

同年 9 月 19 日，毛泽东会见印度副总统拉达克里希南时，两人从和平共处五项原则谈到哲学、佛学，毛泽东又引用过这支曲子表达自己的观点。

“李攀龙有些诗写得不错”

李攀龙（1514—1570），字于麟，号沧溟，历城（今山东济南）人。明诗人。嘉靖二十三年（1544）进士及第，初授刑部主事，后历任刑部员外郎、郎中等职。此时他首先与谢榛、李先芳等人倡建诗社。后王世贞、宗臣、梁有誉，徐中行、吴国伦陆续加入，互相标榜，“七才子之名播天下”。

嘉靖三十年（1551）以后，李攀龙出任顺德府（今河北邢台）知府，有善政，升任陕西提学副使。嘉靖三十六（1557）告病还乡近十年。穆宗隆庆元年（1567），重新起用为浙江提学副使，两年后改任浙江参政，后升任河南按察使。隆庆九年（1559）奔母丧患病卒，终年57岁。

李攀龙与王世贞同为“后七子”首领。认为文自西汉、诗自盛唐以下，都无足观。倡导摹拟、复古。所作诗文多摹拟古人。少数作品对时政有所暴露，较有艺术感染力。有《沧溟集》。

据诗人臧克家回忆：1957年1月，毛泽东同袁水拍、臧克家谈诗时曾说：

> 他们给我弄了一部《明诗综》来，我感觉李攀龙有些诗写得不错。①
>
> 又说：
>
> 我过去以为明朝的诗没有好的，《明诗综》没有看头，但其中有李攀龙、高启等人的好诗。②

---

① 《伟大的教导，深沉的怀念》，《怀念毛泽东同志》，人民文学出版社1980年版，第223页。

② 陈晋：《毛泽东与文艺传统》，中央文献出版社1992年版，第377页。

1964年1月27日，毛泽东在为自己的诗词中若干词句作解释时，他为1959年7月1日写的《七律·登庐山》中“云横九派浮黄鹤”作了如下解释：

> “黄鹤”，不是指黄鹤楼。“九派”，指这一带的河流，是长江的支流。明朝李攀龙有一首送朋友的诗《怀明卿》：
>
> “豫章西望彩云间，九派长江九叠山。
>
> 高卧不须窥石镜，秋风憔悴侍臣颜。”
>
> 李攀龙是“后七子”之一。明朝也有好诗，但《明诗综》不好，《明诗别裁》好。[①]

诗题中的“明卿”，是吴国伦的字。吴国伦是李攀龙的诗友，“后七子”之一。嘉靖二十九年（1550）进士，初授中书舍人，后擢兵科给事中，因触奸相严嵩，被谪为江西按察司知事，又移南康推官。诗的前两句点出明卿贬所的地理特征及方位。“豫章”为江西省南昌市的古称。“九派”，指这一带的河流，长江的支流。山峦重叠，彩云缭绕，河流纵横，吴头楚尾，乃形胜之地，极写南昌之美，借以安慰被贬之人。后二句写想象中的友人形象。诗人用庐山石镜可以“照见人形”之典，揣想吴国伦郁闷成愁，憔悴不堪的身影，表达了作者对友人的关心、同情和思念。全诗写得语浅意深，含蕴不尽，不言怀人，而怀人之情毕现。

毛泽东十分喜欢这首诗。他1959年7月1日写的《七律·登庐山》一诗中有“云横九派浮黄鹤，浪下三吴起白烟”之句。他在《对〈毛主席诗词〉中若干词句的解释》中注释“九派”时，指明典出“明朝李攀龙有一首送朋友的诗《怀明卿》”，并在引录该诗全文后，说：“李攀龙是‘后七子’之一。明朝也有好诗，但《明诗综》不好，《明诗别裁》好。”这便是由这首诗而论及李攀龙的诗作以及整个明代诗歌了。就明代文学而论，

① 中共中央文献研究室编：《毛泽东诗词集》，中央文献出版社1996年版，第258页。

由于小说、戏曲的崛起及其卓越成就，明代诗文又摹拟之风火炽，相对而言，成就不大，所以便给人以明代无好诗的错觉。其实，明诗中亦有好诗，诗人中也有杰出人物，为毛泽东所欣赏的高启、李攀龙、杨慎等人的有些诗就写得不错。

明诗有两个集子影响较大，这就是清人朱彝尊编的《明诗综》和清人沈德潜、周准合编的《明诗别裁集》。《明诗综》，是明代诗歌总集，100卷，由朱彝尊选录，其友人汪森、朱端、张大受、钱玠等人分卷辑评，录存明代诗人3400余人的作品。朱氏意在成一代之书，故求全责备，所录诗作众寡悬殊，其意在或因诗而存其人，或因人而存其诗，而不在作者是否为有成就的诗人。《明诗别裁集》则是一本明诗选集，全书12卷，共收录作者340人，诗1010余首。沈德潜提出的编纂意图和标准大致是：①所录"皆深造浑厚，和平渊雅，合于言志永言之旨"，以"辅翼诗教"；②选诗时"始端宗旨，继审规格，终流神韵，三长具备，及登卷帙"；③"因诗存人，不因人存诗"，不求备一代的掌故，只要是"示六义之指归"；④"是书之选，欲上续唐人"。由此可见，二书编纂意图和选择标准不同，于是《明诗综》显得较为芜杂，良莠不齐，而《明诗别裁集》则显得更为精粹，所以毛泽东说《明诗综》不好，《明诗别裁》好，这是符合实际的。

据不完全统计，毛泽东阅读《明诗别裁集》时共圈阅了明诗近180首，而仅李攀龙就圈阅了22首[①]，它们是：《和许殿卿春日梁园即事》《黄河》《初春元美席上赠谢茂秦得关宇》《送皇甫别驾往开州》《怀子相》《平凉》《杪秋登太华山绝顶》《七夕集元美宅送茂秦》《塞上曲送元美》《寄元美》《于郡城送明卿之江西》《怀明卿》《春日闻明卿之京都寄》《挽王中丞二首》《和聂仪部明妃曲》《崔驸马山池燕集得无字》《同元美子相公实分赋怀泰山得钟字》《送杨给事河南召募》《送子相归广陵》《赠梁伯龙》《观猎》。这是毛泽东所说明代也有好诗，李攀龙有些诗写得不错的实证。毛泽东关于明诗的论断令人耳目一新，无疑将给文学史研究家们以新的启迪。

① 毕桂发主编：《毛泽东批阅古典诗词曲赋全编》，中国工人出版社1997年版，第935—950页。

特别值得一提的是，毛泽东还曾戏改《怀明卿》一诗批判林彪。据周世钊日记载：1971 年“九一三”事件之后，毛泽东曾改过李攀龙的一首七绝：“豫章西望彩云间，九派长江九叠山。高卧不须窥石镜，秋风怒在叛徒颜。”有人曾问周世钊，周世钊说，毛主席把“侍臣”这两个字改成“叛徒”。这自然是指林彪。[1]

① 萧永义：《毛泽东诗词史话》，东方出版社 1996 年版，第 385 页。

高启，“明朝最伟大的诗人”

1961年11月6日上午6时，工作了一夜的毛泽东突然给他的秘书田家英写去一封信：

田家英同志：

请找宋人林逋（和靖）的诗文集给我为盼，如在本日下午找到，则更好。

毛泽东

十一月六日上午六时

信中所说的林逋（967—1028），字君复，钱塘（今浙江杭州）人，北宋诗人。隐居西湖孤山，赏梅养鹤，终身不仕，也不婚娶，旧时称其“梅妻鹤子”，卒谥和靖先生。其诗风格淡远，内容大都反映他的隐逸生活和闲适心情。有《林和靖诗集》。“疏影横斜水清浅，暗香浮动月黄昏”（《山园小梅》），是其咏梅名句。

林逋的诗文集很快就送到了毛泽东手里。这天上午八时半，毛泽东给田家英又写了第二封信：

田家英同志：

有一首七言律诗，其中两句是：雪满山中高士卧，月明林下美人来，是咏梅的，请找出全诗八句给我，能于今日下午交来则更好。何时何人写的，记不起来，似是林逋的，但查林逋集没有，请你再查一下。

毛泽东

十一月六日上午八时半

就在田家英为他查找之时，这天，毛泽东又给他写了第三封信：

又记起来，是否清人高士奇的，前四句是：琼枝只合在瑶台，谁向江南处处栽。雪里山中高士卧，月明林下美人来。下四句忘了。请问一下文史馆老先生便知。

毛泽东

六日八（九）时[①]

很快，这首诗被查明了，它不是高士奇的，而是明代诗人高启的《梅花》九首之一，全诗是：

琼姿只合在瑶台，谁向江南处处栽。
雪满山中高士卧，月明林下美人来。
寒依疏影萧萧竹，春掩残香漠漠苔。
自去何郎无好咏，东风愁寂几时开？

这天，毛泽东手书了这首诗，并写上："高启，字季迪，明朝最伟大的诗人。"

高启（1336—1374），字季迪，长洲（今江苏苏州）人，明诗人。元末隐居吴淞青丘，自号青丘子。与杨基、张羽、徐贲齐名，被称为"吴中四杰"。明洪武初，召修《元史》，为翰林院国史编修。授户部侍郎，不受。尝赋诗有所讽刺，后被明太祖朱元璋借故腰斩。其诗爽朗清逸，部分作品对民生疾苦有所反映，对明的统一也作了歌颂。又能文。有诗集《高太史大全集》等。

毛泽东一直推崇高启的诗。早在1957年，毛泽东与袁水拍、臧克家谈诗时就曾说过："我过去以为明朝的诗没有好的，《明诗综》没有看头，但其中有李攀龙、高启等人的好诗。"大概正是这首《梅花》诗给毛泽东留下了好印象。

① 董边等：《毛泽东和他的秘书田家英》，中央文献出版社1989年版，第108—110页。

高启的《梅花》共九首，这是其中的第一首。

首联写梅花生长的环境。“琼姿只合在瑶台”，写梅花俏艳美丽，高贵雅致。诗人认为梅花这种高贵的品质，带有仙风道骨，本应在神仙居住的瑶台开放。紧接着“谁向江南处处栽”一句，进一步歌咏梅花的品质。天生丽质，本应生长在瑶台，可是江南大地，到处都有其身影。一个“谁”字，用得最妙，起到了寓扬于抑的作用。

“雪满山中高士卧，月明林下美人来”，颔联是用典，借高士的品格来烘托梅花的品格，二者互相辉映。“雪满山中”句是用袁安卧雪的典故。袁安是后汉时人，贫时曾客居洛阳。有次大雪封门，洛阳令行至袁安门前，见门前没有人出入的痕迹，就命人除雪进屋，看到袁安躺在家中，已经冻饿僵直，洛阳令问他为何不去乞食时，他说：“大雪人皆饿，不宜干人。”洛阳令以之为贤能高士，举荐为孝廉，累迁为楚郡太守。

“月明林下”句是指赵师雄宿梅下的故事。据《龙城录》载：隋朝赵师雄要到罗浮做官，傍晚时于一松林间停车休息，在酒肆旁见一女人，淡妆素服，出来迎接。时已昏黑，残雪对着月色微明，师雄大喜，与之语，芳香袭人，就和她一起相坐饮酒。少顷，一绿衣童子进来，笑歌戏舞，赵师雄大醉而卧。醒来时东方已明，四周一看，原来躺在一株大梅花树下，上面有一绿色小鸟。此联和首联一样，都是从侧面对梅花进行烘托。结构上，对仗工整，“雪满山中”和“月明林下”相对，都是描写环境，分别是“高士卧”和“美人来”的前提。只有“雪满山中”，才显袁安品质高尚，只有“月明林下”，方显梅花仙子之雅致。

“寒依疏影萧萧竹，春掩残香漠漠苔”，颈联转入正面描写梅花。寒冬到来时，万木凋零，百花枯萎，只有梅花昂首怒放，和竹、松一起被人们称为“岁寒三友”。而当春天到来时，梅花“俏也不争春，只把春来报”，将她的幽香掩藏起来，让百花显示娇艳。这两句在前四句侧面烘托的基础上，正面歌颂了梅花的高贵品质。

“自去何郎无好咏，东风愁寂几回开？”尾联也是用典。何郎，指南朝梁诗人何逊，写有《咏早梅》诗，其中有“兔园标物序，惊时最是梅。衔霜当路发，映雪拟寒开。枝横却月观，花绕凌风台”等句。此联是说自从何逊以后，很少有好的咏梅诗了，而梅花只在严冬开放，傲雪迎春，春天一到即绿肥红瘦，所以春风到来之时，就是梅花飘落之时，故有“东风愁寂几回开”之感叹。

全诗咏梅花之品格，结构上前两联从侧面烘托，第三联正面描绘，末联抒发感慨。笔法上，虽为咏物之作，但艺术才华很高，涵浑从容，很接近唐人手笔。

毛泽东还手书过高启的《吊岳王墓》，是悼念岳飞的。诗云：

大树无枝向北风，十年遗恨泣英雄。
班师诏已来三殿，射虏书犹说两宫。
每忆上方谁请剑，空嗟高庙自藏弓。
栖霞岭上今回首，不见诸陵白露中。

毛泽东有极好的记忆力，能背诵、运用高启的若干诗句。1958 年 5 月 18 日，中共八大二次会议印发倪伟、王光中同年 5 月 3 日关于安东机器厂试制成功 30 匹马力拖拉机给国家计委主任李富春、副主任贾拓夫的《卑贱者最聪明，高贵者最愚蠢》报告，上有毛泽东写的批语：“卞和献璞，三〈两〉刖其足；‘函关月落听鸡度’，出于鸡鸣狗盗之辈。自古已然，于今为烈，难道不是的吗？”[①]

“函关月落听鸡度”，见高启作于明洪武元年（1368）的《送沈左司从汪参政分省陕西汪由御史中丞出》：

重臣分陕去台端，宾从威仪尽汉官。
四塞河山归版籍，百年父老见衣冠。
函关月落听鸡度，华岳云开立马看。
知尔西行定回首，如今江左是长安。

① 《建国以来毛泽东文稿》第七册，中央文献出版社 1996 年版，第 236 页。

“主和的责任不全在秦桧”

1957年夏季，一个偶然的机会，舒湮在中南海又见到了毛泽东。事情是从他父亲冒广生（鹤亭）在《人民日报》上一篇文章《对目前整风的一点意见》引起的。冒广生一生经历曲折的道路。戊戌政变时参加保国会，变法失败后被推荐应试经济特科。试卷中论称引据卢梭，为阅卷大臣张之洞所黜。嗣后出任刑部、农工商部郎中，又师事桐城吴汝纶，与林纾同为陈衍所称的“海内三古文家”。入民国后，历任江、浙等地海关监督、外交交涉员；在全国经济调查会会长任内，以留学回国的丁文江、翁文灏为第一、二科长，开创我国经济资源的勘查工作，并在国民党政府考试院任高等考试典试员和国史馆编修等闲职。然而，他毕生主要致力于文化学术事业。

6月的一天深夜，中南海派车来接冒广生。舒湮是奉命陪同这位年逾八旬的老人，去见党和国家主席毛泽东的。车子在静夜飞速驶向府右街，穿越怀仁堂，北折进入中南海甲区，一瞬间于游泳池畔戛然而止。从甬道转入，一顶硕大的帐篷立于池边，内有一张办公桌和一张方桌、几把藤椅、一个小铁床、一只帆布榻。这就是毛泽东夏令办公和小憩的处所。警卫员先行步入通报。毛泽东立刻自餐桌边伸出手来说：“冒先生，欢迎你！”接着，他问舒湮：“你的名字是哪几个字？”

“舒湮。舒展的舒，湮没的湮。”舒湮回答。

“用‘湮’字作名字的很少见。”毛泽东含笑说。

“原来用‘諲’字，作恭敬解。我第一次用舒諲的笔名投稿时，排字工人误将言旁植为三点水。我心想，这样也好，免得言多必败，就此湮下去了。”毛泽东忍俊不禁：“这也好嘛！一开一合，对立矛盾的统一，集中于你一身了。”

冒广生介绍说：“舒湮在抗日战争时去延安，见过主席。”毛泽东端详着舒湮，微微皱起双眉。“时间太久，记不清啦。”

李维汉和胡乔木、吴冷西同志在座。这时，乔木同志插话：“舒湮同志1938年去过延安，见过主席。”毛泽东“哦”了一声，随即引导他们父子坐在餐桌旁。他这时刚独自用罢晚餐，菜肴还未及撤除，四个什么菜舒湮已印象模糊，但瓦煲腊味饭和一碟辣子却记得很清楚。虽值天气炎热，主人犹嗜肥鲜，说明体魄胃纳的强健。餐桌上放了一樽开瓶的长白山葡萄酒。毛泽东唤人再取过两只高脚玻璃杯，亲自给他们斟酒。冒广生年迈，戒绝烟酒多年，拱手辞谢。主人劝说：“这是野葡萄酿的酒，老年人吃了对身体有好处。”毛泽东举杯相邀，先自干杯。冒广生禁不住主人的殷勤劝酒，也一饮而尽。

警卫员用托盘递上两盅盖碗茶。毛泽东取过茶盅，放在冒广生面前，掀开碗盖，说声“请”，又指另一碗茶对舒湮说：“用茶。”舒湮欠身自行接过青花薄胎细瓷的盖碗，陡然回忆儿时在家乡过年时曾见此物，也想起20年前他访问延安时宴会上的那张大红知单。红知单和盖碗茶虽不一定说明什么社会属性，却引起对过去时代文化遗存的联想。

那时，冒广生父子在一间寻常的瓦房，会见了这位叱咤风云的神话人物。斗室的烛光，十年后照亮了神州大地。深夜，牛斗星寒，一个颀长的形象现在眼前，显示着不同凡响的睿智、机警、极度老练精干的器宇。在两个小时的交谈中，他们涉猎广泛的话题。他的辩才无碍，使人相信他通晓古今、顺时应变的雄才大略。在临别前夕，毛泽东、张国焘代表党中央和陕甘宁边区政府联名具柬邀宴他们一群青年记者。就是那张古老的大红知单，分列主客的席次，至今给舒湮留下鲜明的印象。

毛泽东看过冒广生发表的有关整风的文章后，于是话题便从整风开始。

“老先生讲得好啊！”他神采奕奕。“你讲，如果说共产党员没得偏差，那就何必整风？批评是帮助党员纠正错误。我们这次整风，正如你所说的，是‘爱人以德，相见以诚’。”

冒广生自称行年八十有五，经历几个朝代，从未见过今天的政治清明。人非圣人，谁能无过？共产党员也不会承认自己是圣人吧？

毛泽东不住颔首倾听。

“我对主席提出的‘双百’方针，起初怀疑会不会把思想搞乱。后来一想，由于各人的立场不同，看问题的角度不同，自不能强人以苟同。国家有道，则庶人不议。人民敢说话是好事，不因其语近偏激而以为忤。只要以国家为前提，而不是以个人为目的，那就叫争鸣也可，叫和鸣也可。”

毛泽东以肯定的语气郑重地说：“言者无罪，闻者足戒。这个方针一定不变。”

舒湮觉得在这种场合毋庸置喙，便移坐餐桌右首，转脸眺望一箭之遥的游泳池，此刻清澈见底，水不扬波。谁知太液池下的风浪正在汹涌激荡，而舒湮还木然。

毛泽东随即以浅显的语言，对老人阐明阶级斗争和无产阶级专政的学说。他又指出：“维新派在 60 年前提倡革新，变法失败，流了血，给了人们教训。20 多年后，中国共产党人提倡革命，建立了人民的政权。你我大家都是为了救中国，是一条道路上的人。”他不是推崇某一个人，而是以一个革命家的襟怀，对爱国主义先行者们的肯定。

正讲着，朱德信步踱入。毛泽东向朱德介绍冒广生。冒广生老人喜出望外，不禁拱手道：“老朽此生得见当代两大英雄，曷胜荣幸！”

朱德连忙摆手逊谢，绽开憨厚的浅笑。

毛泽东捡起筷子指着饭碗朗笑。“英雄也靠人民的粮食生活呀！我们不是神仙，也是吃人间烟火食的凡夫。”他自己并不承认是尊神，也表示拒绝接受这个称号，为什么还被神化了呢？

冒广生指着舒湮说：“我儿子访问山西八路军总部时，总司令曾款待过他。他后来在上海写了个话剧《精忠报国》，把秦桧影射汪精卫。汪精卫向我要人。幸亏他早跑了。”

毛泽东目视着舒湮说：“主和的责任不全在秦桧，幕后是宋高宗。秦桧不过执行皇帝的旨意。高宗不想打，要先‘安内’，不能不投降金人。文徵明有首词，可以一读。我们从前也在‘安内攘外’的口号下，呃、呃……”

毛泽东博洽多闻，熟读史书，而且出语寓庄于谐，说来娓娓动听：“是赵构自己承认：‘讲和之策，断自朕志，秦桧但能赞朕而已。’后来的史家是‘为圣君讳耳’，并非文徵明独排众议，他的《满江红》：‘慨当初，倚飞何重，后来何酷！果是功成身合死，可怜事去言难赎’，一似丘浚的《沁园春》所说：‘何须苦把长城自坏，柱石潜摧。’[①]

文徵明（1470—1559），初名璧，字徵明，以字行，更字徵仲，号衡山居士，长洲（今江苏吴县）人，明书画家、文学家。少时学文于吴宽，学书法于李应祯，学画于沈周，又与祝允明、唐寅、徐祯卿相切磋，人称“吴中四才子”。54岁以岁贡生荐试吏部，任翰林院待诏，3年辞归。工行草书，有智永笔意；大字仿黄庭坚，尤精小楷，亦能隶书。擅画山水，师法宋元，多写江南湖山庭园和文人生活，构图平稳，笔墨苍润秀雅。早年所作多细谨，中年较粗放，晚年粗细兼备，亦善花卉、兰竹、人物，名重当代，学生尤多，形成“吴门派”，后人把他与沈周、唐寅、仇英合称“明四家”。亦能诗词，宗白居易、苏轼。著有《甫田集》。

文徵明的《满江红》全文如下：

> 拂拭残碑，敕飞字、依稀堪读。慨当初，倚飞何重，后来何酷！岂是功成身合死，可怜事去言难赎。最无辜、堪恨又堪悲，风波狱。
>
> 岂不念，封疆蹙！岂不念，徽钦辱！念徽钦既返，此身何属？千载休谈南渡错，当时自怕中原复。笑区区、一桧亦何能，逢其欲。

宋代抗金民族英雄岳飞，惨遭杀害，实乃千古奇冤。文徵明这首词，直截了当剖析宋高宗赵构杀害岳飞的险恶用心，揭露其卑鄙灵魂。

词的上片，写岳飞的冤狱。“拂拭残碑，敕飞字、依稀堪读。”起首从叙事起，引出以下直至终篇的慷慨。宋高宗赵构曾于绍兴三年（1133）手书“精忠岳飞”四字以敕岳飞，词中所指残碑原刻当此四字。残碑的发掘

① 舒湮：《一九五七年夏季，我又见到了毛泽东主席》，《文汇月刊》1986年第9期。

出土，以铁的事实证明高宗当年褒奖岳飞千真万确。这便是“倚飞何重”的证据，可后来为什么又把岳飞残酷地杀害了呢？

“岂是功成身合死，可怜事去言难赎。”宋高宗对待岳飞态度180度大转弯，是怎么发生的呢？词人举古来不合理之事相对照，以见岳飞之冤。汉开国大将韩信在陈被高祖刘邦缚时说：“狡兔死，良狗烹，天下已定，我固当烹。”这话揭示了历代帝王杀戮功臣的一个规律。然而岳飞功尚未成而惨遭杀戮，其事尤为可恨。可是这种千古遗恨，已是不争的事实，虽千言万语亦于事无补了。

“最无辜、堪恨又堪悲，风波狱。”末二句归结到“后来何酷”的事实。绍兴十年（1140），正当岳飞北伐至距北宋都城汴京仅45里的朱仙镇时，宋高宗却令奸相秦桧与金人签订以淮河为界的和约，一天连下12道金牌命岳飞撤军。次年被诬陷下狱，“岁暮，狱不成，桧手书小字付狱，即报飞死”（《宋史·岳飞传》）。岳飞死于临安（杭州）大理寺风波亭狱。岳飞下狱后，另一位抗金名将韩世宗质问秦桧，桧谓飞罪“其事体莫须有”，世宗说：“莫须有三字何以服天下？”飞之无罪，事实显然，而竟不免被害死，故云“堪恨又堪悲”。

下阕剖析岳飞被杀的原因。“岂不念，封疆蹙！岂不念，徽钦辱！”岂不念国家的疆界在敌人侵略下日渐缩小，岂不念徽钦二帝被俘的耻辱。这本不成问题的，作为问题提出来，正在于它出于寻常事理之外，那只能是别有用心了。

“念徽钦既返，此身何属？”二句实乃一针见血之论。因为如果徽、钦二帝回来，一父一兄在前，自己的位置往哪里摆？言外之意，高宗的皇帝便做不成了。这正是问题的症结所在。

“千载休谈南渡错，当时自怕中原复。”二句揭出高宗必杀岳飞的原因。高宗为了保住自己的帝位，可以置徽、钦二帝死活于不顾。岳飞一贯主张抗金，恢复中原，且到朱仙镇大捷，中原恢复有望，再发展下去，势必直接危及高宗帝位。岳飞被杀害，自然也就不足为奇了。

“笑区区、一桧亦何能，逢其欲。”结尾二句归到岳飞悲剧的产生，乃出于君相的罪恶默契。自然是高宗是主，秦桧是从，秦桧不过是迎合了高宗的欲望而已！这一点，高宗自己也是承认了的。他说讲和之策，“断自朕意，秦桧但能赞朕而已”。这真是不打自招，彻底暴露了高宗的卑鄙自私的龌龊心理，岳飞之冤狱也可以大白于天下了。

丘濬，字仲深，琼山（今海南琼山）人，明代词人。明代宗景泰进士。孝宗时累官文渊阁大学士。参与机务，尝以宽大开导上心，有忠厚爱士之风。但性情狭隘，议论好偏激，廉洁持正，生性好学，熟于国家典故。晚年右目失明，犹披览不辍。卒谥文庄。著有《大学衍义补》《琼台词》等。

丘濬的《沁园春·寄题岳王庙》原文如下：

为国除忠，为敌报仇，可堪恨哀。当时乾坤是谁境界？君亲何处，几许人才，万死间关，十年血战，端的孜孜为甚来？何须把、长城自坏，柱石潜摧？

虽然天道恢恢，奈人众、将天拗转回。叹黄龙府里，未行贺酒；朱仙镇上，先奉追牌。共戴仇天，甘投死地，天理人心安在哉！英雄恨，向万年千载，永不沉薶。

这首词题作《寄题岳王庙》。岳王庙，在今浙江省杭州市栖霞岭岳飞墓侧，祀宋代抗金名将岳飞。岳飞在宁宗四年（1211），被追封为鄂王，故称岳王庙。

这也是一首为岳飞翻案的词。它揭露了宋高宗害死岳飞、自坏长城的罪恶，歌颂岳飞的爱国主义精神。

词的上片，谴责宋高宗自坏长城。“为国除忠，为敌报仇，可堪恨哀；当时乾坤是谁境界？”起首四句，先从迫害岳飞的人着笔，这就是宋高宗和奸相秦桧。君相狼狈为奸，除掉岳飞这样的爱国忠良，干着亲者痛、仇者快的蠢事，起着敌人起不到的作用，实在可恨。回顾当时，南宋王朝到底是谁的疆土？言外之意，如果是宋王朝的疆域，就不该发生这样的事情。

“君亲何处，几许人才，万死间关，十年血战，端的孜孜为甚来？”“君亲何处”，批判矛头直指高宗赵构；“几许人才”，在英雄辈出、奋起抗金之时，作为南宋皇帝你在哪里？在众多抗金英雄中，突出岳飞。他出生入死，转战南北，十年血战，“三十功名尘与土，八千里路云和月”，到底孜孜以求的是什么呢？这几句，赞扬了岳飞浴血奋战的爱国精神。

“何须把、长城自坏，柱石潜摧？”二句又落笔到宋高宗身上。他为什么要自坏长城（抗金部队），暗中把国家的柱石摧毁（害死岳飞）？真是令人百思不得其解！

下阕歌赞岳飞千古流芳。“虽然天道恢恢，奈人众、将天拗转回。”由于人们没有能使宋高宗回心转意，于是就发生了“黄龙府里，未行贺酒；朱仙镇上，先奉追牌”的悲剧。岳飞没有能够实现他“真捣黄龙府，与诸君痛饮耳”的宏愿，在朱仙镇上，一天连接十二道金牌，被迫撤军。之后又被下狱，以“莫须有”的罪名在风波亭遇害。

“共戴仇天，甘投死地，天理人心安在哉！”这三句直接为岳飞鸣冤叫屈。岳飞与敌人是不共戴天，又情愿服从命令，终被害死。天理人心又在哪里呢？

“英雄恨，向万年千载，永不沉薶。”词人径称岳飞为英雄，景仰之情，溢于言表。岳飞的遗恨，虽然万年千载，无法弥补，但他的英名将流传千古，永远不会被埋没。对岳飞的崇高的爱国主义精神，给以最高的礼赞！

毛泽东对民族英雄岳飞评价很高，对他的遇害深表同情。1957 年夏季在和著名词学家冒广生谈话中一针见血地指出：“主和的责任不全在秦桧，幕后是宋高宗。秦桧不过是执行皇帝的旨意。”不仅揭示了岳飞抗金有功而遇害的冤狱的真实原因，也鞭挞了宋高宗为了自己当皇帝的一己私利而弃国家民族于不顾去讲和投降的卑鄙嘴脸。所举文、丘二人的词极为精当，有举重若轻之效。

“哥哥身上有妹妹，妹妹身上有哥哥”

否定是过程是更向上的发展。

一刀两断，斩尽杀绝，不是辩证法的否定。

第一个否定造成了第二个否定之可能。

哥哥身上有妹妹，妹妹身上有哥哥。

辩证法否定是过程发展之动因，这种否定有两个方面的表现：一方面表现为扬弃，……一方面表现为肯定……①

“哥哥身上有妹妹，妹妹身上有哥哥”两句诗，见于明陈所闻编《南宫词纪》卷六《汴省时曲·锁南枝》全文如下：

傻俊角，我的哥！和块黄泥儿捏咱两个。捏一个儿你，捏一个儿我。捏的来一似活托，捏的来同床上歇卧。将泥人儿摔破，着水儿重和过。再捏一个你，再捏一个我。哥哥身上也有妹妹，妹妹身上也有哥哥。

陈所闻，名荩卿，江苏南京人。大概是潦倒文人，依靠大安徽书商汪延讷生活。其《南宫词纪》专录名人的作品，在所有南曲套数、小令的选本中，可以说是刊行最早的一部。有万历二十三年（1595）的序，保存一些以前从未有人注意的明人散曲。值得称道的是，作者承认民歌是文学作

① 《毛泽东哲学批注录》，中央文献出版社 1988 年版，第 124 页。

品，与文人散曲并列一书。

《锁南枝》，民间曲调名。明代中叶开始流行，河南省传唱尤盛。调子分两种；一种字句短而较零碎，一种长短夹杂。歌声不同。

这是一首广为流传的著名情歌。作品通过女主人公捏泥人时童稚般天真活泼情态的描绘，讴歌了其忠贞纯洁的爱情。

作品所写的情事很简单，是一对热烈相爱的情人在一起做捏泥人的游戏，这种游戏是用水和些泥巴，凭着捏制者的灵心巧手捏成各种生动的形象，原是农村生活中极平常的事，作者却能捕捉入诗，不能说不是只眼独具。这在选材上便高人一筹。

诗写得也十分出色。全诗只是女主人公一人独白，来倾吐她对钟情男子的爱情，而男子似乎只是个无动于衷的旁观者，始终一言不发，但我们从女子那欢快的情绪中可以推知，她的爱情是得到那男子的首肯的。所以女主人公心中始终充溢着一种不可名状的幸福感。

起首二句直呼所恋对象："傻俊角，我的哥！""傻俊角"，是她对情人的昵称，又俊又傻似乎很矛盾，但又表现在她的情人身上，唯其"俊"，才值得相爱；"傻"往往是女子对爱情已有明显暗示，而男子却不敢有所作为，在女子看来就有点"傻"，所以"傻"实是憨厚、忠诚的别名，因此女子眼中的男子实是一个忠厚可爱的人物。"我的哥！""哥"的称呼已很亲切，而且这哥只属于"我的"，则"哥"属于我，我也属于哥，二人已经密不可分了。所以，这发自肺腑的呼唤，几乎要将自己全部身心都倾注在情人身上，为全诗奠定了热烈相爱的主调。

"和块黄泥儿捏咱两个"，此句叙事，点明捏泥人题意，"咱"，集体代词，首次将两人合写。"捏一个儿你，捏一个儿我"，是将"捏咱两个"的具体化，二人又分说，四目相向，"你""我"对称，亲切之至。

接下两句又合写，是对所捏你我的具体要求。这要求简单明了，共有两个：一个是要"活托"，亦作"活脱"，即十分相像，极其相似。《通俗编·状貌》："杨万里诗：'小春活脱似春时。'史弥宁诗：'楚山活脱青屏样。'按俗谓似之至曰活脱也。"用一个文雅的词就是"栩栩如生"。第二个要求是要把两个捏成"同在床上歇卧"这是爱情的直白，意即同床睡觉。落落大方，毫不忸怩作态，换句文雅的来说，就是同床共枕，共效绸缪，巫山云雨，备极欢洽。那是文人墨客的言语，而朴实的劳动人民，只说“同在床上歇卧”，既明朗又含蓄，民歌的刚健清新，与文人用语判然有别。

泥人捏成，目的达到，诗的爱情主题得到了充分的表现，似乎可以终篇了。诗人却异想天开，“将泥人儿摔破，着水儿重和过。再捏一个你，再捏一个我。”由合又写到分，但决不是这种游戏的简单重复，而是又开新境，又赋新意：“哥哥身上也有妹妹，妹妹身上也有哥哥。”一句话是，你中有我，我中有你，合二为一，再也分拆不开，表达了女主人公决心与情人生死相依、心心相印的无比忠贞的爱情，而且升华到富有一种哲理意味。末二句“哥哥”“妹妹”凡两用，首尾环合，中间顶针，造成一种回旋不尽的旋律。把情人间热烈纯真的爱情推到高潮，有余音绕梁，三日不绝之功效，可见其艺术性也是高的。

毛泽东曾用诗来表达和印证他的哲学思考。在延安时，当他在西洛可夫等著的《辩证唯物论课程》中读到“否定同时是肯定，‘死灭’同时是‘保存’”诸语，他的思维屏幕上迅即闪出“哥哥身上有妹妹，妹妹身上也有哥哥”的民歌。在毛泽东看来，该诗直观地说明：“一刀两断……不是辩证法”，辩证法的否定观，既是扬弃，又是肯定，保存和融合。毛泽东从情歌中看出其蕴含的哲学道理，所谓“仁者见仁，智者见智”，当然也是可以的。

“长城万里今犹在，不见当年秦始皇”

毛泽东晚年，有一次和他的护士孟锦云谈到贾谊。他说：“汉朝有个贾谊，写过一篇《鹏鸟赋》，我读十几遍，还想读，文章不长，可意境不俗。”

1975 年 10 月 1 日，毛泽东又谈起贾谊的这篇文章：“不少人就是想不开这个道理，人无百年寿，常有千岁忧，一天到晚想那些办不到的事，连办得到的事情也耽误了。秦皇、汉武都想长生不老，到头来，落得个‘长城万里今犹在，不见当年秦始皇’。其实，任何事物都不过是一个过程，人的一生也不过如此，有始必有终。”①

1956 年 11 月 30 日，毛泽东接见苏联驻华大使尤金，就中苏关系作了谈话。谈话中毛泽东感慨地吟诵了两句诗：“万里长城今犹在，不见当年秦始皇。”一时举座愕然，不明白是什么意思。②

毛泽东在这几次谈话中所引的两句诗，见于清人张英七绝《千里修书只为墙》。

张英（1637—1708），字敦复，号乐圃，桐城（今安徽桐城）人，清诗人。康熙丁未（1667）进士，改庶吉士，授编修。以编修充日讲起居注官，入直南书房，民生疾苦，四方水旱，知无不言。官至文华殿大学士，兼礼部尚书，谥文端。雍正初，赠太子太傅。生平酷好看山种树，谆谆以务本力田随分知足为诫。有《存诚堂诗集》《笃素堂文集》等。尝以乐天、放翁自拟。《四库全书提要》称其鼓吹升平，黼黻廊庙，无不典雅和平。

---

① 《毛泽东的晚年生活》，载人民日报社《大地》，1992 年第 7 期。

② 李健编:《新中国六次反侵略战争实录》,中国广播电视出版社 1992 年版,第 108 页。

至于言情赋景之作，又多清微淡远，抒写性灵。台阁、山林二体，古难兼擅，张英乃兼而有之。

张英在京城做官。一次，其家人修治府第，因地界不清，与方姓邻居发生争执，告到官府。因双方都是高官望族，县令不敢贸然决断。张英在京，接到家信，得知这件事援笔成诗，以诗代简：

千里修书只为墙，让他三尺又何妨？
长城万里今犹在，不见当年秦始皇。

张家得诗后，遵嘱立即让出三尺地，以示不相争；方姓人家也仿效张家让出三尺地，于是成一条六尺巷道。此事后传为佳话。

张英这首七绝写得直截了当，又很有说服力。“千里修书只为墙”，首句叙事，开门见山，说出事情原委：家人千里迢迢写来书信，只是因为修治府第筑墙与邻居发生争执。“让他三尺又何妨”？次句议论，诗人说出自己对处理此事的意见：给邻居让出三尺之地。“又何妨”，轻描淡写，不以为意，表明诗人态度之决绝。“长城万里今犹在，不见当年秦始皇”，三、四句说理，对家人进行开导，便使得自己的意见有理有据，增加了说服力量。长城是我国修筑的供防御用的绵亘不绝的城墙。战国时齐、楚、魏、燕、赵、秦和中山等国相继兴筑。秦始皇灭六国统一全国后，为了防御北方匈奴的南侵，将秦、燕、赵三国的北边长城予以修缮，连贯为一。故城西起临洮（今甘肃岷县），北傍阴山，东至辽东，俗称“万里长城”。长城大部分至今仍基本完好，是世界历史上伟大的工程之一。经过两千多年的洗礼，万里长城至今仍然巍然挺立。对它有兴修之功而企图长生不老的秦始皇，却“早已三泉下，金棺葬寒灰”（李白：《古风·秦王扫六合》）了。这说明了人的生命的有限，事业的永恒。从而高屋建瓴地阐明了自己的观点，令人口服心服。

大约在20世纪60年代，毛泽东谈到从贾谊的《鹏鸟赋》“人无百年寿，常怀千岁忧”，“一天到晚想那些办不到的事，连办得到的事也耽误了”时，援引了张英这首诗的后两句，予以肯定并发挥说：“其实，任何事物都不过是一个过程，人的一生也不过如此，有始必有终。”这就把这个问题上升到哲学的高度来观察，赋予它更加普通而深刻的意义。

1956年11月30日，毛泽东在接见前苏联大使尤金时，又吟诵了“长城万里今犹在，不见当年秦始皇”的诗，意在从维护中苏团结和社会主义阵营的大局出发，在边界争端中应持互谅互让的态度。

“舍长以就短，智者难为谋”

1945年国共两党重庆谈判期间。

一天，毛泽东给在身边工作的几个小伙，讲《水浒传》中浪里白条张顺智斗黑旋风李逵的故事。他说，张顺为发挥自己嬉水如蛟龙的本领，让李逵到水中搏斗，其结果，黑旋风的威风在水中一扫而尽，被张顺轻而易举地大获全胜。讲到这里，毛泽东背诵了清顾嗣协的一首诗：

骏马能历险，力田不如牛。
坚车能载重，渡河不如舟。
舍长以就短，智者难为谋。
生材贵适用，慎勿多苛求。①

顾嗣协，字迂客，江南长洲（今江苏苏州）人，清诗人。官新会知县。《清诗别裁集》录其诗三首。

毛泽东背诵的顾嗣协这首诗题作《杂兴》。

杂兴是一种有感而发，随事吟咏的诗歌形式。唐宋都有以“杂兴”为题的诗篇。如：唐李颀《杂兴》，唐储光羲《田家杂兴》，唐王昌龄《杂兴》，宋范成大《四时田园杂兴》等。

这是一首哲理诗。哲理诗是阐明宇宙和人生原理的一种诗歌。这首诗阐释了对人才不能苛求的人生原理。

---

① 李清华：《雾都较量》，中共中央党校出版社1994年版，第129页。

“骏马能历险，力田不如牛。”首联将骏马与牛作对比，说明骏马有长处，也有短处。首句先说骏马的长处：它能经历艰难险阻，使主人转危为安，这只有良马才能做到，而一般的马便无能为力了，这显然是一个很大的优点。但寸有所长，尺有所短。事物总是一分为二的；长处和短处也总是紧密相连的。次句说骏马也有短处：如果让它干农活，比如犁地、耙地、拉车等，它就不如黄牛了。对比之下，骏马的优长和短缺，十分清楚。

“坚车能载重，渡河不如舟。”颔联再拿坚车作喻，它也有长处和短处。坚车的长处是能承载重物，这是和一般的车子比较，显出它的优点，但如果换一种比较的对象，让它和船相比，渡起河来它就远不如舟船了，岂但不如，简直是不能，这正是坚车的短点所在。

经过上面两组大家熟知的事物的比较，便阐明了一种事理：“舍长以就短，智者难为谋”。颈联议论，是由上面所列举事物的比较而生发出的道理。二句是说，如果舍去事物的长处而保留其短处，再有智慧的人，也难以为它谋划。这就是说，任何事物都应该用其所长，避其所短，才于事物有所裨益，而不是相反。所以诗人最后写道：“生材贵适用，慎勿多苛求。”尾联继续议论，涵盖面更广，意义更深刻。诗人最后归结到培养人才，应该以适合应用为准，千万不可过严过分地要求。对人应该用其所长，避其所短，不应求全责备，这便是诗的题旨。而这一题旨的揭示，作者先拿两组人们所熟知的事物作喻，然后加以合理推论，得出的结论便水到渠成，很有说服力了。

1945年国共两党重庆谈判期间，毛泽东有一天先向身边工作人员讲述了《水浒传》第三十八回中浪里白条（跳）张顺智斗黑施风李逵的故事。李逵去抢鱼下酒，遇见张顺，二人在岸边厮打，张顺不是李逵的对手。后张顺驾了只船，引诱李逵上船，然后把他翻入江中，略识水性的李逵，哪里是“踏着水浪，如行平地”的张顺的对手，被张顺淹得死去活来。两人的打斗，在陆地与在水里，输赢相反，都是扬长避短的结果。这说明用人一定要用其所长，避其所短的道理。讲完这个故事后，毛泽东又背诵了上面所讲的顾嗣协的那首诗，说的这正是这样一个道理。因为在重庆谈判期间，毛泽东面对着各种各样的人：国民党、赫尔利、马歇尔、各民主党派、无党派民主人士，这里人各有各的用处，要团结一切可以团结的力量，共同对付国民党反动派，才能取得胜利。这个道理并不是每一个在重庆工作的同志都懂得的，所以毛泽东讲给身边工作人员听，以教育全党。

“风云帐下奇儿在，鼓角灯前老泪多”

1962年12月24日，中共中央宣传部编印的《宣教动态》第109期刊载了列宁反对第二国际机会主义斗争的材料。材料的主要内容有：一、恩格斯逝世到斯图加特大会；二、哥本哈根大会到巴塞尔大会；三、大战爆发到齐美瓦尔得代表大会；四、齐美瓦尔得代表会议；五、昆塔尔会议；六、齐美瓦尔得的破产和第三国际的建立。另有附件：一、巴塞尔大会宣言；二、关于大战爆发后第二国际政党叛变的几个文件；三、俄国社会民主党的宣言；四、齐美瓦尔得左派的几个文件。毛泽东读后，写了一个批语：

一

柯老：

此件很重要，请你印发会议各同志。大家读一二遍，并讨论两天。

毛泽东

十二月二十二日

二

古诗一首。咏后唐李克用和其儿子后唐庄宗李崇（存）勗诗。

三垂冈

英雄立马起沙陀，奈此朱梁跋扈何。

只身难扶唐社稷，连城犹（且）拥晋山河。

风云帐下奇儿在，鼓角灯前老泪多。
萧飒（瑟）三垂冈下（畔）路，至今人唱百年歌。[①]

《三垂冈》一诗写在这一期《宣教动态》最后一页空白处。

柯老，指柯庆施，当时任中共中央政治局委员、中共上海市委第一书记。会议各同志，指参加中共中央政治局会议的同志。

1964年12月，毛泽东给他的秘书田家英写信说：

田家英同志：

近读五代史后唐庄宗传三垂冈战役，记起了年轻时读过一首咏史诗，忘记了是何代何人所作。请你一查，告我为盼？

毛泽东

十二月二十九日

三垂冈 诗：

英雄立马起沙陀，奈此朱梁跋扈何。
只手难扶唐社稷，连城犹拥晋山河。
风云帐下奇儿在，鼓角灯前老泪多。
萧瑟三垂冈下路，至今人唱百年歌。
诗歌颂李克用父子。[②]

毛泽东读《通鉴纪事本末·后唐灭梁》时又批注道："生子当如李亚子。"[③]

1975年的一天，女医生小李进中南海看望毛泽东。

---

① 《建国以来毛泽东文稿》，中央文献出版社1996年版，第224—225页。

② 董边等著：《毛泽东和他的秘书田家英》，中央文献出版社1989年版，第113页。

③ 中共中央文献研究室编：《毛泽东读文史古籍批语集》，中央文献出版社1993年版，第310页。

毛泽东躺在病床上，双眼已因白内障失明，听说小李来了，伸着手在空中摸。小李急忙上前，一把抓住他的手。

毛泽东说："小广东，八——年——了！"

小李立即用《智取威虎山》剧中的台词："八年了，别提它了！"引得毛泽东和在场的人都笑了！

毛泽东说："上帝也要发请帖请我去，你要不来看我，我恐怕再也看不见你了。"他还说："我送你两句话：'风云帐下奇儿在，鼓角灯前老泪多。'这后一句就是我此时此刻的心情。"

在场的人都感到心酸，止不住热泪盈眶。[①]

后唐庄宗李存勖（xù，886—926），后唐王朝的开国皇帝。沙陀族人。唐僖宗李儇光启元年十二月二十二日（886年1月30日）生。小字亚子，时人或谓之亚次。晓音律，善骑射。

祖父朱邪赤心，沙陀部人，姓朱邪。唐懿宗李漼咸通十年（869）任太原行营招讨、沙陀三部落军使，从康承训击败庞勋起义军。升单于大都护、振武军节度使，赐姓名为李国昌。

父李克用（856—908），朱邪赤心之子，别号鸦儿。一目失名，又号独眼龙。曾杀大同军防御史段文楚，据云州。曾为唐军所败，与其父逃入鞑靼。黄巢军克长安，代北起军使陈景恩召他为代州刺史。率沙陀兵镇压黄巢。他攻破长安，被任为河东节度使。此后割据跋扈，一度进犯京师，纵火大掠。后进封为晋王。据太原，与朱温相攻达二十余年。

唐哀帝天祐四年（907），朱温灭唐，建后梁，都汴（今河南开封）。晋仍用唐天祐年号。五年，克用死，临终以三矢付存勗：一矢讨据有幽州的刘仁恭，一矢击契丹，一矢灭朱温。十年，存勗灭燕，杀刘仁恭、守光父子。十九年，驱逐南下的契丹兵出境。天祐二十年（923），存勗在魏州（今河北大名北）即帝位，是为庄宗，国号唐，史称后唐，改元同光。同年，灭后梁，迁都洛阳，仍称东都。

---

① 《毛泽东和"小广东"——女医生小李回忆毛泽东》，《知音》1990年第2期。

晋与后梁争夺天下，混战十余年，特别在杨刘（今山东东阿北）、德胜（今河南濮阳）一带，反复地进行争夺，双方民众都遭受严重的战祸。不过，后唐消灭河北三镇，又迫使李茂员臣服于己，比后梁更进一步统一了黄河流域。同光三年（925），庄宗发兵灭前蜀，势力扩展到长江上游一带。

后梁既灭，存勖遂以享乐为事。皇太后行诰令，皇后行教令，令出多门，政治混乱。又宠信宦官、伶官，宦官多达千余人，作威作福；伶官景进居中用事，败政乱国。又重用租庸使孔谦，峻法厚赋，民众穷困。同光三年诏招天下私马，大举征蜀。虽灭前蜀，而皇子继发与枢密使郭崇韬争权，户口流亡者十之四五，军士乏食，危机隐伏。庄宗又枉杀郭崇韬。当时两河大水，庄宗猜忌大将李嗣源，朝官、武将、军士都有杀心。四年，赵在礼反，据邺都（原魏州）。庄宗派嗣源平乱，嗣源随即据汴州（今河南开封）反。伶官郭门高（郭从谦）攻入宫城，乱兵将庄宗射死。

毛泽东对后唐的两个开国皇帝李克用、李存勖父子非常赏识。对李存勖在其父克用死后，一举灭梁的战斗，毛泽东赞之为“审机独断”。对历史上这一战役，毛泽东说：“康延孝之谋，李存勖之断，郭崇韬之助，此三人者，可谓识时务之俊杰。”①

《通鉴纪事本末》记载：李存勖攻取大梁之前，帝遣魏国夫人刘氏、皇子继岌归兴唐，与之诀曰：事之成败，在此一举，若其不济，当聚吾家于魏宫而焚之。这种破釜沉舟的壮气，毛泽东十分欣赏，曾对这一段文字加了旁圈，天头上批注道：“生子当如李亚子。”②

《三垂冈》一诗系清人严遂成所作。严遂成（1694—？），字崧瞻，一作崧占，又字海珊，浙江乌程（今浙江吴兴）人，清诗人。雍正进士。能诗，后人以与厉鹗、钱载、王又曾、袁秋、吴锡麒并列为“浙西六家”。其咏史诗颇有名。有《海珊诗抄》传世。

《三垂冈》一诗是诗人路过三垂冈（今山西潞城西）时，有感于李克用当年用事而作的一首怀古诗。

---

①《毛泽东读文史古籍批语集》，中央文献出版社 1993 年版，第 308、310 页。

②《毛泽东读文史古籍批语集》，中央文献出版社 1993 年版，第 308、310 页。

三垂冈战役，是后唐庄宗李存勖在其父李克用病死后嗣位晋王之初发生的一场战役。唐天祐五年（908），李存勖率军埋伏在山西上党附近的三垂冈下，乘天有大雾，攻破后梁拥占的夹城，斩万余人，俘获对方将领数百人。

“英雄立马起沙陀，奈此朱梁跋扈何。”首联是说李克用是沙陀族的英雄，他极力维护唐王朝的统治，反对朱温的篡唐夺权，但却无奈于朱温势力浩大，无奈于朱温的专横。李克用虽对唐王朝忠心耿耿，他却无力挽回其灭亡的命运。

“只手难扶唐社稷，连城犹拥晋山河。”颔联紧接上句“奈此朱梁跋扈何”，是写李克用自己虽无力扶持唐王朝的统治，无力抑制朱温夺取帝位，但他还尚且能维持着自己的驻地。

“风云帐下奇儿在，鼓角灯前老泪多。”颈联抒写人生感慨。“风云”，在这里指战争。在封建社会，社会时局动荡不安，战争此伏彼起，这里作者借变化莫测的“风云”，指连绵不断的军阀混战。“帐下”，这里特指军营。在那动荡的战争年代，许多战将的后代，从小就跟随父辈生活在军营，有不少孩儿从小就显出他们的才能，这里专指李存勖而言。“老泪多”，是指李克用悲伤自己已老，而感叹人生的兴衰。《新五代史·唐庄宗纪》：“初，克用破孟方立于邢州，还军上党，置酒三垂冈，伶人奏《百年歌》，至于衰老之际，声辞甚悲，座上皆凄怆。时存勖在侧，方五岁，克用慨然捋须，指而笑曰：‘吾行老矣，此奇儿也，后二十年，其能代我战于此乎？’”克用死后，李存勖继立为王。公元 907 年，又败梁军于上党，过三垂冈，感叹说：“此先王置酒处也。”

“萧瑟三垂冈下路，至今人唱百年歌。”尾联抒情。当诗人路过三垂冈时，秋风萧索，一派凄凉景色，诗人与李克用一样，对人生的兴衰有着同样感受。“至今犹唱百年歌”，抒发出诗人自己对人生兴衰的感叹。李克用父子可称为一代英雄，虽然李克用曾镇压过农民起义，李存勖在历史上也以杀掠与贪财著称，但他们的有些作为毕竟是为了王朝的统一，或许正是因为如此，诗人才借诗歌颂李克用父子。

1962 年 12 月 22 日和 1964 年 12 月 29 日，毛泽东两次写了《三垂冈》诗。

据专家分析，按照现在的《海珊诗钞》查对，毛泽东凭记忆写下的《三垂冈》与《海珊诗钞》中的《三垂冈》有两字不同，即第四句“连城犹拥晋山河”中的“犹”字，在《海珊诗钞》中为“且”字；第七句“萧瑟三垂冈下路”中的“下”字，在《海珊诗钞》中为“畔”字。但是，在清人袁枚的《随园诗话》卷 2 第 62 则中，袁枚所引的这首《三垂冈》诗，恰好与毛泽东记忆中的一样，即将“且”字写作“犹”字，将“畔”字写作“下”字。有两种可能：一种可能，是毛泽东是从《随园诗话》中读到并记下这首《三垂冈》的；另一种可能，是毛泽东和袁枚所见到的是同一种版本的《海珊诗钞》或收录了严遂成《三垂冈》诗的某种书。1962 年 12 月 22 日写的那次，还将“萧瑟”误作“萧飒”。

《三垂冈》一诗毛泽东是很喜欢的，这从他读过几十年之后尚记得即可看出。诗写得好是一方面，更重要的还是该诗的题旨，诚如毛泽东所讲的，是“歌颂李克用父子”的。

至于毛泽东晚年老病交加，当医生小李去看望他时，他说“鼓角灯前老泪多”，正是他“此时此刻的心情”，乃是伟人常情之袒露。

读《红楼梦》，要注意“护官符”

毛泽东谈《红楼梦》时曾说：“《红楼梦》我至少读了五遍。我是把他当作历史读的。开头当故事读，后来当历史读。什么人都不注意《红楼梦》的第四回，那是个总纲，还有《冷子兴演说荣国府》，《好了歌》和注。第四回‘葫芦僧乱判葫芦案’，讲护官符，提到四大家族：‘贾不假，白玉为堂金作马。阿房宫，三百里，住不下金陵一个史。东海缺少白玉床，龙王来请金陵王。丰年好大雪，珍珠如土金如铁。’《红楼梦》写四大家族，阶级斗争激烈，几十条人命。统治者二十几人（有人算了说是三十三人），其他都是奴隶，三百多个，鸳鸯、司棋、尤二姐、尤三姐等等。讲历史不拿阶级斗争观点讲，就讲不通。”①

有一次，毛泽东劝许世友将军读《红楼梦》，说：“许世友同志，你现在也看《红楼梦》了吗？要看五遍才有发言权呢。他那是把真事隐去，用假语村言写出来，所以有两个人，一名叫甄士隐，一名叫贾雨村。真事不能讲，就是政治斗争。吊膀子这些是掩盖它的。第四回里有一张‘护官符’；那上面说：‘贾不假，白玉为堂金作马。阿房宫，三百里，住不下金陵一个史。东海缺少白玉床，龙王来请金陵王。丰年好大雪，珍珠如土金如铁。’中国古代小说写得好的是这一部，最好的一部。创造了好多文学语言呢。”②

---

① 中共中央文献研究室编：《毛泽东文艺论集》，中央文献出版社 2002 年版，第 208、209—210 页。

② 中共中央文献研究室编：《毛泽东文艺论集》，中央文献出版社 2002 年版，第 208、209—210 页。

1955年春天，毛泽东在浙江绍兴去东湖途中，不知谁说了句“爱此一拳石，玲珑出自然”的诗句。随即，毛泽东和随行人员海阔天空地聊起了《红楼梦》。“贾不假，白玉为堂金作马。阿房宫，三百里，住不下金陵一个史。东海缺少白玉床，龙王来请金陵王。丰年好大雪，珍珠如土金如铁。”毛泽东先声夺人，有声有色地朗诵起《红楼梦》“护官符”词来。

诵毕，毛泽东侧过身，对田家英说：“《红楼梦》我读过几遍。第四回《葫芦僧乱判葫芦案》的‘护官符’是阅读《红楼梦》的一个纲。”①

曹雪芹（？—1764），名霑，字梦阮，号雪芹、芹圃、芹溪。清代大小说家。为满洲正白旗“包衣”人。自曾祖起，三代任江宁织造，其祖父曹寅尤为康熙所信用。雍正初年，在统治阶级内部斗争的牵连下，曹家受到重大打击，其父免职，家被抄，遂随家迁居北京西郊，贫病而卒，年未及五十。能诗，又善画石，但作品流传很少，所著《红楼梦》享誉内外。

《红楼梦》，原名《石头记》，长篇章回小说，120回。前80回为曹雪芹作，后40回一般认为系高鹗所续。本书写于18世纪中叶的乾隆时代，那时已经有了一些资本主义生产关系萌芽，但还是封建社会。内容以贾、史、王、薛四大家族为背景，以贾宝玉、林黛玉的爱情悲剧为主要线索，着力描写贾家荣、宁二府由盛到衰的过程，揭示了封建社会必然没落的历史命运；塑造了许多富有典型性格的艺术形象；语言优美生动；规模宏大，结构谨严，具有高度的思想性和卓越的艺术成就，是我国古代长篇小说中现实主义的高峰。

毛泽东所引的几句俗谚口碑出现在《红楼梦》第四回《薄命女偏逢薄命郎　葫芦僧乱判葫芦案》中。

贾雨村靠贾家的关系，复职补授应天府知府。一上任就碰上了薛蟠为争买英莲（香菱）而打死小乡宦之子冯渊的案件。雨村不知底细，立即就要拿人判案。手下的门子葫芦僧使眼色制止他，并呈上这份护官符，并向他解说护官符的含义道：“如今凡作地方官者，皆有一个私单，上面写的是

① 李林达：《情满西湖》，中央文献出版社1993年，第217页。

本省最有权有势、极富极贵的大乡绅名姓，各省皆然；倘若不知，一时触犯了这样的人家，不但官爵，只怕连性命还保不成呢！所以绰号叫作‘护官符’。”这张“护官符”，“上面皆是本地大族名宦之家的俗谚口碑。”门子提醒雨村：薛蟠就是“丰年好大雪”的薛家的公子，不可莽撞。所以雨村听门子说明被拐卖的丫头原是他的“大恩人”甄士隐的女儿、将她“生拖死拽”去的薛蟠“最是天下第一个弄性尚气的人”，而且自己也知道薛家“自然姬妾众多，淫佚无度”，丫头此去，不会有好结果，却不念甄家旧情，不顾自己曾许下的“务必”将英莲“寻找回来”的诺言，任凭她落入火坑而置之不理。

“护官符”当是从“护身符”一词化出的新名词。它可能是某个愤恨官场黑暗现状的人私下所说的讥语被曹雪芹闻知，大胆写入作品，或者竟是作者的创造。

《红楼梦》以四大家族（主要是贾家）兴衰作为全书的中心线索，“护官符”暗示了这一情节结构。应该指出，“护官符”四句俗谚口碑后所注小字，有些本子把它删去是不对的。因为，门子的话中已明说在口碑的“下面皆注着始祖官爵并房次”。注出官爵并房次，是为了具体说明四大家族的权力和财产的分配情况，让看私单的人知道他们在政治和经济上的显赫地位，落实了这四句俗谚之所指，是这张起着“护官符”作用的私单上理所应有的文字。

我们先看贾家：“贾家不假，白玉为堂金作马。”从字面上看，用白玉盖房子，以黄金铸马，这里只是形容贾府的富贵豪奢，实则写出其煊赫的政治地位和权势。

再看史家：“阿房宫，三百里，住不下金陵一个史。”秦始皇营建的方圆三百里的阿房宫住不下金陵一个史家，形容史家的显赫。保龄侯尚书令史家便是史太君（贾母）的娘家。

再看王家：“东海缺少白玉床，龙王来请金陵王。”在神话传说中，东海龙王奇珍异宝无所不有，可是他还向金陵王家借白玉床。这是极言都太尉统制的王家（即王夫人的娘家）非常富有。

最后看薛家：“丰年好大雪，珍珠如土金如铁。”俗话说“瑞雪兆丰年”，年丰物富，则豪门贵族愈加奢靡，金银珠宝，任意挥霍，视同泥土废铁。“雪”与“薛”谐音，借指紫薇舍人薛家（即薛姨妈家）金银财宝之多。“这四家皆连络有亲，一损俱损，一荣俱荣，扶持遮饰，皆有照应的。”这就是说贾、史、王、薛四大家族之间，不但有姻亲血缘上的联络，更主要的是他们在政治上已结成了利害荣枯休戚与共的一帮；他们的“损”和“荣”，实际上都是地主阶级内部，这一派势力和那一派势力斗争的结果。他们正是为了建立这种在政治上“扶持遮饰，皆有照应”的关系，才相互之间“连络有亲”的，而不是相反。

在《红楼梦》的前半部中，我们看到了四大家族之间，由于“扶持遮饰”，确是“一荣俱荣”的；后半部不是应该写他们由于“事败”，相互株连获罪而“一损俱损”的吗？这在作者的艺术描绘中有多处暗示。在第十三回中作者通过秦可卿之口说：“常言‘月满则亏，水满则溢’，‘否极泰来’，荣辱自古周而复始，岂人力所能保的。”作者预示后半部四大家族是“忽喇喇似大厦倾”（《聪明累》），“树倒猢狲散”（第十三回），“好似食尽鸟投林，落了片白茫茫大地真干净”（《飞鸟各投林》）。作者写他们的“极盛”，正是要反衬他们的“极衰”；写他们的“赫赫扬扬”，正是要反衬他们的“烟消火灭”。高鹗续写的后四十回写贾家最后又“沐皇恩”，“延世泽”，“兰桂齐芳”，安排一个不悲不喜的“团圆”结局，是违背曹雪芹原意的。

但是像四大家族这样的豪族，败亡也是不容易的。第七十四回《惑奸谗抄检大观园　避嫌隙杜绝宁国府》中，作者借探春的口说：“可知这样大族人家，若从外头杀来，一时是杀不死的。这可是古人说的：‘百足之虫，死而不僵’，必须先从家里自杀自灭起来，才能一败涂地呢！”作者写四大家族的衰败，正是从内部写起，这就是从他们子孙不肖、腐败堕落写起的。在书中，作者首先拉出薛蟠这个“呆霸王”示众。他生在“书香继世之家”，是个孤种，由于“溺爱纵容，遂至老大无成”，终日斗鸡走马，眠花宿柳，什么缺德的事他都干得出来。等作者的笔触转向荣宁二府时，什么贾赦、贾珍、贾琏、贾瑞、贾蓉、贾蔷、贾芹，等等，全部出来了。他们像一群贪婪的蛀虫，拼命啃吃祖宗给他们留下的家业。在他们权势还盛时，谁也不能奈何他们；可是到了他们恶贯满盈时，窥伺着他们的政敌便落井下石，他们构筑在罪恶基础上的大厦，忽喇喇地倾倒下来。戚蓼生序本《石头记》第四回有一首批书人写的诗：

请君着眼护官符，把笔悲伤说仕途。
作者眼泪同我泪，燕山仍旧窦公无？

窦公，指的是五代十国时北周的窦禹钧，是现在北京一带人。据说他教子有方，五个儿子都当了大官，成为封建时代的"模范家长"和后人羡慕的对象。引用此典，意谓现在还有窦禹钧那样幸运的人吗？批书人理解了作者写"护官符"的用意，产生共鸣，流出了眼泪，透露出封建阶级后继无人的危机悲哀。

毛泽东在评论《红楼梦》时，十分重视第四回及其中的俗谚口碑"护官符"，在理解小说中的重要作用。用马克思主义的观点看来，从奴隶社会以来的人类历史，就是阶级斗争的历史，这是不错的。《红楼梦》反映的中国十八世纪的清代乾隆嘉庆时代，是中国封建社会由盛转衰的转型期，它通过贾、史、王、薛四大家族的兴衰荣枯的形象化描写，反映了封建社会末期的面貌，因而也就是一部封建社会的形象化历史，说它反映了当时的"阶级斗争"，甚至"政治斗争"，这无疑是正确的，因而人们应当把它"当历史读"。但必须指出的是，《红楼梦》并不像《水浒传》主要描写农民起义和农民战争——这种封建社会里最高的政治斗争形式，也不像《三国演义》主要描写三国时期魏、蜀、吴三个政治集团在政治、军事、外交、经济等诸多方面的斗争，它只是抓住社会的最小细胞——四个家族来加以形象描写，从而揭示社会风貌，换句话说，《红楼梦》的描写虽然极富"阶级斗争"意义，但它并不是以描写"阶级斗争"为中心任务的。这也是我们必须清楚的。

"陋室空堂，当年笏满床"

毛泽东谈《红楼梦》时，曾说："《红楼梦》里有这样的话：'陋室空堂，当年笏满床。衰草枯杨，曾为歌舞场。蛛丝儿结满雕梁，绿纱今又在篷窗上。'这段话说明了在封建社会里，社会关系的兴衰变化，家族的瓦解和崩溃。"①

又说："《红楼梦》我至少读了五遍。我是把它当作历史读的。开头当故事读，后来当历史读。什么人都不注意《红楼梦》的第四回，那是个总纲，还有《冷子兴演说荣国府》，《好了歌》和注。"②

《好了歌注》的原文是：

> 陋室空堂，当年笏满床；衰草枯杨，曾为歌舞场。蛛丝儿结满雕梁，绿纱今又在篷窗上。说什么，脂正浓，粉正香，如何两鬓又成霜？昨日黄土陇头埋白骨，今宵红绡帐底卧鸳鸯。金满箱，银满箱，转眼乞丐人皆谤。正叹他人命不长，那知自己归来丧！训有方，保不定日后做强梁。择膏粱，谁承望流落在烟花巷！因嫌纱帽小，致使枷锁扛。昨怜破袄寒，今嫌紫蟒长：乱哄哄你方唱罢我登场，反认他乡是故乡。甚荒唐，到头来都是为他人作嫁衣裳。

---

① 中共中央文献研究室编：《毛泽东文艺论集》，中央文献出版社 2002 年版，第 205 页。

② 中共中央文献研究室编：《毛泽东文艺论集》，中央文献出版社 2002 年版，第 208 页。

《红楼梦》第一回中写甄士隐听了跛道人那番“好便是了，了便是好”的话后，顿时“悟彻”，便对道人说了这首歌，自称给《好了歌》作注解，进一步引申发挥了《好了歌》的思想，之后便随疯道人飘然而去。诗题为编者所拟。

《好了歌》和《好了歌注》，形象地勾画了封建末世统治阶级内部的各政治集团、家族及其成员之间权势利欲剧烈争夺、兴衰荣辱迅速转换的历史图景。只是《好了歌注》比《好了歌》说得更具体、更形象、更冷峭无情罢了。

《好了歌》分为四节，《好了歌注》就有相应的四节为之疏解，首尾并有总起和总收，共五节，除首节六句外，其余各节每节各四句。“陋室空堂”等五句为第一节，是总起，前两句谓如今空屋陋室，就是当年笏满床的达官贵人的华堂大厦；后两句谓眼前的衰草枯杨之地，也是当年歌舞繁华的场所。甲戌本前辆句下有脂评云：“宁荣未有之先。”意谓在宁荣二府之前，这里也曾住过官宦之家。后两句下脂评又云“宁荣既败之后。”意谓曾经歌舞繁华的贾府，今日也是一片荒凉。五、六两句是说豪门大族之家一旦败落，旧日豪华的住宅变得一片荒凉清冷，曾经是贫寒之家的暴发户又成了新的达官贵人。这个总起对以贾府为代表的四大家族的败亡结局作了预示。

“说什么，脂正浓”等四句为第二节，是对《好了歌》中“姣妻”的注解，意谓涂脂抹粉、美丽动人的青春年华转瞬即逝，老之将至是不可抗拒的，昨天还到坟地里给别人送葬，今宵又和他人燕尔新婚。研究者有人认为前两句暗示薛宝钗、史湘云晚年孀居，三句暗指晴雯、黛玉早死，末句指宝玉与宝钗成婚，可备一说，总之是“姣妻”是不值得留恋的。

“金满箱”等四句为第三节，是对《好了歌》中“金银”的解注。意谓那些家资万贯的豪门富户，一旦败落，沦为乞丐，则人人毁谤。正感叹他人命不长久，哪里知道自己回到家里也死掉了。此节围绕“金银”二字，写出世态炎凉，贫富的无定，死生的无常，公子王孙生活的瞬息万变，令人不寒而栗。

“训有方”等四句为第四节，是对《好了歌》“儿孙”的诠释。意思是说尽管父母教训子女方法正确，也不能保证子女日后不做强盗；豪门之家总是挑选富贵人家子弟为婿，料想不败落之后，豪门的千金小姐竟流落到妓院成了妓女。此节写封建豪门的后继无人，伦理道德的败坏及其悲惨的命运。

“因嫌纱帽小”等四句为五节，是对《好了歌》“功名”的注解。意思是说因嫌自己的官职小，拼命钻营，买官卖官，导致了犯罪入狱。昨天还是穿着破袄的可怜的贫士，今天已暴发为新的达官贵人。前两句脂评云：“贾赦、雨村一干人。”其中当暗示八十回后贾赦、贾雨村将锒铛入狱；后两句脂评云：“贾兰、贾菌一干人。”暗示八十回后贾兰、贾菌将披着“破袄”，十分窘迫，后来却飞黄腾达，高官厚禄。

末四句为第六节，是此诗的总收束。前两句诗人把现实人生比作乱哄哄的戏台，把人的种种行为比喻为演员的表演，意谓人生不管曾经如何富贵显要，也不过是你下台我上场的演戏而已，故而才有“反认他乡是故乡”之说。明谢肇淛《五杂俎》卷十五：“人世仕宦，正如戏场上耳，倏而贫贱，倏而富贵，俄尔为主，俄尔为臣，荣辱万状，悲愁千状，曲终散场，终成乌有。”“他乡”，指人生暂时寄居的尘世；“故乡”，指超脱尘世的虚幻世界。“他乡”与“故乡”，其意与佛家所谓“此岸世界”和“彼岸世界”相近。佛家认为，此岸世界即扰攘世间，是虚幻的；彼岸世界才是真如福地，是永恒的，是人生的本源。这里借用佛家之意，谓那些为功名利禄、娇妻美妾、儿孙之事奔忙而忘掉人生本源的人，是错将他乡当作故乡。末二句诗《好了歌》及解注中所列举的种种现象，统统归于“荒唐”，从而得出这一切都是徒劳而虚幻的结论，是甄士隐看破世情之后的大彻大悟。“为他人作嫁衣裳”，出自唐代诗人秦韬玉《贫女》诗：“蓬门未识绮罗香，拟托良媒益自伤。谁爱风流高格调，共怜时世俭梳妆。敢将十指夸针巧，不把双眉斗画长。苦恨年年压金线，为他人作嫁衣裳。”这里借贫女终日辛劳，为别人缝制嫁衣而自己却一无所得，喻世人白白替他人奔忙一场，死后一切皆空。

总之，在这里，封建伦理道德的虚伪、败坏，政治风云的动荡、变幻，以及人们对现存秩序的深刻怀疑、失望等，都表现得十分清楚。这种

“乱哄哄你方唱罢我登场”的现象，是封建统治阶级内部兴衰荣枯转递变化过程已大为加速的反映，是封建社会经济基础日渐腐朽，它的上层建筑也发生动摇，将走向崩溃的反映。这些征兆都具有时代的典型性。作为伟大的现实主义小说家的曹雪芹，给我们留下了一幅极其生动的封建社会末世的历史画卷。然而，当他企图对这些世态加以解说，并向陷入迷途的人们指明出路的时候，他自己也茫然了，完全无能为力了。他只能借助机智的语言去重复那些人生无常、万境皆空的虚无主义滥调和断绝俗缘（所谓“了”），使得解脱（所谓“好”）的老一套宗教宣传，借此表达自己对现实社会的极端愤懑和失望。但由于它处处作鲜明、形象的对比，忽笑忽骂，时歌时哭，加上通俗流畅，跌宕有致，就使它具有强烈的艺术感染力。它对于当时封建社会名利场中的人物，无异于醍醐灌顶；对于今天的人们认识封建社会的腐败黑暗，也有一定的认识意义。

这首《好了歌注》，在全书开头造成一种“忽荣忽枯，忽丽忽朽”（脂砚斋语）的险恶气氛，笼罩全书，也是荣宁二府兴衰际遇的一种概括和提示。当然，这种概括和预示，是就其整体而言的，有的虽然书中有人物和事件可据，但不能一一坐实讲。

毛泽东读《红楼梦》时，十分重视《好了歌》和《好了歌注》，并多次用来说明现实问题。毛泽东1959年12月至1960年2月读苏联《政治经济学教科书》的谈话中，接引“陋室空堂”等六句诗后说：“这段话说明了在封建社会里，社会关系和兴衰变化，家族的瓦解和崩溃。”毛泽东1964年8月18日同哲学工作者的谈话中强调要把《红楼梦》“当作历史读”。

毛泽东这些重要论述，阐明了《好了歌注》所蕴含的丰富而深刻的社会内容，对我们认识《红楼梦》的社会意义和阅读方法都有重要启示。

读《红楼梦》要注意《好了歌》

一次，毛泽东谈《红楼梦》时，说：

《红楼梦》我至少读了五遍。我是把它当作历史读的。开头当故事读，后来当历史读。什么人都不注意《红楼梦》的第四回，那是个总纲，还有《冷子兴演说荣国府》《好了歌》和注。①

1955年春，毛泽东乘汽车去绍兴东湖游览。一路风尘，毛泽东与田家英、胡乔木、陈伯达谈《红楼梦》，从荣国府谈到宁国府，从晴雯、袭人、香菱讲到王熙凤、林黛玉，从《好了歌》诵到《菊花诗》。②

《好了歌》原文是：

世人都晓神仙好，惟有功名忘不了！
古今将相在何方，荒冢一堆草没了。
世人都晓神仙好，只有金银忘不了！
终朝只恨聚无多，及到多时眼闭了。
世人都晓神仙好，只有姣妻忘不了！
君生日日说恩情，君死又随人去了。
世人都晓神仙好，只有儿孙忘不了！
痴心父母古来多，孝顺儿孙谁见了。

---

① 《毛泽东文艺论集》，中央文献出版社2002年版，第208页。
② 李林达：《情满西湖》，中央文献出版社1993年版，第218页。

这首《好了歌》是跛道人所唱，见于《红楼梦》第一回。甄士隐家破人亡，贫病交迫。一天上街散心，遇一跛足疯道人口念此歌，士隐听了问道："你满口说些什么？只听见些'好''了''了''了'。"那道人笑道你若果听见'好''了'二字，还算你明白。可知世上万般，好便是了，了便是好。若不了，便不好；若要好，便是了。我这歌儿便名《好了歌》。"

诗题中所谓"好了"，"好"，是指得到解脱；"了"，指了结俗愿。好了，据《古今图书集成·博物篇·神异典·神仙部》引《荆州府志》，明代有位"好了道士"，善为巧法，言祸福奇中，常往来益都山中，叩问其姓名，但点头曰："好了"，故以名之。"神仙"，道教称所谓得道后能"超脱生死"变幻莫测的人。《汉书·艺文志》："神仙者，所以保性命之真而游求于其外者也。"唐道士司马承祯《天隐子》："神于内遗照于外，自己异于俗人，则谓之神仙，故神仙亦人也。在于修我灵气，勿为世俗之所沦折；遂我自然勿为邪见之所凝滞，则成功矣。"注云："喜怒哀乐爱恶欲七者，情之邪也；风寒暑湿饥饱劳逸八者，气之邪也；去此必成仙功也。"这里的"神仙"，当并非虚无缥缈之物，而是遁入空门，逃避世俗事务之人。

全诗共三十二句，共分四节，每四句为一节。诗人把"神仙"与世俗之人比照，进行了辛辣的讽刺，否定了世俗人生道路。四节先后指出功名、金银、姣妻、儿孙统统是空的，丝毫不值得留恋，只有忘掉这一切，才能进入神仙般的境界。同时歌中还嘲笑了世人的种种矛盾，向往神仙，又不能抛弃功名、金银、姣妻、儿孙；而终身所追求的这一切，却又靠不住。这首歌揭示出封建社会全部人生理想的幻灭，说明封建秩序所陷入的种种矛盾和深重危机。

《好了歌》的消极色彩是十分明显的，但是我们还不能简单地把它视为糟粕而抛弃。因为作者拟作这首《好了歌》，是对他所厌恶的封建社会的一种批判，尽管是一种消极的批判，也有它的价值。

衣衫褴褛形同乞丐的跛足疯道人所唱的这首《好了歌》，自然一点文绉绉的语言都不能用，它只能是最通俗，最浅显，任何平民百姓、妇女儿童都能一听就懂的话，而歌又要对人世间普遍存在的种种愿望与现实的矛盾现象作出概括，还要包含某种深刻的人生和宗教哲理。这样的歌，实在是难写的。这也见出多才多艺的曹雪芹在摹写多种复杂生活现象的高超本领。

毛泽东在对《红楼梦》的评论中，曾专门评到这首《好了歌》及其注，说明他对这两首诗歌在全书中的重要作用极为重视。此外，他还背诵手书过这首诗，也说明了他对此诗的熟悉和欣赏。

“巫山高之类”

毛泽东读近人龙榆生编选《近三百年名家词选》中收录的纳兰性德《江城子·咏史》词时，在题目《咏史》下面用铅笔批注道：巫山高之类。”[①]

纳兰性德（1655—1685），原名成德，字容若，号楞伽山人，满洲正黄旗人，权相明珠之长子。清代满族词人。自幼勤于修文习武。18 岁中举，22 岁赐进士出身。选授三等侍卫，后晋为一等侍卫，扈从于康熙身边。曾被派往黑龙江呼伦，查勘沙俄侵略情况，并安抚达斡尔边民。

纳兰性德善骑射，好读书，作词主情致，工小令，宗李煜。风格清新婉丽，不事雕琢，颇多伤感情调。由于受生活的限制，他的词题材比较狭窄，思想境界也不高，主要反映他个人感情和经历。题材多为相思、悼亡、怀友，爱情词和描写塞外风光的词颇具特色。近人王国维在《人间词话》中说他“以自然之眼观物，以自然之舌言情”，“北宋以来，一人而已”。著有《饮水词》《通志堂集》。

纳兰性德《江城子·咏史》原文是：

湿云全压数峰低，影凄迷，望中疑。非雾非烟神女欲来时。若问生涯原是梦，除梦里，没人知。

在这首词中，词人借宋玉《高唐赋》中所敷演的楚襄王与神女相会的事，表现了对历史记载真实性的怀疑。

① 中央档案馆整理：《毛泽东评点诗词曲精选》（上），中国档案出版社 1998 年版，第 222 页。

战国楚宋玉，在《高唐赋·序》中，写自己向楚襄王叙述怀王遇神女的故事："昔先王（怀王）尝游高唐，怠而昼寝，梦见一妇人曰：'妾巫山之女也，为高唐之客，闻君游高唐，愿荐枕席。'王因而幸之。去而辞曰：'妾在巫山之阳，高丘之阻，旦为朝云，暮为行雨，朝朝暮暮，阳台之下'。"这位巫山之女，在传说中是赤帝的女儿瑶姬，死后葬在巫山之阳。因其助大禹治水有功，后人在巫山飞凤峰为他修了神女庙。有名的巫山十二峰耸峙长江两岸，飞凤峰在南岸，景观奇峭的神女峰在北岸。

"湿云全压数峰低，影凄迷，望中疑。"起首三句，意思是说，饱含着水汽的云层沉重地压在巫山的山峰上，高出江面的山峰像是低矮了许多。山上的景物在云雾中显得模糊而凄凉。望着这云障雾绕的山峰，使自己对那关于神女的传说和记载产生了怀疑。

"非雾非烟神女欲来时。"此句是说，神女要出来时，既不作雾，也不变烟，而是早晨化为云，晚上化为雨。这情景，有谁能见到她呢?

"若问生涯原是梦，除梦里，没人知。"末三句意思是说，如要问神女所有生活活动的内容，原来都是梦。除非也在梦里像楚襄王那样能见到她，有谁能够知道她的存在。"若问"句借用唐人李商隐"神女生涯原是梦"诗意。

词人在这首词上标以"咏史"的副题，显然是借此对历史的某些记载持以怀疑的态度。多是御用文人"为帝王将相作家谱的所谓'正史'"（鲁迅《中国人失掉自信力了吗》），总要用"瞒"和"骗"的手法对现实作种种的粉饰或歪曲。"是一位纯粹的清客"的宋玉（鲁迅《从帮忙到扯淡》），自然要把帝王写得神乎其神。那些"奉天承运"的"真龙天子"也都被御用文人们罩上了神圣不可侵犯的光环。诗人虽然未必有这种认识，但他不盲从，不泥古，勇于怀疑的精神是值得肯定的。

1975 年 5 月 29 日，据当时陪毛泽东读书的北京大学中文系讲师芦荻回忆，毛泽东就二十四史大半是假的问题，举出了如下理由和例证，加以说明。他说：一部二十四史，写祥瑞、迷信的文字，就占了不少。各朝各代的史书里都有。像《史记·高祖本记》和《汉书·高帝纪》里，都写了刘邦斩白蛇的故事，又写了刘邦藏身的地方，上面常有云气，这一切都是骗人的鬼话。而一部史书，都是由继建的新王朝的臣子奉命修撰的，凡关系到本朝统治者不光彩的地方，自然不能写，也不敢写。……同时封建社会有一条为“尊者讳”的伦理道德标准，皇帝或父亲的恶行，或是隐而不书，或是把责任推给臣下或他人。譬如，宋高宗和秦桧主和投降。实际上主要的责任不全在秦桧，起决定作用的是幕后的宋高宗赵构，这在《宋史·奸臣传》的《秦桧传》里，是多少有所反映的。①

如果这首词像标题所标示的“咏史”，我们对大半是假的历史当作如是观。但毛泽东明确批注是：“巫山高之类。”我们就有必要加以辨正了。

《巫山高》，乐府汉《饶歌》名。原诗是：

巫山高，高以大。淮水深，深以逝。我欲东归，害梁不为？我集无高曳，水何汤汤回回。临水远望，泣下沾衣。远道之人心思归，谓之何！

此为游子思乡，欲归不得之诗。托巫山、淮水高深，以盲不能归之故。清陈沆《诗比兴笺》以为似忧吴楚七国之事，但无确据。后来南朝齐王融《巫山高》云：

想象巫山高，薄暮阳台曲。烟云乍舒卷，猿鸟时断续。彼美如可期，寤言纷在属。怃然坐相忘，秋风下庭绿。

这首诗的大意是说，在想象中巍峨高耸的巫山，傍晚时分神女在阳台奏起悦耳的仙乐。晚雾烟霞忽然舒展开来，猿猴和飞鸟时断时续。那个美好的神女，我们仿佛期待与之相见了。失去了梦幻中好像可期而最后不可即的神女，怅然若失，只能寂寞独坐了。

南朝齐刘绘的《巫山高》是这样的：

---

① 1993年12月20日《光明日报》。

> 高唐与巫峡，参差郁相望。灼烁在云间，氤氲出霞上。散雨收夕台，行云卷晨嶂。山没不易期，婵娟似惆怅。

大意是说，云梦泽中的高台云馆和巫山，高低错落，彼此相望。山峰高出云表在阳光中闪烁，在霞光缭绕中显现。傍晚阳台隐没于零落的暮雨之中，清晨行云远去，仿佛卷起薄薄的轻纱。神女如约而至，山峰隐没也从不误期，美丽的神女好像非常忧伤。

南朝梁范云的《巫山高》这样写道：

> 巫山高不极，白日隐光辉。霭霭朝云去，溟溟暮雨归。岩悬兽无迹，林暗鸟疑飞。枕竟意谁荐？相望空依依。

大意是说，巫山高耸入云，遮挡了耀眼的日光。巫山早晨浓密的云雾飞去，晚上湿漉漉的细雨飘洒。悬崖险峻连野兽的踪迹也没有，树林晦暗，连飞鸟也不知向何处飞。楚襄工梦游高唐，巫山神女愿与他同床共枕，而今日我放眼望去，却空无一人依傍。

从《巫山高》的演变来看，汉乐府中的《巫山高》似是游子思乡之诗。而王融、刘绘的《巫山高》完全演义宋玉《高唐赋》《神女赋》中楚襄王梦游高唐与巫山神女行“云雨”欢爱之事，已无望远思乡之意，演变成了爱情故事。而范云的《巫山高》则更进一步，是借巫山神女故事，来写自己的爱情生活。至此，《巫山高》就成了描写爱情的诗体。毛泽东读纳兰性德《江城子·咏史》批注曰：“巫山高之类。”就是认定它是一首爱情词。

据当时的《人民日报》总编辑吴冷西回忆，1958 年 3 月 27 日成都会议结束，毛泽东乘专列火车来到重庆。29 日，毛泽东乘“江峡轮”从重庆出发，当晚抵白帝城。“30 日早饭后，‘江峡轮’起航进入瞿塘峡。快到巫峰时，毛泽东披着睡衣来到驾驶室，一面欣赏三峡风光，一面同船长和领航员谈及有关三峡的神话和传说。毛泽东还从船长手中接过望远镜，留意从几个侧面观看了神女峰。他对我们说，宋玉在《神女赋》中说，‘夫何神女之姣丽兮，含阴阳之渥饰。被华藻之可好兮，若翡翠之奋翼。其象无双，其美无极。毛嫱鄣袂，不足程式。西施掩面，比之无色。’其实谁也没有见过神女，但宋玉的浪漫主义描绘，竟为后世骚人墨客留下无限的题材”。[①]可见毛泽东是承认神女这个神话传说的，并把它写到自己的诗词中：“神女应无恙，当惊世界殊。”[②]他还认为宋玉所写神女的故事，为后代的骚人墨客提供了无限的题材，上面所举几首《巫山高》以及纳兰性德的这首词，都无疑是这类题材。

需要说明的是，中共中央文献研究室编的《毛泽东读文史古籍批语集》中误将“山高”二字看作一“嵩”字，把这条批注定为：“巫嵩之类。”[③]实不可解，特加辨正。

况且中央档案馆整理《毛泽东评点诗词典精选》（上册）里《近三百年名家词选》中纳兰性德《江城子·咏史》毛泽东批注：“巫山高之类。”山、高是二字，甚清楚，非一“嵩”字，读者一查便知。[④]

---

① 吴冷西：《忆毛主席》，新华出版社 1995 年版，第 66 页

② 中共中央文献研究室编：《毛泽东诗词》，中央文献出版社 1996 年版，第 95 页。

③ 中共中央文献研究室编：《毛泽东文史古籍批语集》，中央文献出版社 1993 年版，第 33 页。

④ 中央档案馆整理：《毛泽东评点诗词曲精选》（上），中国档案出版社 1998 年版，第 222 页。

“看出兴亡”

毛泽东读1956年上海古典文学出版社出版的龙榆生编选《近三百年名家词选》中收录的《蝶恋花·出塞》词时，先在题目“出塞”下批注：“看出兴亡。”然后又在正文的第一、三、四、五、八、十等句旁各画三个小圈，在“画角声中”“铁马金戈”二句旁各画了两个小圈。[①]

纳兰性德《蝶恋花·出塞》原文是：

今古河山无定据，画角声中，牧马频来去。满目荒凉谁可语？西风吹老丹枫树。

从前幽怨应无数，铁马金戈，青冢黄昏路。一往情深深几许？深山夕照深秋雨。

这首词中有“牧马自来去”“西风”及“青冢黄昏路”之语，青冢离龙泉关较近，因此可能作于康熙二十二年（1683）九月扈驾至五台山、龙泉关时。

这首小词通过对塞外古战场的描写，抒发了对历代兴亡和历史变迁的感慨。

词的上片写景，描写塞外古战场的荒凉景象。“今古河山无定据”，首句以议论开篇，简朴的文字有一种历史纵深感，而且形成一种笼罩全篇的氛围。“今古”二字，包括古往今来。这句是说，面对大好河山，多少风

① 中央档案馆整理：《毛泽东评点诗词曲精选》（上），中国档案出版社1998年版，第224页。

云人物，你争我夺，或长期或短暂地占据它，但谁也没有永久地据有些地方。“画角声中，牧马频来去。”二句白描，描绘出一幅塞外和平图景：画角声声，矫健的牧马频频来去。“满目荒凉谁可语？西风吹老丹枫树。”二句仍用描写，是说放眼望去，整个塞北，平沙万里，荒漠凄凉，连个说话的人也很难找到。西风飒飒，只有那几株枫树，又一次被吹红了叶子。使人联想起为争夺这块土地鏖战厮杀时尸横遍野、血流成河的惨象。这些红叶，又一次把人带进了对历史的回忆，加深了作品纵深的历史感。

词的下片抒情，写诗人出塞的感触。“从前幽怨应无数”，首句议论，直承上片对古战场的描写而来。面对古战场的凄凉景象，郁结在心头的愁恨无法计算。接下二句叙事：“铁马金戈，青冢黄昏路。”“铁马金戈”代表战争。“青冢黄昏路”，用汉王昭君出塞和亲故事，代表和亲。二句概括了战、和两种办法。二句是说自古以来，为了争夺江山，时战时和，或者二者并用，这就是历史。“一往情深深几许，深山夕照深秋雨”，末二句以景结情，抒发了诗人的感触：面对这塞外古战场，回顾历史，诗人对自己的祖国一往情深。这深情犹如夕阳余晖照射下，深山之中的绵绵秋雨。词意深沉含蓄，有弦外之音。

这首词通过诗人“出塞”所见，描绘了眼前荒凉的和平景象，回顾历史，总结出战争与和平两种办法，是中国历史上王朝更替的规律性概括。因此，毛泽东批注说：“看出兴亡。”这就肯定了这首词的思想意义和艺术成就。

“我劝天公重抖擞，不拘一格降人才”

清代诗人龚自珍的两句诗：“我劝天公重抖擞，不拘一格降人才”，毛泽东非常喜爱，几十年中，在他的讲话、谈话和文章中曾经数次引用。

1945年5月31日，毛泽东在《在中国共产党第七次全国代表大会上的结论》中讲到《党性与个性》问题时说：

> 这是普通性与差别性的问题，集体与个人关系的问题。在我们党内，在我们解放区，人民有了比较充分的自由，有独立性和个性。而在封建制度下，人民是没有人格、没有自由、没有独立性、没有个性的。……在我们党领导的解放区，不仅社会上的人都有人格、独立性和自由，而且在我们党的教育下，更发展了他们的人格、独立性和自由。这个问题，马克思在《共产党宣言》里讲得很清楚，他说：“每个人的自由发展是一切人的自由发展的条件。”不能设想每个人不能发展，而社会有发展，同样不能设想我们党有党性，而每个党员没有个性，都是木头，一百二十万党员就是一百二十万块木头。这里我记起了龚自珍写的两句诗：“我劝天公重抖擞，不拘一格降人才。”在我们党内，我想这样讲：“我劝马列重抖擞，不拘一格降人才。”不要使我们的党员成了纸糊泥塑的人，什么都是一样的，那就不好了。其实人有各种各样的，只要他服从党纲、党章、党的决议，在这个大原则下，大家发挥能力就行了。讲清楚这一点，对于党的进步，对于全体党员积极性的发挥是会有好处的。①

---

① 《毛泽东文集》第三卷，人民出版社1996年版，第415—16页。

1956年苏联最高苏维埃主席团主席克·叶·伏罗希洛夫应邀访华，受到中国党和政府高规格的接待。代表团于4月15日下午3时到京。当天晚上，毛泽东在中南海会见了他和代表团其他成员，并设宴款待。

“亲爱的毛泽东同志，我有几个问题，可以提吗？”伏罗希洛夫露出关切和隐忧。

“什么问题啊？”毛泽东笑容可掬。

“你们提出‘百花齐放、百家争鸣’的口号是什么意思？”

“万马齐喑究可哀么。”

……

“我们不理解，作为社会主义国家，为什么允许在报纸上发表那些反社会主义的言论？”

……

“先放么。”毛泽东并不担忧。

“社会主义不应该允许这些右派言论。”伏罗希洛夫发出忠告。

“放出来大家才好驳么。”

“可是会出乱子的。”伏罗希洛夫坚持说，“你们分开登出这些右派言论……对党不会有利！”

……

“把他们的言论登出来，作为反面教材，不无好处。”毛泽东强调说。“不过，敌人抓住几条缺点，大造舆论，会煽动起群众的不满情绪。匈牙利就是这样闹出乱子的。”

“不能做温室里的花草。如果没有风雨，没有取得免疫力，遇到错误意见就不能打胜仗。”

“有些并不是意见，而是要推翻共产党，否定社会主义制度。”

“暴露出来好么。”毛泽东微微一笑，无比自信，“群众是站在我们一边，暴露出来他们就该完蛋了。”①

①《我想当大学教授》，《毛泽东交往录》，人民出版社1991年版，第359—360页。

中共河南省封丘县委1958年3月20日给毛泽东写了一个报告。报告介绍了河南省封丘县应举农业社依靠合作社集体的力量，战胜自然灾害，改变落后面貌的事迹。毛泽东看了这个报告后，4月15日在广州写了《介绍一个合作社》一文，向全国介绍应举社。其中说："穷则思变，要干，要革命。一张白纸，没有负担，好写最新最美的文字，好画最新最美的画图。……清人龚自珍诗云：'九州生气恃风雷，万马齐喑究可哀。我劝天公重抖擞，不拘一格降人才。'大字报把'万马齐喑'的沉闷空气冲破了。我现在向全国七十几万个合作社的同志们，以及城市里的同志们推荐一个合作社。这个合作社位于河南省封丘县，叫应举社，很有些发人深省的东西。中国人民还有过去那一副奴隶相么？没有了。他们做了主人了。中华人民共和国九百六十万平方公里上面的劳动人民，现在真正开始统治这块地方了。"①

封丘县委的报告同毛泽东的文章一起发表在1958年6月1日出版的《红旗》杂志创刊号上。1958年6月14日，毛泽东在中南海接见了河南省封丘县应举社社长崔希彦、内务部农村救济司司长熊天荆、河南省民政厅厅长施德生、封丘县县长张剑南。这次接见的情况，新华社记者写成通讯《幸福的会见，巨大的鼓舞》，刊载在1958年7月1日《人民日报》上。其中有这样的报道：

毛泽东首先问封丘县县长张剑南：

"应举社的那篇报告是谁写的？"

张剑南一听就知道毛泽东指的是《红旗》杂志上发表的那篇《一个苦战二年改变了面貌的合作社》的报告。他马上告诉毛泽东："是中共封丘县委第一书记韩洪绪同志写的。"

"那篇报告写得很好。"毛泽东还问："韩洪绪同志读了多少书？"

"战前在高小毕业。"

毛泽东就称赞说："不容易，不容易，高小程度就能写出这样好的报告，真不容易！"

毛泽东又问了韩洪绪的工作情况，张剑南都一一向毛泽东作了介绍。

---

① 《红旗》1958年第1期。

“你们的合作社，为什么叫应举社？”毛泽东同崔希彦开始了有趣的谈话。

“我们村里过去出了一名文举，这个举人，同一般的举人不一样，他不剥削人，靠自力更生维持生活。我们的合作社也是依靠自力更生进行生产渡荒的，所以就叫应举社。”

毛泽东听得笑了起来，“很有意思！”他说：“你们过去是一个穷社，经过几年的努力就改变了面貌，再过几年你们还会更好！”

“这些成绩都是由于有党中央和毛主席的正确领导才取得的。我们合作社的每一个人都非常感谢共产党，感谢毛主席！”崔希彦说。

毛泽东摇摇手说：“不，不，这是由于你们合作社全体社员的努力，才取得了这样大的成绩。全国的事情要办好，就要依靠全国六亿人民的努力。”毛泽东又问：“应举社的小麦每亩收了多少斤？”

“估产量每亩 150 斤。”

毛泽东算了一下后说：“你们计划每亩 800 斤，小麦每亩只能收 150 斤，还有 600 多斤，今年是不是有把握实现亩产 800 斤？”

“完全有把握，而且争取超过。”崔希彦满怀信心地回答。……燃着一支香烟，毛泽东亲切地对崔希彦说：“要戒骄躁，干部和群众要紧密地团结，要把红旗永远插在你们社里，让红旗越插越高。”

崔希彦听了毛泽东的教导，激动得一时说不出话来，他只是说：“我们要牢牢记住毛主席的话，按毛主席的指示去作。”

人们不禁要问，几十年间，毛泽东几次引用龚自珍的这几句诗，龚自珍是什么人？他的这几句诗又是怎样一首诗呢？

龚自珍（1792—1841），一名巩祚，字璱人，号定盦，浙江仁和（今浙江杭州）人。清代思想家、文学家。清仁宗嘉庆二十三年（1818）中举，清宣宗道光九年（1829）中进士。官礼部主事。后辞官南归，卒于丹阳云阳书院。深于经学、小学和史地之学，为今文学派的主要人物。曾与林则徐、魏源等结“宣南诗社”，讲求经世之学。主张改革内政，抵御外国侵略，维护国家主权，为近代改良主义运动的先驱者。其诗反映了鸦片战争前夕黑暗的社会现实，渴望变革，追求理想，洋溢着爱国精神。文辞瑰奇清丽，别开生面。散文亦多抒发其对社会、政治问题的见解，纵横奇诡，颇有特色。在哲学上，持“性无善无不善”之说，反对孟子的“性善”论和荀子的“性恶”论，并强调万事万物都处在变化之中，最后仍将变得跟开始时一样。有《定盦全集》。

毛泽东三次引用的几句诗是《己亥杂诗》中的一首。“己亥”，清道光十九年（1839）。这年龚自珍辞官南归，后又北上迎取眷属，于南北往返途中，写成短诗 315 首，题为《己亥杂诗》。内容或直抒胸臆，或回忆往事，或叙述见闻，或友朋赠答，等等。读了这组诗，作者的生平、思想约略可见。

毛泽东引用的几句原列第 125。诗末自注云：“过镇江，见赛玉皇及风神、雷神者，祷辞万数，道士乞撰青词。”祷辞，祈求神祇，这里指求神的人。青词，道士斋醮用的一种文体，以朱笔写于青藤纸上，亦称“椽章”。

“九州生气恃风雷”，首句是说，要使得全中国能够生气勃勃，就得倚仗一场急风惊雷来震撼一下。九州，相传中国古代分为九州，后亦泛指全中国。

“万马齐喑究可哀”，次句是说，清王朝统治下令人窒息的沉闷局面实在可悲。“喑”，哑。万马齐喑，语出宋人苏轼《三马图赞引》时（宋元祐初）：“西域贡马，首高八尺，龙颅而凤膺，虎脊而豹章，出东华门，入天驷监振鬣长鸣，万马齐喑。父老纵观，以为未始见也。”究，毕竟。

“我劝天公重抖擞”，三句是说，我劝老天爷重新振作一下精神。天公，天。以天拟人，故称。《尚书大传》卷五：“烟氛郊社，不修山川，不祝风雨，不时霜雪，不降责于天公。”抖擞，振作精神。

“不拘一格降人才”，末句是说，不拘守一定的规格来选拔人才。不拘一格意即不必依照旧规格。

这首诗借用“万马齐喑”比喻清王朝政治腐朽，扼杀人才，到处死气沉沉的情况，反映了作者要求改变现状的思想。

毛泽东 1945 年于《在中国共产党第七次全国代表大会上的结论》中引用龚自珍这首诗，是在说明中国共产党，要求共产党员有党性，并不抹杀党员的自由、独立和个性。

1956年苏联最高苏维埃主席团主席伏罗希洛夫访华时问到“百花齐放，百家争鸣”方针的意思时，毛泽东回答说：“万马齐喑究可哀么！”是说我们实行“双百”方针，主张文学艺术上百花齐放，流派纷呈，科学上不同观点自由争论，打破了死气沉沉的局面，活跃了学术空气。

1958年，毛泽东在《介绍一个合作社》一文中，再次引用龚自珍的这首诗，是在赞扬“万马齐喑”的局面打破之后，出现了人民群众“精神振奋，斗志昂扬，意气风发”的大好局面，共产主义精神在全国蓬勃发展。这些都是对龚自珍此诗中表现的要求变革精神的引申和弘扬。

“新栽杨柳三千株，引得春风度玉关”

1949 年 9 月，毛泽东在北平打电报从兰州和酒泉请来了彭德怀和王震将军，共商解决新疆问题的大计。毛泽东坐下就说：“今天请你们二位来，主要是谈谈新疆问题。对于解决新疆问题有什么高见呀？”

彭德怀不紧不慢地说：“新疆地域辽阔，民族众多，国防地位极其重要，在大西北具有其独特的地位。”

毛泽东谈问题，喜欢谈古论今，引经据典，听彭德怀说到这里，便插话道：“所以我们那位老乡左文襄公说：‘若新疆不固，则蒙部不安，匪特陕甘山西边时虑侵铁，防不胜防，即直北关山，亦无晏眠之日。’这话是有道理的。对于新疆问题，应该引起我们的特别重视。……”

毛泽东见彭德怀如此有把握，便连声道：

“好，就这样定了！和平解放新疆！”

不等彭德怀说话，毛泽东望着王震，双手比画着说：“解放新疆，经营新疆的重任就交给你了。”

接着，毛泽东话锋一转：

“你可不要小看了新疆，新疆比你过去经营的那个南泥湾要大得多哟！你那个南泥湾才这么一点点，可新疆就有这么大，比南泥湾大了一万倍还要多哇！”

彭德怀这才笑着说：“王震可是越来劲头越大、劲力越足哟！”

毛泽东含笑说：“左宗棠曾留下两句诗：‘新栽杨柳三千株，引得春风度玉关。’王震同志，我希望你到新疆后，能够超过左文襄公，把新疆建设成美丽富饶的乐园。”[①]

左宗棠（1812—1885），字季高，湘阴（今湖南湘阴）人。清大臣。道光举人。咸丰初年，太平天国农民起义爆发，左宗棠以四品京堂统率军队，转战浙江、江西等省。后又率军平定陕甘、捻军和西北回民起义，任陕甘总督。1875 年被任命为钦差大臣，督办新疆军务，平定阿古柏政权，定天山南北路。1881 年任军机大臣，调任两江总督。拜东阁大学士。封恪靖侯。卒谥文襄。史称左文襄公。著有《左文襄公全集》。

毛泽东谈话中所引左宗棠的两句诗，是一首七言绝句，全诗是：

> 大将西征尚未还，湖湘子弟满天山。
> 新栽杨柳三千株，引得春风度玉关。

“大将西征尚未还”，首句写左宗棠平定新疆阿古柏之乱。“大将”，左宗堂自称。“西征”，指左宗棠平定新疆叛乱。阿古柏（？ 一 1877），封建主，中亚浩罕汗国人，任浩罕王帕受（武装部队总司令）。清穆宗同治四年（1865）乘新疆回族封建主金相印乞援，入侵新疆，占领了天山南路一带，自称毕条勒特汗（国王），1870 年又攻占乌鲁木齐，势力进一步扩展到北疆。与俄、英联络，企图取得国际承认和支持。清德宗光绪二年（1876），为清左宗棠讨伐，屡败。第二年，在库尔勒自杀。左宗棠平定阿古柏之乱，维护了祖国的统一。

“湖湘子弟满天山”，次句写湘军的功劳。“湖湘”，泛指湖南一带。其境内有洞庭湖和湘江。宋王禹偁有《送罗著作奉使湖湘》。“天山”，即今天新疆天山山脉及其东博格多山脉。湘军是由曾国藩创建的封建军阀武装。1860 年由曾国藩推荐，左宗棠率湘军赴江西、皖南镇压太平军，开始指挥湘军，此次讨阿古柏之乱也是依靠湘军。

“新栽杨柳三千株，引得春风度玉关。”三、四两句是说左宗棠在新

---

① 李智舜：《毛泽东与开国上将》，中共中央党校出版社 1995 年版，第 35—37 页。

疆进行军垦，改变了新疆面貌。唐人王之涣《凉州词》有“羌笛何须怨杨柳，春风不度玉门关”之句，意思是说，羌笛吹奏《折杨柳》曲，其声哀怨，似在怨柳，但是对玉门关外的杨柳其实不必抱怨，因为它得不到春风的吹拂，极写凉州一带荒寒。这里反用此二句诗意，是说我们新栽了三千株杨柳，引得春风吹过玉门关。实是写左宗棠在新疆进行军屯的业绩。“玉门关”，在今甘肃省敦煌市西，是古代通往西域的要道。

此诗相传为左宗棠幕僚杨昌濬所作。

“西南云气来衡岳，日夜江声下洞庭”

1961年12月26日，毛泽东在致周世钊的信中写道：“‘西南云气来衡岳，日夜江声下洞庭。’同志，你处在这样的环境中，岂不妙哉！”[①]

信中引用的两句诗，是湖南长沙岳麓山云麓宫的一副对联，摘自清末诗人黄道让的七律《重登岳麓》，上句原为“西南云气开衡岳”。

黄道让，字岐农，湖南安福（今湖南临澧）人，清诗人。清文宗咸丰十年（1860）进士，官至工部主事。有《雪竹楼诗稿》。

此诗见于《雪竹楼诗稿》卷六。原诗是：

万壑风来雨乍晴，登高一览最惺忪。
西南云气开衡岳，日夜江声下洞庭。
我发实从近年白，此山犹是旧时青。
诗书老友今何在？古木秋深爱晚亭。

这首七律，热情地赞颂了岳麓山巍峨峙立和湘江奔腾咆哮的壮丽景观，抒发了诗人热爱自然的怀抱和人生易老的感慨。

“万壑风来雨乍晴，登高一览最惺忪”，首联写诗人登上岳麓山所见所感。岳麓山，在今湖南长沙市湘江西岸。因其为南岳衡山之足，故称岳麓山。右峰顶上有云麓宫，宫右有望湘亭，山上有岳麓书院。两句是说，诗人登上岳麓顶峰俯视，千山万壑，雨过天晴，清风吹来，精神为之一振。这是诗人的最初感受。

① 中共中央文献研究室编：《毛泽东书信选集》，人民出版社1983年版，第588页。

“西来云气开衡岳，日夜江声下洞庭”，颔联写诗人远眺俯视所见景观。上句写远眺，是说西南方的烟霭云雾来自南岳衡山。衡山在今湖南省衡山县西。山势雄伟，俯瞰湘江。借岳麓山有来自西南衡岳的云气，映衬出岳麓山的耸然矗立的宏伟气势。下句写俯视湘江，奔腾咆哮的湘江日夜向洞庭湖流去。上句绘形，下句绘声，声形兼备，境界廓大，可谓神来之笔。

“我发实从近年白，此山犹是旧时青”，颈联写我近年头发开始花白，进入老境，意谓人生易老；岳麓山仍然像诗人年轻时看到的那样郁郁葱葱，意谓青山长存。山我对举，今夕比照。在这变与不变的叙说中，寄寓着诗人的人生感慨。

“读书老友今何在？古木秋深爱晚亭”，尾联写诗人对老友的怀念和对岳麓山的热爱。此联写了岳麓山两处胜景：岳麓书院和爱晚亭。前者为诗人年轻时读书之所，后者为诗人课余游憩之地。其间有多少逸闻轶事值得回味呀。如今读书老友不知去向，而深秋季节古木丛中的爱晚旁景色依然十分壮丽宜人，以景结情，含蓄不尽。

长沙是青年毛泽东的求学之地，岳麓山湘江是他“携来百侣曾游”之所，作为诗人和书法家的毛泽东，不仅对那里的山水自然景观十分喜爱，对那里的人文景观也十分熟悉。所以事隔数十年后，毛泽东在和老朋友周世钊的通信中再次提到清黄道让所撰云麓宫的一副对联：“西南云气来衡岳，日夜江声下洞庭。”此联为清代著名书法家何绍基手书，所以弥足珍贵。全联言简意远，写得声形兼备，道尽了岳麓山的幽美景色，既切眼前之景，诗意盎然，而又气度不凡，所以毛泽东发出“岂不妙哉”的赞叹，不仅表达了他对故乡的深情，也是对老友努力工作的勉励。

早在1956年6月20日，毛泽东游湘江、登岳麓山时，就曾过问过这副对联。具体情况陪同他登山的周世钊的《难忘的一天》一文中有详细记载：

1955年6月中旬，天雨不歇，湘江水涨。长沙市和岳麓山之间的湘江水面要比没涨水时宽五分之二以上。从岸上望去，只见波澜壮阔，不辨边涯。

刚从海边视察回转的毛泽东，这时正来到长沙。6月20日那天，他要在涨水的湘江中游泳。上午10时30分，他从城北七码头乘小轮船溯江而上。这是久雨初晴的日子，天空还遮着薄薄的云层，初夏的凉风掠过水面，吹到人身上，使人感到分外舒适。毛泽东穿着白色衬衫，精神很饱满地和围坐在他旁边的人谈话。他几回走向到船边，从窗口仰观天色，俯瞰江景。有些同志觉得今天虽然没有下雨，但江面宽，水流急，担心他游水有困难，想用各种理由去劝阻。

"今天的江水，夹带泥沙，显得不那么清洁，似乎不适于游泳。"首先是一位年逾七十的副省长提出这样的意见。

"水清水浊，不是决定适不适于游泳的主要条件。你说的这一点，可以不必顾虑。"毛泽东回答了他。

"现在湘江水涨，水又广又深，游泳也许不便。"接着提意见的是湖南第一师范的校长周世钊。

"你不要说外行话！庄子不是这样说过吗：'水之积也不厚，则其负大舟也无力。'水越深，浮力越大，游泳起来当然越要便利些，你怎么反说不便呢？"

这时，小轮船已经到了猴子石附近。毛泽东起身穿上了游泳衣服，缓步下船，走上木划子。他从容地坐在木划子的边沿上，将两足伸入水中，又用江水将全身洒湿，作好游泳的准备。陪同他游泳的十多个小伙子，早已跳入水中，等到他入水游泳时，他们就或前或后，或左或右，或沉或浮地围绕在他的周围，朝向西岸前进。

站在小轮船上的人都停止了交谈，聚精会神地看毛泽东游泳。他游到哪里，大家的目光就移到哪里。只见他时而侧泳，态度安闲，显得轻松不费气力。恰像安卧在微波软浪上面，让它平稳地舒缓地向前推进。他还时常看看两岸的风光，看看天空的云朵，看看小船上站立的人群。"累了吧？请上船休息一会再游"的呼声，几回从小轮船上站立的人群中响起，但得到的回答是：不累就不要休息，达到对岸才上来。

大概又过了三刻钟，小轮船已经开到西岸的牌楼口，大家指着此时还未到岸的游泳人群说："这不是横渡湘江，而是斜渡湘江，斜渡比横渡的距离要多一倍，所以花时间就更多了。”不久，毛泽东和同游的十多人先后在牌楼口的北面半里的地方登岸。从下水到登岸，整整花了一个小时。

毛泽东穿好衣服后，步行到牌楼口，登上汽车，向岳麓山驰去。小轮船上的人也离船上岸。大家都流露出愉快的微笑。

毛泽东已经30多年不到岳麓山了。这天趁着横渡湘江之后，决定去看看留着他年轻时期活动痕迹的爱晚亭、白鹤泉、云麓宫、望湘亭等地方。

汽车只能开到白鹤泉。白鹤泉以上，山势陡峭，道路曲折，仅能步行。毛泽东和陪游的十多人都在白鹤泉下车休息。湖南省委准备了三乘轻便轿子，是供毛泽东等几个老年人坐着上山的。毛泽东坚决不肯坐轿，穿着皮鞋，走在前面，直向云麓宫一步一步走上去。皮鞋踏着山路上突出的石子，润滑的苍苔，很不好走，他却走得很快，气也不喘，还和陪游的人谈谈笑笑。一直这样登上了矗立在岳麓高峰的云麓宫。

毛泽东还不肯坐下来休息，巡视云麓宫壁间悬挂的诗词对联后，又走到宫外的望湘亭，凭着石栏，眺望美丽如画的橘州、湘水，指点飞烟缭绕、红旗招展的长沙市区，眼前呈现一片繁荣兴旺的景象，觉得和过去迥然不同了。回头问：云麓宫壁间、柱上悬挂的“西南云气来衡岳，日夜江声下洞庭”的联语和“一雨悬江白，孤城隔岸青”的诗句如何不见了？有人告诉他：岳麓山经过日本帝国主义侵略战火的摧残，解放后才逐渐修复，但这些东西还来不及恢复原状。

下午二时在望湘亭进午餐时，毛泽东谈笑甚欢，丝毫没有疲倦的表现。周世钊觉得他似乎还和青年时期一样，对他说：“您是六十以上的人了，还是这样健康，还能像今天这样横渡湘江，这样登上岳麓，大大赛过了许多年轻的人。如果把今天的真实情况讲给青年们听，一定会使他们感到无比兴奋，认真向您学习。”他说：“这算什么！爬山吧，仅仅这样一点短路。游水也不是什么难事情。我们不是每天都要走路么？游泳时有水的浮力帮助，比走路应该是容易多了。但是游水也容易出问题，不可粗心大意。我在第一师范学习游泳时，出过几次危险，不是同学的救护，险些‘出了洋’。”这话引得两桌的人都笑起来。

饭后，已经是下午3点多了，天又下了一阵小雨，没有照预定的计划到爱晚亭去，就下山回来。渡江时，毛泽东站在船头眺望江景。看到他健壮的身躯、舒畅的神态，周世钊的脑海中又涌现出他刚才游水爬山时的印象，觉得毛泽东真健康。

这天深夜，周世钊兴奋得不能就寝入睡，伏在桌前，想把当天陪毛泽东登云麓宫的事情写一首旧诗，刚提笔写了“滚滚江声走白沙，飘飘旗影卷红霞。直登云麓三千丈，来看长沙百万家”四句后，就想不出怎样接续的句子了，只好把它抄在日记本上，等待将来续成。

20 世纪 50 年代，毛泽东还应邀为爱晚亭题写了匾额，可见他对岳麓山一往情深。

“丁丁冬冬泉，高高下下树”

“主席，周总理、邓小平等领导人已经到了杭州。为欢迎中央领导的到来，今天晚上浙江省委要组织舞会。”毛泽东刚接见完新西兰共产党主席威尔科克斯，回到驻地片刻，卫士长李银桥即向毛泽东报告。

“好嘛，客随主便。”毛泽东正在读报，随口应了一句。

1963 年 4、5 月间，毛泽东来到杭州，召集部分政治局委员和大区书记参加会议，讨论农村工作。

舞场设在杭州饭店小礼堂。

一阵掌声，周恩来来了，大家都上前跟他握手，并热情地向他问候。

毛泽东来了，又是一阵热烈的掌声。他迈着健步来到舞厅的时候，大家争着和毛泽东说话。

毛泽东一到，乐队就奏起优美的圆舞曲，文工团的一些女演员，一个个走到首长面前，鞠一个躬，然后拉着首长，在音乐伴奏下，轻快地步入乐池跳了起来。

周恩来翩翩起舞。

毛泽东和文工团员丁亚娣迈开了慢三步，犹如在散步，显得精神愉快。

跳了几场以后，吕剑光对大家说：

“毛主席日理万机，脑子用得过多，我们陪他跳舞，就如陪他散步一样。”

李爆吉接着说：

“除了跳舞和演出一些节目外，同志们最好能说一些笑话，让主席开怀大笑，使脑筋放松，达到休息的目的。”

晚会的气氛立即活跃起来。

歌唱演员应水珠，上台演唱了一支《马儿啊，你慢些走》，接着，大家就鼓掌欢迎下一个节目。

毛泽东、周恩来坐在沙发上，抬着头，在认真仔细地听着。唱完后，他们都鼓了掌。毛泽东是一个非常尊重人和理解人的人。当小应走过毛泽东身边时，他早已伸出了手，示意小应在他旁边的沙发上坐下来。

“主席，我唱得不好，难听死了。”应水珠不好意思地涨红了脸，一面摆手，一面说。

毛泽东紧紧地握了一下手，用风趣的语调说：

“还可以嘛，你唱得像个男高音。”

“小应啊，你唱得不错嘛！”周恩来也称赞道。

晚会的气氛越来越热烈了。有的演员把一些杭州的歇后语给毛泽东、周恩来猜。

……

有一个女演员，学讲侯宝林的相声《秦琼卖马》，但怎么也学不像，显得滑稽可笑。毛泽东、周恩来和大家并不在乎这些，听了相声，哈哈大笑，笑得像孩子一样天真。与其说领袖们是被相声逗乐了，还不如说被他们滑稽可笑的动作和南腔北调引笑了。

节目演完了，大家接着跳起来。

音乐停止了，毛泽东拉着应水珠的手，到休息室休息。毛泽东坐在沙发上，把双脚并拢搁在沙发前的小凳子上。

“主席，你的脚并得这样拢，我爷爷和您同岁，休息时脚搁在小凳子上，就是并不太拢。您的身体真好。”应水珠说。

“你爷爷是干什么的？”毛泽东示意小应坐在他身边的沙发上，亲切地问。

“种地的，是个老贫农。”小应答道。

“你爸爸呢？”

“也是种地的。”

“我们家世世代代都是农民，旧社会时生活很苦，没房没田……”小应说起旧社会她家的苦处，就像竹筒倒豆子。

“我家世代没有人念过书，解放了，我才有机会念书。我可是应家第一个读书人哪！”小应激动地说着。

毛泽东凝神听了小应的话后，深深地吸了一口气，缓缓地点了点头。

……

沉默一会儿，毛泽东忽然说：“所以，你们都不要忘了过去，忘了过去，就意味背叛哪。只有不忘过去的苦，才能更加珍惜今天的生活。”他问小应的姐姐、哥哥的情况后，又问：“家住在什么地方？”

“九溪十八涧。”

“九溪十八涧，呵，好地方，好地方。”

“重重叠叠山，曲曲环环路，丁丁冬冬泉，高高下下树。”毛泽东吟起清末俞曲圆描绘九溪十八涧的诗句。①

俞曲园（1821—1907），名樾，字荫甫，曲园是他的号，浙江德清人，清末诗人、学者。道光进士。官翰林院编修、河南学政。后主讲于杭州诂经精舍达31年。治经、子、小学，注重小说戏曲，喜作笔记，搜罗宏富。也能诗词。撰《春在堂全书》，共250卷。

所作《九溪十八涧》诗前有小序：

“谷雨日，陈竹川、沈兰舫两广文招作龙井、虎跑之游，遍历九溪十八涧及烟霞、水乐、石屋诸洞之胜，得诗五章。”

毛泽东吟诵的诗句在第三首。原诗是：

九溪十八涧，山中最胜处。
昔久闻其名，今始穷其趣。
重重叠叠山，曲曲环环路，
东东丁丁泉，高高下下树。
搴帷看未足，相约下舆步。
愈进愈幽深，一转一回顾。
每当溪折处，履石乃得渡。

① 李林达：《情满西湖》，中央文献出版社1993年版，第178—181页。

诗云深则砅，此句为我赋。
但取涤尘襟，不嫌湿芒屦。
俯听琴筑喧，仰见屏障护。
九嶷有九溪，兹更倍其数。
迤逦到理安，精舍略可住。
老僧俱伊蒲，欣然为举箸。

这组纪游诗大约写于诗人辞官归隐杭州初期，其时诗人50余岁，体力尚健，方可有陪客遍游九溪十八涧之举。

这组诗，写诗人与友人陈竹川、沈兰舫两广文馆学士从龙井到虎跑作终日游。第一首写诗人与友人乘肩舆游山，是序诗；第二首写游龙井品茶；第四首写游烟霞、水乐、石屋诸洞；第五首写游虎跑，循苏堤而回，结束游览；其中第三首写游九溪十八涧，最为精彩。全诗共26句，前五节每节四句，末节六句，偶句押韵，一韵到底，游踪清晰，游兴正浓，山光水色的描状，与诗人勃勃兴致融合在一起，写得酣畅淋漓，堪称佳制。

九溪十八涧，在浙江省杭州市西烟霞岭西南，其支流为十八涧，发源于杨梅岭。山径一道尚平坦，可从烟霞岭直至理安寺。

开端四句赞扬九溪十八涧是杭州西部风景最优美之处。接下来四句“重重叠叠山，曲曲环环路。东东丁丁泉，高高下下树”抓住九溪十八涧的山路、泉、树四种景物，用双声叠韵来写，其景色之优美，趣味之无穷，真令人如行山阴道上，目不暇接矣。无怪乎毛泽东过目成诵。接下四句写诗人游兴更浓，和友人下车步行游览，移步换形，景色便自不同。接下四句写每当溪折处诗人则履石得渡并引诗为证。接下四句写诗人游览山水的目的在于涤除尘世的襟怀，陶冶性情。末六句写诗人一行到理安寺吃斋饭小憩。欣然进餐反衬出游览的快味。此诗至此便戛然而止，首尾完足，不枝不蔓。

此后应水珠和毛泽东便成了忘年交。

1963年秋，刘少奇、邓小平、柯庆施、罗瑞卿、田家英以及华东各省的第一书记云集杭州。11月6日，毛泽东主持召开工作会议。

为帮助毛泽东消除疲劳，晚饭后省警卫处的同志请毛泽东到汪庄小礼堂参加舞会。

跳舞时，乐队奏起陕北民歌《绣金匾》。一个演员喝道：“正月里闹元宵，金匾绣开了，金匾绣咱毛主席，领导的主意高。一绣毛主席，人民的好福气，你一心为我们，我们拥护你。”

“主席，你听，在唱谁啊？”正在和毛主席共舞的应水珠，边跳边调皮地说。

毛泽东听了，神情庄严凝重，闭着嘴，沉默无语。

这时又传来“二绣总司令，革命的老英雄……”毛泽东笑了，狡黠地说：

“小应呀，不是在唱总司令吗？”

应水珠说：“主席，我说前二段唱谁啊？”

毛泽东不说话，一副严肃的神态。应水珠一急，摇摇他的手说：

“快说嘛，在唱谁啊？”

毛泽东一看小应急不可待的样子，突然嘴一张，故意大声地喊道：

“不一知一道！”

1974 年 9 月，应水珠、冯己中去武汉东湖宾馆去看望毛泽东。互致问候以后，毛泽东提出要送他们二人去上大学。

毛泽东拿着纸和笔，靠在床上写了起来：

“北京大学读三年好，文科，我送你们去，现在不去晚了，今天就去找张副主任。1974 年 9 月。”

毛泽东又翻过纸，写下了“我给你们学费”几个字。

写完，毛泽东用左手往前划了一个弧说：“你们两个。”

她们在北京大学读书的日子里，毛泽东一直关心着这对昔日舞伴的学习、生活。当她们对北方气候、生活不习惯，给毛泽东写信流露出想退学或转到杭大就读的想法时，毛泽东给她们写了一封信，语重心长地说：“长时间没给你们写信了，深感对不起朋友。”毛泽东还在信中嘱咐她们，要严格要求自己，刻苦学习，争取成绩。他最后勉励说：

“坚持三年，必有好处。”

毛泽东的话，坚定了她们的信心，鼓舞着她们克服困难，坚持了三年的学习，顺利地从北大毕业了。

在毛泽东的鼓舞下，应水珠刻苦学习。她从北大毕业后，从一个普通的战士，成长为一名大学教师。

“远观高台俯汴州，繁台铁塔与云浮”

1952年10月30日下午，毛泽东视察了河南省兰考县许贡庄、东坝头和开封黄河柳园口以后，一行乘汽车抵达开封市区。进了北门，毛泽东首先参观了铁塔，对这座古代建筑十分欣赏，他围着铁塔转了一圈，当他看到塔身北面已遭破坏，并了解到是由于日寇攻城时用大炮轰的，就对河南省长吴芝圃同志说：“既然打不倒，共产党就应该把它修起来！”看完铁塔，毛泽东又在有关同志的陪同下，来到潘杨湖畔，登上了龙亭。

毛泽东看了大殿的雕梁画栋问：“这是不是赵匡胤的宫殿？”吴芝圃同志回答说：“赵匡胤的宫殿早已毁掉，这是明朝周王府的遗址。”毛泽东又问：“宋朝的城在哪里？”吴芝圃同志说：“这是宋朝城的一部分，当时城很大，有一百多万人。”毛泽东转到殿后向北眺望，城墙以内，坑塘片片，芦草丛生，城墙以外，千百年黄水的数次泛滥淤漫，留下无际黄沙，在冬春两季，气候干燥之时，狂风吹动黄沙，弥天漫地，堆起的沙丘几乎与城墙相平。开封人民代代饱受风沙之苦。新中国成立初的开封北城外，留下的是一片荒芜。毛泽东深沉地看着，听说风沙很大，就关切地问道：“种树了没有？”张玺同志说：“种了。”

毛泽东走到龙亭东侧，在一个石门前站住了。石门横额上刻有康有为的题诗，两边是他的题联。题诗是：

远观高台俯汴州，繁台铁塔与云浮。
万家无树无宫阙，但有黄河滚滚流。

题联是：

中天台观高寒，但见白日悠悠黄河滚滚，
东京梦华销尽，徒叹城廓犹是人民已非。

该诗联是康有为1923年春游龙亭时所作，并亲笔书写的，诗联情景交融，字体雄浑遒劲。毛泽东饶有兴趣地观看后，叮嘱秘书把康有为所题的诗联抄录下来。据当时负责讲解的井鸿钧同志回忆，毛泽东还赞扬康有为的字写得好，让拓下来好好学习。女记者侯波同志按动快门，特意为毛泽东照了相。毛泽东风趣地说："与康有为作伴。"

1922年，第一次直奉战争中直系军阀曹锟、吴佩孚打败了奉系军阀张作霖。康有为看到直系军阀实力雄厚，操纵着国家大权，就想投靠曹、吴，借以重展个人的政治才干。1923年4月吴佩孚在洛阳举办50寿辰大庆时，康氏亲赴洛阳，并献上谀颂的泥金对联致贺。吴生日过后，康氏提出想到开封（当时河南省会）讲学，借以观光古迹。吴不仅满口答应，并派其高级顾问郑焯作陪。当年农历三月康氏莅临开封，在郑焯的公馆下榻。康氏在观览了古吹台、大相国寺、繁塔、铁塔诸名胜后，于农历三月三十日偕梁用弧、郑焯、朱应奎、徐良等人登龙亭游览，并题写了一诗一联。

龙亭大殿东侧有一石阙，由两石柱中间夹一石横额构成，位于大殿东侧正中台阶出口处，双石柱均高2.8米，宽0.28米，厚0.32米，横额长2.66米，高0.25米。

题联刻在方柱内侧相对处，诗在横额面西处。

这首诗写得大气磅礴，气势不凡。"远观高寒俯汴州"，首句是说从远处看龙亭高耸中天，俯视着整个开封城。突出龙亭地势之高。汴州，开封的古称。"繁（pó婆）台铁塔与云浮"，次句写俯视听见：城南的繁台和城东北隅的铁塔高入云端。繁台春色和铁塔行云皆为汴京八景之一。"与云浮"，状二塔的雄伟高耸，形象生动。"万家无树无宫阙"，写俯视市区所见。以"万家"形容市区人口稠密；旧时开封市内绿化不好，故说"无树"；"无宫阙"，开封作为七朝古都，距今千年，应有大量宫阙留存，但因明末黄河决口，把市内建筑夷为平地，宫殿建筑荡然无存，这是写实，又是感喟“古今”。“唯有黄河滚滚流”，是诗人把视线移往城北 18 里外的黄河。开封附近的黄河为悬河，河底比开封城墙还高，所以晴好天气登上龙亭可以望见黄河。从古至今，不管人间如何变迁，黄河仍旧滚滚东流而去。

总之，这首诗先写龙亭的巍峨壮观，再写登临所见景观，眼观东京繁华销尽，慨叹沧桑之变，抒发了作者内心的丰富感情，不失为一篇佳作。毛泽东对它感兴趣就不难理解了。

“邹容吾小友，被发下瀛洲”

1958 年 3 月 8 日至 26 日，中共中央召开成都会议。会议结束之后，3 月 27 日，毛泽东乘专列离开成都，晚上到达重庆。29 日乘江峡轮从重庆出发，晚泊白帝城。30 日早饭后，江峡轮起航入三峡。快到巫峡时，毛泽东穿着睡衣来到驾驶室，欣赏奇峻的两岸峡谷风光，特别留意从几个侧面观看了神女峰，直到快过完西陵峡，才回到船内客厅，同田家英和吴冷西一起闲谈。

毛泽东又谈到在会议上印发的“《苏报》案”。毛泽东说，邹容也是四川人，他的日文很好，而且是在四川学的。接着，毛泽东详细讲了清朝末年有名的“《苏报》案”。他讲道，“《苏报》案”是由邹容写的《革命军》引起的。邹容写这本小册子时只有 18 岁，署名“革命军马前卒邹容”。《革命军》一出，上海的《苏报》为之介绍宣传，章太炎为之作序，影响极大。于是，清政府大为恐慌，下令抓人并查封《苏报》。《苏报》是当时资产阶级革命派在上海的主要舆论机构，蔡元培、章太炎、邹容、章士钊、柳亚子等都在该报发表文章，抨击封建君主专制，鼓吹资产阶级民主共和国，并同康有为、梁启超等保皇派进行论战。

毛泽东强调说，资产阶级革命派办报纸，都是不怕坐牢，不怕杀头的。章太炎当警察拿着黑名单来抓人时挺身而出，说：“别人都不在，要抓章太炎，我就是。”从容入狱。邹容本未被抓，待知章太炎已被捕后，不忍老师（邹称章为老师，章比邹大 15 岁）单独承担责任，毅然自行投案，最终病死狱中，年仅 20 岁。《苏报》当时的主编章士钊倒没有被捕。

毛泽东很称赞这些资产阶级革命家。他谈到，邹容是青年革命家。邹容的文章秉笔直书，热情洋溢，而且用的是浅近通俗的文言文，《革命军》

就很好读，可惜英年早逝。章太炎活了 60 多岁，前半生革命正气凛然，尤以主笔《民报》时期所写的文章锋芒锐利，所向披靡，令人神往，不愧为革命政论家；后来一度涉足北洋官场，但心在治经、治史，以国学家著称。鲁迅先生纵观其一生，评价甚高，但对他文笔古奥，索解为难，颇有微词。他出版一本论文集，偏偏取名《訄（qiú 求）书》，使人难懂又难解。[①]

毛泽东在他的菊香书屋中收藏的邹容《革命军》一书扉页邹容肖像的旁边，抄录了章太炎的《狱中赠邹容》：

邹容吾小友，被发下瀛洲。
快剪刀除辫，干牛肉作糇。
英雄一入狱，天地亦悲秋。
临命当掺手，乾坤只两头。

毛泽东当是凭记忆抄写，故将原作中“小弟”误为“小友”“须掺手”误为“当掺手”。

章太炎（1869—1936），名炳麟，字枚叔，后改名绛，号太炎，浙江余杭（今浙江杭州）人，近代民主革命家、诗人、学者。少从著名学者俞樾学经史，1892 年任《时务报》撰述。戊戌变法后被通缉，流亡日本。1899 年在日本结识孙中山。是年回国。1900 年剪掉发辫，立志革命。1903 年发表《驳康有为论革命书》，批判保皇派的改良主义谬论，鼓吹革命，因“《苏报》案”入狱。1904 年冬在狱中参与策划组织光复会。1906 年出狱后到日本，加入同盟会，主编《民报》，与改良派展开论战。因与孙中山的分歧日益发展，1910 年与陶成章在东京重建光复会总部，任会长。1911 年武昌起义后不久，他就散布“革命军起，革命党消”的论调，拥戴黎元洪，主编《大共和日报》。1913 年宋教仁被刺后参加讨袁，被袁世凯禁锢，袁死后被释放。1917 年参加护法军政府，任秘书长。五四运动时，他反对新文化运动，主张尊孔读经。1924 年反对国共合作，脱离孙中山改

① 吴冷西：《忆毛主席》，新华出版社 1995 年版，第 159—161 页。

组的国民党，在苏州设立章氏国学讲习会，以讲学为业。“九一八”事变发生，有赞助抗日救亡运动的表现。1936 年病故于苏州。他是近代著名学者，对文学、史学、语言学都有贡献，著述收入《章氏丛书》。

《狱中赠邹容》作于清光绪二十九年（1903）诗人与邹容因“《苏报》案”被关在上海租界西牢监狱中。

邹容（1885—1905），四川巴县人，曾留学日本，后加入爱国学社，完成《革命军》一书，鼓吹推翻清王朝统治，建立“自由独立”的“中华共和国”。

这是一首五言律诗。“邹容吾小弟，被发下瀛洲”，首联叙诗人与邹容的革命友谊及邹容赴日留学的革命行动。被，同披，被发，因邹容赴日留学时年仅 18 岁，尚未束发戴冠（古人 20 岁始束发加冠），形容邹容非常年轻。瀛洲，本是古代神话中的东海仙山，借指日本。

“快剪刀除辫，干牛肉作䬴”，颔联写邹容为革命奔忙。汉族男子原是满留发，清初统治者曾下薙（通剃）发令，要汉族男子留满族男子发式，即把头发下边剃一圈，只留上部头发，扎成独辫，拖于脑后。当时强制推行，所谓“留头不留发，留发不留头”，汉族男子如不剃发，就认为是反清，就有杀头之祸。辛亥革命前夕，剪掉辫子即不留清人发式，被认为是革命的表现。糇，干粮。两句是说，邹容剪掉发辫，为革命东奔西忙，连饭也顾不上吃，常以干粮充饥。

“英雄一入狱，天地亦悲秋”，颈联写邹容被捕入狱，天地也为之悲伤不已。这是对邹容昂扬的革命精神的礼赞。悲秋，对萧瑟秋景而悲伤。语出战国楚宋玉《楚辞·九辩》：“悲哉！秋之为气也。萧瑟兮，草木摇落而变衰。”

“临命须掺手，乾坤只两头”，尾联抒写准备和邹容一起慷慨就义的豪情壮志。临命，指牺牲。掺手，手挽着手。两句是说，万一被判死刑，我将和你手挽手走上刑场，从容就义，因为天地之间只有我们两个好头颅呀！这是豪言壮语，表现了诗人与邹容视死如归、大义凛然的英雄气概。

毛泽东很喜欢这首诗，所以把它抄在他所藏邹容《革命军》一书扉页邹容肖像旁，既是对烈士的悼念，也是对这首诗的肯定。

“横眉冷对千夫指，俯首甘为孺子牛”

毛泽东不仅喜爱鲁迅的小说、杂文，也喜爱鲁迅的诗歌。鲁迅诗作数量不多，但都堪称精品。1938 年版的《鲁迅全集》中收进鲁迅诗作，毛泽东在延安时读过。1959 年 3 月，文物出版社刻印了一册线装本的《鲁迅诗集》，共收诗 47 题 54 首。毛泽东从头至尾读过多遍，不少的诗他能背下来。

毛泽东特别欣赏鲁迅的“横眉冷对千夫指，俯首甘为孺子牛”两句诗。他在 1942 年作的《在延安文艺座谈会上的讲话中》曾经作了精辟的点评：

> 鲁迅的两句诗，“横眉冷对千夫指，俯首甘为孺子牛”，应该成为我们的座右铭。“千夫”在这里就是说敌人，对于无论什么凶恶的敌人我们决不屈服。“孺子”在这里就是说无产阶级和人民大众。一切共产党员，一切革命家，一切革命的工作者，都应该学鲁迅的榜样，做无产阶和人民大众的“牛”，鞠躬尽瘁，死而后已。①

山东省文协 1944 年 1 月 24 日致中央总学委的电报中说：“毛主席在延安文艺座谈会上的讲话，引了鲁迅两句诗，第一句‘横眉冷对千夫指’，解‘千夫’为敌人。惟细读原诗所用‘千夫指’典故，似即‘千夫所指，无疾而死’，若然，则千夫是大众，而千夫所指的家伙则是敌人。这样的解释，虽不违背毛主席话的精神，但千夫的解释恰恰相反，请问明毛主席电示为盼。”

2 月 8 日，毛泽东为总学委起草复山东省文协要求解释鲁迅诗中“千

---

① 《毛泽东选集》第三卷，人民出版社 1991 年版，第 877 页。

夫指”含义的电报，指出：“鲁迅虽然借用‘千夫指’古典的字面，但含义完全变了，你们的解释是不适当的。”①

毛泽东引用鲁迅的两句诗出自《自嘲》一诗。原文如下：

运交华盖欲何求，未敢翻身已碰头。
破帽遮颜过闹市，漏船载酒泛中流。
横眉冷对千夫指，俯首甘为孺子牛。
躲进小楼成一统，管它冬夏与春秋。

本诗作于1932年10月12日。据该日《鲁迅日记》云：“午后为柳亚子书一条幅；“运交华盖欲何求……（略）达夫赏饭，闲人打油，偷得半联，凑成一律，以请亚子先生教正。”可知诗是题赠柳亚子先生的，并于诗后有跋语，说明作诗原委。

诗跋语所称“达夫赏饭”一事，《鲁迅日记》10月5日有记载：“晚达夫映霞招饮聚丰园，同席为柳亚子夫妇、达夫之兄嫂、林微音。”这便是作本诗的人事线索。达夫，即郁达夫，小说家。映霞，即王映霞，郁达夫妻子。柳亚子，诗人。林微音，小说家。郁达夫兄名郁华。

跋语里的“偷得半联，凑成一律”，有两说：一说偷得的半联，“乃是诗中第三句，即颔联的上句——“旧帽遮颜过闹市”。这原是清末民初南社诗人姚鹓雏（锡钧）的诗句，鲁迅在这里加以借用，而戏称之曰‘偷得’的。姚氏的全诗已记不清，只记得《南社诗集》里似曾收录了的。”（见胡冰著《鲁迅研究札记》）

另一说偷得的半联是“甘为孺子牛”。周启明说最近承友人见示，说查《北江诗话》卷一：同里钱秀才季重，工小词，然饮酒使气，有不可一世之概。有三子，溺爱过甚，不令就塾，饭后即引与嬉戏，惟不当其意。尝记其柱帖云，酒后或化庄生蝶，饭后甘为孺子牛，真狂士也。”（见1959年12月5日《羊城晚报》）则“偷得半联”的应该是“甘为孺子牛”

① 《毛泽东年谱》中卷，中央文献出版社1993年版，第494页。

这五个字。

这是一首七言律诗。“运交华盖欲何求，未敢翻身已碰头”，首联叙事，写自己在国民党白色恐怖下的危险处境。

“运交华盖”是用典。晋崔豹《古今注·舆服》：“华盖，黄帝所作也，与蚩尤战于涿鹿之野，常有五色云气，金枝玉叶，止于帝上，有花葩之象，故因而作华盖。”所以华盖本指帝王或贵官车上的伞盖。作者《华盖集·题记》：“我生平没有学过算命，不过听老年人说，人是要交‘华盖运’的。这‘华盖’在他们口头上，大概已经讹作‘锅盖’了，现在加以订正。所以，这运，在和尚是好运；顶有华盖，自然是成佛作祖之兆。但俗人可不行，华盖在上，就要给罩住了，只好碰钉子。”本诗起首二句，就是这个意思。尤其是两年前（即1930年）3月，因为参加了左翼作家联盟，浙江国民党省党部呈请国民党政府通缉“堕落文人鲁迅”以来，鲁迅先生连个人的行动自由也没有了，这真成了头上顶了“华盖运”，动一动就碰头了。

“破帽遮颜过闹市，漏船载酒泛中流”，颔联描写，进一步形象地描写了自己处境的危险。鲁迅领导左翼文艺运动，又参加“自由大同盟”，早已被国民政府通缉，他不得不提高警惕，与敌周旋，或摆脱盯梢，或避难他处。这里有自嘲意，故曰“破帽遮颜”。

“漏船”，《吴子·治兵》：“如坐漏船之中。”“中流”，江河中心水流湍急之处。唐杜甫《敬寄族弟唐十八使君》：“我能泛中流。”这二句是说形势险恶，斗争激烈，但我却沉着镇定，安之若素，敢向风险挑战，而不畏没顶之灾。

“横眉冷对千夫指，俯首甘为孺子牛”，颈联议论，表明自己爱憎分明的人生态度。“横眉冷对”，怒目而视。“千夫”，指众多的敌对者。“千夫指”，指众多敌对者的指责。鲁迅《书信集·致李秉中》：“飞短流长之徒，因盛传我已被捕。通讯社员发电全国，小报记者盛造谰言……千夫所指，无疾而死。生于今世，正不知来日如何也。“千夫所指，无病而死”，出自《汉书、王嘉传》。“千夫所指”，亦省称为“千夫指”。

“孺子牛”，典出《左传·哀公六年》，鲍子曰：“女忘君之为孺子牛而折其齿乎？”杜预注：“孺子，荼也。景公尝衔绳为牛，使荼牵之，荼顿地，故折其齿。”荼，齐景公子。《鲁迅书信·致李秉中》（1931 年 2 月 4 日），谈及孩子，“大者乃在将来之教育，……长吉诗云：已生须已养，荷担出门去。只知加倍服劳，为孺子牛耳，尚何言哉。”此亦自嘲。孺子牛，这里引申为人民大众的牛。孺子，幼儿，儿童，鲁迅曾说：“我好像一头牛。吃的是草，挤出的是牛奶、血。”（许广平《欣慰的纪念》）

“躲进小楼成一统，管它冬夏与春秋”，尾联亦是议论，讽刺独夫民贼蒋介石。末二句字面的意思是说，我躲进小小的阁楼里，也可以称王称霸，有个一统的小天下，管它政治气候如何变化呢！言外之意是说，当时蒋介石的卖国投降政策，1931 年“九一八”事变后丢掉了东三省并其他大片领土后，而蒋介石自己却逃之夭夭，空喊“统一”，以欺骗广大人民群众。鲁迅深刻地揭露了他的反动本质。

毛泽东曾高度评价鲁迅说：“鲁迅的骨头是最硬的，他没有丝毫的奴颜和媚骨，这是殖民地半殖民地人民最可宝贵的性格。鲁迅是在文化战线上，代表全民族的大多数，向着敌人冲锋陷阵的最正确、最勇敢、最坚决、最忠实、最热忱的空前的民族英雄。”① 这首诗表现了伟大的民族英雄鲁迅的高贵品质。尤其是“横眉冷对千夫指，俯首甘为孺子牛”两句诗，更成了革命人民的座右铭。

毛泽东曾把鲁迅的这两句诗赠给粤剧表演艺术家红线女。1958 年，在武昌召开的中国共产党八届六中全会期间，红线女（邝健廉）随广东粤剧院应邀为全会演出。演出结束后，在毛泽东等领导同志登台接见的时候，红线女请求毛泽东给她写几个字，毛泽东高兴地答应了。当晚，他书写了“横眉冷对千夫指，俯首甘为孺子牛”。第二天，叫工作人员将此题词交给了红线女。毛泽东在书写的鲁迅诗句前面还写了一小段文字：“1958 年，在武昌，红线女同志对我说，写几个字给我，我希望。我说好吧。因写如右。”最后落款：“毛泽东 1958 年 12 月 1 日”。

这是对红线女，也是对广大文艺工作者的勉励与鞭策。

---

① 《新民主主义论》，《毛泽东选集》第二卷，人民出版社 1991 年版，第 698 页。

“心事浩茫连广宇，于无声处听惊雷”

1961 年 10 月 7 日，毛泽东在中南海会见日本以黑田寿男为团长的日中友协祝贺国庆节代表团和其他日本朋友。

会见时，毛主席同日中友协代表团等日本朋友进行了亲切的谈话。

最后，毛泽东把亲笔写的一首鲁迅的诗赠送给日本朋友。毛泽东说：“这一首诗，是鲁迅在中国黎明前最黑暗的年代里写的。”诗的原文是：

万家墨面没蒿莱，敢有歌吟动地哀。
心事浩茫连广宇，于无声处听惊雷。①

《鲁迅日记》一九 34 年 5 月 30 日，记云：“午后为新居格君书一幅云：万家墨面没蒿莱……（略）”说明了这首诗的写作时间。后收入《集外集》。

在鲁迅写这首诗前后，蒋介石从 1933 年 10 月起，集结了 100 多万国民党军队向革命根据地大举进攻，到 1934 年 5 月，即鲁迅写作此诗时，向中央革命根据地发动的第五次“围剿”已经进行了 7 个月。在军事围剿的同时，国民党反动派还向进步文化界进行文化“围剿”，成立“图书杂志审查委员会”，制定“图书杂志审查办法”，查禁销毁进步书籍，关闭进步报刊、书店，逮捕、迫害进步作家。与此同时，国民党反动政府进一步向日本帝国主义者妥协投降，在 1933 年 5 月 31 日与日本签订了《塘沽协

① 1961 年 10 月 8 日《人民日报》。

定》，规定“驻守长城线”，划冀东、察北、绥东为“非武装区”。这实际上承认长城以北广大地区为日本占领，从此，华北危机日益严重。这就是鲁迅先生写作这首诗的时代背景。

这是一首七言绝句。“万家墨面没蒿莱”，首句描写，写全国人民处于苦不堪言的环境之中。“万家”，犹言万姓，以喻全国的人民。“墨面”，人有忧戚而面色晦暗。《淮南子·览冥训》：“逮至夏桀之时，……美人挐首，墨面而不容，曼声吞炭，内闭而不歌。”“没蒿莱”，死于荒野，被淹没在杂草之中。此句言反动派压迫深重，人民苦不堪言，尸横遍野，被杂草遮蔽，这是中国黎明前最黑暗的年代。

“敢有歌吟动地哀”，次句议论兼用典，是说人民哪里敢发出撼动大地的哀歌。“敢”，反语，岂敢、哪敢之意。“动地哀”，震动大地的哀歌。唐代李商隐《瑶池》诗云：“瑶池阿母绮窗开，黄竹歌声动地哀。”黄竹，指竹，亦指毛竹。《穆天子传》卷五载，周穆王往苹泽去打猎，“日中大寒，北风雨雪，有冻人，天子作诗三章以哀民”。首句为“我徂黄竹”。本为传说中的地名。后即用指周穆王所作诗名。其诗亦为后人伪托。南朝宋谢惠连《雪赋》：“岐昌发咏于来思，姬满申歌于《黄竹》。”鲁迅诗的用意，据郭沫若解释是：“当时的中国在三座大山的压迫之下，民不聊生，在苦难中正在酝酿着解放运动；希望来访的新居格君不要以为‘无声的中国’真正没有声音。”鲁迅、毛泽东诗书合璧，郭沫若为之解释，这真是不可再得的稀世之珍了。

“心事浩茫连广宇”，三句抒情，写自己心与广大人民息息相通。“浩茫”，广阔辽远之状。唐沈亚之《叙草书送山人王传义》：“夫匠心于浩茫之间，为其为者，必由意气所感，然后能启其众也。”“广宇”，广阔的空间。这句意谓，诗人的心事连接着广大的宇宙，想到整个中国人民的苦难。《且介亭杂文末编·“这也是生活”》：“外边的进行着的夜，无穷的远方，无数的人们都和我有关。”便是此句的最好注脚。

“于无声处听惊雷”，末句议论，写诗人的希望。“无声”，没有声音。《庄子·知北游》：“视之无形，听之无声。”“惊雷”，使人震惊的雷声。汉刘向《九叹·远游》：“凌惊雷以轶骇电兮，缀鬼谷于北辰。”汉张衡《思玄赋》："凌惊雷之砊磕兮，弄狂电之淫裔。"沉默无声的大地，人民因悲愤而沉默，故曰无声。《庄子·在宥》："渊默而无声。"《华盖集续编·记念刘和珍君》："沉默呵，沉默呵！不在沉默中爆发，就在沉默中灭亡。"这是说人民在愤怒已极度沉默，必将有革命的怒吼；惊雷之时，就是地覆天翻之日，诗人坚信革命必然到来。

"听于无声"本是道家所夸称的一种本领，所谓"心斋坐忘"，所谓"虚静"，达到了这种修养境界才会听于"无声"。鲁迅先生不是如此，却用了革命者所特有的耳朵，满怀激愤，热血沸腾，对祖国、对人民抱有深厚的爱，对革命事业的前途充满了无限的信心，才能如此地"听于无声"的。正如郭沫若所说即是由庄子的形而上学的观点变成了鲁迅的辩证唯物论的观点，二者是有本质上的不同的。

毛泽东把鲁迅这首诗写给日本的朋友们，意谓虽然在日本这样的帝国主义国家，革命很难发生，但处于社会底层、承受着种种重压的劳动人民，必然进行各种各样的反抗，也许某一天会发生翻天覆地的革命。这是对日本人民，也是对世界人民的亲切勉励与教导，具有伟人意义，我们会受到深刻的教育，得到巨大的鼓舞。

“花开花落两由之”

1975年春，一次，唐大夫来到毛泽东身边，毛泽东望着他反复地念着他的名字：由之，由之。毛泽东问他，你的名字是出自《论语》“民可使由之，不可使知之”吧？唐大夫笑着点了点头。毛泽东又接着说，你可不要按孔夫子的“由之”去做，而要按鲁迅的《悼杨铨》这首诗：“岂有豪情似旧时，花开花落两由之。何期泪洒江南雨，又为斯民哭健儿。”唐大夫说，毛主席啊，有些地方我听不懂。毛泽东慈祥地说，你拿纸来。毛泽东用了六张纸，用浑然刚劲的笔体，写下这首充满激情的诗，并签上自己的名字，送给了唐由之。①

据毛泽东的机要秘书张玉凤回忆说：这天，做了摘除白内障手术的毛泽东安然睡了两个小时。为毛泽东做手术的唐由之医生得知毛醒来便轻轻地走进屋里。毛泽东听到脚步声便问：“谁进来了？”

张玉凤说：“是唐大夫。”

唐由之也同时回答：“主席，是唐由之。”

毛泽东一听，脸上露出一些高兴的神情，费力地说：“这个名字好，你父亲一定是位读书人，他可能读了鲁迅先生的诗，为你起这个‘由之’的名字。”说着，不禁吟道：“岂有豪情似旧时，花开花落两由之。何期泪洒江南雨，又为斯民哭健儿。”吟完，毛泽东要来一支粗铅笔和白纸，摸索着将这首《悼杨铨》写出来，签上名字，送给了唐由之。唐由之一直将

---

①《幸福的回忆，深切的怀念——首都医务界人员缅怀伟大领袖毛主席》，1977年9月25日《北京日报》。

这珍贵的墨宝珍藏着。[1] 毛泽东说的《论语》中的“民可使由之，不可使知之”，出自《论语·泰伯》。意思是说，老百姓可以使他们照着我们的道路走，不可以让他们知道那是为什么。这话虽然有对一般百姓要求不要过高的一面，也包含着某种程度的愚民意味，而且往往成为历代统治者推行愚民政策的理论根据。所以，毛泽东要唐由之不要按照孔夫子所说的“由之”去做，而是要按照鲁迅在《悼杨铨》诗中所说“花开花落两由之”的“由之”去做。

杨铨（1883—1933），字杏佛，江西清江（今江西樟树市）人。国民党员，曾任国民党政府中央研究院总干事，但激烈反对蒋介石的法西斯统治。1930 年，与蔡元培、宋庆龄、鲁迅等发起组织自由大同盟。1933 年，又参与成立民权保障同盟。作家丁玲被捕，他向国民党当局提出了强烈抗议，反动派对他怀恨在心，并妄图杀一儆百，6 月 18 日，派特务将其杀害。

《鲁迅日记》1933 年 6 月 20 日：“雨，……午季市来，午后同往万国殡仪馆送杨杏佛殓。”21 日下午为坪井先生之友樋口良平君书一绝云：“岂有豪情似旧时……”

杨铨被暗杀是发生在 6 月 18 日晨 8 时 15 分。杨杏佛立刻用身体去覆盖同车的两个孩子，结果孩子无恙，他自己牺牲了。鲁迅不止一次称道：“这件事，并且认为杨杏佛当时是清醒和坚强的。（唐弢《向鲁迅学习》）

鲁迅先生当时处境也很危险，在致台静农的信里有这样的记述：“上海气候殊不佳，蒙念甚感。时症亦大流行，但仆生长危邦，年逾大衍，天灾人祸，所见多矣……”（鲁迅书简》第 120 页）信中所说的“气候殊不佳”，“时症亦大流行”，就是指当时暗杀恐怖的情形，为了躲避国民党特务的书信检查，故作此隐语。当时有名的作家如茅盾、田汉等被列入黑名单。就在这种白色恐怖下，鲁迅先生仍冒了极大危险，亲自参加了 6 月 20 日万国殡仪馆所举行的杨铨的入殓仪式。归来之后，就写下了这首既愤慨又悲凉的感人诗章。

① 张玉凤：《回忆毛泽东晚年二三事》，《毛泽东轶事》，湖南文艺出版社 1989 年版。

许寿裳记鲁迅先生作本诗的经过，说：“1933 年，人权保障同盟会成立，举蔡先生（元培）、孙夫人为正副会长，鲁迅和杨杏佛、林语堂等为执行委员。六月，杏佛被刺，时盛传鲁迅亦将不免之说。他对我说，实在应该去送殓的。我想了一想，答道：“那么我们同去，是日大雨，鲁迅送殓回去，成诗一首：岂有豪情似旧时……（略）”。这首诗才气纵横，富于新意，无异龚自珍壬午年作《歌哭》诗：“阅历名场万态更，原非感慨为苍生；西邻吊罢东邻贺，歌哭前贤较有情。”鲁迅先生之作，格调与此近似。

《悼杨铨》是一首七言绝句。“岂有豪情似旧时，花开花落两由之。”豪情，豪迈的感情。南朝梁沈约《郊居赋》：“并豪情之所侈，非俭志之所愉。”“花开花落”，本指节令变化。宋陆游《书况》“花开花落又经春”。这两句字面上的意思是说：在恶势力的压迫下，我哪里还有往日那一般豪迈的情怀呢？花开花落，人事荣枯，我早已无动于衷了。其真正的含义是说：国民党反动派的血腥屠杀，哪里能摧毁我当年的战斗豪情呢？任凭它花开花落，岁月蹉跎，我的革命意志是坚定不移呀！

“何期泪洒江南雨，又为斯民哭健儿。”“斯民”，此民，指老百姓。《孟子·万章上》：“予将以斯道觉斯民也。”“健儿”，勇士，壮士。《乐府诗集·横吹曲辞五·折杨柳歌辞》：“健儿须快马，快马须健儿。”后两句意思是说，没有料想到在这大雨滂沱的日子里，我却热泪纵横，为灾难深重的祖国痛哭丧失了一位壮烈捐躯的勇士。一方面愤怒地揭露、控诉国民党特务残杀革命人民的滔天罪行，另一方面又热烈地歌颂表现我们民族的英雄气概的英勇坚强的革命战士，显示了鲁迅无比坚定的政治立场，极其鲜明的爱憎感情。

这首诗沉痛，悲壮，体现了鲁迅死都不怕的大无畏革命精神。毛泽东在做白内障手术前笑谈中引出这首诗，并接着背诵、书写，一方面说明他对鲁迅的诗熟悉到张口就来的程度，另一方面也可以理解毛泽东是用鲁迅的大无畏革命精神鼓励自己勇敢面对即将进行的手术。

接着，毛泽在上海京剧院著名戏剧家岳美缇演唱的岳飞《满江红》的唱片声中很快做完了手术，态度十分从容。

“何若‘大王问我，几时收复山河？’”

据刘永平编《于右任年谱》载：在国共两党重庆谈判期间，于右任先生曾在监察院设宴为毛泽东洗尘，又在自己的官邸宴请毛泽东。酒宴间漫谈诗文时，先生盛赞毛泽东《沁园春·雪》结句：“数风流人物，还看今朝”，认为这是激励后进的佳句。毛泽东笑着答道：“何若‘大王问我：几时收复山河’启发人之深也。”原来于右任先生1941年在兰州游览兴隆山，谒成吉思汗陵及其西征戈矛等遗物时曾赋小令《越调·天净沙·谒成陵》曲云：

> 兴隆山畔高歌，曾赡无敌金戈，遗诏焚香读过。大王问我：“几时收复山河？”

毛泽东赞赏的就是这首曲中的句子。

查中共中央文献研究室编《毛泽东年谱》，在重庆谈判期间，毛泽东与于右任共有三次交往：

8月30日晚上，毛泽东出席张治中（时任国民党政府军事委员会政治部部长）的宴会，于右任（当时任政府立法院院长）、邹鲁、叶楚伧（当时任国民党中央执行委员会常务委员）作陪。饭后，于右任辞去，吴铁城（当时任国民党中央秘书长）来，毛泽东与他们交谈。

9月3日下午，毛泽东往访于右任、戴季陶（当时任国民党政府考试院院长）、白崇禧（当时任国民党政府军训部部长）、吴稚晖（当时任国民党中央监察委员）。

9月6日，毛泽东同周恩来、王若飞赴于右任的午宴，在座的还有陈立夫（当时任国民党社会部长）、叶楚伧等。按：毛泽东赴于右任宴会，只记这一次。

于右任（1898—1964），陕西三原人，国民党元老。当时任国民党政府监察院院长。1941年赴甘肃省兰州市视察时曾游览附近榆中县的兴隆山，并拜谒因抗日战争爆发而由内蒙伊金霍洛迁来的成吉思汗陵（后又移至青海塔尔寺），参观成吉思汗西征戈矛等遗物，写下了《越调·天净沙·谒成陵》小令。

越调，古代戏曲音乐名词。宫调之一。元周德清《中原音韵》："大凡声音各应于律吕……越调陶写冷笑。"《中原音韵》载越调所属曲牌35支。《九宫大成南北词宫谱》载，属越调的曲牌，北曲有45支，南曲（包括集曲）有111支。

小令，散曲体式之一。体制短小，元人也叫"叶儿"。普通以一支曲子为独立单位。

天净沙，越调中常用曲。句式是：六六六，四六，共五句五韵。首二句宜对，也有头三句作鼎足对的。体段短小，近于六言绝句，适于即景抒情。

"兴隆山畔高歌，曾赡无敌金戈，遗诏焚香读过。"头三句叙事，叙诗人谒成吉思汗陵时，看到了当年成吉思汗所向敌的西征戈矛，拜读了他的遗留下来的诏书，对他成就的霸业不禁高声赞颂。

成吉思汗（1162—1227），元太祖铁木真在1206年统一蒙古后的尊称，意思是"强者之汗"（汗是可汗的省称，即王）。后来蒙古在1271年改国号为元，成吉思汗被推为建立元朝的始祖。成吉思汗除占领中国黄河以北地区外，还曾向西远征，占领中亚和南俄，建立了庞大的帝国。毛泽东在他1936年2月写的《沁园春·雪》一词中写道"一代天骄，成吉思汗，只识弯弓射大雕"，对他的盖世武功赞赏备至。但就是这样一个以武功见长的国家，当时竟然让日本帝国主义侵占了大半个中国，这就难免要引起成吉思汗责问了。

"大王问我：'何时收复山河'？""大王"，古代对君主的敬称。此指成吉思汗。收复山河，夺回失地之意。意谓什么时候才能从日本侵略者手中夺回失地。作者假托成吉思汗的口吻，责问何时才能收复失地。是对国民党消极抗日的谴责，表现了作者的爱国主义精神，因而受到毛泽东同志的赞扬。

“几时收复山河”，使我们想起宋代民族英雄岳飞浩气长存的“还我河山”的呼声。

新中国成立后，人民政府将成吉思汗灵柩迁回内蒙古原地，并为之新建了陵园。“成吉思汗陵”五个大字是毛泽东同志题写。

为周恩来题诗而神往

1941 年 1 月 17 日，周恩来为“皖南事变”奋笔写了一首四言诗，以表达对国民党顽固派的愤怒与谴责：

千古奇冤，江南一叶；
同室操戈，相煎何急？！

他还写了“为江南死国难者志哀”的题词。

18 日，诗和题词在《新华日报》与广大读者见面。

2 月 2 日，毛泽东从延安致电周恩来：“收到来示，欣慰之至，报纸题字亦看到，为之神往。”[①]

毛泽东电报中所说的“报纸题字”，指的正是上面引述的周恩来的这首诗作和题词。

1940 年 10 月，国民党军事当局，强令长江南北和黄河以南坚持抗日的新四军、八路军，全部开赴黄河以北。中国共产党，一方面驳斥这一无理要求，另一方面从维护抗日大局出发，答应将安徽南部的新四军部队调到江北。1941 年 1 月 4 日，皖南的新四军九千余人，取得国民党当局的同意，向江北转移。1 月 5 日下午，各部队先后行至安徽泾县西南茂林地区，遭到国民党顽军七个师八万余兵力的突然袭击。经七昼夜浴血奋战，弹尽粮绝，除少部突围外，大部分壮烈牺牲，一部被俘。军长叶挺被扣，副军长项英、副参谋长周子昆遇害，政治部主任袁国平牺牲。这就是震惊

① 曹应旺：《周恩来与毛泽东诗词》，《大地》1993 年第 11 期。

中外的“皖南事变”。也是周恩来诗中“千古奇冤，江南一叶”的具体含意。作者认为皖南事变是千百年来少有的冤案，对国民党顽固派血腥罪行的谴责，义正词严；但又十分有策略，只特别提出“江南一叶”。因叶挺是新四军军长，当时被扣，犹有营救可能。

叶挺（1896—1946），字希夷，广东惠州市人。曾任孙中山的卫队团营长，1924 年加入中国共产党。1915 年任国民革命第四军独立团团长。北伐战争中，他率部在湖北汀泗桥和贺胜桥两次战斗中获胜，获得“北伐名将”的声誉，为第四军赢得了“铁军”的称号。1926 年任武汉国民政府第 11 军第 24 师师长，兼武汉卫戍司令。1927 年大革命失败后，参加领导南昌起义，任前敌代总指挥兼 11 军军长，同年 12 月，又参加领导广州起义，任起义军总指挥。起义失败后，与党失去联系。抗日战争时任新四军军长。1941 年在“皖南事变”中被俘，在狱中坚贞不屈。1946 年 3 月 3 日出狱。7 日，由中共中央批准，重新加入共产党。4 月 8 日，由重庆返回延安途中，因飞机失事，与王若飞等同时遇难。1956 年叶剑英被授予元帅衔时，他还遗憾地说：如果不是飞机失事，中国就有两个“叶帅”了！由此可见，叶挺的军事才能是多么优秀，他的遇难，是多么惨重的损失！

“同室操戈，相煎何急？！”，后两句是用典。南朝宋刘义庆《世说新语·文学》：“文帝（曹丕）令东阿王（曹植）七步中作诗，不成者行大法。应口便为诗曰：‘煮豆持作羹，漉菽以为汁。萁在釜中燃，豆在釜中泣。本是同根生，相煎何太急！’”后因以“相煎何急”喻自相残杀。这里的意思是说，新四军和国民党军都是中国的抗日队伍，为什么要自相残杀？

总之，这首诗艺术地概括了皖南事变的性质，揭露了蒋介石反革命活动的真相，抒写了全国人民的满腔悲愤，犹如锋利的匕首，直刺国民党反动派的心脏；犹如黑暗中的火炬，燃烧起蒋管区革命人民的怒火。它显示了周恩来同志极高的斗争艺术，以曹植的七步诗为喻，表明我党仍以民族大义为重，坚持团结抗日的立场，进行的是有理有利有节的斗争，当时曾发挥了巨大的战斗作用，因而受到毛泽东同志的好评。

“像这样有骨气的旧文人，可惜太少”

1937年6月25日，毛泽东在《致何香凝》的信中谈到柳亚子先生的一首题画诗。他说：“看了柳亚子先生题画，如见其人，便时乞为致意。像这样有骨气的旧文人，可惜太少，得一二个拿句老话说叫做人中麟凤，只不知他现时的政治意见如何……”①

柳亚子（1887—1958），江苏吴江人，坚定的民主主义者，著名诗人。

1931年，日本帝国主义驻中国东北的关东军，制造了一系列挑衅事件后，又于9月18日，突然袭击沈阳北大营中国驻军，次日占领沈阳。由于蒋介石正集中力量“围剿”红军，对日本帝国主义的侵略采取卖国政策，命令驻东北的张学良部“绝对不能抵抗”，撤退到山海关以南。日本侵略军在短短的三个月中，就占领了东北三省（辽宁、吉林、黑龙江）。从此，东北被日本帝国主义蹂躏、奴役达14年之久。日本帝国主义武装侵略中国东北的这个事件，史称“九一八”事变。

“九一八”事变后，柳亚子反对蒋介石的不抵抗政策，经常为何香凝组织的“寒之友社”成员题画，共同表达胸中愤慨。《题画》诗便是其中有代表性的一首。原文是：

为谁来补破河山，腕底烟云未等闲。
收拾雄心归淡泊，时时曳杖款荆关。

① 中共中央文献研究室编：《毛泽东书信选集》，人民出版社1983年版，第106页。

所谓“题画”，就是在画面上题写诗文。柳亚子在画面题写的是一首七言绝句。

古语云：诗中有画、画中有诗。“画中有诗”，是说画里富有诗意。“诗中有画”，是说诗中工于描绘景物，读之如置身画图之中。语出宋代大文学家、书画家苏轼《书摩诘〈蓝关烟雨图〉》：“味摩诘（王维）之诗，诗中有画；观摩诘之画，画中有诗。”柳亚子的《题画》就是根据画里的诗意题写的。现在我们要欣赏这首诗，就需要把它还原为画，也就是说，看看诗里描写了一幅怎样的图画。

“为谁来补破河山，腕底烟云未等闲。”画家为我们描绘了一幅被烟云笼罩的高岭和河流，这是画家从大处落笔，描绘的是远景。常言说祖国的大好河山，这里“山河”前面着一“破”字修饰，意谓山河是残缺不全的。残破不全的河山，是画家不愿描写的，在现实生活中是人们不愿看到的，所以画家故意用“烟云”把残缺部分掩盖起来。人们不禁要问：画家这样画，是为“谁”来修补这残破的河山呢？换句话来说，祖国山河破碎的局面是谁造成的呢？大家都明白，造成东三省沦陷——祖国山河破碎的罪魁祸首，是独夫民贼蒋介石。是蒋介石的不抵抗主义断送了东三省大片领土。诗人表面赞画，但绵里藏针，矛头所向是蒋介石，批判也是锋利的。

“收拾雄心归淡泊，时时曳杖款荆关。”后二句从小处着笔，是近景：在山脚下，有一所院落，茅屋数间，一位老翁拖着拐杖不时走到柴门外瞭望。曳（yè 夜），拖。“荆关”，柴门。南朝宋谢庄《山夜忧》：“迥岭袥绳户，收棹掩荆关。”这位山村老者，原先也抱有远大的理想与抱负（雄心），现在没有了，而归于恬淡寡欲（淡泊）。这位倚杖柴门自叹息的老者，原先是一位立志收复河山的壮士，是什么原因使他变成一位无欲无求的隐者呢？这里面大有潜台词：是当国者蒋介石不容许人民抗日收复失地造成的呀！不言而喻，人们自可思而得之。

这首诗借题画批判了蒋介石投降卖国，不抵抗日本帝国主义侵略的罪行。笔有藏锋，语言犀利，矛头所向，极为清楚，字里行间洋溢着诗人的爱国主义精神。

这一时期，柳亚子这类题画诗不少。例如《香凝夫人与承志公子合作画，仙霏索题》二首之一云：

青萍三尺自提携，起舞还嫌力未齐。
想见一声天下白，漫漫长夜喜闻鸡。

这是柳亚子为《闻鸡待旦图》题写的一首七言绝句。闻鸡待旦，又作闻鸡起舞，是晋朝祖逖的故事。《晋书·祖逖传》："（祖逖）与司空刘琨俱为司州主薄，情好绸缪，共被同寝。中夜闻荒鸡鸣，蹴琨觉曰：'此非恶声也。'因起舞。"后以闻鸡起舞为志士仁人及时奋发之典。"青萍"，亦作"青蓱"。古宝剑名。《文选·陈琳〈答东阿王笺〉》："君侯体高世之才，秉青蓱、干将之器。"吕延济注："青蓱、干将，皆剑名也。"这首诗通过对志士手提三尺宝剑、闻鸡起舞、盼望天明的描写，歌颂了有志之士及时奋发自强不息精神，在抗日战争时很有教育和鼓舞作用。

古语云："文如其人。"是说诗文的风格就像作者本人。所以，毛泽东从柳亚子的《题画》诗，判定柳氏是一位"有骨气的旧文人"。"骨气"，犹气概，志气。在日本帝国主义不断扩大侵华战争，中华民族面临亡国灭种的危急关头，这种骨气就是要有民族气节，不仅不与侵略者合作，充当卖国贼，而且还应该义无反顾地投入反侵略斗争。这是有骨气的中国人应采取的正确态度。柳亚子先生正是这样。他以笔作武器，作了力所能及的抗争，所以值得称赞。毛泽东称赞柳亚子是"人中麟凤"，是说像麒麟的角和凤凰的毛一样，是稀有而又极其难得的人才，这是很高的评价。

“初到陕北看见大雪时，填过一首词”

1945年10月7日，毛泽东致信柳亚子云：

亚子先生吾兄道席：

迭示均悉。最后一信慨乎言之，感念最深。赤膊上阵，有时可行，作为经常办法则有缺点，先生业已了如指掌。目前发表文章、谈话，仍嫌过早。人选种种均谈不到，置之脑后为佳。初到陕北看见大雪时，填过一首词，似与先生诗格略近，录呈审正。敬颂

道安！

毛泽东

十月七日[①]

信中毛泽东提醒柳亚子，在与国民党反动派的斗争中，总是“赤膊上阵”的缺点，应注意斗争策略。另一内容是自己1936年2月写的《沁园春·雪》词抄赠给柳亚子。极负盛名的《沁园春·雪》原文是：

北国风光，千里冰封，万里雪飘。望长城内外，惟余莽莽；大河上下，顿失滔滔。山舞银蛇，原驰蜡象，欲与天公试比高。须晴日，看红装素裹，分外妖娆。

江山如此多娇，引无数英雄竞折腰。惜秦皇汉武，略输文采；唐宗宋祖，稍逊风骚。一代天骄，成吉思汗，只识弯弓射大雕。俱往矣，数风流人物，还看今朝。

① 中共中央文献研究室编：《毛泽东书信选集》，人民出版社1983年版，第263页。

值得注意的是，毛泽东说自己的这首词“与先生诗格略近”，其中透露出他对柳诗的评价，和他喜欢柳诗风格的原因。两人在诗词风格的追求上，是大抵相近的。柳亚子读了毛泽东书赠的《沁园春·雪》后，诗兴勃发，于10月中旬写了一首和词《沁园春·次韵毛主席咏雪之作，不能尽如原意也》：

廿载重逢，一阕新词，意共云飘。叹青梅酒滞，余怀惘惘；黄河流浊，举世滔滔。邻笛山阳，伯仁由我，拔剑难平块垒高。伤心甚，哭无双国士，绝代妖娆。

才华信美多娇。看千古词人共折腰。算黄州太守，犹输气概；稼轩居士，只解牢骚。更笑胡儿，纳兰容若，艳想秾情着意雕。君与我，要上天下地，把握今朝。

这首和词写得大气磅礴，意气盎然，不愧为一首杰作。上阕叙友谊，慨世事，伤友人，一气贯注。“廿载重逢”三句，叙与毛泽东的友谊，赞其新词。“叹青梅酒滞”四句，用三国曹操与刘备青梅煮酒论英雄典故，《三国演义》第34回《蔡夫人隔屏听密语　刘皇叔跃马过檀溪》：“（刘）表曰：‘吾闻贤弟在许昌，与曹操青梅煮酒，共论英雄。’”“青梅酒滞”，意谓无人共论英雄，所以诗人遑遽而无所适从。“黄河流浊”，黄河水本浑浊，古人以黄河水清为祥瑞的征兆。三国魏李康《运命论》：“夫黄河清而圣人出。”黄河流浊，是不祥之兆，所以天下像大水奔流，动乱不止。

国事如此，自然会生出许多怪事。“邻笛山阳”至“绝代妖娆”数句，伤友人李少石之遇害。原来10月8日晚，在重庆发生了一件使亚子先生，同时也使毛泽东、周恩来等共产党人十分震惊的事件。这就是八路军重庆办事处工作人员李少石同志的死。亚子先生9日有《诗翁行，哭李少石，二十迭九韵，十月九日作》，诗中长序记述了此事。兹摘录如下：

“少石一字默农，先烈廖仲恺先生爱女梦醒之婿也。少石为中国共产党党员，尽瘁有年，奉命往沪上工作，挟梦醒与俱。

“……1932年春被捕入狱，梦醒奔告廖夫人，夫人时方卧病，属营救之责于余，余遂唤梦醒为义女，尽谒国民党四元老，群策群力以赴，少石得不死，锢南京及苏州反省院凡五稔。讨倭军兴，始复自由，与梦醒移寓海上。淞沪弃守，先后走香港工作，安居者有四载。顾党国贤劳，绝少画眉拥髻之乐。

“1940 年 12 月 17 日，余亦自沪抵港，复得与少石伉俪相见。少石喜为旧体诗，尤嗜余所作，心模口写，弗以为瘁。一夕集廖夫人双清楼，夫人哲弟何季海亦在，三人者谈诗甚乐，梦醒遂呼少石为诗翁，余图南集中有句云：‘谢舅何甥绝妙词，一堂危坐共哦诗，任他闺闼成嗤点，我自拈髭誉可儿。’正谓此也。1941 年 12 月 25 日，倭陷香港，余与廖夫人奔粤赴桂。少石、梦醒复先后间关入蜀，留居重庆。1944 年 8 月，衡阳弃守，翌月 12 日，余飞抵渝州，少石复从作谈诗。

“1945 年 10 月 8 日傍晚，余访少石曾家岩 50 号，候于宾坐，久久始至，会所假汽车复有他用，司交通者促余急行，遂挟少石登车，车中携余所撰《巴山集》一卷，狂吟朗诵以为乐，声浪震遐迩，有天风海涛之概。既抵沙坪坝，车复入城，余与少石握手为别。宁知天长地久，此恨绵绵，遂为永诀哉！午夜梦还，有客剥啄，开扉延入，惊悉少石噩耗，谓归途为暴客所狙击，入市民医院，以伤重不治，7 时 45 分竟死。呜呼！我虽不杀伯仁，伯仁由我而死！余何不幸，而蹈王茂弘之复辙也……”

少石之死，诗人认为死于政治谋杀，十分震怒。但周恩来同志经过充分调查，于 10 月 11 日公布了事实真相：由于办事处一名新雇用的司机开车过速，撞伤了一个正在路旁小便的国民党士兵，司机肇事后仍不停车，蒋军带队的班长开枪射击汽车，便将车中的李少石击伤致死。

柳词中的邻“山阳”等句为此而发。“山阳笛”系用典，晋向秀经山阳（今河南修武县境）旧居，听到邻人吹笛，不禁追念亡友嵇康、吕安，因作《思旧赋》。后因以“山阳笛”为怀念故友的典实。此指怀念李少石。

“伯仁由我”，即“我虽不杀伯仁，伯仁由我而死，幽冥之中，负此良友”（《晋书·周𫖮传》之意。周𫖮（269—322），字伯仁，晋汝南南安（今河南平舆南）人。西晋末为镇南将军长史。后累官尚书左仆射、领户部，转护军将军。王敦以诛刘隗为名起兵，有人主张尽杀王氏，他力称王导（敦的堂弟）无罪。王敦攻入建康（今江苏南京），他被杀。后王导知其曾救己，悔不听劝阻，因而有“吾虽不杀伯仁，伯仁由我而死”的话。柳先生痛惜地认为少石同志是因他而死的。

下阕则是对于毛泽东词作的赞誉。首先赞美其才华“信美多娇”，足使千古词人对其顶礼膜拜。接着又用三位著名词人苏轼、辛弃疾、纳兰若容作比，更显得毛泽东才华之出众。可见其对毛泽东词学成就评价之高。末三句说，自己要与毛泽东一起，为国事奔走呼号，与时俱进，建功立业。

因为 11 日始公布李少石被杀事件真相，属交通事故引起，非政治暗杀。这时毛泽东已离重庆返回延安了。据现在能读到的柳先生为《雪》所作跋以及他自己的和作后记来看，可推断和词完成于 21 日之前。柳氏为《沁园春·雪》所作跋云：

> 毛润之《沁园春·雪》一阕，余推为千古绝唱，虽东坡、幼安，犹瞠乎其后，更无论南唐小令、南宋慢词矣。中共诸子，禁余流播，讳莫如深，殆以词中类似帝王口吻，虑为意者攻讦之资；实则小节出入，何伤日月之明！固哉高叟，暇日当与润之详论之。余意润之豁达大度，决不以此自谦，否则又何必写与余哉？情与天道，不可得而闻，恩来殆犹不免自郐以下之讥欤！余词坛跋扈，不自讳其狂，技痒效颦，以视润之，终逊一筹，殊自愧汗耳！瘦石既为润之绘像，以志崇拜英雄之概；更爱此词，欲乞其无路以去，余忍痛诺之，并写和作，庶几词坛双璧欤！瘦石其永宝之！一九四五年十月二十一日，亚子记于渝州津南村寓庐。

这篇跋文记载了柳氏对《沁园春·雪》词的认识和评价，还记载了他于 1945 年 10 月 21 日这天应画家尹瘦石的请求，忍痛将毛氏《沁园春·雪》词手迹（当是题写在信笺上的那幅）转赠给尹，同时写了和词，视为“词坛双璧”，一并付尹，嘱“瘦石其永宝之”。（按：此跋文 1987 年 5 月 16 日第一次影印刊登在《文艺报》上，原件在 1960 年由尹瘦石捐赠给中央档案馆。）

关于尹瘦石10月21日一大早来柳寓访谈之事，柳氏在《十月二十一日，瘦石与孙陵、张铁弦、于去疾、程德如、周广厂、罗沛霖、施无已先后过访剧谈，三十一迭九字韵》诗中曾有记载（诗见《磨剑室诗词集》1945年第7辑）。22日，柳氏又将和词正式誊写在纪念册上毛题写的咏雪词之后，并作“后记”云：

> 余识润之，在一九二六年五月广州中国国民党第二届二中全会会议席上，时润之方任国民党中央宣传部长也，及一九四五年重晤渝州，握手怅然，不胜陵谷沧桑之感，余索润之写长征诗见惠，乃得其初到陕北看大雪《沁园春》一阕，并写入纪念册上，附润之骥尾，润之尚不嫌唐突欤？一九四五年四月二十二日，亚子写于津南村庑下。

这段文字对判断柳氏和词写作时间亦很有参考价值。

从毛泽东的《沁园春·雪》和柳亚子先生的和词，我们可以看出二词均大气磅礴，慷慨豪放，属于词中豪放派，却如毛泽东所言二人“诗格略近”。

“云天倘许同忧国，粤海难忘共饮茶”

1944年11月21日，毛泽东首次给著名诗人柳亚子写信说：

亚子兄：

广州别后，十八年中，你的灾难也受得够了，但是没有把你压倒，还是屹然独立的，为你并为中国人民庆贺！“云天倘许同忧国，粤海难忘共品茶”，这是你几年前为我写的诗，我却至今做不出半句来回答你。看见照片，样子老一些，精神还好罢，没有病罢？很想有见面的机会，不知能如愿否？敬祝健康！

毛泽东上

一九四四年十一月二十一日①

柳亚子早年参加同盟会。1909年和陈去病、高旭等发起成立进步文学团体南社。其社名取“操南音而不忘其旧”之意，鼓吹资产阶级民主革命，反对清王朝的专制统治。早期参加者多为同盟会会员，其后流品较杂。1923年因内部分化而停止活动。该成员所作诗文，辑为《南社丛刻》，共出二十二集。郭沫若高度评价柳亚子：“亚子先生是一位典型的诗人。他有热烈的感情，豪华的才气，卓越的器识。他的精神是随着时代的进步而进步的。”（《〈柳亚子诗词选〉序》，人民文学出版社1959年版。）

1926年5月，柳亚子出席在广州召开的国民党第二届二中全会时初晤毛泽东。当时柳亚子的政治态度是很明朗的，他积极拥护孙中山先生的“联俄、联共、扶助农工”三大政策，并密切配合宋庆龄、何香凝批判蒋

① 中共中央文献研究室编：《毛泽东书信选集》，《致柳亚子》（1944年11月21日），人民出版社1983年版，第244页。

介石日益猖獗的反共活动，蒋介石几乎要通缉他。

1941 年，柳亚子谴责蒋介石制造“皖南事变”被国民党开除党籍。

1944 年，柳亚子在重庆加入中国民主同盟。

柳亚子是国民党的左派人士。毛泽东之所以与他交友，就是因为他们在政治上、诗词创作上有共同语言。

广州一别，毛、柳二人各奔东西，近 20 年。但 1929 年和 1932 年，柳亚子都有诗怀念毛泽东。1929 年写的《存殁口号五首》之一云：

神烈峰头墓草青，湘南赤帜正纵横。
人间毁誉原休问，并世支那两列宁。

诗后自注：孙中山、毛润芝。当时毛泽东正在井冈山领导革命斗争，柳氏赞曰：“湖南赤帜正纵横”。他还把孙中山、毛泽东推崇为中国的“两列宁”。1932 年柳亚子写的《怀人三截》之一曰：

平原门下亦寻常，脱颖如何竟处囊？
十万大军凭掌握，登坛旗鼓看毛郎。

此诗一、二句用毛遂脱颖而出的典故。战国时平原君赵胜好养士，有门客三千人。《史记·平原君虞卿列传》记载，赵孝成王九年（前 257 年），秦国的军队围攻赵国的都城邯郸，平原君到楚国去求救，他门下食客毛遂自荐同往。平原君曰：“夫贤士之处世也，譬若锥之处囊中，其末立见……”毛遂曰：“臣乃今日请处囊中耳。使遂蚤得处囊中，乃颖脱而出，非特其末见而已。”后以“脱颖而出”比喻人的才能全部显示出来。这里诗人以毛遂比毛泽东。三、四两句是说，毛泽东指挥瑞金中央根据地的十万大军，正在胜利地进行反围剿斗争，取得了伟大胜利。诗人对毛泽东的军事指挥才能倍加称赞。

柳亚之直接赠诗毛泽东，约始于 1941 年。

这年 11 月底或 12 月初，柳亚子写了一首《寄毛主席延安，兼柬林伯渠、吴玉章、徐特立、董必武、张曙时诸公》：

弓剑桥陵寂不哗，万年枝上挺奇花。
云天倘许同忧国，粤海难忘共品茶。
杜断房谋劳午夜，江毫丘锦各名家。
商山诸老欣能见，头白相期奠夏华。

这是一首七言律诗。按诗题之义，分前后两部分；前四句写毛泽东，后四句写诸老。全诗洋溢着诗人对毛泽东和林伯渠等人的赞誉之情。

“弓剑桥陵寂不哗，万年枝上挺奇花。”首联用典兼用喻，称赞毛泽东的奇才异能。“弓剑”，弓和剑。传说黄帝骑龙仙去，群臣攀附欲上，致坠帝弓。又黄帝葬桥山，山崩、棺空，唯剑存。见《史记·封禅书》。后因以“弓剑”为对已故帝王寄托哀思之词。“桥陵”，即黄帝陵。在今陕西黄陵县桥山。桥山在黄陵县西北，相传为黄帝葬处。沮水穿山而过，山状如桥，故名。后因借指黄帝陵墓。“万年枝”，指年代悠久的大树。唐韩偓《鹊》：“莫怪天涯栖不稳，托身须是万年枝。”上句用典，下句用喻，上句从中华文明始祖黄帝写起，下句比喻毛泽东像万年枝上绽开的一朵奇葩，暗含毛泽东领导的革命事业和黄帝的功业一脉相承之意。

“云天倘许同忧国，粤海难忘共品茶。”颔联议论兼叙事，叙写和毛泽东的友谊和希冀。“云天”，高空。比喻朝廷。南朝梁江淹《萧拜相国齐公十郡九锡章》：“殊命宝典，郁降云天。”“粤海”，指中国南部广东一带的海域，又作广东或广州的代称。此指广州。“品茶”，饮茶。1926 年诗人出席在广州召开的中国国民党第一次全国代表大会期间，和毛泽东初次会晤。上句是说假如国民党政府，允许我们两人为国事而忧劳，这是诗人的期望，也看出他思想上的局限，即对国民党政府仍抱有幻想；下句叙和毛泽东近二十年前的初交，以示二人友谊之深厚。

以上四句是诗人对毛泽东的赞誉，是诗题中第一要义；后四句则是对延安几位革命老人的称美，是诗题中另一内容。

林伯渠、吴玉章、徐特立、董必武、张曙时都是老革命家，除了张曙时，再加上谢觉哉，曾被尊为“延安五老”，他们又是诗人的朋友，一直以来，书信往还，互相唱和，所以也一并写来。

“杜断房谋劳午夜，江毫丘锦各名家。”颈联用典，赞美林伯渠等人多谋善断和文采风流。“杜断房谋”，唐太宗时，名相房玄龄多谋，杜如晦善断。两人同心济谋，传为美谈。《旧唐书·房玄龄杜如晦传论》：“世传太宗尝与文昭图事，则曰：‘非如晦莫能筹之’，及如晦至焉，竟从玄龄之策也。盖房知杜之能断大事，杜之知房之善建嘉谋。”房玄龄（579—648），字乔（一说名乔，字玄龄），齐州临淄（今山东淄博）人。曾任中书令、尚书左仆射等职。杜如晦（585—630），字克明，京兆杜陵（今陕西西安东南）人，累官至尚书右仆射，与房玄龄共掌朝政，是唐太宗的重要助手。这是以房、杜比喻林伯渠等人多谋善断，为国事操劳。

“江毫丘锦”，指江淹和丘迟。“江毫”，即江淹笔。毫，毛笔。毛笔由狼毫或其他兽毛制成。传说南朝梁江淹少时，梦人授以五色笔，故文采俊发。后以“江淹笔”比喻杰出的文才或文才出众者。江淹（444—505），字文通，济阳考城（今河南兰考东）人，南朝文学家。历仕宋、齐、梁三代。梁时官至金紫光禄大夫。少孤贫好学，早年即以文章著名，晚年所作诗文不如前期，人谓“江郎才尽”。后人辑有《江文通集》。“丘锦”，指丘迟的华美文词。丘迟（646—508），字希范，吴兴乌程（今浙江吴兴）人，南朝梁文学家。初仕齐，官殿中郎。入梁，官司空从事中郎（一作司徒从事中郎）。所作《与陈伯之书》，劝伯之自魏归梁，是当时骈文中的优秀之作。明人辑有《丘司空集》。这句说，林伯渠等人像江淹和丘迟一样，诗词文章各自名家，是赞他们的文才。

“商山诸老欣能健，头白相期奠夏华。”尾联叙事，赞美林伯渠等人老迈尚为国操劳。“商山诸老”，即商山四皓。秦末东园公、绮里季、夏黄公、甪里先生，避秦乱，隐商山，年皆八十有余，须眉皆白，时称商山四皓。高祖召，不应。后高祖欲废太子，吕后用留侯计，迎四皓，辅太子，遂使高祖辍废太子之议。见《史记·留侯世家》。“奠”，定。《书·禹贡》：“禹敷土，随山刊木，奠高山大川。”孔传：“奠，定也。”“夏华”，华夏之倒文，因诗韵而颠倒。华夏，原指我国中原地区，后复包举我国全部领土而言，遂又为我国的古称。二句是说，林伯渠等几位老人，虽然像古代的商山四皓那样“须眉皆白”，但都很健康，他们都期望把中国平定下来。称赞他们老而弥坚，为革命事业奋斗不息。

当时董必武、林伯渠均有诗相和，毛泽东虽没有和诗，但在开头我们引述的那封信中，高度评价柳亚子没有被反动派“压倒”，“屹然独立”的精神，并引述“云天”二句加以赞许，表达对二人友谊的看重和对诗中佳句的欣赏。

1944年5月，柳亚子在桂林的时候，与中共领导人有所联系。先是柳亚子有《董必武先生六十寿诗》：

大节不可夺，朝端重老苍。
须眉文潞国，坛坫鲁灵光。
贱子倾心久，神交许我狂。
巴山饶喜气，愿进万年觞。

接着董必武自重庆寄诗来，预为柳亚子祝寿云：

两度筵开未举觞，南天遥见极星芒。
诗能报国应长寿，礼不宜今合短丧。
阮籍咏怀成绝唱，宰予变古实平常。
东林复社风规在，清议高称薄俗匡。

柳亚子又作和诗作答。诗题曰：《次韵和必武见寿新诗，分寄毛主席及伯渠、玉章、特立、曙时、恩来、颖超诸同志，时五月十三日也》：

整顿乾坤入酒觞，新诗寿我剑花芒。
朝无虚听言终渎，民有偕亡日曷丧。
誓以心肝酬党国，岂贪姓字上旗常？
平生管乐襟期在，倘遇桓昭试一匡。

同时他还有《闻伯渠抵渝遥寄两律》。这一时期柳亚子的革命热情是颇高涨的。

“先生诗慨当以慷”

1945年10月4日，毛泽东致信柳亚子云：

亚子先生吾兄道席：

诗及大示诵悉，深感勤勤恳恳诲人不倦之意。柳夫人清恙有起色否？处此严重情况，只有亲属能理解其痛苦，因而引起自己的痛苦，自非“气短”之说所可解释。时局方面，承询各项，目前均未至具体解决时期。报上云云，大都不足置信。前曾奉告二语：前途是光明的，道路是曲折的。吾辈多从曲折（即困难）二字着想，庶几反映了现实，免至失望时发生许多苦恼。而困难之克服，决不是那么容易的事情。此点深望先生引为同调。有些可谈的，容后面告，此处不复一一。先生诗慨当以慷，卑视陆游陈亮，读之使人感发兴起。可惜我只能读，不能做。但是万千读者中多我一个读者，也不算辱没先生，我又引以自豪了。敬颂

兴居安吉！

毛泽东

十月四日

1944年9月12日，柳亚子由桂林飞往重庆，与中共领导人接触更为频繁，深受感染。[①] 1945年1月，他在《新华日报》创刊纪念会上宣称：“世界的光明在莫斯科，中国的光明在延安。”并撰《延安一首五月二十六日赋寄毛主席》：

① 中共中央文献研究室编：《毛泽东书信选集》，人民出版社1983年版，第261页。

工农康乐新天地，革命功成万众和。
世界光明两灯塔，延安遥接莫斯科。

诗中对毛泽东领导的革命事业进行热烈的歌赞。

与此同时，柳亚子对蒋介石发动的三次反共高潮是极为不满的。并撰《口号二首五月二日赋》云：

柏林城上见红旗，应是人间快意时。
顽旧可怜仍反共，滔滔举世欲安之？

黄钟毁弃旧金山，瓦釜雷鸣亦等闲。
不信浮云能蔽日，光明终古属波兰。

揭露蒋介石反共反人民的本质，爱憎分明。这些诗作毛泽东都间或读到了的。

1945 年 8 月 28 日，毛泽东为与蒋介石谈判和平建国，从延安飞抵重庆。毛泽东抵重庆第三天上午，柳亚子到曾家岩八路军驻重庆办事处拜访毛泽东，两人相见欢然。柳亚子即席赋《一九四五年八月三十日渝州曾家岩呈毛主席》七律一首，赠毛泽东。诗曰：

阔别羊城十九秋，重逢握手喜渝州。
弥天大勇诚能格，遍地劳民战尚休。
霖雨苍生新建国，云雷青史旧同舟。
中山卡尔双源合，一笑昆仑顶上头。

柳亚子以“弥天大勇”“霖雨苍生”称赞毛泽东，并向毛泽东索诗留念。

毛泽东在重庆期间，同柳亚子几次见面，作了推心置腹的交谈。9 月 6 日下午，毛泽东同周恩来、王若飞到沙坪坝南开中学访柳亚子、张伯苓，以《沁园春·雪》词书赠柳亚子。10 月 2 日，毛泽东约柳亚子到红岩八路军办事处见面。回家后，柳亚子写了《毛主席招谈于红岩嘴办事处，归后有作，兼简恩来、若飞七律二首》。原文是：

后车载我过皤溪，骏骨黄金意岂迷。
兴汉早闻三足鼎，封秦宁用一丸泥。
最难鲍叔能知管，倘用夷吾定霸齐。
心上温馨生感激，归来絮语告山妻。

得坐光风霁月中，矜平躁释百忧空。
与君一席肺腑语，胜我十年萤雪功。
后起多才堪活国，颓龄渐老意忧童。
中山卡尔双源合，天下英雄见略同。

诗人在与毛泽东的交谈中，受到很大启发，“与君一席肺腑语，胜我十年萤雪功”，就是这种感受的艺术表现；毛泽东态度勤恳，使诗人感到十分温暖，“心上温馨生感激，归来絮语告山妻”，便是这种感情的流露。

正是读了柳亚子的不少赠诗及其见诸报刊之作之后，在上面我们引述的那封信中，毛泽东对柳亚子的诗歌做了高度评价，认为是“慨当以慷，卑视陆游陈亮，读之使人感发兴起”。

陆游（1125—1210），字务观，号放翁，山阴（今浙江绍兴）人。南宋大诗人。其诗抒发政治抱负，反映人民疾苦，批判当时统治集团的屈辱投降，风格雄浑豪放，表现出渴望恢复国家统一的强烈爱国热情。

陈亮（1143—1194），字同甫，也称龙川先生，婺州永康（今浙江永康）人。南宋文学家。所作政论气势纵横，笔锋犀利；词作也感情激越，风格豪放，洋溢着爱国精神。

宋代这两位爱国诗人的诗风都是激昂慷慨，雄浑豪放的。而柳亚子的诗风是“慨当以慷”。“慨当以慷”，出自曹操《短歌行》：“慨当以慷，忧思难忘”。“慨当以慷”，是“慷慨”的间隔用法，如《诗经·王风·中谷有蓷》：“慨其叹矣。”“慷慨”，形容歌声激昂不平。毛泽东赞扬柳亚子的诗激昂慷慨，超过了著名诗人陆游、陈亮，评价甚高，但并没有贬低陆游、陈亮的意思。确实，柳亚子的诗，时论性、针对性很强，诗风雄健明快，既有鼓动性，又有艺术性。毛泽东的评论，并非过誉之词。

10 月 6 日，柳亚子作两首七律来表达他收到 10 月 4 日信的感受。诗题为《十月六日得毛主席书问佩宜无恙否，兼及国事。感赋二首，再用溪中韵》。原文如下：

曲折延绵溪复溪，光明前路未长迷。
周王防口流于彘，秦帝钧天醉岂泥？
下士君能资集益，见贤我自愧思齐。
驰笺问疾殷勤甚，合走深山慰病妻。

障海东流挥日中，吾曹妙手岂空空？
独夫民贼终为虏，团结和平合奏功。
周土蕨薇怀义士，殷墟禾黍笑狂童。
三年待纵冲天翼，风起云扬尔我同。

诗中对除了毛泽东问候其夫人病情表示感谢外，着重从政治上回答毛泽东，接受毛泽东"前途是光明的，道路是曲折的"观点，赞扬毛泽东能集思广益，表示自己要见贤思齐，"团结和平"，努力国事；同时严厉批判蒋介石为"独夫民贼"，终要失败。

意犹未尽，柳亚子 10 月 7 日再写七律一首，诗题为《十月七日，毛主席书来，有"尊诗慨当以慷，卑视陈亮陆游，读之使人感发兴起"云云。赋赠一首》。原文是：

瑜亮同时君与我，几时煮酒论英雄？
陆游陈亮宁卑视，卡尔中山愿略同。
已见人民昌陕北，何当子弟起江东。
冠裳玉帛葵丘会，骥尾追随尚许从。

诗中把自己和毛泽东比作三国时期的周瑜和诸葛亮，虽然未免自视过高，但他赞扬"已见人民昌陕北"，表示在为国事的奋斗中，愿意追随骥尾，态度是积极的。

“英雄所见，略有不同”

1949年5月21日，毛泽东写信给柳亚子云：

亚子先生：

各信并大作均收敬悉，甚谢！惠我琼瑶，岂有讨厌之理。江青携小女去东北治病去了，黄女士的信已代收[①]，我的秘书并已和黄女士通电话，料可获得居处。国史馆尚未与诸友商量，惟在联合政府成立以前恐难提前设立。弟个人亦不甚赞成先生从事此项工作，盖恐费力不讨好。江苏虚衔，亦似以不挂为宜，挂了于己于人不见得有好处。此两事我都在泼冷水，好在夏天，不觉得太冷否？某同志妄评大著，查有实据，我亦不以为然。希望先生出以宽大政策，今后和他们相处可能好些？在主政者方面则应进行教导，以期“醉尉夜行”之事不再发生。附带奉告一个消息，近获某公诗云“射虎将军右北平，只今醉尉夜难行，卢沟未落登埤月，易水还流击筑声”，英雄所见，略有不同，亦所遭者异耳。孙先生衣冠冢看守诸人已有安顿②，生事当不致太困难，此事感谢先生的指教。率复不尽，敬颂

兴居佳胜！

毛泽东

五月二十一日[③]

---

① 即黄波拉。她是黄绍竑的侄女。1949年初为摆脱国民党特务的监视，仓促离开上海。到达北平后食宿发生困难。为此柳亚子写信给毛泽东，请求给她以帮助。毛泽东即派秘书对她一家作了安排。

② 指北京西山碧云寺内的孙中山衣冠冢。

③ 中共中央文献研究室编：《毛泽东书信选集》，人民出版社1983年版，第321—322页。

这封信除了对柳亚子求办之事作了回答和有关他的两件其他事坦率地表示了意见外，主要是谈对柳亚子的诗的评价问题。信中称柳亚子的诗作为“大作”“琼瑶”，表示百看不厌，极为喜读。接着说“某同志妄评大著”，自己进行调查，是“查有实据”，明确表示了自己态度：“我亦不以为然。”并且提出了解决办法：“在主政者方面则应进行教导，以期‘醉尉夜行’之事不再发生。”这里有三个问题：

第一，“某同志”是何许人？他是怎样“妄评”柳亚子的诗作的？我们不得而知。但据称“某同志”，应是共产党人，才要“主政者方面进行教导”。其对柳亚子诗词创作的评价，当与毛泽东“先生诗慨当以慷，卑视陆游陈亮，读之使人感发兴起”的评价大相径庭。所以，毛泽东称之为“妄评”，即妄加评论，胡乱评论，是一种不科学的评论。

第二，毛泽东把这种对柳诗的“妄评”，视为“醉尉夜行”性质，即是一种误会，不是恶意的攻讦。“醉尉夜行”的故事，出自《史记·李将军列传》。原文为：“顷之，家居数岁。广家与故颍阴侯孙屏野居蓝田南山中射猎。尝夜从骑出，从人田间饮。还至霸陵亭，霸陵尉醉，呵止广。广骑曰：‘故李将军。’尉曰：‘今将军尚不得夜行，何乃故也！’止广宿亭下。”后来“醉尉”便成了势利小人的代名词。“醉尉夜行”一般用来指受下吏的侵侮。这是劝导柳亚子心胸广大一些，领导者应进行教育，使这种误会不再发生。

第三，又以某公诗见告，说明“英雄所见，略有不同”，对柳亚子继续进行劝导。“射虎将军”，指李广。李广（？ —前 119），陇西成纪（今甘肃秦安）人，西汉名将。善射骑。“广所居郡，闻有虎，尝自射之。及居右北平，射虎，虎腾伤广，广亦竟射杀之。”（《史记·李将军列传》）“右北平”，郡名。战国燕置。秦治所在无终（今天津蓟州区），西汉移治平刚（今辽宁凌源西南）。辖境相当今河北承德、蓟县以东、辽宁大凌河以南、六股河以西地区。李广曾任右北平太守，匈奴数年不敢攻扰，称之为“飞将军”。李广前后与匈奴作战大小 70 余次，以勇敢善战著称。

“卢沟”，即卢沟桥。在北京广安门西，跨永定河上。建于金，清初重建。全桥由 11 孔石拱组成。桥旁石栏上共精刻石狮子 485 个，千姿百态，生动雄伟。1937 年 7 月 7 日，中国军队在此抗击日本帝国主义的侵略，揭开了抗日战争的序幕。“埤”（pì 皮），城上呈凹凸形的矮墙。

“易水”，水名。在今河北省西部。源出于易县境，入南拒马河。战国时荆轲入秦行刺秦王，燕太子丹饯别于此。“击筑”，筑，古代一种弦乐器，似筝，以竹尺击之，声音悲壮。《史记·刺客列传》：“至易水之上，既祖，取道，高渐离击筑，荆轲和而歌，为变徵之声，士皆垂泪涕泣。”后以“击筑”喻指慷慨悲歌。这里的意思是说，像右北平太守李广那样的名将，如今乘守关尉士之醉也难以通行，因为卢沟桥上宛平县城头女墙的月亮还没有落下，易水河上还流淌着荆轲慷慨激昂的悲歌声。意谓当时解放军虽然渡过长江，南京国民党政府宣告灭亡，但南方上海、广州等南方大城市及大西南、大西北地均未获解放，国民党军队还在顽抗，美帝国主义继续支持其打内战，又发生了英帝国主义军舰炮击我解放军事件。这说明当时还是慷慨悲歌继续战斗，把革命进行到底的问题，而天下远没有太平。柳亚子先生的家乡也还没有解放，自然谈不到回乡隐居的问题。“英雄所见，略有不同”，是反用了成语“英雄所见略同”，语气委婉，造成风趣的效果，对柳亚子是一种开导和劝慰。

“牢骚太盛防肠断，风物长宜放眼量”

1945 年 11 月，柳亚子由渝飞沪。1946 年 2 月曾接毛泽东 1 月 29 日由延安辗转来信云：“阅报知先生已迁沪，在于再[①]追悼会上慷慨陈词，快何如之。”

柳亚子因国共关系恶化，民主人士颇遭国民党当局压迫，上海不宜久居，便于 1947 年 1 月 18 日飞往香港。在参加国民党留港民主派人士召开的座谈会的同时，柳还积极筹组中国国民党革命委员会，与何香凝、李济深、彭泽民、李章达、陈其瑗等联名上书孙夫人宋庆龄，请其指示并领导工作。1948 年 1 月 1 日，民革在港正式成立，李济深任主席，柳亚子被选为中央常务委员兼秘书长。2 日，在与民主党派及民主人士举行新年团拜会时，柳亚子特赋诗一首，以为“团拜应为团结谋”，并云：“国共同盟成鼎足，致公、民进亦千秋。”

1949 年初，全国解放在望。柳亚子得毛泽东电召北行，行前赋诗一首：《毛主席电召北行，二月二十八日启程有作》云：

> 六十三龄万里程，前途真喜向光明。
> 乘风破浪平生意，席卷南溟下北溟。

3 月 25 日，毛泽东从石家庄到北平，柳亚子随李济深、沈钧儒、陈叔通、黄炎培等赴机场迎接。当晚宴集于颐和园益寿堂，柳氏归后赋七律三首，题为《三月二十五日，毛主席自石家庄至北平，余从李锡老、沈衡老、

---

① 于再：昆明南菁中学教员，1945 年在昆明学生反对内战、要求和平的“一二·一”运动中牺牲。

陈叔老、黄任老、符宇老、余寰老、马尹老之后，赴机场迎迓，旋检阅军队阵容雄壮，有凛乎不可犯之概！是夜宴集颐和园益寿堂，归而赋此》：

中国于今有列斯，万家欢忭我吟诗。
华拿陈迹休怀念，希墨元凶要荡夷。
民众翻身从此始，工农出路更无疑。
伫看荼火军容盛，正是东征西怨时。

二十三年三握手，陵夷谷换到今兹。
珠江粤海惊初见，巴县渝州别一时。
延水鏖兵吾有泪，燕都定鼎汝休辞。
推翻历史三千载，自铸雄奇瑰伟词。

光明灯塔曜苏联，釜底游魂美利坚。
原子金元休作祟，枭雄铁托岂能贤？
长江自昔非天堑，逆豫何曾幸瓦全？
百万大军南下好，夫差授首甬东天。

诗人抒发与毛泽东的友谊，欢呼革命战争的胜利，开创了“民众翻身”的新时代。

2月28日，柳亚子赋《感事呈毛主席》：

开天辟地君真健，说项依刘我大难。
夺席谈经非五鹿，无车弹铗怨冯驩。
头颅早悔平生贱，肝胆宁忘一寸丹！
安得南征驰捷报，分湖便是子陵滩。

作者自注：“分湖为吴越间巨浸，元季杨铁崖（维桢）曾游其地，因以得名。余家世居分湖之北，名大胜村。第宅为倭寇所毁。先德旧畴，思之凄绝！”

这首诗用了几个典故，我们需弄清楚，方能正确理解全诗。

“说项依刘”，有两解：一说指劝说项羽接受刘邦的领导。柳作此诗时，正值中共中央争取南京国民党政府，接受和平解决方案，希望民主人士共同努力。柳在此处表示他虽也是国民党元老，自觉无能为力。一说，用的是杨敬之到处讲项斯的好话和王粲去荆州依附刘表的故事。唐杨敬之《赠项斯》：“平生不解藏人善，到处逢人说项斯。”《三国志·魏书·王粲传》：“乃之荆州依刘表，表以粲貌寝而体弱通悦，不甚重也。”柳氏表示说人好话，依附他人，他很难做到。

“夺席谈经非五鹿”，后汉戴凭驳倒许多讲经的学者，夺取了他们的讲席（见《后汉书·儒林·戴凭传》）。又，前汉显贵受宠的五鹿充宗讲《易经》，曾被朱云驳倒（见《汉书·朱云传》）。这里柳氏借指自己有夺席谈经的学问，绝不是五鹿充宗那样依附权势、徒具虚名的人。

“无车弹铗怨冯驩”，战国时齐人冯驩投靠孟尝君田文。田文门下食客分三等：上等坐车，中等吃鱼，下等吃粗饭。冯驩列下等，他弹铗唱道：“长铗归来乎，食无鱼。”田文把他列为中等，他又弹铗唱道：“长铗归来乎，出无车。”（见《史记·孟尝君列传》）铗（jiá 夹），剑，或说剑把。冯驩（huān 欢），《战国策·齐策四》作冯谖（xuān 宣）。

“分湖便是子陵滩”，分湖在柳亚子家乡的吴江县。子陵滩，即七里滩，起自浙江建德梅城，迄于桐庐钓台，因东汉初严子陵隐居时曾在此钓鱼而得名。这里柳指自己要回家乡隐居。

柳氏于全国解放在望、万众欢腾之时，在这首诗中忽然流露出一种“退缨”之意。他竟以出无车而弹铗的冯驩自况，有些个人情绪，准备步严子陵的后尘回到家乡分湖隐居了。这就反映了柳氏还没有脱尽知识分子的诗人气质。他把革命想象得那样“浪漫”，在革命初兴时，冲动性很强烈，“热”而至于“狂”，往往会有过激行动，以逞一时之快；待革命成功后，又自视太高，在个人出处不能尽如己意时，竟萌生消极之念。在这里，毛泽东作为柳氏的诗友、诤友，和他进行了艺术的对话，4 月 29 日写下了《七律·和柳亚子先生》：

饮茶粤海未能忘，索句渝州叶正黄。
三十一年还旧国，落花时节读华章。
牢骚太盛防肠断，风物常宜放眼量。
莫道昆明池水浅，观鱼胜过富春江。

和（hè 贺），酬和。和有几种，一种是按照作者原韵作诗酬答，一种是不按照作者原韵作诗酬答，这诗是后一种。这是对柳亚子《盛事呈毛主席》的答诗。

这是一首七律。首联写诗人与柳亚子的交往。“饮茶粤海”，粤海指广州。1926 年 5 月，柳亚子以国民党中央监察委员身份赴广州出席国民党二届二中全会，同时任国民党中央代理宣传部长的作者初次会面。蒋介石向全会提出了所谓“整理党务案”，旨在排斥共产党，夺取国民党党权。在这次会议上，毛泽东反对陈独秀的右倾投降主义，坚持反蒋的革命立场，何香凝、柳亚子等也支持这一立场。这种共同一致的革命，二人都留下了深刻的印象。1941 年柳亚子写的《寄毛主席延安》诗中的“粤海难忘共品茶”，和本诗中“饮茶粤海未能忘”，都回忆起这次重要的交往。

“索句渝州”，渝州，重庆。毛泽东 1945 年 8 月至 10 月曾到重庆，和国民党进行了 40 多天的和平谈判。当时柳亚子曾索取诗稿，作者即手书《沁园春·雪》相赠。“饮茶粤海”，“索句渝州”，叙过去的交往，句不成骈俪，事自成对偶，亲切自然，饶有风致。

颔联说今日的重逢。“三十一年”，作者 1918 年、1919 年曾两次到过北京，到 1949 年北京（当时称北平）解放后再来，前后相距约 31 年。旧国，国之都城。北京为元、明、清三代都城。“落花时节”句，化用杜甫《江南逢李龟年》“落花时节又逢君”句。“华章”，美丽的诗篇，指柳亚子的诗。柳诗是 3 月 28 日夜写的，作者是在 4 月 29 日上午写这首诗送给柳亚子作答的，当时已是春末夏初之交，百花凋零，故称落花时节。此联“还旧国”“读华章”，用流水对法，语势流走。

颈联是对柳亚子的开导。柳诗中感叹自己虽有才学，没有受到应有的重视，想等家乡分湖解放后，回乡归隐，这是向毛泽东发牢骚。作者针对这种牢骚，指出："牢骚太盛防肠断，风物长宜放眼量。"认为柳氏那样发牢骚，会损害健康，一切问题都应该放开眼界往远处看。也就是跳出个人小圈子，从全国人民的利益出发。"牢骚太盛""风物长宜"，又是紧承"华章"而来，也是用流水对法，自相生发，直达诗的顶峰，多么关切，多么温暖！又多么风华有致，多么意蕴深远！

尾联是对柳氏的劝告。"昆明池"，北京西郊颐和园内的昆明湖。昆明湖的取名，本于汉武帝在京城长安开凿的昆明池。唐杜甫《秋兴》："昆明池水汉时功。"所以这里也说"昆明池水"。当时柳亚子住在颐和园。"富春江"，指子陵滩。在浙江省桐庐和富阳两县境内的富春江上。东汉时隐士严光（字子陵）曾在那里游钓，至今遗址尚存。这里用富春江来比吴江的分湖，劝柳亚子不要学严光而回到吴江的分湖去隐居。尾联拈出"昆明池"与"富春江"，趁势收转，结在实处，既符合眼前生活环境，又针对所和诗句原意。

全诗贴切、自然、深厚、温煦，言近旨远，语短情长。这是伟大诗人、革命导师对诗友的倾心交谈，同时又是启人深思、发人猛醒的箴言，多么富有艺术魅力的诗篇啊！

4 月 29 日上午，柳亚子游颐和园，回到住处，即得到毛泽东的和诗。蕴含在诗中诚挚的友情，深刻的开导，热忱的慰勉，盛情的挽留，使柳氏大受教育，深为感动。当天，柳氏即和韵写了两首七律作答。其一是《四月二十九日上午，偕鲍德作园游，归得毛主席惠诗，即次其韵》：

> 东道恩深敢淡忘，中原龙战血玄黄。
> 名园容我添诗料，野史凭人入短章。
> 汉彘唐猫原有恨，唐尧汉武讵能量。
> 昆明池水清如许，未必严光忆吴江。

其二为《迭韵寄呈毛主席一首》：

> 昌言吾拜心肝赤，养士君倾醴酒黄。

陈亮陆游饶感慨，杜陵李白富篇章。
离骚屈子幽兰怨，风度元戎海水量。
倘遣名园长属我，躬耕原不恋吴江。

两诗抒发自己读毛泽东和诗后的心情，感谢毛泽东用正确的话来赤心相劝，称赞毛氏有海水的度量，并表示接受毛氏的规劝，不想回乡隐居，从这里我们看出毛泽东对柳氏的关切和阔大的胸襟。

5月1日，毛泽东从双清别墅到颐和园访柳亚子，在益寿堂里休息喝茶时，两人又谈论诗歌。毛泽东说：柳先生既有清醒的政治头脑，是一位政治家，也是一位大诗人。你写的诗，我爱读，有趣味，有意义。有万千读者喜欢你的大作，我就是这万千读者中的一个。

柳亚子说："我写的是老一套。我很想写与现实紧密结合的诗，但是很不成功，我自己也不满意。最近我拜读了毛主席写的诗词，心里真是痛快。这些诗词通俗易懂，而且寓意深长。"他说着竖起大拇指，连声称赞："伟大，伟大！"

当日柳亚子又赋诗一首，以纪其事。诗题为《是日昼寝方酣，忽闻毛主席偕其夫人江青女士暨女公子见访，遂起延接，尽出近作相质，复出门游散，联步过长廊，乘画舫游昆明湖一周而返，客去时则已薄暮矣。追记一首》：

朽木难雕午梦忘，衣冠颠倒迓苍黄。
南阳讵敢劳三顾？北地犹堪赋百章。
挈妇将雏都磊落，同舟联步费商量。
名园真许长相借，金粉楼台胜波江。

5月4日，毛泽东设宴款待柳亚子。事后柳氏有诗纪其事。诗题作《是日为马克思大师一百二十周年诞辰，余欲敬上尊号名曰"卡尔圣诞"，而令耶酥避席者是也。适逢毛主席有赐宴之举，谈诗论政，言笑极欢。自揆出生六十三龄，平生未有此乐也。不可无诗，敬呈一律》。原文是：

卡尔中山两未忘，斯毛并世战玄黄。
生才西德推圣贤，革命中华赖表章。
粤海咸京堪比例，蒋凶托逆漫评量。
腾欢今日新天地，澎湃潮流沸海江。

5月5日上午，毛泽东派秘书田家英去颐和园接柳亚子到香山双清别墅寓所叙谈。其间，谈论了南北朝诗人谢灵运《登池上楼》、隋唐诗人薛道衡《昔昔盐》、宋朝诗人苏轼《题惠崇春江晓景》等诗篇，并论及其中“池塘生春草”“空梁落燕泥”“竹外桃花三两枝，春江水暖鸭先知”等名句。中午，毛泽东宴请柳亚子，作陪的有朱德、江青及女儿李讷、秘书田家英。毛泽东将上述诸诗句题写在柳亚子《羿楼纪念册》上，并作一题记：“一九四九年五月五日柳先生惠临敝舍，曾相与论及上述诸语，因书以为纪念。”

毛泽东通过对柳亚子的唱和、往访、宴请等一系列活动，亲切交谈，多方开导、感化，使柳氏心中的“牢骚”很快冰释，居留北京。后来担任中央人民政府委员、政务院文化教育委员会委员，为国事奔忙。

“他长于七言，律绝俱佳”

“我在湖北省农民协会和武昌农民运动讲习所同雅声同志多次接触……谈旧体诗词也很投机。他和我一样，喜欢唐代三李（李白、李贺、李商隐），他还喜欢杜牧、王维。我们交换过各自的诗，他的名句我至今还记得：‘范叔一寒何至此，梁鸿余热不因人。’这两句用典，很融洽，很活。我看比李商隐的好。用这种诗的语言，表现诗人在当时白色恐怖中硬骨头精神。我很欣赏他这类诗句。他长于七言，律绝俱佳。”①

雅声，即邓雅声（1902—1928），湖北省黄梅县邓家老屋人。其父是前清秀才，家世清贫，只有三亩多田，一间旧屋。幼入私塾，又入八角亭小学就读，后教私塾。在十月革命和五四运动影响下，与人组织“醒民书社”，传播革命思想。1923 年冬，加入中国共产党。1924 年 5 月，中共黄梅县委成立，邓雅声任组织部长。1926 年，北伐军到达黄梅，黄梅县农民协会建立，邓雅声任秘书。他领导农民斗罪大恶极的土豪劣绅石屏南、陈烈三及大和尚祖颠。1927 年 3 月，湖北省第一次农民代表大会在武昌召开，邓雅声被选为省农民协会秘书长。1927 年“七一五”汪精卫在武汉叛变革命，省委和农协转入秘密活动，邓雅声担任两湖（湖北、湖南）巡视员和京汉路南段特委书记。1928 年春节时，邓雅声在汉口铁路饭店参加省委召开秘密会议时被捕。2 月 19 日，邓雅声在汉口大智门献出了宝贵的生命。

邓雅声勤奋好学，博览群书，诗词歌赋，精读深钻。在革命斗争中，他又以笔作武器，写下了许多战斗诗篇。这些诗，表达了一个年轻革命者

① 董志英：《毛泽东轶事》，昆仑出版社 1999 年版，第 250 页。

对光明的追求，对人民的热爱，对反动派的憎恨，对革命事业充满必胜的信念。他才华横溢，慷慨悲壮，诗风雄伟质朴，格律谨严。

范叔，战国魏人范雎，字叔。曾随魏中大夫须贾出使齐国。回国后，须贾以范雎有通齐之嫌告诉魏国丞相。魏相魏齐大怒，使舍人笞击雎，折胁折齿，雎佯死得免。于是隐藏起来，改名张禄。后随秦使王稽赴秦，以远交近攻、加强王权之策说秦昭王。昭王大悦，用为丞相，封应侯。范雎相秦，秦号曰张禄，而魏不知。魏闻秦将伐韩魏，使须贾赴秦。范雎布衣微行，至客馆见须贾。须贾大惊，曰："范叔固无恙乎？"又曰："范叔一寒如此哉！"乃取一绨袍赐之。须贾旋知秦相张禄即范雎，乃肉袒膝行，趋前请罪。范雎数其罪有三，然以绨袍之赠，尚有故人之意，故而释之。事见《史记·范雎蔡泽列传》。

梁鸿，字伯鸾，东汉初扶风平陵（今陕西咸阳西北）人。少孤家贫。曾过洛阳作《五噫之歌》，为当局所忌，遂改变姓名，东逃齐鲁，后往吴，为人佣工舂米。与妻孟光相敬相爱。著书十余篇，今不传。

不因人热，是梁鸿少年时的故事。《东观汉记·梁鸿传》："梁鸿少孤，常独坐止，不与人同食。比舍先炊已，呼鸿及热釜炊。鸿曰：'童子鸿，不因人热者也。'灭灶更燃火。""不因人热"，不借助别人的余热。后因称不仰仗别人为"不因人热"。

"范叔一寒何至此"二句，表现了穷人那种硬骨头精神，用典不着痕迹，自然灵活，确实很好。比李商隐诗晦涩难懂要好。后来，毛泽东还用"不因人热"的故事教育后代和身边工作人员，鼓励他们要有志气，不仰仗他人，不人云亦云，要有独立性格，靠自己艰苦创业。

但遗憾的有这两著名诗句的原诗遗失了，因为湖北人民出版社出版的《邓雅声烈士及其遗著》中没有查到这首诗。但书中收有诗 45 首，五、七言律诗、绝句都有，以七言为多。下面我们各举一例，领略一下邓雅声"长于七言，律绝俱佳"的特色。

先看律诗。律诗，是近体诗的一种。格律严密，故名。起源于南北朝，成熟于唐初。八句，四韵或五韵。中间两联必须对仗。第二、四、六、八句押韵，首句可押可不押，通常押平声。分五言、七言两体，简称五律、七律。亦偶有六律。其有每首十句以上者，则为排律。

我们且看邓雅声的《春日书怀》：

故纸堆中过一春，年年辜负曲江滨。
闲抛百物难忘酒，日伍群儿总为亲。
旧雨同心能有几？新诗孤愤岂无因！
承宫家世原如此，笑彼黄禾幸作人。

起首二句用典。“故纸堆”，指数量很多的书籍、资料。宋朱熹《答吕子约书》之三一：“岂可一向汩溺于故纸堆中，使精神昏弊，失后忘前，而可以谓之学乎？”“曲江”，水名。指江苏省扬州市南长江的一段。汉枚乘《七发》：“将以八月之望，与诸侯远方交流兄弟，并往观涛乎广陵之曲江。”二句是说，自己整个春天埋头读书，年复一年，连到广陵观潮都没去过。

“闲抛百物难忘酒，日伍群儿总为亲。”颔联叙事，是说枯燥的生活只好借酒浇愁，和小孩做伴是为了供养母亲。

“旧雨同心能有几？新诗孤愤岂无因！”颈联用典。“旧雨”唐杜甫《秋述》：“常时车马之客，旧雨来；今雨不来。”谓过去宾客遇雨也来，而今遇雨却不来了。所以“旧雨”作为老朋友的代称。“孤愤”，本《韩非子》篇名。韩非提倡法治，为贵族重臣所排斥，悲愤填膺，故以“孤愤”名篇。这里借用其意。这两句是说，老朋友志同道合的能有几个，写表示愤懑的新诗不是没有原因的。

“承宫家世原如此，笑彼黄禾幸作人。”尾联继续用典。“承宫”，东汉姑幕（今山东诸城西南）人。字少子。八岁为人放猪。一天，他路过徐子盛学舍，弃猪而留听讲。主人要打他，门下诸生共止之。因留为诸生拾柴，执苦数年，勤学不倦，后为大儒。永平中为博士，升左中郎将，终侍中祭酒。这是作者以承宫自比。“黄禾”，作者自注：“古诗：‘黄禾起羸马，有钱始作人。’”两句出自《乐府诗集·梁鼓角横吹曲·幽州马客吟歌辞》。“黄禾”，黄色谷物。羸（léi），瘦弱。原诗以黄禾振起弱马，比喻有钱才能做人。这里借用来表示对富豪之家的嘲讽。

这首诗写于1924年春，邓雅声正在做塾师。此诗表达了作者急欲离开教书生涯投身革命的情怀。由于革命工作的需要，1925年秋，邓雅声辞去了塾师，专门从事革命活动，成了一个职业革命家。

这首诗八句中六句用典，自然妥帖，不着痕迹，中间二、三两联对仗工稳，确是七律的佳构。

再说绝句，亦称“截句”“断句”，诗体名。截、断、绝均有短、截义，因定格仅为四句，故名。以五言、七言为主，简称五绝、七绝。也有六言绝句。唐代通行者为近体，平仄和押韵都有一定。有人说绝句是截取律诗的一半而成。

例如邓雅声1928年就义前写的《绝命词四章》：

呜咽江声日夜流，岂知宏愿逐波浮？
萧然独谢长生去，暮雨寒风天地愁。

平生从不受人怜，岂肯低头狱吏前？
饮弹从容向天笑，长留浩气在人间。

苦虑家中更不忘，谁知今日永分张。
幽魂若不随风散，应念衰亲返故乡。

本来文弱一书生，屡欲从戎愧未曾。
不死沙场死牢狱，三年埋血恨难平。

这四首绝句直抒胸臆，豪情壮志喷射而出，只用了很少几个典故。“浩气”，革命正气。语出《孟子·公孙丑》：“吾善养吾浩然之气。”“分张”，分离。梁武帝的弟弟到东郡去做官，临走时向武帝告别。武帝说我年已老，与汝分张，甚以恻怆。”（《颜氏家训》）“从戎”，从军。三国魏曹植《杂诗》之二：“类此游客子，捐躯远从征。”“三年埋血”，《庄子·外物》："苌弘死于蜀，藏其血，三年而化为碧。"又作苌弘化碧，后用来借指屈死者的形象。

这是邓雅声烈士就义前在狱中写的绝命词，表现了作者正气凛然、英勇不屈的革命精神。大义凛然，铿锵有力，不同凡响，是绝句的精品。

邓雅声是一位革命烈士，也是一位优秀诗人。对于他的诗作，毛泽东的评价甚高。

“民歌里便有许多好诗”

毛泽东喜欢民歌，同他的文化创造和发展观念有关。民歌大多是底层人民的创作并反映他们的生活内容的。基于此，他一贯强调搜集、整理民歌，并认为对新诗的发展有重要意义。1938 年 4 月 28 日，毛泽东在延安的一次讲话中指出：

> ……这些农民不但是好的散文家，而且常是诗人。民歌里便有许多好诗。我们过去在学校工作的时候，曾让同学趁假期搜集各地的歌谣，其中有许多很好的东西。[①]

1958 年，毛泽东提倡搜集民歌。3 月 22 日，他在成都会议的讲话提纲中有“收集民歌问题”。他说：

> 我看中国诗的出路恐怕是两条：第一条是民歌，第二条是古典，这两面都提倡学习，结果要产生一个新诗。现在的新诗不成型，不引人注意，谁去读那个新诗。将来我看是古典同民歌这两个东西结婚，产生第三个东西。形式是民族的形式，内容应该是现实主义与浪漫主义的统一。[②]
>
> 搞点民歌好不好？请各位同志负个责任，回去以后搜集点民歌。各阶层的人，青年，小孩都有许多民歌，搞几个点试办，每人发三五

---

① 《在鲁迅艺术学院的讲话》，《毛泽东文集》第二卷，人民出版社 1993 年版，第 125 页。

② 《在成都会议上的讲话提纲》，《建国以来毛泽东文集》第七册，中央文献出版社 1992 年版，第 124 页。

张纸，写写民歌，不能写的找人代写，限期十天搜集。这样，会收到大批旧民歌，下次会印一本出来。①

昨天，周扬同志的民歌讲得好。各级党委、支部都要收集一些民歌。我们有九万个乡，每一个乡出一集就有九万集，太多了，少出一些，出一万集。新民歌，一般的，社会上流行的，发给每个人一张纸，请你把民歌写出来。②

怎样发展新诗？毛泽东的意见是：

新诗应该精练，大体整齐，押大致相同的韵。也就是说，应该在古典诗歌、民歌基础上发展新诗。一方面要继承优良诗歌的传统；另一方面，要顺应时代的要求，以求得新诗的发展。③

1965 年 7 月 21 日，毛泽东在《致陈毅》的信中指出：

要作新诗，则要用形象思维方法，反映阶级斗争与生产斗争，古典绝不能要。但用白话写诗，几十年来，迄无成功。民歌中倒是有一些好的。将来趋势，很可能从民歌中吸取养料和形式，发展成为一套吸引广大读者的新体诗歌。④

由于毛泽东十分看重民歌在新诗发展中的重要作用，所以他非常重视民歌的搜集。

毛泽东不仅喜欢古代民歌，而且还很注意搜集和运用现代社会中流行的具有强烈现实意义的民歌。1925 年，毛泽东从上海回故乡韶山休养了大半年。在此期间，他积极组织农民运动，以普及平民教育为由，依靠一批

① 李锐：《“大跃进”亲历记》，上海远东出版社 1996 年版，第 206 页。
② 李锐：《“大跃进”亲历记》，上海远东出版社 1996 年版，第 362—363 页。
③ 臧克家：《毛泽东同志与诗》，《红旗》杂志 1984 年第 2 期。
④ 中共中央文献研究室编：《毛泽东书信选集》，人民出版社 1983 年版，第 608 页。

进步知识分子，利用原来的族校设备，开办了 20 来所农民夜校。夜校用当地的民歌民谣编写识字课本。湖南韶山陈列馆至今保存着这样两首诗。

农民头上三把刀，
税多租重利息高。
农民眼前三条路，
逃荒讨米坐监牢。

金花好，开红花，
一开开到穷人家，
穷人家要翻身，
世道才像话。
今日望，明日望，
只望老天出太阳，
太阳一出照四方，
大家喜洋洋。

看来，毛泽东对民歌的注重，一开始便是同农民运动的实践联系在一起的。在 1926 年主持广州农讲所的工作期间，毛泽东便发动学生们收集和记录各地的民歌，并读了其中大量的作品。这次活动给他留下极好的印象，加深了他对民歌的赏识，后来多次谈到收集民歌的事情。

前面引的毛泽东第一段评论，说的便是 1926 年主持广州农讲所的事情。1958 年 3 月，在成都中央工作会议上，毛泽东又提到这件事，说从这些民歌里可以懂得许多东西，这些民歌后来丢失了，非常可惜。1961 年 3 月 23 日，在广州召开的中央工作会议上，毛泽东又说起这件事，还说从民歌里面可以懂得许多东西。

毛泽东重视挖掘和运用现代社会中的民歌的社会价值，还有以下几件事情值得一说。

1930 年 5 月，毛泽东随红四军到达寻乌县时，他着手进行了一个较大规模的农村社会调查。为了说明贫苦人家受地租剥削没有饭吃的情况，他在《寻乌调查》一文中全文引用了一首较长的民歌，并对一些方言做了注释，我们不妨引在下面：

月光光，
光灼灼。
埃跌苦，
你快乐。
食也毛好食，
着也毛好着。
年年项起做，
总住烂屋壳。
暗婧女子毛钱讨，
害埃穷人样得老。
暗好学堂埃毛份，
有眼当个瞎眼棍。
大呀大，
越思越想越可怜。
事业毛钱做，
年年总耕田。
六月割也就，
田东做贼头。
袋子一大捆，
擎把过街溜。
吗个都唔问，
问谷曾晒就？
穷人一话毛，
放出下马头。
句句讲恶话，

俨然税户头。
唔奈何，
量了一箩又一箩，
量了田租量利谷，
一年耕到又阿喃！
又阿喃，
会伤心，
穷兄穷弟爱同心，
穷姊穷妹爱团结，
团结起来当红军，
当到红军杀敌人！

注：“埃”，我。“毛”，没有。“项起做”，继续做。“暗婧女子”，再漂亮女子。“样得老”，怎样得老。“暗好学堂”，再好学堂。“割也就”，刚割完。“做贼头”，很恶之意，如贼头一样恶。“袋子一大捆”，用去收租的。“过街溜”，洋伞。“吗个都唔问”，什么都不问。“放出下马头”，打官腔。“税户头”，大地主。“阿喃”，没有了之意。“爱同心”，要同心。

1936年在陕北保安的时候，美国记者在一段时间里，几乎每天都去毛泽东那里坐坐；毛泽东也经常邀请斯诺去他那里吃饭。

毛泽东的饮食非常简单，常常是一盘辣椒，一盘青菜，偶尔有少许肉，主食是小米或馒头。即使斯诺这样的客人去了，也不过额外加一份贺子珍用野果子自制的甜食。斯诺觉得，对于毛泽东来说，这样的生活实在过于简朴了。毛泽东本人却不以为然，他认为只要有辣椒就满足了。他非常能吃辣子，甚至用馒头夹着辣子吃。一次，毛泽东向斯诺说吃：“辣椒多少能反映一个人的斗争精神，革命者都爱吃辣椒。因为辣椒曾领导过一次蔬菜造反。我们家乡湖南出辣椒，爱吃辣椒的人也多，所以‘出产’的革命者也不少，如黄兴、陈天华以及红军中的彭德怀、罗荣恒、王震、贺龙等。而在世界上爱吃辛辣食物的国家，往往盛产革命者，如法国、西班牙、墨西哥、俄国等等。”他说到这里，哈哈大笑，并情不自禁地唱起一首他最喜爱的《辣椒歌》：

> 远方的客人，你请坐，听我唱个辣椒歌。远方的客人，你莫见笑，湖南人待客爱用辣椒。虽说是乡里的土产货，天天可不能少。要问辣椒有哪些好？随便都能说出几十条。去湿气，安心跳，健脾胃，醒头脑，油煎爆炒用火烧，样样味道好。没有辣子不算菜呀，一辣胜佳肴。

1953年3月下旬，毛泽东到了南京，在西康路33号省委招待所下榻。他听取了华东军区和江苏省委主要负责同志的汇报，对江苏的工作表示满意，尤其对南京市在镇压反革命运动中所取得的成绩非常高兴。22日下午，毛泽东游玄武湖时，兴致勃勃地对陈毅说：陈老总啊，我倒听得这么一首诗来：

> 唐宋元明清，匪盗未肃清。
> 国民党当道，特务大横行。
> 有了共产党，镇压反革命。
> 社会大安定，人民享太平。

毛泽东抑扬顿挫地把这首刚听来的民谣念得特别有韵味。陈毅显得几分潇洒地说："这是群众的心声嘛。南京是六朝古都，老百姓的体会也许会更深刻一些。"

1958年6月以后，在毛泽东倡导下，各地展开了声势浩大的搜集民歌运动。这一时期，在他身边工作的有关同志，专门收集了各地汇总上来的新民歌，数量很多，并都呈送给了他。

1958年11月16日，毛泽东审阅山东范县（现属河南）计划用两年时间过渡到共产主义的规划。该县县委第一书记谢惠玉，在1958年10月28日召开的全县共产主义积极分子大会上这样向人描述：

> 人人进入新乐园，吃喝穿用不要钱；
> 鸡鸭鱼肉味道鲜，顿顿可吃四大盘；

天天可以吃水果，各样衣服穿不完；
人人都说天堂好，天堂不如新乐园。

阅完规划后，作批语道："此件很有意思，是一首诗，似乎也是可行的。时间似太促，只三年。也不要紧，三年完不成，顺延可也。……"[①]

这就是毛泽东赞许的一首新民歌。后来这些民歌经郭沫若、周扬编选为《红旗歌谣》，毛泽东看后，认为"水分太多"，并对编者说过："还是旧的民歌好。"

到 1959 年 3 月初召开的第二次郑州会议上，毛泽东指出了开展民歌运动的弊端："写诗也只能一年一年的发展。写诗不能每人都写，要有诗意，才能写诗。几亿农民都要写诗，那怎么行？这违反辩证法。故体育卫星、诗歌卫星，统统取消。"一场轰轰烈烈的新民歌运动才停了下来。

---

① 《对〈山东范县提出一九六〇年过渡到共产主义〉一文的批语》，《建国以来毛泽东文稿》第七册，中央文献出版社 1992 年版，第 494 页。

“这位红军诗人有水平”

1931 年 2 月，国民党军发动对中央革命根据地的第二次“围剿”。蒋介石任命其军政部长何应钦为陆海空军总司令南昌行营主任，调集二十万兵力，采取稳扎稳打、步步为营的战略，于 4 月 1 日分四路向中央革命根据地进攻。毛泽东、朱德指挥红军第一方面军采取诱敌深入，集中兵力先打弱敌，在运动战中各个歼灭敌人的方针，于 4 月 20 日向龙冈周围地区集中，下旬再西移四十里，到东固地区隐蔽集结，待机歼敌。红一方面军从 5 月 16 日至 31 日止，自江西的东固、富田一直打到福建的建宁，横扫七百余里，连打五个胜仗，共歼敌三万余人，从而粉碎了国民党军的第二次“围剿”。

聚歼国民党军二十八师（帅长公孙藩）的情况是这样的：

5 月 16 日，拂晓前，毛泽东和朱德带领总部在由敖上沿通向中洞的大路西进时，前卫特务连同沿中洞至东固大路东犯之敌第二十八师先头部队遭遇，阻止了敌人的前进。朱总司令指挥部队，且战且退，以掩护毛泽东带电台上白云山。毛泽东不见总司令极为担心，令身边的警卫排将敌人打下去，无论如何要把总司令找到。

近午时分，由小道秘密前进的红三军主力已进到中洞的南侧，处于居高临下的有利地势，待敌军二十八师的后尾全部离开中洞时，突然从山上猛攻下来。敌人遭此突如其来的侧面攻击，顿时陷入混乱。红三军主力乘机冲杀，分割包围，战至下午五时许，将敌二十八师大部歼灭。残敌逃向水南。

右路红四军抢占了观音崖、九寸岭两个隘口，并在追击中歼敌第四十七师一个旅大部。

担任迂回任务的红三军进占固陂，歼敌第二十八师的兵站后，当夜进占富田。

这一仗，红军歼灭公孙藩第二十八师大部和王金钰的直属第四十七师一部，俘敌4100余人，缴枪5000余支，机枪50余挺，迫击炮20余门，并俘获第二十八师无线电队全部人员，缴获一部完整的电台及全部器材，为后来中央苏区同中共中央建立电讯联系提供了条件。这是红一方面军第二次反“围剿”中的第一个胜仗。

为了鼓舞士气，在战斗结束后，举办了一个“红军反‘围剿’战利品展览”。在陈列馆里摆满了红军在反“围剿”中缴获的各式枪炮、弹药、刺刀、望远镜、收发报机……其中，敌二十八师师长公孙藩一枚私章很引人注目。不知是谁在公孙藩的私章旁配了一首诗：

万人出发一人回，“剿赤”收场悔不该。
提笔起呈心猛省，叫人快刻私章来。

毛泽东参观陈列馆时，看到了这首诗，禁不住拖着长长的湖南腔念了一遍，说“唔，这位红军诗人有点水平。要是给蒋介石看到，他会骂娘哩！”①

这是一首讽刺诗。

讽刺诗是诗歌的一种。用夸张的手法和讽刺的态度描述生活中消极、落后或反动事物的一种诗体。它除了具有诗歌的种种特点外，还带有杂文风味，笔锋犀利，含蓄深刻，幽默诙谐，能收到很好的讽刺效果，又能给人以诗美的享受。应该站在人民的立场上，区别不同对象和性质，而分别采用不同态度。

这首诗讽刺的对象，是国民党军第二十八师师长公孙藩。在第二次反“围剿”第一仗中，他率领的上万国民党军被红军聚歼，枪炮弹药损失殆

① 舒龙、凌步机：《岁岁重阳》，海南出版社1993年版，第222页。

尽，无线电队全部被俘，他的一枚私章也被缴获，他几乎只身一人逃走，这就是“万人出发一人回”的含义，此时他后悔不该来“剿赤”，为时已晚。打败仗也要向上级报告啊，可是当他提笔撰写给上级的呈文时，忽然想起他的私章已被红军缴获，得赶快叫人去刻一枚新的私章，以供呈文上使用。诗人抓住一枚私章这个细节进行夸张的叙写，对国民党“围剿”的失败进行辛辣的讽刺，诙谐幽默，入木三分，收到了很好的艺术效果，因此受到毛泽东的好评。

“虽然直白了一点，但充满生气”

1935年2月9日（原作8日，误，据《毛泽东年谱》改正），红军长征来到云南省东北部的威信县扎西镇。

第二天清晨，大雪纷飞，毛泽东站在一片银白的雪地里，任雪花飘落在头上、身上，情不自禁地吟诵出几句诗：

扎西鹅毛雪，茫茫景多娇。
山山春意动，万里看冰消。

张闻天这时向毛泽东走来，说：“老毛，你又在作诗？”

毛泽东说：“刚才几句顺口溜，不是我想出来的，是在进扎西的路上在一本闲书上看到的，见到这雪景，自然就念起它来。”

“你的记忆真好，这首小诗还颇有含意哩。”张闻天说。

毛泽东说：“我喜欢它，虽然直白了一点，但充满生气。”①

这首诗是毛泽东在进长征途中进军扎西的路上，在一本闲书上看到的。什么是闲书呢？在长征中紧张的战斗和艰难跋涉中，毛泽东为什么还有闲情逸致看闲书呢？

闲书，亦作“閒书”。供人消遣的书。旧时常指经史典籍以外的野史、笔记、小说、戏曲等。唐王建《江楼对雨寄杜书记》：“竹烟花雨细相和，看著闲书睡更多。”大约是扎西一带的地方志之类的书。因为毛泽东每到一地，都要看各地的方志，借以了解风土人情、历史变迁。这个习惯一直保持在新中国成立后。

---

① 石永言：《遵义会议纪实》，解放军文艺出版社1991年版，第203页。

此诗失题，也许原有题，毛泽东没有说，也许本来就没有题，现已无从查考。我们姑且命为《扎西的雪》也未尝不可吧？

这是一首五言绝句。“扎西鹅毛雪”，首句描写，点明下雪地点是云南省威信县的扎西地区。其地处在亚热带和北温带交接之处，虽是2月9日，北国正值三九寒天，“千里冰封，万里雪飘”之时，而扎西雪虽然也下得很大，但却是边下边融化，积雪不多。“鹅毛雪”，大雪。鹅毛，鹅的羽毛，多白色，故比喻雪。

“茫茫景多娇”，次句继续描写，写扎西雪景之美。“茫茫”，广大而辽阔之状，或谓模糊不清之状。“多娇”，十分柔美妩媚。这句是说，扎西的雪天景色广大辽阔而又十分柔美妩媚，好看极了。

“山山春意动”，三句仍用描写，写扎西满山遍野雪白一片，却已透露出春天的气息。“春意”，春天的景象。

“万里看冰消”，尾句还用描写，揭示扎西“春意动”的原因，看到的虽然大雪纷飞，但是一边下着，一边融化着，已不是天寒地冻，滴水成冰的隆冬，原先结的冰已开始融化了，这说明已经到了冬末春初的节候了。

总之，这首诗描写了扎西美丽的雪天景观，及其透露出的春意。语言明快，景象鲜明，虽然直白了些，但却充满了生命活力，因而是一首好诗。

一年以后，毛泽东“初到陕北看见大雪时”便写下了他的名作《沁园春·雪》，其中“万里雪飘”，与本诗中的“万里看冰消”，“江山如此多娇”，与本诗中“茫茫景多娇”，或从句式或从词语运用上，都不难看出二者之间的联系与区别，由此我们可以看出毛泽东是多么勤于学习和善于学习。至于20世纪60年代，毛泽东又用“江山如此多娇”为关山月、傅抱石给人民大会堂画的一幅山水画题签，更说明他对此诗句的喜爱。

至于毛泽东长征到扎西时为什么还有工夫看闲书，而且发现了这首诗后，又在雪天去吟诵品赏。这与毛泽东当时的处境和心境有关。

大家知道，早在长征开始之前，毛泽东已经靠边站。长征开始时，几乎被留在苏区，由于周恩来的力争，才让他随部队长征。

长征初期，军事指挥权掌握在共产国际派来的军事顾问李德和博古手里，从江西，经湖南，到四川、贵州、云南交界地区，节节败退，损失惨重，人员锐减，几乎跳不出国民党军的包围圈。

在这种形势下，1935 年 1 月 15—17 日，中央政治局在遵义召开了扩大会议（遵义会议）。会议增选毛泽东为政治局常委，取消三人团，取消博古、李德的最高军事指挥权，决定仍由中央军委主要负责人朱德、周恩来指挥军事，周恩来为党内委托的对于军事指挥下最后决心的负责者。会后中央常委分工，毛泽东为周恩来在军事指挥上的帮助者。

遵义会议结束了王明“左”倾冒险主义在中共中央的统治，确立了毛泽东为代表的新的中央领导，在最危急的关头，挽救了党，挽救了红军，并为胜利完成长征奠定了基础。

之后，红军在毛泽东的指挥下，开始了红军长征中举世闻名的四渡赤水之战。1 月 29 日，凌晨，红军主力分三路从猿猴场（今元厚）、土城南北地区西渡赤水河（一渡赤水），进入川南古蔺、叙水地区，寻机北渡长江。

2 月 9 日，毛泽东同军委纵队经太河滩到达威信县扎西镇。在老街江西会馆出席中央军委负责人会议，研究下一步进军方向和部队缩编等问题。毛泽东在会上提出回师东进、再渡赤水、重占遵义的方针。他认为应利用敌人的错觉，寻找有利的战机，集中优势兵力，发扬我军运动战的特长，主动地消灭敌人。为此他提出轻装，精简机构，充实连队。

毛泽东在扎西吟诗，是在他回到中央领导岗位不久，对今后红军进军方向已经成竹在胸，当时的心情是舒畅的，才有看闲书的兴趣，吟诗的雅兴。

之后，毛泽东指挥红军，连打胜仗，2 月 18—21 日，中央红军由四川古蔺县太平渡、二郎滩东渡赤水河（二渡赤水），回师黔北。

3 月 16 日，毛泽东到达仁怀县茅台镇。当晚至 17 日 12 时前，中央红军在茅台镇及其附近地区西渡赤水河（三渡赤水），向川南古蔺、叙永方向前进，摆出北渡长江的姿态，将国民党主力引向赤水河以西地区。

3 月 21 日—22 日，中央红军从二郎滩、九溪口、太平渡东渡赤水河（四渡赤水）。毛泽东指挥的“四渡赤水”的战绩，是他运筹帷幄的得意之笔。“毛主席用兵真如神”，军事上的胜利，才使他有吟诗赏雪的兴致，不是吗？

“此稿甚好，赶快发表”

柯仲平是延安时期解放区的一位重要诗人。他1938年5月完成的长篇叙事诗《边区自卫军》曾受到毛泽东的好评。

一天傍晚，毛泽东应邀参加边区印刷厂的工人晚会。在会上，柯仲平当场朗读自己的新作《边区自卫军》。

这是一首长篇叙事诗。柯仲平读了一半，怕占去毛泽东的时间，便停下来问：“还要不要念？”

毛泽东把手一挥：“念下去。”

柯仲平朗诵得热情奔放，博得一阵阵热烈的掌声。

毛泽东听完，握着柯仲平的手，高兴地说：“你把工农大众作了诗的主人，对民歌形式进行了吸收、融化，为诗歌大众化作出了辛勤的努力。”

毛泽东还特意将诗稿带了回去。过了两天，他派警卫员将诗稿送还了柯仲平，在诗稿上留下了两句批语：“此稿甚好，赶快发表。”

后来有一次，毛泽东说：“云南诗人柯仲平真有股犟劲！”①

柯仲平（1902—1964），原名柯维翰，云南省广南县人。早年肄业于北京政法大学法律系。曾在创造社出版部、狂飙出版部工作。1924年前后开始写作，多发表于《洪水》《狂飙》和《草原》等刊物上。1927年在西安省立一中任教。1929年在上海建设大学任国文教授。1930年加入中国共产党，任中共中央《红旗日报》采访员。同年12月被捕判刑。1934—1937年在日本。1937年11月到延安任中央宣传部文化工作训练班班长。曾发起组织边区民众剧团，后任陕甘宁边区文协副主任、主任。参与发起街头

① 孙琴安：《毛泽东与柯仲平》，《名人传记》1992年第10期。

诗和朗诵诗运动。

由于得到毛泽东的好评,《边区自卫军》,不久便在中共中央机关理论刊物《解放》周刊第41、42期连载。

柯仲平当时积极参与发起街头诗与朗读诗运动。所谓街头诗,又称传单诗、墙头诗,是新诗的一种特殊形式。抗日战争时期,1938—1939年间,延安的革命文艺工作者曾发起"街头诗运动"。在延安的大街小巷以及农村的残垣断壁上写满了反扫荡、鼓吹民主、宣传抗日的街头诗。诗的特点首先是配合当时的革命斗争,其次是通俗易懂,有广泛的群众性。它在特定的历史条件下起过一定的作用。

1938年8月7日,边区文协战歌社(柯仲平、林山等)、西北战地服务团战地社(田间、邵子南等)联合发表《街头诗歌运动宣言》,说:"在今天开展大众街头诗(包括墙头诗)运动,不但利用诗歌作战斗的武器,同时能使诗歌走到真正大众化的道路上去。有名氏、无名氏的诗人们,不要让乡村的一堵墙,路旁的一片岩石,白白地空着,也不要让群众会上的空气呆板沉寂。写吧——抗战的,民族的,大众的!唱吧——抗战的,民族的,大众的。"之后,街头诗运动便蓬蓬勃勃地展开了。

《新中华报》刊登街头诗选,其中登有柯仲平的《边区自卫军》(署名敏夫)和《保卫我们的利益》。

朗诵诗,诗歌的一种。要求主题鲜明,语言流畅,明白易懂,节奏明快,音调和谐。朗诵诗宜于直接向群众朗读,有很好的鼓动作用。柯仲平曾拿着《边区自卫军》给工人朗诵。

延安时期,柯仲平是朗诵诗和街头诗运动的发起者和积极参加者,《边区自卫军》是他那时的一部力作。

《边区自卫军》,"1938年五一节前夜写毕",10月由战时知识社出版,收入《边区自卫军》《游击队像猫头鹰》两首长诗,有前记。同年他还发表了《平汉铁路工人破坏大队》,曾受到毛泽东同志和群众的赞扬。柯仲平是被萧三称为"喇叭和唢呐的诗人"。他在诗歌大众化方面做了很大的努力。

《边区自卫军》采用唱本俗曲的形式来铺陈故事的发展。全诗分四章,叙述自卫军李排长和韩娃智捉汉奸土匪的故事。这是当时真事,他在

“前记”里说：“这是在边区工人第一次代表大会上听来的故事，后来，把这个故事详细告诉我的，是工人代表林光辉同志。”

由于诗太长，我们只能节选部分章节。比如韩娃和李排长智抓汉奸的描写：

他打定主意：
　　要叫一人在先走，
　　走了几步后，
　　再叫一人走，
　　他跟在后头。

这样走，他可以打破两人的同谋，
他们和他拼，
他就从后面这一个先下手，
一人对一人，
他可不用愁，
那个要逃跑，
至少当中一个也跑不掉。

哪知他叫前头那人“开步走”，
那人不但不走反退后，
这个当儿退后为的什么呀？
不是怕，便是起了坏念头。
黑影何尝不在打主意：
　　“三十六计，
　　走为上计。”

韩娃事事要周全，
不能周全，不能周全，
只好抓紧那最重要的一点。

韩娃举起矛子要下手，
看呵——
　　早见一个大黑影，
　　飞落在那两人的背后。
那个大黑影子当时喝：
　　“哪里走！”
他两人，好比黑松林里遇李逵，
　　吓得屁滚又尿流。
……
排长来查哨，
已经查了好几哨，
韩娃的盘查本事特别高，
排长也在崇拜韩娃了，
不过排长没有讲出来，
韩娃不知道。
前无路，后无路，
矛子刀光下，
绑起了两个奸徒。

诗人生动地叙述了韩娃和李排长智捉两个汉奸的故事。再如结尾写自卫军凯旋：

归来了，归来了，
八个区的自卫军，
八个区的男男女女，
胜利地归来了。

我们自卫军的旗手韩娃，
高举着自卫军的旗帜；
我们自卫军的排长，

喊着“一二三四——一二三四”；
我们自卫军的全体同志，
眼里飘扬着那胜利的旗帜，
跟着喊“一二三四——一二三四”。
我们的老百姓，
欢迎着我们的自卫军前进，
眼里也飘扬着那胜利的旗帜，
心里跟着喊“一二三四——一二三四”。
我们的军民都是英勇抗战的，
我们里面不容有个坏分子，
我们军民一致，“一二三四——一二三四”。

我们自卫军的任务何等重大——
　　保卫边区，
　　保卫抗日根据地，
　　保卫西北，
　　保卫全中国。
为争取我们的最后胜利，
我们前进，“一二三四——一二三四！”

《边区自卫队》描写边区人民武装智捉汉奸的故事，表现了李排长、韩娃等人机智、勇猛和纯朴的性格，歌颂他们在战斗中的成长。全诗洋溢着对子弟兵的亲切感情，较好地反映了边区斗争生活和人民战争必胜的信心。诗论家何其芳说：“利用民间形式而且有成就的作者，我们可以举出柯仲平同志。”肯定了他写作长诗的企图和题材的现实性，以及已经得到的一定成功。同时也指出了他“不经济”以及因“各种不同形式的兼收并容突然变换，使人感到不和谐，不统一”（《论文学上的民族形式》）的缺点。

毛泽东则说他“把工农大众作了诗的主人”，民歌形式，语言通俗，大众化，这是对柯促平创作方向的肯定，是很高的评价。

同年7月4日，柯仲平又组织陕甘宁边区民众剧团，担任团长。剧团条件困难，毛泽东给了300元，买了毛驴、汽灯等。剧团坚持抗战，长期下乡为群众演出，曾经受到毛泽东的表扬和宴请。

1942年，毛泽东不仅经常为《解放日报》第四版审阅稿件，而且还与副刊主编大舒一起反复商量，亲笔抄录。名单中除范文澜、邓发、徐真、冯文彬、艾思奇、陈伯达、蔡畅、董纯才、吴老等九位外，还有包括柯仲平在内的三位作家。随后，即由中共中央办公厅按名单发出了通知，请大家参加毛泽东的“枣园之宴”。

开宴那天，客从四面八方赶来，相继入席。毛泽东站起来即席致辞：“……诸公驾到，非常感谢。今在枣园摆宴，必有所求，我想诸位专家、学者必然乐于为第四版负责，当仁不让，有求必应，全力赴之，取之不尽，用之不竭……”

大家边吃边讲，直到夕阳西沉，明月东升，才尽兴而散。只老柯一人仍坐在那里，吃吃喝喝，没完没了。毛泽东叫警卫员送来三个碗，给老柯、大舒，然后给自己斟得满满的，说：“喝吧，老柯、大舒，酒逢知己千杯少……”又专对老柯说：“你带个剧团，常年奔波在他乡，辛苦了，这是慰劳酒！”

“感谢你，批给我三百元钱，搞起这个剧团……”

“让你受苦受难……”

“过惯了，我愿意同老百姓在一起……”

月亮渐高，夜色已浓，大舒悄悄地写了一个条子，劝老柯罢饮归去，背着毛泽东递去。不料，事机不密，给毛泽东截住了。毛泽东笑了笑把它撕掉。挽留两人继续喝下去，直到老柯喝到不能再喝，才算散席。

老柯酒吃多了，骑在马上左右摇晃，终于栽下来，大舒下马搀扶，一来两去，两人都卧地呼呼大睡起来。好梦正酣的时候，被人唤醒。抬头一瞧，身边有两个警卫员，迎面则是毛泽东，还有华侨赠的一部汽车，于是五个人一起上了汽车。由此可见他们关系的亲密。

新中国成立后，柯仲平历任全国文联常务理事，西北文联主席、西北艺术学院院长、中国作协副主席等职。主要作品还有诗集《从延安到北京》、抒情长诗《海夜歌声》等。

“洛阳才子”的诗“有味道”

1945 年春，在延安王家坪，雷英夫第一次见毛泽东。毛泽东问：“听说你是洛阳人？”雷英夫说：“我在洛阳读过书，做过工，但我不是洛阳人，我是孟津人。”毛泽东又说：“孟津离洛阳不远，也属洛阳。孟津人也算洛阳人。”停顿了一下，他又说：“你说你是孟津人，那我问你：‘周武王到过孟津几次？’”雷英夫一时语塞，稍停一下，说：“主席，我才疏学浅，这个我还真不知道。”

毛泽东说：“武王到孟津去过两次。一次是公元前 1029 年，这是第一次去。各路诸侯齐集孟津，商量伐纣，大家基本都同意。武工很能干，看到决战的条件不够成熟，虽然商纣内部腐败了，但还没有烂透，还不到马上垮台的时候。他的兵力也比武王强大得多。武王看地形时发现，过黄河的准备工作还没搞好。争取人心还需要多做一做工作。直到快要出兵了，伯夷、叔齐不是仍然反对出兵，结果出走了吗？所以武王下决心收兵，回去做准备。做了哪些准备呢？有文有武，有精神有物质。他是很讲究师出有名的。要造舆论，统一思想，搞统一战线。他还要广揽人才，积聚粮草，打造兵甲，准备舟楫，并用四千多条船架起了黄河大桥，用了两年时间做了充分准备。这样到了公元前 1027 年，武王又从潼关出兵到孟津，政治上发宣言，军事上搞突然袭击，集中兵力打歼灭战，瓦解敌军士气，在朝（zhāo 招）歌南的牧野一仗打败了商纣。”

后来雷英夫说到自己离家参加八路军时，写了一首诗以明志。毛泽东一听诗就高兴，忙问：“雷英夫是一首什么样的好诗，能背出来听听吗？”雷英夫想了想，有点不大好意思地背诵道：

男儿仗剑出潼关，不驱倭寇誓不还。
待到班师回归日，定斩豺狼祭红天。

毛泽东听了点着头说：“嗯，有味道，革命的坚定性很强，是一首有抱负、有志向的诗。”他说着，好像沉思了一下，接着说：“你的确很有才华，能写文章，还会作诗，是八路军里的才子。我要给你取个字号。”

毛泽东站起来，一手掐腰，一手揪着一颗衣服扣子，低着头在屋里踱起步来，一会儿，他说：“好，送你一个‘洛阳才子’的雅号。”①

雷英夫的这首诗，是七言绝句。前两句写诗人前去参军，立志消灭日本侵略者的志向。首句叙事，写诗人去陕北参加革命队伍。“仗剑”，手提宝剑，此指参军。“潼关”，关名。在今陕西省潼关县境。古为桃林塞，东汉时设潼关。当陕西、山西、河南三省要冲。诗人是孟津人，要去延安参军，自然要经过潼关，所以说“出潼关”。

“不驱倭寇誓不还”，次句议论，表明自己的志向、抱负。“倭寇”，14—16世纪侵扰劫掠我国和朝鲜沿海地区的日本海盗。抗日战争时期我国人民亦用以称日本侵略者。此句是从唐王昌龄“不破楼兰终不还”（《从军行》之四）点化而来。

后两句写凯旋告慰父老乡亲。“待到班师回归日”，三句叙事，是说等到军队打了胜仗凯旋那一天。

“定斩豺狼祭红天”，末句抒情，是说告慰父老乡亲已打败日本侵略者。“豺狼”，豺与狼，两种凶猛的野兽，比喻凶残的恶人，此指日本侵略者。“红天”，指解放区。此句似有毛病，因为前边已写到“班师”，已有打败日寇之意，这里再写“定斩豺狼”，已有重复，还容易使人产生杀戮俘虏的误解。再说，“红天”之说，属生造词语，不好。笔者以为此句若改为“告慰父老乡亲前”，较为显豁。

毛泽东给雷英夫起的雅号“洛阳才子”，是有典故的。“洛阳才子”，

① 张丁、张兵:《领袖身边的军事高参》,电子科技大学出版社1993年版,第69—70页。

原指西汉的贾谊，因其是洛阳人，少年有才，故称。后泛称洛阳有文学才华的人。语出晋朝潘岳《西征赋》：“终童山东之英妙，贾生洛阳之才子。”唐孟浩然《访袁拾遗不遇》：“洛阳访才子，江岭作流人。”又李白《陪族叔刑部侍郎晔及中书舍人至游洞庭》之三：“洛阳才子谪湘川，元礼同舟月下仙。”王琦注：“（洛阳才子）谓贾谊也。贾至亦河南洛阳人，故以谊比之。”送他“洛阳才子”的雅号，是称赞他有文学才华，“会作诗”。

抗战胜利后，根据中央的安排，雷英夫参加了中、美、蒋三方的谈判。1946 年 10 月内战全面爆发后，本人要求去前线锻炼，得到批准。到华东野战军十纵（第二十八军），在团和师里工作，参加过济南战役、淮海战役、渡江战役、上海战役、福州战役等许多重要战役。之后调到周总理办公室任军事秘书兼中央复员委员会副秘书长和总参作战室主任。

在抗美援朝中，毛泽东听他汇报朝鲜战局的六条意见后说了六个字：“有道理，很重要。”

1953 年春，雷英夫在苏联学习了半年军事理论回国，来到中南海，向毛主席、周总理汇报学习情形及见闻等。雷英夫谈到苏军缺乏民主时，念了一段顺口溜：“上级的话是最对的，上级的表是最准的，上级的靴子是最亮的，上级的……”雷英夫突然收住了口。

毛泽东问：“怎么不念了？话到嘴边怎么又含住不放了？”

“主席……”

“是很难听的话吧？是不是骂娘的？念吧，骂娘的话也是在表达情绪嘛。”毛泽东显得大度、宽容。

雷英夫说：“是不太雅。……这最后一句是，‘上级的屁是最香的。’”

“噢，上级的屁是最香的。”毛泽东重复念了一遍说：“四句话顺口溜很形象，这最后一句是最有味道的，很深刻也很辛辣嘛。最精彩的话差一点叫你贪污喽。”

毛泽东笑了，继续说：“不让群众说话，看来是办不到的。你不让他当面说，他就在下边说，而且会正话反说，戳了你的痛处，还要让你笑一笑。好，这就是辩证法，是人民群众的辩证法。”[①]

毛泽东和雷英夫这次谈话中，谈到了流行在苏联军队中的一首顺口溜，并进行了精辟的评论，使人受益匪浅。所谓顺口溜，是流行于民间的口头韵文之一。纯用口语，句子长短不限，念起来很顺口。雷英夫介绍的这个顺口溜，句子整齐，像一首白话诗。

① 张丁、张兵：《领袖身边的军事高参》，电子科技大学出版社 1993 年版，第 153—154 页。

“现在需要战斗的作品”

1939 年 4 月 6 日，萧三随同邓发等 12 人乘飞机离开迪化（今乌鲁木齐），后随一二九师政委邓小平乘卡车离开西安奔往延安，三天后到达。……刚从组织部大礼堂开会出来的毛泽东，见到萧三说：“啊，十多年不见了！”毛泽东请小平、邓发、萧三到杨家岭他的住处去吃晚饭。……毛泽东敬了萧三一杯红葡萄酒，谈起二十年前他们两人一起，在渤海大沽口的冰上走路的情景，……萧三同毛泽东年少同窗，彼此了解，谁都不是从小全能全知的圣人。临别时，毛泽东从书架底下取出香烟，吹了吹上面的灰尘，塞在萧三的大衣口袋里。那个年月的延安，纸烟是极为珍贵的礼物啊！走出窑洞，满天星斗，毛主席重复了学生时代的规矩，双手并放膝前，一鞠躬而别。

毛泽东 5 月 5 日到鲁艺看望萧三。套用旧话说：“特来专程拜谒。”萧三说：“真不敢当。”谈到小说《聊斋志异》时，……萧三谈到自己说：“我在国外搞文学是‘卖独行市’（湖南土话，即单干），写过几首诗，人们就称我为诗人，其实很惭愧……”毛泽东插话说：“你是诗人。”萧三又说：“我写东西很迟缓，难成，不能‘下笔千言’。”毛泽东又插话说：“下笔千言的，有时离题万里。”

5 月 12 日，萧三到杨家岭去看毛泽东，毛泽东正在读《宋史演义》。萧三把自己诗作的手抄本拿给毛泽东看。毛泽东略看了几首，比较喜欢旧体诗，说《梅花》那首写得好。放下，说慢慢再看，又开起玩笑说：“姓萧的古来文学家很少，你要争气。”①

---

① 艾克恩编纂:《延安文艺运动纪盛》,文化艺术出版社 1987 年版,第 128—130 页。

1939年6月17日，毛泽东写信给萧三：

子暲同志：

（一）大作[①]看了，感觉在战斗，现在需要战斗的作品，现在的生活也全部是战斗，盼望你更多作些。

（二）高尔基晚会如无故障当来参加[②]，惟这几天较忙一些。

（三）马，待查问一下看，这事倒不很容易。如你在边区范围内行动，那我可以拿我的马给你用一下；如往外边，就得另想法了。

敬复

毛泽东

六月十七日

萧三（1896—1983），原名萧子暲，曾用笔名埃弥·萧·爱梅等。湖南湘乡县人。1919年参加五四运动，1920年赴法勤工俭学。1923年赴苏。1939年回国工作，任鲁艺艺术学院翻译部主任。陕甘宁边区和延安文协主任，主编《大众文艺》《中国导报》《新诗歌》。

综合毛泽东和萧三的谈话以及他写给萧三的信，主要谈了两个问题：

一、萧三是一位优秀诗人，他的诗歌创作是“在战斗”，肯定了萧三的创作方向。他当时的诗歌创作确是如此。《纪念广州公社》《南京路上》《血书》《东北工农歌》《满洲里的两个日本兵》《以战反战》《红场》《莫斯大林》《我又来谒列宁墓》等等，这些诗的题目，就足以说明，萧三是站在无产阶级立场上，和国民党反动派、日本帝国主义战斗。

例如《华北》：“闻鸡起舞三尺剑，寒星几点月不见。城头宿鸟惊飞起，忍看华北风云变？！”

所谓“华北事变”，1935年5月，日本帝国主义借口中国破坏《塘沽协定》，向国民党政府提出对华北统治权的要求。6月9日，国民党华北

① 指萧三写的一本诗稿。其中一部诗后来收入他的诗集《和平之路》和《萧三诗选》。

② 高尔基逝世三周年纪念会于6月18日在中央礼堂举行。

军分会代委员长何应钦，与日本华北驻屯军司令梅津美治郎，签订了承认日本要求的《何梅协定》。同时，日军又找借口侵驻察哈尔。11 月，日本帝国主义策动所谓“华北五省自治运动”，22 日汉奸殷汝耕在通县成立有 22 县的“冀东防共自治政府”。12 月，国民党政府为满足日本“华北特殊化”的要求，于 16 日成立“冀察政务委员会”。以上总称“华北事变”。

对于日本帝国主义扩大侵略中国的战争，诗人认为不能坐视不管，应该像闻鸡起舞的刘琨一样，手提三尺宝剑去和敌人战斗。

毛泽东肯定萧三诗歌创作的正确方向，并说“现在需要战斗的作品”，因为“现在的生活也全部是战斗”。“当时”（1939 年）抗日民族统一战线已经形成，国民党和共产党，全国军民，同仇敌忾，抗击日本帝国主义。现实斗争需要战斗的作品，以发挥它“打击敌人，消灭敌人”的作用。所以，他盼望萧三多写些战斗的作品。这不仅为萧三，也为广大文艺工作者指明了创作方向。

二、毛泽东比较喜欢萧三的《梅花》诗。《梅花》全诗如下：

过年时节看梅花，折下一枝带回家。
梅花插在花瓶里，不怕冰雪冉冻它。

热酒一壶客满座，对瓶痛饮作诗歌。
梅花心里暗满足，冷笑姊妹无幸福。

春天过后雪尽消，颗颗青梅挂树梢。
回头来看花瓶里，那枝梅花全枯了。

诗题作《梅花》。梅花是一种落叶乔木。种类很多。叶卵形，早春开花，以白色、淡红色为主，味清香，供观赏。果球形，立夏后熟，味酸，可生食，也可以制成蜜饯、果酱等食品。生者青色，叫青梅；熟者黄色，叫黄梅。

这是一首小叙事诗。梅花在农历春节前开放，其时中国北方正是冰天雪地，万木凋零，只有梅花凌霜傲雪开放，所以，自古以来文人雅士就有踏雪寻梅的趣事。

全诗三节，第一节写过春节时去野外观赏梅花，折取一枝带回家，插入花瓶中继续观赏，表现诗人赏梅兴致之高，“不怕冰雪再冻它”，又流露出他的护花之心。

第二节，写诗人不仅与家人共赏梅花，而且又邀请诗友前来观赏，饮酒赋诗，惬意得很，仍是进一步写对梅花的关爱。后两句又将梅花拟人化，写它心里感到很满足，因为这种幸福只有它独有，其他姊妹（花木）却仍在冰雪中挨冻，无此幸运。

第三节，写诗人将瓶中插的梅花与野外生长的梅花作一对比，发现冰化雪消到了初夏之后，原野上的梅树硕果累累，而花瓶中的那枝梅花早就干枯了。写出了劳动人民和文人雅士对待梅花的不同态度，导致不同的结果，似对插瓶赏梅之事有所悔悟，这是诗人感情上的升华。

毛泽东认为萧三这首《梅花》诗“写得好”，首先是从思想内容上看，它写出诗人向劳动人民思想感情的转化；再从艺术表现上，也有可取之处。它采用类似七言绝句式的旧体诗法，语言又明白如话，叙事清晰，条理井然，比较成功，因而赢得了毛泽东同志的好评。

另外，萧三 1937 年写的《故都吟》中《冬》也写到梅花，立意也不错。诗是这样的：

> 秦时明月汉时关，吴宫花草晋衣冠，
> 踏雪寻梅饶古趣，忍看倭马蹴关山！

萧三新中国成立后历任中国文联委员、中国作家协会书记处书记、《译文》月刊编委、中国作家协会外国文学委员会主任等职。五四时期开始在《湘江评论》发表诗歌，翻译《国际歌》等。主要作品有诗集《和平之路》《友谊之歌》《萧三诗选》《伏枥集》，主编《革命烈士诗抄》及其《续编》等。其诗热情奔放，简洁明快。

与周恩来、陈毅、黄炎培联句

1945 年 7 月，时任国民参议员的黄炎培到延安访问。第二天，毛泽东宴请黄炎培，喝茅台酒，周恩来，陈毅作陪。席间，宾主谈笑甚欢，陈毅一时兴起，提议联句助兴，大家赞同。毛泽东起首句：

延安重逢喝茅台。

周恩来接句：

为有佳宾陕北来。

黄炎培念了自己过去诗中的一句：

是假是真我不管。

陈毅接着也念了黄炎培过去诗中的一句：

天寒且饮两三杯。

红军长征时四渡赤水，经过贵州省茅台镇，国民党大肆造谣，说红军在茅台镇时，纵容官兵在茅台酒厂的酿酒池里洗脚。黄炎培当时对此谣言不相信，特意写了一首七绝《茅台》：

喧传有客过茅台，酿酒池中洗脚来。
是假是真我不管，天寒且饮两三杯。

这首诗曾流传到延安，广为人知。因此，毛泽东听了黄、陈的联句后，连说："不算！不算！从头再来。"他又起首句：

赤水河畔清泉水。

周恩来续句：

琼浆玉液酒之最。

黄炎培接着念句：

天涯此时共举杯。

陈毅续句：

惟有茅台喜相随。

吟罢，大家相视，拊掌大笑。

这次饮酒联句，在延安一时传为佳话。[①]

联句，作诗的方法之一。由两人或多人共作一诗，联结成篇。旧传最早的联句始于汉武帝时《柏梁台诗》，全诗七言，26句，分别由26人出句，一句一意，相联而成，后人又称其为"柏梁体"。但据后人考证，此诗系伪托之作，并不可靠。晋宋时已有不少人作诗用"联句"，今存陶渊明、鲍照、谢朓等人诗中均有此种形式。大概为一人作四句，并有较完整的意思，所以有些学者曾以此为后来"五言绝句"所从出。唐宋时用联句作诗的更多。联句作诗，初无定式，有一人一句一韵，两句一韵乃至两句以上者，联成一篇；后来习惯于用一人出上句，继者须对成一联，再出上句，轮流相续，最后结篇。联句多为友人间宴饮时酬酢游戏之作。本篇就是采取这种常见的形式。

① 见2001年7月9日《老年文摘》和8月18日《团结报》。

黄炎培（1978—1965），字任之，上海川沙县人。1917 年在上海创办中华职业教育社。1940 年参与发起组织中国民主政团同盟。1945 年底发起建立中国民主建国会，后长期是中国民主建国会主要负责人。当时任国民参政员。新中国成立后，曾任中央人民政府政务院副总理，全国人民代表大会副委员长等职。

毛泽东与周恩来、陈毅、黄炎培的联句，写得幽默风趣，诗意盎然。第一次，毛泽东起首句：“延安重逢喝茅台”，是盛情款待老朋友之意。毛泽东在重庆谈判时与黄相识，时隔两年之后，黄炎培到延安参观，是老友重逢，“有朋自远方来，不亦说乎！”（《论语·学而》）茅台，指茅台酒。贵州省仁怀县茅台镇产的酒。清香醇美，驰名中外，为国产名酒之冠。用这样的名酒来招待黄炎培，足见友情之重。周恩来接句：“为有佳宾陕北来”，佳宾指黄炎培。黄炎培作为共产党的贵宾来延安参观，所以盛情招待他。黄炎培念了自己旧作中的一句：“是假是真我不管”，语义双关，一是说延安生活条件那么困难，茅台酒是不是真的值得怀疑；二是让人记起他过去不信红军在茅台酒厂酿酒池内洗脚之事，表明他对红军的友好态度。陈毅也很识趣，接着也念了黄炎培旧作中的一句：“天寒且饮两三杯”。这自然便让人忆起黄炎培写的《茅台》诗，表明对黄炎培友谊的看重。

黄炎培的《茅台》诗早就流传到延安，广为人知。所以毛泽东说：“不算！不算！从头再来。”于是他又起首句：“赤水河畔清泉水”。茅台镇，东通遵义，水路沿赤水河可通长江。长征时，毛泽东指挥红军四渡赤水，用兵如神，得意之笔，终生难忘，所以从“赤水河畔”着笔。周恩来接句：“琼浆玉液酒之最”，可谓茅台酒定评。黄炎培接着念道：“天涯此时共举杯”，叙彼此友谊。陈毅续句作结：“惟有茅台喜相随”，点明用茅台酒待客。吟罢，大家相视，拊掌大笑。这次饮酒联句，一时在延安传为佳话，而且现在看起来仍是一段佳话。

为商国事，国民参政员褚辅成、黄炎培、冷通、傅斯年、左舜生、章伯钧从重庆到延安往返五天。7 月 1 日到达，毛泽东、朱德等亲自到机场迎接。

2 日下午，毛泽东在杨家岭会见褚辅成等六人，听取他们述明来意和对国内问题的意见。晚上，在中央大礼堂举行宴会欢迎六人来访，并陪同他们出席文艺晚会。

3日下午，毛泽东、周恩来同章伯钧、左舜生谈话。晚上，毛泽东、朱德、周恩来、林伯渠到褚辅成等六参政员下榻的陕甘宁边区政府交际处，同他们继续会谈。

4日，毛泽东在杨家岭住处会见褚辅成等六参政员，进行第三次会谈。毛泽东将中共方面整理的《中共代表与褚辅成、黄炎培等六参政员延安会谈记录》交给褚辅成等。晚上，毛泽东出席在王家坪第十八集团军总司令部举行的为褚辅成等六参政员饯行的宴会。

在几天与黄炎培等的交谈中，有一次毛泽东问黄炎培的感想怎么样？黄炎培说：我生六十多年，耳闻的不说，所亲眼看到的，真所谓“其兴也浡焉”，“其亡也忽焉”，一人，一家，一团体，一地方，乃至一国，不少单位都没有能跳出这周期率的支配力。一部历史，“政怠宦成”的也有，“人亡政息”的也有，“求荣取辱”的也有，总之没有能跳出这周期率。中共诸君从过去到现在，我略略了解了，就是希望找出一条新路，来跳出这周期率的支配。毛泽东说：我们已经找到新路，我们能跳出这周期率。这条新路，就是民主。只有让人民来监督政府，政府才不敢松懈。只有人人起来负责，才不会人亡政息。

5日，毛泽东同周恩来、林伯渠等到延安机场欢送褚辅成、黄炎培等六参政员飞返重庆。

10月，黄炎培著《延安归来》出版。他在日记中写道：“下午坐车赴杨家岭，访问中共主席毛泽东，直到他的家里……四壁挂着清清疏疏的几幅画，中有一幅是沈叔羊画的，一壶酒上写‘茅台’两字，几个杯子，我题上一首打油诗。这是某年沈叔羊在重庆开画展，要求我在这几幅画上题字，忽然想起了二万五千里长征中间，共产党人在茅台池里洗脚……一桩故事的传说，就提起笔来游戏式的写上一首七绝：‘喧传有客过茅台，酿酒池中洗脚来。是假是真我不管，天寒且饮两三杯。’料不到这幅画落在共产党领袖的客堂里。”

“新词拜读，甚感盛意”

1945年12月29日，毛泽东在写给黄齐生先生的信中说：“新词拜读，甚感盛意。”[①]对黄齐生先生的“新词”给予高度评价。

黄齐生（1879—1946），贵州省安顺县人，著名教育家。早年参加辛亥革命。1921年与外甥王若飞同赴法国勤工俭学，回国后从事教育工作，曾积极参加抗日救亡运动和反内战反独裁的民主运动。当时在延安。1945年3月代表延安各界赴渝慰问“较场口事件”被殴民主人士。同年4月8日返延，途中因飞机失事遇难。

信中所说黄齐生先生的“新词”，指《沁园春》。全文如下：

是有天缘，握别红岩，意气飘飘。忆郭舍联欢，君嗟负负，衡门痛饮，我慨滔滔。民主如船，民权如水，水涨奚愁船不高！分明甚，彼褒蠁妲笑，只解妖娆。

何曾宋子真娇？偏装腔作势惯扭腰。看羊尾羊头，满坑满谷；密探密捕，横扰横骄。天道好还，物极必反，朽木凭他怎样雕？安排定，看居邠亶父，走马来朝。

1945年8月28日，毛泽东赴重庆和蒋介石谈判。著名诗人柳亚子向毛泽东索诗，毛泽东于10月7日在致柳的信中说：“初到陕北看见大雪时，填过一首词，……录呈审正。”柳亚子收到的，便是毛泽东1936年2月写的《沁园春·雪》，这是毛泽东的代表作。该词随即不胫而走，在山城传

① 中共中央文献研究室编：《毛泽东书信选集》，人民出版社1983年版，第264页。

开。时任重庆一家民营报纸《新民报晚刊》副刊编辑的剧作家吴祖光，辗转得到该词的三个版本，校合一处，于 11 月 14 日在该报首次发表。这时毛泽东已于 10 月 11 日回到延安。

《沁园春·雪》在重庆掀起一场轩然大波。国民党的报纸发表 20 多首和词及文章进行围攻。进步文化界也立即撰词撰文予以回击。

《沁园春·雪》发表时，黄齐生正在延安。12 月 18 日是他的 67 岁生日，便用《沁园春·雪》原韵填了一首，以自寿感咏，呈送给毛泽东。所以，这是一首和作。

上阕叙诗人与毛泽东同志的交往，写奋斗目标。“是有天缘，握别红岩，意气飘飘。”“天缘”，天意促成的机缘。“红岩”，地名，红岩村的省称。在重庆市郊区。抗日战争时期中共中央南方局和十八集团军重庆办事处的驻地。毛泽东重庆谈判期间住在红岩。“意气”，情意。“飘飘”，形容思想、意趣高远。三国魏曹植《七启》：“志飘飘焉，峣峣焉，似若狭六合而隘九州。”起首三句是说，是天意促成的机缘，让我和毛泽东在红岩村握手相别，彼此情谊高远。

“忆郭舍联欢，君嗟负负；衡门痛饮，我慨滔滔。”接下四句，继续叙写友情。“郭舍”，指重庆天官府 25 号，郭沫若当年的住处。“君”指毛泽东。“嗟”，感叹词。“负负”，惭愧、惭愧，对不起、对不起。语出《后汉书·张步传》：“茂让步曰：‘以南阳兵精，延岑善战，而耿弇走之。大王奈何就攻其营，既呼茂，不能待邪？’步曰：‘负负，无可言者。’”李贤注：“负，愧也。再言之者，愧之甚。”“衡门”，横木为门。指简陋的房屋。语出《诗经·陈风·衡门》：“衡门之下，可以栖迟。”朱熹集传：“横木为门也。”此指诗人在重庆住所。“滔滔”，本指大水奔流之状，比喻言行或其他事物连续不断。这四句是说，回忆我们在重庆郭沫若家中联欢，您感叹地连说惭愧、惭愧；在我家痛饮，我感慨一个接一个，连续不断。

“民生如船，民权如水，水涨奚愁船不高！”接下三句是说诗人要为争取民主而斗争。“民生”，民众的生计、生活。“民权”，人民的政治权利。诗人通过两个形象的比喻，说明了要改善人民的生活，就要扩大民主，保证人民的政治权利，二者是水涨船高的关系。这是当时诗人的奋斗目标。

“分明甚，彼褒颦妲笑，只解妖娆。”末三句揭露蒋介石只是做样子骗人。“彼”，他，指蒋介石。“褒颦”，“褒”，褒姒。周时褒国女子，姒姓。周幽王伐褒，褒侯进褒姒，为幽王所宠幸。性不好笑。幽王悦之万方不得。乃举烽火以召诸侯。诸侯急至，而无外敌人寇事，褒姒大笑。幽王遂数举烽火，以博褒姒之笑。后申侯与犬戎攻周，幽王又举烽火，诸侯以为戏，不至，幽王被杀。“颦”，皱眉。“妲笑”，“妲”，妲己。商纣王的宠妃。有苏氏女，姓己名妲。纣王好酒淫乐，惟妲己言是从。为肉林酒池，使人裸形相逐。又为炮烙之刑，妲己以为大乐。及周武王伐纣，斩妲己头，悬于小白旗上。“妖娆”，妩媚多姿。这三句是说，很清楚，蒋介石像历史上褒姒皱眉、妲己大笑一样，只懂得向帝国主义献媚取宠，终究是要亡国的。

下阕揭露蒋介石玩弄和平谈判的骗局，赞扬毛泽东及时离渝返延。“何曾宋子真娇？偏装腔作势惯扭腰。”“宋子，指宋钘（jiān 坚）。战国时宋人。与尹文同游稷下。主张“接万物以别宥为始”，提出“情欲寡”“见侮不辱”说，反对诸侯间的兼并战争。这二句是说，蒋介石何曾像宋钘那样反对内战？他不过是装腔作势忸怩作态欺骗世人而已。

“看羊尾羊头，满坑满谷；密探密捕，横扰横骄。”“羊尾羊头”，应作“羊胃羊头”。语出《后汉书·刘玄传》：“其所授官爵者，皆群小贾竖，或有膳夫庖人，多着绣面衣、锦袴、襜褕、诸于，骂詈道中。长安之语曰：‘灶下养，中郎将。烂羊胃，骑都尉。烂羊头，关内侯。”本喻猥贱的小人，后指污滥的官吏。甯太一《燕京杂诗》：“晓开云雾蔽长安，羊胃羊头天昼寒。”“满坑满谷”，语出《庄子·天运》：“在谷满谷，在阬满阬。”本谓道之流行无不用遍。后以“满坑满谷”形容数量极多而充满拥挤的状态。“密探”，做秘密侦察工作的人。多含贬义。此指国民党特务。“密捕”，秘密逮捕。“横扰”，骚扰，搅扰。“横骄”，即骄横，骄傲专横。因押韵而倒置。这四句是说，贪官污吏，充满官场，特务抓人，到处为害。

“天道好还，物极必反，朽木凭他怎样雕？”“天道好还”，语出《老子》：“以道佐人主者，不以兵强天下，其事好还。”后以天道循环，报应不爽为“天道好还”。“物极必反”，事物发展到极限时必然向相反的方面转化。“朽木”句，《论语·公冶长》：“宰予昼寝，子曰：‘朽木不可雕也，粪土之墙，不可杇也。”朽木不可雕，腐烂的木头无法雕刻。比喻人不可造就或事物和局势败坏而不可收拾。这三句是说天道循环、报应不爽，事物发展到极限必然向好的方面转化，时局已经败坏到极点，看他（蒋介石）怎样收拾残局？

“安排定，看居邠亶父，走马来朝。”“居邠（bīn 彬）亶（dǎn 担）父”，“邠”，同“豳”。古时诸侯国名。周后稷的曾孙公刘由邰迁居于此。在今陕西省彬州。“亶父”，即古公亶父。周文王的祖父，周武王追封为太王。《诗经·太雅·绵》：“古公亶父，来朝走马，率西水浒，至于岐下。”末三句是说，已经安排好，你看在邠地居住的古公亶父，明天早晨就骑马离开邠地。赞扬毛泽东及时离开重庆，胜利返回延安。

总之，这首词叙述了诗人和毛泽东同志的友谊，揭露美蒋破坏和平的阴谋，是对国民党御用文人对毛泽东的《沁园春·雪》词攻击的一个有力的反击。另有一说“天道好还”三句，原作“休想独裁，还我民主，朽木之材不可雕”，反蒋的倾向就更显豁了。[1]

---

① 艾克恩编：《延安文艺纪盛》，文化艺术出版社 1987 年版，第 623 页。

“夸得过高”，“发表不好”

范亭先生：

你三月间的漫谈，到今日才复你，可见我的不对。我把你的漫谈当作修省录，但不同意你的夸赞，因为夸得过高过实了。因此我也不把这漫谈退还你，目的是使你不能发表，我觉得发表不好，如你尚有副本，也务请不要发表，就你的地位说，发表也有妨碍的。不自高，努力以赴，时病未能，你的诗做了座右铭。

即此

敬礼

毛泽东

五月十七日

这是毛泽东 1942 年 5 月 14 日写给续范亭将军的信。

续范亭（1893—1947），名培模，别号恕人，山西省崞县（今原平市）西社村人。高小毕业后，入太原陆军学校。不久，加入同盟会。辛亥革命起义，任山西远征队队长，率部占领大同。1914 年因反对袁世凯被追缉，又遭封建军阀阎锡山的迫害，到陕西，力谋反袁倒阎，参加护国军及靖国军，进行反北洋军阀的战争。及南北议和，到京津及察绥冀鲁联络地方武装，待机起义。

1924 年，任国民军第三军第二混成支队参谋长，并办北平国民新报。1926 年任国民军第三军第六混成旅旅长。后历任国民联军军事政治学校校长、甘肃绥靖公署参谋长、陆军新编第一军中将总参议。

1935 年因痛恨国民党政府的腐败和卖国投降政策，亲赴南京呼吁抗日，在中山陵剖腹自杀。遇救后，在南京、杭州疗养。1936年冬抵西安，支持中国共产党停止内战，一致抗日的主张，回山西推动抗日救亡运动。

抗战爆发，被推为第二战区民族革命战争战地总动员委员会主任委员，兼任山西第二区保安司令，后改为暂编第一师师长，协助八路军120师坚持抗战局面。1939年秋，阎锡山无理撤销总动员委员会。率部转战于五寨、宁武之间。后任山西新军总指挥，晋绥边区行政公署主任，兼晋绥军区副司令员。1941年夏，因积劳成疾，赴延安休养。1945年，被推为中国人民解放区人民代表会议筹委会副主任委员。

续范亭在延安养病期间，与毛泽东同志交往甚多，通信较频繁。毛泽东1942年5月14日给他的信，便是答复他此前寄送毛泽东的一篇“漫谈式”的文章和诗作的。其文现已很难确定是哪一篇，但基本内容是“夸赞”毛泽东的，而且“夸得过高过实了”，故毛泽东特意叮嘱他不要公开发表，愿意把它当作“修省录”；其诗当是《赠毛主席》无疑。诗的全文如下：

> 领袖群伦不自高，静如处子动英豪。
> 先生品德难为喻，万古云霄一羽毛。

这是一首七绝。“领袖群伦不自高，静如处子动英豪。”前两句议论。“领袖”，国家、政治集团、群众组织的最高领导人。此处用作动词，是做领袖之意。“群伦”，同类或同等的人们。“处子”，处女。《庄子·逍遥游》：“藐姑射之山，有神人居焉，肌肤若冰雪，绰约若处子。”“英豪”，武艺高强，胆略过人。“静如”句，《史记·田单传论》：“夫始如处女，适（敌）人开户，后若脱兔。适（敌）不及距。”指料敌制胜。这二句是说，毛泽东做了同辈人的领袖不自高自大，平时温文尔雅，看起来像一个大姑娘，指挥作战却能出奇制胜。赞扬毛泽东团结军民谦虚谨慎，指挥作战料敌如神。

“先生品质难为喻，万古云霄一羽毛。”后二句用喻。“万古”句，语出杜甫《咏怀古迹五首》：“三分割据纡筹策，万古云霄一羽毛。”这是杜甫赞美诸葛亮的。三、四两句是说，毛泽东的品质难以比喻，如果一定打个比方，那你像万古云霄的一根羽毛。这是把毛泽东比作诸葛亮，说他好比鸾凤高翔，云独霄步。这个“夸赞”，也是有点“过高过实了”，但毛泽东也表示要把它当作“座右铭”的。

总之，续范亭的一诗一文，题旨相同，毛泽东读后，都谦虚地把它们当作激励自己的文字，而不愿让公开发表，这说明他当时处理个人宣传问题上，是比较谨慎的。

1947 年 8 月 14 日，续范亭突告病危。毛泽东和许多中央领导同志纷纷去信慰问。1947 年 9 月 12 日，续范亭因病医治无效，与世长辞。他在临终遗书里正式提出要求加入中国共产党。9 月 13 日，中共中央致电晋绥党政军领导机关并转续范亭家属，决定追认他为中国共产党正式党员。

为了悼念续范亭的逝世，毛泽东亲自题写了挽联：

为民族解放，为阶级翻身，事业垂成，公胡遽死？
有云水襟怀，有松柏气节，典型顿失，人尽含悲！

挽联盛赞续范亭同志为革命的奋斗不息及其高尚风格和崇高气节，对其在中国人民解放大业即将成功之际，过早诀别人世表示深切哀悼。

后来，毛泽东在与别人谈起续范亭的不幸逝世时，还感叹地说：“这个人很有骨气。可惜了！”

“鸦鸣蝉噪，可以喷饭”

1945年12月29日，毛泽东写信给著名教育家黄齐生先生。信是这样写的：

黄老先生道席：

新词拜读，甚感盛意！钱老先生处乞代致候。敬祝六七荣寿，并颂新年健康！若飞寄来报载诸件付上一阅，阅后乞予退还。其中国民党骂人之作，鸦鸣蝉噪，可以喷饭，并付一观。

毛泽东

十二月二十九日

黄齐生（1879—1946），贵州安顺人，教育家。他是王若飞的舅父。当年在延安。

“钱老先生”，指钱拯（1884—1968），原籍浙江杭县（今杭州）。当时是陕甘宁边区参议会参政员。

若飞，即王若飞（1896—1946），贵州安顺人。1919年赴法勤工俭学，1922年同赵世炎、周恩来等组织旅欧中国社会主义青年团，同年9月在法加入共产党。1923年赴苏联学习。1925年回国，担任中共豫陕区委书记、中共中央秘书长、中共江苏省委常委等职。1928年出席中国共产党第六次代表大会。会后，留在莫斯科，任中共驻共产国际代表。1931年回国，在绥远（今呼和浩特市）被捕入狱，在狱中坚持革命。1937年夏出狱后，历任中共陕甘宁边区党委宣传部长、八路军副参谋长、中共中央秘书长等职。1945年在中国共产党第七次全国代表大会上当选为中央委员。抗日战争胜利后，作为中共代表之一出席重庆谈判。1946 年 2 月，参加政治协商会议。是年 4 月 8 日由重庆返回延安时，因飞机失事，在山西省兴县黑茶山遇难。

1945 年 8 月 28 日，毛泽东赴重庆谈判。8 月 30 日，到毛泽东住地桂园商谈的有柳亚子、沈钧儒、陈铭枢、王昆仑、黄炎培等。柳亚子赠毛泽东七律一首，以“弥天大勇”“霖雨苍生”称赞毛泽东，并向毛泽东“索句”。9 月 6 日，毛泽东同周恩来、王若飞到沙坪坝南开学校津南村拜访柳亚子、张伯苓等。毛主席以他的旧作《沁园春·雪》相赠，写在“第十八集团军重庆办事处”的信笺上。[①] 10 月 2 日，毛泽东约柳亚子到红岩见面。4 日，毛泽东致柳亚子信说前曾奉告二语：“前途是光明的，道路是曲折的。”10 月 7 日，毛泽东复柳亚子信说：“初到陕北看见大雪时，填过一首词，……录呈审正。”柳亚子收到的，便是毛泽东 1936 年 2 月写的《沁园春·雪》。这就是我们常见的毛泽东《沁园春·雪》最初的手书，毛泽东的词题在柳亚子的一本纪念册上的。上款“亚子先生教正”，下款“毛泽东”，并钤了两方印章：一为朱文“润之”，一为白文“毛泽东印”。柳的和词有跋云：“余识润之，在 1926 年 5 月广州中国国民党第二届二中全会会议上，时润之方任国民党中央宣传部长也，及 1945 年重晤渝州，握手怅然，不胜陵谷仓桑之感，余索润之写长征诗见惠，乃得其初到陕北看大雪《沁园春》一阕。”[②]

不久，柳亚子做了一首和词，在《新华日报》上发表，引起了社会各界的广泛关注，人们都想欣赏一下“毛润之的咏雪”原作。《新民报晚刊》副刊《西方夜谭》的编者吴祖光请人搜集到毛泽东的原作，以《毛词·沁园春》为题，于 11 月 14 日在该报副刊显著地位上发表，并加“按语”云：

> 毛润之先生能词，似鲜为人知。客有抄得其《沁园春·雪》一词者，风调独特，文情并茂，而气魄之大乃不可及。据毛氏自称，则游戏之作，殊不足为青年法，尤不足为作人道也。

① 《毛泽东和党外的朋友们》，团结出版社 1996 年版，第 258 页。
② 《毛泽东和党外的朋友们》，团结出版社 1996 年版，第 258 页。

此事立即轰动重庆。两周之后，重庆《大公报》又将柳的和词与《毛词·沁园春》集中在一起，于醒目地位刊出。

《沁园春·雪》传抄稿在重庆两度刊载后，短时间内，仅重庆一地就有10余种报刊连续发表了步韵、唱和之作与评论文章。郭沫若先在《新民报晚刊》副刊上发表了第一首和词。

人心所向，舆论沸腾，使国民党当局惊恐万状。国民党主管宣传的头目“召见”了《新民报》的主持人。骂该报向共产党“投降”。不久，在蒋介石的授意下，掀起了疯狂的“扫荡战”。国民党《中央日报》《和平日报》组织了一批御用文人，以“唱和”为名，攻击中国共产党人“妄图称霸”，辱骂人民军队不过是“黄巢”之辈的“草莽”，并狂妄叫嚣要什么“完璧归赵”。《益世报》《文化先锋》《大公报》等则与之相呼应。

12月8日《大公报》发表《我对中国历史的一种看法》的署名文章，则首次公开地对此词进行了批判。作者说这是早已写好的一篇旧稿，“近见今人述怀之作，还看见‘秦皇汉武’、‘唐宗宋祖’的比量，因此觉得这篇斥复古破迷信并反帝王思想的文章还值得拿出来与世人见面。”接着，国民党的党报《中央日报》、国民党的军报《和平日报》及《益世报》先后发表20首（篇）和词或文章进行攻击。例如发表在1945年12月10日《和平日报》上的两首《沁园春》就是最卖力的。

一首是署名“棫林”的《沁园春》：

沁园春

万里风行，一曲高歌，意荡神飘。念井冈陈迹，徒呼负负；延安今日，犹是滔滔。如此干戈，亦云革命，愧对陈吴况汉高。君差矣，尚眼空无物，自诩妖娆。

……

这首词的上阕攻击毛泽东领导的井冈山斗争，已经成了历史陈迹，当今的陕北根据地，也要失败，这种战争根本不是“革命”，连陈胜、吴广也不如，更不要说和汉高祖刘邦相提并论了。

而另一首署名尉素秋女士的《沁园春》的上阕则是这样写的：

> 十载延安，虎视眈眈，赤帜飘飘。趁岛夷入寇，胡尘滚滚；汉奸窃柄，浪浊滔滔。混乱中原，城乡分占，跃马弯弓气焰高。逞词笔，讽唐宗宋祖，炫尽妖娆。
>
> ……

这首词上阕诬蔑毛泽东领导的抗日战争，是趁日寇入侵、汉奸当道之机，建立根据地，扩充自己的地盘。

毛泽东致黄齐生的信中所说的“鸦鸣蝉噪，可以喷饭”，就是此类，表达了毛泽东对这些“国民党骂人之作”极为轻蔑之意。

进步文化界立即撰词撰文予以反击，《新华日报》《新民报》日、晚两刊等，发表了柳亚子、郭沫若等的作品。其中郭沫若的《沁园春·和毛主席原韵》其二，就是驳斥易君左的一首反动旧词的。郭词是这样写的：

> 说甚帝王，道甚英雄，皮相轻飘。看古今成败，片言狱折；恭宽信敏，无器民滔。岂等沛风？还殊易水，气度雍容格调高。开生面，是堂堂大雅，谢绝妖娆。
>
> 传声鹦鹉翻娇，又款摆扬州闲话腰。道红船满载，王师大捷；黄巾再起，蛾贼群骚。嗟尔能言，不离飞鸟，朽木之材未可雕。何足道！纵漫天迷雾，无损晴朝。

郭词驳斥了易词把毛泽东领导的抗日战争诬为“黄巾再起”和毛泽东同志有帝王思想的谬论。

重庆《新华日报》在次年 5 月 23 日转载《咏雪诗话》一文时写了一段编者按：“毛泽东同志咏雪一词刊出后，一时唱和甚多。然而也不乏好事之徒，任意曲解丑诋，强作解人，不惜颠倒黑白，诬为封建帝王思想。”

1957 年 1 月号《诗刊》发表该词时，毛泽东写了一个自注说：“雪：反封建主义，批判二千年封建主义的一个反动侧面。文采、风骚、大雕，只能如是，须知这是写诗啊！难道可以谩骂这些人们吗？别的解释是错的。末三句，是指无产阶级。”毛泽东一向反对作者为自己的旧体诗写注解，这一例外，且言辞恳切直露，实与当年重庆的风波有关，算是一种回答吧！

1945年围绕《沁园春·雪》这场斗争的谜底终于揭开。原来毛泽东《沁园春·雪》在重庆的报上刊出后，在全国影响巨大。为了抵消影响，国民党内部发出通知，要求会作诗填词的国民党党员，每人写一首或数首《沁园春》，打算从中选几首意境、气势和文笔超过毛泽东的，以国民党主要领导人的名义公开发表，将毛词比下去。但所得的都是一些平庸之作。后来在南京、上海等地拉数位“高手”作了几着，仍是拿不出手。由于国民党的这次活动是暗箱操作，又未获成功，所以一直秘而不宣。直到20世纪80年代中期，才由当年参与过这项活动的一位国民党要员在台湾透露出来。据曾在台南神学院任教的政论家孟绝子在1984年出版的《狗头·狗头·狗头税》一书中说：“可惜，国民党党徒虽多，但多的只会抓人、关人、杀人、捞钱的特务贪官，是只会写写党八股的腐儒酸丁级奴才文官和奴才学者。结果，一直到逃离大陆时，国民党连一首‘毛泽东级’的《沁园春》都没有写出来。”[①] 这可谓一个绝大的讽刺！

① 辛夫：《海峡两岸》1992年第5期

“你的诗也写得好”

吴创国（1888—1960），湖南平江人。他从20世纪20年代初期起长期从事职工运动。解放战争时期曾在农村参加土地改革。他把自己在土地改革中的见闻观感写信向毛泽东同志报告，并将他写的一首诗呈送毛泽东看。

毛泽东收读了吴创国1947年10月25日写给他的信和诗，便复信说：

创国同志：

十月二十五日来信读悉，甚为感慰。消灭一切敌人，你的志向很对。你对农民土地斗争的热情非常之好，你的诗也写得好，我就喜欢看这样的诗。你年纪高，望保重身体！此致

敬礼！

毛泽东

十一月十八日[1]

信中说的“农民土地斗争”，是指土地改革运动。所谓“土地改革”，指对封建土地所有制进行改革的运动。我国的土地改革运动，是在中国共产党领导下，发动农民群众没收地主的土地和生产资料，分配给无地或少地的农民。

在解放战争激战的时候，中国共产党全国土地会议，1947年9月在河北省平山县西柏坡村举行。这个会议在9月13日通过的《中国土地法大

① 中共中央文献研究室编：《毛泽东书信选集》，人民出版社1983年版，第293页。

纲》，于同年 10 月 10 日由中共中央公布。《中国土地法大纲》规定废除封建性及半封建性剥削的土地制度，实行耕者有其田的土地制度”；“乡村中一切地主的土地及公地，由乡村农会接受，连同乡村中其他一切土地，按乡村全部人口，不分男女老幼，统一平均分配”；“乡村农会接受地主的牲畜、农具、房屋、粮食及其他财产，并征收富农的上述财产的多余部分，分给缺乏这些财产的农民及其他贫民，并分给地主同样的一份”。于是，在新老解放区一场轰轰烈烈的土地改革运动就展开了。这场运动到1951 年底基本结束。

周立波的长篇小说《暴风骤雨》就是反映土地改革运动的。毛泽东看得简直废寝忘食。

吴创国参加的就是这场土地改革运动，他的诗也是反映土改斗争的。诗的全文是：

农民诉苦要诉清，夺回土地自己耕。
发展生产足衣食，清灭封建正气兴。
土地改革无私情，分配果实要公平。
大家都把地主斗，天下农民一家人。
拥护主席是真理，相信群众定成功。

这首诗反映了土地改革中发动群众、斗争地主、平分土地、发展生产的全过程，揭示了取得胜利的原因：“拥护主席”“相信群众”。换句话来说，就是相信群众、相信党。这是符合毛泽东的一贯教导的。这样的作品能够发挥团结人民、教育人民、打击敌人、消灭敌人的战斗作用。所以毛泽东说：“我就喜欢看这样的诗。”

“惠示并诗敬悉，极为感谢”

1949 年 10 月 1 日，中华人民共和国宣告成立，毛泽东当上了中央人民政府主席。当时正在家乡教书的毛宇居，从报纸上得知这一消息，深为“房弟毛泽东”荣任中华人民共和国主席而高兴，并作七律五首，曰《导师颂》，以示庆贺。其中二首是：

其一

一领青衫运远谋，手无寸铁敌王侯。
拔山立海翻天浪，斩草除根解逆流。
饥溺为心能得众，黔黎请命矢同仇。
最难兵义坚金石，百折不回气愈遒。

其二

思想行为自得师，开诚领导广推为。
成军百万皆精练，立法三章更创奇。
人道信心遵马列，谁知济众媲牟尼。
一腔热血关天下，国而忘家志不移。

诗中表达了毛宇居对人民领袖毛泽东缔造中国共产党、缔造中国人民解放军，领导全国人民推翻反动统治，缔造中华人民共和国的伟大历史功业的称颂和爱戴。

毛宇居把这五首诗寄到北京，毛泽东接到诗和信后，正值堂弟毛泽连旅京，便给毛宇居写了回信，托毛泽连捎回。信是这样写的：

禹居家兄：

惠示并诗敬悉，极为感谢。此间情形，泽连当可面达。顺问阖族各前辈同辈后辈们的安好，贵宅各兄弟子侄的健康！

毛泽东

一九四九年十一月二十八日

毛宇居何许人也？毛宇居（1881—1964），是毛泽东的五代堂兄，故毛泽东称之为“家兄”。原名泽启，号宇居（亦作禹居、蕊珠），别号韶山散人。韶山韶源村人。他出身农家，从小发愤读书，博闻强识，经学根底较深。后来教过私塾，从过军，跟随爱国将领蔡锷部队转战云南、四川等地，见识较广。他在韶山冲，可以说是凤毛麟角，乡亲们称他为“纯儒”。又因他擅长写作，闳中肆外，纵横捭阖，乡亲们送他“韶山一支笔”的雅号。

1906年，毛宇居在韶山井湾里教私塾时，毛泽东前来拜师。毛宇居十分喜爱毛泽东这个天资聪颖而又有些“淘气”的学生。上课时，见他爱看杂书，毛宇居就故意给多点些古典著作，如《左传》《史记》之类。对此，毛泽东均能应付裕如，受益不浅。

毛宇居还是毛泽东的诗友。在毛宇居手下读私塾期间，毛泽东因为违犯“塾轨”，擅自外出采摘野果，受到毛宇居先生的责罚，被罚赞井，如赞不出，则打手心。毛泽东才思敏捷，绕井二周，即从容赞道：“天井四方方，周围是高墙。清清见卵石，小鱼囿中央。只喝井里水，永远养不长。”令毛宇居赞叹不已，不得不收回成命。

大革命期间，毛宇居加入了中国共产党，参加了农会活动。1927年，毛泽东回韶山考察农运时，毛宇居在欢迎大会上致词：“毛君泽东，年少英雄，到处奔走，为国为民。今日到此，大家欢迎……”诗一样的语言，表达了对毛泽东的欢迎和赞美。

大革命失败后，毛宇居在乡间以教书为业。他与毛泽东分处两地，分离多年，但互相思念，互致问候。他同情革命事业，关注中国革命的前程，十分惦记毛泽东的安危。1938 年 5 月，毛宇居曾致信毛泽东，叙说家乡及亲友情况。毛泽东从延安回信说：

宇居兄左右：

五月十日信收读。谭季余以不来为上。楚雄等已寄微款，尔后可略接济一点，请督其刻苦节省。周先生留居韶山甚好。应看成一家人，不分彼此。此复。即颂

时绥！

弟　毛泽东

五月二十六日

远耀等在此甚好。

毛宇居收到此信，视如至宝，将其藏于墙壁夹缝中，保存十余年之久，直到解放后上交人民政府，成为极其珍贵的革命文物。

尤为可贵的是，1941 年，毛宇居和族人修纂《韶山毛氏四修族谱》时，他担任主撰，对毛泽东一家记载甚详，称颂有加。他高度评价毛泽东"阃中肆外，国而忘家"，毛泽民"琳珍齐名"，毛泽覃是红军不可多得的好干部。这在国民党统治时期要冒多大的风险啊！

抗日战争时期，曾协助韶山党组织照顾毛泽东的侄儿毛楚雄。

新中国成立后，毛宇居先后担任湖南文物保护委员会委员、湖南文史馆馆员，与毛泽东来往更多，书信联系十分密切，至今保留下来的书信多达十余封。收入《毛泽东书信选集》的除了上面所引述的 1938 年 5 月 26 日那封外，还有两封：一封是 1950 年 5 月 15 日写的，信的全文是：

宇居兄：

迭接数函，极为感谢。乡间情形，尚望随时示知。邹普勋（亨二）如十分困难，病情又重时，如兄手中宽裕时，请酌为接济若干，

容后由弟归还。另纸请交邹普勋为祷。即颂

健康

毛泽东

一九五〇年五月十五日

信中毛泽东对毛宇居这位堂兄和少年时的私塾老师极为信任，想从他的信里了解“乡间情形”，并托他代为接济他私塾的同学和邻居邹普勋。

另一封是1952年10月2日写的。信的全文是：

宇居兄：

李邹二位来京，收到你的信，并承佳贶，甚为感谢。

毛泽连来信叫苦，母尚未葬，脚又未好，兹寄人民币三百万元，以一百万元为六婶葬费，二百万元为泽连治病之费。请告他不要来京，可到长沙湘雅医院诊治，如湘雅诊不好，北京也就诊不好了。

另寄二百万元给泽荣（逊五）助其家用。他有信来，我尚未复，请转告他，不另写信了。

以上请费神转致为荷！顺问

康吉

毛泽东

一九五二年十月二日

这些钱均是我自己的稿费，请告他们节用。

这封信写毛泽东少年时的私塾同学和邻居邹普勋及当时韶山进步教员李漱清来京，毛接到宇居来信，并收到他们赠予的家乡土特产品（佳贶），表示感谢，又给他的两位堂弟泽连、泽荣分别寄去300万元和200万元（1万元相当于现在1元），还特别说明这都是他的稿费，要毛宇居做点工作，叫他们节用。这个数目现在看来不算什么，可当时是个不小的数目，因为毛泽东当时月工资才400多万元。

1951 年 9 月，毛宇居应邀进京做客，毛泽东对他恭敬有加，派人陪同他游览了京城的名胜古迹。

1952 年 10 月，毛宇居受韶山乡政府委托前往北京，请毛泽东为韶山学校题写校名。毛泽东欣然命笔，题写"韶山学校"四字，并勉励先生发挥余热，多为家乡的教育事业出力。饭后，还请他观看了中苏合拍的电影纪录片《解放了中国》。该片曾在韶山拍外景，毛宇居看到影片中有自己的多处镜头，高兴不已，吟诗一首："银幕一开画本传，老夫笑貌及苏联。从今四海为家日，几度观光极壮然。"

1953 年秋天，阴雨绵绵，年已 72 岁高龄的毛宇居老人独坐家中，静观物外，"辄想各界前来我韶山访问主席故事，极为千载一时之盛"，顿时诗兴大发，"率性吟成七绝十章"。有几首这样写道：

潭韶公路喜新闻，日有专车络绎来。
为爱吾韶根据地，功成革命共登台。

如宾归至广招徕，四面云山拥护回。
历史远稽韶乐英，而今乐谱更新裁。

南岸茅庐主席家，风光犹是朴无华。
往来过客人言籍，此地频开革命花。

有询先世事如何，木石居兮击壤歌。
积厚流光越时代，发扬光大起山河。

同是中华解放人，自由平等互相亲。
我歌一曲谁酬唱，流水高山盼上宾。

字里行间表达了对毛泽东的热爱之情，以及盼望毛泽东的客人前来询问往事的迫切心情。

作为毛泽东的堂兄、老师，毛宇居对其青年时代的生活及其家世了解甚多，因此，凡来韶山参观的中外知名人士，尤其是有关专家、学者，均要去拜访毛宇居先生，询问有关情况。毛宇居总是热情接待，尽力讲述、解答，乐此不疲。他渐渐地成了毛泽东生平、思想的义务宣传员。

20世纪50年代初，毛宇居曾写过一篇《毛主席轶事》，说毛泽东自“入世以来，制行极严，不苟言笑”，幼好读书，“衣服常自洗濯，性俭朴”，“在私塾数年，略解文字，最爱《三国志》《说唐》《水浒传》”，“后到省垣求学，知识日开，大有世界观念，各师友无不爱赏之。有次由省归来，吾房族简臣公戏与之问道：你读书将来作何事？他应声说道：我要为天翻地覆之事……”可见，毛泽东青少年时代就有着非凡的抱负和远大的志向。毛宇居把这篇文章抄写好，寄到北京，想请毛主席过目后交报社发表。毛泽东接到他的信和文稿后，仔细看了，觉得以不发表为宜，便将原稿退还，并回信一封，婉言谢绝了先生的好意：

宇居兄：

历次来信及最近长函均收，甚谢。诸承关怀，具见盛意。惟轶事有些内容不适合，似以不印为宜，原稿奉还。复颂

兴居佳胜！

乡友便祈致候

毛泽东

四月五日

由于毛宇居撰写的《毛主席轶事》，记述了毛泽东少年时代热爱劳动，关心农民疾苦和勤奋学习的一些情况，毛泽东当时对于宣传个人持谨慎态度，所以，他不同意发表。毛宇居写的那篇《毛主席轶事》终究没有问世，直到他逝世后还锁在湘潭档案馆的历史文献里。

1958年9月，毛宇居应湘潭大学之请再次进京，请毛泽东为湘潭大学题写了校名。

1959年6月25日，毛泽东回到阔别32年的故乡韶山，他走村串户，访问乡亲，晚上又请全村人吃饭。席间他向毛宇居先生举杯敬酒，毛宇居说："主席敬酒，岂敢岂敢？"毛泽东回敬道："敬老尊贤，应该应该！"一时传为佳话。

“积雪西陲一诗甚好”

在《毛泽东书信选集》中收录有一封《致张元济》的信。信是这样写的：

菊生先生：

去年十二月三十日，今年四月十五日和五月二十六日三次惠书，并附大作及书一函，均收到了，谨谢厚意。积雪西陲一诗甚好。由于签定了协定，我们的部队不久可以到拉萨了。尊恙有起色，甚以为慰。此复。

敬祝

康吉

毛泽东

一九五一年七月三十日[①]

张元济（1867—1959），字筱齐，号菊生，浙江海盐人，爱国民主人士。清末戊戌科状元，曾参加戊戌变法。戊戌变法失败后，任南洋公学译书院长、总理。1903年做商务印书馆编译所长，从此以出版为其终身事业，长期担任商务印书馆董事长，将商务经营成中国最大的出版企业机构，是我国出版界的前辈。新中国成立后，历任华东军政委员、行政委员、上海文史研究馆馆长、政协全国委员会委员。

从信中可以看出张元济与毛泽东的书信来往是比较频繁的，但他们的友谊是从张元济参加第一次全国政协大会开始的。

---

① 中共中央文献研究室编：《毛泽东书信选集》，人民出版社1983年版，第418页。

1949年9月6日，张元济作为特邀代表，由儿子张树年陪同，乘车由上海赴京参加全国政治协商会议第一次全体会议。

抵京后，张元济下榻在六国饭店。

11日晚，周恩来驱车到张元济的住处，带来了毛泽东对他的问候。张元济倍感亲切，连声说："谢谢，谢谢！"

13日晚，周恩来、林柏渠代表毛泽东，在御河桥军管会设宴招待各界代表。张元济及其子张树年应邀同往。

席间，周恩来、林伯渠与张元济亲切交谈，气氛十分热烈。

14日下午，全国政治协商会议在中南海勤政殿正式开幕。会议由章伯钧主持。他首先讲了大会的议题和宗旨，然后大家就《共同纲领》发表意见。

张元济作为《共同纲领》草案整理委员参加了会议，他提出删去第十七条"禁止肉刑"，得到采纳。

19日下午两点半，张元济刚午休起床，陈毅便来通知说，毛泽东要请他一起游天坛。张元济一听，非常高兴，忙问："什么时间？"陈毅答："就现在。"

张元济简单收拾一下，便随陈毅同车前往。

车到天坛门口，张元济一下车，便看见毛泽东正在天坛祈年殿门外等候。毛泽东看到他，忙迎过来，同他握手，互致问候。

陈毅将先后到达的刘伯承、粟裕、程潜、李明灏、陈明仁等一一向他作了介绍。

游览参观从东厢开始，他们先参观皇帝祭天所用的祭器、乐器。这里陈列着用以盛放祭品的器皿和各种礼器六七百件，各种乐器六十多件。

参观中间，张元济正巧与他的儿子张树年相遇。张树年是吃过午饭，一个人来游天坛的。

张元济引儿子去见毛泽东，毛泽东很高兴，还向他介绍了其他几位领导人。随后，便一起去登祈年殿。

祈年殿是每年正月上辛日（上旬的辛日）祀"皇天上帝"、为民祈祷丰年之所。上屋下坛的圆形大建筑在高出地面约4米的"中"字形基座上，雄伟壮观，气势非凡。从祈年殿到圜丘坛游览一周。一路上毛泽东神采奕奕，谈笑风生，最后在回音壁外的古柏林中围坐饮茶。毛泽东询问张元济当年参加戊戌变法的情景，还详细询问了光绪召见他时的仪式等，张元济都一一作了回答。

毛泽东还问张元济昔日在京做官时是否来过这里。

张元济笑答："此是皇帝敬天之处，我那样的小官岂能来此？"

毛泽东爽朗地大笑起来，话题又回到戊戌变法上来。毛泽东说："戊戌维新是一场进步的政治改革，改革也要流血，它给我们留下了可以借鉴的经验。读书人闭门搞改革断无成功希望的。我们搞革命，主要依靠发动群众。"

随后谈及商务印书馆，毛泽东盛赞"商务"出了不少好书，还说："我从商务出的《科学大全》一书中，就学到不少新东西。特别是商务出的大型丛书对中国文化界贡献尤大。"毛泽东还说他在延安时，案头上总是放着"商务"出的两本厚厚的《辞源》，写作过程中常常还得翻阅它。

略作休息，毛泽东与张元济又一起进入皇穹宇游览。

这是一个圆形建筑物，可聚音。只要有人一呼，四周都可以发出洪亮的声音，所以称"回音壁"。

游览结束后，张元济同毛泽东握手告别，并再三表示感谢。

张元济回到住处，久久不能入眠，同儿子讲了许多话，从光绪、孙中山、袁世凯、蒋介石，一直谈到毛泽东。他最后说："我这一辈子没见过太平盛世，因为中国的外患内战一直没有停止过。看来，今天有希望了。"

1949年9月21日，全国第一次政治协商会议筹备会在中南海怀仁堂召开。张元济被推选为主席团成员。会议主要讨论了国名、首都、国旗、国徽等问题。在讨论国名时，有人提出不应忘记孙中山始创革命的功绩，应在中华人民共和国名称之下，用括号形式注明简称"中华民国"。多数代表不同意。张元济主张删去，意见得到了大会采纳。

1949年9月30日下午2时，张元济到中南海怀仁堂，参加全国政协投票，选举国家领导人。

投完票后，他随同全体代表到天安门广场，参加了建立人民英雄纪念碑奠基仪式。

当他回到怀仁堂时，大会公布了选举结果。毛泽东当选为中华人民共和国主席，朱德、刘少奇、宋庆龄、李济深、张澜、高岗为副主席，陈毅、贺龙等56人当选为委员。

10月1日下午2时，张元济在儿子张树年陪同下，登上天安门城楼参加开国大典。他亲眼看见毛泽东主席一按电钮，亲自升起第一面五星红旗，亲耳听到毛泽东用他那洪亮的声音向全国人民、全世界人民庄严宣告：中华人民共和国成立了。他还观看了朱德总司令在聂荣臻总指挥陪同下，乘敞篷汽车检阅海陆空三军仪仗队和盛大的群众游行。

张元济看到这一切，激动不已，对儿子说："中国再不是东亚病夫了，我们真正站起来了。"

晚上，他睡不着觉，便翻身下床，让儿子取纸备墨，他写信向毛泽东祝贺。他还特地赠送一部最佳版本的《林文忠公政书》，意在请毛主席新中国成立后，严禁鸦片。

10月5日傍晚，张元济游览了北海公园回到住处时，收到了毛泽东主席的复信，信中说：

菊生先生：

大示并惠书两函均收到，谨谢厚意。敬祝兴居佳胜。

并候

树年仁兄健进

毛泽东

10月5日

10月9日下午，张元济来到中南海勤政殿，参加政协全国委员会会议，选举领导成员。选举完备，毛泽东亲送张元济到门口。

11日晚上，毛泽东主席在中南海颐年堂约见张元济，并共进晚餐。在座的有周培善先生、陈毅、粟裕。

饭后，毛泽东主席与张元济进行了亲切的交谈。谈话内容很广泛，从工农业建设到文化教育等各个方面，毛主席不住提问，主要征求大家意见。张元济建议，为使下情上达，报纸应多刊具有真实姓名、地址的读者来信，广开言路。毛主席表示赞同，并说可先辟一专栏做个榜样。张元济还建议修铁路。毛泽东说：筑铁路离不开钢，因此要先办钢铁厂。张元济还认为内战多年，人民生活艰难，为使国家安定，一定要发展农业。毛主席耐心地听着，频频点头。

政协会议闭幕那天，张元济向毛主席辞行，毛主席和蔼地和张元济父子一一握手道别。当和张树年握手时，毛主席亲切地还叫了一声“树年兄”，使张树年十分感动。

1949 年冬，张元济因操劳过度，在“商务”工会成立大会上讲话时，忽患脑血栓形成症，以致左半身瘫痪。此后，他总是躺在病榻上写信、阅读、写作。他给毛泽东写信，前后共五次，毛泽东复了三次。

一年以后，张元济得知《中央人民政府和西藏地方政府关于和平解放西藏办法的协议》签订，又闻讯中国人民解放军进军西藏，按捺不住内心的喜悦，三次给毛主席写信，表示支持。他还诗兴大发，写下《告存诗》《积雪西陲》等诗作，呈寄毛泽东。毛泽东复了我们开始引的那封信。

信中说的书一函，是指张元济送给毛泽东的《涵芬楼烬余录》一书。

“协定”指《中央人民政府和西藏地方政府关于和平解放西藏办法的协议》，是 1951 年 5 月 23 日签订的。西藏和平解放。

1951 年 10 月 26 日，中国人民解放军进驻拉萨部队举行入城仪式，西藏地方政府官员、三大寺活佛，以及各族各界僧俗群众两万多人夹道热烈欢迎。

信中所说《积雪西陲》一诗全文如下：

足云跛矣宁忘屦，指不若人还自信。
八十四翁原未老，一年一度又逢春。
积雪西陲今渐化，怒涛东海讵难平？
祈天我欲须臾缓，扶杖来观告武成。

这是一首七言律诗，是赞扬西藏和平解放，解放军进军西藏的。“屦”，单底鞋，亦泛指鞋。“陲”，边境，边疆。西陲，西部边疆。此指西藏。“讵”，岂，难道。“祈天”，向天祈祷。在这里是请求、希望之意。“武成”，军事上的胜利。《书·武成》：“越三日庚戌，柴望，大告武成。”蔡沈集传：“燔柴祭天，望祀山川，以告武功之成。”了解这几个词语和典故之后，这首诗的意思便不难理解了。它大意是说，我虽说腿跛了还能穿鞋，手不如别人灵活但还充满自信。虽是84岁的老头子了，感觉自己还不老，一年一次又迎来了春天。西部边疆终年不化的积雪现在开始慢慢融化，东海的怒涛难道能平静吗？请求上天我要暂缓片刻，我要拄杖去观看军事的胜利。其中“积雪西陲”句是诗人对西藏和平解放、解放军进军西藏的赞颂，“怒涛东海”句是对国民党军占据的沿海岛屿和台湾的形势的关注，表现了老诗人对祖国统一大业的关心，因此受到毛泽东的赞扬。

张元济对国事的关心，并未到此为止。1951年8月29日，他又给毛主席写了一信，提出西藏解放后，应重视民族语言，文学和学校教育，并提出四项具体建议：（1）在首都北京设立西藏语文专门学校，由藏族同胞选送聪颖弟子入学，给予优厚待遇。在邻近各省也可酌情设立分校。（2）在首都及邻近各省大学中特设西藏语文专业，培养一批懂藏文的学生，以备异日派入西藏参加军政各项工作。（3）编辑藏文常识书籍，用极浅近的文字配以图片及汉文解释，送入西藏，以使中央政府的政策能顺利贯彻。（4）在藏族同胞聚居的地方，由当地政府领导人与他们集会联络，“使其有宾至如归之乐”。

张元济还满怀豪情，写了《西藏解放歌》长诗，并随信呈送毛泽东主席。

“萨先生现已作古，其所作诗已成纪念品”

1952 年 5 月 25 日，毛泽东在对叶恭绰等人要求保全袁崇焕祠墓的复信中说：

誉虎先生：

数月前接读惠书，并附萨镇冰先生所作诗一首，不久又接读大作二首，均极感谢。萨先生现已作古，其所作诗已成纪念品，兹付还，请予保存。……

顺致

敬意

毛泽东

五月二十五日[①]

誉虎，叶恭绰的字。叶恭绰（1881—1968），广东番禺人，爱国民主人士。新中国成立后，曾任政务院文化教育委员会委员、中央文史研究馆副馆长、北京中国画院院长。

萨镇冰（1858—1952），名鼎铭，福建侯官（福州）人，近代海军将领。早年在福建船政学堂学习。1877 年留英学习海军，回国后任北洋舰队管带。

辛亥革命爆发时，曾奉命率舰赴武昌，配合北洋军阀冯国璋陆师镇压革命，但他拒绝发炮，游弋中流，同情革命。

---

① 中共中央文献研究室编：《毛泽东书信选集》，人民出版社 1983 年版，第 433 页。

北洋舰队覆没后，任吴淞炮台统领和南澳镇总兵、广东水师提督。1917 年任海军总长。一度代理国务总理。后脱离政界隐居。

新中国成立后，任政协全国委员会委员、中央人民政府革命军事委员会委员。

1949 年 8 月 28 日，毛泽东在北平中南海与起义将领、原国民党海军第二舰队少将司令林遵，谈及福州海军学校时，提到萨镇冰。毛泽东说："萨镇冰，清朝最后一个水师提督。他是你的同乡啊。"当林遵说了"民国反正，辛亥革命后，他挂职离开军舰，回到老家教书"后，毛泽东又说："这是一位可敬的老先生！他拒绝镇压辛亥革命。这一次，李宗仁请他去台湾，他拒绝了。很可敬！"

1952 年，94 岁高龄的萨镇冰作诗一首，托叶恭绰转送毛泽东，就是信中所说"附萨镇冰先生所作诗一首"。诗的全文如下：

衰躯不与世争光，偶向经坛拜梵王。
尚望舟师能再振，海氛一扫捍岩疆。

这是一首七言绝句。

"衰躯不与世争光"，"世"，世间，天下。此指世人。"争光"，与之比试光辉。亦泛指比试高下。宋王安石《诸葛武侯》诗："掉头《梁父吟》，羞与众争光。"首句意思是说，我老了不与世人比高下。此句自述本志，先占地步。

"偶向经坛拜梵王"，"经坛"，又叫"经台"。用于讽诵佛经的平台。"梵王"，指色界初禅天的大梵天王。亦泛指此诸天之王。佛教中的梵天王，是佛教的护法神。《法华经・序品》："娑婆世上梵天王、尸弃大梵、光明大梵等……各礼佛足，退坐一面。"所谓护法神，是维护佛法的天神。它的责任是护持佛法，维护法纪。次句是说，我偶而念念佛经，拜拜护法神。此句的弦外之音，似乎可以这样理解：我偶而读毛泽东著作，向您这位全国的领袖提点建议。

"尚望舟师能再振，海氛一扫捍岩疆。"三、四两句承上而来，抒写诗人的希望。“舟师”，海军。“海氛”，海上的云气，借指海疆动乱的形势。明唐顺之《与胡梅林总督书》：“海氛清净，东南赖以无虞。”“岩疆”，边远险要之地。《明史·梁廷栋传》：“廷栋疏辨，乞一岩疆自牧，优诏慰留之。”后两句是说，我希望我国海军能再振雄风，一扫沿海动乱的形势，捍卫我国领海的安全。揭出诗人向毛泽东赠诗的目的，表现了他关心海军建设，热爱祖国的心情。

萨镇冰之所以向毛泽东赠诗，与当时沿海形势有关。当时国民党军不仅占据东海沿海岛屿，经常进行扰乱，还妄图骚扰华南沿海。就在给叶恭绰写信的同一天，毛泽东在《对美蒋妄图骚扰华南沿海的情报的批语》说：“请周（恩来）考虑中南军区迅速迁至广州，并加强对海南岛的部署。”可见当时我国东南和南部沿海还很不平静。萨镇冰作为海军老将，关心海军建设，用诗的形式向毛泽东提出建议，很合时宜，也很符合自己的身份，是一种爱国之举。

萨镇冰早年同情革命，中年清廉自守，晚年犹关心国事，确是“一位可敬的老先生”！

毛泽东收到他两次赠诗，还未及回信，萨镇冰因心脏病、肺炎等旧病复发，于同年 4 月 10 日逝世。毛泽东即发电致唁：

萨镇冰先生因病逝世，无任悼念，特电致唁。

毛泽东

一九五二年四月二十四日[1]

毛泽东随即指派时任华东军政委员会副主席、上海市市长陈毅专程赴福州，主持萨镇冰丧礼。并在 5 月 25 日致叶恭绰的信中称：“萨先生现已作古，其所作诗已成纪念品，兹付还，请予保存。”可惜的是萨镇冰另外“大作二首”已无处可寻。

---

① 《人民日报》1952 年 4 月 13 日。

“时常记得秋风过许昌之句”

1956年12月5日，毛泽东致周世钊信云：

惇元兄：

两次惠书均已收到，情意拳拳，极为高兴。告知我省察情形，尤为有益。校牌仍未写，因提不起这个心情，但却时常在念，总有一天要交账的。时常记得秋风过许昌之句，无以为答。今年游长江，填了一首《水调歌头》，录陈审正。

水调歌头　长江

才饮长沙水，又食武昌鱼。万里长江横渡，极目楚天舒。不管风吹浪打，胜似闲庭信步，今日得宽余。子在川上曰：逝者如斯夫！

风樯动，龟蛇静，起宏图。一桥飞架南北，天堑变通途。更立西江壁，截断巫山云雨，高峡出平湖。神女应无恙，当惊世界殊。

暂时不会出国，你们的意见是正确的。

问好！

毛泽东

一九五六年十二月五日

1950年9月下旬，毛泽东的一位亲戚张森洪返湘省亲之际，嘱她便道邀请王季范和周世钊赴京参加国庆观礼。这时，王季范出席全国教育工作会议已先期抵京，因而张森洪只偕周世钊于9月28日从长沙乘车赴京。

9月28日恰是中秋佳节。中秋之夜，月光如水，桂花飘香。周世钊对景感怀，口吟《七律·中秋北上》："露重香浓桂正花，中秋奉命发长沙。歌盈江市人难静，梦醒湖乡月欲斜。三十年前亲矩范，数千里外向京华。鲰生垂老逢嘉庆，喜见车书共一家。"这首诗表现了周世钊赴京时喜悦心情。

29日清晨，车到河南许昌。张森洪和周世钊下车，因为张森洪要在许昌看爱人。周世钊到许昌市区闲逛了几个钟头，想寻找曹操在许昌的遗迹，渺无可得。当时正是烟厂收购烟叶时，肩挑车送，络绎不绝，而郊区则遍地豆苗，长势正旺。周世钊口吟《五律·过许昌》一首："野史闻曹操，秋风过许昌。荒城临旷野，断碣卧斜阳。满市烟香溢，连畦豆叶长。人民新世纪，谁识邺中王。"不久，周世钊便把此诗呈赠毛泽东。

6年以后的1956年12月5日，毛泽东致函周世钊说，"时常记得秋风过许昌之句"，可见他对这首诗印象颇深。

《五律·过许昌》是一首怀古诗。怀古诗就是思念古人或古事的诗。这首诗是怀念曹操的。"野史闻曹操，秋风过许昌。"首联叙事，写诗人亲自考察曹操在许昌的遗迹。"野史"，旧指私人著述的史书。与"正史"相对而言。

曹操（155—220），字孟德，小字阿瞒，谯（今安徽亳州市）人。三国时政治家、军事家、诗人。东汉末，在镇压黄巾起义中逐步扩充军事力量。建安元年（196），迎汉献帝都许（今河南许昌东）。后用其名义发号施令，先后削平吕布、张绣等割据势力。官渡之战大败袁绍后，逐步统一了中国北方。建安十三年（208）进位为丞相，率军南下，被孙权和刘备的联军击败于赤壁（今湖北蒲圻西北）。封魏王。子曹丕称帝，追尊为武帝。

曹操是一位对历史作出杰出贡献的人物，但在"野史"（旧戏剧和旧小说）中却丑化为白脸奸臣。诗人对这种看法不以为然，所以想到曹操主要从事政治活动的许昌来考察，求证一下曹操到底是一个怎样的人物。所以，他在萧瑟秋风的季节来许昌亲自考察。

"荒城临旷野，断碣卧斜阳。"颔联描写，叙诗人考察许昌所见景象。解放之初，城市残破不堪，荒芜的城区与空旷原野连成一片，断碑在夕阳照射下躺在地上。二句写出了当时城市尚未恢复建设，古迹尚未修复的残破景象，这是符合实际的。言外之意，诗人并没有看到与曹操有关的古迹，有点失望。但作者却看到了另一番可喜的景象。

“满市烟香溢，连畦豆叶长。”颈联描写，是诗人许昌城郊所见。许昌盛产烟叶，烟叶收下后需放在烟塔内烤，所以满市香气盈溢；田野里豆苗枝繁叶茂，长势很好。这二句写出了一番丰收景象。

“人民新世纪，谁识邺中王。”尾联议论，写诗人的感慨。“邺中”，指三国魏的都城邺。故址今河北省临漳县西南邺镇东。“邺中王”，即魏王，指曹操。末二句是说，现在到了人民当家做主的新时代，谁还知道曹操这位历史人物呢！一方面表现了对新中国人民当家做主的喜悦，另一方面又对历史文物缺乏保护感到遗憾。

诗人对曹操的看法可能引起了毛泽东的注意，所以时过六年之后还提起这首诗。

令人欣慰的是，现在许昌正在恢复魏都风貌，与曹操有关的古迹如曹魏故城、春秋楼、灞桥、华佗墓等都得到了保护和恢复。

毛泽东对周世钊的《五律·过许昌》感兴趣，可能与他自己的一段生活经历有关。1918 年 8 月，毛泽东偕同新民学会会员罗章龙、陈绍林等从长沙往北京，途中行至漯河车站，因河水漫溢，火车停开，只得步行到许昌。他们步行约 20 公里，前去凭吊汉魏故都（今许昌张潘古城村附近）。毛泽东与罗章龙联《过魏都》诗一首：

横槊赋诗意飞扬（罗），
《自明本志》好文章（毛）。
萧条异代西田墓（毛），
铜雀荒沦落斜阳（罗）。[①]

周世钊的《过许昌》诗，可能打开了毛泽东记忆的闸门，使他回想起年轻时的一段趣事，故对周世钊的诗印象颇深。

① 《党史文献》2001 年第 1 期第 82 页

“请交北京日报发表”

1956年2月24日，毛泽东写了《关于发表郭沫若访日诗篇的批语》：

送彭真同志：

内件请交北京日报发表。其中有些草体字须先改为楷书，以免弄错。

毛泽东

二月廿四日[①]

郭沫若（1892—1978），四川乐山人，历史学家、文学家和革命活动家。当时任全国人大常委会副委员长、政协全国委员会副主席、中国科学院院长。

批语中的“内件”，指信封内装的郭沫若访日诗篇七首。

郭沫若于1955年12月1日至25日，应日本学术会议的邀请，率中国科学院学术考察团访问日本。这是中日两国建交前规格最高的一个访日代表团，也是郭沫若前后居住过20年、离别18年后，第一次访问日本。代表团于12月28日回到上海，当时在杭州的毛泽东，专门请郭沫若和代表团的同志们到杭州去，他亲自听取了郭沫若同志的详细口头汇报，随后又批示发表郭沫若的访日诗篇。这一方面说明毛泽东对郭沫若和代表团访问日本的关注；另一方面也说明了毛泽东对中日关系的高度重视。

---

① 《建国以来毛泽东文稿》第六册，中央文献出版社1992年版，第44页。

作为大诗人的郭沫若，到日本访问，是友好交往，又是故地重游，自然会有诗作纪盛。信封内装的呈送毛泽东审阅的七首诗是：《箱根即景》《访须和田故居》《别须和田》《宫岛即景》《访博多湾》《留别华侨》《游别府》。1956年2月29日在《北京日报》发表时，将《访博多湾》和《留别华侨》分别改为《吊千代松原》和《归途在东海道车中》，又增加了《宿春帆楼》和《船入长江口》两首，这九首诗总题为《访日杂咏》。其中《宫岛即景》是两首五言绝句，故《郭沫若全集·文学编》（4）收录这组诗时题作《访日杂咏》（十首）。现据《北京日报》复印如下：

访日杂咏

箱根即景[①]

红叶经霜久，依然恋故枝。
开窗闻晓鸟，俯首拾新诗。

访须和田故居[②]

山朴余手栽，居然成巨材。
枝条被剪伐，茎干尚崔巍。
吊影怀银杏，为薪惜古梅。
漫云花信远，已见水仙开。

① 作者原注：箱根，日本温泉名胜地，在东京之西。1955年12月1日抵东京后，3日午后被招待至此，留宿一夜。

② 作者原注：须和田乃江户川东岸之一村落，与东京只一水之隔。余在此曾居十年之久。故居园中，余曾手栽大山朴（广东玉兰）与银杏（白果树）各一株。12月5日往访，相别十八年，山朴已成大树，银杏已被砍伐。

别须和田

草木有偏昔，人情无变迁。
我来游故宅，邻舍尽腾欢。
一叟携砚至，道余旧所镌。
铭有奇文字，久思始恍然：
“此后一百年，四倍秦汉砖。”
叟言“家之宝，子孙将永传”。

主人享我茶，默默意未宣。
相对察眉宇，旧余在我前。
忆昔居此时，时登屋后山。
长松荫古墓，孤影为流连。
故国正涂炭，生民如倒悬。
自疑归不得，或将葬此间。
一终天地改[①]，我如新少年。
寄语贤主人，奋起莫俄延。
中华有先例，反帝贵持坚。
苟能团结固，驱除并不难。
再来庆解放，别矣须和田。

宫岛即景二首[②]

小窗晨半开，山海袭人来。
庭园如旧识，青松伴绿苔。

---

① 作者原注：古时以12岁为一终，缘木屋（即岁星）12岁一周天。自1937年7月离日返国，至1949年解放战争胜利，为时13年，故云“一终天地改”。

② 作者原注：宫岛在广岛市附近海中，为日本三大名胜之一。12月15日被招待至此，夜宿此岸“一茶苑”，月默无所睹，晨兴突见佳景。

湾水平于镜，海山立似屏。
渔舟摇碧影，朝日岭头明。

吊千代松原[①]

千代松原不见松，漫言巨害自微虫。
八年烽燧生灵苦，两弹铀钚井灶空。[②]
铜佛涅槃僧寺渺，[③]银沙寂寞夕阳红。
剧怜迷雾犹深锁，约翰居然来自东。[④]

归途中东海道车中[⑤]

战后频传友好歌[⑥]，北京声浪倒银河。
海山云雾崇朝集，市井霓虹入夜多，[⑦]
怀旧幸坚交似石，逢人但见笑生窝。
此来收获将何有？永不愿操同室戈。

---

① 作者原注："千代松原"在博多湾畔，一名十里松原，古松甚多。余留学福冈时，曾卜居林中。今来，古松已近绝灭，闻战后遭虫害所致。

② 作者原注："两弹铀钚"，美国在日本所投原子炸弹两枚，炸广岛者为铀弹，炸长崎者为钚弹。

③ 作者原注："铜佛涅槃"，松原中曾有称名寺，寺内有巨大铜佛一尊，为深松掩荫，颇有诗趣。第二次世界大战期间，日本军阀为制造兵器，多将国内铜像铜佛等捣毁。称名寺铜佛已遭此厄，寺亦绝迹，不知何故。

④ 作者原注："约翰"，指"诚实的约翰"，美制火箭炮，可放射原子炮弹。战后日本政府违背人民意志，已屈从美国，将此武器输入。

⑤ 作者原注：由东京西至下关，沿东海故道名东海道；因须赴下关乘苏联轮船归国，故由东京乘火车再度西下。

⑥ 作者原注：《日中友好歌》甚流行，中有"东京一北京"句，乃仿《莫斯科一北京》而作。

⑦ 作者原注：日本战后深受美国影响，都市人夜，霓虹灯满天，五光十彩，千奇百怪，无非为诱引顾客，贪图利润而已。

宿春帆楼[①]

六十年间天地改，红旗插上春帆楼。
晨辉一片殷勤意，泯却无边恩与仇。

游别府[②]

仿佛但丁[③]来，血池水在开。
奇名惊地狱，胜境擅蓬莱。
一浴宵增暖，三巡春满怀。
白云千载意，黄鹤为低徊。[④]

船入长江口

灯塔时明灭，孤轮月在天。
长风吹大海，万里送归船。
云国方经月，离沪已八年。
此来殊快意，如唱凯歌旋。[⑤]

这组诗最初发表于1956年2月29日《北京日报》。

要理解这组《访日杂咏》，需要对郭沫若年轻时留学日本和后来流亡

① 作者原注：春帆楼在下关，六十年前甲午战后，李鸿章在此签订和约。主人为欢迎我辈，楼头悬挂五星红旗。

② 作者原注：别府在北九洲东岸，温泉名胜地。泉源十余，有海地狱，血池地狱、龙卷地狱、十道地狱等奇名。血池地狱，在80度以上，水呈红色，与血仿佛。

③ 作者原注：但丁，意大利伟大诗人，其《神曲》第二篇为游地狱，故联想及之。

④ 作者原注：因苏联轮船迟到一日，故与翦伯赞同由下关来此一游，宿白云山庄。翌晨离去时，伯赞口吟“黄鹤一去不复返，白云千载空悠悠”句，颇有依依之意。

⑤ 作者原注：计自1955年11月27日由北京首途赴香港，乘飞机转日，至12月27日由日本回国，船抵上海，为时刚一阅月。但自1947年离别上海以来，转瞬已八年矣；解放后重到上海乃第一次，故有“凯旋”之意云尔。

日本的事迹有所了解。

郭沫若1913年赴日本留学。同年秋考入东京第一高等学校预科，次年转入冈山第六高等学校。1918年升入九州帝国大学医科，先后接触到泰戈尔、歌德、海涅、惠特曼等诗人的作品，并受到泛神论的影响。1919—1929年，写下我国现代文学史上的优秀诗集《女神》。1921年回国，与郁达夫、成仿吾等组织创造社，出版《创造季刊》。稍后回日本学医并创作。1923年于帝国大学结业后，回上海弃医从文，提出“革命文学”主张。1926年，南下广州任中山大学文学院长，同年参加北伐，先后担任国民革命军总政治部秘书长、副主任、代主任。1927年3月写《请看今日之蒋介石》名文，同年参加南昌起义，任起义军总政治部主任，加入中国共产党。1928年流亡日本，从事中国古代史研究。1937年抗日战争爆发后回国编《救亡日报》，次年任军委政治部第三厅厅长。所以，郭沫若1913—1923年在日本留学，1927—1937年流亡日本，先后在日本居住20年。到1955年访日，又过去了18年。郭沫若已经完成了从青年学生—流亡学者—著名科学家、国家领导人的转变。

郭沫若这次访日，虽是去参加学术会议，但由于他是全国人大副委员长、全国政协副主席，使这次访问实际上是“半官方”性质，因而显得尤为重要。因为当时日本追随美国，敌视中国，中日官方关系难以开展，毛泽东和周恩来提出发展中日关系的重点在民间的方针。而开展民间外交，是从发展两国民间贸易和文化交流开始的。1952—1955年，中日先后签订了三个民间贸易协定，并在北京和东京设立廖承志——高崎达之助办事处作为常设机构。1953年，中国政府成功地安排日侨回国，在日本各界引起良好反响。1955年9月中旬，由林山荣吉率领的日本议员代表团访问中国。10月15日，毛泽东会见了这个代表团。接着郭沫若于12月率代表团访日。所以，从当时中日外交关系的情况来看，更可见这次访问非同一般。但这又是一次民间外交，任务是学术交流，而不是解决什么政治问题，旨在加强联系，增进友谊，所以，郭沫若等所到之处，受到友好的接待。他到了日本东京之西的温泉名胜之地是：“开窗闻晓鸟，俯首拾新诗。”他到了流亡时的须和田故居，看到的是：“山朴余手栽，居然成巨材。”到了广岛附近海中的名胜之地宫岛，看到的是："庭园如旧识，青松伴绿苔。"他在回来的东海道车中，听到的是："战后频传友好歌，北京声浪倒银河。"他到下关住在60年前李鸿章签订卖国条约的春帆楼，顿感"六十年间天地改，红旗插上春帆楼"。他游北九洲东岸的温泉胜地别府时是："一浴宵增暖，三巡春满怀。"这些诗不仅描写了日本山川的秀丽，而且歌颂了中日两国人民的友谊。这种感受，在《别须和田》中得到了充分的表现。他先写昔时邻居对他的热情欢迎：

草木有今昔，人情无变迁。
我来游故宅，邻舍尽腾欢。

这是概写，接着又用特写手法，写诗人与一携砚老翁的对话：

一叟携砚至，道余旧所镌。
铭有奇文字，久思始恍然。
"此后一百年，四倍秦汉砖"。
叟言"家之宝，子孙将承传"。

接着又写主人献茶款待：

主人享我茶，默默意未宣。
相对察眉宇，旧余在我前。

接下来，诗人转入对流亡生活的回忆：

忆昔居此时，时登屋后山。
长松荫古墓，孤景为流连。
故国正涂炭，生民如倒悬。
自疑归不得，或将葬此间。

最后写诗人对日本人民的期盼：

一终天地改，我如新少年。
寄语贤主人，奋起莫俄延。
中华有先例，反帝贵持坚。
苟能团结固，驱除并不难。
再来庆解放，别矣须和田。

但是这不过是诗人的美好愿望，战后日本政府追随美国，企图复和军国主义，拒绝走和平发展的道路，给日本人民带来了深重的灾难：

八年烽燧生灵苦，两弹铀钚井灶空。
铜佛涅槃僧寺渺，银沙寂寞夕阳红。
剧怜迷雾犹深锁，约翰居然来自东。

尽管第二次世界大战期间，美国在日本广岛、长崎投了两颗原子弹，使广岛生灵涂炭，井灶皆空，给日本人民带来了深重的灾难，但是战后日本政府违背人民意志，屈从美国，将“诚实的约翰”美制火箭核武器输入日本。这就揭露了当时美日政府的反动本质。

郭沫若作为中国人民的友好使者，在诗中也唱出了中日友好的和平之音：“此来收获将何有？永不愿操同室戈。”“晨辉一片殷勤意，泯却无边恩与仇。”他感到圆满地完成了祖国人民赋予自己的使命，所以，他最后欢快地写道：“长风吹大海，万里送归船”，“此来殊快意，如唱凯歌还”。

这是郭沫若为中日友好唱的第一支歌。此后，他担任中日友好协会会长，为中日友好奔忙，又写了不少讴歌中日友好的诗篇。如《赠日本友人》：

中元以降二千年，两国相交似管弦。
纵有乌云遮皓月，终教红日出虞渊。
鉴真盲目犹航海，阿倍遗骸尚在田。
江户黄河归一壑，风云共卷建新天。

诗中热情洋溢地歌颂了中日两国人民友好交往的悠久历史，期盼友谊有新的发展。

1972年9月25日至30日，时任日本首相的田中角荣率日本政府代表团访华，两国发表《联合声明》，实现了中日邦交正常化。郭沫若时任全国人大副委员长，参加迎送，并写了一首《沁园春·祝中日恢复邦交》：

> 赤县扶桑，一衣带水，一苇可航。昔鉴真盲目，浮桴东海，晁衡负笈，埋骨盛唐。情比肺肝，形同唇齿，交流文化有耿光。堪回想，两千年友谊，不等寻常。
>
> 岂容战犯猖狂，八十载风雷激大洋。喜雾霁云开，渠成水到，秋高气爽，菊茂花香；公报飞传，邦交恢复，一片欢声起四方。从今后，望言行信果，和睦万邦。

郭沫若可谓一位中日友好的不倦歌者。

“真是一首好诗呢！”

1957 年 1 月 12 日晚，毛泽东在紫云轩的书房里对李银桥说：“银桥啊，诗刊来信要求发表我的一些诗词，盛情难却，我让子龙抄写了十八首，准备给他们送过去。小韩也很喜欢诗，你也受些感染么（吗）？”

李银桥有点尴尬地说：“我和小韩都很喜欢主席的诗，我也想学着写一写，可就是不会写……”

毛泽东说：“写诗是件费脑子的事，尤其是旧体诗词更不容易掌握，又是平仄格律，又是韵脚对仗，还不得犯孤平，掌握了这些，还得掌握诗意和诗的境界，很难哩！你们年轻人最好莫学写旧休诗，学就学作新诗，歌颂我们的新中国，歌颂工农兵！”

李银桥嘿嘿一笑说：“主席，我也试着写了一首，可不敢说叫诗……”

毛泽东眼睛一亮，鼓励说：“念来听听！”

李银桥就背他的诗：

我是工农兵，革命打先锋，
哪里需要哪里去，党的安排我服从。
为了建设新中国，哪里艰苦哪里冲！
上边疆，下海洋，
闯大漠，攀高峰，
革命红旗飘扬处，处处有我工农兵！

毛泽东听完，哈哈大笑，连声夸赞说：“好诗，好诗！”又说：“银桥啊，不晓得你还会作诗哩！好，好么（嘛）！什么时候学的呀？”

李银桥红了脸说："这是我老婆帮我写的……"

毛泽东笑得更厉害了："不错么，敢写就不错！真是一首好诗呢！以后多练多写，会更进步的呢。"[①]

紫云轩，毛泽东中南海住处菊香书屋中书房名。

子龙，叶子龙，当时任毛泽东的机要秘书。

李银桥，河北安平人。1938 年 6 月参加八路军，先后任 358 旅司令部、政治部勤务员、通讯员、骑兵通讯员、特务员。

1947 年 2 月调中共中央办公厅任周恩来卫士、机要通讯员。

1947 年 8 月至 1962 年 4 月，任毛泽东卫士、卫士组长、副卫士长、卫士长。

1962 年 5 月以后任天津市公安局五处副处长；天津国棉二厂党委副书记、副厂长；天津起重设备厂党委副书记；天津市警卫处副处长。

1979 年 5 月，任人民大会堂管理局副局长、党委常委。

1984 年 1 月，任公安部老干部局副局长。

1988 年 1 月，离休。

小韩，即韩桂馨，河北安平人，1945 年 3 月参加八路军，先在卫生部系统的幼儿园工作，后调到毛泽东身边负责照看李讷，并教她读书识字。经毛泽东促成，1949 年 5 月 4 日和李银桥结婚。李讷上学后，韩桂馨分配到中央办公厅机要收发室工作。1969 年随李银桥调到天津市工作，1979 年调回北京。

李银桥、韩桂馨夫妇在毛泽东身边工作十多年，关系非同一般。耳濡目染，受到毛泽东的影响，二人也学习写诗。他们写的是一首新诗。

新诗，是五四以来的新体诗歌。形式上采用与口语相近的白话，并冲破了旧体诗词格律的束缚。在发展过程中，表现人民群众在革命斗争中的思想感情的作品与倾向，逐步成为新诗的主流。李银桥的诗歌颂了工农兵在社会主义革命和社会主义建设中模范带头作用，抒发了作为国家主人公

---

① 邸延生：《历史的真言——李银桥在毛泽东身边纪实》，新华出版社 2000 年版，第 660—661 页。

的豪情壮志，因此被毛泽东夸赞为“好诗，好诗”！“真是一首好诗呢”！并鼓励李银桥以后多练多写，以求进步。

毛泽东与李银桥谈诗，还讲了一个重要的理论问题：中国诗歌的发展道路问题，或者说青年应该如何写诗的问题。这个问题在 1957 年 1 月 12 日《致臧克家等》的信中明确指出：“诗当然应以新诗为主体，旧诗可以写一些，但是不宜在青年中提倡，因为这种体裁束缚思想，又不易学。”[①]还说：“因为是旧体，怕谬种流传，贻误青年。”[②]

毛泽东在与李银桥的这次谈话中，具体地解释了旧体诗词不容易掌握的原因。所谓旧体诗词，是指中国古代的格律诗和词。格律诗，是诗歌的一种。形式有一定规格，音韵有一定规律，倘有变化，须按一定的规则。中国古代格律诗中常见的形式有五言、七言的绝句和律诗。词、曲每调的字数、句式、押韵都有一定的规则，也可称为格律诗。不过一般词、曲另是专称，不称为格律诗。

词，诗歌的一种。古代的词都合乐歌唱，句子的长短须依照曲调的节拍，所以词的句子长短不齐，故又称为长短句。词体萌芽于南朝，形成于唐代，盛行于宋代。

毛泽东所说的旧体诗词，指的就是格律诗和词，是对五四以来的新诗而言。

---

① 《致臧克家等》，《毛泽东文艺论集》，中央文献出版社 2002 年版，第 308 页。

② 《致臧克家等》，《毛泽东文艺论集》，中央文献出版社 2002 年版，第 308 页。

“诗贵意境高尚，尤贵意境之动态”

1958年3月29日，成都会议结束，毛泽东乘专列来到重庆，随即东下，视察三峡。此时，梅白跟在他身边。毛泽东见梅白写了一首七绝《夜登重庆枇杷山》，颇有兴致。梅白的诗是：

我来高处欲乘风，夜色辉煌一望中。
几万银灯流倒影，嘉陵江比水晶宫。

毛泽东笑着对梅白说：“如果把‘辉煌’二字改为‘苍茫’，则能显出夜色之动态，为‘水晶宫’作伏笔，写得‘辉煌’而不那么露。诗贵有含蓄和留有余地。‘几万’应改为‘百万’，以显示山城新貌，这里应鲜明，而不应含糊。‘流倒影’不如‘摇倒影’，也是为了显示夜景之动态，也采用对比手法，写出嘉陵江并不是平铺直叙的，而是风翻浪卷，以显示嘉陵江之性格。因之，应改‘比’为‘似’，这又是用虚笔写实。总之，诗贵意境高尚，尤贵意境之动态，有变化，才能见诗之波澜。这正是唐诗以来格律诗之优越性。你的这首诗就这样组合：

我来高处欲乘风，暮色苍茫一望中。
百万银灯摇倒影，嘉陵江似水晶宫。

“如何？你比较一下，有比较才能鉴别。诗要改，不但要请人改，而且主要靠自己改。放了一个时候，看了，想了，再改，就有可能改得好一些。这就是所谓‘推敲’的好处。当然，也有经过修改不及原作的。”[①]

1956年7月，毛泽东到湖北，住在武昌东湖甲舍。梅白当时是中共湖北省委副秘书长、省委书记处办公室主任。毛泽东的机要秘书叶子龙向湖北省委书记王任重提出，主席身边需要一个人，主席的意思是要一个本地人。王重任就让梅白去了。

毛泽东开会有个习惯，就是不要秘书参加。梅白去见毛泽东时，毛泽东对他说："小梅，你来我身边，我高兴。但不要什么研究研究，审查审查，要随便……"又说："不要秘书参政，更不要秘书专政，你到我身边来，不能干扰我，你可以做那些减少我的劳动，增加你的智慧的工作。"

此后的几年中，梅白一直在毛泽东身边工作。闲暇时，两人谈诗论文，互相切磋。毛泽东为梅白改诗就是一例。

毛泽东为梅白改的这首七绝，只改了几个字，修改之处并不多，但却使诗的意境更丰富优美，文字更加凝练，确是行家里手。他的修是从两个方面进行的，一是使诗的意境更美；二是使词语更精练。

意境是中国古代文论的一个术语，指抒情诗及其他文学作品的一种艺术境界。这种艺术境界是由于主观思想感情和客观景物环境交融而成的意蕴或形象，其特点是描写如画，意蕴丰富，启发读者的联想和想象，有着超越具体形象的更广的艺术空间。

意境这一概念的思想实质可远溯到先秦，这一词语却来自佛教术语；用于文学批评，形成文论术语，则始于托名盛唐诗人王昌龄所撰的《诗格》，"诗有三境"："一曰物境"，"二曰情境"，"三曰意境"。扩展于宋代以后，近人王国维是意境说的集大成者。在今天的文学批评中，更广泛地用于各类文学创作。

重庆枇杷山，是山城的一个制高点，登上山顶，可以鸟瞰全市，特别是夜幕降临，万家灯火，高低错落，十分壮观；而景观倒映嘉陵江中，更是美不胜收。梅白的《夜登重庆枇杷山》描写的就是重庆夜景。

---

① 《毛泽东与梅白谈诗》，1987年3月26日《文摘周报》。

“我来高处欲乘风”，首句叙事，写诗人登上枇杷山。“高处”，指枇杷山。“乘风”，驾着风。这句说，我登上高高的枇杷山，被凉风吹着，十分快意，叙事中也写出了诗人的感受。虽嫌平直一些，还是可以的，所以毛泽东没有修改。

“夜色辉煌一望中”，次句描写，用鸟瞰的手法写对重庆夜色的整体印象。基本意思和表现手法尚可，但“夜色”二字用词不太准确。因为“夜色”的含义是指通宵的景色，实际上人们观看夜景都是在傍晚，又有谁深夜去看呢？所以毛泽东把“夜色”改为“暮色”，也就是薄暮的景色。他还把“辉煌”改为“苍茫”。因为这两个词语含义不同，意蕴各别。“辉煌”，光辉灿烂之意。灯有远近，人的感受不同，并不都是光彩夺目的。而“苍茫”，是广阔无边、模糊不清之状。所以，“暮色苍茫”比“夜色辉煌”更能准确地写出夜色的特点，意蕴也更为丰富。

“几万银灯流倒影，嘉陵江比水晶宫”，三、四句描写，写重庆夜色，突出灯光及其在嘉陵江中的倒影。这两句中毛泽东共改了三个字：把“几”改为“百”，“百万银灯”更能“显示出山城新貌”；把“流”改为“摇”，是“为了显示夜景之动态”，当然，“流”字也是动态，但“摇”字更能写出嘉陵江的“风翻浪卷”，更能“显示嘉陵江之性格”。至于改“比”为“似”，是“用虚笔写实”。因为如用“比”，重庆夜色和水晶宫好像两者都是实物。实际上水晶宫是现实生活中不存在的，而是传说中的事物。“水晶宫”，亦作“水精宫”。传说中的水神或龙王的宫殿，用水晶石装饰，显得富丽堂皇。《西游记》第三回：“老龙大喜，引入水晶宫相见了。”《中国民间故事选·金沙和玉龙山》东海里，有一座水晶宫，拿金铺地，拿玉做阶，拿珊瑚做柱，拿珍珠做帘，真是个美丽的地方。”毛泽东改动之后，确实使诗的意境更完美，写出了动态，诗也显得波澜起伏。

毛泽东还给梅白讲了诗的修改问题，确是他的经验之谈。修改“可能改得好一些”，这就是“推敲”的好处。

“《吻》这类作品”“现在发表不得吧？”

毛泽东在1957年的一次讲话中讲到不要怕放出问题时，说：“《诗经》的第一篇是不是《吻》这类作品？不过现在发表不得吧？那《诗经》第一篇，我看也没有什么诗味。”①

读了这段话，我们不禁要问：《吻》是何人所写？它是一首什么样的作品？

《吻》是当代诗人曰白（按：估计是笔名）写的一首爱情诗，发表在四川成都编辑出版的《星星》诗刊1957年创刊号上。全文如下：

吻

曰　白

像捧住盈盈的葡萄美酒夜光杯
我捧住你一对酒窝的颊
一饮而尽
醉，醉！

像蜂贴住玫瑰的蕊
我从你鲜红的
唇上，吸取
蜜，蜜！

---

①《同文艺界代表的谈话》，《毛泽东文集》第七卷，人民出版社1999年6月第1版，第258页。

像并蒂的苹果
挂在绿荫的枝头
我俩默默地
吻，吻！

此诗题作《吻》。“吻”是用人嘴唇接触人或物以示亲爱。接吻，俗话亲嘴，乃是男女表达爱情的常见方式。这首诗写一对青年男女的热烈接吻，来表达他们相亲相爱，所以是首爱情诗。

全诗三节，每节四句，共十二句。

第一节，写男子捧住女子两颊上的一对酒窝狂热亲吻，如醉如痴。

第二节，写男子像蜜蜂采蜜那样从姑娘鲜红的嘴唇上疯狂地吸，如糖似蜜。

第三节，写女子也受到感染，主动起来，两人拼命地“吻，吻”！

如果这“吻”发生在一对情侣身上，那是最普通不过的了，不值得大惊小怪。如果这事情发生在现在，那更没有什么问题了。但是，这首诗发表在 1957 年初。在那个革命年代，谈情色变，接吻被认为是资产阶级生活情调，是资产阶级思想的表现。所以，这首诗发表后，很快就受到了批评。第三期上发表的黎本初《我看了“星星”》一文，批评《吻》“没有感情”，“只有两张嘴巴，只觉醒于官能的满足”，“把吻写得庸俗”，断言是一首色情诗，只能起“毒害人民”的作用，是自然主义。

曰白在第四期上发表的《我爱青岛》一诗，也受到了批判，说它是借“歌颂祖国河山”，爱海岸像“情人手臂的温暖”，海浪“温柔地将它全身吻遍”，写物以附意，意境很不健康。诗人虽然受到严厉批判，并没有被划分为右派分子，这是值得庆幸的，但似乎从此也告别了诗坛。

毛泽东看了这首诗，在一次重要的谈话中谈到了它，并把它和古代诗歌经典《诗经》的第一篇相提并论。

那么，《诗经》的第一篇又是什么样的作品呢？《诗经》的第一篇是《周南·关雎》。全诗为：

关关雎鸠，在河之洲。窈窕淑女，君子好逑。

参差荇菜，左右芼之。窈窕淑女，寤寐求之。求之不得，寤寐思服。优哉游哉，辗转反侧。

参差荇菜，左右采之。窈窕淑女，琴瑟友之。参差荇菜，左右芼之。窈窕淑女，钟鼓乐之。

《周南》是十五国风之一，其地在今陕西南部一带，西周初年为周公管辖之地。《关雎》是《诗经》全书首篇，也是十五国风的第一篇。这是一首描写男子追求女子的民间情歌。第一章，诗人因沙洲上一对对的雎鸠，而联想到淑女是君子的佳偶。第二章，以求取荇菜起兴，写男子追求女子而未能达到目的时的苦闷心情。第三章，写男子求得女子以后美满欢爱的情况。显然，这是一首爱情诗，在毛泽东看来，《吻》也是爱情诗，所以将两首诗等量齐观。这是不错的。

“出一些《草木篇》，就那样惊慌？”

1957 年 3 月 8 日，毛泽东在《同文艺界代表的谈话》中，谈到当时贯彻“双百”方针，开展的整风运动中出现的一些问题时，说：“放一下就大惊小怪，这是不相信人民，不相信人民有鉴别的力量。不要怕。出一些《草木篇》，就那样惊慌？你说《诗经》《楚辞》是不是也有草木篇？……不要因为有些《草木篇》，有些牛鬼蛇神，就害怕得不得了。”[①]

读了这段话，读者可能会问：《草木篇》是何人所写，它是一部什么样的作品？

《草木篇》的作者是流沙河。流沙河（1931—2019，原名余勋坦，四川省金堂县人，当代最有影响的诗人之一。1948 年读中学时开始发表诗作，曾任《四川日报》副刊编辑、四川省文联创作员、《星星》诗刊编委，1957 年被错划为右派，平反后恢复工作，生前为作协四川分会专业作家、中国作协会员。主要作品有《农村夜曲》《流沙河诗集》《故园别》等。

《草木篇》是一组散文诗，发表在《星星》诗刊 1957 年创刊号上。全文如下：

草木篇

流沙河

寄言立身者，勿学柔弱苗。——（唐）白居易

① 《毛泽东文集》第七卷，人民出版社 1999 年第 1 版，第 257—258 页。

白　杨

把她连根拔去。但，纵然死了吧，她的腰也不肯向谁弯一弯！

藤

他纠缠着丁香。往上爬，爬，爬……终于把花挂上树梢。丁香被缠死了，欲作柴烧了。他倒在地上，喘着气，窥视着另一株树……

仙人掌

她不想用鲜花向主人献媚，遍身披上刺刀。主人把她逐出花园，也不给水喝。在野地里，在沙漠中，她活着，繁殖着儿女……

梅

在姐姐妹妹里，她的爱情来得最迟。春天，百花用媚笑引诱蝴蝶的时候，她却把自己悄悄地许给了冬天的白雪。轻佻的蝴蝶是不配吻她的，正如别的花不配被白雪抚爱一样。在姐姐妹妹里，她笑得最晚，笑得最美。

毒　菌

在阳光照不到的河岸，他出现了。白天，用美丽的彩衣，黑夜，用绿暗的火，诱惑人类。然而，连三岁孩子也不会采他。因为，妈妈说过，那是毒蛇吐的唾液……

那么，《诗经》《楚辞》又是什么样的作品呢？为什么说它们之中“是不是也有草木篇”？

《诗经》中出现的动植物之名，谷类有 24 种，蔬菜有 38 种，药物有 17 种，草有 37 种，木有 43 种，鸟也有木名这样多，兽有 40 种，而马的异名有 27 种，虫有 37 种，鱼有 16 种。（据顾栋高《毛诗类释》的材料统计）

《楚辞》中也写了不少“鸟兽草木之名”。因此说《诗经》《楚辞》中也有草木篇。这是从这两部古代诗歌的内容上来看。

再从诗的表现手法来看，《诗经》常用的表现手法是“赋”“比”“兴”。在毛泽东《致陈毅》（1965 年 7 月 21 日）的信中，关于三种表现手法，采用了宋代诗论家朱熹的解释，赋是“敷陈其事而直言之也”，然其中亦有比、兴。‘比者，以彼物比此物也’，‘兴者，先言他物以引起所咏之词也’”。①“彼物”“他物”都是“物”，“物”自然离不开“鸟兽草木”。

《楚辞》也是如此。它不仅写了大量的“鸟兽草木之名”，而且在表现方法上也与《诗经》一脉相承。“《离骚》之文，依诗取兴，引类譬喻。故善鸟香草，以配忠贞；恶禽臭物，以比谗佞；灵修美人，以媲于君；宓妃佚女，以譬贤臣；虬龙鸾凤，以托君子；飘风云霓，以为小人。”（汉王逸《离骚经序》）总之，《诗经》《楚辞》无论从内容上，还是表现方法上，都离不开“鸟兽草木之名”，所以，毛泽东认为它们之中“是不是也有草木篇”？这种不疑而问，表达的意思是肯定的。

现在还有最后一个问题，那就是流沙河的《草木篇》与《诗经》《楚辞》有什么关系，它到底是什么样的作品？

《草木篇》是一组散文诗，它吟咏的对象是五种草木：白杨、藤、仙人掌、梅和毒菌。其中白杨、仙人掌、梅是作者歌颂的，藤和毒菌是作者所憎恨的。

作者爱和恨的标准是什么呢？正如诗篇开始时所引用的唐代诗人白居易《有木八首》中所说：“寄言立身者，勿学柔弱苗。”流沙河引的这两句诗，见于第七首《有木名凌霄》。

白居易的有木诗是一组寓言诗，共八首。此诗大约作于唐宪宗元和二年（807）至元和六年间，诗人 36 岁至 40 岁之时。两年县尉，三年拾遗，自郡县至京城，多所阅历，白居易亲眼看清了中唐官僚政治的腐败。“因引风人骚人之兴，赋有木八章，不独讽前，欲警后人尔。”白居易运用《诗

① 中共中央文献研究室编：《毛泽东书信选集》，《致陈毅》（1965 年 7 月 21 日），人民出版社 1983 年版，第 608 页。

经·国风》作者和《离骚》作者常用的表现手法，不仅讽刺当时的权贵，而且警诫后人。这就是白居易的写作目的。《有木诗八首》的前六首分别写春天的弱柳、樱桃、枳橘、野葛、水柽，讽刺当权者，第七首写凌霄，专门叹讽投机钻营的小人，第八首写丹桂，表达了他的人生理想。

流沙河的《草木篇》也是一组寓言诗。诗中学习白居易的写法，写了五种花草树木：赞颂白杨树宁折不弯的硬骨头精神，赞颂仙人掌抵御恶劣环境的顽强的生命力，赞颂梅花不与百花争春的情怀和凌霜傲雪的精神，贬斥藤攀附他物“往上爬”的卑劣品性，鞭挞毒菌“诱惑人类”的恶行。托物言志，诗中表露了诗人的人生哲学。这无论从诗的内容上，还是表现方法上，与《诗经》《楚辞》开创的优良传统都是一脉相承，无可厚非的。毛泽东当时不过说，“出一些《草木篇》”，也不必“就那样惊慌”，“就害怕得不得了”，而并没有把它定性为毒草。

流沙河的这组寓言诗，写于1956年10月30日，发表在1957年1月。1956年匈牙利事件以后，国内政治思想空前活跃，一些人向党和政府提出了不少批评与建议。

1957年3月6日中共中央宣传部印发的《有关思想工作的一些问题》，共汇集了33个问题。1957年4月27日，中共中央发出《关于整风运动的指示》，决定“在全党重新进行一次普遍的、深入的反官僚主义、反宗派主义、反主观主义的整风运动”。这时一些人提出了更尖锐的甚至是错误的批评。1957年5月7日，《人民日报》发表《这是为什么？》的社论，于是在全国范围内开展了一场声势浩大的反右派斗争。

作为《星星》诗刊的编委，又发表了《草木篇》这样的诗，流沙河不可能幸免。《星星》当年第9期刊登的编辑部文章《右派分子把持〈星星〉诗刊的罪恶活动》中透露，“流沙河已划为右派”，《草木篇》是“提倡横眉冷对一切人”的毒草，第4期发表的《一张匈牙利邮票》影射苏联出兵匈牙利是干涉其内政，化名陶任先写的《风向针》是否定党的领导。第9期上发表的《流沙河》一诗这样写道：

提起“九老少”，金堂人人恨。
玷辱文坛，还想翻云覆雨。
借草木而抒情，句句不忘“本”。
翻开农民账簿看，是个阶级敌人。

这样流沙河不仅被错划右派分子，而且还被戴上漏网地主分子的帽子。当然后来这些错误都得到了纠正。平反后，流沙河又继续活跃在诗坛上，创作了不少好诗。其组诗《故园六咏》获 1979—1980 年全国优秀新诗奖。

“你的《摇头》写得好”

1957年4月20日，毛泽东写信给诗人袁水拍。信是这样写的：

水拍同志：

你的《摇头》写得好（陈毅的六言诗也好），你应该多写些。我感到你做编辑不如出外旅行。可以请人代理你的职务，出外跑几个月回来，做几个月编辑再出去。是否可行，请加斟酌，并和领导同志商量。李希凡宜于回到学校边教书，边研究。一到报社他就脱离群众了，平心说理的态度就不足了。请你和他商量一下。

同志的敬礼！

毛泽东

一九五七年四月二十日①

袁水拍（1916—1982），原名袁光棚，笔名马凡陀。江苏省吴县人。1935年入上海沪江大学。三个月毕业后，入上海浙江商业银行、上海中国银行工作。抗战爆发后，开始诗歌创作，到重庆、香港等地，曾任重庆美术出版社编辑、中华全国文艺界抗敌协会总会候补理事，并编辑会刊《抗战文艺》。1944—1948年，曾在上海《新民报》《大公报》做编辑，用马凡陀的笔名写政治讽刺诗。解放后，在《人民日报》文艺部工作，兼任《人民文学》《诗刊》编委。主要作品有抒情诗集《人民》《冬天冬天》《向日葵》；讽刺诗集《马凡陀山歌》《沸腾的岁月》《马凡陀山歌续集》

---

① 中共中央文献研究室编：《毛泽东书信选集》，人民出版社1983年版，第524页。

《解放山歌》《春莺集》等。他是我国现当代最有成就、最有影响的讽刺诗人之一。

袁水拍的《摇头》是一首政治讽刺诗，全诗如下：

摇　头

摇，摇，摇，
我们这位同志，
老爱把头摇。

“这个
　　我看不好。
那个
　　我看也不妙。

“什么！
这个也在争论？
那个也在探讨？
不好，不好！

“满台家务事，
满纸儿女情。
不行，不行！
还有什么杂文，杂感，杂种，
　　讽刺，诽谤和小品文……
嘿，查查看，
是哪一个‘俱乐部’发来的兵！”

“不过，亲爱的同志，
‘百花齐放，百家争鸣’呢？

大概你也学习过，
这是我们党的方针。”

“方针么，
方针是好，
好，好，好！
一百个好，
好得不得了。
可真也有点……不得了！”
说着又把头摇。

医生摸清了病情，
大喝一声：
“同志，
你犯的是教条主义病，
而且还有流行性！”

袁水拍当时任人民日报社文学艺术和副刊部主任。他的这首《摇头》诗刊登在1957年4月18日《人民日报》副刊上，同一版面还刊登了陈毅同志的六言诗《游玉泉山纪实》，所以毛泽东在信中顺便提及说“也好”。

这首政治讽刺诗，讽刺的对象是教条主义者。全诗共七节，可分为四段。

前两节为第一段，为教条主义者画像。开宗明义，“摇，摇，摇”，“老爱把头摇”，首句一连用了三个“摇”字，次句点明讽刺对象，三句加重语气，突显了教条主义看不惯新事物，老爱摇头，表示否定的形象。这是从行动上刻画。

第二节四句，是从语言上描写，用“这个”“那个”，代表一切事物，极为概括，用“不好，不好”，来写此公对一切事物都看不惯的态度，十分形象。

第三、四两节为第二段，写这位教条主义者对待科学、艺术上现状持否定态度。“争论”“探讨”，是指科学上的不同学派的自由争鸣，他认为“不好，不好”！“满台家务事”，是指电影、戏剧艺术的剧目内容，“满纸儿女情”，是指诗歌、小说等文学创作所反映的生活，此公也认为“不行，不行”！至于杂文、小品文就更成问题，所以要追查，“是哪一个‘俱乐部’发来的兵”！俱乐部，英语（lub）的音译，意即总会。社会政治、文艺、娱乐团体名称或社会团体活动的场所。现多指社会团体所设的文化娱乐场所。1956年匈牙利事件就是裴多菲俱乐部搞起来的。这里说是“哪一个‘俱乐部’发来的兵”，意谓是像裴多菲俱乐部那样的反革命集团，这就是敌我矛盾了。

第五、六两节为第三段，是诗人对教条主义的诘辩。第五节，诗人提出“百花齐放、百家争鸣”的方针，你又该怎么解释呢？毛泽东说：“‘百花齐放、百家争鸣’的方针，是促进艺术发展和科学进步的方针，是促进我国的社会主义文化繁荣的方针。”①“双百”方针的提出，犹如一面镜子，它折射出来的是一个政治稳定、经济发展、人民团结的国家形象，也反映了繁荣文艺、发展科学的时代要求，更反映了毛泽东和中共中央的一种信心。诗人拿“双百”方针将这位教条主义者的军，使他有口难辩，连说三个“好”“一百个好”“好得不得了”。可他还是担心，“可真也有点……不得了！”所以“说着又把头摇”。

末节为第四段，卒彰显其志，诗人最后向这位教条主义者大喝一声：“你犯的是教条主义病，而且还有流行性！”指出的教条主义者的病根及危害。这是一种同志间善意的批评，因而此诗受到毛泽东的好评。

袁水拍是一位优秀的政治讽诗人，早在20世纪40年代，他在重庆时写的《马凡陀山歌》就很有名。毛泽东1945年赴重庆和蒋介石谈判时就读过。所以，新中国成立伊始毛泽东就约见了袁水拍。据毛泽东当时的保健医生王鹤滨回忆，这次会见的情况是这样的：

---

①《百花齐放，百家争鸣》，《毛泽东文艺论集》，中央文献出版社2002年版，第158页。

我随毛泽东去双清别墅，那是1950年夏天的一个假日。我得知毛泽东外出时，迅速走来，看到毛泽东和他的孩子们，已经站在了颐年堂东侧的大院内，看来是在等什么客人。

叶子龙从丰泽园大门带进客人。来人身材高大，二米有余，年近不惑，长着一副长长的面孔，他的夫人则与他形成鲜明的反差，身材瘦小，头顶仅到他的胸际，跟随他的两个儿子，像他们的父亲，也都是长长的面孔，鸭蛋形头。

“您年纪轻轻就出版了诗集，可喜可贺！”毛泽东拉着客人的手亲昵地说。

“主席过奖了，那算不得是诗。”客人谦虚地说。

“《马凡陀山歌》我在重庆与蒋介石谈判时读过。”毛泽东又补充了一句。

来者是《马凡陀山歌》的作者袁水拍，毛泽东爱才心切，把他找来了……

主客寒暄之后，就带着孩子们上路了。

汽车开到了我所熟悉的香山，驶过香山慈幼院大门的东侧，顺汽车路爬上一个小坡停了下来。这是一个简易的、不大的停车场。我推测是毛泽东进驻双清别墅时修的。下车后，毛泽东沿着松树间的、没有鲜明痕迹的小路，带着客人向北走去，走了百十米，就到了一所院墙向东开的门前，大门呈常见的北京四合院式外门，外面由砖砌成一圆形的门，内侧是木质的双扇门板。门是开着的，走进去便是一条蜿蜒的走廊，毛泽东熟悉地将客人带到走廊中的六角小亭下，请客人坐在了圆石桌旁。

主客落坐在石桌旁，阔谈声、高高低低的笑声传来。小亭南侧的池中，金鱼时而浮向水面，时而潜入水深处……

我和毛泽东的孩子们，李敏、李讷、儿媳刘思齐、侄儿毛远新，还有江青的姐姐李云露，她的儿子王博文，叶子龙的两个女儿叶燕燕、叶丽娅以及客人的两个儿子，走到水池的东南侧，怕干扰他们的谈话。

值勤人员为主客也为我们这一群“混合之旅”送来了冷饮，我要了一杯冰镇啤酒，喝在口中凉爽带苦，十分可口，便一饮而尽，下肚之后才觉得有点头重脚轻，飘飘然了，我没想到一杯啤酒也会醉人。

摄影师侯波走过来，用相机把我们这一“混合之旅”永远固定在了双清别墅的照片上。[①]

毛泽东要和袁水拍谈诗，还让自己的孩子和身边的工作人员陪着袁的孩子玩，不仅表现出他爱才，而且表现出他对人的关爱和体贴。遗憾的是当时只有袁水拍和毛泽东谈话，没有第三者在场，更不要说记录了。毛泽东对诗歌谈了哪些意见，便永远不得而知了。

① 王鹤滨：《在伟人身边的日子里》，中国青年出版社2003年版，第120—121页。

“大作读毕，感慨系之”

1957年5月11日，毛泽东给他的夫人杨开慧烈士的好友李淑一女士，写过一封很有名的信。信是这样写的：

淑一同志：

惠书收到了。过于谦让了。我们是一辈的人，不是前辈和后辈关系。你所取的态度不适当，要改。已指出“巫峡”，读者已知所指何处，似不必再出现“三峡”字面。大作读毕，感慨系之。开慧所述那一首不好，不要写了罢。有《游仙》一首为赠。这种游仙，作者自己不在内，别于古之游仙诗。但词里有之，如咏七夕之类。我失骄杨君失柳，杨柳轻飏直上重霄九。问讯吴刚何所有，吴刚捧出桂花酒。 寂寞嫦娥舒广袖，万里长空且为忠魂舞。忽报人间曾伏虎，泪飞顿作倾盆雨。

暑假或寒假你如有可能，请到板仓代我看一看开慧的墓。此外，你如去看直荀的墓的时候，请为我代致悼意。你如见柳午亭先生时，请为我代致问候。午亭先生和你有何困难，请告。

为国珍摄！

毛泽东

一九五七年五月十一日[①]

① 中共中央文献研究室编：《毛泽东书信选集》，人民出版社1983年版，第527—528页。

李淑一（1901—1997），湖南长沙人。1915 年，入北京国立旧制师范预科与本科学习，1917 年，入湖南省立第一女子师范本科学习。1920 年毕业后，又在长沙福湘女中专修英文、数学、国文三科。1924 年 10 月，与柳直荀结婚。1927 年 5 月“马日事变”后，柳直荀离开长，参加八一南昌起义，后又由党派往其他地区工作，1932 年不幸牺牲。李淑一留在长沙，以教书为业，抚育子女，先后在长沙女中附小、艺芳女中、衡粹师范、省立一中、省立一师、福湘女中任语文和历史教员。新中国成立后，在长沙第十中学任教，1959 年退休。曾任湖南省政协委员、省文史研究馆馆员，后任中央文史馆馆员。

开慧，即杨开慧，毛泽东的夫人。1930 年牺牲。

直荀，即柳直荀。湖南长沙人，1924 年毕业于长沙湘雅大学，同年加入中国共产党，是湖南省学生运动和农民运动的领导人之一。此后历任湖南各界救国十人团联合会总干事、湖南省学联评议部部长、湖南省政府委员、湖南省农民协会秘书长。

1927 年大革命失败后，柳直荀参加南昌起义，后到上海、天津、湖北等地从事党的地下工作。1929 年初任中共军委特派员，参加组织过渭华暴动。1929 年冬任中共长江局秘书长兼湖北省委书记。1930 年夏天到洪湖根据地，先后担任红六军政治委员、红二团军政治部主任、红三军政治部主任、中共鄂西北临时分特委书记、中共鄂西北特委书记、湘鄂西省苏维埃财政部长等职。1932 年 9 月，被王明路线的代表诬陷为“改组派”，杀害于周老咀。

柳午亭，柳直荀之父。湖南长沙高桥镇人。清朝末年，曾与柳开慧之父杨昌济、李淑一之父李肖聃同去日本留学七八年。曾向拳王王润生学练“八拳”，打败日本拳击家吉田道次而轰动日本。回国后，坚持练八拳、太极拳、八段锦等。坚持冷水浴。1916 年夏天，毛泽东曾亲自到其家中专为体育问题，访问了柳午亭先生。故信中要李淑一代为向柳午亭先生致问候之意。

这封信写得十分家常，字里行间，洋溢着朋友间的深情厚谊。首先，毛泽东指出：“我们是一辈的人，不是前辈后辈关系”，要李淑一改变以

“晚辈”称呼自己的态度，平等待人，极为亲切。

其次，和李淑一探讨了他写的《水调歌头·游泳》中“更立西江万壁，截断巫山云雨，高峡出平湖”的用语问题：可能李淑一在信中提到应出现“三峡”字样，所以毛泽东在复信中说：“已指出巫峡，读者已知所指何处，似不必再出现三‘峡’字面。”

再次，赞扬李淑一的词：“大作读毕，感慨系之”。八个大字，评价颇高。“大作”，称人作品的敬词。指李淑一的《菩萨蛮》词。

1957 年春节，李淑一给毛泽东写了一封贺年信，还寄去了她于 1933 年夏天写的一首词。因为那时传闻，说李淑一的丈夫柳直荀已在革命战争中牺牲。有天晚上，李淑一做了个梦，梦见丈夫回来，样子非常狼狈。哭着醒来，和泪填了一首《菩萨蛮》：

兰闺索寞翻身早，夜来触动离愁了。底事太难堪，惊侬晓梦残。
征人何处觅？六载无消息，醒忆别伊时，满衫清泪滋。

《菩萨蛮》，唐教坊曲名。后用为词牌，又名《子夜歌》《重叠金》。小令 44 字，前后阕各两仄韵转两平韵。唐苏鹗《杜阳杂编》卷下：“大中初……其国（女蛮国）人危髻金冠，璎珞被体，故谓之‘菩萨蛮’，当时倡优遂制‘菩萨蛮’曲。”

这首词写词人对参加革命工作的丈夫柳直荀的深切怀念。上阕写词人因夜思成梦而被惊醒。“兰闺”，泛指女子的居室。此指李淑一的卧室。“索寞”，寂寞无聊。“底事”，何事。“侬”，我。“晓梦”，拂晓时的梦。上阕的意思是说，卧室中我寂寞无聊不住地翻动身子，夜里触动了我的离别之愁。什么事这么难以忍受，惊得我从拂晓时的梦中醒来。

下阕写词人对柳直荀的思念。“征人”，指出征或戍边的军人。此指柳直荀。“伊”，是，此。这里是“伊人”之略语。此人，这个人。指意中所指的人。即柳直荀。柳直荀 1927 年离开长沙参加革命工作，到 1933 年传言他牺牲，已经整六年了。所以，后半阕的意思说，参加革命工作的柳直荀到什么地方找寻，六年没有消息了。从梦中醒来，回忆和我的爱人分别时，衣衫都被眼泪打湿了。

词人“听说直荀牺牲，结想成梦，和泪填的”的这首《菩萨蛮》，生离死别，战友情深，确实十分感人，所以毛泽东读后“感慨系之”，即对其事不胜感慨。至于复信中说：“开慧所述那一首不好，不要写了罢。有《游仙》一首为赠。”这是为什么呢？

李淑一回忆说：“我想起，毛泽东在和开慧交朋友的时候，填过一首《虞美人》词赠杨开慧，开慧当时告诉了我。词是这样写的：

堆来枕上愁何状，江海翻波浪。夜长天色怎难明，无奈披衣起坐薄寒中。

晓来百念皆灰烬，倦极身无凭。一勾残月向西流，对此不抛眼泪也无由。①

李淑一给毛泽东写信时，附上了这首词，请毛泽东订正后再寄给她，毛泽东回信说：“开慧所述那一首不好，不要写了罢。”于是另有《游仙》为赠。《游仙》后收入《毛泽东诗词十九首》，标上词牌《蝶恋花》，改题目为《答李淑一》。

《虞美人》，词牌名，又名《虞美人令》《一江春》《玉壶冰》《忆柳曲》等。取名于项羽爱姬虞美人，后用作词牌。双调56字，上下阕均两仄韵转两平韵。

词题《枕上》，取首句语词，表明写枕上思念之情，乍别失眠之苦。作于1921年，毛泽东与杨开慧是1920年冬结婚的，翌年春夏间外出考察，此词是写新婚初别愁绪的。

这首词最早发表在1994年12月26日《人民日报》。编者按说：“为纪念毛泽东同志诞辰101周年，特首次正式发表中共中央文献研究室编辑校定的毛泽东诗词《虞美人·枕上》《七律·洪都》。”并于词后附注：“根

① 李淑一：《毛泽东和李淑一》，《毛泽东和他的友人》，中国青年出版社1996年版，第2—3页。

据作者审定的抄件刊印，手迹是未经修改的原稿，有几处与发表的文字不同。”这件手迹是1961年毛泽东自己抄写的，同时刊载在《人民日报》第8版。

这首词，毛泽东对李淑一说：“不好”。所谓“不好”，可能是因为内容是写爱情的，当时发表不宜。但在毛泽东心目中，却占着一个极重要的位置，它重到36年间梦绕魂牵，未尝一日去怀，且老而弥笃、弥坚。所以，他1961年又作了一次精心修改：最显著的如把上阕末句：“无奈披衣起坐薄寒中”，改作“寂寞披衣起坐数寒星”，下阕第二句“倦极身无凭”，改为“剩有离人影”。意境和色调上，都更深更浓更富有艺术感染力。如果通读全词，也只是写了别情：上阕写惜别之愁，一个“堆”字，形象地表现了愁苦之多，“江海翻波浪”，更给以强烈的夸张；于是因愁苦而失眠，长夜难明，只好披衣起坐，望夜空，数寒星，充分显示出寂寞孤独的情怀。从而过渡到下阕，还是分别之苦，辗转反侧，彻夜无眠，直到破晓，百念俱灰，只有离人的影像浮现眼前，拂也拂不去，唤又唤不来，到此不禁遥对西流的一钩残月，汹涌倾泻出两行眼泪来。新婚乍别，想得通宵睡不着觉，想得眼泪湿透枕巾，这种感情是真挚的。这是真人之情之诗，也是常人之情之诗。这年的一天，毛泽东把这件手迹交给他的卫士张仙明，嘱咐：“这个由你保存。”

李淑一说此诗写于1920年，毛泽东与杨开慧处于热恋时期，当作误记。因为如系婚前所写，应称“情人”，不应称“离人”。

李淑一和杨开慧相识于1920年。杨开慧之父杨昌济先生在北京逝世，北京大学的同事们，将奠仪700元寄到李淑一家。随后杨开慧随母亲扶柩回长沙，住在李淑一家，同李淑一父亲李肖聃先生商量为杨昌济治丧和杨开慧入学的事。肖聃先生建议，杨开慧到福湘女中念书，说淑一也在那里，有个伴，可以互相照顾。于是，李淑一和杨开慧相识了，并很快成为好朋友。她们一同进了选修班，选修国文、英语、数学三门课程。1920年寒假，杨开慧还到柳直荀家去，向其父柳午亭先生学打拳，锻炼身体。

1921年中国共产党成立后，毛泽东从上海回到长沙，负责湘区党的工作。这时杨开慧和毛泽东已经结了婚，住在长沙小吴门外清水塘。那年秋天，柳直荀和李淑一去看毛泽东和杨开慧。因近黄昏，路过菜园时，李淑一失足掉入粪坑。柳直荀扶着李淑一，走进毛泽东的住室，杨开慧连忙打水，取出鞋袜让李淑一洗换。

以后，杨开慧随毛泽东到上海、韶山、广州、武昌等地，进行革命活动，二人没有见面的机会。直到1927年3月，马日事变前夕，杨开慧从武昌回到长沙，有一次，带着五岁的岸英，到兴汉门外留芳岭，来看李淑一和柳直荀。当时李淑一的儿子晓昂才三个月，杨开慧祝贺他们，并把晓昂抱在怀里，亲热地逗了一会儿。这就是李淑一和杨开慧的最后一次会面。

“马日事变”后，毛泽东上了井冈山，杨开慧带着三个儿子岸英、岸青、岸龙，回到老家板仓，转入地下工作。1930年10月，杨开慧从板仓托一个农民，送一封信给李淑一，要她买些书和纸、笔等物，但还没等李淑一为她准备好这些物品时，她就被反动派逮捕了。

对于杨开慧的好友李淑一，毛泽东十分关怀。早在延安时期，毛泽东就向去长沙的同志，打听李淑一母子的情况。新中国成立之初，1950年1月17日李淑一给毛泽东写信问好，毛泽东当时正好在苏联访问。3月15日回京，4月18日就给李淑一回了信。信中说：“直荀牺牲，抚孤成立，艰苦备尝，极为佩慰。”随后又叫他的秘书，给李淑一在国家计委燃料局工作的儿子打电话，问生活上有什么困难没有。1955年，李淑一生病半年没有教书。毛泽东知道后，叫杨开慧的哥哥杨开智同志去看她。

这次毛泽东的回信中，还嘱托李淑一“暑假或寒假你如有可能，请到板仓代我看一看开慧的墓”。李淑一不负重托，和杨开慧的哥哥杨开智、嫂子李崇德以及湖南省民政厅的同志一道，于1957年7月10日祭扫了杨开慧的墓。他们不仅献上鲜花和香果，李淑一含着热泪诵读了自己写的祭文：“……近接毛主席来信，念君思君，作词悼君，嘱我暑假有暇，代他亲来板仓，奠扫君墓，获此良机，遂偿夙愿。今前来奠，恩义双重，老友有灵，当能监察。”事后，李淑一把祭扫的情况写信告诉了毛泽东。

1959年6月27日，毛泽东在湖南长沙蓉园，接见了李淑一和杨开智、李崇德。下午3点，毛泽东和他们见面。李淑一紧紧地握住毛泽东的手，说：“毛主席呀！你送我的一首《蝶恋花》词，我连信都回不赢了！”毛泽东把她介绍给在座的省里领导同志说："她就是李淑一，开慧的好朋友，前年她把悼念直荀同志的词寄给我，我就写了《蝶恋花》这首词和她，完全是按照她的意思和的。"毛泽东还亲切地询问了她的工作和生活情况。

毛泽东接见他们后，还和他们照了相，又留他们吃饭。席间，毛泽东不住地往李淑一的盘子里夹菜，同时不断地向她提问。

毛泽东还对当时的湖南省政府主席程潜说："你认得她吗？她叫李淑一，李肖聃先生的女儿。肖聃先生是我的老师。她的家爷柳午亭先生，也是一个怪人，在旧社会不做官，打得一手好拳。"

饭后，毛泽东又和他们一同看了湘戏。散戏后，一一和他们握手告别。

为了纪念这次难忘的接见，李淑一写了一首《毛主席招宴省蓉园喜赋》云：

忆昔长沙识伟姿，重逢已是盛明时。
卅年事业惊寰宇，四海人民仰导师。
话到忠魂弥恳挚，暖如朝日更温慈。
九霄杨柳春常在，附骥深惭蝶恋词。

“东风已压西风倒，好事常由坏事成”

1957年7月，毛泽东回到长沙，宴请湖南的耆宿。曹典球老先生应邀，刘少奇的表兄、湖南文史馆成员成秉真老先生亦在座。席间，曹典球吟七律一首谢呈毛泽东。诗曰：

船山星火昔时明，莽莽乾坤事远征。
百代王侯归粪土，万方穷白庆新生。
东风已压西风倒，好事常由坏事成。
幸接谦光如宿愿，只惭无以答升平。

曹典球后来说：“当时毛主席看后，对诗的颔联和颈联评价很高，赞声不绝。”①

曹典球，即曹籽谷（1876—1960），名典球，字籽谷（又作“子谷”），湖南长沙人。解放前担任过湖南省教育厅厅长、湖南大学校长。新中国成立后，曾任湖南省政协常委、湖南省文史研究馆副馆长，是湖南省的“耆宿”之一。“耆（qí 起）宿”，亦作“耆夙”。年高有德者之称。语出《后汉书·樊儵（tiáo 条）传》：“耆宿大贤，多见废弃。”“耆”，古称六十岁曰耆。

毛泽东向来尊老敬贤，对年高德劭之人礼敬有加。此次回到故乡长沙，宴请曹典球、成秉真等湖南学术界老人，就是一例。

曹典球与毛泽东有多次交往，除这次赠诗外，有据可查的尚有两次：

---

① 谈石城：《曹典球赠诗毛泽东》，1987年12月27日《长沙晚报》。

一次是1955年10月4日《致周世钊》信中提到："承录示程颂万遗作，甚感，并请向曹子谷先生致谢意。"这是说，曹典球将宁乡籍晚清诗人程颂万的遗作，抄录呈送毛泽东看，毛泽东让周世钊转致谢意。另一次是1956年12月29日《致周世钊》信中所说："又请你代候曹子谷先生，谢谢他赠诗及赠南岳志。"这说明除了上面引述的一首赠诗外，曹典球给毛泽东还有别的赠诗，可惜我们无从查找。

首先一个问题，写诗时间恐怕不是1957年7月。因为上述引诗中有"万方穷白庆新生"之句。穷白的说法，是毛泽东1958年4月15日在《介绍一个合作社》中提出的："除了别的特点之外，中国六亿人口的显著特点是一穷二白。这些看起来是坏事，其实是好事。穷则思变，要干要革命。一张白纸，没有负担，好写最新最美的文字，好画最新最美的画图。"

诗中"穷白"云云显然是由毛泽东的这段论述而来。

"东风已压西风倒"之句，很显然用的是毛泽东的著名论断"东风压倒西风"。但毛泽东这一论断，是1957年11月18日，在《在莫斯科共产党和工人党代表会议上的讲话》中提出的：

> 现在我感到国际形势到了一个新的转折点。世界上现在有两股风：东风，西风。中国有句成语：不是东风压倒西风，就是西风压倒东风。我认为目前形势的特点是东风压倒西风，也就是说，社会主义的力量对于帝国主义的力量占了压倒的优势。

曹典球诗中"东风已压西风倒"，是毛泽东"东风压倒西风"论断的诗化表现。假如是这样，这就关系到写诗的时间：如果是1957年7月，那就是毛泽东在与曹典球等人的谈话中，已经提出了"东风压倒西风"的论断，曹典球即席赋诗，并把这一论断写入诗中；否则，时间便有误。如果是1958年7月，才比较合理。

曹典球是当场赋诗，呈送给毛泽东的是一首七言律诗。

"船山星火昔时明，莽莽乾坤事远征。"首联叙事，赞扬毛泽东早期的革命活动。"船山"指船山学社。明清之际的诗人、学者王夫之晚年居住在石船山，称船山先生。学社故以船山命名，地址在长沙郊外清水塘。中共一大以后，毛泽东于1921年8月回到长沙，住在船山学社，从事革命活动。“星火”，小火。此是“星火燎原”之意，即小火花可以引起燎原大火。比喻微小的事物有广阔的发展前途。毛泽东在《星星之火，可以燎原》一文说：“中国是全国布满了干柴，很快就会燃成烈火。‘星火燎原’的话，正是时局发展的适当的描写。”“莽莽”，本是草木茂盛之状。引申为无涯际的样子。《楚辞·九辩》：“蹇充倔而无端兮，泊莽莽而无垠。”“乾坤”，国家，天下，江山。《敦煌曲子词·浣溪沙》：“竭节尽忠扶社稷，指山为誓保乾坤。”“远征”，征伐远方，远道出征。此指毛泽东领导的长期的革命战争。这两句是说，毛泽东从点燃革命火种，到造成燎原之势，领导中国人民进行了长期的革命战争。两句略写，概括了毛泽东领导的几十年的革命战争。

“百代王侯归粪土，万方穷白庆新生。”颔联继续叙事，写毛泽东领导中国人民不仅推翻了封建主义的统治，而且改变了中国贫穷落后的面貌。

“百代王侯归粪土”，由毛泽东《沁园春·长沙》中“粪土当年万户侯”化来。“粪土”，贱恶之喻。《论语·公冶长》：“粪土之墙，不可污也。”“王侯”，天子和诸侯，后多指王爵和侯爵，或泛指显贵的人。《易·蛊》：“不事王侯，高尚其事。”《史记·陈涉世家》：“王侯将相宁有种乎？”此处泛指封建统治者。“万方”，万邦，各方诸侯。引申为天下各地，全国各地。“穷白”，穷，贫穷，指物质匮乏；“白”，空白，空无所有。指文化科学落后，甚至一无所有。颔联紧承上联，赞扬了毛泽东领导全国人民推翻封建统治、建立新中国，并很快改变了我国贫穷落后面貌的历史功勋。

“东风已压西风倒，好事常由坏事成。”颈联夹叙夹议，赞扬毛泽东对改变世界局势的贡献。

“东风已压西风倒”，语出《红楼梦》第八二回：“（黛玉）便说道：‘这也难说。但凡家庭之事，不是东风压了西风，就是西风压了东风。’”比喻一方势力大，压倒另一方。此处是指社会主义的势力压倒了帝国主义的势力。

“坏事常由好事成”，坏事，指不好的事情，起损害作用的事情。坏事在一定条件下可以变为好事。这是毛泽东的一个重要思想。1957年2月27日作的《关于正确处理人民内部矛盾的问题》讲话中讲的第十个问题《坏事能否变成好事》中说：

> 如像我们上面讲过的，在我们的社会中，群众闹事是坏事，是我们所不赞成的。但是这种事件发生以后，又可以促使我们接受教训，克服官僚主义，教育干部和群众。从这一点上说来，坏事也可以转变成为好事。乱子有二重性。我们可以用这个观点去看待一切乱子。
>
> ……
>
> 总之，我们必须学会全面地看问题，不但要看到事物的正面，也要看到它的反面。在一定条件下，坏的东西可以引出好的结果，好的东西也可以引出坏的结果。
>
> ……
>
> 矛盾着的对立的双方互相斗争的结果，无不在一定条件下互相转化。在这里，条件是重要的。没有一定的条件，斗争着的双方都不会转化……

他并且举了匈牙利事件和反共反人民的世界风潮为例，说明坏事可以变成好事。显然，曹典球的诗句“好事常由坏事成”，就是毛泽东坏事可以变成好事思想的诗意概括。所以，颈联两句是说，现在世界上，社会主义的势力已经压倒了帝国主义的势力，国内外出现的一些坏事，由于处理得当，也得到了好的结果。

总之，颔联和颈联不仅紧承上联，对仗工稳，而且用诗的语言艺术地概括了毛泽东关于中国一穷二白的国情，世界上社会主义阵营压倒帝国主义阵营的形势，以及坏事可以变成好事的哲学观点。颔联写国内，颈联写国际，同是写毛泽东的功勋，分工明确，愈转愈深，因而受到毛泽东的好评。

“幸接谦光如宿愿，只惭无以答升平。”尾联议论，赞扬毛泽东谦虚而显示的光明美德，惭愧自己无以报答天下太平。“谦光”，即谦尊而光，意思是尊者谦虚而显示其光明美德。语本《易·谦》：“谦，尊而光，卑不可逾。”孔颖达疏：“尊者有谦而更光明盛大，卑谦而不可逾越。”“宿愿”，素来的愿望。晋陆机《〈思归赋〉序》：“惧兵革未息，宿愿有违，怀归之思，愤而成篇。”“升平”，太平。《汉书·梅福传》：“使孝武帝听用其计，升平可致。”颜师古注引张宴归：“民有三年之储曰升平。”末二句意思是说，我有幸蒙受毛主席您谦虚而显示的光明美德，是我平生的愿望，只惭愧自己没有什么来报答太平世界。

这首诗歌颂了毛泽东的丰功伟绩，又用诗的语言阐释毛泽东的某些思想和观点，确有独到之处；诗人又自占地步，宾主各得其宜，献诗十分得体。所以这是一首好诗。

“这些诗并不能打动我，但能打动青年”

1960年在武昌东湖宾馆甲1号毛泽东住所，一次，毛泽东对梅白说：“说说你的朋友郭小川吧，他跟王胡子当过秘书，他不是什么反党分子。我一向认为他是‘中国的马雅可夫斯基’，他是学马雅的，写的也是‘楼梯’诗。你知道我是不看新诗的，……给我一百块大洋我也不看，是你那回说我对新诗有偏见，你说当代青年喜欢新诗，尤其喜欢郭小川的诗。你送给我的《将军三部曲》《致青年公民》等等，我都看了。这些诗并不能打动我，但能打动青年，前天在这里游泳，竟然听到珞珈山有人背诵郭小川的‘我号召……’，真怪，这个比你大一点的小朋友，他竟敢说‘我号召’！我暗自好笑，我毛泽东也没有写过‘我号召。’”①

梅白，中共湖北省委副秘书长，当时在毛泽东身边做些具体工作。郭小川和梅白是1951年在湖北黄冈地委认识的，当时郭小川在地委工作，梅白任地委共青团书记。这年冬天，两人和别的同志一起，创作反映土地改革的电影剧本《土地》。1953年，郭小川和梅白一起去苏联，拍农业合作化纪录影片。此后，二人经常有通信和交往。梅白还曾为郭小川调湖北省委工作，找王任重进行活动。1959年，郭小川因写了《一个和八个》《望星川》等作品，受到批判，曾给梅白写过信。告诉他因为调湖北工作问题，受到了严厉批评。这大概就是梅白把郭小川的诗作送给毛泽东看的原因。毛泽东称郭小川为“你（梅白）的朋友”，是符合实际的。

毛泽东和梅白这次谈的郭小川，是怎样一个人物呢？

郭小川（1919—1976），原名郭恩大。笔名郭苏、伟调、健风、湘

① 梅白：《在毛泽东身边的日子里》，《春秋》1998年第4期。

云、登云、丁云、晓船等。河北省丰宁县凤山镇人。1937 年参加八路军，在一二〇师三五九旅，先后担任宣传教育和机要工作，同年 11 月加入中国共产党。1941—1945 年，在延安马列学院学习。抗战胜利后任丰宁县县长。1948 年夏任冀察热辽《群众日报》副总编辑兼《大众报》负责人。1949 年初任《天津日报》编委兼编辑部主任。1949 年 5 月后南下至武汉，任中南局宣传部宣传处长和文艺处长。1953 年春调中宣部理论宣传处任副处长和文艺处副处长。1955 年秋调任中国作协党组副书记、书记处书记兼秘书长，兼《诗刊》编委。曾出席亚非作家会议。1962 年 10 月起任《人民日报》特约记者。从 1970 年起一直在干校劳动，长期遭受迫害。1975 年 10 月调至中央组织部待分配工作。同年 11 月去河南林县、辉县访问。1976 年 10 月 18 日由河南返京途中在安阳不幸去世。

郭小川早在抗日战争时期就发表诗歌。1955 年写《致青年公民》《向困难进军》等政治抒情诗，名声大振。主要作品有诗集《平原老人》《投入火热的斗争》《致青年公民》《雪与山谷》《鹏程万里》《月下集》《两都颂》《甘蔗林—青纱帐》《昆仑行》，长诗《将军三部曲》《郭小川诗选》及其续集，另有诗论集《谈诗》等。

郭小川的诗节奏自由，富有韵律，饱含着深情挚意，风格奔放，壮美、清新。他善于从现实生活中提炼生动、形象、简洁的群众语言，同古典诗词的严谨、丰富、奇特的结构和民歌的健康、朴素、粗犷的表现手法熔为一炉。也是我国当代最著名、最有影响的抒情诗人之一。

毛泽东和梅白的谈话中，讲了三个问题：

一、从政治上肯定郭小川“不是什么反党分子”。他的根据是，郭小川当过“王胡子的秘书”。王胡子，即王震，抗日战争时期任八路军一二〇师三五九旅旅长、政治委员。新中国成立后，历任农垦部部长、国务院副总理、中共中央政治局委员、中华人民共和国副主席等职，是一位老一辈无产阶级革命家。郭小川在延安时期给王震当过秘书，是一个出生入死的老革命。所以，毛泽东判定他“不是什么反党分子”。就是说在政治上给郭小川打了保票，这对正在挨批判的郭小川来说，是同志式的关爱和保护。

二、肯定郭小川是“中国的马雅可夫斯基”。这无疑说郭小川是一位优秀诗人。毛泽东这个评价，也是建立在他对郭小川的了解上的。从诗歌创作道路来看，毛泽东清楚地知道，“他是学马雅的，写的也是‘楼梯’诗。”

那么，马雅可夫斯基是什么人呢？马雅可夫斯基（1893—1930），格鲁吉亚巴格达季村人。1906年迁居莫斯。1908年加入社会民主工党。曾三次被捕，因证据不足和“年幼无知”被释放。此后脱党。1910—1914年，在莫斯科绘画刻雕建筑学校学习。初期诗歌受未来派影响。1915年与高尔基会面，得到帮助，出版第一部诗集。十月革命中，马雅可夫斯基奔向街垒和广场，写诗鼓舞士兵和群众斗志。十月革命胜利后，全力以赴投入革命，1919年至1922年2月，在罗斯塔通讯社（今塔斯社）工作。国内战争结束后，漫游全国各地，参加各种集会，向工农兵和学生朗诵自己的诗篇，热情歌颂十月社会主义革命和建设的成就。1927年成为《共青团真理报》的自由撰稿人，出国九次，到过许多国家，对资本主义制度进行了尖锐的揭露和批判。1930年4月14日逝世，只活了三十七岁。主要作品有长诗《列宁》《好》《苏联护照》等。他的诗采用一种类似楼梯式的排列形式，被称为“楼梯”诗。例如《列宁》中的一个片段：

党——
　　　是工人阶级的脊骨。
党——
　　　是我们事业的永生。
党——
　　　唯有党，
　　　　　　永远不会背弃我。
……
阶级的头脑，
　　　　　　阶级的事业，
　　　　　　　　　　阶级的力量，
　　　　　　　　　　　　　　　阶级的光荣……
　　　　　　　　　　　　　　　　　　　　这就是党。

党和列宁——
　　　　　一对双生弟兄——
在母亲——历史——看来
　　　　　　　　　谁个更为可贵？
我们说——列宁，
　　　　　我们是在指着——
　　　　　　　　　　　党。
我们说——
　　　　　党，
　　　　　　我们是在指着——
　　　　　　　　　　　列宁。

马雅可夫斯基写的这种诗被叫作楼梯式诗。所谓楼梯式诗，就是诗人为了强调词句中各音组之间的停顿，把一个诗句截成几段排成若干行，其中有些特别强调的音组，还可以诗格抬头往前排，这样整个诗行就形成了高高低低的不整齐状，通常被人们称为“楼梯”诗。

斯大林对马雅可夫斯基有高度的评价，他说：“马雅可夫斯基过去是，而且现在仍然是我们苏维埃时代最优秀、最有才华的诗人。”毛泽东称郭小川是“中国的马雅可夫斯基”，这就肯定了郭小川的诗歌创作道路，是个很高的评价。

三、肯定了郭诗的鼓舞教育作用。诗词欣赏不仅因时因地而异，也与个人的思想品质、文化素养有密切关系。在诗歌欣赏上，毛泽东喜欢旧体诗词而不喜欢新诗。就在这次和梅白的谈话中，他直言不讳，说：“你知道我是不看新诗的，……给我一百块大洋我也不看。”类似的话，他还说过多次。但这并不是说新诗他一点也不读，否则，他就不知道陈毅“会写自由诗”，得出“但用白话写诗，几十年来，迄无成功”[①]的结论。对新诗，他也是从诗歌的形式上说的。或许，正是由于对新诗的形式很不习惯，毛

① 中共中央文献研究室编：《毛泽东书信选集》，《致陈毅》（1965年7月21日），人民出版社1983年版，第607页。

泽东才很少读新诗。但他对于新诗的内容及其社会作用，还是肯定的。

梅白和毛泽东过去的一次谈话中，曾经说他对新诗有偏见，当代青年喜欢新诗，尤其是喜欢郭小川的诗。毛泽东还是记住了梅白的这个批评。所以这次他耐着性子，把梅白送给他的《将军三部曲》《致青年公民》等，“都看了”。他的结论是：“这些诗并不能打动我，但能打动青年。”这是他在东湖游泳时听到一位青年背诵郭小川的诗后才相信的。

《将军三部曲》和《致青年公民》，是郭小川的代表作。《将军三部曲》作于1959年。作家出版社1961年出版。全诗包括《月下》《雾中》和《风前》三部。长诗以抗日战争为背景，通过三大横片段——一次大战役前、战斗中和抗战胜利后的描写，塑造了我军一位内心世界广阔而壮美的将军形象。将军是放牛娃出身，在艰难漫长的战斗岁月里成长为一员虎将。通过一系列描写，生动地刻画了将军的运筹帷幄、指挥果敢、工作精到的鲜明性格。长诗富有浓郁的抒情色彩，凝练的哲理神韵，结构灵活而严谨。《将军三部曲》从内容到形式都有独创，是我国现代文坛上叙事诗创作的重要收获。

《致青年公民》包括《投入火热的斗争》《向困难进军》《在社会主义高潮中》《把家乡建成天堂》《让生活更美好吧》和《闪耀吧，青春的火光》，称作《致青年公民》组诗。第一首政治抒情诗是献给全国青年社会主义建设积极分子的《投入火热的斗争》。这首诗以他过去的诗歌中所没有的磅礴气势，唱出我们这个时代的最强音：

公民们！
这就是
　　　我们伟大的祖国。
它的每一秒种
　　　　　　都过得
　　　　　　　　　极不平静，
它的土地上的
　　　　　　每一块沙石
　　　　　　　　　　都在跃动，

它每时每刻
都在召唤你们
投入
火热的斗争，
斗争
这就是
生命，
这就是
最富有的
人生。
不要说：
“我年纪轻轻
担不起沉重。”
不，
命运
把你们的未来
早已安排定，
你们的任务
将几倍地
超过你们的年龄。
前一代——
你们的父辈
真正称得起
开天辟地的
先锋，
他们用
热汗和鲜血
做出了
前人所梦想不到的事情，

而伟大到无边的
事业
却还远没有完成,
你们当然会
加倍地英勇
以竟全功。
上前去!
把公开和隐蔽的敌人
消灭干净,
一切剥削阶级
也要叫它
深深地埋葬在坟墓中。
只有残酷的斗争
才能够保证
那崇高的
和平的
幸福的劳动。
呵呵,你们这一代
将是怎样的
光荣!
不驯的长江
将因你们的奋斗
而绝对地服从
国务院的命令,
混浊的黄河
将因你们的双手
变得澄清,
北京的春天
将因你们的号令

停止了
　　　　黄沙的飞腾，
大西北的黄土高原
　　　　　　　　将因你们的劳动，
变得
　　　　和江南一样
　　　　　　　　遍地春风。
火焰万丈的
　　　　　　共产主义大厦
将在你们的时代
　　　　　　　落成。

在诗中，诗人像演说家一样，以急雨鼓点般的旋律，纯熟地驾驭着炽热的语汇，来催动青年的前进，成为祖国的建设者。这首诗的鲜明特点，是把今天与明天、理想与现实、困难与斗争辩证地结合在一起，映现出诗人对社会主义事业的根本态度，对党对人民的热爱，以及对青年一代的期望，成为时代的强音，成为青年的知己和良师益友，在青年中产生了广泛的影响。这类诗，虽然不能打动毛泽东，但因能打动青年，这种宣传鼓舞作用，在当时收到了良好的社会效果，所以，毛泽东也是肯定的。

“没有幻想，就没有科学、文学和艺术”

在1960年毛泽东和梅白那次关于诗人郭小川的谈话中，当毛泽东肯定了郭小川“不是什么反党分子”和他的诗“能打动青年”之后，梅白乘机说：“小川同志的《望星空》，至多不过像我们至今还没有忘记的伟大爱国诗人屈原当年所写的《天问》那样，发挥诗人对空间对人间的希望和幻想，也提出了《天问》中提过的一些需要天文界回答的问题。”

毛泽东微微一笑：“是的嘛，没有幻想，就没有科学、文学和艺术。像郭小川那样忠于宣传职守的人，也寄希望于所发出的幻想啊！此人不愧为马列学院的学生，不愧为三五九旅的战士……应当给这个善于思索、长于幻想的热爱祖国的诗人以公民、党员、老战士的绝对的自由。”①

梅白在谈话中，把郭小川和屈原相比。毛泽东对《天问》评价很高，说：“《天问》了不起，几千年以前，提出各种问题，关于宇宙，关于自然，关于历史。”

梅白认为《望星空》也应如《天问》一样看待，都是诗人幻想的产物。但是《望星空》在《人民文学》1959年11、12期上发表后十多天，就成了批判的靶子。1959年12月《作协党组关于郭小川的材料》中是这样给《望星空》定性的：

“《望星空》充满个人虚无主义的情绪，说什么人生不过是‘流星般的闪光’，值得赞美的只有星空：‘星空，只有你称得起万寿无疆！’‘比起你来，人间远不辉煌’。这首诗流露了这一时期郭小川同志对党、对革命的一种极端虚无主义情绪。”

---

① 梅白：《在毛泽东身边的日子里》，《春秋》1988年第4期。

对《望星空》的批判接踵而来。1959 年 12 月 17 日召开的作协十二级以上的党员扩大会议上，陆定一、周扬、张子意、许立群、林默涵先后点名批判了《望星空》。在这些批判中以中宣部副部长张子意的发言最为尖锐。张批判说：

"'星空……万寿无疆'，'远不辉煌'，'……波浪'。人民大跃进，伟大的建设，根本不在话下，没有生命的宇宙不死不活；呆相，骂倒了，人生也骂倒了，仅有我有资格挺起胸膛，由我把宇宙改造，自己以为是个神（不信神），这不是浪漫主义、现实主义的作品，这是一种唯我主义、资产阶级极端的唯心主义，由资产阶级世界观发展到悲观主义、厌世主义，（还不是无政府主义）诗有积极的词句，是装饰和外衣，整个说来，表现作者不健康的世界观。"

随后《文艺报》1959 年 23 期发表了《评郭小川的〈望星空〉》，《人民文学》1960 年 1 月号《谈〈望星空〉》等批判文章。

还有个颇有讽刺意味的小插曲：1959 年 12 月 27 日，南斯拉夫通讯社记者在《解放报》上撰文，对郭小川的不幸遭遇表示同情，并称郭是一位天才的诗人。"现代修正主义者"为郭小川鸣冤叫屈的消息传到国内，郭小川惊慌中草拟《不值一驳》一文，表明"自己的态度""在我们这里，一个作家在作品中表现了错误的观点，一个批评家作了同志式的建设性的批评，这丝毫也没有什么可奇怪的地方。"

一时闹得沸沸扬扬，乌烟瘴气，真有点黑云压城城欲摧。但《望星空》是那么坏吗？我们还是让作品本身来说话吧！

望星空

一

今夜呀，
我站在北京的街头上，
向星空瞭望。

明天哟，
一个紧要任务，
又要放在我的双肩上。
我能退缩吗?
只有迈开阔步，
踏万里重洋;
我能叫嚷困难吗?
只有挺直腰身，
承担千斤重量。
心房呵，
不许你这般激荡！……
此刻呵，
最该是我沉着镇定的时光。

而星空，
却是异样地安详。
夜深了，
风息了，
雷雨逃往他乡。
云飞了，
雾散了，
月亮躲在远方。
天海平平，
不起浪，
四围静静，
无声响。

但星空是壮丽的，
雄厚而明朗。

穹窿呵，
深又广，
在那神秘的世界里，
好像竖立着层层神秘的殿堂。
大气呵，
浓又香，
在那奇妙的海洋中，
仿佛流荡着奇妙的酒浆。
星星呀，
亮又亮，
在浩大无比的太空里，
点起万古不灭的盏盏灯光。
银河呀，
长又长，
在没有涯际的宇宙中，
架起没有尽头的桥梁。

呵，星空，
只有你，
称得起万寿无疆！
你看过多少次：
冰河解冻，
火山喷浆！
你赏过多少回：
白杨吐绿，
柳絮飞霜！
在那遥远的高处，
在那不可思议的地方，
你观尽人间美景，

饱看世界沧桑。
时间对于你，
跟空间一样——
无穷无尽，
浩浩荡荡。

二

呵，
望星空，
我不免感到惆怅。
说什么：
身宽气盛，
年富力强！
怎比得：
你那根深蒂固，
源远流长！
说什么：
情豪志大，
心高胆壮！
怎比得：
你那阔大胸襟，
无限容量！

我爱人间，
我在人间生长，
但比起你来，
人间还远远不辉煌。
走千山，

涉万水，
登不上你的殿堂。
过大海，
越重洋，
饮不到你的酒浆。
千堆火，
万盏灯，
不如一颗小小星光亮。
千条路，
万座桥，
不如银河一节长。

我游历过半个地球，
从东方到西方。
地球的阔大幅员，
引起我的惊奇和赞赏。
可谁能知道：
宇宙里有多少星星，
是地球的姊妹星！
谁曾晓得：
天空中有多少陆地，
能够充作人类的家乡！
远方的星星呵，
你看得见地球吗？
——一片迷茫！
远方的陆地呵，
你感觉到我们的存在吗？
——怎能想象！

生命是珍贵的，
为了赞颂战斗的人生，
我写下成册的诗章；
可是在人生的路途上，
又有多少机缘，
向星空瞭望！
在人生的行程中，
又有多少个夜晚，
见星空如此安详！
在伟大的宇宙的空间，
人生不过是流星般的闪光。
在无限的时间的河流里，
人生仅仅是微小又微小的波浪。
呵，星空。
我不免感到惆怅！
于是我带着惆怅的心情，
走向北京的心脏……

三

忽然之间，
壮丽的星空，
一下子变了模样。
天黑了，
星小了，
高空显得暗淡无光；
云没有来，
风没有刮，
却像有一股阴霾罩天上。

天窄了，
星低了，
星空不再辉煌。
夜没有尽，
月没有升，
太阳也不曾起床。

呵，这突然的变化，
使我感到迷惘，
我不能不带着格外的惊奇，
向四周寻望：
就在我的近边，
就在天安门广场，
升起了一座美妙的人民会堂；
就在那会堂的里面。
在宴会厅的杯盏中，
斟满了芬芳的友谊的酒浆，
就在我的两侧，
就在长安街上，
挂出了长串的灯光；
就在那灯光之下，
在北京的中心，
架起了一座银河般的桥梁。

这是天上人间吗？
不，人间天上！
这是天堂中的大地吗？
不，大地上的天堂。
真实的世界呵，

一点也不虚妄；
你朴质地描述吧，
不需要作半点夸张！
是谁说的呀——
星空比人间还要辉煌？
是什么人呀——
星空比人间还要辉煌？
在星空下感到忧伤？
今夜哟，
最该是我沉着镇定的时光！

是的，
我错了，
我曾是如此地神情激荡！
此刻我才明白：
刚才是我望星空，
而不是星空向我瞭望。
我们生活着，
而没有生命的宇宙，
既不生活也不死亡。
我们思索着，
而不会思索的穹窿，
总是露出呆相。
星空哟，
面对着你，
我有资格挺起胸膛。

四

当我怀着自豪的感情，
再向星空瞭望，
我的身子，
充满着非凡的力量。
因为我知道：
在一切最好的传统之上，
我们的队伍已经组成，
犹如浩荡的万里长江。
而我自己呢，
早就全副武装，
在我们的行列里，
充当了一名小小的兵将。

可是呵，
我和我的同志一样，
决不会在红灯绿酒之前，
神魂飘荡。
我们要在地球与星空之间，
修建一条走廊，
把大地上的楼台殿阁，
移往辽阔的天堂。
我们要在无限的高空，
架起一座桥梁，
把人间的山珍海味，
送往迢遥的上苍。

真的，
我和我的同志一样，

决不只是“自扫门前雪”，
而是定管“他人瓦上霜”。
我们要把长安街上的灯火，
延伸到远方；
让万里无云的夜空，
出现千千万万个太阳。
我们要把广漠的穹窿，
变成繁华的天安门广场；
让满天星斗，
全成为人类的家乡。

而星空呵，
不要笑我荒唐！
我是诚实的，
从不痴心妄想，
人生虽是短暂的，
但只有人类的双手，
能够为宇宙穿上盛装；
世界呀，
由于人类的生存，
而有了无穷的希望。
你呵，还有什么艰难，
使你力不可当？
请再仔细抬头瞭望吧！
出发于盟邦的新的火箭，
正遨游于辽远的星空之上。

1959 年 4 月初稿
1959 年 8 月二次修改
1959 年 10 月改成

毛泽东是怎样评价《望星空》呢?

一、他说:“没有幻想,就没有科学、文学和艺术。”这是从文学艺术创作和科学发展的规律上说的,可谓高瞻远瞩,非常人之所能及。这就肯定了作为诗人的郭小川有幻想的权利。

二、相信郭小川对党、对革命事业的无限忠诚。“此人不愧为马列学院的学生,不愧为三五九旅的战士!”这就是说,他认为郭小川是个马克思主义者,是个英雄部队的老战士,这样的老革命是不会背离自己为之奋斗的社会主义事业的。这叫“知人论世”,是孟夫子的方法。《孟子·万章下》:“颂其诗,读其书,不知其人可乎?是以论其世也。”意思是说,要真正了解作品,就必须了解作者的身世、经历、思想感情,个人品德,同时也要了解作者所处的时代和社会环境。毛泽东对郭小川在政治上那么信赖,实际上就是用这种方法评定的。所以他最后说:“应当给这个善于思索、长于幻想的热爱祖国的诗人以公民、党员、老战士的绝对的自由。”

三、《望星空》总倾向是好的。这一点毛泽东没有明言,但我们通过具体分析,不难得出这样的结论。郭小川说:“我的原意是用后两节批判前两节。”这虽然是郭小川第二次检查中的一句话,但它却是打开《望星空》的一把钥匙。《望星空》一共四节,第一节中心意思是星空永世长存。诗中的话:“呵,星空,只有你称得上万寿无疆!”第三节批判这种思想,诗中说:“我们生活着,而没有生命的宇宙,既不生活也不死亡。我们思索着,而不会思索的穹窿,总是露出呆相。”这是人定胜天的思想,所以是对宇宙永恒的批判。第二节写诗人的惆怅和迷惘。诗人为什么产生这样的感情呢?因为他感到:“在伟大的宇宙的空间,人生不过是流星般的闪光。在无限的时间的河流里,人生仅仅是微小又微小的波浪。”“于是我带着惆怅的心情,走向北京的心脏……”结果如何呢?第四节回答说:“人生虽是短暂的,但只有人类的双手,能够为宇宙穿上盛装;世界呀,由于人的生存,而有了无穷的希望。”前后比照,思想倾向是很明确的,诗人的思想感情是健康的,作品的总倾向是好的,应该得到肯定。至于那些批判者往往是断章取义,比如“星空,只有你才是万寿无疆”,说成是反对毛泽东,不足为训。

“这几首诗好，印发各同志”

“文革”前的《光明日报》有个《东风》文艺副刊，经常刊登知名作家、诗人、艺术家撰写的诗词、书画、散文等作品，品位很高，颇受读者欢迎。毛泽东同志是一位热心的读者，他发现好的作品加以推荐，甚至唱和，屡见不鲜。

1961年12月28日的《东风》，在左中下版面上刊登四首七绝：

赏　菊

吴研因

不期青女忍相欺，老圃新枝竞吐奇。
秋色还如春色好，西风莫漫撼东篱。

嫩红老紫百千盆，蟠错如虬况有根。
为证明年光更艳，手题诗句待重温。

七绝二首

钱昌照

芦台农场

麦苗肥壮谷登场，谁信当年一片荒？
排灌齐全轮作好，芦台今日是粮仓。

藁城农村

薯曝墙头菜挂檐，棉田片片麦无边。
农村活跃歌声里，绿女红男夕照前。

著名教育家吴研因的《赏菊》，是两首七绝。从内容看，他观赏的是菊花盆景，赞美了“老圃新枝”“嫩红老紫”的秋色，如同春色一样美好，期待明年花更好。“青女”，传说中掌管霜雪的女神。

全国人大代表钱昌照的诗也是两首七绝，写他赴外地参观的感受。第一首《芦台农场》，农场在天津郊区海边，原是一片海滩，建成了“今日粮仓”。第三首《藁城农村》，藁城在今河北省藁城市，距石家庄不远。他笔下的藁城农村，墙上晒着薯干，房檐挂着蔬菜，棉田麦地一望无际，红男绿女，歌声四起，一派勃勃生机。

毛泽东看到报纸后，在刊载这四首诗的左旁，用铅笔写了十个大字：“这几首诗好，印发各同志。”[①] 稍后，他又给他的机要秘书徐业夫写了一封信：

徐业夫同志：

请即印这几首诗发给各同志。

毛泽东
廿九日上午[②]

当时毛泽东正在主持召开扩大的（四级）工作会议（即七千人大会）。“各同志”，指参加 1961 年 12 月 20 至 1962 年 1 月 10 日在北京举行的这次工作会议的同志。很快，这四首绝句作为会议文件用三号字印发给与会同志。

① 《建国以来毛泽东文稿》第九册，中央文献出版社 1996 年版，第 618 页。
② 《建国以来毛泽东文稿》第九册，中央文献出版社 1996 年版，第 618 页。

毛泽东为什么说“这几首诗好”呢？

一、这几首诗描写了农村生机勃勃的景象。20 世纪 60 年代初，“大跃进”之后的天灾人祸，给国民经济和人们的生活造成了巨大的困难。有些人被暂时的困难吓倒了，看到的问题多，落后面多，看到的光明面少，而这几首诗则描写了农村生产和生活的大好景象，如“农村活跃歌声里，绿女红男夕阳前”。这很符合毛泽东历来强调的，看事物要看主流和看光明一面的思想。

二、这几首颇有鼓干劲的朝气蓬勃的精神。这几首诗，还表现了在困难面前，创造美好生活的信心，如“为证明年花更艳，手题诗句待重温”。这很符合毛泽东历来主张的，越是在困难的时候，越要有战胜困难的意志和信念的思想。在革命战争年代，他曾题写“光明在前”鼓舞士气，用“道路是曲折的，前途是光明的”教育全党。在 50 年代末 60 年代初的三年困难时期，他常常讲“气可鼓，不可泄”。就在 12 月 28 日《光明日报》发表这四首绝句的前一天，毛泽东写了《卜算子・咏梅》一词，其中便有“已是悬崖百丈冰，犹有花枝俏”，“待到山花烂漫时，她在丛中笑”诸句。这天，他还批示将自己的这首《卜算子・咏梅》“印发各同志”。同印发吴研因、钱昌照的七绝四首一样，都是为了以诗鼓劲。

三、吴研因、钱昌照（1899—1988）都是民主党派人士、又是著名学者，一个属民主促进会，一个属国民党革命委员会（钱曾任民革中央副主席、全国政协副主席），他们在诗里表现出来的鼓干劲的朝气蓬勃的景象，似乎更有说服力和宣传作用。民主党派成员的诗词，同毛泽东自己的词一样印成会议文件，让与会的各级领导干部学习、讨论，这魄力，这胸怀，这借他山之石以为用的举动，也只有毛泽东才能做到吧！

“附庸风雅有什么坏处？”

1961年五一节，毛泽东来到上海，周谷城同上海各界，其中有陈望道、沈体兰、沈克非、周信芳、金仲华等人，在锦江饭店楼下晋见了毛泽东，周谷城同他面对面地坐在一张小圆桌旁边。曹荻秋同志也在座。这次谈话大家都很自然，无拘无束。他曾详细地问到周信芳的年龄，又问到沈体兰的年龄。大家汇报的都是生活琐事，他都非常爱听。

这天晚上，大约11点钟，周谷城在家里已经睡了，忽然接报馆记者的电话，要他写一首诗或词，在第二天的《解放日报》上发表，以欢迎毛泽东。周谷城坚决推辞，说写不出。记者强求说：“不要紧，要求不高，写一首好了。”周谷城说：“主席是内行，要求不能不高。”后来因推辞不了，勉强写了一首，题目叫《五一节晋见毛主席》，调寄《献忠心》，词曰：

是此身多幸，早沐春风。蠲旧染，若新生。又这回倾听，指点重重：为学术，凡有理，要争鸣。

情未已，兴偏浓，夜阑犹在诲谆谆。况正逢佳节，大地欢腾。人意泰，都奋进，莫因循。

毛泽东见了这首词后，便打电话召周谷城。5月3日下午3时，周谷城到毛泽东的住处，他正坐在客厅里看报。他一走进客厅，他起来第一句话即说：“词一首，看到了，怕不止一首吧！”

周谷城说：“只有一首，我从来没有在报上发表过诗词，这确是第一首。”

毛泽东说：“总怕不止一首。”意思就是说他也像个常写这些东西的人。

周谷城随即转述他对记者说的那句话，“主席是内行，要求不能不高。”

毛泽东笑着说：“主席也只有那么内行。”意思即也不那么内行，完全是谦虚之意。

周谷城又说：“平时，我也偶然写几句，那是附庸风雅。”

毛泽东说：“附庸风雅有什么坏处？”

周谷城说：“附庸风雅的人，无非是发发牢骚而已。”

毛泽东说：“发牢骚有什么不好？有牢骚不发，过得吗？”

谈至此，周谷城又向毛泽东转述别人的意见，专讲字义，说：

“据说，屈原的《离骚》就是牢骚，说是‘离’‘牢’同声。”

毛泽东说：“可能是这样，但也未必一定。”周谷城于是进一步解除顾虑，以说笑话的方式发表自己的意见说：

“离骚可能就是牢骚，牢骚可能就是啰唆。牢罗同声。骚唆也是同声。念罗唆，可能就是发牢骚。”周谷城所说的并没有什么根据，但毛泽东仍微笑着，没有说周谷城荒唐。

周谷城更进一步笑着说：

“主席教我们说话风趣，真该好好注意。”

毛泽东说：“是呀！老是干巴巴，有什么味。”

周谷城又笑着说：

“我近来替‘风趣’找出了一种解释：智慧超过需要时，可能有风趣；智慧赶不上需要时，不仅不能有风趣，可能要丢丑。”

已是6点钟了，周谷城同毛泽东的谈话还没有完。后来转而谈政治。周谷城偶然提及了邓演达先生，毛泽东随即问他：“你认识邓？”他说：“认识。”毛泽东说：“邓演达先生这个人很好，我很喜欢这个人。”谈至此，毛泽东同周谷城在一个小桌上吃晚饭。饭后，周谷城即告辞回家，毛泽东一直把他送到汽车上。[①]

周谷城与毛泽东交往过从甚密。1921年后的一个时期，两人曾在湖南省立第一师范同事。1926年后，周任湖南省农民协会顾问，并任省农民运

---

①《回忆毛主席的教导》，《毛泽东同志八十五诞辰纪念文选》，人民出版社1979年版。

动讲习所讲师，还在船山学社任教师。1927年春，周到武汉，任全国农民协会宣传干事。这一时期，周与毛在一起工作。

大革命失败后，毛泽东到湖南领导秋收起义，周谷城逃到上海，以译书、卖文为生。

新中国成立后，周谷城给毛泽东写信，毛泽东很快回信说："得书甚慰，如见故人。"[①]有一次，毛泽东在中南海露天游泳池旁的布棚下，把周谷城请去，共同游泳，交谈。一次，毛泽东到上海，陈毅同志在锦江饭店设宴招待毛泽东，把周谷城、陈望道请去作陪，二人谈到对清人洪承畴的评价问题。

毛泽东对周谷城的教学与研究，非常关心。有一次，毛泽东到上海，由陈毅同志代为召集座谈会。会场设在展览馆电影院楼下西厅里，到会的学者、教授、专家30多人。大家围绕毛泽东坐着，每一个人都面带笑容，争向毛泽东汇报生活、工作、思想等情况。毛泽东谈笑风生，大家心情亦极舒畅。这一次周谷城到得最晚，远远地向毛泽东敬礼之后，即坐在门口靠墙边的位置上。毛泽东招手让他移近一点，他移近了几步，找一处空位坐下。毛泽东还在招手。于是周谷城越过一排一排的座位，挤到毛泽东身边坐下。这时陈毅同志介绍说历史学家周谷城教授。毛泽东说："老朋友，老朋友。"随即问周谷城：

"你还在复旦吗？怎么样？身体还吃得消吗？"

周说："还在复旦，身体倒很好，只是书不易教好。尤其是解放以后，不易教好。"

毛泽东说："不要紧，慢慢来，总要有一个过程，书总是会教好的。"

对于周谷城写历史书，毛泽东也很关心。"文革"中"四人帮"得势时，有一次工宣队把周谷城从"牛棚"里叫出来，用车子把他从复旦大学送到市区原市府大礼堂去听毛泽东的讲话录音。话是讲给党员听的，其中却有几句关系到知识分子的著作问题。如说：

---

① 中共中央文献研究室编：《毛泽东书信选集》，《致周谷城》（1949年6月28日），人民出版社1983年版，第329页。

“冯友兰，中国哲学史是能写的，他的观点是唯心论的。”沉默了一会，又说：“周谷城的世界通史还没有写完，书还是要让他写下去。”

刚听完录音，有两个记者似的人向周谷城连续提问：“怎么样？你听了感到怎么样？”周谷城说：“很好，很伟大，很能感动人。”他们又说：“哪些地方感动人？”周谷城说：“很诚恳，很能感人。”

毛泽东对周谷城参与形式逻辑与毛泽东见了这首词后，便打电话召周谷城。5月3日下午3时，周谷城到毛泽东的住处，他正坐在客厅里看报。他一走进客厅，他起来第一句话即说：辩证法的争鸣也非常关心。周谷城不满苏联一些有关的逻辑著作，曾在《新建设》上发表一篇《形式逻辑与辩证法》的文章，引起轩然大波。有一次毛泽东在叶剑英、刘伯承、贺龙几位元帅，和徐特立、林伯渠几位老人陪同下到了上海，正在展览馆电影院楼下西厅，准备吃晚饭之前，把周谷城请去。周谷城同各位打了招呼后，毛泽东手拿一本《新建设》杂志，对周谷城说：

“关于逻辑，你说得最明确。”

周谷城说：“不得了，火箭炮似的批评冲起来，我受不了。”

毛泽东说：“有什么受不了，辩论就是嘛。”

周谷城说：“我的意见很少人赞成，我很孤立，成了众矢之的。”

毛泽东说：“你的意见有人赞成，并不孤立。”

毛泽东说：“人民大学里一个刊物，好像是《教学与研究》上，有人写文章，引了你的意见。”

周谷城说：“我没有看见。”

毛泽东说：“我可以叫人寄给你看看。”后来果然有人寄去了几份刊物，里面折了角的地方，都是引了周谷城话。那次毛泽东还一再说：“不要害怕，要积极地写。”

吃晚饭的时候到了。毛泽东站起来很风趣地说：“我请客，周先生同我坐。”周谷城于是坐在毛泽东的右边。

后来《人民日报》上又发表了周谷城的一篇文章，题目是《论形式逻辑与辩论法》。毛泽东见了很感兴趣，并用长途电话把周谷城请到北京中南海。电话是上海市委转达的，去北京的飞机票也是市委准备的。到了中南海，只讲得几句话，毛泽东就把话题转到逻辑问题上，他说：

“问题移到《人民日报》上来了，讨论可能展开。”

周谷城说：“我把形式逻辑与辩论法联在一块讲，却又把它们严格划分，恐怕不容易有人信。”

毛泽东夹用英语很风趣地说 formal logic 本来就是 formal 的，要把它同辩证法混同，甚至改成辩证法，是不可能的。它是一门独立学问，大家都要学一点。”

周谷城说：“中学高年班，大学初年级学一点是很好的。只怕教不好，学不到手。”

毛泽东说：“懂不懂，当然也有人感觉得是问题。但入了门，学了一点，自已在生活实践中要用，学会搞通的。”

毛泽东曾设想：“把所有的逻辑书，不论新的或旧的，过去的或现在的，一律搜齐，印成大部丛书，在前面写几句按语式的话作为导言。”后来北京出版方面有信来，说《形式逻辑与辩论法问题》一书要出版了，目录也寄来了。周谷城看目录，只是几篇争论文章，不是大部丛书。分量缩小了，按语式的导言还要不要？周谷城不能决定，于是写信向毛泽东请示。毛泽东回信说：

谷城兄：

两次热情的信，都已收到，甚谢！大著出版，可资快读。我对逻辑无多研究，不敢有所论列；问题还在争论中，由我插入一手，似乎也不适宜。作序的事，不拟应命，可获谅解否？敬复。顺颂敬安！

毛泽东

一九五八年七月二十八日

毛泽东为了让大家对逻辑问题继续争鸣，不愿意发表意见，考虑问题十分周详，这又一次使周谷城深为感动。

毛泽东在与周谷城的交往中，谈历史、说逻辑、论诗词、讲哲学，古今中外文史哲莫不涉及，内容十分丰富，友谊极为深厚。所以周谷城写

《献忠心》词歌颂毛泽东，不是偶然的。

“献忠心”，词牌名。唐教坊曲有《献忠心》。敦煌曲子词有唐人所作《献忠心》词三首，其传写较完整者，双调69字，平韵。五代词名《献忠心》，双调64字或69字，平韵，其格律与敦煌词大同小异。

词的题目是《五一节晋见毛主席》。“晋见”，称他人的接见，用作敬辞。

词是双调，分上下两阕，上阕写毛泽东对自己的教导。“是此身多幸，早沐春风。蠲旧染，若新生。”起首四句先叙与主席的交往，早年就已开始，影响巨大，使自己除弃旧习，俨然变成一个新人。周谷城于1921年在湖南省第一师范学校与毛泽东相识。“沐”，蒙受之意。“春风”，春天的风，比喻教益、教诲。“蠲（juān 捐）”，除去。“旧染”，往日沾染的不良习气。接下来诗人写道：“又这回倾听，指点重重：为学术，凡有理，要争鸣。”后五句是说，这次听毛泽东指教，为了学术发展，只要有道理，就应该大胆争鸣。“倾听”，仔细地听，认真地听。“重重（chóng）”，反复，屡屡。

上阕既叙了诗人与毛泽东的友谊，字里行间又表达了自己的敬意。所以，下阕特写自己的决心，以回报毛泽东对自己的关怀。“情未已，兴偏浓，夜阑犹在诲谆谆。”三句是说，诗人虽然离开毛泽东回到家里，深情厚谊仍不能抑止，和毛泽东交谈激发起来的兴趣仍然很浓，一直到深夜还在回忆毛泽东对自己的谆谆教导。“夜阑”，夜深。悔谆谆，指谆谆教导的话。接下二句“况正逢佳节，大地欢腾”，照应题目，营造节日氛围。末三句：“人意泰，都奋进，莫因循。”表示自己的决心，又十分自然。因为全国人民心情都很好，都在努力前进，自己也不能因循守旧，不思革新。这便是诗人献的忠心。

毛泽东看到这首词后，便打电话请作者欢谈，可见他对这首词也是比较喜欢的。

诗人与毛泽东几十年的交谊，有很多美好的记忆。1976年9月9日，毛泽东逝世了。周谷城在复旦大学校园，同大家一道，排着长队，慢慢地一步一步向大礼堂毛泽东遗像前走去时，所见左右前后，男男女女，无不痛哭流泪。他眼里也是珠泪盈盈。当晚深夜，因不能睡，即作《哀悼毛主席》七律一首，曰：

> 秋深日午朔风号，领袖惊传别我曹。
> 抢地吁天呼不应，伤心惨目泪如潮。
> 五洲魑魅魔还在，百国工农恨未消。
> 且化悲哀为力量，继承遗志夺高标。

“壮志凌云，可喜可贺”

1964年3月18日，毛泽东写信给著名数学家华罗庚教授。信是这样写的：

华罗庚先生：

诗和信已经收读。壮志凌云，可喜可贺。肃此。

敬颂

教祺！

毛泽东

一九六四年三月十八日[①]

华罗庚（1910—1985），江苏省金坛人。1924年初中毕业，入上海中华职业学校商科。后因无力缴纳学费，辍学回家，并开始自学数学。由于他的论文受到清华大学数学系主任熊庆来教授的赏识，于1931年入清华大学数学系当助理员。经过八年的刻苦学习，他于1938年受聘西南联大教授。后迫于白色恐怖，出走美国。新中国成立后，于1951年春从美国回到祖国。

华罗庚曾先后担任清华大学教授、中国科学院数学研究所所长、中国数学学会理事长、中国科技大学副校长、中国科学院副院长等职。他还任第一至五届全国人民代表大会常务委员会委员、第六届全国政协副主席、民盟中央副主席、中国科协副主席等职。1979年6月加入中国共产党。

① 中共中央文献研究室编：《毛泽东书信选集》，人民出版社1983年版，第595页。

毛泽东在信中说的“诗”，是华罗庚1964年初写的《西江月·呈毛泽东主席》。诗的全文如下：

西江月

呈毛泽东主席

（一九六四年初）

森森白骨堆中，
是俺生身所在。
皮囊纵然百般改，
积垢依旧深埋。
妖兴易受蛊惑，
风起障目尘埃。
勤学毛著脱凡态。
才能入得门来。

诗人为什么要写这首词，并将它呈送给毛泽东呢？《华罗庚诗文选》对这首词的“说明”是：“1964年初，华罗庚读了毛主席《七律·和郭沫若同志》后，深有感触，赋此词为学习心得呈毛主席，毛主席于1964年3月18日复信鼓励（见《毛泽东书信选集》）。”[①] 毛泽东的复信我们已引述在前。信中所说的“诗”就是这首《西江月·呈毛泽东主席》当无疑问，可惜的是毛泽东所说的“信”，《华罗庚诗文选集》中并没有收入，我们便无从查考了。

毛泽东的《七律·和郭沫若同志》，写于1961年11月17日。但最早发表在人民文学出版社1963年12月版《毛主席诗词》，所以华罗庚这时才读到，并于1964年初写了和词呈毛泽东主席。

① 中国民主国盟中央委员会宣传部编:《华罗庚诗文选集》，中国文史出版社1986年版，第5页。

毛泽东《七律·和郭沫若同志》原文是：

一从大地起风雷，便有精生白骨堆。
僧是愚氓犹可训，妖为鬼蜮必成灾。
金猴奋起千钧棒，玉宇澄清万里埃。
今日欢呼孙大圣，只缘妖雾又重来。

毛泽东写这首七律，是由郭沫若的一首七律诗引起的。1961年10月，浙江省绍剧团，在北京演出根据《西游记》第二十七回白骨精故事改编的绍剧《孙悟空三打白骨精》。郭沫若看过戏后，作了一首《七律·看〈孙悟空三打白骨精〉》：

人妖颠倒是非淆，对敌慈悲对友刁。
咒念金箍闻万遍，精逃白骨累三遭。
千刀当剐唐僧肉，一拔何亏大圣毛。
教育及时堪赞赏，猪犹智慧胜愚曹。

郭诗是借以反对当时所说的现代修正主义——当年国际上出现的一股背离、反对马克思主义基本原则的思潮。毛诗的主旨与郭诗相同，只是不同意郭诗敌视被白骨精欺骗的唐僧的看法。

郭沫若后来在和《毛主席诗词》朝鲜文版翻译组部分同志的谈话时，对他的原诗做过一些解释：

“我写这首诗，白骨精比喻为帝国主义，唐僧比喻为赫鲁晓夫。但主席在和诗里把白骨比喻为修正主义，把唐僧比喻为要争取的中间派。”

第二年1月6日，经康生（当时任中共中央政治局候补委员、中央书记处书处）抄示，郭沫若在广州读到毛泽东的和诗，受到了很大的启发，他重新认识唐僧的问题，深感自己在诗中那样裁决唐僧是不妥当的。他说：“主席的和诗，事实上是改正了我对于唐僧的偏激的看法。”

当天，郭沫若重新步毛泽东的原韵，和诗一首：

赖有晴空霹雳雷，不教白骨聚成堆。
九天四海澄迷雾，八十一番弭大灾。
僧受折磨知悔恨，猪期振奋报涓埃。
金睛火眼无容赦，哪怕妖精亿度来。

郭沫若在和诗中，已经把“千刀当剐唐僧肉”改成了“僧受折磨知悔恨”，接受了毛泽东的观点，纠正了以前对唐僧的错误看法。于是，他将和诗抄录，再由康生呈送毛泽东。

毛泽东看过郭沫若的和诗后，给康生的信中说：“请转告郭沫若同志，和诗好，不要‘千刀当剐唐僧肉’了。对中间派采取统一战线政策，这就好了。”

华罗庚的诗是一首和诗。“森森白骨堆中，是俺生身所在。皮囊纵然百般改，积垢依旧深埋。”“森森”幽暗之状。“皮囊”，皮制的袋，借喻人畜的躯体。“垢”，污秽，肮脏的东西。上阕的意思是说，幽暗的白骨堆中，是妖魔的藏身之地。妖怪千变万化，但其害人的本性不会改变。完全是按照毛泽东诗中“一从大地起风雷，便有精生白骨堆”意思和的。

“妖兴易受蛊惑，风起障目尘埃。勤学毛著脱凡态，才能入得门来。”“蛊惑”，迷惑，诱惑。“凡态”，平凡人的躯体。“入门”，原为引进之意，后指学问或技艺得到门径。语出《论语·子张》：“夫子之墙数仞，不得其门而入。”下阕的意思是说，妖精作怪人容易受迷惑，它兴起的妖雾能够遮住人的眼睛。但只要认真学习毛主席著作，我们这些肉眼凡态的平常人，也能找到反对现代修正主义的门径。这是顺着毛诗中“金猴奋起千钧棒，玉宇澄清万里埃”和的。

整首词就思想内容来看，和毛诗是完全一致的。所以，毛泽东在回信中用“壮志凌云，可喜可贺”八字评之，当是兼指华罗庚给他的“诗和信”的，所以，也可以视为毛泽东对这首词的评价。

“请在新年（一月一日）发表为盼”

1964 年 12 月 30 日，毛泽东写给时任《人民日报》总编辑的吴冷西一封短信称：

送《人民日报》吴冷西同志：

请在新年（一月一日）发表为盼。

毛泽东

十二月卅日

发表什么作品呢？胡乔木的《词十六首》。这些词作经毛泽东于同年 11 月 23 日、12 月 2 日两次审阅，并写了批语，作了修改。于是 1965 年 1 月 1 日《人民日报》第六版通栏标题显著地位刊登了胡乔木的《词十六首》。人们不禁要问：胡乔木是什么人呢？他的这些词有什么重要意义呢？

胡乔木（1912—1992），原名胡鼎新，江苏盐城人。父亲胡启东是旧国会议员，因为拒绝北洋军阀曹锟的贿选，在地方上很有清名。胡乔木曾就读于在扬州的江苏省立第八中学。1930 年考入北京清华大学物理系。到延安后，先在中央宣传部工作，后调去给毛泽东当秘书，同时也是中央政治局秘书。写文章开始时用“乔木”作笔名。

1945 年毛泽东到重庆与蒋介石的谈判，胡乔木作为随员一同前往。此时乔冠华在重庆八路军办事处工作，发表文章亦取“乔木”为笔名。这样一时有两个“乔木”在报刊上发表文章，使人不知出自哪位乔木之手，朋友们都希望他们之间有一人把名字改一改。有一天大家在毛泽东那里谈起这件事，请毛泽东作评判，后经毛泽东问明是他（胡乔木）先用乔木这个名字，而乔冠华真姓确姓乔，他的真姓是胡，就希望他在名字上加个“胡”字，乔冠华仍用乔木原名，从此两乔之间有了区别。而“胡乔木”的大名也随时局的发展，而为全国人民所熟知了。至于乔冠华只有写文章时用“乔木”作笔名，后来曾任外交部部长，当然是鼎鼎大名的乔冠华了。

新中国成立后，胡乔木继续担任毛泽东秘书，先后出任中央宣传部副部长、新闻总署署长、中央人民政府发言人兼《人民日报》社长、中共中央书记处候补书记。

1961年8月17日，胡乔木给毛泽东写了一封信，说明病情，要求请长期病假。一星期以后，正在庐山主持中共中央工作会议的毛泽东复一函，表示同意。信是这样写的：

乔木同志：

八月十七日信收到，甚念。你须长期休养，不计时日，以愈为度。曹操诗云：盈缩之期，不独在天。养怡之福，可以永年。此诗宜读。你似以迁地疗养为宜，随气候转移，从事游山玩水，专看闲书，不看正书，也不管时事，如此可能好得快些。作一、二、三年休养打算，不要只作几个月打算。如果急于工作，恐又将复发。你的病近似陈云、林彪、康生诸同志，林、康因长期休养，病已好了，陈病亦有进步，可以效法。问谷羽好。如你转地疗养，谷宜随去，勿念。

毛泽东

一九六一年八月二十五日

毛泽东在信中特别引用了曹操的《龟虽寿》诗句，强调“此诗宜读”。他曾将此诗全篇书赠日本政界要人石桥湛三，这封信中引用的四句是针对胡乔木急于工作，不安于长期疗养的心情所作的慰勉，充分表现了对胡的关切之情。

毛泽东在信中还建议胡乔木要迁地疗养，疗养时要带上夫人谷羽照顾。他还特别告诫胡乔木在疗养时要“专看闲书，不看正书”。所谓闲书是供人消遣的书。旧时常指经史典籍以外的野史、笔记、小说、诗、词、曲赋等。唐王建《江楼对雨寄杜书记》："竹烟花雨细相和，看著闲书睡更多。"毛泽东在繁忙的工作之余，常以吟咏或书写古代诗词为乐，借以调节精神，也聊以养生。

胡乔木在疗养中，身体慢慢康复，也开始写作旧体诗词。据作者自称，这是"是由于一时的风尚"。所谓"一时的风尚"，大约是指毛泽东在1962年5月和1963年12月先后集中公开发表了《词六首》和《诗词十首》，陈毅在1962年4月召开的诗歌座谈会上为报刊发表旧体诗词大声疾呼，一时间旧体诗词又为世人所瞩目。一些老革命家如朱德、董必武、叶剑英、林伯渠、谢觉哉等也都写作旧体诗词。一些著名诗人如郭沫若、赵朴初等不断有旧体诗词问世。《光明日报》等有影响的报刊更是乐于为旧体诗词提供一席之地。胡乔木在一次闲谈中向毛泽东表露了写旧体诗词的想法，毛泽东当然了解胡乔木在这方面的学养，当即予以鼓励和支持。

1964年10月，胡乔木开始写旧体诗词，不是偶然的。这年10月恰值新中国成立十五周年，当时我国刚从3年困难时期的低谷走出来，中央决定隆重庆祝；接着国内外又发生了两件大事：一件是10月16日，我国第一颗原子弹爆炸成功，周总理在人民大会堂庆祝会上宣布这一消息，并阐述我国发展核武器的政策，打破几个大国垄断核武器的局面；另一件是10月14日，苏共中央第一书记、部长会议主席赫鲁晓夫下台，这在当时被看作是反对现代修正主义的一个重大胜利。这些接踵而来的大事、喜事，不能不在政治家胡乔木心中掀起波澜。"诗言志，歌永言"，胡乔木在10月至11间创作的《词十六首》中，大体上是以这些事件为题材的，其中咏国庆的二首，庆祝原子弹爆炸的五首，感事七首，另外两首，一首是《贺新郎·看〈千万不要忘记〉》，另一首是《沁园春·杭州盛事》。原作如下：

词十六首

胡乔木

六州歌头

国　庆

茫茫大陆，回首几千冬。人民众，称勤勇，挺神功。竟尘蒙！夜永添寒重。英雄种，自由梦，义竿耸，怒血迸。讶途穷。忽震春雷，马列天涯通。党结工农。任风惊浪恶，鞭影指长虹。穴虎潭龙，一朝空。

喜江山统，豪情纵；锤镰动，画图宏。多昆仲，六洲共；驾长风，一帆同。何物干戈弄，兴逆讼，卖亲朋，投凶横，求恩宠，媚音容。不道人间，火炬燃偏猛。处处春浓。试登临极目，天半战旗红，旭日方东。

水调歌头

国庆夜记事

今夕复何夕，四海共光辉。十里长安道上，火树映风旗。万朵心花齐放，一片歌潮直上，化作彩星驰。白日羞光景，明日掩重帷。

天外客，今不舞，欲何时？还我青春年少，达旦不须辞。乐土人间信有，举世饥寒携手，前路复奚疑？万里风云会，只用一戎衣。

贺新郎

看《千万不要忘记》

一幕惊心戏。记寻常亲家笑面，肺肝如是。镜里芳春男共女，瞎马悬崖人醉。回首处鸿飞万里。何事画梁燕雀计，宿芦塘那碍垂天翅？天下乐，乐无比。

感君彩笔殷勤意。正人间风云变幻，纷纷未已。兰蕙当年今何似？

漫道豺狼摇尾；君不见烽烟再起？石壁由来穿滴水，忍江山变色从蝼蚁？阶级在，莫高睡。

沁园春

杭州盛事

穆穆秋山，娓娓秋湖，荡荡秋江。正一年好景，莲舟采月；四方佳气，桂国飘香。雪裹棉铃，金翻稻浪，秋意偏于陇亩长。最堪喜，有射潮人健，不怕澜狂。

天堂，一向喧扬，笑今古云泥怎比量！算繁华千载，长埋碧血；工农此际，初试锋芒。土偶欺山，妖骸祸水，西子羞污半面妆。谁共我，舞倚天长剑，扫此荒唐。

菩萨蛮（五首）

一九六四年十月十六日原子弹爆炸

神仙万世人间锁，英雄毕竟能偷火。霹雳一声春，风流天下闻。
风吹天下水，清浊分千里。亿众气凌云，有人愁断魂。

其　二

昂昂七亿移山志，忍能久久为奴隶！双手扭乾坤，教天认主人。
浮云西北去，孔雀东南舞。情景异今宵，天风挟海潮。

其　三

攀山越水寻常事，英雄不识艰难字。奇迹总人为，登高必自卑。
登临何限意，佳气盈天地。来者尽翘翘，前峰喜更高。

其　四

西风残照沉昏雾，东方红处升霞柱。雾暗百妖横，霞飞四海腾。霞旗扬四海，壮志惊千载：愿及雾偕亡，消为日月光！

其　五

从来历史人魔战，魔存那得风波晏？此日揽长缨，遥看天地清。长缨人卅亿，垓下重围密。魔倒凯歌高，长天风也号。

水龙吟（七首）

其　一

星星火种东传，燎原此日光霄壤。茅庐年少，斯民在抱，万夫一往。几度星霜，江河沸鼎，乾坤反掌。喜当年赤县，同袍成阵，寒风里，生机旺。

破夜洪钟怒响，起征人晓歌齐唱。东风旗帜，南针思想，北辰俯仰。雷迅文章，风生谈笑，敌闻胆丧。唤鹰腾万仞，鹏征八表，看云天壮。

其　二

天开辟地神威，列宁事业前谁偶？一声炮响，卅年血战，双枝并秀。边寨惊烽，萧墙掣电，岁寒知友。笑涎垂虎吻，心劳鼠技，分荆梦，今醒否？

九亿金城深厚，问全球此盟何有？八方风雨，万邦忧乐，千秋休咎。任重途长，天看旗帜，地看身手。要同舟击楫，直须破浪，听风雷吼。

其　三

举头西北浮云，回黄转绿知多少。当年瑶圃，穴穿狐兔，可怜芳草。目醉琼楼，神驰玉宇，沉沦中道。更元奸移位，长城自毁，旌旗暗，迷残照。

绝域不堪终老，怎天涯犹迟归棹？远行应念，亡羊歧路，甘人虎豹。珍重家园，良苗望溉，顽荆待扫。趁投鞭众志，何当共驾，再乾坤造？

其　四

旧时王谢堂前，似曾相识归来燕。新妆故态，异乡征逐，画堂依恋。羞贱骄贫，抛亲弃侣，衔泥自羡。忽火飞梁坠，一朝零落，梦犹怨，君恩浅。

秋去春来何限，怎滔滔竟尊冠冕？朱门命寄，苍生儿戏，风云色变。十载箦言，万年粪秽，蝇趋菌衍。愿孙孙子子，矢清遗孽，奋除妖剑。

其　五

算来反面教员，先生榜样堪千古。相煎如虏，鞭尸如虎，临危如鼠。口唱真言，手挥宝箓，若呼风雨。甚三无世界，两全党国，天花坠，归尘土。

涸辙今看枯鲋，定谁知明朝鲂鱮？膏肓病重，新汤旧药，怎堪多煮？恨别弓惊，吞声树倒，相呼旧侣。看后车重蹈，愁城四望，尽红旗舞。

其　六

居然粉墨登场，十年一觉邯郸梦。当初直料，雌黄信口，香花永供。逆子倾家，残红傍路，惊风忽送。忆连横魏客，称儿晋帝，争道是，真龙种。

惯见蜣丸蚁冢，任纷纭昆仑自耸。江山有待，一声狮吼，万旗云涌。天意多情，蜉蝣空怨，地轮飞动。看连天芳草，莺迁燕返，又春光重。

其　七

问君古往今来，皇皇文化何人造？千年奴隶，生涯牛马，看人醉饱。史页新开，天南地北，赤光普照。说狼羊共处，今谁偏应，青牙爪，甘镣铐？

革命一声号炮，动河山直穿云表。风追骐骥，光寒剑戟，奋锄强暴。作雾蚩尤，含沙鬼蜮，妖氛直扫。乘摇空雪浪，漫天雹雨，指冰山倒！

我们再看毛泽东对胡乔木《词十六首》的批语、修改和书信以及注释[①]：

一

请加斧削。如以为可，请予发表。〔1〕

二

基本上还适用。〔2〕

根据毛泽东手稿刊印。

三

万里风云会，只用一戎衣。〔3〕

①《建国以来毛泽东文稿》第十一册，中央文献出版社1996年版，第231—236页。

四

谁共我，舞倚天长剑，扫此荒唐！[4]

根据毛泽东修改件刊印。

五

杭州及别处，行近郊原，处处与鬼为邻，几百年犹难扫尽。今日仅仅挖了几堆朽骨，便以为问题解决，太轻敌了，且与事实不合，故不宜加上那个说明。至于庙，连一个也未动。[5]

根据毛泽东手稿刊印。

六

情景异今宵，天风挟海浪。[6]

根据毛泽东修改件刊印。

七

不必加注，读者不会误会。[7]

根据毛泽东手稿刊印。

八

魔倒凯歌高，长天风也号。[8]

九

膏肓病重，新汤旧药，怎堪多煮。恨别弓惊，吞声树倒，相呼旧侣。幸良师三径，长蛇封豕，作妖魔舞。[9]

十

乘摇空雪浪，漫天雹雨，指冰山倒！[10]

根据毛泽东修改件刊印。

十一

这只是一点开始而已。[11]

根据毛泽东稿刊印。

十二

送《人民日报》吴冷西[12]同志：

请在新年（一月一日）发表为盼。

毛泽东

十二月卅日

这封短信，不可刊出。

十三

送《人民文学》刘白羽[13]同志：

此件已送《人民日报》于一月一日发表，你们可以转载。

毛泽东

十二月卅日

这封短信，不要刊出。

根据手稿刊印。

注 释

〔1〕本篇（一）是毛泽东在中共中央处书记处候补书记、中宣部副部长胡乔木1964年10月25日（后改为12月5日）关于请发表几首词给《人民日报》编辑部的信中加写的话。（二）至（十）是毛泽东对胡乔木十六首词的批语和修改，其中用宋体字排印的是他改写的文字。此外，毛泽东还有个别文字上的修改。（十一）是毛泽东在胡乔木12月2日给他的信上写的批语。（十二）（十三）是毛泽东为发表胡乔木要《词十六首》写的两封信。《词十六首》发表在1965年1月1日《人民日报》和《人民文学》1965年1月号。

〔2〕胡乔木在给人民日报编辑部的信中说，“内杭州一首，借指文化革命。但国内至今庙坟尚如此之多，毒害群众，亦觉须加挞伐。令人高兴的是，杭州孤山一带成堆的坟墓，经过广大群众热烈讨论和领导的决定，已经在十二月二日分别情况迁移和平毁，西湖风景区内各种反动的、封建的、迷信的、毫无保存价值的建筑和陈设，也正在有计划地清理和改造。词中的一些话现在对于杭州基本上已经不适用了。”毛泽东针对最后一句写了这个批语。

〔3〕这是对《水调歌头·国庆夜记事》一词的修改，原文为“万里千斤担，不用一愁眉。”

〔4〕这是对《沁园春·杭州感事》一词的修改，原文为“天共我，舞吼风奇剑，扫汝生光！”

〔5〕这个批语写在《沁园春·杭州感事》一词的旁边。“不宜加上那个说明”指本篇注〔2〕胡乔木在信中说的话。

〔6〕这是对《菩萨蛮·一九六四年十月十六日原子弹爆炸》一词其二的修改，原文为“风景异今宵，长歌意气豪”。本首词题目原为“中国原子弹爆炸”，毛泽东将它改为现题。

〔7〕胡乔木在《菩萨蛮·一九六四年十月十六日原子弹爆炸》一词其四“霞旗扬四海，壮志惊千载；愿及雾偕亡，消为日月光！”句旁加注说：“这里的‘愿及雾偕亡’，是说我们主张，把我们的核武器和帝国主义的核武器一齐销毁。不能作别的解释。”毛泽东阅后写了这个批注。

〔8〕这是对《菩萨蛮·一九六四年十月十六日原子弹爆炸》一词其五的修改，原文为“魔尽凯歌休，濯缨万里流。”

〔9〕这是毛泽东对《水龙吟》一词其五的修改，发表时这段又改为“膏肓病重，新汤旧药，怎堪多煮？恨别弓惊，吞声树倒，相呼旧侣。看后车重蹈，愁城四望，尽红旗舞”。

〔10〕这是对《水龙吟》一词其七的修改，原文为：“乘摇空浪猛，前冲后涌，指冰山倒！”

〔11〕胡乔木12月2日给毛泽东的信中说，沁园春一词在此（指杭州）曾给林乎加和陈冰看过，后来又把其中提出的意见同霍士廉、曹祥仁谈了，得到了他们的完全同意。省委已决定对西湖风景区进行改造。《浙江日报》已登了十几篇读者来信，要求风景区也要破旧立新，彻底整顿，把所谓苏小小墓等类毒害群众的东西加以清理。这是您多年以前就提出的主张，在现在的社会主义革命新高潮中总算有希望实现了，所以在此顺便报告。毛泽东在这段话旁边，写了这个批语。

〔12〕吴冷西，当时任新华通讯社社长、《人民日报》总编辑。

〔13〕刘白羽，当时任中国作家协会副主席。

这些词作均呈送毛泽东修改。毛泽东在极力称赞的同时，从标题到说明，从单词到成句，都作了再三悉心修改。并给《人民日报》和《人民文学》的主持者写信推荐发表。用胡乔木的话来说就是“终日把玩推敲”“如此偏爱”。试以《沁园春·杭州感事》为例。

这首词的主意起于毛泽东1963年5月杭州会议的一次讲话，其中涉及杭州保存过多的古坟与庙宇的批评。胡乔木在1965年金秋抵达杭州，流连湖光山色之间，想到毛泽东那番话，遂吟成此词。毛泽东在修改时删去了作者的“说明”，并加写了一段批语：

> 杭州及别处，行近郊原，处处与鬼为邻，几百年犹难扫尽。今日仅仅挖了几堆朽骨，便以为问题解决，太轻敌了，且与事实不合，故不宜加上那个说明，至于庙，连一个也未动。

其他词句的修改也很出色：如将“桂国飞香”的“飞”字改为“飘”，神韵顿出；“长埋泪血”的“泪”字改为“碧”，使人想起苌弘化碧的典故，增加了词句的文化内涵；“小试锋芒”的“小”字改为“初”，音韵更加谐调；“西子犹污半面妆”的“犹”字改为“羞”，增加了感情色彩；“天与我”的“天与”改为“谁共”，更加明确；“舞吼风奇剑”的“吼风奇”改为“倚天长”，用了宋玉《大言赋》的典故；“扫汝生光”改为“扫此荒唐”，语意决绝，感情强烈。

作品的主意自然带有那个时代的印记，个中是非也可能莫衷一是，然而就表现的技巧而言，经过毛泽东修改的词语和句子，诚如胡乔木所说“像铁被点化成了金”。

其他如《水调歌头·国庆夜纪事》，末两句原作“万里千斤担，不用一愁眉”，毛泽东改为“万里风云会，只用一戎衣”；《菩萨蛮·一九六四年十月十六日原子弹爆炸》其二，末二句“风景异今宵，长歌意气豪”，毛泽东改为“风景异今宵，天风挟海潮”；《菩萨蛮·一九六四年十月十六日原子弹爆炸》其五，末二句“魔尽凯歌休，濯缨万里流”，毛泽东改为“魔倒凯歌高，长空风也号”；《水龙吟》一词其七，末三句原为“乘摇空浪猛，前冲后涌，指冰山倒”，毛泽东改为“乘摇空雪浪，漫天雹雨，指冰山倒”，等等。

《词十六首》中每一首差不多都经过毛泽东的或大或小、或多或少的修改。这些修改字锤句炼，反复推敲，使词作的语言更加精练，音调更加谐协，意蕴更为丰富，音境更加廓大，确是大手笔。

《词十六首》在1965年1月1日《人民日报》和《人民文学》杂志1965年1月发表后，引起了多方面的关注，许多报刊作了转载。《词十六首》在写作过程中，著名诗人郭沫若、赵朴初曾提出不少修改意见；发表后著名学者周振甫作了诠释，著名词曲专家王季思教授撰文讲评，在当时产生了不小的影响。

“这些词看了好些遍，是很好的”

胡乔木，在1965年新年发表了经毛泽东修改的《词十六首》后，时隔九个多月又写了二十七首诗词，同样经毛泽东修改后，又在《红旗》杂志1965年第11期和1965年9月29日《人民日报》发表。发表时当日《人民日报》第六版以通栏大字标题，正文以仿宋字排出，占了该版的上部三分之二版，十分醒目。这种版式在《人民日报》发表文艺作品，可以说是绝无仅有的。这不仅是因为作者的地位显赫，也说明了这些作品的重要。

下面我们先看作品原文：

诗词二十六首

胡乔木

六州歌头（二首）

一九六五年新年

江山万里，一派好风光。天日朗，人心畅，奋图强。比和帮，大野争驰荡。空依傍，开兴旺，催能匠，添奇象，巧梳妆。刮目相看，古国呈新样，赤帜威扬。羡参天大树，傲骨斗冰霜。桀犬徒狂，吠何伤！

莫非非想，全无恙；知风浪，辨康庄。侵凌抗，兵民壮；病虫防，斗争长。文武勤劳尚，披荆莽，事农桑。险同上，甘相让，苦先尝。身在茅庐，举世烽烟望，血热中肠。欲闻鸡起舞，整我战时装，共扫强梁。

其　二

寒山远望，春暖越重洋。春潮莽，连天壤，震遐荒。战歌昂，凌厉山河壮。干戈掌，方针讲，人民仰，同仇广，阵容强。触目惊心，败叶纷纷降，兔死狐伤。直冰崩瓦解，何计逞猖狂？两大分赃，梦徒香。

纵添兵将，夸大棒，嚣尘上，陷泥塘。纷说项，宣忍让，舌如簧，愿难偿。大宇东风旺，无遮挡，任飞扬。争解放，坚方向，锐锋芒。何世人间，虎豹容来往？众志金汤。教红旗遍地，万国换新装，日月重光。

梅花引

印度尼西亚退出联合国

夸强大，称王霸，可知今日谁天下？血腥旗，臭污泥，豺狼当道蒙着破羊皮。滔天罪恶何胜计，强盗堂皇说仁义。早穷途，笑狂奴，犹抱神牌当作护身符。

一叶落，催萧索。天马行空竞寥廓。酌琼浆，舞霓裳，东风如意百鸟唱春光。春光先照英雄汉，捷报纷驰花烂漫。挽长弓，射苍龙，倒海排山指日定雌雄。

梅花引

夺　印

领袖语，牢记取，百年大计争基础。背行囊，带干粮，眉飞色舞队队下乡忙。当年八路今重到，共苦同甘群众靠。万重山，不为难，不插红旗定是不回还。

社藏鼠，欺聋瞽，不爱贫农爱地主。话连篇，表三千，偷梁换柱黑网结奸缘。人间自有青霜剑，慧眼何愁形善变？起群雄，灭阴风，还我河山长作主人翁。

江城子（二首）

赠边防战士

少年心愿在天边。别家园，度重关，南北东西多少好河山！为保金瓯颠不破，鞋踏烂，不辞难。

远征才觉道途欢。北风寒，有何干，雪地冰天为我驻朱颜。背上枪支登哨所，千丈壁，起炊烟。

其　二

练兵塞上好风光。号声忙，踏严霜，猎猎军旗天际看飞扬。待到刺刀拼过了，挥汗水，对朝阳。

墙头大字写琳琅。报爹娘，放心肠，多少英姿年少事戎行。大海航行歌四起，营地乐，胜家乡。

小重山

赠海岛战士

万顷狂涛拍岸腾。良宵谁伴我？满天星。海风撼树欲相惊。劳梦想，铁汉岂虚名？

入伍记丁宁：田园铺锦绣，仗干城。江山望断睡无声。千百岛，炯炯有双睛。

定风波（二首）

祝　捷

一、我东海渔民民兵配合海军航空兵部队活捉美制蒋机驾驶员

（一九六四年十二月十八日）

种得沧波万顷田，生涯都在捕鱼船。风浪常经如坦道，非傲；海防还欲共先鞭。

意气终教身手现，群燕，水天双奏凯歌还。七亿能劳又能武，千古，谁曾见此铁江山！

二、我空军和我海军航空兵部队多次击落美蒋入侵飞机

赤县于今有领空，蓝天一望羡乘风。银翼翩翩来又去，天女，仙梭织锦任西东。

飞盗谁夸能漏网？休想；铜墙铁壁九霄中。花样翻新方得意，涂地；健儿竞报立奇功。

念奴娇（四首）

重读雷锋日记

飞来何处，凤凰雏腾作一团烈焰！堕地当年阶级苦，小小孤儿尝遍。大地身翻，亲人仇报，我亦开眉眼。千言万语，握枪才是关键。

君试共我高翔，人间尽看，何往非前线？四海尚多奴隶血，小我何堪迷恋？身是螺钉，心怀天下，有限成无限。高山松柏，岁寒常忆肝胆。

其　二

山歌一曲，万人传党的恩情胜母。字字珍珠和泪裹，唱出雷锋肺腑。得有今朝，多亏先烈，我敢辞艰苦！为群舍己，傻瓜甘愿为伍。

长记群众中来，群众中去，领袖殷勤语。一朵花开春不算，要看百花齐吐。友爱春风，热情夏日，对敌威于虎。名传“解放”，格高光耀千古。

其　三

分明昨夜，老人家万种慈祥亲爱。醒后追寻何处是？日月文章永在。最忆良言，全心为党，骄躁悬双戒。不干滴水，只缘身献沧海。

谁令抱被遮泥，潜名寄款，风气千秋改？真理一归群众手，多少奇姿壮采！鼠目光微，蝇头利重，少见徒多怪。红旗浩荡，共奔忘我时代。

其　四

寻常日记，细观摩满纸云蒸霞蔚。时代洪流翻巨浪，舒卷英雄如意。普恨蛟潜，今欣龙跃，海底奇峰起。几多学者，语言无此滋味。

颜色涂绘由人，如君红透，羞杀营营辈。花落结为千粒子，一代红巾争继。勤洗灰尘，多经风雨，立定上游志。力争不懈，青春长傲天地。

采桑子（四首）

反“愁”

前人文藻，多言愁恨。其中一部分反映了旧社会的压迫，是可以理解或者值得同情的；另一部分却不值得同情，很多还是空虚的，虚伪的，甚至反动的。后者固然毒害青年，需要扫荡，前者也不能让读者沉浸其中，妨碍革命乐观主义力量的发展。因择其习见语痛辟之。

愁来道是天来大。试看长天，一碧无边，那见愁云一缕烟？欺人妄语愁如海。万顷波翻，万马蹄欢，大好风光总万般。

其　二

谁将愁比东流水？无限波澜，载得风帆，踊跃奔腾直向前。

登天蜀道何须怨？不上高山，突兀颠连，怎见人间足壮观？

其　三

相思未了今生愿。万里烽烟，怒发冲冠，岂可缠绵效缚蚕？
孤芳绝代伤幽谷。待入尘寰，与众悲欢，始信丛中另有天。

其　四

花开何用愁花谢？白发三千，何让春妍？老马知途好着鞭。
生离死别寻常见。羡甚神仙，万古团圆？不尽生机赞逝川。

生查子（四首）

家　书

家书岂万金，四海皆昆仲。养育亦多情，形影常来梦。
屈指渐成人，文武须双重。何事最关心：是否勤劳动？

其　二

斗争如海洋，早晚云霞涌。流水片时停，毒菌争传种。
青春只一回，转眼能抛送。百炼化为钢，只有投群众。

其　三

牡丹富贵王，弹指调尘土。岂是少扶持？不耐风和雨。
如此嫩和娇，何足名花数？稻麦不争芳，粒粒酬辛苦。

其　四

纵观天地间，陵谷多奇趣。东海有长鲸，常与波涛伍。
顺水好行船，终向下游去。若要觅英雄，先到艰难处。

七　律（四首）

七一抒情

如此江山如此人，千年不遇我逢辰。
挥将日月长明笔，写就雷霆不朽文。
指顾崎岖成坦道，笑谈荆棘等浮云。
旌旗猎猎春风暖，万目环球看大军。

其　二

滚滚江流万里长，几分几合到汪洋。
源头尽望千堆雪，中道常迴九曲肠。
激浪冲天春潮急，奔雷动地早潮狂。
层峦叠嶂今安在？一入沧溟喜浩茫。

其　三

历经春夏共秋冬，四季风光各不同。
勤逐炎凉看黄鸟，独欺冰雪挺苍松。
寒虫向壁寻残梦，勇士乘风薄太空。
天外莫愁迷道路，早驱彩笔作长虹。

其　四

六洲环顾满疮痍，豕突狼奔猎者谁？
肝胆誓分兄弟难，头颅不向寇仇低。
自由合洒血成碧，胜利从来竿作旗。
休向英雄夸核弹，欣荣试看比基尼。

七　律

西藏自治区成立

百万农奴站起来，千斤枷锁化尘埃。
弥陀空许西天愿，大道今从东土开。
此日金珠歌陇亩(注)，他年葱岭起楼台。
人民城廓朝朝异，立马荒原骋壮怀。

（注）金珠，藏语解放。

我们再看毛泽东的批语和注释①：

对胡乔木〔1〕二十七首诗词稿的批语〔2〕

（一九六五年九月五日、十五日）

康生〔3〕同志转乔木同志：

这些词〔4〕看了好些遍，是很好的。我赞成你改的这一本。我只略为改了几个字〔5〕，不知妥当否，请你自己酌定。先登《红旗》，然后《人民日报》转载〔6〕。请康生商伯达冷西〔7〕办理。

毛泽东

九月五日

二

康生同志转乔木同志：

删改得很好，可以定稿。我又在个别字句上作了一点改动〔8〕，请

① 《建国以来毛泽东文稿》第十一册，中央文献出版社1996年版，第450—454页。

酌定。另有一些字句，似宜再思再改〔9〕。如不妥，即照原样。唯“南针仰”一句须改〔10〕。

毛泽东

九月十五日上午三时

根据手稿刊印

三

有些地方还有些晦涩〔11〕，中学生读不懂。

唐、五代、北宋诸家及南宋每〔12〕些人写的词，大都是易懂的。

四

要造新词，天堂、霓裳之类，不可常用。〔13〕

五

改得好。〔14〕

六

好句〔15〕

根据毛泽东手稿刊印

注　释

〔1〕胡乔木，当时任中共中央书记处候补书记、中宣部副部长、毛泽东的秘书。

〔2〕本篇（一）是毛泽东在胡乔木送阅的27首词稿上写的批语。（二）是毛泽东在胡乔木9月10日为送阅的诗词26首给康生的信上写的

批语。信中说，词27首本多仓卒之作。经主席修改后，我又作了一些修改，并拟删去其中的《定风波·读报》四首（平淡而又过时，改不好）和《生查子·家书》六首中的后两首（有些酸气）。另外，最近写了律诗五首，想补在后面，虽也有些晦涩，但在时间上较新鲜些，不知可用否？请一并阅正，并代转主席为荷。（三）是毛泽东1965年9月5日在《六州歌头·一九六五年新年》两首词左侧写的批语。（四）是毛泽东1965年9月15日在《小重山·赠海岛战士》一词下方写的批语。（五）是毛泽东同日在《念奴娇·重读雷峰日记》一词左侧写的批语。（六）是毛泽东同日在《七律·七一抒情》一诗其四右侧写的批语。

〔3〕康生，当时任中共中央政治局候补委员、中央书记处书记。

〔4〕指胡乔木写的27首词。

〔5〕毛泽东这次所作的修改有：将《六州歌头·一九六五年新年》一词其二中的"万国舞霓裳"改为"万国换新装"；将《江城子·赠边防战士》一词其一中的"为保金瓯风景美，鞋踏破"改为"为保金瓯颠不破，鞋踏烂"；将《江城子·赠边防战士》一词其二中的"猎猎军旗意气共飞扬"改为"猎猎军旗天际看飞扬"；将《念奴娇·重读雷峰日记》一词其四中的"细观摩满纸珠光宝气"改为"细观摩满纸云蒸霞蔚"；将《生查子·家书》一词其二中的"铁要炼成钢，烈火投群众"改为"化为百炼钢，只有投群众"；将《生查子·家书》一词其三中的"不耐雨和风，纵美何堪数"改为"如此嫩和娇，纵美何足数"。

〔6〕作者后来将27首词中的六首删去，另外加上律诗五首，定名为《诗词二十六首》，在《红旗》杂志1965年第11期和1965年9月29日《人民日报》发表。

〔7〕伯达，即陈伯达，当时任中共中央政治局候补委员、中央政治研究室主任、《红旗》杂志总编辑。冷西，即吴冷西，当时任新华通讯社社长、《人民日报》总编辑。

〔8〕毛泽东这次所作的修改有：将《江城子·赠边防战士》一词其二中的"胜天堂"改为"胜家乡"；将《七律·七一抒情》一诗其四中的"休向健儿夸核弹，欣欣犹是比基尼"改为"休向英雄夸核弹，欣荣试看比基尼"。

〔9〕指胡乔木《七律·七一抒情》一诗其二和其四中二处文字：对其二中“春玉碎”三字，毛泽东看后写了批语：“宜改。”作者在发表时将它改为“春汛怒”三字。对其二最后一句“沧海云天长浩荡”，毛泽东看后写了批语此句宜改。“因承上句，不解所谓。”作者在发表时将它改为“一入沧溟喜浩茫”。对其四中“装饰造”三字，毛泽东看后写了批语：“三字酌，又不明朗，宜改。”作者在发表时将它改为“兄弟难”三字。

〔10〕毛泽东将《六州歌头·一九六五年新年》一词其二中的“南针仰”改为“方针讲”，并在旁边写了批语：“不使人误以为仰我南针，故改。”

〔11〕指胡乔木词中以下两处：（一）《生查子·家书》一词其二“斗争如海洋，早晚云霞涌。流水不长流，毒菌纷传种。青春只一回，转眼能抛送。铁要炼成钢，烈火投群众”中后两句，毛泽东看后将它改为：“化为百炼钢，只有投群众。”并写了批语：“这几句好。但下二句较晦，故改之。”（二）《生查子·家书》一词其四中“刮骨去脓疮，剁脚争良玉。风险为人民”三句，毛泽东看后写了批语：“此三句宜改，方免晦涩。”作者将它改为“顺水好行船，终向下游去。若要觅英雄”。毛泽东 1965 年 9 月 15 日再阅改后的这三句时，写了批语：“好。”

〔12〕每，疑为“某”字。

〔13〕胡乔木在《江城子·赠边防战士》和《六州歌头·一九六五年新年》词中分别用了“胜天堂”和“万国舞霓裳”，毛泽东看后写了这个批评。

〔14〕作者将《念奴娇·重读雷锋日记》一词其一中的“堪恨利锁名缰，蝇营狗苟，也混英雄汉。天下尚多奴隶血，何日乐园同建？不锈螺钉，投身伟业，有限成无限”改为“君试共我高翔，人间尽看，何往非前线？四海尚多奴隶血，小我何堪迷恋？身是螺钉，心怀天下，有限成无限”。毛泽东看后写了这个批评。对这首词其四的“如君红透，羞杀营营辈。花落结为千粒子，一代红巾争继”几句，毛泽东看后写批评：“好。”

〔15〕指胡乔木《七律·七一抒情》一诗其四中的“头颅不向寇仇低。自由合洒血成碧，胜利从来竿作旗”。

《诗词二十六首》，内容更加丰富，涉及当时国内外一些大事，也有个人家事。

现将有关的事件简述如下。

印度尼西亚退出联合国，是 1965 年 1 月，由时任印尼总统苏加诺决定的，是抗议美国操纵联合国而采取的正义行动。

《夺印》是一出话剧，其内容是反映农村基层地富分子争夺领导权而被击败的故事。

雷锋是中国人民解放军沈阳军区工程兵第十团运输连班长，1962 年 8 月不幸因公牺牲。1963 年 3 月 2 日，毛泽东应《中国青年》杂志要求为学习雷锋专辑题词“向雷锋同志学习”。刘少奇、周恩来、朱德、陈云、邓小平等其他中央领导同志也题了词，于是一个轰轰烈烈的学雷锋运动在全国展开。雷锋生前写有日记，出版时定名为《雷锋日记》，成了人们学习的重要材料。

西藏自治区成立于 1965 年 9 月 9 日。

关于《定风波·祝捷》，第一首作者小序说明：我东海渔民民兵配合海军航空兵部队活捉美制蒋机驾驶员，时间是 1964 年 12 月 18 日。第二首小序说明：我空军和我海军航空兵部队多次击落美蒋入侵飞机。

“很好。同意明天见报”

“很好。同意明天见报。送姚溱同志办理。”

毛泽东

一月卅一日[①]

这是毛泽东对赵朴初《某公三哭》散曲的批语。

于是，这组散曲便发表在1965年2月1日《人民日报》第四版上。编者以第四版通栏加框竖排加线的显著方式排印。

据诗人赵朴初回忆，这组散曲通过康生之手送到了毛泽东那里，毛泽东看后“拍掌叫好”。1965年初，苏联部长会议主席柯西金将要访华，毛泽东说：“柯西金来了，就把这组散曲公开发表，作为给他的见面礼。”2月1日，《人民日报》、中央人民广播电台同时发表了这组散曲，这还是破天荒头一遭，一时影响颇大。”[②]

散曲，曲的一种体式。和诗词一样，用于抒情、写景、叙事，无宾白科介（说白及动作暗示），便于清唱，有别于剧曲。包括散套、小令（与词中的小令不同）两种。散套通常由同一宫调的若干曲子组成，长短不论，一韵到底。小令通常以一支曲子为独立单位，但可以重复，各首用韵可以互异，有别于散套。又有以两支或三支曲调为一个单位的“带过曲”，也属于小令的一体。元、明二代盛行。

---

① 《对赵朴初〈某公三哭〉散曲的批语》，《建国以来毛泽东文稿》第十一册，中央文献出版社1996年版，第324页。

② 见1995年9月23日《中国消费者报》。

《某公三哭》的前两支曲子便是“带过曲”。但四曲之中，只有“秃厮儿”“乌夜啼”是旧曲牌名，但并未按旧曲牌填写，仅是借用其名，实与“哭相思”“哭皇天”“哭途穷”一样都是自度（duó 夺）曲，即在旧有曲调外，自行谱制的新曲。“某”指一定的不明说的人。“公”本指对尊长者的敬称。此是反用，所以“某公”，极富讽刺意味。

这组散曲讽刺的对象是赫鲁晓夫。

《某公三哭》原文如下：

某公三哭（散曲）

赵朴初

（一）哭西尼　一九六三年十一月作

（秃厮儿带过哭相思）我为你勤傍妆台，浓施粉黛，讨你笑颜开。我为你赔折家财，抛离骨肉，卖掉祖宗牌。可怜我衣裳颠倒把相思害，才盼到一些影儿来，又谁知命蹇事多乖。

真奇怪，明智人，马能赛，狗能赛，为啥总统不能来个和平赛？你的灾压根儿是我的灾。上帝啊！教我三魂七魄飞天外。真个是如丧考妣，昏迷苫块。我带头为你默哀，我下令向你膜拜。血泪儿染不红你的坟台，黄金儿还不尽我的相思债。我这一片痴情呵，且付与你的后来人，我这里打叠精神，再把风流卖。

（二）哭东尼　一九六四年五月作

（哭皇天带过乌夜啼）掐指儿日子才过半年几，谁料到西尼哭罢哭东尼？上帝啊！你不知俺攀亲花力气，交友不便宜，狠心肠一双拖去阴间里。下本钱万万千，没捞到丝毫利。实指望有一天，有一天你争一口气。谁知道你啊你，灰溜溜跟着那个尼去矣。教我暗地心惊，想到了自己。

人生有情泪沾衣。难怪我狐悲兔死，痛彻心脾。而今而后真无计！收拾我的米格飞机，排练你的喇嘛猴戏，还可以合伙儿做一笔投机生意。你留下的破皮球，我将狠命地打气。伟大的、真挚的朋友啊！你且安眠地下，看我鞠躬尽瘁，死而后已。呜呼噫嘻！

（三）哭自己　一九六四年十一月作

（哭途穷）孤好比白帝城里的刘先帝，哭老二，哭老三，如今轮到哭自己。上帝啊！俺费了多少心机，才爬上这把交椅，忍教我一觔斗翻进阴沟里。哎哟啊咦！辜负了成百吨黄金，一锦囊妙计。许多事儿还没来得及：西柏林的交易，十二月的会议，太太的妇联主席，姑爷的农业书记。实指望，卖一批，捞一批，算盘儿错不了千分一。那料到，光头儿顶不住羊毫笔，土豆儿垫不满砂锅底，伙伴儿演出了逼宫戏。这真是从哪儿啊说起，从哪儿啊说起！

说起也稀奇，接二连三出问题。四顾知心余一铁，谁知同命有三尼？一声霹雳惊天地，蘑菇云升起红戈壁。俺算是休矣啊休矣！眼泪儿望着取下像的宫墙，嘶声儿喊着新当家的老弟：咱们本是同根，何苦相煎太急？分明是招牌换记，硬说我寡人有疾，货色儿卖的还不是旧东西？俺这里尚存一息，心有灵犀。同志们啊！还望努力加餐，加餐努力。指挥棒儿全靠你、你、你，要到底，没有我的我的主义。

我们先看第一支带过曲《哭西尼》。

西尼，指肯尼迪。肯尼迪（1917—1963），全名约翰·菲慈吉拉德·肯尼迪。美国第三十五届总统，民主党人。

这支带过曲写赫鲁晓夫哭肯尼迪。赫氏本是一光头老者，作者却把他写成一个倚门卖笑的风流女子，所以用了“勤傍妆台，浓施粉黛，讨你笑颜开”，“一片痴情”，“打叠精神，再把风流卖”等词句，极具讽刺意味。主要批判赫氏两个方面：一是批判赫氏为讨好肯尼迪，背叛苏联人民和社会主义国家人民的利益（“赔折家财，抛离骨肉”），背叛马克思列宁主义

（“卖掉祖宗牌”）；二是批判赫氏和肯尼迪打得火热，搞所谓和平共处、和平竞赛、和平过渡（“为啥总统不能来个和平赛”）。赫氏的这些如意算盘，由于肯尼迪的被枪杀都化为乌有了。所以他哀叹自己命运不济，事多坎坷（“命蹇事多乖”），只哭得像死了父母（“如丧考妣”），昏倒在草席上（“昏迷苫块”）。古礼，居父亲之丧，孝子以草荐为席，土块为枕。讽刺极为辛辣。

第二支带过曲《哭东尼》，写赫鲁晓夫痛哭尼赫鲁。

尼赫鲁（1889—1964），全名贾瓦哈拉尔·尼赫鲁。印度共和国首任总理。

这支曲子写肯尼迪被枪杀后，不到半年，尼赫鲁又死了。赫鲁晓夫兔死狐悲，物伤其类，十分悲痛。因为他原先拿先进的米格飞机援助印度，唆使印度与中国为敌；尼赫鲁支持达赖集团进行叛国活动作为回报，两人打得火热。不料如今尼赫鲁也一命呜呼。他只能独自继续反华，不遗余力。“鞠躬尽瘁，死而后已”，恭敬勤谨，尽心竭力工作，一直到死为止。语出三国蜀诸葛亮《后出师表》：“臣鞠躬尽瘁，死而后已，至于成败利钝，非臣之明所能逆睹也。”后多作“鞠躬尽瘁，死而后已”。瘁，劳累。

第三支曲子是《哭自己》，写赫鲁晓夫被免职以后的哭诉。

这支曲子一上来把赫鲁晓夫比作三国蜀汉先主刘备。刘备、关羽、张飞在桃园结义，誓同生死。老二关羽荆州之败被东吴袭杀；兴兵讨吴途中，老三张飞被部下所杀；刘备伐吴兵败夷陵，退归白帝城而死。用以比赫鲁晓夫、肯尼迪、尼赫鲁。接着写赫氏靠搞阴谋诡计上台，干了很多坏事，有些事还未来得及干完：西柏林问题与美、英、法的交易，不成，在东柏林修了“柏林墙”。“十二月的会议”，原定于1965年12月25日在莫斯科召开二十六个共产党筹备会议；后由勃列日涅夫集团召集如期召开，中国未参加这个分裂会议。原打算任命其太太赫鲁晓娃为苏联妇联主席，女婿阿朱别伊为农业书记。这是批判赫氏勾结帝国主义，分裂共产主义运动，任人唯亲的罪行。正在赫氏打着如意算盘之时，却被勃列日涅夫赶下台。这完全是宫廷政变。“逼宫”，谓大臣强迫皇帝退位。

接着写赫氏下台后四顾知心朋友只剩下一个铁托，三尼两死一下台，命运相同。铁托（1892—1980），前南斯拉夫主要领导人和国际共产主义运动著名活动家，不结盟运动创始人之一。第二次世界中，曾领导南斯拉夫各族人民进行反法西斯民族解放战争。1945年创建南斯拉夫联邦人民共和国（1963年后改称南斯拉夫社会主义联邦共和国）。1955年任南斯拉夫共产主义者联盟总书记、共和国总统、联邦执行委员会主席。当时把铁托定为修正主义者，故曲中把他与“三尼”相提并论。这是错误的。

“一声霹雳”二句，指1964年10月16日，中国第一颗原子弹试爆成功。与赫鲁晓夫下台是同一天。这两个事件巧合地遇在一起，整个北京，整个中国处在一片欢腾之中。

当时，毛泽东对这两件事用两句话来描述：“无可奈何花落去。无可奈何花已开。”前一句是指赫鲁晓夫下台，后一句是指中国成功爆炸原子弹。这是他在10月19日召开的一次中央常委会上说的。当时还议论到是否能争取到十年和平时间。毛泽东说：“有可能。再有十年，原子弹、氢弹、导弹都搞出来了，世界大战就打不成了。”毛泽东的预言后来都变成了现实，历史的发展，雄辩地证明了中国爆炸原子弹，打破核垄断的重大意义。

曲中“咱们本是同根，何苦相煎太急？”二句用典。语出南朝宋刘义庆《世说新语·文学》：“文帝（曹丕）尝令东阿王（曹植）七步中作诗，不成者行大法。应声便为诗曰：煮豆持作羹，漉菽以为汁。萁在釜下燃，豆在釜中泣。本是同根生，相煎何太急！”后因以之喻自相残杀或迫害。赫氏认为勃列日涅夫们把他搞下台，是一种政治迫害。赫氏的根据是，你们不过是换块招牌，卖的还是“旧东西”，到头来实行的还是“没有我的我的主义”，这就揭露了勃列日涅夫集团实行的“没有赫鲁晓夫的赫鲁晓夫主义”的实质。

总之，这组散曲在批判帝国主义、社会帝国主义和印度扩张主义方面起了很好的作用，因此受到毛泽东的重视，在柯西金来访前夕，安排在《人民日报》上显著地位发表，是很巧妙的一着棋。但今天看起来，曲中有的观点未必正确，这是需要说明的。

“董老善五律”

我们的老一辈革命家中，有几位都是文武全才，毛泽东、周恩来、朱德、董必武、徐特立、林伯渠、谢觉哉、陈毅、叶剑英等，莫不如此。他们整天忙于革命工作，“余事作诗人”，诗文也写得非常好。他们还经常唱和，互相砥砺，诗词写得各有风格，各具面目。

毛泽东在 1965 年 7 月 21 日在写给陈毅的信中指出：“剑英善七律，董老善五律，你要学律诗，可向他们请教。”①

1975 年八九月间，一次，毛泽东和陪他读书的北京大学中文系讲师芦荻女士，谈起这几位老革命家的诗词。毛泽东说：“董老的诗醇厚严谨。陈毅的豪放奔腾，有的地方像我，陈毅有侠气、爽直。叶副主席的诗酣醇劲爽，形象亲切，律对精严。他们都值得我学习。”②

大约 1966 年九十月间，一天，毛泽东和周恩来、陈毅等人，来到香山双清别墅的凉亭上，纵眺香山秀色。此时的香山，正当枫叶红透的季节，满山的红叶，如西方的晚霞在燃烧，绚丽耀眼。

毛泽东一手抚（扶）腰，一手指着枫叶欲燃的山色说：“董老有诗：‘身闲久未到西山，孤负秋林万叶丹。羡与众人同乐去，不登绝巘也心宽。’我们今天，就是众人同乐哪。”③

毛泽东对董必武同志诗的风格、擅长的诗体了如指掌，对他脍炙人口

---

① 中共中央文献研究室编：《毛泽东书信选集》，人民出版社 1983 年版，第 607 页。

② 杨建业：《在毛主席身边读书——访北京大学中文系讲师芦荻》，1979 年 12 月 29 日《光明日报》。

③ 孙晓、陈志斌：《喜玛拉雅山的雪——中印战争实录》，北岳文艺出版社 1991 年版，第 94—95 页。

的诗句十分熟悉，张口就来。他吟诵的这首绝句题作《读玉阶同志游香山诗》，写于 1962 年 10 月 24 日。“玉阶”，是朱德同志的字。说明这是一首和诗，是读了朱德同志游香山的诗后，写诗唱和的。朱德同志游香山的诗，人民文学出版社出版的《朱德诗词选》未收入。

董必武（1886—1975），湖北红安人，中国共产党的创始人之一。抗日战争时期，是中共中央委员，中共中央南方局委员，在重庆协助南方局书记周恩来，负责中国共产党在国民党统治区的工作。解放战争初期，任中共驻南京办事处主任，并负责中共驻上海办事处工作。新中国成立后，先后任政务院副总理兼政治法律委员会主任、最高人民法院院长、中共中央政治局委员、中华人民共和国副主席、代主席等职。

我们且看一下他的这首七绝诗。

“身闲久未到西山，孤负秋林万叶丹。”一、二句写诗人唯恐错过到西山看红叶的时机。“西山”，北京市西郊群山的总称。南起拒马山，西北接军都山。有百花山、灵山、妙峰山、香山、翠微山、卢师山、玉泉山诸峰。林泉清幽，为京郊名胜之地。特别是每到秋天，香山上的枫树、槲树的叶子，经霜变红，层林尽染，十分壮观，所以到香山看红叶乃是一件盛事。“孤负”，白白错过。宋黄机《水龙吟》：“恨荼蘼吹尽，樱桃过了，便只恁成孤负。”一、二两句是说，诗人虽有闲暇，却很久没有到西山去了，唯恐错过了到西山看红叶的时机。

“羡与众人同乐去，不登绝巘也心宽。”三、四句写诗人愿与众人同乐。”“同乐”，一同欢乐，一同娱乐。《孟子·梁惠王下》：“今王田猎于此，百姓闻王车马之音，见羽旄之美，举疾首蹙頞……此无他，不与民同乐也。”“绝巘”，极高的山峰。晋张协《七命》：“于是登绝巘，溯长风。”巘，大小成两截的山。三、四两句是说，我真羡慕能与众人一同去看红叶，就是登不上最高峰也很快乐。当然，“无限风光在险峰”（毛泽东诗句），登到险峰能够领略无限风光，这是最好不过了。但也要因人而异，董老当时已七十七岁高龄，登上绝巘已不可能。退而求其次，只要与大众一起去攀登，去看红叶，即使登不到高峰，也就很心满意足了。与人同乐，贵在参与，这就是这位革命老人的心声。

“董老善五律”，毛泽东准确地抓住了董老诗词创作的强项。董老的五律，技巧娴熟，挥洒自如，艺术造诣极高。他 1949 年 9 月写的《中秋望月》就是一例。诗是这样写的：

秋月光如水，今宵分外明。
太清云不滓，永夜露无声。
仰望莫能即，徘徊有所萦。
南征诸将士，对此若何情？

全诗音韵和美、对仗工整而又不流于板滞，颈联中“仰望”“徘徊”叠韵，造成一种特殊的音乐美。在这完美的形式中，透过对美好月色的描写，创造出清澈开朗的优美意境，真切地表达出诗人在解放战争转入全面反攻后的无比喜悦的心情，和对南征将士无比亲切的情谊，充分地体现了他“善五律”的优长。

他的诗笔细腻凝练，以独特感受反映新的时代风貌，显出古朴的风姿，形成醇厚严谨的风格。我们上面提及的五律和五绝，都体现了这种风格。

“剑英善七律”

毛泽东两次谈到叶剑英的诗，都极为推许。第一次，陈毅拿了自己写的七律组诗《六国之行》，让毛泽东为他修改。毛泽东为他修改了第一首，加了个《西行》的题目，并给陈毅写了那封谈诗的长信。信中赞扬陈毅的“大作”，大气磅礴。只是在字面上（形式上）感觉于律诗稍有未合。于是建议陈毅“学律诗”，“可向他们（叶剑英、董必武）请教”。

第二次谈话的对象芦荻是大学教师，所以评价更全面、科学。在晚辈面前，称“叶副主席”，以示敬重，当时叶剑英是中共中央副主席、中央军委副主席，主持中央军委日常工作，是毛泽东极为倚重的人物。谈到叶剑英的诗词特点、风格、形象、韵律都很赞许，并且说“值得我学习”，把自己也摆进去了，足见其对叶剑英诗词创作评价之高。

“文革”前，《光明日报》有个《东风》文艺副刊。经常刊登一些书画、诗词、散文等作品，品位甚高，颇受读者欢迎。毛泽东也是《东风》的一位热心读者。他在日理万机之暇，读《东风》既仔细，又认真，哪怕是不被人留意的角落的一个小注，他都注意到了。他不仅手书默诵发表在《东风》上的诗词，而且还加以唱和，并推荐给别人，推荐给会议。

1965 年 8 月，叶剑英元帅在大连棒棰岛疗养时，写了一首《七律·望远》，发表在 10 月 16 日《光明日报》的《东风》副刊右上角。因为叶帅不止一次给《东风》写诗，他去大连前，编辑同志曾写信请他写诗。所以，叶帅一回到北京，经常和报社联系的王守江同志便把叶帅写的诗送去。原诗题作《望远》，毛泽东书写时改为《远望》。1977 年 4 月 7 日，《人民日报》刊出了毛泽东 1965 年 72 岁诞辰时书写叶剑英《远望》一诗的手迹。诗末，毛泽东还写上“十月十六日光明日报”。毛岸青、邵华《重读〈远望〉志更坚》一文说："我们看到毛主席非常喜欢这首诗，他老人家不仅可以记忆十分清楚地背诵出来，而且连什么时间刊登在哪家报纸上，都记得清清楚楚。"

《远望》是一首七言律诗，是叶剑英的代表作，充分体现了他的诗风特征。诗的原文是：

忧患元元忆逝翁，红旗缥缈没遥空。
昏鸦三匝迷枯树，回雁兼程溯旧踪。
赤道雕弓能射虎，椰林匕首敢屠龙。
景升父子皆豚犬，旋转还凭革命功。

《远望》写于1965年10月16日，是20世纪60年代国际斗争的反映，其主旨是批判所谓苏联现代修正主义和帝国主义，支持世界革命的。

"忧患元元忆逝翁，红旗缥缈没遥空。"首联叙事，写所谓苏联修正主义集团背叛马克思列宁主义，卫星上天，红旗落地，资本主义复辟了，人民又处于艰难困苦之中。"忧患"，艰难困苦。"元元"，百姓，庶民。《战国策·秦策一》："制海内，子元元，臣诸侯，非兵不可。"高诱注："元，善也，民之类善故称元。"《后汉书·光武纪》："上当天地之心，下为元元所归。"李善注："元元，黎庶也。""逝翁"，去世的老人。"翁"，对年长者的尊称。此指马克思、列宁、斯大林。"缥缈"，高远隐约之状。《文选·木华〈海赋〉》："群仙缥缈，餐玉清涯。"李善注："缥缈，远视之貌。"

"昏鸦三匝（zā 扎）迷枯树，回雁兼程溯旧踪。"颔联用典，批判苏联修正主义集团迷恋、垂死的资本主义。"昏鸦"，昏头昏脑的乌鸦。语出元马致远《天净沙》："枯藤、老树、昏鸦。"又曹操《短歌行》："月明星稀，乌鹊南飞，绕树三匝，何枝可依？""匝"，周围。"回雁"，回归的雁，秋季南飞雁。湖南衡阳市南有回雁峰。相传雁至衡阳而止。遇春而回（北去）。"溯"，逆流而上，引申为寻源。"旧踪"，旧时踪迹。"昏鸦""回雁"，指所谓苏修领导集团。"枯树""旧踪"，喻指资本主义道路。

"赤道雕弓能射虎，椰林匕首敢屠龙。"颔联描写，歌颂亚非拉第三世界人民如火如荼的反帝斗争。“赤道”，指非洲。“椰林”，指东南亚。“雕弓”，刻绘花纹的弓，精美的弓。“虎”“龙”是实有或想象中的凶猛动物，喻指帝国主义者和社会帝国主义者。“射虎”的典故见于《史记·李将军列传》，“屠龙”的典故见于《庄子·列御寇》。亚非拉发展中国家，多处在赤道两侧，椰林是热带植物，所以二句歌颂了第三世界人民敢于斗争、敢于胜利的英雄气概。

“景升父子皆豚犬，旋转还凭革命功。”末联议论，批判修正主义，指出扭转形势必须通过革命。“景升父子”，三国时荆州牧刘表，字景升。刘表死后长子刘琦依附刘备，次子刘琮投降曹操。“豚犬”，猪和狗。《三国志·吴志·吴主传》：“曹公望权军”裴松之注引晋胡充《吴历》：“公见舟船器杖军伍整肃，喟然叹曰：‘生子当如孙仲谋，刘景升儿子若豚犬耳。’”此指新老修正主义者。“旋转”，扭转。二句批判新老修正主义者智能低下，要改变形势还要靠武装斗争，揭示了革命能扭转乾坤的伟大真理。

全诗平仄协调，对仗工稳，形象亲切，酣醇劲爽，而且推陈出新，巧妙地运用七律这种形式完美地表现现代生活，不论思想上和艺术上都取得了较高成就。又如他的《重读毛主席〈论持久战〉》《八十书怀》等都有独到之处，显示了诗人驾驭这种形式的能力。“剑英善七律”，当之无愧。

另外，1977年4月7日，《人民日报》重新发表《远望》时，叶剑英同志特意写了一个说明，兹录如下：

《远望》一诗，为刺“北极熊”蜕化变修而作，时在一九六五年秋。

1976年12月28日，我收到毛岸英、邵华两同志信，信云：

“叶伯伯记得一九六六年元旦前，我们去看望父亲，父亲挥毫写了伯伯的《远望》诗一首，以教育、鼓励我们革命。”

随信惠我影印件一份。我特借得原件，请王冶秋同志加工制版，以为永久珍藏的纪念。

叶剑英

一九七七年一月十日

“词写得不错嘛，有气势”

山东大学中文系教授高亨的一首《水调歌头》词流传很广，其境界阔大，气韵雄壮，曾被一些人误为毛泽东本人所作。

1966年2月12日，在武汉东湖甲1号毛泽东住所，康生（当时任中共中央政治局候补委员、书记处书记）曾当面问毛泽东，这首《水调歌头》是不是他写的。毛泽东哈哈一笑：“词写得不错嘛，有气势，不知是哪个知识分子写的。”

过了几天，2月18日，《人民日报》第六版文艺副刊右上角加花边框刊登了这首词。署名山东人学教授高亨。在正文前括号内加了个说明：“一九六四年初，《文史哲》杂志组织了一次笔谈学习毛主席诗词十首的活动。在笔谈中，作者写了下面这首词，原刊《文史哲》一九六四年第一期。”这个说明用黑体字印出，十分醒目，显然有以正视听之意。原词如下：

水调歌头

山东大学教授　高亨

（一九六四年初，《文史哲》杂志组织了一次笔谈学习毛主席诗词十首的活动。在笔谈中，作者写了下面这首词，原刊《文史哲》一九六四年第一期。）

掌上千秋史，胸中百万兵，眼底六洲风雨，笔下有雷声。唤醒蛰龙飞起，扫灭魔炎魅火，挥剑斩长鲸。春满人间世，日照大旗红。

抒慷慨，写鏖战，记长征。天章云锦，织出革命之豪情。细检诗坛李杜，词苑苏辛佳什，未有此奇雄。携卷登山唱，流韵壮东风。

又过一个月，即 3 月 18 日，毛泽东写信给高亨教授：

高亨先生：

寄书寄词，还有两信，均已收到，极为感谢。高文典册，我很爱读。肃此，敬颂

安吉！

毛泽东

一九六四年三月十八日

1963 年 11 月，毛泽东在中国科学院哲学社会科学部第四次会议（扩大）闭幕时，接见了范文澜、冯友兰和高亨等共 11 人，在与高亨握手时就说，我读过您关于《老子》和《周易》的著作。高亨回济南山东大学后，将其所著的《诸子新笺》《老子正诂》《周易古经今注》寄给毛泽东。毛泽东很快就回了我们前面引述的那封信。“高文典册”，原指朝廷发布的重要文书，如诏、令、制、诰等，引申为经典性著述。这里是对高亨的研究著述的赞誉。

高亨（1910—1986），字晋生，吉林双阳人。文字学家。1926 年毕业于清华大学研究院。历任吉林法政专校、东北大学教育学院、河南大学、东北大学、武汉大学、齐鲁大学、西北大学、湘辉学院等院校教授。解放初任西南师范学院研究员、吉林大学教授。1953 年调任山东大学任教授至终。新中国成立前，高亨就著有《周易古经今注》《周易古经今说》等。1964 年他在旧著的基础上又着手撰写《周易大传今注》一书。后又著《老子正诂》《诗经今注》《商君书注释》《诸子新笺》《文字形音学概论》等。

毛泽东信中所说的“词”，当然就是这首《水调歌头》。

《水调歌头》词牌名。相传隋炀帝开凿汴河时曾制《水调歌》，唐人演为大曲。大曲有散序、中序、入破三部分。“歌头”当为中序的第一章。双调 95 字、平韵。宋人于上下阕中的两个六字句，多兼押仄韵，也有句句通押同部平仄韵的。

高亨这首《水调歌头》，最早发表在山东大学《文史哲》上。《文史

哲》是山东大学办的社会科学类学术杂志。1954年曾因发表李希凡、兰翎批判俞平伯《红楼梦简论》的文章，引起毛泽东的关注。所以，它是一份很有学术品位并有广泛影响的学术刊物。

人民文学出版社1963年12月版《毛主席诗词》，首次发表了毛泽东的十首诗词：《七律·人民解放军占领南京》《七律·到韶山》《七律·登庐山》《七绝·为女民兵题照》《七律·答友人》《七绝·为李进同志题所摄庐山仙人洞照》《七律·和郭沫若同志》《卜算子·咏梅》《七律·冬云》《满江红·和郭沫若同志》。除《七律·人民解放军占领南京》外，其余九首都是毛泽东1959年以后写的作品。这些作品无论从思想上和艺术上来看，都是毛泽东诗词创作的一个高峰。因此，受到学术界的广泛重视，纷纷著文阐释宣传。《文史哲》也组织了一个笔谈，高亨就是以这首词参加笔谈的。

这首词是歌颂毛泽东同志的丰功伟绩和文学才华的。词分上下两阕。

上阕写毛泽东的胸怀本色和历史功绩。

“掌上千秋史，胸中百万兵。”开端二句是说毛泽东文武全才，是个伟大人物。“眼底六洲风雨，笔下有雷声”，紧承一、二句来说，是说毛泽东眼观世界风云变幻，如椽大笔有雷霆万钧之力。“六洲”，指亚洲、非洲、欧洲、大洋洲、南美洲和北美洲。即全世界之意。“唤醒蛰龙飞起，扫灭魔炎魅火，挥剑斩长鲸。”三句写毛泽东的历史功绩，意思是说，毛泽东思想使全中国、全世界被压迫人民起来斗争，推翻了帝国主义、封建主义反动统治，使被迫人民得到翻身解放，成为世界的主人。“蛰（zhé哲）龙”，隐藏不出的龙。“蛰”，动物冬眠，潜伏起来不食不动。“魔炎魅火”，妖魔鬼怪的气焰。指封建剥削阶级的压迫、帝国主义的侵略和修正主义的欺骗。“长鲸”，大鲸，喻巨寇。“春满人间世，日照大旗红”。二句是说，世界上春暖花开，太阳照耀着鲜艳的红旗，革命形势一片大好。“人间世”，人世，世俗社会。

下阕写毛泽东的诗风流韵及其“奇雄”魅力。“抒感慨，写鏖战，记长征”，三句概括毛泽东诗的内容，极为准确。“鏖（áo敖）战”，激烈战争，苦战。毛泽东《菩萨蛮·大柏地》：“当年鏖战急，弹洞前村壁。”“长征”，毛泽东有《七律·长征》。“天章云锦，织出革命之豪情。”是说毛泽东诗词这些美妙文字，抒发了革命豪情。“天章”，天文。指分布在天空的日月星辰等，喻指帝王的诗文。此指毛泽东诗词。“云锦”，本是织有云纹图案的丝织品，用作对他人诗文的美称。“细检诗坛李杜，词苑苏辛佳什，未有此奇雄。”是说仔细比照诗坛李白、杜甫，词苑苏轼、辛弃疾的佳作，也没有毛泽东诗词“奇雄”。“诗坛”，诗会、诗界。“词苑”、词界、词坛。“佳什”，好诗，优美的诗作。“奇雄”，奇特雄伟。“携卷登山唱，流韵壮东风。”末二句是说，如果携带着毛主席诗词到高山之巅吟唱，它的风格韵味使东风更加雄壮。最后，归结到座谈毛泽东诗词十首题义，戛然而止，余味不尽。

这首词确如毛泽东所说“写得不错”，“有气势”，但在他给高亨先生的信中，并未置评，大概因为是对自己诗词的赞誉的缘故吧！

这首词是高亨所作，虽然在2月份已澄清，但传闻并未停止。“文革”中甚至传为毛泽东读林彪《人民战争胜利万岁》后之作。可谓荒唐至极。

还有一点值得说一下，“文革”初期，高亨先生被打成反动学术权威，一些红卫兵要批斗他，高先生辩解说，我是红色专家，不是反动学术权威，你们不信，有毛主席写给我的信为证。说着他拿出毛主席的信，“小将们”便哑口无言了。高先生一看这一招挺灵，索性把毛主席的信挂在屋门上，从此再没有人找他的事。这也是一则文人逸事吧！

“你的大作，大气磅礴”

1965年7月21日，毛泽东写信给陈毅同志谈为他改诗的事。信的全文如下：

陈毅同志：

你叫我改诗，我不能改。因我对五言律，从来没有学习过，也没有发表过一首五言律。你的大作，大气磅礴。只是在字面上（形式上）感觉于律诗稍有未合。因律诗要讲平仄，不讲平仄，即非律诗。我看你于此道，同我一样，还未入门。我偶而写过几首七律，没有一首是我自己满意的。如同你会写自由诗一样，我则对于长短句的词学稍懂一点。剑英善七律，董老善五律，你要学律诗，可向他们请教。

西　行

万里西行急，乘风御太空。
不因鹏翼展，哪得鸟途通。
海酿千钟酒，山裁万仞葱。
风雷驱大地，是处有亲朋。

只给你改了一首，还很不满意，其余不能改了。

又诗要用形象思维，不能如散文那样直说，所以比、兴两法是不能不用的。赋也可以用，如杜甫之《北征》，可谓“敷陈其事而直言之也”，然其中亦有比、兴。“比者，以彼物比此物也”，“兴者，先言他物以引起所咏之词也”。韩愈以文为诗；有些人说他完全不知诗，则未免太过，如《山石》《衡岳》《八月十五酬张功曹》之类，还是可以的。据此可以知为诗之不易。宋人多数不懂诗是要用形象思维的，一反唐人规律，所以味同嚼蜡。以上随便谈来，都是一些古典。要作今诗，则要用形象思维方法，反映阶级斗争与生产斗争，古典绝不能要。但用白话写诗，几十年来，迄无成功。民歌中倒是有一些好的。将来趋势，很可能从民歌中吸引养料和形式，发展成为一套吸引广大读者的新体诗歌。又李白只有很少几首律诗，李贺除有很少几首五言律外，七言律他一首也不写。李贺诗很值得一读，不知你有兴趣否？

祝好！

毛泽东

一九六五年七月二十一日

毛泽东这封与陈毅同志谈诗的信，讲了写诗要用形象思维的问题，是他论诗的纲领，意义重大。这个问题我们这里姑且不说，我们只看与陈毅同志改诗的问题。陈毅的《六国之行》原文如下：

六国之行

一九六四年十月、十一月率政府代表团参加阿尔及利亚革命起义十周年庆典，柬埔寨完全独立十一周年庆典，应邀访问印度尼西亚，途经巴基斯坦、阿联、缅甸。

万里西行急，乘风御太空。
不因鹏翼展，哪得鸟途通。
海酿千钟酒，山栽万仞葱。
风雷驱大地，是处有亲朋。

桓桓阿惹尔，革命气豪雄。
百战驱封豕，千辛制毒龙。

海滨禾稼美，沙漠石油浓。
解放凭兵甲，殊方道路同。

开罗枢纽地，联结亚非欧。
金塔威千古，运河抗万流。
王朝归瓦砾，友道复丝绸。
渡口津梁急，春晖涌浪头。

夜过卡拉奇，旧友喜重逢。
纵论浮云变，深谈反帝同。
政诤方竞选，颠覆岂能容？
清晨一挥手，万里又晴空。

勇哉柬埔寨，独立天地间。
复国反法帝，坚心拒美援。
和平树功业，建设战艰难。
声誉日洋溢，人民意志坚。

九次访缅甸，殷勤款待忙。
胞波感情重，江水溯源长。
雨过天逾碧，风来花送香。
相期更努力，中立反强梁。

印度尼西亚，洋洋海国雄。
三千星斗布，非亚往来通。
反帝数世纪，斯民百战功。
准则昭天下，精神重万隆。

《六国之行》是一组五言律诗，共七首。诗前小序说明了陈毅外交出访的时间是：“一九六四年十月、十一月”，出访的国家有阿尔及利亚、柬埔寨、印度尼西亚、巴基斯坦、阿联（埃及和叙利亚联邦）、缅甸。其中两个非洲国家，四个亚洲国家，都是与我国友好的国家。

我们先看第一首。《六国之行》七首诗只有一个总题，各首并无小题。毛泽东修改时为第一首加了个题目《西行》。因为陈毅外交出访的第一站，是北非的阿尔及利亚，从北京出发，经巴基斯坦的卡拉奇，方向是往西去的，所以标以《西行》之题，作为这组诗的序诗。

这是一首五言律诗。“万里西行急，乘风御太空。”首联写陈毅乘飞机从北京起飞西行，点醒题目。首句“万里”是说行程之远。“急”，形容任务紧迫。次句“乘风”是用典，语出《列子・黄帝》：“列子师老商氏，友伯高子，进二子之道，乘风而归。”“乘风”是顺着风的意思。“御”，驾驶之意。“太空”，即天空。这两句是说陈毅外长乘机紧急出访。

“不因鹏翼展，哪得鸟途通？”颔联写飞机如大鹏展翅，艰险的小道变为通途。“鹏翼”，大鹏的翅膀。语本《庄子・逍遥游》：“鹏之背，不知其几千里也，怒而飞，其翼若垂天之云。”“鸟途”，鸟道，险峻狭窄的道路。唐李白《蜀道难》：“西当太白有鸟道，可以横绝峨眉巅。”两句写航程的艰难险阻。

“海酿千钟酒，山裁万仞葱。”颈联写诗人在飞机上对地面上山水的观感。因为是访问友好国家，所以诗人感觉很好：大海像酿造好的千钟美酒，大山遍植树木像万仞的葱。“裁”，《毛泽东文集》《毛泽东书信选集》《建国以来毛泽东文稿》等书载毛泽东此信均作“裁”字，“文集”还注明有毛泽东手稿原件，想是不误。但若作“裁”，不可解。人民文学出版社 1977 年版《陈毅诗词选集》作“栽”，栽种之意，葱是植物，当然要栽种，便可解了。故录以备考。

“风雷驱大地，是处有亲朋。”尾联写世界革命风雷激荡，我们的朋友遍布天下。“风雷”，风和雷。比喻威猛的力量或急剧变化的形势。此指革命风暴或世界革命形势。毛泽东 1963 年 1 月 9 日写的《满江红・和郭沫若同志》：“四海翻腾云水怒，五洲震荡风雷激。”描摹的世界形势可与此句对看。“是处有亲朋”，是处，到处，处处之意。“亲朋”，这里是偏义复词，作朋友讲。末句的意思是：我们的朋友遍天下。

虽然，陈毅的原稿现在我们无由得见，不知道毛泽东都作了哪些修改。但经过毛泽东修改的《西行》，在形式上非常完美，成为一首十分严谨的五言律诗；内容上也很充实，超越了某一次出国访问的范围。这正是这组诗的灵魂所在。另外，“鹏翼展”“鸟途通”“千钟酒”“万仞葱”，这些极富浪漫意味的词语，看来都是毛泽东的神来之笔。可以说，《西行》这首诗已成为毛泽东和陈毅的共同创作，是他们革命友谊的见证。

下面六首我们简释如下：

第二首是写访问阿尔及利亚的，赞扬了其武装夺取政权的道路。阿尔及利亚，是北非国家，首都阿尔及尔。1954 年 11 月 1 日，阿尔及利亚人民举行武装起义，经过七年多的斗争夺得胜利，建立了阿尔及利亚民主人民共和国。这次陈毅外长率领中国政府代表团访阿，是祝贺阿尔及利亚革命起义十周年的。10 月 24 日，毛泽东有给总统本·贝拉的复信，10 月 31 日，有毛泽东、刘少奇、朱德、周恩来共同署名的祝贺阿尔及利亚革命十周年的电报。

此外，诗中的几个词名，需要解释一下。“阿惹尔”，今通译为阿尔及尔。“桓桓”，威武的样子。语本《诗经·鲁颂·泮水》：“桓桓于征。”

“百战”二句：1830 年以来，法国殖民者逐渐侵入阿尔及利亚。经过一百多年的英勇斗争，阿尔及利亚于 1962 年宣布独立。封豕，大野猪。封豕、毒龙都是喻指侵略者。

第二首是写访问阿拉伯联合共和国（1958 年 2 月埃及与叙利亚合并而成，1961 年 9 月解体），热情地赞扬了阿联的悠久历史和现代化建设。本首中几个词语简释如后：

“金塔”，指金字塔。

“开罗”，阿联（埃及）的首都。

“运河”，指苏伊士运河。

“友道”，指丝绸之路，是古代横贯亚洲的交通要道。其主要路线，是沿我国河西走廊、天山南麓，穿越葱岭（帕米尔高原），经阿富汗、伊朗，到达地中海东岸埃及等地。约自公元前二世纪至公元六世纪，大量的中国丝绸经此而西运，故称丝绸之路。“王朝”，指法鲁克封建王朝。“渡口”，指苏伊士运河上的亚历山大港等。

第三首写夜过我国的邻邦巴基斯坦的感受，赞扬其反对帝国主义颠覆活动，而对其政党之间的竞选不予置评，体现了不干涉他国内政的原则。诗中的“卡拉奇”，是巴基斯坦的海滨城市。“政诤”，各政党之间的批评。“诤”，直言规劝。

第四首写参加柬埔寨完全独立十一周年庆典，赞扬柬埔反帝反殖、独立自由、和平建国的事业。柬埔寨原曾沦为法帝国主义的殖民地。西哈努克亲王领导柬埔人民进行了艰苦卓绝的斗争。1949 年末，新的法柬协定，规定柬埔寨政府享有部分外交权力，但财政、国防、税收等大权仍然控制在法国人手里，西哈努克称为“百分之五十的独立”。又经过数年斗争，从 1953 年 8 月起法国陆续将军事、司法权交还西哈努克政府。1953 年 11 月 8 日，柬埔寨宣告独立，这才是完全独立的，至陈毅 1964 年 11 月去访问时正好十一周年。之后，柬埔寨执行中立的外交政策，参加不结盟运动，拒绝美帝国主义经济援助。1965 年 5 月 3 日，西哈努克正式宣布断绝与美国的外交关系，成为东南亚的“和平绿洲”。这就是“复国反法帝，坚心拒美援”的内涵。

第五首，写访问我国的南邻缅甸，赞扬中缅两国人民的胞波友谊，和缅甸中立的外交政策。诗中的“胞波”，缅语同胞、亲戚之意。缅甸人民惯以此语称呼中国人民，以表示亲切。因称两国人民的情谊为胞波情谊。

“江水”，缅甸的伊洛瓦底江和萨尔温江都发源于我国西藏高原，伊洛瓦底江的上游称独龙江，萨尔温江的上游称怒江。1957 年 12 月 14 日，陈毅写过一组五言绝句《赠缅甸友人》，可与此诗对看，兹录如后：

赠缅甸友人

我住江之头，君住江之尾。
彼此情无限，共饮一江水。

我吸川上流，君喝川下水。
川流永不息，彼此共甘美。

彼此为近邻，友谊长积累。
不老如青山，不断似流水。

彼此地相连，依山复靠水。
反帝得自由，和平同一轨。

彼此是胞波，语言多同汇。
团结而互助，和平力量伟。

临水叹浩淼，登山歌石磊。
山山皆北向，条条南流水。

这组五言绝句，形象地歌颂中缅两国人民之间的胞波情谊，写得朴素亲切，感情深厚，极富艺术魅力。

第六首，写访问千岛之国印度尼西亚，赞扬了印度尼西亚争取民族独立的斗争精神和独立自主的外交政策。诗中的“三千”句，印度尼西亚由大小3000多个岛屿组成，散布于南太平洋与印度洋接域处，犹如星罗棋布，扼亚非交通要冲。“反帝数世纪”句，1945年8月14日，日本投降，17日苏加诺在雅加达宣读了独立宣言，宣告印度尼西亚共和国成立。18日各政党、社团领袖召开“印尼独立筹备委员会”，通过宪法，推选苏加诺为总统。从此结束了荷兰三百多年的殖民统治和日本法西斯三年多的入侵。“准则”二句，1955年4月18日至24日，在印度尼西亚万隆市召开的亚非会议，即万隆会议，会上通过了著名的关于世界和平与合作的十项原则。

在这封信中，毛泽东评论说：“你的大作，大气磅礴。”“大作”指的就是《六国之行》这组五言律诗。“大气磅礴”，是毛泽东对陈毅诗风的科学概括和高度评价。这种意见，在同年，一次和陪他读书的北京大学中文系讲师芦荻谈话时，他又表示过："陈毅的诗豪放奔腾，有些地方像我，陈毅有侠气、爽直。"[①] 这次由陈毅的诗风讲到陈毅的人品，以及与自己诗风的相似之处。古人云："文如其人。"文学的风格就像作者本人，就是这个道理。

另外，毛泽东还称赞陈毅"会写自由诗"。其实这种看法，毛泽东早就有了。1957 年 4 月 18 日《人民日报》文艺副刊上发表了陈毅的六言诗《游玉泉山纪实》，毛泽东在 20 日写给袁水拍的信中提到"陈毅的六言诗也好"。

这一年国庆节之夜，毛泽东和陈毅在天安门城楼上又谈起了诗。毛泽东对陈毅这几年发表的旧体诗大加称赞，认为"有诗味"，同时还特别提到"你会写自由诗"。回到家后，陈毅连忙把这一消息告诉家人，说，毛主席读了他最近发表的那些诗，认为"有诗味"。这大概是毛泽东对陈毅的诗词作出的最早评价，可能毛泽东也就是在那时得出"陈毅会写自由诗"的印象的，以至于在多年以后，毛泽东还对陈毅说："你还可以写新诗，你的胆子大，我不敢写。"

所谓自由诗，是诗歌的一种。没有固定格律的限制，不求节数、行数、字数的整齐，押韵也较自由；虽注意节奏，但并不讲究有规律的组合音节，而是顺乎口语的自然旋律，使语音自然错落，形成间歇，因而便于自由表达复杂、奔放的思想感情。美国诗人惠特曼为创始人。中国"五四"以来也流行这种诗体。对旧诗来说，又称为新诗；因为语言采用口语，又称白话诗。

毛泽东说陈毅会写自由诗，主要指的是陈毅在这一年五六月间集中创作的一些白话诗。

陈毅的这些白话诗当时陆续发表在唐弢主编的上海《文艺月报》和其他一些报刊上。其中《上妙峰山》最具特色。兹节录如下：

---

① 杨建业：《在毛主席身边读书——访北京大学中文系讲师芦荻》，1979 年 12 月 29 日《光明日报》。

同志，我的驴儿真硬健，
　　咱们已经到了妙峰山。
　　比一比。
比得香山翠微哪算山？
　　望一望，
　　潭柘台在眼前。
往前看山海关现云边，
往后瞧八达岭望得见。
你再看永定河的奔流，
直向着天津的大沽滩。

同志，你瞧，
　　层层绿树，
　　层层村坊，
　　层层庄稼，
　　……
　　条条道路，
　　条条河流，
　　横亘的铁路，
交叉着似乎永远不会断。

同志，你瞧，
　　红日当头，
正照耀着新中国明朗的天。

著名诗人臧克家以行家的眼光，对此诗作出过很高的评价：“用意布局，都很新颖，借一个赶驴老头的话，说出了革命的历史，说出了眼前的政治事件，说出了共产党的好领导，说出了自然风光的美丽。读这篇诗，好似我们也跟在后面，听这个当年的游击队情报员，说今道古，对着眼前的大好河山，向我们指指点点”，在艺术上，“完全运用口语，以散文的手法入诗，如流水淙淙，如轻云舒卷，毫不做作，真是天然去雕饰”。全节共18节，每节3—10句不等，多数章节以“同志，你雇我的驴”，“同志，这道路直上妙峰山”，“同志，前面就是妙峰山”起句，让读者在一种流动感中听老人说道，口吻真切自然，不失艺术的匠心，不乏质朴的诗美。由此可见陈毅所写自由诗的风貌。

“陈毅岂能无诗？”

1929 年 3 月至 10 月，红四军先后三次进军闽西，开辟闽西根据地（中央革命根据地的一部分）。第一次入闽时，在汀州歼灭了土著军阀郭凤鸣旅。第二次入闽时，消灭了土著军阀陈国辉旅。

在毛泽东的指挥下，红军由赣南到闽西，路行千里，节节胜利，群情振奋，士气高昂。

1929 年 5 月，当红四军二进闽西，三打龙岩后的一天，毛泽东、朱德、陈毅在闽西特委负责人邓子恢、郭滴人的陪同下，从西门桥头步入烟雾弥漫的龙岩城时，毛泽东对陈毅说，陈毅岂能无诗？陈毅便应声而出：

闽赣千里路，春花笑吐红。
铁军气犹壮，一鼓下汀龙。[①]

此事有不同说法，另一说法是：

毛泽东在陈毅的笔记本上发现了这首诗。陈毅请毛泽东斧正。毛泽东拿起铅笔，在“败”字上画了一个圆圈。后来，陈毅将“败军气犹壮”一句改为“铁军真是铁”。[②]

两种说法都是别人回忆，难免龃龉，但大致不差。据事理揣度，应该是陈毅朗读于前，后暇时又呈请毛泽东“斧正”，于是毛泽东加以圈改，陈毅最后改定。

---

① 袁德泉：《毛泽东与陈毅之谜》，上海古籍出版社 2006 年版，第 362 页。
② 舒龙、凌步机：《岁岁重阳》，海南出版社 1993 年版，第 54 页。

至于写作时间，以陈毅标注的“一九二九年六月”为是，回忆说“一九二九年五月”[①]，不确。因为此诗于三打龙岩之后，查《毛泽东年谱》：“第一次攻占龙岩为1929年5月22日”[②]；第二次再占龙岩为6月3日[③]，6月中旬龙岩第三次获得解放。

这是一首五言绝句。诗题中的“汀州”，是福建省长汀县的旧称。“龙岩”，福建省县名。二地皆在福建省西部，和江西省南部接壤。

“闽赣千里路”，首句叙事，意思是红四军从赣到闽转战千里。“闽”，福建省的简称。“赣”，江西省的简称。红四军是从井冈山革命根据地撤出，而向赣南闽西转战的，故有千里之遥。

“春花笑吐红”，次句描写，意思是沿途千里，山花烂漫。写战争而不写激烈的战斗，却抽出笔来，描写沿途风景，闲笔不闲，游刃有余。

“败军气犹壮”，后改为“铁军真是铁”，三句议论，意思是红四军的战斗力真是强啊。“铁军”原指战斗力很强的军队，这里特指红四军。在北伐战争中，国民革命军第四军内共产党员多，纪律严明，又有叶挺指挥的独立团作先锋，战绩辉煌，备受群众称颂，被人们誉为“铁军”。红四军成立时，特取“四军”这个番号，表示继承大革命的光荣传统，含有红色铁军之意。

那么，陈毅的原稿为什么称为“败军”（按：手稿作“孤”）呢？因毛泽东领导的秋收起义部队和朱德、陈毅领导的部队，在井冈山胜利会师后，组成红四军，先后打破赣系军阀的四次“进剿”和湘赣军阀的四次“会剿”之后，在井冈山难以立脚。1929年1月26日，“湘赣国民党军近十个团兵力分三路合围井冈山。红四军第30团和第32团奋起反击，激战四昼夜。三十日晨，彭德怀、滕代远按中共湘赣特委联席会议决定，率红30团

---

① 中共中央文献研究室编：《毛泽东年谱》，人民出版社、中央文献出版社1993年版，第264页。

② 中共中央文献研究室编：《毛泽东年谱》，人民出版社、中央文献出版社1993年版，第276、277、280页。

③ 中共中央文献研究室编：《毛泽东年谱》，人民出版社、中央文献出版社1993年版，第276、277、280页。

500余人冲出重围向赣南寻找主力。红32团转入深山，以保存力量。”

“1月底，红军主力在项山的圳下村宿营，拂晓时遭到尾追的刘士毅旅一部的偷袭。毛泽东、朱德等处在敌人的包围中，情况十分危急。红军英勇奋战，突出敌人的包围时，毛泽东同朱德失掉联系。”①

“2月初，毛泽东同朱德率红四军进驻闽、粤、赣三省交界的寻乌县向罗福嶂山区，……毛泽东主持召开中央红四军前委会议，……会议刚开完，中共寻乌党组织负责人古柏前来通报，‘追剿’军第十五旅正在包围罗福嶂。毛泽东同朱德率部撤离险境，沿着闽、赣边境经福建武平折向江西会昌，瑞金境内行动。”

之后，才有向闽西的进军。所以，从这一段战斗来看，红军是节节败退，因此，陈毅在初稿中径称为“败军”，毛泽东阅后把“败”字圈了起来，这反映了当时两人对军事形势的不同看法。

由于毛泽东、陈毅的意见分歧，所以，在6月22日龙岩城公民小学召开的由陈毅主持的中央红四军第七次代表大会上，陈毅当选为前委书记。会后，毛泽东离开红四军主要领导岗位，到闽西休养并指导地方工作，直至11月26日，毛泽东遵照中央指示回前委工作，重新担任中共红四军前委书记。中间有五个月时间，两人的思想认识一致了。所以，陈毅把“败军气犹壮”改为“铁军真是铁”当在此时，而不是听了毛泽东的意见，马上就改的。

“一鼓下汀龙”，是叙事，写战斗的结果，意思是说，红四军一举打下汀州和龙岩。“一鼓”，击一次鼓。古代作战，击鼓进军。击一次鼓，引申的一举、一战。举重若轻，真是神来之笔。

总之，这首诗热情地歌颂了红四军向闽西的胜利进军。诗中有叙事，有描写、有议论，灵活流转，各臻其妙。

---

① 中共中央文献研究室编：《毛泽东年谱》，人民出版社、中央文献出版社1993年版，第276、277、280页。

“你打了胜仗总是要写诗的”

1948年1月7日，陈毅来到了陕北米脂县杨家沟，毛泽东迎接陈毅，两人握着手，一个说陕北，一个道山东。当陈毅谈到孟良崮、莱芜战役时，毛泽东笑着对陈毅说，又写诗了吧？你打了胜仗总是要写诗的。

“对了，对孟良崮、莱芜战役都写了。”陈毅接着便朗诵起来他写的《莱芜大捷》一诗：

淄博莱芜战血红，我军又猎泰山东。
百千万众擒群虎，七十二崮志伟功。
鲁中霁雪明飞帜，渤海洪涛唱大风。
堪笑顽首成面缚，叩头请罪詈无凶。

毛泽东听罢，连说：“好诗，好诗。”①

这首诗写于1947年2月。

莱芜战役，是我华东野战军在陈毅、粟裕、谭震林等同志指挥下，1947年2月20日至23日在山东省莱芜地区进行的一次规模较大的运动歼灭战。

1947年1月末，国民党军队分南北两线进攻我山东解放区。南线欧震集团以八个整编师分三路沿沂河、沭河北犯我山东解放区的中心城市临沂，北线李仙洲集团三个军由淄川、博山等地南下莱芜、新泰地区策应。我军以一部阻击南线之敌，主力北上莱芜歼击李仙洲集团。战斗从2月20

① 袁德泉：《毛泽东与陈毅之谜》，上海古籍出版社2006年版，第356—357页。

日开始，到23日下午结束，共歼灭敌1个绥靖区指挥所、2个军、7个师，共计六万余人，敌酋李仙洲、韩浚被活捉，田均建被击毙，收复13座城镇，使鲁中、渤海、胶东三个解放区连成一片，沉重打击了敌人的嚣张气焰，迫使山东之敌在一个多月内未敢出动，大大鼓舞了全解放区军民的战斗士气，为我军夺取更大胜利创造了有利条件。

作为这次战役的主要指挥者的陈毅同志，又是一位诗人，打了这样的大胜仗，便出口成章，写了这首《莱芜大捷》。

这是一首七言律诗。

“淄博莱芜战血红，我军又猎泰山东。”首联描写兼叙事，写大战开始。淄博莱芜，山东省淄博市和莱芜县。“猎”，打猎，此处是擒敌之意。泰山，又名岱山、岱宗，古号东岳。在今山东省泰安市北，地处山东中部，向东绵延至章丘、莱芜县界。这两句是说淄博莱芜发生激战，这是我解放军在泰山东部打猎。点出作战地点和方位，以“又猎”写战争，激烈战争，轻松出之，笔力游刃有余。

“百千万众擒群虎，七十二崮志伟功。”颔联叙事，写大战经过，场面十分壮观。“百千万众”，指我解放区军民。群虎，指众多敌人。“崮”，四周陡峭，顶上较平的山。志，记载，记录。上句写双方参加作战的部队之多，下句写作战地区之广。在诗人笔下，激烈的战斗，只是解放军捉拿国民党军队，地势险要的七十二崮，这个战场，到处记载着解放军的丰功伟绩。

“鲁中霁雪明飞帜，渤海洪涛唱大风。”颈联描写，继续写战争经过。“鲁中”，山东省的中部，莱芜处于山东中部。“鲁”，山东省的简称。“霁雪”，雪止放晴。“唱大风”，汉高祖刘邦有《大风歌》：“大风起兮云飞扬，威加海内兮归故乡，安得猛士兮守四方！”这两句是说，鲁中地区胜利的红旗映着雪光飘扬，分外壮丽，渤海中的滔滔巨浪高唱胜利之歌。

“堪笑顽酋成面缚，叩头请罪詈元凶。”尾联叙事，写战争的结果。“顽酋”，作者自注：顽酋指李仙洲辈。酋，古称部落的首领。“面缚”，俘虏。“詈”，骂。“元凶”，指蒋介石。这场战争的结果是，解放军大获全胜，国民党的军官都成了可笑的俘虏，向解放军叩头请罪，大骂蒋介石。

这首诗热情地歌颂了莱芜战役的胜利。笔力矫健，气势磅礴，确实是首“好诗”。

本篇与稍后写的《临沂蒙阴道中》《孟良崮战役》等诗，当时曾以《鲁中吟》为题在解放区报纸上发表，对华东军民夺取战争胜利起了很大的鼓舞作用。

“陈毅的六言诗也好”

1957 年 4 月 20 日，毛泽东写信给诗人袁水拍说：“你的《摇头》写得好（陈毅的六言诗也好），你应该多写些。”[①]

袁水拍，当时任人民日报社文学艺术和副刊部主任。《摇头》，是袁水拍写的一首政治讽刺诗，载于 1957 年 4 月 18 日，《人民日报》。同版刊载的还有陈毅写的《游玉泉山纪实》一诗，就是毛泽东在信中说的那首六言诗。全诗如下：

游玉泉山纪实

陈　毅

四月玉泉春浓，满园李白桃红。
苏联主席光临，拜访中国元戎。

宾主小坐欢谈，话到不冻玉泉。
几番佳茗过后，就请开始游园。

几株参天银杏，岁月过了千年。
主席亲自合抱，三人六手成圆。

几排苍松肃立，无数白桦干云。
玉兰红白间出，宾主缓步穿林。

① 中共中央文献研究室编：《毛泽东书信选集》，人民出版社 1983 年版，第 524 页。

主席毫不出老，结实健康过人。
试看步履如飞，指点水秀山明。

大家游兴不倦，我亦慢步追从。
喜见领导互访，人民友谊无穷。

这是一首六言诗。六言诗，诗体名。全篇每句六字。相传始于西汉谷永，一说东朔已经有“六言”（见《文选·左思《咏史》李善注》），恐不可信。今所见以汉末孔融的六言诗为最早。有古体近体之分，但均不甚流行。

诗题《游玉泉山纪实》，表明这是一首纪游诗。所谓纪游诗，就是记述旅游情况的诗。所游之地就是玉泉山，在北京市西北，山下有玉泉，因以得名。玉泉，出自北京市西北玉泉山下，流为玉河，汇成昆明湖。出而东南流，环绕紫禁城，注入大通河。

这首诗是记述苏联伏罗希洛夫主席拜访朱德副主席并与伏罗希洛夫游览玉泉山情况的。陈毅元帅伴游。诗写于4月17日，18日刊登在《人民日报》文艺副刊上。题目下原有小序云：“苏联伏罗希洛夫主席及代表团各贵宾来拜访朱德副主席并同游玉泉山。余伴游，作六言诗记其事并记敬意。”小序说明了写作此诗的原因，不知收入《陈毅诗词选集》时为何删掉？诗中的“主席”，指伏罗希洛夫。他当时任苏联最高苏维埃主席团主席，是国家元首。“元戎”，主将，统帅。陈毅《开国小言》：“元首耀北辰，元戎雄泰岱。”

全诗共六节，可分为三段。

一、二两节为第一段，写游山之前的准备。

第一节，前两句点明出游的地点和节候。地点：玉泉山；节候：四月。四月是公历，农历是正是阳春三月，所以说“春浓”，即春意盎然。其表征是“李白桃红”。以“李白桃红”代表百花齐放，万紫千红。春光如许，美丽极了。在这样的季节谁来玉泉山游玩呢？后二句点出人物：是苏联的“主席”伏罗希洛夫来拜访中国的朱德元帅。

第二节叙事，宾主小坐欢谈，说到玉泉河冬天不结冰。茶过三盏之后，便开始游园了。

第三、四节为第二段，写游玉泉山的经过。

第三节先用特写：几株参天银杏树，都有千年树龄。名贵树种，树龄遐长，已属罕见。伏老不由向前搂抱，抱不过来，于是朱德、陈毅过来帮忙。三个人六只手牵起来合成一个圆才合抱，极写银杏高大，流露出主客的欢欣之情。

第四节鸟瞰：几排苍松傲然挺立，无数白桦高耸入云。又有开着红花或白花的玉兰树点缀其间，宾主在这种美不胜收的树林中徜徉，是多么惬意。

第五节写诗人对客人的观感：伏罗希洛夫虽然七十六岁了，一点也不显老，身体结实健康超过常人。你看他健步如飞，不时指点山水景观，游兴颇浓。

末节写自己的感受和感想。大家游兴高涨之时，自己也努力追赶。因为这不是一般的游山玩水，而是苏联领导人访华的一个重要活动。中国领导人也要访问苏联，这样两国领导人的互访，增进了中苏两国人民的友谊，意义重大。

朱德、陈毅元帅陪同伏罗希洛夫主席游玉泉山，是一次重要的外事活动，陈毅挥笔将这次活动记录下来，写成洋溢着中苏友谊的诗篇，刊载在《人民日报》上，自然引起了诗人毛泽东的关注。另外，六言诗很难写，这与古汉语的动词多是单音词有关，陈毅这首六言诗写得流转自如，并不板滞。叙事、写景皆好，是上品之作，也是毛泽东比较喜爱的原因之一。

“陈毅有诗在上头”

一天，毛泽东和周恩来，陈毅等人，来到香山双清别墅的凉亭上，纵眺香山秀色。此时的香山，正值枫叶红透的季节，满山的红叶如西方的晚霞在燃烧，绚丽，耀眼。

毛泽东一手扶腰，一手指着枫叶欲燃的山色说：“董老有诗：‘身闲久未到西山，孤负秋林万叶丹。羡与众人同乐去，不登绝巘也心宽。’我们今天，就是众人同乐哪。”

陈毅乘机说：“主席，良辰美景，不来他一首，怕是要辜负这大好秋光哟！”

毛泽东笑着说：“要得，要得。”接着故意沉吟了一下，便朗声诵道：

西山红叶好，霜重色欲浓。
革命亦如此，斗争见英雄。

陈毅一听毛主席吟诵的是自己的诗，慌忙拦住道：“取笑了，取笑了，还是您来一首吧。”

毛泽东摆摆手说：“眼前有景道不得，陈毅有诗在上头。”

周恩来一听，知道是借了李白不在黄鹤楼题诗的典故，禁不住笑了起来，其他人也都笑了。[①]

毛泽东所吟陈毅所写的咏西山红叶的诗，题为《题西山红叶》。全诗如下：

---

① 孙晓、陈志斌：《喜雅拉雅山的雪——中印战争实录》，北岳文艺出版社 1991 年版，第 94—95 页。

题西山红叶

一九六六年

西山红叶好，霜重色欲浓。
革命亦如此，斗争见英雄。

红叶遍西山，红于二月花。
四围有青绿，抗暴共一家。

红叶布山隅，中右色朦胧。
左岸顶西风，欢呼彻底红。

伸手摘红叶，我取红透底。
浅红与灰红，弃之我不取。

书中夹红叶，红叶颜色好。
请君隔年看，真红不枯槁。

红叶落尘埃，莫谓红绝矣。
明春花再发，万红与千紫。

题诗红叶上，为颂革命红。
革命红满天，吓死可怜虫。

“题西山红叶”又使人想起“红叶题诗”的典故。唐代红叶题诗、结成良缘的故事较多，情节略同而人事各异：

1. 宣宗时，舍人卢渥偶临御沟，得一红叶，上题绝句云：“流水何太急，深宫尽日闲。殷勤谢红叶，好去到人间。”归藏于箱。后来宫中放出宫女择配，不意归卢者竟是题叶之人。见唐范摅《云溪友议》卷十。

2. 僖宗时，宫女韩氏以红叶题诗，自御沟流出，为于祐所得。祐亦题一叶，投沟上流，亦为韩氏所得。不久，宫中放宫女三千人，祐适取韩氏。成礼日，各取红叶相视，方知红叶是良媒。见宋刘斧《青琐高议·流红记》。

3. 玄宗时，顾况于苑中流水上得一大梧叶，上题诗云："一入深宫里，年年不见春。聊题一片叶，寄与有情人。"况亦于叶上题诗和之。见唐孟棨《本事诗》。

还有其他记载。后以"红叶题诗"为托物传情之典。了解西山风景之美和"红叶题诗"之典，再看《题西山红叶》这个题目，就诗意盎然了。

这是由七首五言绝句组成的一组诗。作者表明写作时间是"一九六六年"，从诗中所写的内容来看，当写于"文化大革命"初期，即九、十月间。

这组诗各首意思不同，但又是一个有机的整体。第一首总写西山红叶。"西山红叶好，霜重色欲浓。"一、二句开门见山，点醒题意，这是写景，又有兴起下文的作用。所以三、四句："革命亦如此，斗争见英雄。"承接自然，揭出组诗的题旨，笼盖全组诗。

第二首写红叶的抗暴精神。"红山遍西山，红于二月花。"首句写西山红叶之多，次句写红叶之美。首句是描状，次句是用典，语出唐杜牧《山行》："停车坐爱枫林晚，霜叶红于二月花。""四周有青绿，抗暴共一家。"三、四两句叙述而兼议论，彰显了红叶与其他树的红叶共同抗击风暴的品格。

第三首写诗人欢呼彻底红。"红叶布山隅，中右色朦胧。"一、二两句描写，红叶布满西山的各个角落，西山中部和右部的红叶朦朦胧胧不太鲜艳。"左岸顶西风，欢呼彻底红。"左西右东，山左边的红叶抗击着凛然的西风，所以从外到里都红透了。而着以"欢呼"二字，表明了诗人对风暴的态度。凡有人群人地方，都有左、中、右，此首除字面意思外，似乎亦有此含义。

第四首写诗人摘取红叶。诗人怎样摘取红叶呢？"伸手摘红叶，我取红透底。浅红与灰红，弃之我不取。"一气而下，一正一反，取与不取，截然相反，进一步申明了自己的态度。

第五首写把摘取的红叶夹在书中。"书中夹红叶，红叶颜色好。"一、二句叙事兼描写，写红叶夹在书中，映衬之下，更加好看。“请君隔年看，真红不枯槁。”三、四句叙事，是说真正红透底的红叶，经得起时间的考验，似有弦外之音。

第六首写凋落的红叶。“红叶落尘埃，莫谓红绝矣。”红叶被摘取的自然是少数，绝大多数是要自然凋落，委坠于地，逐渐褪色的，但你也不要认为红叶就不红了。今年的红叶自然是这样，但是等到“明年花再发”，仍旧是“万红与千紫”。“万红千紫”，也作“万紫千红”，原来形容春色艳丽。现在也比喻事物丰富多彩或景象繁荣兴旺。此处是说明年的红叶将更壮观。读到这里，我们不禁想起唐代诗人白居易《草》诗中“野火烧不尽，春风吹又生”的名句。

最后一首回应题目，写在红叶上题诗。“题诗红叶上”，首句叙事，“为颂革命红”，揭出红叶题诗的目的。“革命红满天”，用顶针续下，“红满天”，写革命形势大好，“吓死可怜虫”，害怕革命的家伙要被吓死，他们都是一些可怜虫，而不是真正的革命者。

至于陈毅坚持要毛泽东写赞西山红叶的诗时，毛泽东说的“陈毅有诗在上头”，周恩来已经指出，这是借用李白不在黄鹤楼题诗的典故。唐诗人崔颢有《黄鹤楼》诗云：

昔人已乘黄鹤去，此地空余黄鹤楼。
黄鹤一去不复返，白云千载空悠悠。
晴川历历汉阳树，芳草萋萋鹦鹉洲。
日暮乡关何处是，烟波江上使人愁。

黄鹤楼，在今武昌西的黄鹤山西北的黄鹤矶上（今武汉长江大桥武昌桥头）。俯瞰江汉，极目千里，自古就是名胜之地。历史代题咏甚多，崔颢此诗格调优美，寄慨遥深，最为传诵。传说唐代大诗人李白来此，见崔颢在黄鹤楼所题的诗，曾说：“眼前有景道不得，崔颢题诗在上头。无作而去，为哲匠敛手云。”见《唐才子传·卷一》。毛泽东借用这个典故，是称赞陈毅的《题西山红叶》诗写得太好了，让他搁笔，不能再写，十分幽默有趣。

后　记

本书是一部集体著作。由本人确定选目后，把撰写初稿的任务分解给每一个作者，稿子再由本人改定。参加撰写初稿的有：毕桂发、毕国民、毕晓莹、毕英男、东民、刘磊、孙瑾、赵庆华、范冬冬、王汇涓、张福民、周启云、侯永健、韩爱平、张天祥、赵克、齐文榜、马惠玲、周凤池、王丽娟、周杰林、毕富林、马惠玲、袁秀兰、郝心亮、何理；负责输入电脑的有：赵玉玲、朱东方、许娜、张凤翔、王建平、姬建敏、李会平、张涛、张豫东、韩明英、张瑞华、范登高、李建平、孙本华、白恩敏；负责资料供应的有李淑芳、张祎捷、李浙敏、白恩敏、杨爱莲、赵善修等。

毕桂发

2023 年冬